中国人事科学研究院
·学术文库·

当代中国人事制度

Personnel Systems of Contemporary China

(下 册)

余兴安 主编

中国社会科学出版社

下册目录

第十章　考核制度	（641）
第一节　干部考核的初步探索与曲折发展	
（1949—1979年）	（644）
一　推行干部鉴定	（644）
二　实行干部审查	（647）
三　干部考核的曲折发展	（648）
第二节　考核制度的确立与推行（1979—1994年）	（649）
一　实行干部考核制度	（650）
二　推行以技术岗位责任制为基础的科技干部考核	（658）
三　实行技术考核、任期考核等不同主体的考核	（660）
第三节　分类考核制度的逐步形成与持续推进	
（1994—2005年）	（663）
一　加强党政机关干部考核制度建设	（663）
二　探索符合事业单位特点的工作人员考核制度	（670）
三　推行符合现代企业人事管理需要的考核制度	（675）
第四节　考核制度改革的深入发展（2005—2012年）	（678）
一　确立符合科学发展观的干部考核制度	（678）
二　深化改革事业单位工作人员考核制度	（681）
三　推行以岗位业绩考核为主的国有企业人员考核制度	（685）
第五节　考核制度改革的全面深化与不断完善	
（2012—2019年）	（687）
一　干部考核聚焦高素质专业化队伍建设	（687）
二　事业单位人员考核制度规范发展	（691）

三　国有企业领导人员考核制度进一步完善 …………… (694)

第十一章　奖惩制度 …………………………………………… (697)

第一节　奖惩制度的形成（1949—1978年）………………… (700)
　　　一　建立促进生产发展的干部奖励制度 ………………… (700)
　　　二　规范干部惩戒制度 …………………………………… (704)

第二节　奖惩制度的恢复与调整（1978—1987年）………… (708)
　　　一　恢复干部奖惩制度 …………………………………… (709)
　　　二　调整科技干部奖惩制度 ……………………………… (714)
　　　三　明确国营企业领导及职工奖惩制度 ………………… (718)

第三节　奖惩制度改革的探索（1987—1992年）…………… (722)
　　　一　改革机关干部奖惩制度 ……………………………… (722)
　　　二　明确事业单位人员奖惩的方向和重点 ……………… (725)
　　　三　强调分级管理国有企业干部 ………………………… (726)

第四节　奖惩制度的逐步规范（1992—2000年）…………… (728)
　　　一　正式建立公务员奖惩制度 …………………………… (728)
　　　二　逐步健全事业单位工作人员奖惩制度 ……………… (730)
　　　三　国有企业领导人员奖惩制度建设不断加强 ………… (731)

第五节　奖惩制度的细化与发展（2000—2012年）………… (733)
　　　一　不断细化公务员奖惩制度 …………………………… (733)
　　　二　突出事业单位奖惩制度重点 ………………………… (736)
　　　三　不断细化国有企业领导人员奖惩制度 ……………… (738)

第六节　奖惩制度改革的深化与完善（2012—2019年）…… (742)
　　　一　探索构建新时代新使命新担当新作为的公务员奖惩
　　　　　制度 …………………………………………………… (742)
　　　二　探索形成导向鲜明、科学规范、有效管用的事业
　　　　　单位奖惩制度 ………………………………………… (745)
　　　三　形成充分体现行业特点的国有企业奖惩制度 ……… (748)

第十二章　工资制度 …………………………………………… (751)

第一节　工资制度的建立（1949—1956年）………………… (753)

一　建立工资制度的前期准备工作 …………………………… (754)
　　二　改造供给制 …………………………………………………… (759)
　　三　制定留用人员工资政策 ……………………………………… (761)
　　四　制定新参加工作人员工资标准 ……………………………… (762)
　　五　建立地区工资制度 …………………………………………… (764)
第二节　以级别为主的职务等级工资制（1956—1985年） …… (769)
　　一　实行工资制度改革 …………………………………………… (770)
　　二　确立全国统一的职务等级工资制度 ………………………… (773)
　　三　实行货币工资制度 …………………………………………… (779)
　　四　实行工资区制度 ……………………………………………… (780)
　　五　工资改革后的工资调整工作 ………………………………… (785)
第三节　以职务工资为主的结构工资制度
　　　　（1985—1993年） ……………………………………… (792)
　　一　实行工资制度改革 …………………………………………… (793)
　　二　建立结构工资制度 …………………………………………… (795)
　　三　调整机关、事业单位和企业的工资关系 …………………… (799)
　　四　调整工资区类别 ……………………………………………… (800)
　　五　建立工资正常晋级增资制度 ………………………………… (801)
　　六　构建工资分级管理体制 ……………………………………… (802)
　　七　探索推进国有企业工资制度改革 …………………………… (803)
　　八　工资改革后的工资调整工作 ………………………………… (804)
第四节　职务和级别并重的工资制度（1993—2006年） ……… (807)
　　一　实行工资制度改革 …………………………………………… (808)
　　二　实现机关和事业单位工资制度脱钩 ………………………… (810)
　　三　机关工作人员实行职务级别工资制度 ……………………… (811)
　　四　事业单位实行多种类型的工资制度 ………………………… (814)
　　五　废除工资区制度，改行地区津贴制度 ……………………… (815)
　　六　完善岗位津贴制度 …………………………………………… (816)
　　七　建立工资正常晋级增资制度 ………………………………… (819)
　　八　改革高度集中和简单划一的工资管理体制 ………………… (820)
　　九　工资改革后的工资调整工作 ………………………………… (821)

第五节　职务与级别相结合的工资制度（2006—2019 年） ……（822）
　　一　深化工资制度改革 ……………………………………（823）
　　二　公务员实行职务与级别相结合的工资制度 …………（824）
　　三　事业单位工作人员实行岗位绩效工资制度 …………（828）
　　四　探索完善地区工资制度 ………………………………（829）
　　五　建立工资正常调整机制 ………………………………（831）
　　六　构建工资宏观管理体制 ………………………………（832）
　　七　完善机关事业单位工资制度 …………………………（833）
　　八　完善部分群体工资制度 ………………………………（834）
　　九　建立公务员职务职级并行制度 ………………………（835）
　　十　实现公务员和事业单位工资在管理上的脱钩 ………（836）

第十三章　福利保障制度 …………………………………（839）
第一节　福利保障制度的建立与初步形成
　　　　　　（1949—1956 年） …………………………………（842）
　　一　革命根据地政府对福利保障制度的探索 ……………（842）
　　二　福利保障制度的建立 …………………………………（844）
　　三　初步建立假期制度 ……………………………………（847）
　　四　探索建立福利补贴制度 ………………………………（849）
　　五　明确女职工生产假期标准和假期工资待遇 …………（854）
　　六　建立公费医疗制度并解决部分人员的医疗待遇 ……（855）
　　七　明确职工病假期间待遇标准 …………………………（856）
　　八　建立多层次共办的疗养体系 …………………………（858）
　　九　制定死亡补助和抚恤标准 ……………………………（860）
　　十　建立福利费制度 ………………………………………（861）
　　十一　兴办文化福利事业 …………………………………（864）

第二节　福利保障制度的调整与曲折发展
　　　　　　（1957—1978 年） …………………………………（866）
　　一　福利保障制度整顿与调整 ……………………………（866）
　　二　统一探亲假制度 ………………………………………（868）
　　三　调整福利补贴制度 ……………………………………（870）

四　加大职工住宅投资，改善职工居住条件 …………… (873)
　　五　严格公费医疗标准和范围 ……………………………… (874)
　　六　回收疗养机构管理权限 ………………………………… (876)
　　七　建立遗属生活困难补助制度 …………………………… (876)
　　八　多次调整福利费提取标准 ……………………………… (876)
第三节　福利保障制度的改革与初步探索
　　　　（1978—1992 年） ………………………………………… (878)
　　一　改革假期制度 …………………………………………… (879)
　　二　改革福利补贴制度 ……………………………………… (881)
　　三　调整女职工生育假期 …………………………………… (885)
　　四　探索公费医疗制度改革 ………………………………… (885)
　　五　适当调整病假期间生活待遇 …………………………… (888)
　　六　恢复与加强职工疗养事业 ……………………………… (889)
　　七　调整死亡补助和抚恤标准 ……………………………… (890)
　　八　按固定数额提取职工福利费 …………………………… (892)
　　九　文化福利事业恢复与新发展 …………………………… (893)
第四节　福利保障制度改革的深化（1992—2019 年） …………… (894)
　　一　调整和完善假期制度 …………………………………… (894)
　　二　持续推进福利补贴市场化改革 ………………………… (897)
　　三　调整女职工产假标准 …………………………………… (898)
　　四　建立基本医疗保险制度 ………………………………… (899)
　　五　调整抚恤金和生活困难补助标准 ……………………… (900)
　　六　调整福利费提取标准 …………………………………… (902)
　　七　福利设施社会化改革 …………………………………… (903)

第十四章　辞退与辞职制度 ………………………………………… (905)
第一节　辞退制度 …………………………………………………… (907)
　　一　辞退制度的探索（1949—1978 年） …………………… (908)
　　二　辞退制度的正式建立（1978—1992 年） ……………… (913)
　　三　辞退制度的分类与发展（1992—2009 年） …………… (921)
　　四　辞退制度的逐步完备（2009—2019 年） ……………… (938)

第二节　辞职制度 ··· (942)
　　一　辞职制度的初步探索（1981—1990年） ··············· (943)
　　二　分类分层辞职制度的建立与发展（1990—2004年） ····· (951)
　　三　辞职制度的不断完备（2004—2019年） ··············· (961)

第十五章　退休制度 ······································· (975)

第一节　退休制度的初建（1949—1958年） ···················· (979)
　　一　建立机关和企业统一退休制度 ························ (979)
　　二　逐步建立分行业企业退休制度 ························ (980)
　　三　建立国家机关工作人员退休制度 ······················ (982)
　　四　建立编余老弱病残退职制度 ·························· (986)
　　五　建立企业工人职员退职制度 ·························· (987)
　　六　建立机关工作人员退职制度 ·························· (988)

第二节　干部工人统一退休制度的建立（1958—1978年） ········ (991)
　　一　建立工人职员统一的退休制度 ························ (992)
　　二　实行精减时期的退休制度 ···························· (997)
　　三　工人职员实行统一退职制度 ·························· (999)
　　四　精减职工条件下的退职制度 ························· (1002)
　　五　探索建立老干部离休制度 ··························· (1003)

第三节　干部退休制度的基本定型（1978—1992年） ············ (1006)
　　一　单独建立干部退休制度 ····························· (1008)
　　二　正式建立离休制度 ································· (1028)
　　三　优化退职制度 ····································· (1041)

第四节　退休制度的改革与完善（1992—2019年） ·············· (1042)
　　一　严格执行退休制度 ································· (1046)
　　二　改革离休制度 ····································· (1066)
　　三　探索建立分类退休制度 ····························· (1075)

第十六章　权益保障制度 ··································· (1077)

第一节　权益保障制度的初建与中断（1949—1978年） ·········· (1080)
　　一　建立行政机关工作人员申诉控告制度 ················· (1081)

二　确立办理申诉控告案件的工作原则 …………………（1082）
　　三　规定办理申诉控告案件的工作程序 …………………（1083）
　第二节　权益保障制度的恢复与重建（1978—1992年）……（1086）
　　一　恢复行政机关工作人员申诉控告制度 ………………（1087）
　　二　明确办理申诉控告案件的工作原则 …………………（1089）
　　三　明确办理申诉案件的工作程序 ………………………（1091）
　　四　初步建立事业单位人才流动权益保障制度 …………（1095）
　第三节　权益保障制度改革的探索（1992—2000年）………（1097）
　　一　建立公务员申诉控告制度 ……………………………（1098）
　　二　规定公务员申诉制度的基本内容与要求 ……………（1100）
　　三　规定公务员控告制度的基本内容与要求 ……………（1110）
　　四　建立人事争议仲裁制度 ………………………………（1112）
　第四节　权益保障制度的发展与定型（2000—2012年）……（1123）
　　一　优化公务员申诉制度相关规定 ………………………（1124）
　　二　优化公务员控告制度相关规定 ………………………（1133）
　　三　逐步完善人事争议仲裁制度 …………………………（1135）
　第五节　权益保障制度的不断完善（2012—2019年）………（1148）
　　一　进一步加强对公务员合法权益的保护 ………………（1149）
　　二　建立事业单位工作人员申诉制度 ……………………（1150）
　　三　不断完善人事争议仲裁制度 …………………………（1162）

第十七章　人事档案管理制度 …………………………………（1169）
　第一节　人事档案管理制度的初步建立
　　　　　（1949—1978年）……………………………………（1171）
　　一　制定全国性人事档案管理工作法规 …………………（1172）
　　二　确立人事档案管理体制和组织体系 …………………（1173）
　　三　加强人事档案管理规章制度建设 ……………………（1174）
　　四　初步收集与整理干部人事档案 ………………………（1175）
　第二节　人事档案管理制度的基本健全
　　　　　（1978—1990年）……………………………………（1176）
　　一　逐步规范人事档案管理 ………………………………（1177）

二　提高人事档案管理水平 …………………………………………（1179）
　　三　推行流动人员人事档案管理制度 …………………………………（1180）
第三节　集中统一与分级负责的人事档案管理制度的完备
　　　　（1990—2005年）………………………………………………（1181）
　　一　人事档案工作纳入全国档案工作管理体系 ………………………（1182）
　　二　逐步加强干部人事档案整理规范建设 ……………………………（1188）
　　三　实行企业人事档案代理制度 ………………………………………（1190）
　　四　加强流动人员人事档案管理 ………………………………………（1193）
第四节　人事档案管理工作水平的不断提升
　　　　（2005—2012年）………………………………………………（1195）
　　一　推进新形势下干部人事档案工作 …………………………………（1196）
　　二　加强和改进干部人事档案的内容建设 ……………………………（1199）
　　三　推进干部人事档案信息化进程 ……………………………………（1201）
第五节　新时期人事档案管理制度的完善
　　　　（2012—2019年）………………………………………………（1203）
　　一　全面开展干部人事档案审核工作 …………………………………（1204）
　　二　推进干部人事档案法治建设 ………………………………………（1206）
　　三　提升干部人事档案工作质量 ………………………………………（1211）
　　四　推动干部人事档案管理科学发展 …………………………………（1216）

参考文献 ………………………………………………………………（1220）

中国人事科学研究院学术文库已出版书目 …………………………（1226）

第十章 考核制度

第十章 考核制度

考核，即考查审核。其中"考"含有查核、查考的意思，"核"含有考察、对照的意思。"考"与"核"结合起来，即表明了仔细查对、核实的意思。考核制度是人事管理的重要制度，指具有考核权限的主体机关按照规定的权限、标准和程序，对被考核对象的政治素质、履职能力、工作实绩、作风表现等所进行的了解、核实和评价，其实施有利于人事管理的科学与规范。

我国的干部考核制度源自战国的"上计"制度[1]。在干部考核制度发展和完善的过程中，古代考课制、监察制等吏治思想和制度设计理念曾在不同的历史时期产生过重要的影响。历经几千年的发展变化，我国形成了一套一脉相承、一以贯之的考核制度体系。

中华人民共和国成立之初，干部考核制度的发展主要体现为充分运用干部鉴定、干部审查等方式，致力于干部素质的提高和干部工作的改进。党的十一届三中全会重新确定党的正确政治路线之后，1979年中央组织部下发的《关于实行干部考核制度的意见》对围绕党的中心工作加强干部考核提出了明确要求，为确立和推行干部考核制度奠定了基础。1994年《国家公务员考核暂行规定》、1995年《事业单位工作人员考核暂行规定》、2003年《中央企业负责人经营业绩考核暂行办法》等相关法律规定出台，为逐步形成和持续推进干部分类考核创造了条件。随后，2005年《公务员法》、2007年《公务员考核规定（试行）》等相关法律法规出台，为深入发展体现党政机关、事业单位

---

[1] 中国古代官吏的考课制度究竟起源于哪个朝代，目前仍然存在一些争议。有学者认为《尚书·舜典》记载的"三载考绩，三考，黜陟幽明"表明考课自此产生。有学者认为《尚书》记载的尧舜时期对原始部落首领的考核以及《周礼》记载的"六计""八法"等，并不是真正意义上的考课制度。主要理由是，《尚书》对此的记载多是后人的一种演绎，《周礼》本身是一部众说纷纭的书。同时，将西周时期的巡狩作为一种专门的官吏考课制度有点勉强，在宗法血缘关系性质的世卿世禄制下，论的是血缘而非功绩。后面这种观点参见刘文瑞《中国古代政治制度（下）：地方体制与官僚制度》，中国书籍出版社2018年版，第161页。本书同意刘文瑞的观点，因为官吏考课制度的诞生是以官僚制度的诞生为前提，只有出现了职业官吏队伍这个群体，才会出现以此群体为对象的考课制度。

和企业干部人事分类管理思想的考核制度指明了方向。党的十八大以来，认真落实新时期好干部标准，围绕知事识人，干部考核制度在新时代积累了新经验，取得了新的重要进展。纵观中华人民共和国干部考核制度的发展历程，大致可以分为初步探索与曲折发展、确立与推行、分类考核的逐步形成与持续推进、改革的深入发展、改革的全面深化与不断完善五个阶段。

第一节 干部考核的初步探索与曲折发展
（1949—1979 年）

早在中华人民共和国成立前夕，为全面了解干部，中央组织部就开始部署干部鉴定工作。按照 1948 年中央组织部《关于组织部门业务与请示报告制度的通知》的要求，县以上干部，首先是各级党委委员和主要部门的负责干部，应将附有包括本人意见之鉴定，在一年内分批汇集报告中央组织部。但由于解放战争正在进行，加之干部鉴定的内容、方式等均未进行统一的部署安排，许多地方没有完成中央组织部要求的任务。

中华人民共和国成立后至改革开放初期，国家实行集中统一的统管干部方法，机关、国有企业、事业单位的干部统一由组织部门负责，国有企业、事业单位的干部管理一直按照机关干部人事管理的统一模式开展。这一时期普遍实行干部鉴定、干部审查，并将结果运用于干部的提拔任用方面。

一 推行干部鉴定

中华人民共和国成立之初，接管政权、稳定政治秩序、改造社会、发展经济客观上都需要扩充干部队伍，因此出现了大规模发展党员干部的局面。但由于发展党员干部缺乏严格的程序规定和实质性的考察，干部队伍素质参差不齐，亟须提高干部素质和改进干部工作。以干部鉴定为主要方法的干部考核致力于促进干部素质的提高和干部工作的改进。[①]

1949 年 11 月，中央组织部发布《关于干部鉴定工作的规定》（以下

[①] 曹志：《中华人民共和国人事制度概要》，北京大学出版社 1986 年版，第 165 页。

简称《鉴定规定》），对干部鉴定的目的、主体、内容、方式等作出具体的规定。

（一）干部鉴定的目的

按照《鉴定规定》，干部鉴定是干部在一定工作或学习期内各方面表现的检查和总结。其目的在于经过鉴定，使干部能更好地认识与提高自己，改进工作；同时使党的组织得以系统全面了解干部，有计划地培养和提拔干部，因此建立干部鉴定制度不仅是推动干部管理工作的重要方法，也是正确执行党的干部政策的重要方法。

（二）干部鉴定的主体

干部鉴定的主体是中国共产党的各级组织部门和中华人民共和国政府的各级人事部门。除军队系统单独管理之外，党的干部一直由中央及各级党委的组织部统一管理。但是，"由于党委的组织部直接管理的干部范围过宽，不可能与各个管理业务的部门取得经常的密切联系，从干部的实际中来考察他们的政治品质和业务能力"[1]。1953年11月，中共中央颁发《关于加强干部管理工作的决定》，提出逐步建立在中央和各级党委统一领导下，在中央和各级党委组织部统一管理下的分部分级管理干部的制度。1955年1月，《中共中央管理的干部职务名称表》出台。随后，各省和部委仿效中央，制定各自管理的干部职务名称表，干部考察由中央及各级党委的各部承担。例如，1955年10月，中央宣传部《关于文教干部管理工作中若干具体问题的暂行规定》出台，明确"中央宣传部和各级党委宣传部（文教部）在中央及各级党委领导下，中央及各级组织部的统一管理下，负责管理全国文教系统的干部，并对全国文教机关、团体的干部工作进行监督"[2]。

（三）干部鉴定的内容

《鉴定规定》明确，鉴定内容须力戒空洞和一般化，应从实际出发，根据干部在一定时期内各种实际斗争中的表现，来进行检讨。干部鉴定

---

[1] 中共中央文献研究室：《建国以来重要文献选编》（第4册），中央文献出版社1993年版，第573页。

[2] 中共中央组织部、中共中央党史研究室、中央档案馆：《中国共产党组织史资料（第九卷）文献选编（下）》，中共党史出版社2000年版，第343页。

的重点应放在立场、观点、作风、掌握政策、遵守纪律、联系群众、学习态度等方面,但须根据干部在不同时期中的不同情况,抓住其主要的突出的问题进行分析研究,得出结论,并扼要地列举其突出事例,避免枝节争论、罗列现象。对新干部的鉴定,则应着重划清敌我界限,树立革命的人生观,并通过鉴定,对其进行初步的审查。

(四) 干部鉴定的方式

《鉴定规定》明确,干部鉴定应采取个人自我检讨、群众会议讨论、领导负责审查三种方式结合进行。干部鉴定前必须有适当的动员与准备工作,经过思想酝酿,使每个干部认真了解鉴定的目的和意义,然后着手进行。干部鉴定须注意客观全面,优点成绩必须表扬,缺点错误必须批评,同时指明问题症结所在及今后克服的办法,以达到团结与提高干部的目的。

(五) 干部鉴定的周期

《鉴定规定》要求,每隔一年左右的时间,各地均需对其所属干部进行一次鉴定,并尽可能与选举各种劳模运动联合进行。1953年至1955年,中央组织部每年都会下发关于当年进行年终干部鉴定的通知,部署干部鉴定工作。但是,干部年终鉴定的工作推行并不顺利。如"一九五四年底,中央组织部只收到26个省、市和中央一级13个部门送来的干部鉴定,大约只占应送鉴定的12%"[①]。有时还会因为某些政策执行等紧急任务而暂时终止某个层级的干部年终鉴定工作,例如,1953年因实行粮食统购统销政策任务紧急,县级机关干部年终鉴定工作暂停。

1956年11月,根据中央组织部《中央关于干部年终鉴定问题的通知》的要求,每年一次的干部年终鉴定变更为调动工作(提拔)时的鉴定,若长期没有调动工作,则每隔3—5年进行一次鉴定。受政治运动的影响,在相当长一段时间内,干部鉴定工作并未得到贯彻执行。1962年10月召开的中央组织工作会议提出加强干部管理,抓好干部的考察、鉴定和监督的要求,决定恢复干部鉴定制度。1963年1月,中央下达《关于对中央管理的干部进行一次重新考察了解的通知》,要求对干部进行一

---

① 张志坚、苏玉堂:《当代中国的人事管理》(上册),当代中国出版社1994年版,第369页。

次全面考察和普遍鉴定。

二　实行干部审查

党在各个历史时期曾采取多种措施对干部进行审查。"中华人民共和国成立之后,干部队伍迅速扩大,干部成分较过去任何时期均为复杂。"①为全面了解干部的真实情况,1953年11月,中共中央发布《关于审查干部的决定》(以下简称《审查决定》),决定在两三年内对全国干部进行一次细致的审查,审查的范围包括各级党政机关、人民团体及财经、文教等部门中的全部干部。

(一) 干部审查的目的

《审查决定》明确,审查干部的目的是全面地了解干部,主要应从政治上去进行审查,弄清每个干部的政治面目,清除混入党政机关内的一切反革命分子、阶级异己分子、蜕化堕落分子,以保持干部队伍的纯洁;同时又要多方面地了解和熟悉干部的思想品质、工作才能,以便更有计划地培养干部,正确地使用干部。此时的干部审查与干部考核尚未进行区分,干部审查承担着干部考核的任务。随着干部审查工作的不断推进,1955年,《中共中央批准中央组织部1955年8月1日给中央的工作报告》将审查干部的目的改为"是为了在政治上弄清每个干部的面目,清除混入党政机关内的一切反革命分子及各种坏分子,以保持干部队伍的纯洁和便于正确地使用干部"。"这才将以搞清和处理干部政治历史问题为目的的干部审查和以考核、了解干部政治、业务素质及工作成绩和工作态度为目的的干部考核做了初步的区分。"②

(二) 干部审查的主体

《审查决定》明确,审查干部工作,必须在中央及县以上各级党委的统一领导下,由各部分工负责,逐级进行;必要时,可在党委领导下成立审查干部委员会。各级领导机关的主要领导骨干,由上一级党委负责

---

① 中共中央文献研究室:《建国以来重要文献选编》(第4册),中央文献出版社1993年版,第579页。
② 张志坚、苏玉堂:《当代中国的人事管理》(上册),当代中国出版社1994年版,第370页。

审查（如地委委员，正、副专员由省委负责审查，其余类推）；各部门的领导骨干由同级党委负责审查；各部门的一般干部由本机关负责审查。党委直接负责审查的干部，由党委各部在党委统一部署下分工负责；各机关负责审查的干部，由各机关首长亲自负责组织领导核心进行审查。各机关中负责审查干部的领导核心，须经同级党委批准。对某些领导不强、骨干太弱的部门，各级党委应设法调派若干骨干以加强其领导。如一时无法调派，则审查工作宁可暂缓进行。驻在各地的中央各部直属机构，原则上均由所在地党委负责审查，中央各主管部门应协助地方党委进行。

（三）干部审查的步骤

《审查决定》强调，审查的步骤，应该是先党内，后党外；先领导骨干，后一般干部；先要害部门，后一般部门；先审查地委、专署（市）以上的领导机关和重要的国营厂矿企业，后审查县、区级机关和次要的厂矿企业；先审查政治面目不清、来历不明和在重要关节上含糊不清的干部，后审查其他干部。这样，既能使首脑机关、要害部门得到及早清理，掌握在政治上可靠的干部手中，又可从容地解决其他机关、部门的问题，做到少出偏差，避免发生混乱。

（四）干部审查的方式

《审查决定》明确，审查工作必须根据不同部门、不同对象，采取不同的方法。一般机关应结合各项工作进行审查；在工厂、矿山，应由所在地的省、市委负责，先把各厂、矿的领导骨干审查清楚，然后依靠他们为核心，结合生产对一般干部进行审查。在短期的干部学校和训练班中，因时间较短，干部互不熟悉，一般不宜进行审查，如发现有问题时，可交原机关调查处理。

三　干部考核的曲折发展

1957年之后，几次重大政治运动都曾使干部考核在标准和方法等方面出现过一些问题，如用"左"的观点衡量干部，对干部的言行无限上纲上线；在方法上，强调要结合当时的政治运动考核干部，这些都影响了干部考核工作的健康发展。① 受政治运动的影响，考核制度不能顺利贯彻执行。

1966—1976年，"各级干部管理部门处于瘫痪状态，大批熟悉业务的干部遭到打击，正常的干部考核工作被迫中止。对干部的诬陷打击代替了实事求是的考察；所谓的路线斗争中的派性立场代替了对干部全面、历史地分析和评价；敌对式的专案审查代替了领导与群众相结合的正确考核方式，一大批优秀干部受到摧残和迫害，一批野心家、社会渣滓受到重用"。②

粉碎"四人帮"后，中央高度重视干部考核工作。邓小平同志指出，"所有的企业、学校、研究单位、机关，都要有对工作的评比和考核"③。1977年，中共中央发布《关于召开全国科学大会的通知》动员全体科学技术工作者向科学技术现代化进军，强调四个现代化的关键是科学技术现代化，明确提出应当恢复技术职称，建立考核制度，实行技术岗位责任制。1978年3月，邓小平同志同国务院政治研究室负责人谈话，在谈到按劳分配问题时说，"要实行考核制度，考核必须是严格的、全面的、而且是经常的。各行各业都要这样做"④。

第二节　考核制度的确立与推行
（1979—1994年）

1979年，邓小平同志在《思想路线政治路线的实现要靠组织路线来保证》的讲话中指出，要加快实现干部队伍的"革命化、年轻化、知识化、专业化"。"'革命化''年轻化''知识化''专业化'，作为一个个单独的词汇，在新民主主义革命时期和中华人民共和国成立初期的党的文献中均已出现过，但是汇集在一起，作为一个有机整体来表述干部队

---

① 张志坚、苏玉堂：《当代中国的人事管理》（上册），当代中国出版社1994年版，第374页。
② 张志坚、苏玉堂：《当代中国的人事管理》（上册），当代中国出版社1994年版，第374页。
③ 《邓小平文选》第二卷，人民出版社1994年版，第151页。
④ 《邓小平文选》第二卷，人民出版社1994年版，第102页。

伍的建设方针却是在改革开放初期出现的。"① 1983年，中央组织部印发《关于领导班子"四化"建设的八年规划》，明确提出到1990年年底以前跨出三大步：通过机构改革，使各级各部门领导班子"四化"建设有一个较大的突破；到1985年年底以前，在继续提高"四化"程度的基础上，基本实现新老干部交替的正常化；到1990年年底以前，实现各级各部门领导班子的"四化"，并通过建立一套比较完整的制度，经常保持领导班子的合理结构。

1987年，党的十三大召开，明确干部人事制度改革的重点是建立国家公务员制度，要求按照法定的标准和程序对公务员进行考核，以工作实绩为主要依据开展升降奖惩。

相关部门持续推动公务员暂行规定的修改完善工作，国有企业、事业单位改革按照扩大管理权自主的原则不断推进，人事分类管理改革持续发展。

一　实行干部考核制度

1979年，中央组织部《关于实行干部考核制度的意见》（以下简称《考核意见》）明确要求全面建立干部考核制度。1987年9月，中央组织部召开了党政领导干部年度工作考核试点工作会议，具体部署考核试点工作。1987年和1988年，中央组织部先后在浙江省椒江市、上海市和外交部直接组织了县（市）党政领导干部年度工作考核试点、地方政府工作部门领导干部年度工作考核试点和中央、国家机关司处级领导干部年度工作考核试点。②

1988年，中央组织部《县（市、区）党政领导干部年度工作考核方案（试行）》和《地方政府工作部门领导干部年度工作考核方案（试行）》出台。1989年，中央组织部和人事部联合下发《中央国家机关司处级领导干部年度工作考核方案（试行）》。这三个方案是此阶段干部考核工作的基本遵循。

---

① 王蕾：《新时期干部队伍"四化"方针的形成》，《当代中国史研究》2016年第2期。
② 张志坚、苏玉堂：《当代中国的人事管理》（上册），当代中国出版社1994年版，第379页。

(一) 出台《关于实行干部考核制度的意见》

1979年9月,中央组织部召开全国组织工作座谈会,对干部考核提出具体要求,明确要建立干部考核制度,一般一年全面考核一次,要求把考核结果作为干部升降的主要依据。至此,干部考核工作开始恢复。1979年11月,中央组织部《考核意见》要求,各个地区、各个部门按照德才兼备的原则,根据各行各业不同职务的干部胜任现职所应具备的条件,制定出明确具体的考核标准和考核内容,在试点的基础上,务求在两三年内,把这项制度全面建立起来。1982年12月,劳动人事部发布《关于建立国家行政机关工作人员岗位责任制的通知》,建立以岗位责任制为基础的考核制度。该通知明确规定,实行岗位责任制要同考核制度、奖惩制度以及工资制度的改革紧密结合。机关实行岗位责任制和个人执行岗位责任制的好与不好,作为考核工作人员的依据。

1. 干部考核的主体

按照《考核意见》的要求,干部的考核工作,应按照干部管理权限,在党委领导下,由各级组织、人事部门负责。进行定期考核时,可成立临时考核组织,吸收正派公道、原则性强、在群众中有威信的领导干部、专业技术干部和组织、人事部门的干部参加,在党委领导下,进行考核评定工作。

1980年,《中共中央组织部关于重新颁发〈中共中央管理的干部职务名称表〉的通知》明确,干部考核工作在党管干部的原则下开展。该通知要求各级党委的组织部门和党委其他管理干部的部门,应当在党委领导下,积极做好对干部的考察、考核等各项具体工作。同时要求考察了解干部和考核干部,必须充分走群众路线。

1980年7月,国务院发布《关于成立国家人事局的通知》,合并民政部政府机关人事局和国务院军队转业干部安置工作小组办公室,成立国家人事局,直属国务院领导,负责干部的考核和晋升工作。1982年5月,国家劳动总局、国家人事局、国家机构编制委员会和国务院科学技术干部局合并成立劳动人事部,承担对政府系统干部的考核等综合管理职能。1984年7月,劳动人事部所属科技干部局被划归国家科委领导,科技干部的考核由国家科委承担。

2. 干部考核的标准和内容

《考核意见》明确,干部考核要坚持德才兼备的原则,按照各类干部胜任现职所应具备的条件,从德、能、勤、绩四个方面进行考核:考德,是考核干部的政治立场和思想品质,主要看是否坚决拥护党的政治路线和思想路线,贯彻执行党的方针政策,遵守党纪国法和社会主义公共道德,热爱祖国,努力为四个现代化贡献力量。考能,是考核干部的业务、技术管理水平、工作效率和文化程度,是否具备胜任现职的能力。考勤,是考核干部的工作态度和事业心,是否肯学肯钻,对业务精益求精,任劳任怨,勇于创新,充分发挥工作积极性。考绩,是考核干部的工作成绩,主要看对现代化建设直接或间接所作的贡献。

对各类干部的考核,要各有侧重。技术干部、专业干部,侧重技术、业务水平和成果;党政干部,侧重政治思想水平、政策水平和工作能力;对领导干部应要求更严些、更高些,要着重考核政策思想水平、组织领导能力、熟悉业务的程度、执行民主集中制的状况和工作的实际成效。

3. 干部考核的方法

按照《考核意见》的要求,考核干部要实行领导和群众相结合的方法,把平时考察和定期考核结合起来。同时,恢复和健全考察了解干部的制度,如民主生活会、年终鉴定、功过纪实等。党组织通过和干部谈话、听取思想、工作汇报和群众反映等方法了解干部情况,并注意收集其本人写得有价值的工作总结、报告、文章作为定期考核的基础。

定期考核,一般一年考核一次,也可两年考核一次。根据各类干部的特点和考核内容的要求,采取不同的方法。科学技术干部、经营管理干部和各类业务干部,可由本人提出技术、业务报告,经同行评议,由考核组织评定。专业知识和基础理论可进行考试,学术论文可进行答辩。党政干部,可结合年终鉴定,由本人提出工作思想总结,群众评议,考核组织评定。对领导干部,还可结合本部门的工作总结,组织群众评议和实行民意投票,进行考核。

考核组织要把考核结果同干部本人见面,指出主要优缺点和努力方向,鼓励干部发扬成绩,克服缺点,不断前进。本人有不同意见可以保留,也可以向上级组织申诉。

4. 干部考核结果的运用

按照《考核意见》的要求,干部考核要做到赏罚分明,有升有降。

对达到考核标准、工作成绩显著的干部，要给予精神鼓励或物质鼓励。对大公无私、精通业务、有组织才能和办事效率高的优秀分子，要选拔到领导岗位上来。对未能达到考核标准的干部，要给他们创造学习的条件，或在实践中加强锻炼，鼓励他们上进，限期达到考核标准。经过两次考核达不到标准的，要调离现职，分配其他工作，有的要降职使用。

（二）试行党政领导干部年度工作考核

1983年全国组织工作会议提出要对党政领导干部实行年度考核，规定了德、能、勤、绩四个方面的考核内容，并强调着重考核工作实绩。各地、各部门党组织和组织人事部门为改革干部考核工作，进行了有益的探索，积累了宝贵的经验。1988年中央组织部在此基础上出台《县（市、区）党政领导干部年度工作考核方案（试行）》（以下简称《考核方案》），并在一定范围内进行了试点。

《考核方案》明确，党政领导干部年度考核一般在年末或年初进行。必要时也可安排在本年度召开的县（市、区）人民代表大会之前进行。考核对象是县（市、区）委书记、副书记、常委和县（市、区）长、副县（市、区）长。考核方式实行由上级领导机关负责，同级党的全体委员会和同级人民代表大会常务委员会参与的考核制。考核内容包括被考核者的德、能、勤、绩，重点是履行岗位职责的工作情况和实绩。

1. 考核主体

县（市、区）党政领导干部的考核主体为设非常设性的考核委员会，考核委员会由地（市、州、盟）委书记或副书记、市（州、盟）人大常委会主任或副主任、专员（市长、州长、盟长）或副专员（副市长、副州长、副盟长）、地（市、州、盟）委组织部部长、地（市、州、盟）纪委书记及地（市、州、盟）的人事、监察、审计等部门的负责人组成。考核委员会负责制订考核计划，拟定考核标准，监督考核程序，协调考核工作，向所属各县（市、区）派出考核工作组，审核考核结果，接受申诉。

地（市、州、盟）委组织部按干部管理权限作为考核委员会的办事机构，处理考核工作的日常事务。考核工作组具体实施考核。考核中，可吸收县（市、区）委组织部做部分具体工作。

2. 考核程序

党政领导干部年度考核的工作程序包括准备、述职、民主评议、整体考评、综合汇总、反馈、总结、复核八个步骤。在准备环节，通知被考核者准备个人述职提纲，填写《县（市、区）党政领导干部年度工作考核表》。由专业部门填写该县（市、区）的《社会经济文化主要指标实现情况统计表》。

在述职环节，张榜公布该县（市、区）《社会经济文化主要指标实现情况统计表》。被考核者向各自的选举任命机构和上级领导作个人述职，同时回答与会人员提出的问题。述职基本采取党政分开的形式进行。不同对象的述职，其参加范围有所区别。①

在民主评议环节，对县（市、区）党政领导干部进行民主评议，参加范围与听取述职的范围相同。评议以填写《干部年度工作评价表》和分组会议方式进行。评议结果记入《县（市、区）党政领导干部年度工作考核表》。在评议期间，考核工作组应与被考核者谈话。

在整体考评环节，为了更加准确、客观地评价被考核者年度工作，考核工作组应组织有关人员对县（市、区）委、政府领导班子进行整体考评。整体考评可与对干部的民主评议结合在一起进行。

在综合汇总环节，考核工作组根据需要做补充性考察，汇总各方面的考评信息，提出考核意见。

在反馈环节，考核工作组向县（市、区）委和政府反馈整体考评意见。考核工作组向被考核者反馈对本人的考核意见，被考核者对考核意见如有异议，可进行说明或提出申诉。考核工作组向全体参加民主评议的人员通报整体考评意见和对被考核者个人的民主评议情况。县（市、区）党政领导班子向全体参加民主评议的人员表态。

---

① 县（市、区）委书记、县（市、区）长的述职，参加范围是：县（市、区）委委员、纪委常委、政协正副主席、党委职能部门负责人、群众团体负责人和县（市、区）人大常委、检察院检察长、法院院长、政府组成人员及乡镇、街道党政领导和部本届党代会、本届人代会代表。县（市、区）委副书记、常委的述职，参加范围是：县（市、区）委委员、纪委常委、政协正副主席、党委职能部门负责人、群众团体负责人、乡镇、街道党委领导和部分本届党代会代表。副县（市、区）长的述职，参加范围是：县（市、区）人大常委会委员、检察院检察长、法院院长、政府组成人员、乡镇、街道行政领导和部分本届人代会代表。

在总结环节，考核工作组将考核意见记入《县（市、区）党政领导干部年度工作考核表》，被考核者签署意见，考核工作组总结考核工作，县（市、区）委和政府领导班子研究整改措施。

在复核环节，考核工作组向考核委员会汇报考核工作的情况和结果。考核委员会审核考核结果，审核意见记入《县（市、区）党政领导干部年度工作考核表》。

3. 考核结果运用

《考核方案》要求，考核委员会将考核结果分别向县（市、区）党的全体委员会和县（市、区）人大常委会通报，按干部管理权限移交考核材料，《县（市、区）党政领导干部年度工作考核表》存入本人档案，考核结果作为组织对干部实行奖惩、升降、调整、培训的重要依据。

（三）试行地方政府领导干部年度工作考核

1988年，中央组织部颁发《地方政府工作部门领导干部年度工作考核方案》，试行年度工作考核。考核一般在年末或年初，结合年终工作总结进行。考核实行行政首长负责的考核制。考核工作要接受上级组织的指导、机关党组织的监督和群众的监督。考核内容包括被考核者的德、能、勤、绩，重点是履行岗位责任的工作情况和实绩。考核对象包括两大类，第一类是由地方人民政府首长提名，人民代表大会常务委员会决定任免的政府工作部门的行政首长[①]。第二类是由地方人民政府决定任免的各工作部门的副职行政首长[②]，由地方人民政府各工作部门决定任免的中层行政首长[③]。

1. 考核主体

地方政府设立非常设性的考核委员会负责各类和负责第一类和部分第二类对象的考核。根据我国的政治体制和领导体制，考核委员会由地方党委书记（或副书记）、政府首长、人大常委会主任（或副主任）、党

[①] 按照《地方政府工作部门领导干部年度工作考核方案》的规定，这一类的行政首长包括秘书长、厅长、局长、主任、科长等。
[②] 按照《地方政府工作部门领导干部年度工作考核方案》的规定，这一类的行政首长包括副秘书长、副厅长、副局长、副主任、副科长等。
[③] 按照《地方政府工作部门领导干部年度工作考核方案》的规定，这一类的行政首长包括正副处长、正副主任、正副科长等。

委组织部部长、纪委书记和人事、监察审计等部门的负责人，以及机关干部代表等组成。考核委员会负责制订考核计划，拟定考核标准，监督考核程序，协调考核工作，审核考核结果，接受申诉，并直接组织对第一类考核对象的考核。根据干部管理权限，第二类考核对象中由地方人民政府决定任免的各工作部门副职行政首长，也可由考核委员会直接组织考核。

地方政府各工作部门组织非常设性的考核领导小组，由部门的正副首长、机关党委书记、干部（人事）处（科）长以及机关干部代表组成，负责组织对第二类考核对象中其他人员的考核，审核考核结果，接受申诉。

2. 考核程序

考核程序与中央机关司处级领导干部年度考核程序基本相同，包括准备、述职并评议、主管首长评鉴、反馈和审核五个步骤。

3. 考核结果运用

考核主管机构总结考核工作，将考核材料按干部管理权限移交归档《地方政府工作部门领导干部年度工作考核表》存入本人档案。考核结果作为组织对干部实行奖惩、升降、调整、培训的重要依据。

（四）试行中央国家机关司处级领导干部年度工作考核

1989年，中央组织部颁发《中央国家机关司处级领导干部年度工作考核方案（试行）》，对由中央和国家机关部委、直属机构任命的司、处级领导干部试行年度工作考核[①]。考核一般在年末或年初，结合年终工作总结进行。考核实行行政首长负责的考核制。考核工作要接受上级组织的指导、机关党组织的监督和群众的监督。考核内容包括被考核者的德、能、勤、绩，重点是履行岗位责任的工作情况和实绩。

1. 考核主体

中央和国家机关部委、直属机构成立非常设性的考核委员会，直接组织对正副司长、正副局长、正副主任的考核，组织协调各司局的考核工作，接受申诉。委员会由部委正副部长、正副主任和机关党委书记、

[①] 按照《中央国家机关司处级领导干部年度工作考核方案（试行）》的规定，司、处级领导干部包括：正副司长、正副局长、正副主任；正副处长、正副主任等。

人事（干部）司（局）长以及干部代表等组成。

机关各司局成立非常设性的考核小组，负责组织、实施对本司局正副处长、正副主任的考核。考核小组由正副司长、正副局长、正副主任、党支部书记以及本司局干部代表组成。

在只对处级职能部门的正副负责人进行考核的情况下，部委、直属机构可不成立考核委员会，由考核办公室负责考核工作的组织实施。考核办公室以人事（干部）司（局）为主，吸收机关党委等部门的负责同志参加，负责拟定考核标准，监督考核程序，并处理考核工作中的日常事务等。

本单位党组织在考核过程中，要支持并协助行政首长搞好考核，了解党员干部发挥模范作用的情况，做好思想政治工作，保证和监督党的干部政策的贯彻执行。

2. 考核程序

考核程序具体为：（1）准备。通知被考核者准备个人述职提纲，并填写《中央、国家机关干部年度工作考核表》。（2）述职并评议。被考核者向主管首长述职，可由被考核者所在部门的直接下级或全体干部和与被考核者同级的有关干部参加。根据具体情况，述职也可采用书面方式进行。述职后，在主管首长主持下进行评议，可采用小组评议、量表评价等方式进行，具体采用何种方式由主管首长决定。（3）主管首长评鉴。主管首长根据被考核者的工作情况，汇总各方面的评议信息，提出评鉴意见，并记入《中央、国家机关干部年度工作考核表》。（4）反馈。主管首长向被考核者反馈评鉴结果，指出其工作中的成绩、不足和努力方向。被考核者在《中央、国家机关干部年度工作考核表》中签署意见。被考核者对评鉴结果如有异议，可向考核主管机构申诉，也可越级申诉。（5）审核。考核主管机构审定考核结论及被考核者意见，并在《中央、国家机关干部年度工作考核表》中签署意见。

3. 考核结果运用

考核主管机构总结考核工作，将考核材料按干部管理权限移交归档，包括将《中央、国家机关干部年度工作考核表》存入本人档案。考核结果作为组织对干部实行奖惩、升降、调整、培训的重要依据。

二 推行以技术岗位责任制为基础的科技干部考核

尽管"大一统"的干部人事制度仍是此阶段考核工作开展的背景，相对独立的事业单位人事制度并未形成，但事业单位干部管理体制改革逐步推进，尤其是科研、教育管理体制改革启动，事业单位干部管理自主权不断下放，以技术岗位责任制为基础的科技干部考核得到较大发展。1983年，中央组织部《关于改革干部管理体制若干问题的规定》明确，对企业、事业单位干部的管理应当实行灵活的办法，给企业事业单位以更多的干部管理自主权。《1978—1985年全国技术发展规划纲要》明确恢复科学技术人员的职称，建立技术岗位责任制。科技人员每两三年进行一次考核，合乎条件的应该晋级，特别优秀的应该越级提升，对确实不适宜做科研工作的人员应予调整。

（一）科技干部考核的主体

1981年，中共中央办公厅、国务院办公厅发布的《科学技术干部管理工作试行条例》强调，对科学技术干部的管理，应当同国民经济管理体制和干部管理体制相适应，在中央及各级党委领导下，在中央及各级党委组织部统一管理下，按照科学技术干部的特点，依据科学技术水平、技术职称和级别，实行由国务院、国务院各部委和省、自治区、直辖市分级管理的制度。国务院科技干部局是国务院管理科技干部的职能机构，由国家科委代管，协助中央组织部统一管理科技干部，对国务院各部委和地方各级科技干部管理部门有业务指导的任务。

科学技术干部的考核由各级分管部门办理，对属于上级主管的科学技术干部，下级应当协助管理，提出建议。国务院各部委和省、自治区、直辖市双重管理的单位，科学技术干部的考核等工作，以各部委管理为主的，由主管部委办理，省、自治区、直辖市协助；以省、自治区、直辖市管理为主的，由省、自治区、直辖市办理，各部委协助。

（二）科技干部考核的方式方法和周期

对科学技术干部实行定期考核和晋升制度，主要根据他们的工作成就、科学技术水平和业务能力，经过相应的学术组织或评审组织认真负责评定后，由主管机关授予技术职称。对各类不同工作岗位的科学技术干部的考核，应当有不同的具体要求。考核每一年至三年进行一次。对于特别优秀的，可随时考核，予以破格提升。

（三）科技干部的技术职称考核评定

由于缺乏统一的技术职称考核评定标准和考核办法，科技干部技术职称考核晋升工作中存在不少问题，比如不区分对象一律采用答卷考试的做法等。1979年，针对职称考核晋升工作中存在的问题，国务院发布《关于做好科技干部技术职称评定工作的通知》，明确要求科技干部技术职称评定应以考核为主、考试为辅。评定技术职称，主要以工作成就、技术水平和业务能力为依据，适当考虑学历和从事技术工作的资历，不应限制年限，没有比例限制。

对科技干部的技术职称评定工作始于工程技术干部。1979年12月，国家科学技术委员会、国家经济委员会、国务院科学技术干部局制定《工程技术干部技术职称暂行规定》。确定或提升工程技术干部的技术职称必须经过考核。在平时考绩的基础上，每一年至三年进行一次考核。对于有突出成就的，可随时考核，破格提升。

1980年，国务院发布《关于确定和晋升科技管理干部技术职称的意见》和《科技管理干部考核、晋升的业务标准条件》，再次强调确定和晋升科技管理干部的技术职称，以工作成绩、科学管理和专业技术水平、业务组织能力为主要依据，并适当考虑学历及从事科技管理工作或科技工作的资历。

与此同时，各行业也积极开展职称评定考核工作，比如卫生行业开展了卫生技术人员职称及晋升考核。1979年，《卫生技术人员职称及晋升条例（试行）》明确，各类卫生技术人员的晋升工作，必须在党的领导下，贯彻群众路线，广泛听取各方面的意见，由学术委员会对其业务水平提出评价。具体考核办法由省、自治区、市卫生局规定。

但是，因职称制度存在缺陷，导致职称评定工作出现很多问题。1983年10月起，全国学术职称和业务技术职称的考核、评定、晋升、授予和发证等工作暂停进行，并启动职称改革方案研究。

（四）科技干部的业务考绩档案

1979年，国务院科技干部局《关于建立〈科学技术干部业务考绩档案〉的统一式样的通知》强调，凡是从事理工农医科学技术工作的科学技术干部，都应建立业务考绩档案。1981年，《科学技术干部管理工作试行条例》进一步明确，科学技术干部管理部门按管理范围建立科学技术干部的业务考绩档案。同时，该条例还对业务考绩档案包括的内容作出了详细规定，具体包括简历表、业务自传、著作和论文目录、创造发明和技术革新的评价、业务评定、参加国内外科学技术活动的情况、培养人才的成绩、业务奖励等。1982年国务院科技干部局《关于试行科学技术人员兼职、交流的暂行办法的通知》明确，科学技术人员在兼职期间的业绩鉴定也要记入本人业务档案。科学技术人员在兼职期间的工作成绩或科技成果，由聘请单位负责鉴定，并将鉴定材料转给原单位记入本人业务档案。

三　实行技术考核、任期考核等不同主体的考核

党的十一届三中全会指出，我国经济管理体制存在权力过于集中的严重缺点，要求认真解决党政企不分、以党代政、以政代企的现象，确定了向地方和企业下放权力，让地方和工农企业在国家统一计划的指导下拥有更多经营管理自主权的思路。这一阶段的国营企业改革重点在于放权让利，扩大国营企业自主经营权，向国营企业让利。1983年2月，《中共中央、国务院关于地市州党政机关机构改革若干问题的通知》明确，市的领导体制和机构设置，要按照党政企合理分工的原则和经济体制改革的趋势进行改革，要进一步扩大企业的经济自主权，主要依靠经济组织和运用经济办法来管理经济，国家机关适合改为经济组织或事业单位的，就应改为经济组织或事业单位。在此背景下，围绕扩大企业用人自主权，国营企业人事制度改革启动，国营企业领导及职工的考核制度发生明显变化。

（一）推行厂长任期目标责任制

1982年，中共中央《关于颁发工业企业、财贸企业基层党组织工作两个暂行条例的通知》明确，建立和健全干部考核制度，强调领导考核和群众评议相结合，平时考察和定期考核相结合。

1986年《全民所有制企业厂长工作条例》规定对厂长实行任期制，任期一般3—5年。任期责任目标的实施，应当作为对厂长考核、监督和决定可否连任的主要依据之一。条例出台后，各地政府和各行业部门纷纷出台相关规定，实施厂长任期目标责任制。比如，1987年，《贵州省人

民政府关于实行厂长任期目标责任制的试行规定》明确，凡实行厂长负责制的全民所有制工业企业，都应实行厂长任期目标责任制。对厂长任期目标责任制的执行情况，采取自我考核、职代会评议和主管部门考核相结合的办法，对厂长的工作作出全面科学的评价。实行任期目标责任制的厂长，每年进行一次自我考核，并将考核情况向主管机关写出书面报告。主管机关年终对厂长任期目标责任制的执行情况进行全面考核，年终和任期届满的考核结果和评语与厂长见面，向全体职工公布，并记入考评册。

又如，1989年，《交通部直属企业厂长（经理）任期目标责任制考核奖惩办法（试行）》出台，明确考核对象为实行厂长负责制和厂长任期目标经营责任制企业（含实行企业管理的事业单位）的厂长。考核厂长任期目标的完成情况，主要是对经济效益、财务和国家资产管理状况、产品（运输）质量、安全生产、降低消耗、推进技术进步和技术改造、设备管理、企业现代化管理、职工教育培训、改善职工生活和加强精神文明建设等项指标进行考核，部属一级企业的厂长由部负责考核。部属二级企业的厂长由部属一级企业负责考核，并将考核和奖惩的结果报部备案。

（二）开展专业技术人员的考核

1986年，《关于实行专业技术职务聘任制度的规定》要求聘任或任命单位对受聘或被任命的专业技术人员的业务水平、工作态度和成绩进行定期或不定期的考核。考核成绩记入考绩档案，作为提职、调薪、奖惩和能否续聘或任命的依据。

1988年，《中央职称改革工作领导小组关于完善专业技术职务聘任制度的原则意见》强调，要建立健全科学的专业技术人员考核制度。考核是专业技术人员管理的重要环节，无论是招聘录用，还是奖惩晋升，都应以考核结果作为主要依据。考核的目的在于了解专业技术人员的实际水平、工作能力以及完成目标任务的业绩等情况，考核的办法应以定量与定性相结合，平时考核与阶段考核相结合。对担任各级职务的专业技术人员要规定明确的任期目标，实行任期目标考核制。同时，还要建立健全科技人员的考绩档案，随时记入专业技术人员的工作成绩、论文、成果以及培训、进修等情况，以此作为量化考核的依据。通过考核择优选聘,对符合晋升条件的人员根据岗位需要,在限额内聘任职务。对少数不能履行职责,并为实践证明达不到相应职务所要求的水平和能力者,可以评聘低一级职务或调做其他工作。有些人虽然水平、能力达到了任职条件的要求,但由于工作态度、职业道德较差,可不再聘任其职务。

1990年,人事部《关于印发〈企事业单位评聘专业技术职务若干问题暂行规定〉的通知》强调,各地区、各部门要指导企事业单位结合各自的特点,建立健全专业技术人员考核制度和考绩档案。考核应按干部管理权限进行,注重政治标准,以履行岗位职责的工作实绩为主要内容,实行定性考核与定量考核相结合,平时考核与任期期满考核相结合。考核要广泛听取领导、专家和群众的意见,考核结果要记入考绩档案,作为续聘、低聘、解聘、晋升、奖惩的依据。

为贯彻《企事业单位评聘专业技术职务若干问题暂行规定》,人事部颁布《关于认真做好1990年度企事业单位专业技术人员考核工作的通知》要求各地区、各部门结合1990年年终总结对所有受聘担任专业技术职务的人员认真地进行一次年度考核,任期已满的可结合任职期满考核一起进行。

考核按干部管理权限进行,由人事与业务部门共同负责,注意听取各方面的意见,特别是专家及专业技术人员的意见。

考核要严格掌握思想政治标准,在坚持四项基本原则前提下,以专业技术人员岗位职责或任期目标的工作业绩为主要内容。同时,根据不同专业的工作内容确定考核指标,制定考核标准,实行定量考核与定性考核相结合,重点考核所完成的工作数量、质量、效果、实绩、成果及所反映的技术水平和能力。

通过年度考核,对已聘任人员可分出优秀、称职、基本称职、不称职等若干等次,并把考核结果与使用、晋升、奖惩结合起来。聘任专业技术职务必须坚持条件,能上能下。

此外,通知要求各单位必须建立健全专业技术人员考绩档案,将有关考核材料和考核结果及时整理归档,作为专业技术人员评审、晋升、奖惩的重要依据。要做好考绩档案的管理工作,专业技术人员调转工作时应将考绩档案与人事档案一并移交。

第三节 分类考核制度的逐步形成与持续推进（1994—2005年）

1993年，国务院颁布《国家公务员暂行条例》，对公务员考核列专章作出规定。1994年，人事部印发《国家公务员考核暂行规定》，在全国正式推行公务员考核制度。"据统计，1994年全国各级行政机关参加考核的人员近513.5万人，占当年行政机关总人数的97.2%人；其中被评为优秀的近75万人，约占考核总数的14.6%；被评为不称职的6161，约占0.1%。1995年参加考核的人员近522.5万人，占当年行政机关人数的98.9%；其中被评为优秀的72万人，占13.8%；不称职的4806人，占0.09%。"[①]

1995年，为探索建立与社会主义市场经济体制相配套的人事管理体制，国家人事部决定选择一些地区、部门和单位作为人事制度改革试点的联系点，以加强人事制度改革试点工作。与此同时，国有企业干部人事制度改革进一步发展，随着现代企业制度的建立和发展，企业的人事管理从大一统的干部人事制度体系中分解出来。相对独立的公务员、国有企业干部、事业单位工作人员人事管理制度逐步发展起来，与市场经济体制相适应的人事管理制度处于不断探索中，逐步形成各县特点的考核制度。

一 加强党政机关干部考核制度建设

随着公务员考核制度的建设推进，改进完善考核制度也被提上日程。自1994年起，为了保证年度考核工作的质量，加强对国家公务员年度考核工作的宏观管理，各级行政机关开始建立年度考核工作审核备案制度。地方各部门的年度考核工作由同级政府人事部门负责审核备案。国务院各部门的年度考核工作由人事部负责审核备案。审核备案的方法是：年度考核基本结束时，各单位将考核工作总结和《年度考核工作审核备案登记表》送同级政府人事部门，未经审核备案的不能按照考核结果兑现

[①] 侯建良：《公务员制度发展纪实》，中国人事出版社2007年版，第132页。

有关待遇。

1998年的全国人事局长会议强调，要围绕提高考核的公正性、真实性、鲜明性，大力改进考核制度。一要实行多层面考核，进一步扩大参加年终考核民主测评、推荐的范围；二要扩大考核的触角，既要重视了解工作时间内的情况，还要注意了解生活、社会交往等情况；三要净化民主测评、推荐的环境，让参加测评、推荐的人员说公道话、说真话，防止考核失真；四要科学分析民主测评、推荐的结果，防止简单"以票取人"；五要公示结果，接受群众监督。[①]

1998年，中纪委、中央组织部、人事部下发《关于受党纪处分的党政机关工作人员年度考核有关问题的意见》，进一步明确受党纪处分的党政机关工作人员年度考核等次的确定。受党内警告处分的当年参加年度考核，不得确定为优秀等次。该意见还对受党内严重警告处分、撤销党内职务处分、留党察看处分等党政机关工作人员年度考核有关问题进行了相应的规定。

（一）正式建立公务员考核制度

1994年，《国家公务员考核暂行规定》的出台，标志着我国公务员考核制度正式建立。同年，人事部《关于实施国家公务员考核制度有关问题的通知》明确，各地区，各部门凡尚未开展考核工作的，都要从1994年起，按照《国家公务员暂行条例》和《国家公务员考核暂行规定》的要求，在政府机关建立起正规的考核制度，认真实行。1994年度未按《国家公务员暂行条例》和《国家公务员考核暂行规定》实施年度考核的单位，不得兑现《考核暂行规定》的有关待遇。1996年，《关于实施国家公务员考核制度有关问题的补充通知》颁布，针对1995年通知实施过程中各地区、各部门在开展考核工作中陆续反映出的一些问题进行明确，例如合理确定考核等次、对考核不称职而又无职可降人员的处理等问题，进一步强化对考核工作的指导。

2000年，人事部下发《关于进一步加强国家公务员考核工作的意见》，从充实内容、改进方法、增设考核等次、加强考核结果的使用、严格备案管理制度等方面，对完善公务员考核制度提出了新的要求，对探

[①] 侯建良：《公务员制度发展纪实》，中国人事出版社2007年版，第126页。

索定性与定量相结合的考核方法加强了工作指导。

1. 考核主体

按照《国家公务员考核暂行规定》国家行政机关在年度考核时设立非常设性考核委员会或考核小组，在部门负责人的领导下，负责国家公务员年度考核工作。考核委员会或考核小组由部门负责人、本部门人事等有关单位负责人和国家公务员代表组成。国家公务员代表由民主推选产生，人数不少于考核委员会或考核小组总人数的1/3。考核委员会或考核小组的日常事务由本部门的人事机构承担。

2. 考核内容及标准

国家公务员的考核内容包括德、能、勤、绩四个方面，重点考核工作实绩。德，是指政治、思想和道德品质的表现；能，是指业务知识和工作能力；勤，是指工作态度和勤奋敬业的表现；绩，是指工作的数量、质量、效益和贡献。2001年，《关于进一步加强和改进党政机关年度考核工作的意见（试行稿）》强调，党政机关年度考核的内容要根据党政机关的职能和特点合理确定，注意体现社会主义市场经济条件下对党政机关考核工作提出的新要求。

按照1994年《国家公务员考核暂行规定》，考核标准以国家公务员的职位职责和所承担的工作任务为基本依据。国家公务员的考核结果分为：优秀、称职、不称职三个等次。1996年，人事部发布《关于实施国家公务员考核制度有关问题的补充通知》，明确"关于合理确定考核等次问题"。通知中提到，在考核实践中，许多单位反映，考核结果确定为三个等次过少，希望再增加一个基本称职等次。为维护法规的严肃性，在实际工作中仍然要按三个等次确定考核结果。对于那些德才表现较差，在考核中介于称职和不称职之间的人员，可以暂缓确定等次，给予3—6个月的考验期，待考验期满后，有明显改进的，确定为称职；没有明显改进的，则确定为不称职。国家公务员年度考核要严格坚持标准，符合实际，被确定为优秀等次的人数，一般掌握在本部门国家公务员总人数的10%以内，最多不超过15%。

各等次的基本标准是：正确贯彻执行党和国家的路线、方针、政策，模范遵守各项规章制度，熟悉业务，工作勤奋，有改革创新精神，成绩突出则为优秀；正确贯彻执行党和国家的路线、方针、政策，自觉遵守各项规章制度，熟悉或比较熟悉业务，工作积极，能够完成工作任务则为称职；政治、业务素质较差，难以适应工作要求，或工作责任心不强，不能完成工作任务，或在工作中造成严重失误，则为不称职。

2001年，中央组织部、人事部《关于进一步加强和改进党政机关年度考核工作的意见（试行稿）》明确，从2001年起，党政机关工作人员的年度考核结果在原有"优秀、称职、不称职"三个等次的基础上，试行增加"基本称职"等次，即年度考核结果为优秀、称职、基本称职、不称职四个等次。优秀、称职、不称职的基本标准仍按《国家公务员考核暂行规定》执行。"基本称职"等次的基本标准是：能贯彻执行党和国家的路线、方针、政策，遵守各项规章制度，基本能完成本职工作，但思想政治素质和业务素质不能完全适应职位要求，廉洁自律、工作作风方面存在明显不足，完成工作的质量和效率不高，或因主观原因在工作中发生明显失误。

3. 考核方法及程序

按照《国家公务员考核暂行规定》的要求，对国家公务员考核要注重实效，简便易行，宜于操作，防止烦琐。考核国家公务员由部门负责人负责，必要时，部门负责人可以授权同级副职负责考核。对国家公务员的考核分为平时考核和年度考核。平时考核随时进行，由被考人如实填写工作记录；年度考核每年年末或者翌年年初进行。2001年，《关于进一步加强和改进党政机关年度考核工作的意见（试行稿）》明确，要把年度考核与平时考核有机地结合起来，各有重点，互为补充。平时考核的重点是日常工作任务完成情况和出勤情况，可以通过考勤和周、月、季、半年工作总结等方式进行。年度考核对干部的德、能、勤、绩进行全面评价，重点是全年政治表现和工作任务完成情况，结合年度工作总结进行。平时考核是年度考核的基础，年度考核要以平时考核为依据。

考核方法采取领导与群众相结合的方法，使被考核人的领导、同级、下级等不同层次的人员，通过多种形式参与考核过程，使考核结果综合反映各方面的意见。直接面向群众的党政工作部门和窗口单位，要面向社会，在一定范围内接受直接服务对象的评议，通过多种方法和渠道听取意见，把机关内外的意见结合起来，综合考虑确定考核结果。对各方面的意见要进行分析，采取实事求是的态度，客观公正地确定被考核人的年度考核结果。对测评结果要具体分析，不能简单地以票数、分数确定考核等次，避免简单化、绝对化。要结合平时考核和民主测评结果，进行综合评估，对于重点专项工作也可采取目标责任制考核，使考核结果真实地反映被考核人的情况。

年度考核的基本程序是：被考核人个人总结；主管领导人在听取群众意见的基础上，根据平时考核和个人总结写出评语，提出考核等次意见；考核委员会或考核小组对主管领导人提出的考核意见进行审核；部门负责人确定考核等次；将考核结果以书面形式通知被考核人。如果考核对象是担任国务院各工作部门司局级以上领导职务和县级以上地方人民政府工作部门领导职务的国家公务员，可在必要时，进行民主评议或民意测验。

2001年，《关于进一步加强和改进党政机关年度考核工作的意见（试行稿）》强调，要增加考核工作的透明度，实行年度考核"优秀"等次人员公示制度。对年度考核拟确定为优秀等次的人员，要在本单位范围内进行公示，时间一般为两至三天。对反映的问题，单位组织人事部门应进行核实，确实不符合优秀等次条件的，应重新确定考核等次。

4. 考核结果使用

年度考核工作结束后，按照国家公务员管理权限将考核结果存入本人档案。

按照1994年《国家公务员考核暂行规定》的要求，国家公务员在年度考核中被确定为优秀、称职等次的，具有晋职、晋级和晋升工资的资格，并发给一定数额的奖金。2001年，《关于进一步加强和改进党政机关年度考核工作的意见（试行稿）》进一步强调，对"优秀"等次人员要优先提供培训、学习、深造等机会，使他们进一步得到锻炼和提高。具体按照下列规定办理：国家公务员连续三年被确定为优秀等次或连续五年被确定为称职以上等次的，在本职务对应级别内晋升一级；国家公务员在现任职务任期内，年度考核连续两年被确定为称职以上等次的，在本职务工资标准内晋升一个工资档次；依据年度考核结果按本规定晋升级别和工资档次的，从考核年度的下一年1月开始执行；国家公务员年度考核被确定为称职以上等次的，以其本年度12月的基本工资额为标准，发给一个月的奖金；国家公务员连续两年被确定为优秀等次或连续三年被确定为称职以上等次的,具有晋升职务的资格。

国家公务员年度考核被确定为不称职等次的,按照下列规定处理:当年考核被确定为不称职等次的,予以降职。降职决定按照国家公务员管理权限由任免机关在三个月内作出。降职后,其职务工资就近就低套入新任职务工资档次。其原级别在新任职务对应级别范围内的,不降低原级别;原级别高于新任职务对应级别的,降到新任职务对应的最高级别,并执行相对应的级别工资;连续两年考核被确定为不称职等次的,按规定予以辞退。

(二) 探索干部实绩考核的制度改革

党的十四届四中全会通过的《关于加强党的建设几个重大问题的决定》,对干部考核问题作出了明确概括,并提出了新的要求,将完善考核作为加快党政领导干部选拔任用制度改革的重要内容。《决定》指出,"衡量干部的德和才,应该主要看贯彻党的基本路线取得的实绩",要全面考核干部的德、能、勤、绩,注重考核实绩,要针对不同类型的干部制定相应的考核评价标准体系。为贯彻这一精神,1995年,中央组织部制定下发了《关于加强和完善县(市)党委、政府领导班子工作实绩考核的通知》,要求各地从实际出发,制定符合本地区实际的实施细则和考核评价标准。

2001年,中央组织部机关、人事部机关以及河北、浙江、江西省党委组织部和政府人事厅,中央统战部、司法部、国家工商总局干部人事部门按照《关于进一步加强和改进党政机关年度考核工作的意见(试行稿)》的要求开展相关工作的试点。探索把德、能、勤、绩四个方面作为党政机关考核的主要内容,在重点考核工作实绩的同时,强化对党政机关工作人员思想政治素质、工作作风和廉洁自律情况的考核。

(三) 建立党政领导干部定期考核制度

1998年,中央组织部印发《党政领导干部考核工作暂行规定》(以下简称《考核暂行规定》)。考核暂行规定体现了考核工作的重大进展,明确了对党政领导干部的考核必须坚持党管干部、客观公正、注重实绩、群众公认的原则,细化了考核内容,详细规范了考核程序,确定了考核工作责任制、考核工作回避制等制度。

2000年发布的《深化干部人事制度改革纲要》强调了建立健全党政

领导干部定期考核制度的重要性，要求建立考核举报、考核申诉、考核结果反馈等制度，研究制定防止干部考察失真失实的对策，根据实际情况试行考察预告制等，对不称职、不胜任现职的干部，除按规定免职外，提出了待岗制、改任非领导职务、下岗学习以及离职分流等多种办法予以调整。

1. 考核主体

《考核暂行规定》明确，考核的主体是党委的干部主管部门。干部主管部门在党委（党组）领导下，按照干部管理权限考核党政领导班子和领导干部。对双重管理的领导班子和领导干部，以主管方为主、协管方协助，共同组织实施考核工作。在评定考核结果时，主管方应征求协管方的意见。考核组由考核机关组建并派出，对考核机关负责。需要时，考核机关可约请或抽调其他单位的人员，参加考核组的工作。

2. 考核内容

领导班子的考核内容主要包括思想政治建设、领导现代化建设的能力、工作实绩三个方面。工作实绩主要体现为：在经济建设、社会发展和精神文明建设、党的建设等方面所取得的成绩和效果，在推进改革、维护稳定方面取得的成绩和效果。地方县以上党委、政府领导班子的工作实绩主要包括：各项经济工作指标的完成情况，经济发展的速度、效益和后劲，以及财政收入增长幅度和人民生活水平提高的程度；教育、科技、文化、卫生、体育事业的发展，环境与生态保护、人口与计划生育、社会治安综合治理等状况；党的思想、组织、作风、制度建设的成效等。对部门领导班子，还要重点考核其发挥职能作用，完成各项工作任务，为经济建设服务的情况等。

领导干部的考核内容包括思想政治素质、组织领导能力、工作作风、工作实绩、廉洁作风五个方面。考核暂行规定强调并细化了思想政治素质考核的内容，具体分为理论素养和思想水平、政治方向和政治立场、群众观点和群众路线、政治品德和道德品质。

3. 考核形式及周期

对领导班子和领导干部的考核，包括平时考核、任职前考核、定期考核。平时考核是对领导班子和领导干部所进行的经常性考核。考核机关通过检查工作、个别谈话、专项调查、派人参加领导班子民主生活会和年度总结会等多种形式和渠道，了解考核对象的有关情况；任职前考核按《党政领导干部选拔任用工作暂行条例》的有关规定进行；定期考核采取届中、届末考核的形式进行；没有明确届期的，每两年或三年进行一次定期考核。

4. 定期考核程序

定期考核的程序包含八个步骤：考核准备；述职；民主测评；个别谈话；调查核实；撰写考核材料；综合分析，评定考核结果；反馈。

5. 考核的评定标准及等级

领导班子的考核结果是否划分等次，由考核机关根据实际情况决定。领导干部考核结果分为优秀、称职、基本称职、不称职四个等次。按照考核内容的五个维度，以好、较好、一般、存在问题为评定标准，评定出考核结果的四个等次。评定领导干部的考核结果要把民意测验的结果作为重要依据。考核机关可根据实际情况制定不同等次的得票率标准。比如，评定为优秀等次的，民意测验优秀和称职的得票率要达到考核机关规定的标准。

6. 考核结果使用

考核结果应作为领导干部选拔任用、职务升降、奖惩、培训、调整级别和工资等的重要依据。选拔担任上一级领导职务的人选，应从考核中被评定为优秀、称职的干部中产生。领导干部在考核中被评定为优秀、称职、基本称职等次的，按有关规定晋升级别和工资。领导干部在考核中被评定为基本称职的，考核机关应对其提出诫勉，限期改进，视具体情况，也可以调整其领导职务。领导干部在考核中被评定为不称职的，应视具体情况，按干部管理权限和法定程序作出如下处理：（1）免去现任领导职务；（2）责令辞去领导职务；（3）降职。领导干部被免去现任领导职务或责令辞去领导职务后，可另行分配适当工作。

二 探索符合事业单位特点的工作人员考核制度

1995 年出台的《事业单位工作人员考核暂行规定》为事业单位开展考核工作确立了基本制度规范，有助于正确评价事业单位工作人员的德才表现和工作实绩。

2000 年，中央发布《深化干部人事制度改革纲要》，明确建立健全事业单位领导人员的任期目标责任制,加强对任期目标完成情况的考核。要求以岗位职责和聘用合同为依据,建立适合不同专业技术工作特点和岗位特点的考核指标体系。同年7月,中央组织部、人事部联合发布《关于加快推进事业单位人事制度改革的意见》,要求把加快推进事业单位人事制度改革作为促进国家整体改革和发展的一项重要而紧迫的任务。同时强调,建立健全领导班子和领导人员任期目标责任制,加强对任期目标完成情况的考核,并将考核结果与任用、奖惩挂钩。

(一)出台《事业单位工作人员考核暂行规定》

事业单位工作人员考核的范围包括各级国家行政机关所属事业单位的各级各类职员、专业技术人员和工人。这是在正式文件中第一次直接将事业单位管理人员称为职员。该规定要求,考核应当坚持客观公正、民主公开、注重实绩的原则。事业单位工作人员的考核分为平时考核和年度考核。平时考核随时进行,由被考核人根据工作任务定期纪实,主管领导负责检查。年度考核一般每年年末或翌年年初进行。年度考核以平时考核为基础,按照《毕业单位工作人员考核暂行规定》,具体的考核主体、内容、标准、方法、程序、结果使用如下。

1. 考核主体

考核主体为事业单位负责人。必要时,事业单位负责人可以授权同级副职或有关机构负责人负责考核。事业单位在年度考核时设立非常设性的考核委员会或考核小组,在单位负责人的领导下,负责年度考核工作。考核委员会或考核小组由本单位负责人、人事机构和有关部门负责人及工作人员代表组成,日常事务由本单位人事机构承担。

2. 考核内容和标准

考核的内容包括德、能、勤、绩四个方面,重点考核工作实绩。德,主要考核政治、思想表现和职业道德表现;能,主要考核业务技术水平、管理能力的运用发挥,业务技术提高、知识更新情况;勤,主要考核工作态度、勤奋敬业精神和遵守劳动纪律情况;绩,主要考核履行职责情况、完成工作任务的数量、质量、效率,取得成果的水平以及社会效益和经济效益。

考核标准以岗位职责及年度工作任务为基本依据,具体标准在政府人事部门与主管部门的指导下由各单位根据实际情况自行制定。考核标准应明确具体，不同专业和不同职务、不同技术层次的工作人员在业务水平和工作业绩方面应有不同的要求。

考核结果分为优秀、合格、不合格三个等次，职员、专业技术人员和工人的考核分别有各等次的基本标准。职员的优秀等次强调改革创新精神，专业技术人员的优秀等次突出专业技术能力强或提高快，工人的优秀等次要求精通业务、责任心强，三类人员的考核内容各有侧重。

3. 考核方法和程序

事业单位工作人员的考核，采取领导与群众相结合、平时与定期相结合、定性与定量相结合的方法。年度考核的基本程序是：被考核人个人总结、述职；主管领导人在听取群众意见的基础上，根据平时考核和个人总结写出评语，提出考核等次意见；考核组织对主管领导人提出的考核意见进行审核；事业单位负责人确定考核等次；将考核结果以书面形式通知被考核人。考核事业单位担任各级领导职务的工作人员，必要时，可以进行民主评议或民意测验。

4. 考核结果使用

考核结果的使用，应与事业单位评选先进活动、开展奖励表彰工作紧密结合。

事业单位工作人员在年度考核中被确定为合格以上等次的，按照下列规定办理：按照有关规定晋升工资档次和发给奖金；职员连续三年考核被确定为合格以上等次的，具有晋升职务的资格；连续两年以上被确定为优秀等次的，具有优先晋升职务的资格；专业技术人员年度考核被确定为合格以上等次的，具有续聘的资格；工人连续两年考核被确定为优秀等次的，具有聘任技师的优先资格。

年度考核被确定为不合格等次的，按照下列规定处理：当年考核被确定为不合格等次的，不发年终奖金，并予以批评教育；连续两年考核被确定为不合格等次的，根据不同情况，可予以降职、调整工作、低聘或解聘；连续两年考核被确定为不合格等次，又不服从组织安排或重新安排后年度考核仍不合格的，予以辞退。

（二）卫生事业单位建立健全岗位考核制度

2000年，中央组织部、人事部、卫生部《关于深化卫生事业单位人事制度改革的实施意见》要求建立和完善岗位考核制度，对聘用人员进行全面考核，并把考核结果作为续聘、晋级、分配、奖惩和解聘的主要依据。同时，要根据医疗等卫生专业技术人员的工作特点，制定能量化的考核要素，建立健全适合各类不同人员的简便、易操作的考核评价体系。

2002 年，卫生部根据中共中央《深化干部人事制度改革纲要》和中央组织部、人事部、卫生部《关于深化卫生事业单位人事制度改革的实施意见》的精神，结合卫生行业的实际情况，制定了卫生事业单位内部分配制度改革等五个配套文件。其中，《卫生事业单位工作人员考核暂行办法》是为了适应卫生事业单位人事制度改革由身份管理向岗位管理转变的要求，建立和完善岗位考核制度而制定的，考核对象包括卫生事业单位各级各类专业技术人员、管理人员和工勤人员。具体的制度内容如下：

1. 考核主体

实行用人单位自主考核。用人单位按照上级人事和卫生部门有关考核要求，结合单位实际情况，制定考核实施细则，建立起一套简便易行、科学有效、动态管理、适合不同岗位特点的考核评价体系。考核实施细则须经单位职代会审议通过。

2. 考核内容

考核内容包括德、能、勤、绩四个方面，重点考核工作实绩。德，主要考核政治、思想表现和职业道德表现；能，主要考核业务技术水平、管理能力的运用发挥，以及业务技术提高和知识的更新情况；勤，主要考核工作态度、勤奋敬业精神和遵守劳动纪律情况；绩，主要考核履行职责，完成工作任务的数量、质量、效率、取得成果的水平以及社会效益和经济效益。医疗机构人员考核的主要内容按照管理人员、专业技术人员、工勤人员的不同岗位确定。卫生防疫、保健、科研、教育等单位人员考核的主要内容根据不同单位和岗位特点确定。单位领导人员的年度考核按干部管理权限由主管部门按照任期工作目标责任制的考核内容组织实施。

3. 考核方法

实行分级分类考核。按照一般人员、科室负责人员、单位领导人员的不同级别，以及管理人员、专业技术人员、工勤人员的不同岗位，实行分级分类考核。考核分为平时考核、年度考核和聘期考核。平时考核由所在科室组织,考核结果要进行明确的记录,单位考核领导小组每季度至少核查一次平时考核的情况。年度考核和聘期考核由单位统一组织,年度考核以平时考核为基础,聘期考核以年度考核为基础。聘期考核可与当年年度考核同步进行。

4. 考核程序

年度考核的基本程序:被考核人填写《卫生事业单位工作人员年度考核登记表》,一般人员在本科室进行个人述职和民主测评,科室负责人员在一定范围内进行个人述职和民主测评。根据平时考核、个人述职、民主测评情况,提出考核等次初步意见,一般人员由科室考核小组写出评语,提出考核等次,报单位考核领导小组审核,科室负责人由单位考核领导小组或单位主管领导写出评语,提出考核等次。单位负责人确定考核等次。考核结果通知本人,《卫生事业单位工作人员年度考核登记表》存入个人档案。聘用期满考核程序可与年度考核程序一致。

5. 考核结果使用

考核结果应与卫生事业单位用人制度、分配制度改革紧密挂钩,通过考核加强聘后管理,真正建立职务能上能下、待遇能高能低、人员能进能出的充满生机与活力的用人机制。

考核结果分为优秀、合格、基本合格、不合格四个等次。优秀等次要严格标准,被确定为优秀等次的人数,一般掌握在本单位参加考核人数的10%左右,不超过15%。

平时考核结果作为平时收入分配的主要依据;年度考核和聘期考核结果作为晋级、分配、奖励,以及聘用、续聘、解聘和辞退的主要依据。卫生事业单位工作人员在聘用合同期内连续被确定为合格以上等次的,或聘用期满考核被确定为合格以上等次的,具有续签聘用合同的资格。首次被确定为不合格等次的,予以批评教育,不发年终奖金;连续两年被确定为不合格等次的,予以降职、调整工作、低聘或解聘;连续3年被确定为不合格等次的,予以辞退。年度考核定为"基本合格"等次实行诫勉制度的人员,暂不兑现考核结果,待诫勉期满,依据所定的等次办理。诫勉期限为3—6个月。诫勉期满有明显改进的,可定为合格等次;仍表现较差的,定为不合格等次。

三　推行符合现代企业人事管理需要的考核制度

从1992年起，国有企业开始以"破三铁"（铁饭碗、铁工资、铁交椅）为标志的企业劳动、人事、分配制度改革，这意味着企业可以辞退工人，干部身份的企业管理人员不再终身制。1993年11月，党的十四届三中全会提出深化企业改革，建立现代企业制度。开启建立新型的企业内部劳动人事制度和分配制度的尝试。在国有企业人员的考核方面，主要开展了以下改革：

（一）考核主体随干部管理权限发生变化

"在1993年行政体制与机构改革中，中央成立大型企业工委，负责管理中央企业的党政领导人员。1996年，中央大型企业工委与中央国家机关党工委纪委中负责监督管理中央企业的有关部门合并，成立中央企业工委，负责中央企业党政领导人员的管理工作。1998年，中央企业工委与国家经贸委部分管理企业职能机构合并，成立国务院国有资产管理委员会，全面负责企业党政领导人员的管理监督工作。"[①]"企业工委作为党中央的派出机关，与人事部合署办公，是为了对大型国有企业党政领导班子实行统一管理，提高工作效率，也是企业干部管理方式创新的一种尝试。"[②]

1999年，《中共中央关于成立中共中央企业工作委员会及有关问题的通知》，将由国务院管理的163户企业领导班子交由中央企业工委管理。其中，对39户涉及国家安全和国民经济命脉的国有重要骨干企业的领导班子列入中央管理干部的范围。这39户企业的行政领导职务，中央审批后由国务院任命。其他由中央企业工委管理的国有重要骨干企业的行政领导职务，中央企业工委审批后由人事部任命。企业干部权限的调整直接带来考核主体的相应转变。

2003年3月10日，国务院国有资产监督管理委员会成立。作为国务

---

① 徐颂陶、孙建立：《中国人事制度改革三十年》，中国人事出版社2008年版，第107—108页。

② 中共中央文献研究室：《十五大以来重要文献选编》（上），中央文献出版社2000年版，第410页。

院的直属特设机构，国务院国有资产监督管理委员会代表国家履行出资人职责。国资委一成立，就把抓紧制定中央企业负责人经营业绩考核办法作为一项重要的起步工作，通过建立健全企业经营业绩考核体系和奖惩制度，将国有资产经营的责任落实到企业负责人，为国有资产保值增值建立责任体系。

（二）对国有企业厂长的考核重点为经营成果

1994年制定的《国有企业厂长（经理）奖惩办法》规定，对厂长的考核内容包括思想政治表现、经营成果、国有资产保值增值情况，以及《全民所有制工业企业转换经营机制条例》对企业规定的经营责任和法律责任。该《办法》强调对厂长考核的重点为经营成果，经营成果包括厂长任期目标责任制任务（或承包经营责任制及资产经营责任制）完成情况和经济效益指标（企业实现利税、实现利润、资本金利润率、全员劳动生产率等）；对亏损企业和公益性企业在考核经营成果和国有资产保值增值情况时，应把扭亏目标或完成公益性任务目标作为考核厂长的重点，实行目标经济责任制；考核厂长经营成果，应进行全国或地区同行业间横向比较，并划分出不同档次。

（三）建立企业经营业绩考核制度

1999年，《中共中央关于国有企业改革和发展若干重大问题的决定》强调，深化国有企业人事制度改革。要按照企业的特点建立对经营管理者培养、选拔、管理、考核、监督的办法，并逐步实现制度化、规范化。积极探索适应现代企业制度要求的选人用人新机制，把组织考核推荐和引入市场机制、公开向社会招聘结合起来，把党管干部原则和董事会依法选择经营管理者以及经营管理者依法行使用人权结合起来……建立企业经营业绩考核制度。[1]

2000年，中央发布的《深化干部人事制度改革纲要》，要求完善国有企业领导人员考核办法。对国有企业领导人员实行年度考核和任期考核，要求根据岗位职责的特点，确定考核指标和考核标准，重点考核经营业绩和工作实绩。《纲要》强调改进考核方法，研究制定国有企业领导人员

---

[1] 中共中央文献研究室：《改革开放三十年重要文献选编》（下），中央文献出版社2008年版，第1048页。

业绩考核评价指标体系,在国有企业中逐步推广,同时,建立国有企业领导人员的业绩档案。

2001年《关于深化国有企业内部人事、劳动、分配制度改革的意见》明确提出加强对管理人员的考评。企业对管理人员实行定量考核与定性评价相结合的考评制度。文件要求,根据企业经营目标和岗位职责特点,确定量化的考核指标。难以实行定量考核的岗位,要根据经营业绩和工作实绩进行严格考核;对重要岗位上的管理人员要建立定期述职报告制度,并建立考评档案;考评结果的确定,以经营业绩和工作实绩考核为主,参考民主评议意见。同时,职工劳动合同期满,企业应根据考核情况和企业生产经营需要,择优与职工续签劳动合同。

2003年发布实施的《中央企业负责人经营业绩考核暂行办法》标志着央企负责人经营业绩考核制度的建立。之后国资委对央企业绩考核体系不断进行调整和完善。

(四)稽察特派员制度推进国有企业领导人员业绩评价

建立稽察特派员制度是国家对企业领导人员管理制度的重大改革。1998年3月,朱镕基总理在国务院全体会议上指出,"国务院决定,逐步向一千家国有大企业和企业集团派出稽察特派员。稽察特派员由副部级以上干部担任,每个稽察特派员配专职助理四人。稽察特派员不干预企业经营管理,只查企业的盈亏、查资产负债,同时对企业财务状况进行分析评估,对企业主要领导成员的工作业绩进行评价。一年查两次,稽查结果经国家经贸委、国防科工委、外经贸部等部门及有关国家局审核后,向国务院作出报告,作为对企业主要领导人奖惩任免的重要依据"[1]。1998年,国务院向500家企业派出了稽察特派员。

1998年7月,吴邦国副总理在中央大型企业工作委员会工作会议上的讲话指出:"当前国有企业领导班子建设中的一个突出问题是对企业领导人员监督约束机制不健全、不配套,已有的制度执行中也缺乏力度,考核评价制度不完善,企业好坏与经营者利益没有直接联系,没有形成

---

[1] 中共中央文献研究室:《十五大以来重要文献选编》(上),中央文献出版社2000年版,第239页。

能上能下、优胜劣汰的环境。"① 在这样的背景下稽察特派员主要以财务监督为核心,通过查账对企业主要领导成员的经营业绩等进行监督,对侵犯国有资产所有者权益的行为进行监督。通过稽察工作,可以对企业主要领导成员作出客观公正的评价,并及时进行奖惩和任免,形成有效监督。

第四节　考核制度改革的深入发展（2005—2012 年）

党的十六大报告进一步明确要求探索和完善党政机关、事业单位和企业的干部人事分类管理制度。考核工作始终围绕着分类管理的思路,按照"形成符合党政机关、国有企业和事业单位不同特点的、科学的分类管理体制,建立各具特色的管理制度"的要求开展。在党政领导干部和公务员考核方面,建立并完善以工作实绩为主要内容的党政领导干部考核评价指标体系,建立符合科学发展观要求的干部政绩考核体系和考核评价标准。在事业单位工作人员考核方面,系统构建事业单位考核制度。在国有企业人员考核方面,实行企业经营管理者任期制和任期目标责任制,积极开发适应不同类型企业经营管理人才的考核测评技术,改进国有资产出资人对国有企业经营管理者考核评价工作,突出对经营业绩和综合素质的考核,建立符合企业特点的考核制度。

一　确立符合科学发展观的干部考核制度

2005 年,《中共中央关于印发〈建立健全教育、制度、监督并重的惩治和预防腐败体系实施纲要〉的通知》强调,抓紧制定体现科学发展观和正确政绩观要求的干部实绩考核评价标准。②

2008 年 7 月,国家公务员局成立。组建国家公务员局是中央根据新的形势发展要求作出的重大决策,对推动公务员考核制度的发展具有重

---

①　中共中央文献研究室:《十五大以来重要文献选编》（上）,中央文献出版社 2000 年版,第 406 页。

②　中共中央文献研究室:《改革开放三十年重要文献选编》（下）,中央文献出版社 2008 年版,第 1469 页。

要意义。这一阶段，公务员考核法规体系基本建立。同时，公务员考核联系点建立，成为交流推广经验做法的有效平台。2010年，国家公务员局在河北、江苏、福建、江西、湖南、陕西6省建立公务员考核工作联系点，到2012年各地各部门建立联系点、试点300多个。国家公务员局定期召开全国行政机关公务员考核工作经验交流会，总结公务员法实施以来的考核工作，交流推广公务员考核工作尤其是平时考核工作的经验做法。

（一）党政领导干部考核强调科学发展观指导

2005年12月，《国务院关于落实科学发展观加强环境保护的决定》指出，要把环境保护纳入领导班子和领导干部考核的重要内容，并将考核情况作为干部选拔任用和奖惩的依据之一；坚持和完善地方各级人民政府环境目标责任制，对环境保护主要任务和指标实行年度目标管理，定期进行考核，并公布考核结果。评优创先活动要实行环保一票否决。[①]

2008年9月，胡锦涛总书记《在全党深入学习实践科学发展观活动动员大会暨省部级主要领导干部专题研讨班上的讲话》中指出，体现科学发展观和正确政绩观要求的干部考核评价体系尚不健全，促进科学发展的监督体系不完善，[②] 为完善以科学发展观指导的党政领导干部考核指明了方向。

此外，人才工作也被纳入各级党政领导班子的工作目标责任制。"制定各级党政领导班子的工作目标责任制，要把人才工作方面的要求作为重要内容，并认真进行考核。"[③] 2010年，《国家中长期人才发展规划纲要（2010—2020）》进一步提出："建立党委、政府人才工作目标责任制，提高各级党政领导班子综合考核指标体系中人才工作专项考核的权重。"《纲要》要求建立《人才规划纲要》实施情况的监测、评估、考核机制，加强督促检查。全国推行人才工作目标责任的态势基本

---

① 中共中央文献研究室：《十六大以来重要文献选编》（下），中央文献出版社2007年版，第97页。

② 中共中央文献研究室：《改革开放三十年重要文献选编》（下），中央文献出版社2008年版，第1819页。

③ 中共中央文献研究室：《十六大以来重要文献选编》（上），中央文献出版社2004年版，第578—589页。

形成。

（二）公务员考核法规体系基本形成

2005年，《公务员法》进一步完善了公务员考核规定。2007年，中央组织部、人事部颁布《公务员考核规定（试行）》，1994年的《国家公务员考核暂行规定》同时废止。截至2008年12月底，30个省（区、市）转发了《公务员考核规定（试行）》，大部分省份结合各自实际，制定了公务员考核规定实施细则或办法，形成了以《公务员法》为依据、各省（区、市）实施细则为辅助的公务员考核法规体系。

2010年，针对《公务员考核规定（试行）实施中遇到的普遍性问题》，人力资源和社会保障部发布了《实施〈公务员考核规定（试行）〉有关问题的答复意见》，作为指导各地各部门考核工作的依据。

2011年，人力资源和社会保障部会同中央组织部研究修改了《实施〈公务员考核规定（试行）〉有关问题的答复意见》，督促引导各地各部门建立健全平时考核制度。

（三）公务员考核制度内容更加丰富

1. 考核对象的调整

2005年《公务员法》区分了领导成员和非领导成员，规定"对领导成员的定期考核，由主管部门按照有关规定办理"。2007年《公务员考核规定（试行）》延续了这一规定，同时对考核对象作出补充规定，包括请病假、事假的公务员；调任或专任；挂职锻炼；单位派出学习、培训；新录用；无故不参加考核；受处分；不进行考核或参加年度考核不定等次的公务员；考核中违纪行为的处理等。

2. 考核等次的调整

2005年《公务员法》增加了"基本称职"这一等次，考核等次由三等变为四等。2007年，《公务员考核规定（试行）》进一步细化了"基本称职"的条件，具体为：思想政治素质一般；履行职责的工作能力较弱；工作责任心一般，或工作作风方面存在明显不足；能基本完成本职工作，但完成工作的数量不足、质量和效率不高，或在工作中有较大失误；能基本做到廉洁自律，但某些方面存在不足。

3. 考核内容的调整

《公务员法》规定，全面考察公务员的德、能、勤、绩、廉，重点考核工作实绩，较之 1994 年《国家公务员考核暂行规定》，单列了"廉"这一维度，改变了之前将"廉"归入"德"中进行考核的做法。2007 年《公务员考核规定（试行）》进一步细化了对"廉"的考核要求，明确"廉"是指廉洁自律等方面的表现。

4. 考核程序的调整

2007 年《公务员考核规定（试行）》增加了"对拟定为优秀等次的公务员在本机关范围内公示"的规定。同时，在 1994 年《国家公务员考核暂行规定》"将考核结果以书面形式通知被考核人"的基础上进一步规范，要求公务员本人签署意见。

5. 考核结果使用的调整

《公务员法》规定，定期考核的结果作为调整公务员职务、级别、工资以及公务员奖励、培训、辞退的依据。2007 年《公务员考核规定（试行）》进一步细化考核结果的使用。例如，累计两年被确定为称职以上等次的，在所定级别对应工资标准内晋升一个工资档次；累计 5 年被确定为称职以上等次的，在所任职务对应级别范围内晋升一个级别；确定为称职以上等次，且符合规定的其他任职资格条件的，具有晋升职务的资格；连续 3 年以上被确定为优秀等次的，晋升职务时优先考虑；被确定为优秀等次的，当年给予嘉奖；连续 3 年被确定为优秀等次的，记三等功；享受年度考核奖金。

二 深化改革事业单位工作人员考核制度

（一）开展义务教育学校教师绩效考核

绩效考核结果是绩效工资分配的主要依据，2008 年，教育部发布《关于做好义务教育学校教师绩效考核工作的指导意见》，强调要以服务和促进义务教育的科学发展为目标，以提高教师队伍素质为核心，以促进教师绩效为导向，着力构建符合教育教学和教师成长规律、导向明确、标准科学、体系完善的教师绩效考核评价制度。

1. 考核内容

该《指导》意见要求各地从实际出发，围绕考核内容，建立健全科学完善的教师绩效考核指标体系。考核的内容包括：教师履行《义务教育法》《教师法》《教育法》等法律法规规定的教师法定职责，以及完成学校规定的岗位职责和工作任务的实绩，包括师德和教育教学、从事班主任工作等方面的实绩。

师德主要考核教师遵守《中小学教师职业道德规范》的情况，特别是为人师表、爱岗敬业、关爱学生的情况。教师不得以任何理由、任何方式有碍完成教育教学任务，不得以非法方式表达诉求、干扰正常教育教学秩序、损害学生利益，并将此作为教师绩效考核合格的必备的基本要求。

教育教学主要考核教师从事德育、教学、教育教学研究、教师专业发展的情况。结合所教学科特点，考核教师在课堂教学中实施德育的情况；教学工作重点考核教学工作量、教学准备、教学实施、教学效果，以及组织课外实践活动和参与教学管理的情况；对教学效果的考核，主要以完成国家规定的教学目标、学生达到基本教育质量要求为依据，不得把升学率作为考核指标，要引导教师关爱每个学生，特别是学习上有困难或品行上有偏差的学生。教育教学研究工作重点考核教师参与教学研究活动的情况。教师专业发展重点考核教师拓展专业知识、提高教育教学能力的情况。

班主任的工作任务应作为教师教学工作量的重要组成部分，要鼓励教师尤其是优秀骨干教师积极主动承担班主任工作，使他们有热情、有时间、有精力，高质量高水平做好班主任工作，当好学生的人生导师，促进学生德智体美全面发展。对班主任工作的考核重点考核其对学生的教育引导、班级管理、组织班集体和团队活动、关注每个学生全面发展的情况。

2. 考核方法

绩效考核工作一般由学校按规定的程序与年度考核结合进行，可采取定性与定量相结合，教师自评与学科组评议、年级组评议、考核组评议相结合，形成性评价和阶段性评价相结合等方法，同时适当听取学生、家长及社区的意见，充分发挥校长、教师和学校在绩效考核中的作用。

3. 考核结果的使用

绩效考核结果作为绩效工资分配的主要依据。对履行了岗位职责、完成了学校规定的教育教学工作任务的教师，全额发放基础性绩效工资；对有突出表现或做出突出贡献的教师，视不同情况发放奖励性绩效工资。

根据绩效考核结果,合理确定奖励性绩效工资分配等次,坚持向骨干教师和做出突出成绩的教师倾斜,适当拉开分配差距。同时,绩效考核结果也作为教师资格认定、岗位聘任、职务晋升、培养培训、表彰奖励等工作的重要依据。

(二) 卫生事业单位实施绩效考核

为贯彻落实《中共中央国务院关于深化医药卫生体制改革的意见》《卫生事业单位贯彻〈事业单位工作人员收入分配制度改革方案〉的实施意见》《关于公共卫生与基层医疗卫生事业单位实施绩效工资的指导意见》等文件精神,2010年,卫生部制定出台《关于卫生事业单位实施绩效考核的指导意见》强调,绩效考核应当突出公益性,强调公益目标和社会效益,防止单纯追求经济利益的倾向,保证单位和工作人员全面履行职责;应当坚持客观公正,确保考核工作公开透明,提高考核结果的公信度;应当体现激励导向,通过考核结果引导多劳多得、优绩优酬,调动单位和工作人员的积极性;应当注重实效,分类实施,科学合理,简便易行。

1. 考核主体

单位及单位主要领导的绩效考核由卫生行政部门组织实施,单位绩效考核可通过单位自评、卫生行政部门现场查看以及服务对象民意调查等多种方式进行综合评价。原则上每年进行1次。工作人员绩效考核由单位自行组织实施,在总结以往经验的基础上,采取多种方法进行综合评价,考核周期由单位自行确定。

2. 考核内容

对工作人员的绩效考核根据各类、各等级岗位的不同特点和要求,依据岗位职责,考核其工作数量、工作质量、工作效率、职业道德、服务对象的满意度等岗位业绩和成效情况。对单位主要领导的绩效考核还应当增加其单位目标管理责任的落实与内部运行管理的改善等方面内容。根据《关于卫生事业单位实施绩效考核的指导意见》,卫生部还颁布院前急救机构、社区卫生服务机构、健康教育专业机构等不同类型卫生事业单位的绩效考核方案,细化考核内容。例如,2010年《院前急救机构人员绩效考核方案(试行)》规定,院前急救机构人员绩效考核内容包括:出勤考核(15分)、业务考核(60分)、评价考核(15分)、特殊考核

（10分）。出勤考核包括正常出勤、因公加班、参加组织活动等情况。业务考核包括工作效率、工作质量、专业技能、继续教育、学术论文和科研成果等。业务考核内容按照医师、护士、驾驶员、调度员、管理人员、工勤人员、担架人员以及其他人员等岗位分类考核。评价考核包括上级及有关部门的考核评价，社会评价包括患者、媒体以及社会其他部门的评价，院前急救系统行业管理部门的检查考核等。特殊考核包括参与重大事件抢救或重大活动保障、县级以上人民政府的表彰和奖励等。考核结果采取百分制的形式，分为四个等级：90分以上为优秀，80—89分为良好，60—79分为合格，60分以下为不合格。考核结果的应用按照卫生部《关于卫生事业单位实施绩效考核的指导意见》等有关规定执行。

3. 考核程序

绩效考核程序包括成立考评小组、制订考核方案、实施考核、反馈考核结果等环节。绩效考核工作应当注意听取各方面的意见和建议。

4. 绩效考核等次及结果应用

卫生事业单位工作人员绩效考核结果可按优秀、称职、基本称职和不称职分为若干等次，也可采用评分制等其他方式确定。原则上，工作人员绩效考核优秀的人数不超过本单位参加考核人数的15%。本单位当年绩效考核获得优秀等级的，其工作人员考核优秀的比例可提高到20%。

绩效考核结果要与单位绩效工资总量核定和工作人员绩效工资发放挂钩。卫生行政部门依据上年度绩效考核结果核定本年度单位绩效工资总量。奖励性绩效工资的发放应当根据绩效考核结果拉开档次，对考核等次或分值较低的工作人员扣减发放。具体发放办法、标准、扣减比例由各地、各单位根据实际情况确定。

单位主要领导人的绩效工资根据绩效考核结果确定，报卫生行政部门审核后发放，其绩效工资水平要与本单位工作人员的绩效工资保持合理的关系。

绩效考核结果也应当作为单位财政补助、表彰奖励以及领导干部考核任用、工作人员岗位聘任、职称晋升、表彰奖励等的重要依据。绩效考核结果应当记入单位和工作人员绩效考核档案。

三　推行以岗位业绩考核为主的国有企业人员考核制度

2009年11月，中共中央办公厅、国务院办公厅印发《中央企业领导人员管理暂行规定》，这是第一次以中央文件的形式对中央企业领导人员管理工作予以系统规范。

（一）实行中央企业领导班子和领导人员综合考核评价

2009年11月，中央组织部、国务院国有资产监督管理委员会联合发布《中央企业领导班子和领导人员综合考核评价办法（试行）》，全面规范中央企业领导班子和领导人员的综合考核评价。综合考核评价以年度考核评价为基础，任期考核评价为重点。具体如下：

1. 考核主体

中央组织部和国务院国资委党委成立考核评价组具体实施综合考核评价工作。考核评价组成员由中央组织部、国务院国资委及有关部门和单位人员组成。

2. 考核内容

领导人员考核评价内容为素质、能力和业绩，共八项指标。素质包括政治素质、职业素养、廉洁从业；能力包括决策能力、执行能力、创新能力；业绩包括班子实绩、个人贡献。领导人员综合考核评价，业绩占50%，素质和能力共占50%。业绩中，班子业绩占70%，直接采用领导班子经营业绩考核评价结果；个人贡献占30%。

3. 考核方式及程序

考核方式及程序包括：（1）考核评价组制订实施方案，收集整理被考核评价企业的相关信息，与被考核评价企业党委（党组）沟通协调考核评价相关事宜，发布考核评价工作预告等。被考核评价企业的领导班子和领导人员根据要求分别撰写述职报告，并配合做好综合考核评价的各项准备工作。述职报告内容包括履行职责情况、廉洁自律情况、取得成绩和存在不足以及改进措施等。（2）多维度测评。包括企业内部民主测评、上级管理部门评价、监事会评价。将多维度测评的结果，通过加权汇总的方式计算出得分，作为确定年度考核评价结果和任期考核评价等级的重要依据。（3）个别谈话。主要了解领导班子建设状况和领导人员素质能力、履职职责、廉洁自律等方面情况。参加个别谈话的人员主要包括领导班子成员、职能部门和二级单位主要负责人、部分职工代表及退休不超过两年的原领导班子成员。(4) 听取意见。听取监事会主席对领导班子和领导人员履职情况的意见；听取纪检监察机关对领导人员廉洁自律情况的意见。根据需要，就落实国家产业政策、节能减排、环境保护、安全生产等方面的情况听取国家相关部门意见。(5) 调查核实。根据需要，可采取多种方式调查核实领导班子和领导人员的有关情况。例如，走访相关部门、机构；查阅相关资料，核实有关数据；专项调查；实地考察。(6) 提出综合考核评价结果建议。考核评价组根据考核评价总体情况，结合行业特点、企业实际和岗位职责，对领导班子和领导人员进行综合分析，提出综合考核评价结果建议，撰写领导班子和领导人员综合考核评价报告，报中央组织部、国务院国资委党委。(7) 审定与反馈。考核评价结果经中央组织部、国务院国资委党委审定后，由企业领导人员管理机构进行反馈。其中，年度考核评价结果向企业主要负责人反馈；领导班子任期考核评价结果向领导班子成员反馈，领导人员任期考核评价结果向企业主要负责人和本人反馈。(8) 归档。建立领导班子和领导人员综合考核评价档案，将综合考核评价结果和相关考核评价材料归档。

4. 考核结果使用

领导人员任期考核评价结果分为优秀、称职、基本称职和不称职四个等级。领导人员任期考核评价结果为"优秀"的，在一定范围进行通报表扬。领导人员任期考核评价结果为"称职"的，进行勉励，并指出不足，分析原因，促其进一步改进。领导人员任期考核评价结果为"基本称职"的，进行诫勉谈话，指出问题和不足，限期改进，视具体情况进行岗位调整。领导人员任期综合考核评价结果为"不称职"的，不再继续聘任或免职。

(二) 实行中央企业负责人副职业绩考核

2012年1月，国务院国有资产监督管理委员会印发《关于进一步加强中央企业负责人副职业绩考核工作的指导意见》。国务院授权国资委将履行出资人职责的国家出资企业副职全部纳入考核范围，国有独资企业、国有独资公司、国有资本控股公司的党委（党组）副书记、常委（党组成员）、纪委书记（纪检组组长），结合岗位职责参照纳入考核。国资委授权企业主要负责人负责副职业绩考核工作。设立了规范的董事会的企业，国资委授权企业董事会对高级管理人员进行考核。董事会进一步完善对高级管理人员的考核办法，可授权总经理对副职进行考核。

（三）加强全员业绩考核工作

2003年开始实施的中央企业负责人经营业绩考核制度取得了一定的成效。实际工作中，中央企业经营业绩考核工作发展不平衡，一些企业国有资产保值增值责任体系还不完整，责任链条还没有实现全方位覆盖，尤其是对企业副职、职能部门的考核制度还不完善，薪酬分配还存在一定程度的平均化倾向。针对这些问题，2009年10月，国资委发布《关于进一步加强中央企业全员业绩考核工作的指导意见》，要求督促中央企业建立健全全员业绩考核制度和组织体系，通过加强全员业绩考核工作，进一步落实国有资产保值增值责任，不断强化业绩考核的导向作用，推动企业实现科学发展。《意见》从建立健全业绩考核组织体系、实现考核的全方位覆盖、完善全员业绩考核方法、健全激励约束机制、加强指导和监督、不断创新全员业绩考核方法六个方面对中央企业加强全员业绩考核工作提出了具体要求。从之后业绩考核工作实践来看，中央企业负责人经营业绩考核制度建立和实施，对推动中央企业提高资产经营效率和管理水平、提升可持续发展能力、实现国有资产保值增值发挥了重要作用。

第五节　考核制度改革的全面深化与不断完善（2012—2019年）

党的十八大以来，习近平总书记提出了新时期好干部标准，即信念坚定、为民服务、勤政务实、敢于担当、清正廉洁，强调要建立科学规范的干部考核评价体系。党的十九大提出了新时代建设高素质专业化干部队伍的目标。这为新时期的考核工作提供了基本遵循和具体要求。

一　干部考核聚焦高素质专业化队伍建设

围绕新时代建设高素质专业化干部队伍的目标，此阶段的考核工作进一步规范且重点突出，公务员平时考核全面推进，民生领域重点问题专项考核全面开展。

（一）党政领导干部考核工作进一步规范

2016年，中共中央印发的《关于深化人才发展体制机制改革的意见》提出：实行人才工作目标责任考核。建立各级党政领导班子和领导干部人才工作目标责任制，细化考核指标，加大考核力度，将考核结果作为领导班子评优、干部评价的重要依据。将人才工作列为落实党建工作责任制情况述职的重要内容。

2018年5月，中共中央办公厅印发《关于进一步激励广大干部新时代新担当新作为的意见》，要求树立重实干重业绩的用人导向，充分发挥干部考核评价的激励鞭策作用。

2019年4月，中共中央办公厅印发《党政领导干部考核工作条例》，推动干部考核工作，激励引导广大干部担当作为。按照以平时考核为基础、年度考核和任期考核为重点、专项考核为补充的思路，首次明确干部考核的四种方式，增强了考核工作的系统性。

（二）全面推进公务员平时考核

党的十八大明确提出，"完善干部考核评价机制"。一是完善公务员平时考核制度建设。2014年，国家公务员局会同中央组织部、人力资源和社会保障部发布《关于深入开展公务员平时考核试点工作的通知》，对公务员平时考核的对象、原则、内容、指标、程序和方法、结果使用、组织领导等作出规定。二是大力推进公务员平时考核工作。2013年，全国平时考核工作经验交流会召开。会议要求，各地各部门要从制度建设、建立科学合理适用的考核指标体系、推进考核方式方法创新、拓宽考核结果使用途径四个方面着手推进公务员平时考核工作。人力资源和社会保障部多次会同中央组织部召开公务员平时考核工作座谈会，全国31个省（区、市）和新疆生产建设兵团都不同程度地开展了平时考核工作，天津、浙江等省市机关已实现平时考核常态化。三是继续加强考核工作联系点建设。2013年，各地各部门建立联系点或试点330多个；2014年，各地各部门建立试点、联系点达580多个。

（三）职务与职级并行制度中的考核

党的十八大以来，党中央、国务院在总结前期试点经验的基础上，在全国推行县以下机关公务员职务与职级并行制度。2015年，中共中央办公厅、国务院办公厅联合印发《关于县以下机关建立公务员职务与职级并行制度的意见》。职级主要依据任职年限和级别，"任现职级或职务期间每有 1 个年度考核为优秀等次，任职年限条件缩短半年；每有 1 个年度考核为基本称职等次，任职年限条件延长 1 年"。这一规定大大提高了年度考核结果运用的实际作用。2019 年，中共中央办公厅印发《公务员职务与职级并行条例》，规定"公务员晋升职级所要求任职年限的年度考核结果均应为称职以上等次，其间每有 1 个年度考核结果为优秀等次的，任职年限缩短半年；每有 1 个年度考核结果为基本称职等次或者不定等次的，该年度不计算为晋升职级的任职年限"。年度考核的结果事关晋升和待遇，极大地提升了公务员对年度考核工作的重视程度，也激发了公务员干事创业的积极性。

（四）全面考核政治素质

党的十九大强调，坚持党对一切工作的领导。体现在公务员考核方面，就是强化对政治素质的考核。《党政领导干部考核工作条例》将政治标准放在首位，坚持干部考核的政治考核属性。在考核内容上着重考核增强"四个意识"、坚定"四个自信"、做到"两个维护"，遵守政治纪律和政治规矩等情况。2019 年 6 月，新修订的《公务员法》在考核重点中增加了对政治素质的考核。

（五）将教育培训情况纳入年度考核

2015 年，人力资源和社会保障部会同中央组织部印发《关于将公务员参加脱产培训情况记入年度考核表有关问题的通知》，进一步将公务员教育培训情况纳入年度考核。2019 年 7 月，中共中央办公厅印发了《关于贯彻实施公务员法建设高素质专业化公务员队伍的意见》，强调要把学习贯彻习近平新时代中国特色社会主义思想作为公务员培训的首要任务、考试测查的重要内容和考核监督的重要方面。

（六）推动民生领域重点问题的专项考核

2019 年 6 月，新修订的《公务员法》在考核方式上增加了专项考核。这一阶段的公务员考核从扶贫工作成效、食品安全工作评议、农民工工资支付到"菜篮子"市长负责制等，始终围绕民生领域重点问题展开。

一是省级党委和政府扶贫工作成效考核。2015 年年底召开的中央扶贫工作会议，强调要层层签订脱贫攻坚责任书。2016 年，《中共中央办公厅、国务院办公厅关于印发〈省级党委和政府扶贫开发工作成效考核办法〉的通知》，对中西部22个省、自治区、直辖市党委和政府扶贫开发工作成效进行考核。考核内容包括减贫成效、精准识别、精准帮扶和扶贫资金，考核方式引入第三方评估。考核结果作为对省级党委、政府主要负责人和领导班子综合考核评价的重要依据。

二是食品安全工作评议考核。2016年，《国务院办公厅关于印发食品安全工作评议考核办法的通知》明确考核对象为各省（区、市）人民政府，每年1月1日至12月31日为一个考核年度。考核主要从食品安全工作措施落实情况和食品安全状况两个方面，对食品安全组织领导、监督管理、能力建设、保障水平等责任落实情况进行评议考核。

三是保障农民工工资支付工作考核。2017年，国务院办公厅《关于印发保障农民工工资支付工作考核办法的通知》，明确考核工作从2017年到2020年，每年开展一次。考核内容主要包括加强对保障农民工工资支付工作的组织领导、建立健全工资支付保障制度、治理欠薪特别是工程建设领域欠薪工作成效等情况，有效预防和解决拖欠农民工工资问题。

四是"菜篮子"市长负责制考核。2017年，《国务院办公厅关于印发"菜篮子"市长负责制考核办法的通知》明确考核工作每两年开展一次。考核内容包括"菜篮子"产品生产能力、市场流通能力、质量安全监管能力、调控保障能力和市民满意度五个方面。

（七）简化基层考核

2018年，中共中央办公厅印发《关于统筹规范督查检查考核工作的通知》。2019年，中共中央办公厅下发《关于解决形式主义突出问题为基层减负的通知》，明确提出将2019年作为"基层减负年"。减少基层迎检负担，成为公务员考核重点关注的问题。地方在转变考核方式、减轻考核负担、加强作风建设等方面进行了尝试。如湖北省纪委监委全面清理督查检查考核事项，简化基层考核，变"年终考"为"日常考"，实行日常数据考核。宁夏回族自治区出台《宁夏回族自治区2019年督查检查考核工作计划》，严格控制总量、频次和审批管理。计划内事项严格审查备案，计划外事项严格审批，未经授权不得开展。

二　事业单位人员考核制度规范发展

党的十八大以来，事业单位人事制度改革全面深化。2013 年，党的十八届三中全会通过《中共中央关于全面深化改革若干重大问题的决定》，明确提出要加快事业单位分类改革，强化事业单位公益属性，建立事业单位法人治理结构，建立各类事业单位统一登记管理制度。具体到考核工作上，基本形成了针对事业单位人员的考核法规体系，逐步建立适应行业特点的考核制度。

（一）事业单位人员考核规范化进一步提升

2014 年，《事业单位人事管理条例》出台，这是我国第一部系统规范事业单位人事管理的行政法规，为规范事业单位人事管理，保障事业单位工作人员合法权益，建设高素质的事业单位工作人员队伍，促进公共服务的发展提供了明确的法规依据，也为完善事业单位的考核制度提供了发展方向。该《条例》强调，事业单位应当根据聘用合同规定的岗位职责任务，全面考核工作人员的表现，重点考核工作绩效，考核应当听取服务对象的意见和评价。考核分为平时考核、年度考核和聘期考核。年度考核的结果可以分为优秀、合格、基本合格和不合格等档次，聘期考核的结果可以分为合格和不合格等档次。考核结果作为调整事业单位工作人员岗位、工资以及续订聘用合同的依据。

各地积极推动事业单位人事管理改革，促进规范事业单位人员考核。例如，2015 年，北京市人力资源和社会保障局发布《事业单位工作人员考核暂行办法》，将考核对象细分为管理人员、专业技术人员、工勤技能人员三类，进行分类考核。管理岗位人员重点考核工作实绩，专业技术人员重点考核工作能力和工作业绩，工勤技能人员重点考核工作态度和服务质量。以平时考核为基础，开展年度考核和聘期考核，年度考核结果将与事业单位考核人员调整岗位、工资、晋升、奖罚等挂钩。

2015 年，中共中央办公厅印发《事业单位领导人员管理暂行规定》，明确了事业单位领导班子和领导人员的考核，分为平时考核、年度考核和任期考核。考核评价以任期目标为依据，以日常管理为基础，注重业绩导向和社会效益，突出党建工作实效；积极推进分类考核，注意改进考核方法，简化程序，提高效率。

2016年，2017年，教育部印发《教育部直属事业单位领导人员管理暂行办法》，明确教育部直属事业单位领导人员实行任期制，任期届满，经考核合格的可以连任。在任期内考核结果被确定为不合格，或者连续两年年度考核被确定为基本合格的，按照规定程序进行调整。直属事业单位领导班子和领导人员的考核，分为平时考核、年度考核和任期考核。考核结果作为领导班子建设和领导干部培养、使用、奖惩等方面的重要依据。任期考核以任期目标完成情况和任期内履行职责情况作为主要内容，年度考核以年度内履行岗位职责以及德能勤绩廉等各方面表现情况作为主要内容，平时考核以日常履行职责情况作为主要内容。直属事业单位领导班子和领导人员的年度考核、任期考核，应当形成考核评价意见，确定考核评价等次。领导班子年度考核和任期考核的评价等次，分为优秀、良好、一般、较差；领导人员年度考核和任期考核的评价等次，分为优秀、合格、基本合格、不合格。直属事业单位纪委书记的年度考核、任期考核，由人事司会同驻部纪检组、直属机关纪委组织实施，考核重点是履行纪检监督职责情况。考核结果作为纪委书记培养、使用、奖惩的重要依据。科学、文化、卫生等领域均出台了事业单位领导人员管理办法，规范事业单位领导人员管理，明确事业单位领导人员的考核，完善体现行业事业单位特点的领导人员考核评价制度。例如，《高等学校领导人员管理暂行办法》《中小学校领导人员管理暂行办法》《科研事业单位领导人员管理暂行办法》《宣传思想文化系统事业单位领导人员管理暂行办法》《公立医院领导人员管理暂行办法》等。

（二）深化高校教师考核评价制度改革

2016年，教育部发布《关于深化高校教师考核评价制度改革的指导意见》要求各高校要把教师考核评价制度改革工作摆在学校改革发展的重要位置，列入重要议事日程抓实抓好；要坚持分类指导与分层次考核评价相结合，根据高校的不同类型或高校中不同类型教师的岗位职责和工作特点，以及教师所处职业生涯的不同阶段，分类分层次分学科设置考核内容和考核方式，健全教师分类管理和评价办法。

（三）宣传思想文化系统领导人员考核突出政治方向

2017年，中央组织部分别会同中央宣传部、教育部、科技部、国家卫生计生委联合印发《宣传思想文化系统事业单位领导人员管理暂行办法》。该办法强调，完善体现宣传思想文化系统事业单位特点的领导人员考核评价制度，对宣传思想文化系统事业单位领导班子和领导人员实行平时考核、年度考核和任期考核。以任期目标为依据，以日常管理为基础，把政治方向考核放在首位，强化意识形态阵地管理责任，突出党建工作实效，注重社会效益和业绩导向，避免简单片面地唯票房、唯收视收听率、唯发行量、唯点击率；坚持党建工作与业务工作同步考核，实行抓党建述职评议考核制度，可以与年度考核等结合进行，重点了解单位党组织履行抓党建主体责任、党组织书记履行抓党建第一责任人职责、领导班子其他成员履行职责范围内党建责任等情况。根据社科理论、新闻出版、广播影视、文化艺术、对外宣传和网络传播等不同类型单位特点，科学合理确定考核评价指标，积极推进分类考核。注意改进方法，简化程序，提高考核工作质量和效率。

（四）建立健全以公益性为导向的公立医院考核评价机制

2015年，《国务院办公厅关于城市公立医院综合改革试点的指导意见》明确要求，建立以公益性为导向的考核评价机制，制定绩效评价指标体系。卫生计生行政部门或专门的公立医院管理机构制定绩效评价指标体系，突出功能定位、职责履行、费用控制、运行绩效、财务管理、成本控制和社会满意度等考核指标，定期组织公立医院绩效考核以及院长年度和任期目标责任考核，考核结果向社会公开，并与医院财政补助、医保支付、工资总额以及院长薪酬、任免、奖惩等挂钩，建立激励约束机制。

同年，国家卫生计生委、人力资源和社会保障部、财政部、国家中医药管理局联合印发《关于加强公立医疗卫生机构绩效评价的指导意见》，指导公立医疗卫生机构完善对工作人员的绩效评价，要求对负责人、职工分别实施人员绩效评价，鼓励地方探索，强化技术支撑。绩效评价分为对机构的评价和对人员的评价。机构绩效评价应当涵盖社会效益、服务提供、综合管理、可持续发展等内容。负责人绩效评价还应包括职工满意度内容。人员绩效评价应当作为人员考核的重要内容，纳入平时考核、年度考核和聘期考核，突出岗位工作量、服务质量、行为规范、技术难度、风险程度和服务对象满意度等内容。对人员的评价区分卫生机构负责人和职工。按照干部人事管理权限，对公立医疗卫生机构负责人实施年度和任期目标责任考核；职工的绩效评价程序及评价周期由公立医疗卫生机构自行确定，应当在总结以往经验的基础上，采取多种方式进行综合评价，并经职工代表大会讨论通过后组织实施。

2018年，中共中央、国务院发布《关于全面实施预算管理的意见》，对开展公立医院绩效考核工作提出要求。2019年，《国务院办公厅关于加强三级公立医院绩效考核工作的意见》出台，明确强化绩效考核导向，推动医院落实公益性，实现预算与绩效管理一体化，提高医疗服务能力和运行效率。实行逐级考核，形成医院管理提升的动力机制。各省按照属地化管理原则，结合经济社会发展水平，对不同类别医疗机构设置不同指标和权重，提升考核的针对性和精准度。三级公立医院绩效考核指标体系由医疗质量、运营效率、持续发展、满意度评价四个方面的指标构成。国家制定《三级公立医院绩效考核指标》供各地使用，同时确定部分指标作为国家监测指标。各地可以结合实际，适当补充承担政府指令性任务等部分绩效考核指标。

三　国有企业领导人员考核制度进一步完善

2013年，党的十八届三中全会通过《中共中央关于全面深化改革若干重大问题的决定》，对全面深化国有资产和国有企业改革进行了总体部署。党的十九大明确提出了培育具有全球竞争力的世界一流企业目标。这一阶段，中央企业肩负着建设具有全球竞争力的世界一流企业的艰巨任务，普遍着力于建立中国特色现代国有企业制度。围绕中央企业改革发展重点任务，中央企业负责人考核制度不断完善。

（一）好干部标准在国有企业具体化

2018年，中共中央办公厅、国务院办公厅印发《中央企业领导人员管理规定》。该规定是在2009年《中央企业领导人员管理暂行规定》的基础上修订的。规定明确，中央企业领导人员"对党忠诚、勇于创新、治企有方、兴企有为、清正廉洁"，这是好干部标准在国有企业的具体化。具体到考核工作，相比2009年的《暂行规定》，增加了经营业绩考核与党建工作责任制落实情况考核的相关内容，从综合、业绩、党建三个维度，进一步完善了中央企业领导人员考核评价体系，突出"抓改革、强党建、促发展"的导向，并结合中央企业实际，提出了一些具体措施。

该规定强调，加强对中央企业领导人员的综合考核评价、经营业绩考核、党建工作责任制落实情况考核。综合考核评价坚持党管干部原则和德才兼备、以德为先的用人标准，把出资人认可、职工群众认可和市场认可结合起来，做到客观公正、注重实绩、简便易行。综合企业实际，运用多维度测评、定量考核与定性评价相结合等方法，对中央企业领导班子和领导人员的政治素质、业务能力、工作实绩、勤勉尽职和廉洁自律等情况进行综合考核评价。

(二) 不断完善中央企业负责人经营业绩考核制度

中央企业负责人经营业绩考核作为国有资产监管的重要手段，在落实国有资本保值增值责任、做强做优做大中央企业发挥了引领作用和激励约束作用。

2012 年、2016 年、2019 年，国资委分别下发《中央企业负责人经营业绩考核暂行办法》《中央企业负责人经营业绩考核办法》等文件，不断修订中央企业负责人经营业绩考核办法，为国企负责人考核提供了相关评价标准。2019 年，新修改的考核办法突出高质量发展考核、分类考核、差异化考核、世界一流对标考核、正向激励考核等，为确保该《考核办法》的顺利实施，国资委将配套出台年度考核、任期考核、经济增加值考核、任期激励实施方案和科技创新成果奖励加分细则等相关文件。同时，指导各中央企业结合实际，抓紧修订企业内部高质量发展考核制度，完善考核奖惩机制，切实发挥好业绩考核的引导和推动作用。

(三) 出资人代表机构对企业分类授权放权

2019 年，国务院印发的《改革国有资本授权经营体制方案》明确，履行国有资本出资人职责的部门及机构（以下称出资人代表机构）对国有资本投资、运营公司及其他商业类企业（含产业集团，下同）、公益类企业等不同类型企业给予不同范围、不同程度的授权放权。授权国有资本投资、运营公司董事会负责经理层选聘、业绩考核和薪酬管理（不含中管企业）。

(四) 建立健全业绩考核特殊事项清单管理制度

将企业承担的保障国家安全、提供公共服务、发展重要前瞻性战略性产业、实施"走出去"重大战略项目等特殊事项列入管理清单，对当期经营业绩产生重大影响的特殊事项，在考核时予以适当处理。

（五）分类考核分档设置考核目标值

基于企业功能定位实行分类考核。根据国有资本的战略定位和发展目标，结合企业实际，对不同功能和类别的企业，突出不同考核重点，合理设置经营业绩考核指标及权重，确定差异化考核标准，实施分类考核。实行年度经济效益指标目标值分档管理。同时，将企业考核目标值与考核计分、结果评级、工资总额预算紧密衔接，使业绩考核目标与资源配置、企业职工工资紧密挂钩。通过分档管理，形成"赛跑机制"，鼓励企业主动追求"步步高"。

第十一章 奖惩制度

第十一章　奖惩制度

奖惩指的是奖励和惩戒，奖惩制度包括奖励制度和惩戒制度。奖励制度是指具有奖励权限的主体依据国家相关法律、法规和政策对做出显著成绩的人员给予精神和物质方面的嘉奖和鼓励的制度。惩戒制度是指对违法违纪等人员给予纪律处分或行政处罚的制度。建立和完善奖惩制度，对于提高行政效率，激励干部履责，约束干部行为等具有重要意义。

奖励和惩戒是重要的人事管理制度，自古以来就是管理官员队伍的重要手段。对有重大功劳者进行封爵、对考课结果优异者给予奖励、对失职渎职者进行处分、对贪赃受贿者进行惩戒等是历朝历代的惯常做法。中国共产党历来重视干部奖惩工作和制度建设，延安时期采取了"以奖励为主、惩戒为辅"的奖惩制度，为形成清正廉洁的风气奠定了基础。

中华人民共和国成立之后，党和国家制定了全国统一的奖惩法规，如1952年《国家机关工作人员奖惩暂行条例》、1957年《关于国家行政机关工作人员的奖惩暂行规定》。改革开放之后，干部奖惩机构经过多次调整，奖惩工作的组织体系不断完善。奖励审批权限、奖励经费来源、奖励对象范围、惩戒工作范围等得到进一步规范。随着公务员制度的推行，机关干部、国有企业和事业单位人员奖惩制度改革逐步开展。升级、升职奖励得以合理处理，监察部、人事部在惩戒工作中的分工进一步明确。自2000年开始，中央不断深化干部人事制度改革，探索建立符合党政机关、国有企业和事业单位不同特点的、科学的分类管理体制和各具特色的管理制度，奖惩制度不断细化，奖惩工作的重点和方向不断明确。党的十八大以来，在新时期好干部标准的要求下，落实党的十九大报告中"坚持严管和厚爱结合、激励和约束并重"的干部工作要求，奖惩制度改革进一步深化和完善。纵观中华人民共和国干部奖惩制度的发展历程，大致可以分为形成时期、恢复与调整时期、改革探索时期、逐步规范时期、细化与发展时期、改革深化与完善时期六个阶段。

第一节 奖惩制度的形成（1949—1978年）

中华人民共和国成立初期，在大一统的干部人事制度下，奖励惩戒的对象包括所有行政机关、国有企业、事业单位中有干部身份的人员。1957年之后，受政治运动的影响，奖惩制度没有顺利贯彻执行，直到"文化大革命"结束之后，奖惩制度才得以逐步恢复。

一 建立促进生产发展的干部奖励制度

中华人民共和国成立初期，政权建设和恢复经济是首要任务。为不断提高国家行政机关工作人员的社会主义觉悟，发扬工作积极性和创造性，防止和纠正国家行政机关工作人员的违法失职行为，以切实保证社会主义建设事业的顺利完成，奖励制度紧密围绕恢复经济的中心任务[1]，突出强调鼓励发明、技术改进及合理化建议[2]。

（一）出台鼓励发明、技术改进及合理化建议的法规政策

为有组织有领导地鼓励发明、技术改进及合理化建议，并保障发明者、改进技术者和合理化建议者的权益，1950年，政务院发布《关于奖励有关生产的发明、技术改进及合理化建议的决定》（以下简称《决定》）。政务院财政经济委员会统一管理全国有关生产的发明、技术改进及合理化建议事宜，同时，核定发明权或专利权，并发给发明证书、专利证书、奖金、奖状及其他各种奖励。各经济部门均应指定专人或适当

---

[1] 奖励制度体现党和国家工作重心的转变。中华人民共和国成立前夕，针对新收复区某些人员存在的问题，1947年1月30日，《中共中央对新收复区某些人员赏罚问题的指示》明确，在蒋军占领期间，凡在此时坚持斗争，不畏缩逃跑，不投降敌人者，应予奖励和提升。凡在此时放弃工作，畏缩逃跑者，应予处分或调换工作或降级使用，或给以其他适当处罚。对于自首分子，其未作恶未危害党与群众利益者不予追究，但不得恢复党籍。其有帮助敌人的作恶多端者，必须严加惩罚。

[2] 这并非指该阶段的奖励制度只发挥促进生产发展的作用。中央和国家充分发挥奖励制度的"指挥棒"作用，如1951年5月，《中共中央关于保守党与国家机密奖惩暂行办法》明确，凡有下列表现之一者，应予以奖励。在敌人面前英勇不屈，坚守党与国家机密者；在任何危急情况下，不顾艰险，保党与国家机密者；对盗窃党与国家机密分子能及时检举者；发现泄露党与国家机密事件能及时检举与补救者；一贯遵守保密制度，并推动他人遵守保密制度有显著成绩者。

的行政机构指导所属企业充分鼓励协助有关生产的发明、技术改进及合理化建议事宜，并负责对于意义重大且有实现可能的发明、技术改进及合理化建议，组织研究与实验；对实验成功者负责推广，并报告上级。

1954年，政务院通过《有关生产的发明、技术改进及合理化建议的奖励暂行条例》。奖励的标准和期限，对协助他人实现发明、技术改进、合理化建议的奖励，奖金的计算和支付办法等均得以明确。国家鼓励一切国营、公私合营、合作社经营及私营企业中的工人、工程技术人员和职员以及一切从事有关生产的科学与技术研究工作者充分发挥自己的知识、经验和智慧，致力于发明、技术改进、合理化建议的工作，以促进国民经济之发展。所有的发明，无论是否与本身职责直接关联，经采用后均按条例奖励。

1955年，《国务院对执行"有关生产的发明、技术改进及合理化建议的奖励暂行条例"若干问题的解释》出台，明确了条例的实行日期、适用部门、特定主体的奖励问题等。条例适用于工业建筑业、交通运输业、水利工程、国营农场（发现新的农牧业品种不包括在内）、国营拖拉机站、林业工业地质勘探（发现新矿藏不包括在内）、邮电业以及机关、团体、企业、合作社等部门所属的生产单位。我国公民和外国侨民提出的有关生产技术性的建议，经采用后按规定核发奖金。受行政处分（如降级、记过、警告等）的公民提出的有关生产技术性的建议，经采用后仍按条例奖励。

为奖励广大工农群众从事技术改进，国务院于1963年发布《技术改进奖励条例》，但未能得到很好的贯彻执行。1978年，国务院重新印发了该条例。

(二) 明确奖惩的条件和内容

1952年，政务院颁布的《国家机关工作人员奖惩暂行条例》奠定了干部奖惩制度的基础[①]。奖励条件的设置体现了鼓励发明、技术改进的倾

[①] 条例包括总则、奖惩种类、奖惩办法、奖惩权限、奖惩程序、附则共六章四十二条，适用范围包括行政机关、立法机关、司法机关，但不包括企事业单位。

向。如符合以下条件者可获奖励①：工作积极、主动，具有高度责任心、肯钻研，有创造性，具有高度事业心者；工作或生产建设中，致力发明、创造、改进，或提出合理化建议、建设性意见，尚未产生价值或作用，但须给予精神鼓励者。如果在工作或生产建设中，有发明、创造、改进，或提出合理化建议、建设性意见，经采纳实施有效者，则可予以记功至记特等功或者二等奖金至特等奖金的奖励条件。

1957年，国务院出台《关于国家行政机关工作人员的奖惩暂行规定》。② 规定总共17条，明确了国家行政机关工作人员的整体要求、奖励条件、奖励种类、奖励授予主体等。奖励的条件包括：忠于职责，成绩优良，遵守纪律，起模范作用的；在工作上有发明、创造，提出合理化建议，对于国家有显著贡献的；防止或者挽救事故有功，使国家和人民利益免受重大损失的；爱护公共财产，节约国家资财有重大成绩的；同严重的违法失职行为坚决斗争，有显著功绩的；其他应该予以奖励的。奖励的种类分为：记功、记大功、授予奖品或者奖金、升级、升职、通令嘉奖六种。这几种奖励可以单独使用，也可以同时并用。

不同类型的奖励其授予主体不同具体为：记功、记大功、授予奖品或者奖金、升级，由所在机关或者上级机关给予；升职，由任命其新职务的机关给予；通令嘉奖，由国务院，国务院的部门，省、自治区、直辖市人民委员会给予；对于工作人员的奖励，应该在适当会议或者报刊上宣布，同时以书面通知本人，并且记入本人档案。

之后，国家监察委员会、内务部分别于1958年、1964年就相关问题进行了解答。1958年《国家监察委员会关于国家行政机关工作人员的奖惩暂行规定中几个问题的解答》明确了奖励的使用问题。除此之外，进一步明确以下问题：对于工作人员的记功、记大功奖励不分次数；升级

---

① 除此之外，符合以下条件者亦可获得奖励：服从组织、领导，遵守纪律、制度，执行政策、法令，堪称模范者；积极响应号召、参加运动，起带头作用者；努力学习，因而使思想、政策、业务或文化水平明显提高者；关心群众生活，热心群众工作，堪为表率者；开展批评与自我批评，上下团结一致，工作中能统一发挥力量者。

② 该规定适用于各级国家行政机关中经地方各级人民代表大会选举担任国家行政职务的人员和各级国家行政机关任命的工作人员，以及企业、事业单位中由国家行政机关任命的工作人员。国家行政机关所属事业单位工作人员的奖惩问题，应该由国务院各主管部门参照本规定制定奖惩办法。

奖励是提升工资级别；奖励工作人员，应该经过群众评议，然后按照奖惩暂行规定第 4 条的规定给予；如果同时给予两种奖励而批准给予奖励的机关又是两个机关时，应该由其中较高的机关一并给予；国家行政机关对于工作人员的奖励，可以定期进行评议给予奖励，也可以随时评议给予奖励。

（三）奖励活动以立功创模奖励为主体

这一时期，工作生产中涌现出了大批先进模范人物，国家的立功创模奖励有序开展。例如，1950 年召开了全国工农兵劳动模范代表会议。1956 年召开了全国先进生产者代表会议。中共中央、国务院授予全国先进集体称号 853 个，授予全国先进生产者称号 4703 人。刘少奇副主席在会议上指出，"目前我国各个生产战线上的先进生产者，各个工作部门中的先进工作者，正是我国社会主义建设事业中的一种最积极的因素。这种因素应当受到我们最大的重视"。"对于在生产上、工作上有卓越成就的人们，也不注意给予充分的奖励。这种倾向，无疑是必须坚决纠正的。"1959 年，中央开展了对全国工业、交通运输、基本建设、财贸方面社会主义建设先进集体和先进工作者的奖励。1960 年，开展了对全国教育和文化、卫生、体育、新闻方面社会主义建设先进集体和先进工作者的奖励。1977 年，全国工业学大庆会议召开，中共中央、国务院授予全国大庆式企业、全国先进企业称号 2126 个，授予全国先进生产者称号 385 人。

1956 年《中华全国总工会 中华人民共和国财政部关于召开劳模大会经费开支的规定》明确，凡以政府及政府机关名义召开的或由政府及政府机关委托工会代为举办的劳模、积极分子及先进生产者等会议，其会议费和奖励费在政府行政经费中开支；企业、事业单位召开的，其会议经费分别由企业、事业单位负担。中华全国总工会发布的《关于召开劳模会议及其经费问题的通知》强调，召开劳模会议是关系着国家鼓励劳动人民在生产上的创造性与积极性的问题，只有在政府的支持下，才能开好会议。因此，规定各地劳模会议必须是在政府领导下召开，其会议费及奖励费应由地方政府或政府行政部门解决，工会不负担此项费用。1957 年，针对大部分省、市认为会议费不按会议性质划分开支，完全由召开会议的部门负担不合理的情况，为贯彻中共中央关于精简节约的号召,财政部对会议费开支划分作出规定,出台了《关于召开劳模、积极分子及先进生产(工作)者会议经费开支划分的规定》。

二 规范干部惩戒制度

"自从我们占领城市两年至三年以来,严重的贪污案件不断发生,证明一九四九年春季党的二中全会严重地指出资产阶级对党的侵蚀的必然性和为防止及克服此种巨大危险的必要性,是完全正确的。现在是全党动员切实执行这项决议的紧要时机了。再不切实执行这项决议,我们就会犯大错误。"[1] 此阶段的惩戒制度紧密围绕党和国家建设的阶段中心任务,强调对腐朽、反动和敌对势力的控制和打击。

(一)依据党章惩处泄密失密行为

在专门的奖惩法规颁布之前,我国的干部惩戒工作主要依据《中国共产党章程》开展。例如,1951年《中共中央关于保守党与国家机密奖惩暂行办法》明确,凡有各项泄密失密事件,应分别性质、原因及对党与国家危害程度,根据党章第64条规定之"当面的劝告或警告;当众的劝告或警告;撤销工作;留党察看;开除党籍",视情节轻重,分别予以惩处。

(二)出台惩治贪污行为的相关政策文件

1951年年底到1952年10月,中央在党政机关工作人员中开展了"反贪污、反浪费、反官僚主义"的"三反"运动,加大对党员干部违法违纪行为的惩处力度。1952年制定的《中华人民共和国惩治贪污条例》,为惩治贪污行为提供了标准和依据。该条例[2]规定对犯贪污罪者依据情节轻重分别惩治。例如,个人贪污的数额,不满人民币一千万元者,判处一年以下的徒刑、劳役或管制;或免刑予以开除、撤职、降职、降级、记过或警告的行政处分。

1952年,《中央纪律检查委员会关于处理贪污、浪费及克服官僚主义

---

[1] 中共中央文献研究室:《建国以来重要文件选编》(第2册),中央文献出版社1992年版,第483页。

[2] 一切国家机关、企业、学校及其附属机构的工作人员,凡侵吞、盗窃、骗取、套取国家财物,强索他人财物,收受贿赂以及其他假公济私违法取利的行为,构成贪污罪。

错误的若干规定》明确,行政处分的形式①包括警告、记过、降级②、降职、撤职、开除。③ 在执行时,一般根据贪污分子坦白认罪的彻底程度及参加"三反"斗争检举立功等条件,从宽处理,责其在工作上立功自赎,尽量少用开除办法,以免其无法生活,流浪社会,影响治安。受撤职处分者,在本机关如无法留用,应由人事机关另行分配工作或集中训练,改造转业。同年,中共中央发布《关于处理在"三反"斗争中受到行政处分的干部的指示》《中央关于在"三反"运动中对党员犯有错误的处分规定》《关于在"三反"中对干部处分的批准手续》等政策文件,规范贪污惩治。

1952年6月,《中共中央关于争取胜利结束"三反"运动中的若干问题的指示》指出,发动群众和"打虎"的阶段均已胜利结束,处理阶段已经或快要结束,建设阶段已经或即将开始。该指示强调,处分及量刑必须遵守"少数从严、多数从宽"的原则,在行政处分中,尽量少用开除办法。

(三) 及时调整惩戒制度

1954年,政务院发布《关于撤销国家机关工作人员行政处分的暂行办法》,规定了受撤职以下行政处分可撤销的几种情形,如工作中有显著成绩者、证明确已改正错误者等,同时明确了处分撤销的相关程序规定,以鼓励受行政处分的国家机关工作人员积极改正错误,努力工作。

根据宪法第18条"一切国家机关工作人员必须效忠人民民主制度,服从宪法和法律,努力为人民服务"的规定,国务院于1957年出台《关

---

① 在"三反"运动中关于行政处分的批准权,一般采取直接上级批准制,所谓直接上级,是指受处分者本人的上一级组织而言(如区长受警告、记过等处分时,一般经过县长批准即可,如机关一般干部受警告、记过处分时,一般地经过机关的首长批准即可)。关于对干部撤职、开除的处分,隔两级批准的决定,一般简化与统一报批手续,一律按中央过去规定的人事任免管理制度执行。

② 根据1952年4月中共中央对《关于处理贪污、浪费及克服官僚主义错误的若干规定》中某些条文的解释,行政处分中的降级处分主要适用于军队干部,降职处分适用于各类干部。

③ 根据1952年4月,中共中央对《关于处理贪污、浪费及克服官僚主义错误的若干规定》某些条文的解释,受行政上的开除处分者,并未剥夺其政治权利,可以自由行动和自谋职业。在处理贪污分子时,除品质极坏不可救药者外,尽量少用开除处分,凡受刑事处分者,行政上必须撤职,但不一定予以开除处分。

于国家行政机关工作人员的奖惩暂行规定》，明确了处分条件、处分种类、处分原则、违犯刑法的处分、处分时限、处分权限、处分程序等。随后，国家监察委员会、内务部根据实际情况，先后于1958年和1964年就若干问题作了解答。国家监察委员会的解答主要明确了降级、降职和撤职处分的使用、开除留用察看处分的使用、经地方各级人民代表大会选举担任国家行政机关职务的人员的纪律处分、职务自然撤销、给予纪律处分的时限、纪律处分的撤销等问题。至此在奖惩暂行规定公布以前的原政务院人民监察委员会及国家监察委员会对于干部的惩戒问题的解答均作废。内务部的解答强调，与原国家监察委员会1958年解答不一致的地方，遵照现行解答执行。例如，原国家监察委员会解答，开除留用察看处分，不需要规定留用察看的期限。内务部的解答则明确为更好贯彻执行教育改造方针，促使受处分人员改正错误，对受开除留用察看处分的，需要规定期限。留用察看的期限为一年，悔改表现不好的，可以延长一年。

此外，内务部分别于1962年、1965年针对地方人事局关于受开除留用察看处分的人员是否算干部及提拔使用、卫生技术人员可否适用降职撤职处分、经地方各级人民代表大会选举担任国家行政职务的人员是否适用开除处分等问题进行了复函。其中，1962年内务部回复河南省人民委员会人事局《关于受开除留用察看处分的人员是否算干部及其提拔使用问题的答复》明确，受开除留用察看处分的人员，经过考察证明，悔改表现好的，在正式分配工作以后，是否可以提拔使用，应根据他们的德才标准确定，不宜硬性规定，要经过相当长时间的考验，才能提拔使用。1965年，卫生部、内务部《关于卫生技术人员可否适用降职撤职处分问题给内蒙古自治区人事局的复函》明确，卫生技术人员应尽量不给降职、撤职处分。卫生技术人员犯了错误需要给予行政纪律处分的，可以参照国务院《关于国家行政机关工作人员的奖惩暂行规定》办理。但是，卫生技术人员的医师、医士等职务系技术职称，除错误性质和情节严重，不能继续担任现任职务的，可以给予降职、撤职处分外，一般应尽量不给降职、撤职处分，以便发挥其技术专长。《内务部关于经地方各级人民代表大会选举担任国家行政职务的人员是否适用开除处分问题的复函》明确，经地方各级人民代表大会选举担任国家行政职务的人员若所犯错误性质情节特别严重，可予开除。如果所犯错误的性质和情节特别严重，不够国家行政机关工作人员条件的，由同级人民委员会决定，报上级机关审查批准，予以开除。

（四）细化受处分人员的工资、待遇等规定

1952年开始，受处分人员的待遇、工龄、工资级别等问题得到细化。1952年，《政务院关于"三反"运动中受处分工作人员待遇的命令》统一解决了在"三反"运动中受处分工作人员的待遇问题，区分受记过、警告处分者与受降职处分、受撤职处分、被管制分子、经司法机关判处徒刑而缓期执行留在机关改造者、被判处劳动改造以上处分者等分别予以规定。

1953年，《中央人民政府人事部关于受处分人员的待遇及工龄计算问题的通知》对在"三反"运动中被判处徒刑、劳役改造、机关管制或因其他原因受刑事处分现已期满者的待遇问题作出明确规定。同样，关于受处分人员的工龄计算和工资级别问题，内务部在1959年回复吉林省人民委员会人事局的复函中，明确当受开除留用察看处分者恢复了受降级、降职处分，只要处分是正确的，就不能恢复工资级别。受处分人员的错误改正之后，所在机关认为级别不合理的，可在统一调整级别时作为升级问题统一解决。1963年，《内务部关于受开除留用察看处分人员的生活待遇和工龄计算问题的答复》明确，受开除留用察看处分人员，在留用察看期间应该根据他们负担的实际工作和表现，按照所在单位执行的工资标准发给相当的工资；在被精减回乡时，他们在开除留用察看的期间，应连续计算工作年限，并计发退职补助费。

除此之外，国务院在1957年对国家机关、企业、学校在肃反运动中查处的反革命分子和其他坏分子（指政治骗子、叛变分子、流氓分子）的工龄和工资问题的处理进行了规范。内务部、公安部在1958年针对各地关于被劳动教养人员的工资问题的请示报告作出批复，明确各地根据多劳多得、少劳少得的原则，在工业上实行地方国营企业的工资制度，在农业上实行固定工资制度。中共中央在1959年对摘掉右派帽子的人员的工作分配和生活待遇进行了规定。

（五）重视行政处分批准程序和报送材料要求

1952年，政务院《关于国家机关工作人员行政处分批准程序的规定》

对行政处分批准程序进行了具体规范。但有些部门和地区执行得不够好,出现一些问题。例如,有的应报不报,不应报而报;报送机关不统一;报送材料不全;错误事实交代不清;结论不当;拖延积压等。1956年,《国务院关于报送纪律处分案件问题的通知》对报送国务院任命的工作人员的纪律处分案件作出了详细规定,要求及时报送,不得拖延,报送审批、备案的纪律处分案件,应一案一报,每案各报送材料四份。报送审批的纪律处分案件,材料中应当包括:处分决定(内容包括简历、错误事实及危害程度、处理意见等)、受处分人的检讨及其对处分结论的意见。如受处分人对处分结论有不同意见时,应将分歧之点加以说明。案情复杂的,应附调查报告。报送备案的纪律处分案件,应有处分决定及本人对处分决定的意见。报送审批或备案的撤销纪律处分的案件,应有撤销纪律处分的决定(内容包括本人简历、何时何地因犯什么错误经何机关批准受到何种处分、处分后的表现、处理机关的意见等)。

第二节 奖惩制度的恢复与调整(1978—1987年)

改革开放以后,干部奖惩机构进行过多次调整,奖惩工作的组织体系不断完善。1978年,国务院设立民政部,民政部内设政府机关人事局,负责政府机关人事工作。其中涉及干部奖惩工作的职责主要包括:围绕《国家机关工作人员的奖惩暂行规定》的贯彻执行、根据新情况进行修改。同时,机关人事局还受理国家机关干部对行政纪律处分不服的申诉,和对国家机关非党工作人员违反行政纪律的控告。1980年,民政部政府机关人事局和国务院军队转业干部安置工作小组办公室合并,成立国家人事局,直属国务院领导,负责干部的晋升工作,承办国家行政机关工作人员奖惩工作。1982年,国家劳动总局、国家人事局、国家机构编制委员会和国务院科学技术干部局合并成立劳动人事部,承担对政府系统干部的奖惩等综合管理职能。

这一时期,干部奖惩制度重新确立并逐步规范,科技奖励的主体、方式、对象、依据等不断明确,科技干部的职业行为得到规范。

一 恢复干部奖惩制度

1979年,《关于实行干部考核制度的意见》确定了基于考核的奖惩制度,强调干部考核要做到赏罚分明、有升有降。对未能达到考核标准的干部,要给他们创造学习的条件,或在实践中加强锻炼,鼓励他们上进,限期达到考核标准。经过两次考核达不到标准的,要调离现职,分配其他工作,有的要降职使用。

1980年,国家人事局《关于贯彻执行〈国务院关于国家行政机关工作人员的奖惩暂行规定〉的通知》明确,1957年《国务院关于国家行政机关工作人员的奖惩暂行规定》仍然适用,要求各省区市人事局、国务院各部委、各直属机构人事(干部)部门在实践中不断总结经验,将新形势下如何做好奖惩工作,为四化建设服务的经验、办法,执行中的情况和遇到的问题于1981年2月报送国家人事局。干部奖惩制度得以恢复并逐步规范。

(一)奖励审批权随组织法的修改而调整

1983年,劳动人事部《关于奖惩审批权限等有关问题的复函》强调,由于《中华人民共和国地方各级人民代表大会和地方各级人民政府组织法》第28条第8款规定,"决定本级人民政府秘书长、厅长、局长、主任、科长的任免,报上一级人民政府备案",改变了过去地方组织法中对上述人员的任免审批权限,因而与原地方组织法相适应的其他规定,也需随之作出相应的改变。鉴于《国务院关于国家行政机关工作人员的奖惩暂行规定》中没有关于奖励问题需报本级人民代表大会审批或备案的规定,所以对上述人员的奖励由本级人民政府决定即可。对上述人员给予降职以上的处分,应由本级人民政府作出决定,提请同级人大常委会批准后执行,并报上一级政府备案。

(二)逐步规范奖励规定

一是统一奖励经费来源和开支标准。1981年,国家人事局《关于国家行政机关工作人员的奖励经费开支问题的通知》对奖励经费来源作出具体规定,明确授予国家行政机关工作人员奖励的费用,由受奖人员所在单位的行政费开支,列"补助工资"目。奖励经费的开支办法和奖励标准,应根据"精神鼓励与物质鼓励相结合而以精神鼓励为主的方针",

由各省区市人事部门会同财政部门商定。为避免各部门、单位奖励经费开支标准不一,互相影响,同年7月,国家人事局、国务院机关事务管理局《关于中央国家行政机关工作人员奖励经费开支问题的通知》明确,奖励经费按行政编制内的实有人数每人每年2元计算,由人事(干部)部门在此标准内统一掌握使用,列入行政经费"补助工资"目。

二是规范滥发奖金、平均使用奖励经费等问题。1981年国务院《关于正确实行奖励制度、坚决制止滥发奖金的几项规定》,严禁滥发奖品或奖金。1982年,国家人事局《关于禁止平均发放奖励经费的通知》指出,按单位实有人数提取经费统一购买实物的平均发放奖励经费的做法不妥,应予纠正,并防止类似情况发生。同时还规定,奖励经费只能在当年预算内按照标准掌握开支,不得预提或转为下年度使用。

三是明确奖励经费提取标准和列支项目。1982年,劳动人事部《关于奖励经费问题的答复》明确奖励经费提取标准由各省区市根据各自的实际情况自行规定。奖励经费列"补助工资"目与升级奖励经费,在各省区市和中央级行政费"工资"目内列支不是一回事。

四是规范自行扩大升级奖励面的情况。针对有些单位自行扩大升级奖励面,在群众中造成不好影响的情况,1986年劳动人事部《关于严格执行〈国家行政机关工作人员升级奖励试行办法〉的通知》明确,升级奖励是对国家行政机关有功人员的一种带有政治荣誉性的物质奖励,不同于一般的提高工资级别。升级奖励指标只能按当年国家行政机关工作人员总数的千分之一掌握,最多不得超过千分之二;地方各级国家行政机关工作人员的升级奖励指标,由各省、自治区、直辖市劳动人事部门统一掌握使用;中央国家行政机关工作人员的升级奖励指标由各部委掌握使用;升级奖励办法的修改权限集中在国务院或国务院授权的劳动人事部。

(三)逐步明确奖励对象的范围

一是人民法院、人民检察院工作人员奖惩参照《暂行规定》执行。1982年,最高人民法院、最高人民检察院、劳动人事部《关于各级人民法院、人民检察院工作人员奖惩工作参照〈国务院关于国家行政机关工作人员的奖惩暂行规定〉办理的通知》明确,在国家未制定新的奖惩条例以前,各级人民法院和人民检察院的奖惩工作,可参照执行《国务院关于国家行政机关工作人员的奖惩暂行规定》，由人民法院、人民检察院自行管理工作人员的奖励和处分，按照干部管理范围和任免权限办理审批手续。

二是单位和部门集体奖励可由各省自行制定奖励办法。国务院《关于国家行政机关工作人员的奖惩暂行规定》中没有规定单位和部门集体的奖励。随着岗位责任制的推进，一些地区和部门在实际工作中实行了对单位进行奖励的办法。1983年，劳动人事部《关于奖惩审批权限等有关问题的复函》明确，各省可自行制定暂行奖励办法，报请省人民政府审批后试行。

三是奖励工资的发放对象排除中央和省级国家机关副部长、副省长以上和相当职级的人员。1986年，国务院工资制度改革小组、劳动人事部、财政部《关于国家机关工作人员奖励工资问题的补充通知》明确，各地区、各部门在发放国家机关工作人员的奖励工资时，对中央和省级国家机关副部长、副省长（副主席、副市长）以上和相当职级的人员，不发奖励工资。

四是升级奖励的对象必须有显著成绩。1982年，国家人事局《关于发布〈国家行政机关工作人员升级奖励试行办法〉的通知》明确，升级奖励不同于一般的提高工资级别，受升级奖励的人员，必须是坚决拥护和执行党的十一届三中全会以来的路线、方针、政策，在工作中尽职尽责，有显著成绩的。另外，国家人事局《关于执行〈国家行政机关工作人员升级奖励试行办法〉中几个问题的复函》规范了指标使用等问题，包括中央国家行政机关工作人员的升级奖励指标的掌握使用和审批权限；升级奖励指标是否可按本单位现有人数自行掌握，当年指标没有用完，能否跨年度使用；国务院各部门在京外直属单位工作人员的升级奖励审批；1982年评选出1981年的有功人员是否可以给予升级奖励；受升级奖励人员有保留工资的，其升级奖励提高的工资是否抵销其保留工资；升级奖励报送审批材料等。

五是受行政纪律处分的人员同样可享受奖励。1982年，劳动人事部印发《劳动人事部关于国家行政机关工作人员的奖惩暂行规定中几个问题的解答》明确，受过行政纪律处分的国家行政机关工作人员，符合奖励条件的，应与其他工作人员同样对待。

六是颁发"老干部离休荣誉证"。为表彰老干部的历史功绩，根据1982年《国务院关于老干部离职休养制度的几项规定》第4条规定，劳动人事部制定了《关于颁发老干部离休荣誉证有关事项的规定》，明确老干部办理离休手续后可被授予"老干部离休荣誉证"，老干部离休荣誉证由国务院统一制定，委托离休干部所在的省（区、市）人民政府或中央、国家机关的部委授予，也可以根据情况，由行署和县一级的机关代授。

（四）落实干部政策强调惩戒有错必纠

1978年，中央组织部《关于落实农村基层干部政策的几点意见的通知》中强调，要区分工作中的缺点错误、一般的多吃多占与严重违法乱纪、贪污盗窃、投机倒把，对犯错误的干部包括犯了严重错误的干部，只要不是屡教不改、不可救药的，要本着"思想批判从严，组织处理从宽""惩前毖后、治病救人"的原则，进行严肃的批评教育和热情的帮助，给予改正错误的机会。特别要注意保护那些有能力、有干劲、有成绩，但又犯了某些错误，甚至严重错误的同志，既要帮助他们切实改正，取得群众的谅解，又要鼓励他们继续大胆工作，不要挫伤他们的革命积极性。

1979年，中央组织部《关于"文化大革命"前一些案件处理意见的请示报告》指出，"文化大革命"期间的冤假错案的平反和审干复查，多数省区市已完成了90%以上，少数完成了70%、80%。对于历史老案的处理，仍然应该本着实事求是的精神，坚持"有反必肃，有错必纠"的方针。对个别原定性处理的主要依据失实的，和对照当时党的政策规定属于错被开除党籍、错被开除公职、错被定为敌我矛盾的，应予以复查改正。

（五）明确依据党政分工的原则开展惩戒工作

1981年国家人事局《关于转发〈中共中央纪律检查委员会关于党员干部行政纪律处分审批手续的通知〉的通知》规定，对国家行政机关工作人员中的党员干部，因为违反纪律，只需给予行政纪律处分的，由政府人事部门承办；需要给予党纪、政纪双重处分的，对政纪处分，党委可提出建议，由人事部门按国务院有关规定办理审批手续。对历史案件行政处分的改变，凡原经行政机关批准的，仍报行政机关办理批准手续；只经过党委，没有经过行政机关办理批准手续的，仍由党委进行审批。

（六）规范招收录用、调配、转干等工作规范

1980年民政部《关于〈干部调配工作暂行规定〉的通知》规定，在调配工作中，人事干部必须作风正派，办事公道，坚持原则。对于任人唯亲，搞不正之风，违法乱纪的，应批评教育，情节严重的，要给予纪律处分。对无正当理由不服从调动、分配，经耐心教育无效的，要给予适当的纪律处分。对调动后无故逾期不报到的，按旷工处理，停发工资。

1982年国务院《关于严禁在招收、调配职工工作中搞不正之风的通知》规定，整治在招收、调配职工过程中的违法乱纪行为，检查处理的重点是：某些领导干部和劳动、人事部门干部利用职权，弄虚作假，非法把农村的子女、亲友弄进城镇安排工作，以及在招收、调配职工工作中贪污受贿、徇私舞弊的问题。对于违法乱纪的人员，不论什么人，都应视情节轻重，给予必要的处理，直至给予纪律处分，或依法制裁；领导干部或劳动、人事干部执法犯法的，要加重处理。凡属违法乱纪、搞不正之风招收和调进的人员，一经发现即应退回。特别是非法从农村招收的人员，一律要退回农村去，绝对不能使违法乱纪者占到便宜。

同年，劳动人事部《关于制定〈吸收录用干部问题的若干规定〉的通知》强调，吸收录用干部坚决反对"走后门"等不正之风，不许"内招"，严禁徇私舞弊。有作弊行为和不符合干部条件的人，已录用的应予以辞退；利用职权弄虚作假，为子女、亲友谋私利，或打击、压制人才的要追究责任，严肃处理。同时，煤炭工业部、劳动人事部共同整顿煤矿井下"以工代干"问题，强调要认真掌握转干条件，严格履行审批手续，反对在转干过程中拉关系、走后门等不正之风；对徇私舞弊的要严肃批评，情节严重的要给予纪律处分；通过不正当手段转干的一律无效。

（七）明确对特定对象、特定行为的惩戒规定

一是退休、离休后需要给予行政纪律处分的规定。根据1983年劳动人事部《关于惩戒问题的复函》的规定，国家行政机关工作人员退休、

离休后，凡有严重错误，需要给予行政纪律处分的，可以参照国务院《关于国家行政机关工作人员的奖惩暂行规定》的原则办理。

二是规范升级奖励过程中的违法乱纪行为。1982年，国家人事局《关于发布〈国家行政机关工作人员升级奖励试行办法〉的通知》明确，给予升级奖励，不允许弄虚作假。发现不够升级奖励条件的应及时撤销，并对弄虚作假的单位或个人应追究责任，给予严肃处理直至纪律处分。

（八）明确具体惩戒工作规范

1957年，国务院《关于国家行政机关工作人员的奖惩暂行规定》颁布后，原监察部于1958年、内务部于1964年分别先后作过两次解答。1982年，劳动人事部重新进行解答，明确其中与前两次解答不一致的地方，遵照劳动人事部的解答执行。一是国家行政机关工作人员受到刑事处罚后，已经自然丧失了担任国家行政机关职务的权利即"职务自然撤销"。二是国家行政机关工作人员被判处有期徒刑的，即办理开除手续。执行期满后，视犯罪类型和情节报请批准，收回分配适当工作，重定工资级别；其他不予收回。三是被判处徒刑宣告缓刑的人员在缓刑期间留机关工作，由公安机关交所在单位或者基层组织予以考察。缓刑人员回原单位进行考察，不需要再办理批准手续，但应向任命机关或主管机关备案。四是国家行政机关工作人员被判处拘役，其职务自然撤销，拘役期间停发工资。五是国家行政机关工作人员被劳动教养的，应区别不同情况进行适当处理。六是国家行政机关工作人员被开除后，确已改正错误，用人单位经过考试、考核符合录用条件的，报请主管机关批准，可以重新录用。七是退职、退休干部犯了错误，按退职、退休干部管理范围处理。八是受过行政纪律处分的国家行政机关工作人员，符合奖励条件的应与其他工作人员同样对待。九是国家行政机关所属事业单位，不执行《企业职工奖惩条例》。

二 调整科技干部奖惩制度

改革开放后，我国工农业生产蒸蒸日上，群众性的技术革新运动蓬勃发展，广大工农群众、科技人员和干部的技术改进日益增多。中央不断调整科技干部的奖惩等管理制度，以进一步调动科技人员的积极性、创造性。

(一) 分级管理科学技术干部

中华人民共和国成立后,我国实行了与计划经济相适应的高度集中的干部管理体制,在这种管理体制下,国有企业、事业单位基本没有干部管理权。在1978年的全国科学大会上,邓小平同志作出了"科学技术是生产力"的著名论断[1],着力为科技发展扫清障碍。1981年,中共中央、国务院转发国家科委党组《关于我国科学技术发展方针的汇报提纲》的通知,强调要大力抓好科学技术成果的推广应用,对于善于按照科学规律办事、运用科研成果取得成绩的,要给予奖励;对于违反科学常识搞瞎指挥、使生产遭受重大损失的,要给予批评甚至处分。[2] 1981年,国务院成立科技干部局。同年4月,《科学技术干部管理工作试行条例》发布,明确科学技术干部管理实行由国务院、国务院各部委和省、自治区、直辖市分级管理的制度。[3]

(二) 科技事业单位的奖励制度规范不断明确

1985年《中共中央关于科学技术体制改革的决定》的正式公布,标志着我国科技体制改革全面展开在人事制度方面,要克服"左"的影响,扭转对科学技术人员限制过多、人才不能合理流动、智力劳动得不到应有尊重的局面,造成人才辈出、人尽其才的良好环境。该决定正式提出,研究机构在上级拨给的事业费以外的纯收入,应以大部分用于事业的发展,余下的部分视事业费自理程度核定额度,用于集体福利和奖,研究

---

[1] 邓小平:《在全国科学大会开幕式上的讲话》,《人民日报》1978年3月22日第1版。

[2] 中共中央文献研究室:《改革开放三十年重要文献选编(下)》,中央文献出版社2008年版,第180页。

[3] 国务院科技干部局是国务院管理科技干部的职能机构,由国家科委代管,协助中央组织部统一管理科技干部,对国务院各部委和地方各级科技干部管理部门有业务指导的任务。国务院管理下列科学技术干部:二级以上的教授、研究员、工程师、农业技师和医师;具有世界先进水平和国内第一流水平的科学技术专家。国务院各部委(包括直属局)管理所属单位的下列科学技术干部:中央和国务院管理以外的六级以上的教授、副教授、研究员、副研究员、工程师,以及相当这类技术职称的农林、卫生及其他科学技术干部;本系统内成绩突出的拔尖人才。国务院各部委所属各管理局和企业、事业单位管理的范围,由各部委决定。省、自治区、直辖市管理的范围,可参照国务院各部委的管理范围,由省、自治区、直辖市自行决定。省、自治区、直辖市所属厅(局)、地区(市)、县(市)和企业、事业单位管理范围,由省、自治区、直辖市审定。

机构要建立必要的精神奖励与物质奖励制度。报酬、奖励和荣誉要同个人贡献密切联系起来，对有重大贡献的实行重奖。

这一阶段，科技事业单位奖励制度的发展呈现出以下特点：一是奖励主体明确。国家科学技术委员会统一领导全国发明奖励工作。[①] 二是奖励方式明确。1978年，国家劳动总局发布《关于给工作成绩特别突出的职工升级的通知》。同年，国家科委《关于重新印发一九六三年国务院发布的〈技术改进奖励条例〉的通知》明确了技术改进采取荣誉奖与物质奖相结合的方式（具体参见表12—1）。三是奖励对象明确。根据1981年《科学技术干部管理工作试行条例》，科学技术干部有创造发明、技术革新、重大的合理化建议，或在发现人才和培养人才等方面对国家经济建设和提高全民族文化科学水平有贡献者，应按照国家规定给予奖励。科技人员兼职也有明确的奖励规定，如《国务院科技干部局关于试行科学技术人员兼职、交流的暂行办法的通知》规定，对科学技术人员兼职，在精神鼓励的同时，还应当给予一定的物质报酬。聘请单位可根据兼职人员的工作量和工作成绩，给予适当的职务（技术）津贴。边远地区聘请沿海地区或内地的科学技术人员兼职时，兼职人员还可以临时享受边远地区的工资差额补助。四是奖励依据明确。1984年，国务院发布了《中华人民共和国科学技术进步奖励条例》。1986年，《中华人民共和国科学技术进步奖励条例实施细则（试行）》颁布。国家行政机关所属事业单位工作人员的升级奖励，在国务院各主管部门未制定奖励办法之前，各事业单位参照《国家人事局关于执行〈国家行政机关工作人员升级奖励试行办法〉中几个问题的复函》办理。五是对特定对象因人施策。为调动知识分子的积极性，促进科学、技术、管理的进步，加快四化建设，优先破格提高有突出贡献的中青年科学、技术、管理专家的待遇。1984年，《中央组织部、中央宣传部、劳动人事部、财政部优先提高有突出贡献的中青年科学、技术、管理专家生活待遇的通知要求》，着力解决那些在国内外有名望的中青年科学家的生活待遇问题，如工资、级别、住房、

[①] 1978年12月，《中华人民共和国发明奖励条例》出台。1979年12月，国务院发布了《中华人民共和国自然科学奖励条例》，规定国家科委统一领导自然科学奖励工作，设立自然科学奖励委员会负责奖励评定工作。

两地分居、医疗等。选拔采取归口审核的方法,各口在审核时,选拔人数控制在本口专业技术干部总人数的万分之二点五之内。推荐提名时,不搞群众评议,可以参考国家已设立的奖励办法的获奖名单,优中选优。

表 12—1　　　　　　　　技术改进的奖励等级

奖励等级	年实际增产节约价值	荣誉奖	奖金
一	100 万元以上	批准单位表扬,并发奖状	500—1000 元
二	10 万元以上	批准单位表扬,并发奖状	200—500 元
三	1 万元以上	采用单位表扬	100—200 元
四	0.1 万元以上	采用单位表扬	100 元以下
五	不满 0.1 万元	采用单位表扬	

数据来源:根据《关于重新印发一九六三年国务院发布的〈技术改进奖励条例的通知〉》规定要求整理而得。

(三) 滥发奖金、补贴、实物的行为得到有效控制

事业单位发放奖金、补贴、实物等,奖励个别确有发明创造和贡献大的人员,对调动事业单位职工的积极性有积极作用。但同时也有些事业单位按人头平均滥发奖金、补贴和实物的情况十分严重,并有继续发展的趋势,还有不少单位相互攀比,标准越来越高,名目越来越多,有的单位资金来源也有问题。针对这些现象,为了有效地制止事业单位滥发奖金、补贴和实物,1984 年,《国务院关于坚决制止滥发奖金、补贴和实物的通知》明确,上级主管部门要按照国家规定进行监督检查,不得以任何借口加以支持,乱开奖金、补贴发放口子。如有违反,要追究有关领导和当事人的责任,严重的要给予纪律处分。同时,对事业单位滥发奖金、补贴和实物的情况进行一次检查,对严重违反国家规定的单位和个人,要在调查核实后,公开进行处理。

(四) 规范科学技术干部的职业行为

1981 年中共中央办公厅、国务院办公厅发布《科学技术干部管理工作试行条例》,对科学技术干部的职业行业进行规范,规定科学技术干部玩忽职守,弄虚作假,剽窃别人成果,泄露机密,违犯纪律,违反国家政策,给经济建设和科学技术工作造成损失者,应分清错误性质及情

轻重，结合本人一贯表现和对错误的认识程度进行批评教育，或者给予处分；对于违反国家政策法令、打击压制科学技术干部者，必须严肃处理。

三　明确国营企业领导及职工奖惩制度

随着扩大国营企业经营管理自主权、向国营企业让利的国营企业改革的发展，国营企业领导及职工的奖惩制度也发生了相应的变化。

（一）开展基于考核的职工升级工作

1978年，《关于给工作成绩特别突出的职工升级的通知》明确，国家劳动总局决定于1978年年底，有领导、有重点地对全民所有制单位中生产、工作成绩优异、贡献较大和提职后工作表现好而工资特别低的人员，进行一次考核升级。经国务院批准以适应国民经济发展的需要，鼓励职工努力学习技术，搞好生产，搞好工作，对国家多做贡献，

（二）明确企业的奖惩权和奖励资金来源

1978年，根据《国务院批转财政部关于国营企业试行企业基金的规定》的要求，国营企业试行企业基金。企业基金主要用于举办职工集体福利设施、举办农副业、弥补职工福利基金的不足以及发给职工社会主义劳动竞赛奖金等项开支。1979年，国务院《关于扩大国营工业企业经营管理自主权的若干规定》明确，企业有权根据职工的表现进行奖惩，实行企业利润留成，把企业经营的好坏同企业生产的发展和职工的物质利益直接挂起钩来，企业用利润留成建立生产发展基金、集体福利基金和职工奖励基金。

1981年，国家经济委员会、国务院体制改革办公室《关于实行工业生产经济责任制若干问题的意见》明确，奖金的增长速度应低于利润增长的速度，生产下降、利润减少的，职工奖金也应相应减少，奖金要严格按国务院文件和补充规定核定的控制额发放，节余奖金可用于职工集体福利设施或作为后备基金，以丰补歉，企业的福利基金，除按国家规定发给个人的（如困难补助费等）以外，主要用于职工的集体福利事业，不能巧立名目，滥发福利产品和各种津贴、补助。

1985年，《关于科学技术体制改革的决定》明确：技术开发机构和企业转让技术成果的收入，可提取一部分奖励直接从事开发工作的人

员……具有推广应用价值但不宜成为商品或不宜实行有偿转让的技术成果，由国家和社会有关部门组织交流和推广，并酌情给予奖励。

（三）明确厂长对职工的奖惩权

1982年，中共中央、国务院颁发《国营工厂厂长工作暂行条例》，明确在党委集体领导、职工民主管理、厂长行政指挥的原则下，厂长有权按照国家规定的人事管理权限和审批程序以及职工代表大会讨论决定的职工奖惩办法，对职工进行奖励。对有特殊贡献的职工有权晋级，但每年受晋级奖励的职工不得超过职工总数的1%。国营工厂厂长有权按照国家规定的人事管理权限和审批程序以及职工代表大会讨论决定的职工奖惩办法，对职工进行惩罚。对违反纪律的职工，有权处分，直至开除。

1984年，国务院《关于进一步扩大国营工业企业自主权的暂行规定》明确，厂长（经理）有权对职工进行奖惩，包括给予晋级奖励和开除处分。厂长有权给有特殊贡献的职工晋级，每年的晋级面，可以从目前实行的1%增加到3%。企业对提取的奖励基金有权自主分配。1986年中共中央、国务院发布的《全民所有制工业企业厂长工作条例》进一步明确，厂长有权按国家规定对职工进行奖惩，除经营亏损企业外，厂长对确有特殊贡献的职工可按国家规定予以晋级。

（四）区分由国家行政机关任命的工作人员与企业职工的奖惩

1982年，《国务院关于发布〈企业职工奖惩条例〉的通知》明确，对企业中由国家行政机关任命的工作人员给予奖励或惩罚，其批准权限和审批程序按照国务院《关于国家行政机关工作人员的奖惩暂行规定》办理。1983年，劳动人事部《关于印发〈企业职工奖惩条例〉若干问题的解答意见的通知》进一步强调，企业中由国家行政机关任命的干部，应和工人一样执行《企业职工奖惩条例》的规定，但奖或惩的批准权限和审批程序应按干部管理权限办理。此外，根据1982年国家人事局《关于执行〈国家行政机关工作人员升级奖励试行办法〉中几个问题的复函》，对于企业自行任命的工作人员的奖励，应按有关企业奖励规定办理。

（五）明确对企业领导人员的奖惩类别和条件

根据1982年实施的《国营工厂厂长工作暂行条例》，国营工厂厂长在工作中作出显著成绩，具有下列情形之一者，按照干部管理权限，报

— 719 —

经上级机关批准，给予荣誉奖励或者物质奖励：主要技术经济指标在全国同行业、同类企业中达到先进水平；产品进入国际市场，有竞争能力，为国家创汇作出较大贡献；生产连续3年以上持续增长，对国家贡献较大；有重大技术突破；由于改善经营管理，使长期亏损的企业改变落后面貌，由亏变盈满一年以上。对有特殊贡献的厂长，经职工代表大会建议，按照干部管理权限，报上级机关批准，可予以晋级。同时，企业为国家做出了显著贡献，对企业领导人员应根据其贡献大小分别给予表扬、奖励。

对国营工厂厂长的奖惩权限以及失职的主要情况界定，主要体现在1982年《中国共产党工业企业基层组织工作暂行条例》。对国营工厂厂长的奖惩，应通过职工代表大会讨论，按干部管理权限，报上级机关批准。厂长工作失职，具有下列情形之一者，按照干部管理权限，报经上级机关批准，给予经济处罚或者行政处分：违反国家的政策、法令和有关工厂的规章制度，损害国家全民利益；由于经营管理不善，连续两年完不成计划或者连续两年造成企业严重亏损；违反合同，给国家或集体财产造成严重损失；产品质量低劣，多次造成产品质量事故；明知故犯，违反财经纪律；严重污染环境，在物质、技术条件许可的情况下，拒不治理；造成重大安全事故，使人民生命、财产遭到严重损失；犯有其他严重错误。如果触犯刑律，由司法机关依法惩处。

对于厂长工作上的过错，在某些情形下应当区别情节轻重，给予处分。1986年的《全民所有制工业企业厂长工作条例》进一步明确细化了这些情形：违反法律、法规和规章制度，损害国家、企业、职工、用户或消费者利益；没有不可克服的外部原因，连续两年完不成国家指令性计划；有条件履行而未履行经济合同，造成重大经济损失；忽视产品质量，多次发生重大质量事故；在物质、技术条件许可的条件下，忽视环境保护，造成严重污染；由于指挥不当、管理不善，企业发生重大安全事故，使国家财产、人民生命财产遭到重大损失；犯有其他严重错误。厂长以权谋私，违法乱纪，弄虚作假，骗取荣誉或经济利益，应当区别情况，给予处分；触犯刑律的，依法追究刑事责任。同时，由于责任过失，造成重大损失，对企业领导人员应按照分工不同和责任大小，分别追究其应负的责任。

（六）明确对职工的奖惩类别和条件

根据1982年《国务院关于发布〈企业职工奖惩条例〉的通知》规定，对职工的奖励分为：记功、记大功，晋级，通令嘉奖，授予先进生产（工作）者、劳动模范等荣誉称号。在给予上述奖励时，可以发给一次性奖金。记功、记大功、发给奖金，授予先进生产（工作）者的荣誉称号，由工会提出建议，企业或者企业的上级主管部门决定。发放奖金一般一年进行一次，在企业劳动竞赛奖的奖金总额内列支。通令嘉奖，由各级人民政府或者企业主管部门决定。授予劳动模范称号的办法，另行制定。

奖励的条件包括：在完成生产任务或者工作任务、提高产品质量或者服务质量、节约国家资财和能源等方面，做出显著成绩的；在生产、科学研究、工艺设计、产品设计、改善劳动条件等方面，有发明、技术改进或者提出合理化建议，取得重大成果或者显著成绩的；在改进企业经营管理，提高经济效益方面做出显著成绩，对国家贡献较大的；保护公共财产，防止或者挽救事故有功，使国家和人民利益免受重大损失的；同坏人、坏事做斗争，对维护正常的生产秩序和工作秩序、维持社会治安，有显著功绩的；维护财经纪律、抵制歪风邪气，事迹突出的；一贯忠于职守，积极负责，廉洁奉公，舍己为人，事迹突出的；其他应当给予奖励的。

惩戒方面，强调对严重违反劳动纪律者的惩戒。1979年，《关于扩大国营工业企业经营管理自主权的若干规定》明确，对那些严重违反劳动纪律，破坏规章制度，屡教不改，造成重大经济损失的，可给予开除处分。开除后，可以留厂劳动，发给生活费。

1981年，中共中央、国务院在《关于广开门路，搞活经济，解决城镇就业问题的若干决定》中进一步强调，要切实整顿劳动纪律，对于违法乱纪、屡教不改的职工，根据情节轻重，给予处分，直至经过职工代表大会讨论和同级工会同意后予以开除。同年，《关于实行工业生产经济责任制若干问题的意见》强调，要严格整顿财经纪律，反对一切歪门邪道，对违反财经纪律的要严肃处理。要认真整顿劳动纪律，对个别严重违反纪律、屡教不改的职工，经过职工代表大会讨论和上级主管部门批准，可以辞退或开除。

第三节　奖惩制度改革的探索（1987—1992年）

党的十三大报告提出，对一切为现代化建设作出优异成绩的人们都要给予奖励，为此阶段的奖励工作提供了基本遵循。随着公务员制度的推行，机关干部、国有企业和事业单位人员奖惩制度改革逐步开展。

一　改革机关干部奖惩制度

党的十三大报告明确建立国家公务员制度，在探索公务员制度的背景下，党政机关干部的奖惩制度相应进行了改革。

（一）规范升级、升职奖励

为了合理地处理国家行政机关工作人员的升级、升职奖励等问题，1987年劳动人事部发布《国家行政机关工作人员职级奖惩暂行处理办法》。

关于升级奖励。工作人员获升级奖励，其职务工资一般提升一个工资等级，有特殊贡献的可以提升两个工资等级，但均不得超过本人现任职务的最高工资标准。对职务工资已达到现任职务最高工资标准的，则不给升级奖励，可给予其他种类奖励。

关于升职奖励。给予工作人员升职奖励，应根据其贡献、德才条件和工作需要、职数限额决定，一般晋升一级职务；个别有特殊贡献、德才优秀的，可以越级晋升，并报任免机关审批。工作人员获升职奖励后，其原职务工资低于新任职务最低工资标准的，按新任职务最低工资标准执行；原职务工资已在新任职务工资标准以内的，可以提升一个工资等级。个别有特殊贡献的，可以提升两个工资等级。

（二）调整奖励工资发放的对象和数额

国务院工资制度改革小组、劳动人事部、财政部针对国家机关工作人员奖励工资的问题，多次出台相关文件进行调查规范。1987年，《关于国家机关工作人员奖励工资问题的通知》明确，从1987年起，各地区、各部门在发放国家机关工作人员的奖励工资时，对副部长、副省长及相当职务以上的领导干部，可同其他人员一样按规定发放奖励工资。

1988年，劳动人事部、财政部出台《关于国家机关和部分事业单位工作人员增加奖励工资（奖金）问题的通知》，明确从 1988 年起，适当提高国家机关和部分事业单位工作人员的奖励工资（奖金）。1987 年发放奖励工资（奖金）在一个月平均基本工资数额以内（含一个月）的各级国家机关、党派团体以及由国家核拨全部事业费的事业单位，从 1988 年起，其工作人员的奖励工资（奖金）可以由全年不超过一个月的平均基本工资提高到一个半月。

（三）明确监察部、人事部在惩戒工作中的分工协作

1989 年，《监察部、人事部关于在惩戒工作中分工协作问题的通知》明确，监察部立案调查的监察对象的违法违纪案件，需要给予行政处分的，监察部可以向其主管机关提出建议，也可以直接给予警告、记过、记大过、降级、降职、撤职的处分，具体程序按照监察部的规定办理；日常惩戒工作由人事部负责管理。

随后，监察部《关于监察机关直接行使行政处分权的程序问题的通知》监察机关在查处违法违纪案件中直接行使行政处分权的程序问题进行规范，同时还对全国人民代表大会或其常委会任命的国务院各部门负责人、国务院任命的人员、国务院各部门任命的人员等需要给予降级、降职、撤职等行政处分时的具体程序进行了规范。

1991 年《人事部关于加强行政惩戒工作管理的通知》进一步阐述了监察部、人事部在行政惩戒工作中的分工。按照国务院确定的职能分工，人事部门负责管理国家行政机关、事业单位和企业中由国家行政机关任命的工作人员的日常行政惩戒工作（监察机关立案调查并直接给予处分的除外）。各级政府人事部门要进一步明确自己管理行政惩戒工作的具体职责和任务，正确处理好人事部门综合管理行政惩戒工作与监察机关立案调查违纪案件并有一定处分权的关系，主动与监察机关分工协作，共同搞好这项工作。

人事部的行政惩戒工作主要包括：根据国家的法律，研究制定国家行政机关和事业单位工作人员的纪律和惩戒方面的政策法规，并负责指导实施和解释；对国家行政机关和事业单位的纪律和惩戒工作进行检查、督促；调查了解纪律和惩戒工作的开展情况，组织交流经验，分析存在的问题，提出改进意见；审核下级政府和本级政府所属工作部门报请批准的处分案件，办理呈报审批手续；负责承办除监察机关立案调查并直

接给予处分之外的违纪案件的行政处理；受理工作人员对人事部门办理的对行政处分不服的申诉；办理政府交办的其他行政惩戒工作。

（四）强调党员干部的廉洁

党员干部的廉洁行为规范和相应的惩戒措施分散在不同的法律规范中。一是强调必须把保持廉洁的问题尖锐地提到党和国家机关的全体共产党员和工作人员面前。二是出台专门的法规规范行政机关工作人员贪污贿赂的行政处分，比如，《国家行政机关工作人员贪污贿赂行政处分暂行规定》明确，行政处分分为警告、记过、记大过、降级、降职、撤职、开除留用察看、开除。三是规范专项活动中的廉洁问题，如《国家行政机关及其工作人员在国内公务活动中不得赠送和接受礼物的规定》明确，在国内公务活动中不得赠送和接受礼物。对国家行政机关工作人员赠送和接受礼品的行政处分，按照国家行政机关工作人员的管理权限和行政处分程序的规定办理。对于赠送和接受礼品及假借名义或以变相形式赠送和接受礼品的国家行政机关，对负直接责任的机关有关领导人和直接责任者，根据数额多少和情节轻重，分别给予警告直至撤职处分。对于接受礼品的国家行政机关工作人员，根据数额多少和情节轻重，分别给予警告直至撤职处分。对于赠送礼品的国家行政机关工作人员，应当给予批评教育；影响很坏的，给予警告或者记过处分。数额较少、情节轻微，经批评教育表示悔改的，可以免予行政处分。为谋取不当利益而赠送、接受或者索取礼品的，按照国家有关惩治行贿、受贿的法律法规处理。

（五）规范职级惩戒

1987年《国家行政机关工作人员职级奖惩暂行处理办法》对降级、降职、撤职、开除留用察看处分等有关问题进行了具体规范。

关于降级处分。工作人员受降级处分，其职务工资降低一个工资等级。对职务工资为现任职务最低工资标准的，不给降级处分，可给予其他种类处分。

关于降职处分。工作人员受降职处分，降低一级职务，同时按其原职务工资额降低一个至两个工资等级，改按新任职务相应的职务工资标准执行（如降低后的工资高于新任职务最高工资标准，则改按新任职务最高工资标准执行）。无职可降的，可给予降级处分。

关于撤职处分。工作人员受撤职处分，降低一级以上职务另行分配工作，同时按其原职务工资额降低两个至三个工资等级，改按新任职务相应的职务工资标准执行（如降低后的工资高于新任职务最高工资标准，则改按新任职务最高工资标准执行）。无职可撤的，可给予降级处分。

关于开除留用察看处分。工作人员受开除留用察看处分，在察看期间，应分配不述职的工作，发给临时工资，即本人基础工资、工龄津贴照发，另发给原职务工资的40%。察看期满分配正式工作，其职务和职务工资根据实际情况，一般按低于受撤职处分的职级待遇重新予以确定。

二 明确事业单位人员奖惩的方向和重点

（一）教育系统劳动模范奖励升级

1990年，人事部、国家教委《关于1989年全国教育系统劳动模范奖励升级问题的通知》决定，给予1989年获得全国教育系统劳动模范荣誉称号的教师和教育工作者奖励升级，凡工资已达到所任职务（岗位）最高工资标准的，不受《劳动人事部关于发布〈国家行政机关工作人员职级奖惩暂行处理办法〉的通知》的限制，按本级与下一级工资标准的级差增加工资。1991年，人事部、国家教委联合发布通知，决定给予1991年获得"全国教育系统劳动模范"荣誉称号的人员，每人奖励晋升一级工资。1992年，国家教育委员会下发《教师和教育工作者奖励暂行规定》，规定"全国教育系统劳动模范"享受省（部）级劳动模范的待遇。

（二）科技系统开展特定事项的表彰奖励活动

1988年，国务院对参加黄淮海平原农业开发实验的科技人员进行了表彰奖励，这一表彰奖励活动针对20世纪60年代开始的黄淮海平原农业综合开发试点工作进行，国家有关科研单位和部属院校等单位先后派出大批科技人员参加试验区的开发建设。为了进一步调动和发挥科技人员参加黄淮海平原农业综合开发的积极性，鼓励更多的科技人员投入我国农业开发第一线，推动科技进步，促进农业发展，国务院决定对在黄淮海平原农业开发试点中做出突出成绩的科技人员给予表彰、奖励。

（三）鼓励并规范科技人员兼职

科技人员业务兼职表现出色的，成绩可记入本人档案，因兼职严重影响本职工作或侵害本单位技术权益的，也有相应的处分措施。具体规范举措为：科技人员在业余兼职活动中的成绩和表现，可以视同本职工作的成绩和表现，记入本人档案。出色完成本职工作，并在兼职活动中作出突出贡献的，由本单位和兼职单位给予奖励。科技人员业余兼职，严重影响本职工作的，其所在单位应当批评教育；侵害本单位技术权益的，单位有权要求其赔偿损失。必要时，可以责令其停止兼职活动，直至给予行政处分。

（四）明确专业技术人员辞职的相关行为规范

1990年，人事部《关于印发全民所有制事业单位专业技术人员和管理人员辞职暂行规定的通知》明确，辞职人员不得私自带走属原单位的科研成果、内部资料和设备器材等，违者视情节轻重给予行政处分或责令赔偿经济损失。有关单位应支持人才合理流动，对有意刁难、打击申请辞职人员者，应给予严肃处理。

（五）规范技术职务聘任行为

1989年，人事部《关于对专业技术职务评审聘任工作进行复查的通知》明确，为完善专业技术职务聘任制，防止乱评滥评，在各单位自查的基础上，由各级人事部门、职改办组织专门队伍进行抽查和验收。查出的问题一经核实，要根据有关文件精神严肃处理，对骗取的专业技术职务和工资待遇，要坚决予以撤销和取消。对情节严重的，要给予单位负责人和本人以必要的纪律处分。

三　强调分级管理国有企业干部

党的十三大明确了按照所有权经营权分离的原则发展全民所有制企业，国有企业、事业单位的管理人员，原则上由所在组织或单位依照各自的章程或条例进行管理。随着承包经营责任制的推行，国有企业经营机制不断转变，用管理党政机关干部的办法管理国有企业干部的传统模式被打破。

（一）实行分级管理

政府主管部门对厂长进行奖励，厂长依法奖惩职工。例如，1988年的《中华人民共和国全民所有制工业企业法》明确，政府主管部门对厂长进行奖励，厂长在领导企业完成计划、提高产品质量和服务质量、提高经济效益和加强精神文明建设等方面成绩显著的，由政府主管部门给予奖励。职工代表大会负责评议、监督企业各级行政领导干部，提出奖惩和任免的建议。厂长依法奖惩职工，提请政府主管部门奖惩副厂级行政领导干部。

（二）任期目标责任制的实施情况成为奖惩的重要依据

企业主管机关根据厂长任期目标责任制的考核结果，决定对厂长的奖励，奖励贯彻荣誉奖和物质奖相结合的原则。实践中，对厂长的考核分年度进行。经营者的个人收入视全面完成年度责任目标的程度，可以高于职工平均收入的1—3倍。有的地方规定任期届满实现目标的，另给予一次性奖励，发奖金500—800元；对成绩突出、贡献较大的，授予"优秀厂长"称号。厂长在实现任期目标的过程中，除企业有不可克服的外部原因外，未实现任期目标的，由企业主管机关视不同情况给予批评，或扣减个人收入；连续两年利润下降或因经营管理不善导致企业发生亏损的，还可能会被免职。

（三）规范"职工无正当理由经常旷工""除名"等问题

1990年，劳动部对《企业职工奖惩条例》中"职工无正当理由经常旷工"一语作出解释："除有不可抗拒的因素影响，职工无法履行请假手续情况外，职工不按规定履行请假手续，又不按时上下班，连续旷工超过15天，或一年内累计旷工超过30天，即属于无正当理由经常旷工。"

1991年，劳动部对《企业职工奖惩条例》第十八条规定的"除名"进行了解释，明确"除名"是对旷工职工的一种处理形式，不属于行政处分。

1992年，劳动部办公厅明确，企业合同制工人违纪，符合开除、除名条件的，适用《企业职工奖惩条例》。

（四）对阻碍职务执行、扰乱企业秩序等行为进行规范

1988年，《中华人民共和国全民所有制工业企业法》第六十二条规定，阻碍企业领导干部依法执行职务，未使用暴力、威胁方法的，由企业所在地公安机关依照《中华人民共和国治安管理处罚条例》第十九条的规定处罚；以暴力、威胁方法阻碍企业领导干部依法执行职务的，依照《中华人民共和国刑法》第一百五十七条的规定追究刑事责任。

扰乱企业的秩序，致使生产、营业、工作不能正常进行，尚未造成严重损失的，由企业所在地公安机关依照《中华人民共和国治安管理处

罚条例》第十九条的规定处罚；情节严重，致使生产、营业、工作无法进行，造成严重损失的，依照《中华人民共和国刑法》第一百五十八条的规定追究刑事责任。

（五）对企业领导干部的行为进行规范

1988年，《中华人民共和国全民所有制工业企业法》第六十条、六十一条对企业领导干部滥用职权、工作过失、玩忽职守等行为进行规范。企业领导干部滥用职权，侵犯职工合法权益，情节严重的，由政府主管部门给予行政处分；滥用职权、假公济私，对职工实行报复陷害的，依照刑法有关规定追究刑事责任。企业和政府有关部门的领导干部，因工作过失给企业和国家造成较大损失的，由政府主管部门或者有关上级机关给予行政处分。企业和政府有关部门的领导干部玩忽职守，致使企业财产、国家和人民利益遭受重大损失的，依照刑法有关规定追究刑事责任。

第四节 奖惩制度的逐步规范（1992—2000年）

1992年，党的十四大明确提出建立社会主义市场经济体制。随着1993年《国家公务员暂行条例》1995年《国家公务员奖励暂行规定》等的颁布实行，公务员的奖惩制度不断规范。公务员、国有企业干部、事业单位工作人员人事管理制度逐步发展，各类人员奖惩制度也逐步规范。

一 正式建立公务员奖惩制度

（一）《国家公务员奖励暂行规定》出台

1995年，《国家公务员奖励暂行规定》再次强调，应当坚持精神奖励和物质奖励相结合，以精神奖励为主的原则进行奖励，同时结合公务员的年度考核。在特定环境中做出突出贡献的，应当及时给予奖励。此外，公务员奖励的原则、行为表现、分类、权限、程序、奖励的撤销等内容得到了系统规范。该规定明确的奖励制度内容如下：

1. 奖励条件

国家公务员有下列表现之一，应当予以奖励：忠于职守，积极工作，成绩显著的；遵守纪律，廉洁奉公，作风正派，办事公道，起模范作用的；在增进民族团结，维护社会稳定方面做出突出贡献的；在社会主义精神文明建设方面做出突出贡献的；在工作中有发明、创造或者提出合理化建议，为国家取得显著经济效益和社会效益的；爱护公共财产，节约国家资财，有突出成绩的；防止或者挽救事故有功，使国家和人民群众利益免受或者减少损失的；在抢险、救灾等特定环境中奋不顾身，做出贡献的；见义勇为，舍己救人，维护社会公德和社会治安，表现突出的；同违法、违纪行为做斗争，有功绩的；在对外交往中，为国家争得荣誉和利益的；有其他功绩的。

2. 奖励形式

对国家公务员的奖励，分为嘉奖，记三等功、二等功、一等功，授予荣誉称号。对在工作中表现突出，取得优良成绩的，应当给予嘉奖；对在工作中做出较大贡献，取得显著成绩的，应当给予记三等功；对在工作中作出重大贡献，取得优异成绩的，应当给予记二等功、一等功；对功绩卓著，有特殊贡献的，应当授予荣誉称号。

3. 奖励权限

国家公务员的奖励由国家公务员所在机关或者上级机关按照下列权限批准：嘉奖、记三等功，由县级以上人民政府或者市（地）级以上人民政府工作部门批准；记二等功，由市（地）级以上人民政府或者省级以上人民政府工作部门批准；记一等功，由省、自治区、直辖市以上人民政府或者国务院工作部门批准。国务院授予荣誉称号，经国务院人事部门审核后，由国务院批准；省、自治区、直辖市人民政府授予荣誉称号，经本级政府人事部门审核后，由省、自治区、直辖市人民政府批准；国务院工作部门授予荣誉称号，经国务院人事部门审核同意后，由国务院工作部门批准。地方各级人民政府按照奖励权限的规定，给予本级人民代表大会选举或者人民代表大会常务委员会决定任命的人民政府领导人员奖励，应当报上一级人民政府批准；对政府工作部门领导人员的奖励，由本级人民政府批准。审批机关在给予国家公务员奖励时，应当按国家公务员管理权限，征得主管机关的同意。

4. 奖励程序

给予国家公务员奖励，按下列程序进行：国家公务员所在单位在征求群众意见的基础上，提出奖励意见，按照规定的批准权限，上报审批；

审批机关的人事部门审核;审批机关批准,并予以公布。必要时,审批机关可以直接给予国家公务员奖励。

5. 奖励撤销

国家公务员获得奖励后,有下列情况之一的,撤销其奖励:伪造事迹,骗取奖励的;申报奖励时隐瞒严重错误或者严重违反规定程序的;获荣誉称号后,受到开除处分、劳动教养或者刑事处罚的。撤销国家公务员奖励,由原申报机关报请审批机关批准。特殊情况下原审批机关可以直接撤销国家公务员的奖励。国家公务员奖励被撤销后,审批机关要收回其奖励证书和奖章,并停止其享受的有关待遇。

(二)落实《国家公务员暂行条例》的惩戒规定

针对各地各部门在执行《国家公务员暂行条例》有关纪律惩戒规定中遇到的难于把握的具体问题,人事部1996年发布《关于国家公务员纪律惩戒有关问题的通知》,强调对于违反纪律的国家公务员,应当根据其错误性质、情节轻重、危害大小,区别情况作出处理。同时进一步明确了处分的变更与解除,国家公务员在受处分期间有特殊贡献的,可以提前解除处分。对于在处分期限内没有改正错误的,可以适当延长解除处分的期限,延长解除处分期限后,还未改正错误的,予以加重处分。

二 逐步健全事业单位工作人员奖惩制度

1993年,国务院印发《国家事业单位暂行条例》。1995年,全国事业单位机构和人事制度改革工作会议召开,会议提出"脱钩、分类、放权、搞活"的改革思路。事业单位工作人员的奖惩工作进一步健全。

(一)开展宣传表彰专业技术人员先进典型的活动

1999年,为宣传表彰优秀专业技术人员在经济建设和社会发展中的突出业绩和卓越贡献,在全社会进一步形成"尊重知识,尊重人才"的良好风尚,人事部决定在表彰"让人民满意的公务员"的同时,开展宣传表彰专业技术人员先进典型的活动。根据《人事部关于开展宣传表彰专业技术人员先进典型活动的通知》,推荐范围为在科技、教育、卫生、农业等领域做出突出贡献的在职专业技术人员。入选者必须有高度的政治觉悟、事迹突出感人、成果效益显著、群众公认。省、自治区、直辖市、国务院有关部门各推荐1—2名。

（二）正确评价科技成果和进行科技奖励

1999年8月，《中共中央、国务院关于加强技术创新，发展高科技，实现产业化的决定》指出：国家根据各种科技活动的不同特点，实行相应的评价标准和方法，精简奖项数目，提高奖励力度……特别设立国家最高科学技术奖，对在当代科学技术前沿取得重大突破或在科学技术发展中有卓越建树的，在技术创新、科技成果商品化和产业化中创造巨大经济效益和社会效益的杰出人才实行重奖。[①]

1999年，针对原有科学技术奖励制度面临的新情况、新问题、国务院办公厅转发《科技部科学技术奖励制度改革方案的通知》，明确全面贯彻实施《国家科学技术奖励条例》，调整奖项设置、奖励力度、评价标准和评审办法等，加强对部门、地方和社会各种科学技术奖励的管理和指导。

（三）教师和教育工作者奖励规定出台

1998年，国家教育委员会发布《教师和教育工作者奖励规定》。对长期从事教育教学、科学研究和管理、服务工作并取得显著成绩的教师和教育工作者，分别授予"全国优秀教师"和"全国优秀教育工作者"荣誉称号，颁发相应的奖章和证书；对在教育事业中作出突出贡献的教师和教育工作者，由国务院教育行政部门会同国务院人事部门授予"全国模范教师"和"全国教育系统先进工作者"荣誉称号，颁发相应的奖章和证书。

1998年，《国务院批转教育部〈面向二十一世纪教育振兴行动计划〉的通知》规定，设立高等学校优秀青年教师科研和教学奖励基金。从1999年起每年评选100名35岁以下取得重大科研和教学成果的青年教师，连续五年加大支持其科研和教学工作的力度。

三 国有企业领导人员奖惩制度建设不断加强

1992年的"破三铁"是国有企业改革以来第一次以企业一般职工为对象的改革。此后，各地开始建立新型企业内部劳动人事制度和分配制

[①] 中共中央文献研究室：《十五大以来重要文献选编》（中），中央文献出版社2000年版，第115页。

度的尝试。

（一）《国有企业厂长（经理）奖惩办法》出台

1994年，国家经济贸易委员会、国家经济体制改革委员会、劳动部联合印发《国有企业厂长（经理）奖惩办法》，强调，先考核、后奖惩，建立完善的考核指标体系和制度，按照考核的结果进行奖惩，对厂长奖惩要及时并符合法定程序。

对国有企业厂长（经理）的奖惩采取分级管理、分级负责的原则。各相关主体的具体职责为：国家经济贸易委员会负责会同有关部门制定相关法规政策并督促实施；国务院各有关部门（全国性总公司）负责直属企业厂长的奖惩；各省、自治区、直辖市经贸委（经委）会同有关部门负责本地区企业厂长的奖惩；负责奖惩工作的部门，在实施对厂长的奖惩前应事先征求企业党组织和工会的意见，再作出奖惩决定；企业党组织和工会也可向负责奖惩部门提出奖惩厂长的建议。

对国有企业厂长（经理）的奖励分为荣誉奖励和物质奖励。荣誉奖励包括授予优秀企业家、劳动模范等称号。物质奖励包括晋升工资和发给奖金。荣誉奖励和物质奖励可分别施行，也可合并施行。对国有企业厂长《经理》的处罚分为行政处罚和经济处罚。行政处罚包括降职、撤职、辞退或解聘；经济处罚包括停发奖金和降低工资。奖励处罚一般在每年考核后进行，也可在任期、承包期满考核（或审计）后进行。但是，如发现厂长经营中有重大失误，并造成重大损失时，可随时给予处罚。

（二）突出强调经营管理者收入与企业业绩挂钩

1999年，《中共中央关于国有企业改革和发展若干重大问题的决定》要求，建立和健全国有企业经营管理者的激励和约束机制。实行经营管理者收入与企业的经营业绩挂钩；把物质鼓励同精神鼓励结合起来，既要使经营管理者获得与其责任和贡献相符的报酬，又要提倡奉献精神，宣传和表彰有突出贡献者，保护经营管理者的合法权益。[①]

（三）允许和鼓励技术、管理等生产要素参与收益分配

《中共中央、国务院关于加强技术创新，发展高科技，实现产业化的

[①] 中共中央文献研究室：《改革开放三十年重要文献选编》（下），中央文献出版社2008年版，第1048页。

决定》指出：在部分高新技术企业中进行试点，从近年国有净资产增值部分中拿出一定比例作为股份，奖励有贡献的职工特别是科技人员和经营管理人员……在职务科技成果转化取得的收益中，企业、科研机构或高等学校应提取一定比例，用于奖励项目完成人员和对产业化有贡献的人员。①

（四）建立决策失误追究制度

1999 年，《中共中央关于国有企业改革和发展若干重大问题的决定》明确要建立决策失误追究制度，实行企业领导人员任期经济责任审计，凡是由于违法违规等人为因素给企业造成重大损失的，要依法追究其责任，并不得继续担任或易地担任领导职务。②

第五节　奖惩制度的细化与发展（2000—2012 年）

自 2000 年始，中央不断深化干部人事制度改革，探索建立符合党政机关、国有企业和事业单位不同特点的、科学的分类管理体制和各具特色的管理制度。

2005 年《中共中央关于印发〈建立健全教育、制度、监督并重的惩治和预防腐败体系实施纲要〉的通知》进一步完善对违纪违法行为的惩处制度。同时还对相关制度的完善提出了具体要求，比如，抓紧制定《中国共产党纪律处分条例》《国家行政机关公务员行政处分条例》的配套规定和党纪政纪处分的相关制度，制定和完善对损害群众利益行为的责任追究办法。③

一　不断细化公务员奖惩制度

2002 年 12 月，曾庆红在《在全国组织工作会议上的讲话》强调：

---

① 中共中央文献研究室：《十五大以来重要文献选编》（中），中央文献出版社 2000 年版，第 113—114 页。

② 中共中央文献研究室：《改革开放三十年重要文献选编》（下），中央文献出版社 2008 年版，第 1048 页。

③ 中共中央文献研究室：《改革开放三十年重要文献选编》（下），中央文献出版社 2008 年版，第 1468 页。

"当前和今后一个时期,干部人事制度改革要围绕实现干部工作科学化、民主化、制度化的目标,以建立健全干部选拔任用和管理监督机制为重点,着眼形成择优进入、严格监督、有效激励、正常退出的良好环境。"[①]

(一)《公务员法》进一步细化公务员奖惩

2005年的《公务员法》以《国家公务员暂行条例》为基础进一步细化了公务员奖惩,其中"纪律"一章改为"惩戒"。

在奖励制度上的显著变化包括:一是增加了对公务员集体的奖励规定。"公务员集体"可以是按照编制序列设置的机构,也可以是为完成专项任务组成的工作集体(可以是一个正式单位,也可以是为完成专项任务从各单位抽调人员组成的临时工作集体)。这主要是因为:实际工作中,有些贡献确实是集体作出的实际奖励工作中,也有对集体进行奖励的情况。二是增加了给予奖励的情形。增加了第四十九条第4项,"为增进民族团结、维护社会稳定做出突出贡献的"。三是增加了"撤销奖励"的情形。公务员法吸纳了《国家公务员奖励暂行规定》中关于"撤销奖励"的内容并稍作调整,摒弃了"获荣誉称号后,受到开除处分、劳动教养或者刑事处罚的'要撤销原来的荣誉称号'"的规定。

(二)组建国家公务员局推动奖惩工作

2008年7月,国家公务员局成立。组建国家公务员局是中央根据新的形势发展要求作出的重大决策,对推动公务员奖惩制度的发展具有重要的现实意义。2011年,为推动奖励工作深入开展,加强奖励工作人员队伍建设,人力资源和社会保障部采取"送教上门"的方式,对全国各省(区、市)和新疆生产建设兵团开展业务培训,举办考核奖励培训班,培训基层考核奖励工作人员。

(三)出台《公务员奖励规定(试行)》

2008年,中央组织部、人事部印发《公务员奖励规定(试行)》,激励公务员忠于职守,勤政廉政,提高工作效能,规范公务员奖励活动。规定明确了公务员获得奖励的条件、程序、授予主体的权限、奖励的撤销等。1995年《国家公务员奖励暂行规定》同时废止。奖励制度的发展

---

① 中共中央文献研究室:《十六大以来重要文献选编》(上),中央文献出版社2004年版,第101页。

主要体现为：一是在奖励对象方面，增加了公务员集体的奖励；二是在奖励条件方面，删除了"在社会主义精神文明建设方面做出突出贡献的"；"见义勇为，舍己救人，维护社会公德和社会治安，表现突出的"；三是在奖励类型方面，明确了对功绩卓著的，授予"人民满意的公务员""人民满意的公务员集体"或者"模范公务员""模范公务员集体"等荣誉称号。四是强调了奖励与考核的结合。给予嘉奖和记三等功，一般结合年度考核进行，年度考核被确定为优秀等次的，予以嘉奖，连续3年被确定为优秀等次的，记三等功；给予记二等功、记一等功和授予"人民满意的公务员""人民满意的公务员集体"荣誉称号，一般每5年评选一次。

（四）不断出台规范行政纪律处分的法规规章

2007年《行政机关公务员处分条例》是中华人民共和国成立以来第一部系统规范行政纪律处分的专门性行政法规，是行政机关公务员处分工作法制化的重要标志。

同时，专项处分规章不断出台，公务员纪律惩戒配套法规建设成效明显。卫生、海关、公安、安全、税务等不同领域的多部专项处分规章出台。2010年有5部专项处分规章出台，如《公安机关人民警察纪律条令》《设立"小金库"和使用"小金库"款项违法违纪行为政纪处分暂行规定》《违反规定插手干预工程建设领域行为处分规定》《用公款出国（境）旅游及相关违纪行为政纪处分规定》等。此外，还有《海域使用管理违法违纪行为处分规定》《关于违反信访工作纪律处分暂行规定》《统计违法违纪行为处分规定》等。

（五）公务员纪律惩戒方面的规定更加具体

一是关于公务员执行错误命令是否免责的问题。2005年的《公务员法》明确，公务员不得"拒绝执行上级依法作出的决定和命令"，如果认为上级的决定或者命令有错误的，可以向上级提出改正或撤销的意见。上级不改变或者要求立即执行的，公务员应当执行，后果由上级负责。但公务员执行明显违法的决定或者命令的，应当依法承担相应责任。

二是惩戒工作中强调对公务员合法权益的保护。《公务员法》第57条规定，公务员违纪的，应当由处分决定机关决定对公务员违纪的情况进行调查，并将调查认定的实施及拟给予处分的依据告知公务员本人，公务员有权进行陈述和申辩。

三是关于惩戒后的工资待遇问题。2010年,人社部《关于公务员被采取强制措施和受行政刑事处罚工资待遇处理有关问题的通知》明确了公务员被采取强制措施和受行政、刑事处罚的工资待遇处理以及公务员退休后被采取强制措施和受行政、刑事处罚的退休费待遇处理,按照不同的强制措施和处罚以及不同期间规定了具体的工资待遇处理办法。例如,公务员被刑事拘留在逃或批准逮捕在逃的,停发工资待遇。公务员受到刑事处罚,处分决定机关尚未作出开除处分决定的,从人民法院判决生效之日起,取消原工资待遇。随后,《关于公务员受处分工资待遇处理有关问题的通知》进一步明确了公务员受不同处分时的工资待遇以及退休后被追究政纪责任的退休费待遇处理办法。比如,公务员受警告、记过、记大过处分的,不降低职务工资、级别工资和津贴补贴。公务员受开除处分的,从受处分的次月起,取消原工资待遇。

四是关于降级、撤职等处分的实施。2010年出台的《关于公务员纪律惩戒有关问题的通知》明确,给予公务员降级处分,降低一个级别。给予公务员撤职处分,撤销其现任所有职务,并在撤销职务的同时降低级别和工资。此外,该通知还明确了处分的解除等其他纪律惩戒相关问题。

二 突出事业单位奖惩制度重点

2000年,中央发布《深化干部人事制度改革纲要》强调,事业单位完善专业技术人才奖励表彰制度。

2003年,中央专门召开全国人才工作会议,总结交流人才工作的经验,就当前和今后一个时期的人才工作进行全面部署,推动实施人才强国战略。胡锦涛总书记在讲话中强调,坚持精神奖励和物质奖励相结合的原则,针对各类人才的特点,建立健全与社会主义市场经济体制相适应、与工作业绩紧密联系、鼓励人才创新创造的分配制度和激励机制……要统筹兼顾地抓好国有企事业单位和各种非公有制经济组织、社会组织的人才使用工作……在政府的奖励、职称评定中,对各类人才都要统一安排。①

(一) 对有突出贡献的科技人员实行重奖

2002年，朱镕基总理在《政府工作报告》中强调，深化干部人事制度改革，完善对各类人才的选拔任用、考核评价、激励监督的制度……落实技术、管理等生产要素参与分配的政策，落实对有突出贡献的科技人员和高层管理人员进行奖励的规定。②

同年，《2002—2005年全国人才队伍建设规范纲要》强调，完善奖励制度；建立人才的国家级功勋奖励制度。对有突出贡献的科技人员和高层管理人员实行重奖；设立海外留学人员回国工作或为国服务成就奖、西部大开发杰出人才奖；继续鼓励并规范境内外社会组织和个人设立专门奖励项目。③

2006年6月，胡锦涛总书记中国科学院第十三次院士大会和中国工程院第八次院士大会上的讲话中强调，"要建立健全鼓励人才创新的分配制度和积极机制，坚持向关键岗位和优秀人才倾斜的政策，对作出突出贡献的给予重奖，真正形成岗位靠竞争、报酬靠贡献的积极机制，让优秀人才得到优厚报酬"④。

(二) 建立规范有效的人才奖励制度

2003年12月，《中共中央、国务院关于进一步加强人才工作的决定》要求建立规范有效的人才奖励制度。坚持精神奖励和物质奖励相结合的原则，建立以政府奖励为导向、用人单位和社会力量奖励为主体的人才奖励体系，充分发挥经济利益和社会荣誉双重激励作用；建立国家功勋奖励制度，对为国家和社会发展做出杰出贡献的各类人才给予崇高荣誉

---

① 人力资源和社会保障部组织编写：《中国人力资源和社会保障年鉴（文献卷）2012》，中国劳动社会保障出版社、中国人事出版社2012年版，第579—586页。

② 中共中央文献研究室：《十五大以来重要文献选编》（下），中央文献出版社2000年版，第481页。

③ 中共中央文献研究室：《十五大以来重要文献选编》（下），中央文献出版社2000年版，第565页。

④ 中共中央文献研究室：《十五大以来重要文献选编》（下），中央文献出版社2000年版，第483页。

并实行重奖。坚持奖励与惩戒相结合，做到奖惩分明，实现有效激励。①

（三）开展"杰出专业技术人才"表彰活动

2006年，为深入实施科教兴国和人才强国战略，积极营造尊重劳动、尊重知识、尊重人才、尊重创造的社会环境，树立和宣传当代专业技术人员先进典型，引导和激励广大专业技术人员积极投身社会主义现代化建设的伟大实践，中央组织部、人事部、科学技术部开展"杰出专业技术人才"表彰活动。受到表彰的人员，将享受省部级劳动模范和先进工作者待遇。

（四）强调收支两条线管理规定的行为规范

2000年，《违反行政事业性收费和罚没收入收支两条线管理规定行政处分暂行规定》规定国家公务员和法律、行政法规授权行使行政事业性收费或者罚没职能的事业单位的工作人员有违反"收支两条线"管理规定行为的，依照本规定给予行政处分。

三 不断细化国有企业领导人员奖惩制度

2001年，《国家经贸委、中央企业工委、国家计委、财政部、劳动保障部、外经贸部、人民银行、外汇局关于发展具有国际竞争力的大型企业集团的指导意见》明确，完善内部激励机制，加大对企业集团核心技术开发、管理创新及市场开拓等领域有突出贡献和起关键作用的人才的激励力度，拉开分配差距，实行更为灵活的收入分配制度……鼓励企业集团探索对经营管理人员的激励约束机制。②

党的十五大以来，各地认真贯彻国有经济有进有退、有所为有所不为的方针，探索公有制的多种有效实现形式和国有企业改制的多种途径。2003年，国务院办公厅转发《国务院国有资产监督管理委员会关于规范国有企业改制工作意见的通知》。2005年，国务院办公厅转发国资委《关于进一步规范国有企业改制工作实施意见的通知》，逐步规范国有企业改

---

① 中共中央文献研究室：《十六大以来重要文献选编》（上），中央文献出版社2004年版，第630页。

② 中共中央文献研究室：《十五大以来重要文献选编》（下），中央文献出版社2000年版，第300—301页。

制工作。2009年，中共中央办公厅、国务院办公厅印发《中央企业领导人员管理暂行规定》，这是第一次以中央文件的形式对中央企业领导人员管理工作予以系统规范。

（一）依据考评结果进行奖励

2000年，中央发布《深化干部人事制度改革纲要》，要求健全国有企业领导人员激励机制。对经营业绩和工作实绩突出，为企业发展做出重要贡献的领导人员，给予物质和精神奖励。

2001年，《关于深化国有企业内部人事、劳动、分配制度改革的意见》强调，依据考评结果进行奖励或处罚，对年度或任期内考评成绩优秀的管理人员应予以表彰或奖励。

（二）建立符合企业各类人员特点的奖励办法

2001年，《关于深化国有企业内部人事、劳动、分配制度改革的意见》提出，实行适合企业专业技术人员特点的激励和分配制度。对有贡献的专业技术人员可实行项目成果奖励。技术创新和新产品商品化的新增净利润提成，技术转让以及与技术转让有关的技术开发、技术服务、技术咨询所得净收入提成，关键技术折价入股和股份奖励、股份（股票）期权等分配办法和激励形式得以规范。对贡献突出的专业技术人才实行重奖，其奖励可在企业技术开发费中据实列支。

完善对营销人员的奖励。对推销新产品、库存1年以上积压产品或回收逾期1年以上货款效果显著的人员应给予奖励，营销人员的奖励可在销售费用中据实列支。

（三）设立单项特别奖

2006年，新修订的《中央企业负责人经营业绩考核暂行办法》进一步强化了"业绩上、薪酬上，业绩下、薪酬下，并作为职务任免的重要依据"的理念，提出设立单项特别奖，对在自主创新（包括自主知识产权）、资源节约、扭亏增效、管理创新等方面取得突出成绩，做出重大贡献的企业负责人，国资委给予单项特别奖。

（四）规范国有企业职工持股、投资

2008年，国务院国有资产监督管理委员会发布《关于规范国有企业职工持股、投资的意见》，明确国有大型科研、设计、高新技术企业改制，按照有关规定，对企业发展做出突出贡献或对企业中长期发展有直接作用的科技管理骨干,经批准可以探索通过多种方式取得企业股权,符合条件的也可获得企业利润奖励,并在本企业改制时转为股权。同时,该意见要求,国有企业中层以上管理人员,不得在职工或其他非国有投资者投资的非国有企业兼职;已经兼职的,自该意见印发后6个月内辞去所兼任职务。

(五)基于效能监察进行奖惩

2006年,国务院国有资产监督管理委员会发布《中央企业效能监察暂行办法》,对除中央和国资委管理的企业领导人员以外的经营管理人员以及其他具有经营管理职权的人员进行效能监察,监督检查他们履职行为的合法性、合规性、合理性和时限性。基于效能监察,对企业经营管理者正确履行职责,模范遵守国家法律法规和企业管理制度,经营管理成效显著、贡献突出的,给予精神奖励或物质奖励。对于存在拒不执行监察决定,或者无正当理由拒不采纳监察建议等行为的人员,由所在企业按人事管理权限对直接责任人和其主管负责人给予相应的纪律处分。

(六)建立健全中央企业资产损失责任追究制

2000年,中央发布《深化干部人事制度改革纲要》,要求按照《中华人民共和国公司法》和《国有企业监事会暂行条例》建立健全监事会,依法行使职权。同时,建立国有企业重大决策失误追究制度,实行国有资产经营责任制和国有企业领导人任期经济责任审计。凡是由于企业领导人员失职、渎职给企业造成重大损失的,要依法追究其责任,并不得继续担任或易地担任国有企业领导职务。

2008年,国务院国有资产监督管理委员会公布的《中央企业资产损失责任追究暂行办法》明确,企业及其子企业经营管理人员和其他有关人员违反国家有关规定以及企业规章制度,未履行或者未正确履行职责,造成企业直接或者间接资产损失的,经调查核实和责任认定,应当追究其责任。对资产损失责任人的处罚包括经济处罚、行政处分和禁入限制。经济处罚是指扣发绩效薪金(奖金),终止授予新的股权;行政处分是指警告、记过、降级(职)、责令辞职、撤职、解聘、开除等;禁入限制是指在1—5年内或者终身不得被企业聘用或者担任企业负责人。

(七)出台国有企业领导人员廉洁从业规范

为了防止国有企业领导人员的个人利益与国有企业利益以及公共利

益发生冲突，确保国有企业领导人员能够客观、公正、合法地履行职责。2001 年，中央组织部、中央企业工作委员会联合印发《国有重要骨干企业领导人员任职和公务回避暂行规定》，具体规定了任职和公务回避的情形。

2002 年，中央企业工作委员会、中央组织部联合印发《关于中央企业[①]领导人员廉洁自律若干规定的实施办法（试行）》，对中央企业领导班子成员及企业中层以上管理人员（含企业委派到其他企业的中层以上管理人员）的从业、重大决策、经营管理等行为作出了廉政规范，采取了建立职位禁入制度、建立廉政档案、加强述职考核和签订从业承诺书等办法。要求建立企业领导人员廉政档案，档案内容包括：个人基本情况登记表，个人收入情况登记表，个人重大事项报告，上交礼品登记情况，廉洁自律民主生活会自查和民主测评材料，任期经济责任审计情况，党风廉政建设责任目标完成情况，受奖惩情况，群众举报及核实情况等。中央企业领导人员违反本办法有关条款，应当给予党纪、政纪处分的，依据《中国共产党纪律处分条例》《企业职工奖惩条例》等有关规定予以严肃处理。

2004 年，中央纪委、中央组织部、国家监察委员会、国务院国资委联合发布《国有企业领导人员廉洁从业若干规定（试行）》，规范国有企业领导人员廉洁从业行为。随着国有企业反腐倡廉建设不断深入，该试行规定的有关内容已经不能完全适应新形势需要，中央决定予以修订并于 2009 年出台《国有企业领导人员廉洁从业若干规定》，明确国有企业领导人员违反廉洁从业行为规范的，视情节轻重，由有关机构按照管理权限分别给予警示谈话、调离岗位、降职、免职处理。对于其中的共产党员，视情节轻重，依照《中国共产党纪律处分条例》给予相应的党纪处分。

2009 年施行的《关于国有企业领导人员违反廉洁自律"七项要求"政纪处分规定》详细规定了国有企业领导人员违反廉洁自律行为的惩处办法，针对不同情形分别处以记过、记大过、降级、撤职甚至开除。

---

① 这里的"中央企业"是指领导班子列入中央管理和中央企业工委管理的国有重要骨干企业（含国有控股企业）。

第六节 奖惩制度改革的深化与完善（2012—2019 年）

党的十八大以来，习近平总书记提出了新时期好干部标准：信念坚定、为民服务、勤政务实、敢于担当、清正廉洁。习近平总书记指出，对干部最大的激励是正确的用人导向，用好一个人能激励一大片。要落实党的十九大报告提出的坚持严管和厚爱结合、激励和约束并重的干部工作要求。健全正向激励机制，完善公务员奖励表彰制度体系；按照"三个区分开来"的要求，制定容错纠错办法；进一步扎紧从严管理的制度笼子，探索加强对公务员履职情形严格监督的办法，在已实施《行政机关公务员处分条例》的基础上，出台适用于所有机关公务员的政纪处分制度规定。[①]

一 探索构建新时代新使命新担当新作为的公务员奖惩制度

2018 年，中共中央办公厅印发《关于进一步激励广大干部新时代新担当新作为的意见》，要求健全党和国家功勋荣誉表彰制度，做好平时激励、专项表彰奖励工作。

2019 年，中共中央办公厅印发《关于贯彻实施公务员法建设高素质专业化公务员队伍的意见》，强调要加强正向激励，激发公务员队伍活力，突出重视基层导向，切实为基层公务员松绑减负。

（一）规范公务员奖励工作

2010 年年底，中央批准成立全国评比达标表彰工作协调小组，协调小组办公室设在人力资源和社会保障部。2012 年，全国评比达标表彰工作协调小组发布《关于进一步做好处置突发事件有功集体和个人表彰奖励工作的通知》，规范表彰奖励处置突发事件有功人员工作存在的未履行报批程序、重复奖励等突出问题。

国家公务员局推动建立公务员考核和奖励联报联审制度，规范及时奖励审批工作，支持各部委开展及时奖励，让想干事、能干事、干成事的公务员和公务员集体有荣誉、得认可，催生愿为、想为、主动作为的

---

① 傅兴国：《新时代公务员管理工作的新任务新要求》，《求是》2018 年第 8 期。

第十一章 奖惩制度

内生动力。

(二) 探索建立公务员诚信档案

多地出台文件探索建立针对公务员系统的诚信档案。湖北规定，鼓励有条件的地方和部门在评优评先、职务晋升中查询信用记录和信用档案，对存在政务失信记录的公务员，按照相关规定采取限制评优评先等处理措施。

(三) 探索建立激励干部求真务实的有效机制

2018年修订的《公务员法》贯彻落实中央关于加强正向激励的要求，健全完善公务员激励保障机制，围绕激励公务员新时代新担当新作为，进一步完善了公务员激励保障的制度规定，加强了对公务员合法权益的保护，除了建立公务员职务与职级并行制度，强化了调动和激发公务员积极性的举措，具体包括：强调公务员奖励要坚持定期奖励与及时奖励相结合，突出奖励时效性；在奖励的情形中强调"勇于担当"；规定可以向参与特定时期、特定领域重大工作的公务员颁发纪念证书或者纪念章。同时，强化了公务员的权益保障，例如，规定公务员在法定工作日之外加班的，应当给予相应的补休，不能补休的按照国家规定给予补助；规定公务员不得因申请复核、提出申诉而被加重处理，不得对批评、申诉、控告、检举进行压制或者打击报复。

(四) 公务员表彰奖励突出向基层一线倾斜和鼓励担当作为

例如，第九届"人民满意的公务员"和"人民满意的公务员集体"表彰推荐对象重点面向基层和工作一线，明确提出一般不推荐厅局级以上干部和单位、县级以上党委或者政府，各省区市推荐的县处级干部原则上不超过分配名额的20%。

鼓励在重大任务中担当作为。注重推荐在完成急难险重等重大任务中功绩显著的个人和集体，如在贯彻新发展理念，推动高质量发展，打赢脱贫攻坚战等任务中表现突出的个人和集体。

(五) 完善公务员惩戒制度体系

2018年修订的《公务员法》与《监察法》《中国共产党纪律处分条例》等进一步衔接，扎牢从严管理公务员的制度笼子，具体包括：一是《公务员法》将原第九章"惩戒"调整为"监督与惩戒"，增加了监督的内容。比如，机关应当对公务员的思想政治、履行职责、作风表现、遵纪守法等情况进行监督，对监督发现问题的，应当区分不同情况予以谈话提醒、批评教育、责令检查、诫勉、组织调整、处分。二是增加了关于纪律约束的规定。例如，增加了政治纪律和政治规矩方面的规定，《公务员法》规定，不得"散布有损宪法权威、中国共产党声誉的言论""组织或者参加旨在反对宪法、中国共产党领导的集会、游行、示威等活动""挑拨、破坏民族关系，参加民族分裂活动或者组织、利用宗教活动破坏民族团结和社会稳定"等禁止性规定；根据现实中出现的公务员履职方面存在的问题，增加了不得违反的纪律行为，例如，"不担当、不作为""违反有关规定参与禁止的网络传播行为或者网络活动"。三是体现了对"关键少数"从严管理的规定。例如，增加了"公务员不得在其配偶、子女及其配偶经营的企业、营利性组织的行业监管或者主管部门担任领导成员""领导成员因其他原因不再适合担任现任领导职务的，或者应当引咎辞职，本人不提出辞职的，应当责令其辞去领导职务"。

2019年10月，《中华人民共和国公职人员政务处分法（草案）》面向社会征求意见。草案对惩戒制度的完善主要体现为：一是建立了覆盖所有行使公权力的公职人员的惩戒制度。从规制对象来看，草案将法定对象全面纳入处分范围，使政务处分匹配党纪处分、衔接刑事处罚，为打造一支干净忠诚有担当的公职人员队伍提供制度保障。二是统一了不同法律法规中的处分依据。草案将散见于不同法律法规中的处分依据统一起来，同时完善了应当给予政务处分的违法情形、处分幅度、适用规则和程序等。三是注重与党纪规范的统一和协调。草案吸收完善了《中国共产党纪律处分条例》等党内法规中关于违反纪律情形的具体规定。总之，这一法律将成为中华人民共和国成立以来第一部全面系统规范公职人员惩戒制度的国家法律，对于惩戒违法公职人员，推动全面从严治党治吏意义重大。

（六）完善领导干部的约束机制

2019年修订的《党政领导干部考核工作条例》明确，依据考核结果约束领导干部。领导干部年度考核结果为基本称职等次的，应当对其进行诫勉，限期改进。领导干部年度考核结果为不称职等次的，按照规定程序降低一个职务或者职级层次任职。领导干部不适宜担任现职的，应当根据有关规定对其进行调整。此外，多地探索公务员容错机制。比如，江苏省委出台《关于建立容错纠错激励干部改革创新担当作为的实施意见（试行）》，明确了可以容错的 5 种条件和 8 种情形，鼓励干部创造性地开展工作。

（七）不断完善不同领域的惩戒规范

一是规范行政机构编制行为。2012 年，《行政机关机构编制违法违纪行为政纪处分暂行规定》，有机构编制违法违纪行为的行政机关工作人员，应当承担纪律责任的，由任免机关或者监察机关按照管理权限依法给予处分。单位有机构编制违法违纪行为，需要追究纪律责任的，对负有责任的领导人员和直接责任人员，由任免机关或者监察机关按照管理权限依法给予处分。

二是规范税收行为。2012 年出台的《税收违法违纪行为处分规定》，加强税收征收管理，惩处税收违法违纪行为，促进税收法律法规的贯彻实施。

三是规范城乡规划行为。2013 年出台的《城乡规划违法违纪行为处分办法》，加强城乡规划管理，惩处城乡规划违法违纪行为。

四是规范档案管理行为。2013 年出台的《档案管理违法违纪行为处分规定》，预防和惩处档案管理违法违纪行为，有效保护和利用档案。

五是规范发放津贴补贴行为。2013 年发布的《违规发放津贴补贴行为处分规定》。有违规发放津贴补贴行为的单位，其负有责任的领导人员和直接责任人员，以及有违规发放津贴补贴行为的个人，应当承担纪律责任。行政机关公务员由任免机关或者监察机关按照管理权限依法给予处分。

二 探索形成导向鲜明、科学规范、有效管用的事业单位奖惩制度

2012 年，《事业单位工作人员处分暂行规定》为规范事业单位工作人员行为，保证事业单位及其工作人员依法履行职责提供了制度保障。2014 年，《事业单位人事管理条例》出台，这是我国第一部系统规范事业单位人事管理的行政法规，为完善事业单位的奖惩制度提供了发展方向。2018 年，《事业单位工作人员奖励规定》出台，为激励广大事业单位工作人员担当作为、干事创业，加强高素质专业化事业单位队伍建设提供了制度支撑。

（一）建立系统完善的事业单位工作人员奖励制度

2014年，《事业单位人事管理条例》明确规定，奖励要坚持精神奖励与物质奖励相结合、以精神奖励为主的原则。奖励分为嘉奖、记功、记大功、授予荣誉称号。奖励的条件包括：长期服务基层，爱岗敬业，表现突出的；在执行国家重要任务、应对重大突发事件中表现突出的；在工作中有重大发明创造、技术革新的；在培养人才、传播先进文化中做出突出贡献的；有其他突出贡献的。

2018年，《事业单位工作人员奖励规定》进一步细化了事业单位工作人员奖励工作的基本原则、条件种类、权限程序、实施要求等。奖励对象为在完成本职工作和履行社会责任中表现突出、有显著成绩和贡献的事业单位工作人员、事业单位工作人员集体。奖励应当遵循以下原则：坚持党管干部、党管人才；坚持德才兼备、以德为先；坚持事业为上、突出业绩贡献；坚持公开公平公正、严格标准程序；坚持精神奖励与物质奖励相结合、以精神奖励为主；坚持定期奖励与及时奖励相结合、以定期奖励为主。

奖励的条件包括：在贯彻执行党的理论和路线方针政策，加强事业单位党建工作，履行公共服务的政治责任等方面，表现突出、成绩显著的；在执行党和国家重大战略部署、重要任务、承担重要专项工作、维护公共利益、防止或者消除重大事故、抢险救灾减灾等方面，表现突出、成绩显著的；热爱公共服务事业，在推进教育、科技、文化、医疗卫生、体育、农业等领域改革发展方面，表现突出、成绩显著的；长期服务基层，在为民服务、爱岗敬业、担当奉献等方面，表现突出、成绩显著的；工作中有发明创造、技术创新、成果转化等，经济效益或者社会效益显著的；在维护国家安全和社会稳定、增进民族团结、同违纪违法行为作斗争等方面，有突出事迹和功绩的；在对外交流与合作、重大赛事和活动中为国家争得荣誉和利益，表现突出、成绩显著的；有其他突出成绩和贡献需要给予奖励的。

奖励的种类包括：嘉奖、记功、记大功、授予称号。对表现突出、做出较大贡献，在本单位发挥模范带头作用的，给予嘉奖；对取得突破性成就、做出重大贡献，在本地区本行业本领域产生较大影响的，记功；对取得重大突破性成就、做出杰出贡献，在本地区本行业本领域产生重大影响的，记大功；对功绩卓著的，授予称号。授予称号以及荣誉称号，按照《中国共产党党内功勋荣誉表彰条例》《国家功勋荣誉表彰条例》等有关规定执行。

2019年，人力资源和社会保障部印发《人力资源和社会保障部办公厅关于在"三区三州"事业单位开展脱贫攻坚专项奖励的通知》，在"三区三州"部署开展事业单位脱贫攻坚专项奖励，重点对"三区三州"深度贫困地区奋战在脱贫攻坚第一线表现突出、成绩显著的事业单位工作人员给予奖励。各地在开展专项奖励的过程中，坚持优中选优，注重向基层和一线事业单位工作人员倾斜，将评选过程作为学习宣传先进典型和先进事迹的过程，激发了深度贫困地区广大事业单位工作人员投身脱贫攻坚的积极性和主动性。

（二）深化科技奖励制度改革

2012年，《中共中央、国务院关于深化科技体制改革加快国家创新体系建设的意见》明确："改革完善国家科技奖励制度，建立公开提名、科学评议、实践检验、公信度高的科技奖励机制。提高奖励质量，减少数量，适当延长报奖成果的应用年限。重点奖励重大科技贡献和解除科技人才，强化对青年科技人才的奖励导向。根据不同奖项的特点完善评审标准和办法，增加评审过程透明度。探索科技奖励的同行提名制。"

2017年，国务院办公厅印发《关于深化科技奖励制度改革方案的通知》，明确围绕实施创新驱动发展战略，改革完善科技奖励制度，建立公开公平公正的评奖机制，构建既符合科技发展规律又适应我国国情的中国特色科技奖励体系。围绕实行提名制、建立定标定额的评审制度、调整奖励对象要求、明晰专家评审委员会和政府部门的职责、增强奖励活动的公开透明度、健全科技奖励诚信制度、强化奖励的荣誉性等方面深化科技奖励制度改革。

（三）全面规范事业单位人员行为

2012年《事业单位工作人员处分暂行规定》详细规定了处分的种类和适用、违法违纪行为及其适用的处分、处分的权限和程序、处分的解除、复核和申诉等。处分的种类为：警告；记过；降低岗位等级或者撤职；开除。其中，撤职处分适用于行政机关任命的事业单位工作人员。此外，针对各种不同的违法违纪行为，《事业单位工作人员处分暂行规定》规定了相应的处分种类以及从重、从轻处分的不同情形等。

2014年《事业单位人事管理条例》重申了处分的原则，要求给予工作人员处分，应当事实清楚、证据确凿、定性准确、处理恰当、程序合法、手续完备。同时对事业单位工作人员应当接受处分的情形做了概括，具体包括：损害国家声誉和利益的；失职渎职的；利用工作之便谋取不正当利益的；挥霍、浪费国家资财的；严重违反职业道德、社会公德的；其他严重违反纪律的。

2017年，人力资源和社会保障部发布《关于贯彻执行〈事业单位工作人员处分暂行规定〉若干问题的意见》，针对《事业单位工作人员处分暂行规定》颁布施行以来有待明确的一些问题进行了规范。比如，事业单位主管部门，除有特别规定外，均以事业单位法人证书中"举办单位"栏所记载的部门为准；受降低岗位等级或者撤职处分的事业单位工作人员，已按规定调整岗位且年度考核被确定为不合格档次的，不再以年度考核不合格为由重复处理。

2017年，人力资源和社会保障部发布《事业单位公开招聘违纪违规行为处理规定》，规范公开招聘违纪违规行为的认定与处理，促进招聘工作公开、公平、公正。

2019年《事业单位人事管理回避规定》出台，明确事业单位工作人员必须服从回避决定，无正当理由拒不服从的，视情节轻重依法依规给予组织处理或处分。所在单位、主管部门负责督促回避决定落实到位。事业单位工作人员应当主动报告应回避的情形。有需要回避的情形不及时报告或者有意隐瞒的，予以批评教育；造成不良后果的，依法依规给予组织处理或处分。

三 形成充分体现行业特点的国有企业奖惩制度

党的十九大明确提出了培育具有全球竞争力的世界一流企业的目标。2018年9月，中共中央办公厅、国务院办公厅印发了《中央企业领导人员管理规定》（以下简称《规定》），进一步激励中央企业领导人员新时代新担当新作为，完善有别于党政领导干部、充分体现中央企业特点的领导人员管理制度。

（一）允许国有企业开展股权激励

股权激励等经济手段的运用成为此阶段国有企业奖惩的重要手段。2019年4月，国务院印发《改革国有资本授权经营体制方案》（以下简称《方案》）。《方案》指出，授权国有资本投资、运营公司董事会审批子企业股权激励方案，支持所出资企业依法合规采用股票期权、股票增值权、限制性股票、分红权、员工持股以及其他方式开展股权激励，股权激励预期收益作为投资性收入，不与其薪酬总水平挂钩。

（二）奖励勇担当、善作为

我国经济已由高速增长阶段转向高质量发展阶段，正处在转变发展方式、优化经济结构、转换增长动力的攻关期，中央企业改革发展面临滚石上山、爬坡过坎的巨大压力，需要加大正向激励，激发和保护企业家精神，发挥企业家作用，充分调动中央企业领导人员干事创业的积极性、主动性、创造性。《规定》提出，对敢于负责、勇于担当、善于作为、业绩突出的中央企业领导人员，应当及时提拔重用，激励中央企业领导人员讲担当、重担当。

（三）建立容错纠错机制

按照习近平总书记"三个区分开来"的重要指示精神，认真贯彻落实《关于进一步激励广大干部新时代新担当新作为的意见》，《规定》从目的正当、禁止排除、程序合规、行为合法、结果合理等五个维度明确可以容错的基本条件，引导中央企业领导人员争当改革的促进派、实干家，专心致志为党和人民干事创业、建功立业。

（四）加大表彰宣传力度

加大表彰宣传力度。《规定》提出，对在企业改革发展、党的建设中作出突出贡献，以及在完成重大专项和重大改革任务、处置突发事件等工作中表现突出的中央企业领导人员，及时予以表彰。大力宣传优秀中央企业领导人员的先进事迹和突出贡献，营造尊重企业家价值、鼓励企业家创新、发挥企业家作用的浓厚氛围。

（五）完善中央企业领导人员退出机制

2018年《中央企业领导人员管理规定》完善了中央企业领导人员退出机制，明确了中央企业领导人员因到龄、任（聘）期届满、健康原因、离职学习、不适宜担任现职和自愿辞职等退出的方式和相关要求，特别是细化了因不适宜担任现职退出的具体情形,对政治上不合格、工作不在状态、能力素质不适应、履职业绩平庸或者作风形象较差的及时予以调整,促进领导人员正常更替、人岗相适,增强领导人员队伍活力。

(六)强化日常管理监督

《规定》提出完善中央企业领导人员管理监督体系,进一步明确了各管理监督主体的基本要求;同时,强调上级党组织及其组织部门、纪检监察机关要全方位、多角度、近距离了解识别中央企业领导人员,加强日常管理监督,把管思想、管工作、管作风、管纪律统一起来,做到真管真严、敢管敢严、长管长严。此外,《规定》对中央企业"三重一大"事项集体决策和中央企业领导人员兼职、出国管理、配偶子女经商办企业等,都作出了明确规定。

(七)建立国有企业违规经营投资责任追究制度

2016年,国务院办公厅印发《关于建立国有企业违规经营投资责任追究制度的意见》强调,对违反规定、未履行或未正确履行职责造成国有资产损失以及其他严重不良后果的国有企业经营管理有关人员,严格界定违规经营投资责任,严肃追究问责,实行重大决策终身责任追究制度。这是我国首次提出在国有企业中实行"重大决策终身责任追究制度"。

该意见明确了9个方面54种需要追责的情形,根据资产损失程度、问题性质等,对相关责任人采取组织处理、扣减薪酬、禁入限制、纪律处分、移送司法机关等方式处理。组织处理包括批评教育、责令书面检查、通报批评、诫勉、停职、调离工作岗位、降职、改任非领导职务、责令辞职、免职等。扣减薪酬指的是扣减和追索绩效年薪或任期激励收入,终止或收回中长期激励收益,取消参加中长期激励资格等。禁入限制指的是5年内直至终身不得担任国有企业董事、监事、高级管理人员。纪律处分指的是由相应的纪检监察机关依法依规查处。

第十二章 工资制度

第十二章 工资制度

工资是工作人员因工作付出所得的回报,是在工作人员履行职责、完成本职工作的条件下,国家、单位或雇主支付的报酬。工资有很多相近的概念,如薪俸、俸禄、薪酬、薪水、薪资等,虽然在具体含义和适用场景上有一些差别,但就其内涵来说没有太大的差异。

工资制度是人事制度的重要组成部分,包括工资水平、工资结构、工资级差、工资调整、地区工资关系、工资管理体制等内容。一套好的工资制度能够补偿劳动者的劳动付出,反映劳动者的贡献,满足劳动者及其家庭生活支出的需要,调动劳动者的积极性。完善工资制度,做好工资工作具有十分重要的意义。

中华人民共和国的工资制度诞生于新中国成立之初,先后经历了1956年、1985年、1993年和2006年四次大的改革,分别建立了职务等级工资制度、以职务为主的结构工资制度、职务和级别并重的工资制度、职务与级别相结合的工资制度,形成了具有中国特色的工资制度,在这过程中也积累了一套符合我国人事工作特点和要求的工资工作经验。站在新的历史节点上,我国的社会主要矛盾发生变化,中央对干部队伍建设提出一系列新要求,这些都对工资制度提出了新的要求。借古鉴今,回顾新中国工资制度的发展历程,总结我国工资制度建设的基本经验,对于完善我国的工资制度具有重要意义。

需要说明的是,1985年后,国有企业和机关事业单位工资制度"脱钩",其他类型的企业也形成了各具特点的工资制度。限于篇幅,本书主要阐述机关事业单位的工资制度。

第一节 工资制度的建立(1949—1956年)

中华人民共和国成立初期,百废待兴。我国面临着复杂的局面,军事斗争仍在继续,物价不稳,财经制度不统一。当时主要有三种工资制度。一是在解放区曾经实行的供给制度。所谓供给制,就是按照工作和生活必不可少的需要,对革命工作人员免费供给生活必需品的一种分配制度，供给制的构成，一般是伙食、服装、津贴（零用钱）以及随军子女供给（保育费、保姆费等）。[①] 二是原国民政府公教人员实行的官等官俸制度。官等官俸制度源于孙中山的文官制度的构想，1933年南京国民政府颁行《文官官等官俸表》，标志着南京国民政府官等官俸制度的成型。此后，该制度几经修改完善，直到全国解放，在大陆停止实行。[②] 该制度将文官分为特任、简任、荐任和委任四种类型，分别设1级、8级、12级和16级，级别越高，官俸越高。三是在东北和内蒙古地区，参照苏联的模式，开始了建立工资制度的尝试，建立了以八级工资制为标志的等级工资制度。这一时期的工资工作的重点是对原有的各种类型的工资制度进行归并和改造，为全面实施工资制度改革、建立集中统一的工资制度创造条件、奠定基础，对于我国机关和事业单位工资制度的建立和发展起到了重要的作用。

一 建立工资制度的前期准备工作

（一）为新工资制度做理论上和思想上的准备

中央对工资工作高度重视，在中华人民共和国初建、百废待兴的情况下，在很短时间内，对工资工作的开展从理论上、思想上都做了大量准备。

1948年8月，中共中央《关于工资问题给东北局的指示》和第六次全国劳动大会提出新的工资制度的基本原则，肯定工资的保障职能、激励职能，根据东北地区试行统一的等级工资制，以及少数企业在苏联专家帮助下试行七级、八级工资制的实践，1950年全国总工会和劳动部在旅大、哈尔滨先后举办了各类工资干部训练班。当时主要是借鉴苏联的经验，以斯大林论述以及苏联经济学家有关社会主义工资理论的著作作为教材，对社会主义的工资性质、基本原则、工资制度、工资形式等进行了系统学习。1950年2月7日，第一任劳动部长李立三在《人民日报》发表社论《学会管理企业》，指出工资制度的不合理，不仅不符合按劳分

[①] 黄定康、舒克勤：《中国的工资调整与改革1949—1991》，四川人民出版社1991年版，第11页。

[②] 房列曙：《中国近现代文官制度》（上），商务印书馆2016年版，第168页。

配的原则，而且大大妨碍着其他各种制度的统一。"以统一的、合理的、科学的制度，逐渐代替国民党遗留下来的混乱的、腐败的、不合理的制度，是当前管好企业所必须采取的一个重要步骤"。1950 年 6 月 21 日，《东北日报》刊登了东北军政委员会工薪处曹阳戈的文章《为实行八级工资制而努力》，全面介绍了八级工资制的基本内容及计件累进奖励和技术定额的试点情况。《东北日报》8 月 2 日介绍了《纺织管理局实行八级工资制情况》，10 月 13 日登载了中华全国总工会工资部长周叔康的文章《如何贯彻八级工资制》，等等。中共中央在 1951 年《关于工资问题给各级党委的指示》中强调："工资问题对于工人阶级来说，犹如土地问题对于农民一样，是一个十分重要的基本问题。如果我们党的一切组织不认真研究这个问题，就不能正确地处理这个问题，而如果不能正确地处理工资问题，我们就不能建立与工人阶级的密切联系，就不能取得工人阶级对于我们党的全心全意的支持，就使我们不能依靠工人阶级去搞好生产并搞好其他各种工作。"

（二）召开全国工资准备会议

中华人民共和国成立前夕，在东北、华北等解放较早的地区，对被接管企业的工资制度，在贯彻"基本不动、个别调整"的方针下，都个别地作了一些调整，但这种调整远不能适应中华人民共和国成立后国民经济迅速恢复和发展的需要。同时，东北地区根据当时中苏共管的中长铁路参照苏联经验，推行八级工资制，取得了我国工资改革的最初经验。这样，怎样进行全国性的工资制度改革、建立新的工资制度就提上了议事日程。

1. 召开全国工资准备会议的前期准备

《人民日报》发表了社论《学会管理企业》后，1950 年 2 月 7 日，中共中央发出通知，要求各地区、各部门都要讨论和执行社论中提出的方针政策，即社论提出的实行计划经济，各部门必须有统一的管理以及生产组织，有经济核算、业务经营、企业管理、工资待遇等各方面的统一制度等精神。1950 年 3 月 4 日，《人民日报》刊载了陈云为政务院起草的《关于统一国家财政经济工作的决定》，指出："全国军政公教人员实有近 900 万人，为进一步缩小财政收支之间不平衡和防止金融物价大波动，必须节约支出，整顿收入，统一财政收支的管理。为此，包下来的人员，亦不应采取消极态度，应有步骤地加以改造和合理使用。所有机关、公立学校，必须规定工作人员的数量及每个人员的工作任务。所有国家工厂和企业，除规定职工人数及生产的质与量外，必须实行原料消耗的定额制度，铲除囤积材料的浪费行为。"[①] 随着国民经济的逐渐恢复，对旧工资制度的改革、对全国工资制度进行合理调整的任务日益紧迫。

根据中共中央的指示，中华全国总工会和中央人民政府劳动部组织力量成立专门机构，为召开全国工资准备会议做准备。1950年3月7—21日，第一次全国劳动局长会议召开。会议对解放初期劳资关系不够正常、劳资纠纷频繁发生等亟待处理的问题和省、市劳动机构的组建等进行了研究，提出了基本政策和处理办法。1950年5月，中华全国总工会和劳动部举办工资训练班，在培养工资工作干部的同时，通过深入广泛进行调查研究，起草了《工资条例草案》《工资条例说明书》《全国各主要地区"工资分"所含物品牌号及数量表草案》《各产业工人职员工资等级表草案》等文件。1950年8月25日，劳动部就召开全国工资准备会议向毛泽东主席请示报告。8月31日，全国工资准备会议召开，9月18日结束。会议由政务院财政经济委员会领导，劳动部和全国总工会联合召开。参加会议的有各地区财经委员会、劳动部门、工会和中央人民政府各产业部门、全国产业工会的正式代表191人，列席代表97人。

2. 会议的主要内容和确定的原则办法

第一次全国工资准备会议，主要讨论了工资计算单位、工资标准、工资等级、技术津贴等问题。代表们一致认为，除东北地区有比较统一的工资制度外，全国其他地区工资极为混乱。一是工资计算单位不统一，全国有十几种不同的工资计算单位。如东北、中南是"工资分"，但"工资分"的含量多少不一；北京是"小米"；上海、南京、重庆、西安等均采用"折实单位"，"折实单位"的实物含量同样是各地不一。二是工资关系很不合理。如部门之间轻工业高于重工业；企业内部辅助工人高于主要工人，事务人员高于技术人员。三是同一产业部门内部的各企业之间没有统一的标准，同级职员的工资高低差达2—3倍。四是职工的工资

---

① 黄定康、舒克勤：《中国的工资调整与改革（1949—1991）》，四川人民出版社1991年版，第38页。

等级制度不合理。如关内企业都是多等级制，有的 30 多级，有的达 100 多级，级差有的只合 1 斤小米。①

会议根据中华人民共和国成立初期的实际情况，研究确定了全国国营企业进行工资改革的三条原则。一是要在可能的范围内调整得比较合理；二是一定要照顾现实，尽可能做到为大多数工人拥护；三是要照顾目前国家财政经济能力，不过多地增加国家负担。

会议在讨论《工资条例草案》后，规定了工资制度改革的主要内容，一是全国统一以"工资分"为工资计算单位，统一"工资分"所含实物的品种数量。每个"工资分"为粮 1 市斤、布 0.13 市尺、油 0.025 市斤、盐 0.025 市斤、煤 2 市斤。

二是根据各产业在国民经济中的重要性和劳动的复杂繁重程度等，规定企业工资标准的产业顺序为煤炭、钢铁、石油、电力、机器制造、机器修配、纺织、造纸、面粉、粮食加工、被服等。考虑到当时产业关系极为混乱，不可能通过一次改革就完全合理，调整产业关系的原则是既能适合国家经济建设的需要，又能照顾现实。会议制定的《工资条例（草案）》中，对各产业均按产业顺序制定了几个工资标准。工资标准之间又相互交叉，便于企业根据需要使用，既能考虑产业关系和企业分类，又兼顾企业原有的工资水平，不致在改革中发生职工工资大增大减的现象。

三是工人实行八级（或七级、六级）工资制，管理人员和技术人员实行职务等级工资制。企业技术人员工资一般可高于行政管理人员，但企业总工程师的最高工资标准和厂长最高工资标准相同。

四是规定技术人员的技术津贴最高为本人标准工资的 30%；边远地区、重要企业职工可增发标准工资 10%—13% 的津贴。对于整顿各种不合理的津贴和生活补贴，要求各地持慎重态度，确有困难的，要酌情照顾。

会议要求各地在进行工资改革时，必须先进行典型试验，以便取得经验，培养训练工资工作干部。在此基础上，制订各地区的工资改革方

---

① 黄定康、舒克勤：《中国的工资调整与改革 1949—1991》，四川人民出版社 1991 年版，第 40 页。

案，结合企业的生产改革运动，分期分批地进行工资改革。

3. 中央对全国工资改革的指示精神

第一次全国工资准备会议后，中共中央政治局对会议提出的改革方针、政策等进行了研究，1950年11月正式提出意见。

一是工资改革对工资的统一、工资关系的合理，不能要求过急。因为各地各企业各单位工资高低不一，是各地人民生活水平不同及中国半殖民地半封建的状态，加上国民党统治的结果。其中许多不公平、不合理的现象影响生产、影响团结，亟待调整。但工资是工人赖以为生的基本要素，对工资福利问题的处理必须十分慎重，不能随便加以改变，以免影响工人生活，影响工人的生产积极性与政治情绪。二是调整工资的目的，是使现有的工资较为公平合理，便于发展生产，增强团结。三是调整的办法是高的不再提高，低的逐步向高的看齐，不应定一个折中标准，使高低双方都向中间看齐。因为这样会引起大多数工人工资的过分变动，而形成大的波动；但低的向高的看齐，是分作3年、5年、8年、10年逐步提升，提升过快会使企业本身与政府财政负担不起，从长远来看，也是对工人不利的。

1951年2月12日至3月6日，政务院、中财委召开全国工业会议，对劳动工资问题又作了相应的具体补充决定，即在工资问题上采取由地区到全国逐步清理、逐步调整、逐步统一的方针。工资制度的统一，大体上从三个方面有步骤地进行。一是实行地区调整。工资在全国范围内比较低的地区（如东北、西北地区）可适当地提高。二是实行八级工资制。凡已实行经济核算制的企业，应有准备地进行。三是实行计件工资制。凡经营管理基础较好，产、供、销均衡发展的企业，应逐步实行。此外，原则上同意以"工资分"为全国统一的工资计算单位。

在第一次全国工资准备会议召开和中央的一系列指示下达后，各大区根据当地实际，以大区为主分别组织进行改革。由于全国各地解放时间有先有后，政治经济情况存在较大差别，相应改革起步的时间先后不一，具体方案也不尽相同，但基本上是参照第一次全国工资准备会议通过的《工资条例草案》以及后来中央确定的方针政策进行的。

二 改造供给制

中华人民共和国成立初期，国家机关中绝大多数工作人员实行供给制。经过"小包干""大包干"阶段，逐步减少供给项目，减少享受供给制待遇的人数，为实行统一的工资制度作准备。

（一）小包干阶段

这一时期供给制基本上保留了革命战争时期的做法。但全国各地供给项目、标准及享受伙食灶别的条件都不相同。供给标准比较低，工作人员之间大体平均，略有差别，除保障工作人员本人生活需要外，还供给一部分家属生活待遇。

1950年，政务院颁发了《关于各级人民政府供给制工作人员小中灶伙食标准的规定》，事业单位及机关专业人员，凡是实行供给制的，都执行这个标准，从而基本上统一了全国供给制人员伙食标准及享受伙食灶别的条件。

1950年9月，政务院又颁发了《全国各级人民政府一九五〇年度暂行供给标准》，对个人生活部分的菜金、燃料、粮食、服装、津贴、过节、保健费、老年优待金、妇婴费、医药费、埋葬费11个项目，按实物规定了标准，统一了全国供给制人员个人生活部分的标准，从9月1日起执行，具体发放办法由各大区自行制定。1952年2月，财政部颁发了《各级人民政府一九五二年供给标准》，规定的个人生活费部分，大灶每月60分，中灶每月85分，小灶每月110分。津贴标准为，普通津贴：勤杂人员每月10分，区长以下干部每月12分，县长级干部每月18分，专员级以上干部每月25分。特别津贴：省主席及以上干部每月110—250分。其他项目也作了修改，修改的内容主要是供给项目逐步合并减少，标准有所提高，基本上统一了全国供给制工作人员供给项目和供给标准。

（二）大包干阶段

1952年3月，政务院颁发了《关于全国供给制工作人员统一增加津贴的通知》，将津贴改为以货币计算。全国机关人员划分为10等24级，级别由人事部门与本单位会商后划定，供给经费统一纳入财政开支。

第一，国家机关供给制工作人员执行的津贴标准，由原来的干部按职级划分几个标准，勤杂人员只有一个标准，改变为按各级人民政府供给制工作人员的职务，划分了10等，共24级。几个职级相同或相近的职务规定一个津贴标准，或一个职务一个津贴标准。各职务的津贴标准没有交叉。第二，把原来以工资分为工资标准的计算单位，改为以人民币为计算单位。第三，大大提高了高级领导干部的津贴标准，扩大了最高与最低津贴的倍数。津贴最高3600000元，最低41000元，从1952年2月的津贴标准最高为最低的25倍扩大到87.8倍。伙食仍分大、中、小灶，服装标准一致。伙食、服装、津贴三项之和，最高3864200元，最低183200元，最高为最低的21.09倍。第四，取消了普通津贴、保健费、高级干部特别津贴；老年优待金区长级以下人员年满50周岁的照发，其余人员一律取消；家属招待费县长以下的照发，其余人员一律取消；小孩保育费、保姆费和技术津贴均照原规定不变。第五，各级政府、学校、党派和人民团体供给制工作人员的生活补助费，原自机关生产和"小公家务"开支的，一律按统一增加津贴办法，由各级财政部门统一开支。

这次统一增加津贴的办法虽然只试行了四个月，时间较短，但对当时的供给制进行了较大改革，突出了职务，扩大了津贴差距，减少了供给项目，增加了工资成分，初步体现了按劳分配的原则，为实行工资制度打下了一定的基础。

（三）统一工资和包干费制度

为了使国家机关和事业单位工作人员的工资制度进一步统一、合理，使供给制逐步过渡到工资制，并在发展生产的基础上提高工作人员待遇，1954年6月，政务院颁发了《国家机关工作人员工资、包干费标准及有关事项的规定的命令》，适当提高供给和工资水平，把供给制的津贴、伙食、服务三项标准合并为一项，改称包干费，把供给制改为包干制。包干制含有某些工资制度的因素，缩小了工资制与供给制待遇水平的差距。修改1952年7月的工资标准，采取上面多增、下面少增的办法，增大了上下差距，全国仍为29个等级，工资制最高2400分，最低90分，最高是最低的26.67倍。包干制最高为1880分，最低为89分，最高是最低的21.12倍。为便于比较，又把包干费标准和工资标准合成一个标准表，为全部实行工资制铺平了道路。同时修订了技术人员、翻译人员的工资标准，新制定了司机、技术工人、炊事人员、电话员的工资标准。

为适应宪法修改后国家机构变化的需要，1955年2月，中央修订了包干费标准。① 一是把工资标准表一分为二，表一为行政人员，表二为法院检察院人员；二是修改了某些职务等级线，如正副省长原为6—9级，修改为省长5—6级，副省长6—9级。由于领导干部工资标准有较大变动，有的职务和工资标准不相适应，1952年以来10级以上干部未升过级，因此，1955年4月，国务院规定，从1955年1月起，调整10级以上干部的级别。

1955年8月，国务院颁布了《关于国家机关工作人员全部改为工资制度和改行货币工资制的命令》，从1955年7月起执行。全部改行工资制以后，工作人员及其家属的一切费用均由个人负担，住房、家具、水电费及子女入托费一律缴租缴费。取消保留工资后，因多子女而在生活上发生困难和取消保留工资以后生活上确有困难的，可用机关福利费予以补助。这一年，行政人员和法院、检察院工作人员工资标准各增加一级，一律为30级。

三 制定留用人员工资政策

在解放战争后期，为了迅速医治战争创伤，便于接管，稳定局势，恢复发展生产，党中央制定了一系列的入城政策，其中重要的一项是，对国民政府公教人员实行包下来的政策，对工商企业员工暂先维持原有的工资福利待遇，提出了"入城之初不要轻易提出增加工资、减少工时"的口号，将来是否减少工时、增加工资，要依据经济情况而定。

1949年1月，《中共中央关于新解放城市职工薪资问题的指示》规定，凡留用原职的职工和公教人员，一律按月支薪，实行工资制，即按照中华人民共和国成立前三个月实际工资的平均额领取工资。1949年3月，《中共中央关于改造旧职员问题给北平市委的指示》规定，在企业留用的，可以实行工资制，在行政、司法、军事机关留用的人员，必须改行供给制。无论留用的公教人员，还是企业留用人员，一般均沿用过去的工资标准和等级，实行原职原薪。对新参加工作实行工资制的人员，全国没有统一的工资等级标准，中央授权各大行政区自行规定。1949年6月，《中央关于留用旧职员工的工薪问题的指示》明确指出，接管当时确

---

① 赵东宛：《中国劳动人事年鉴》，劳动人事出版社1989年版，第313页。

定留用,实行原职原薪的人员,在接管结束后,应即分别量材录用,不能再实行原职原薪。做什么工作,拿什么工资。

在这一政策的指导下,对在国家机关中留用的国民政府的旧职员,有的实行供给制待遇,有的实行工资制待遇,实行工资制待遇的,主要坚持"原职原薪",即一般以职工本人中华人民共和国成立前三个月的平均工资为标准,按照当时当地的物价,折合为一定数量的实物,然后以货币支付工资。

随着全国财经工作的统一,军政供给都各有了一致的标准,而工资制人员的待遇仍是各地自行规定,悬殊太大。工资制人员中,有沿用国民党旧薪金制度的,有各地人民政府因地制宜规定的,致使同一机关内,由于人员调来的地区及先后时间不同,工资差异很大。为统一供给制和工资制人员的工资标准,解决干部调动后,同类人员间工资及供给水平差距较大的问题,政务院在颁发《关于中央直属机关新参加工作人员工资标准的试行规定》和《全国各级人民政府1950年度暂行供给标准草案》的基础上,开始统一公教人员的工资标准。1950年3月,中央人民政府财政部制定颁发了《全国公教人员统一工资标准草案》,逐步使供给制工作人员的供给水平和工资制工作人员的工资标准分别得到初步调整统一。

四 制定新参加工作人员工资标准

中华人民共和国成立之初,对新参加工作人员的工资待遇,没有规定全国统一标准,中央允许各大行政区自行规定。1949年年底前,在政府机关新参加工作的人员中实行工资制待遇,但并无全国统一的工资标准,而是采取临时借支的办法。1949年12月,财政部对新参加工作人员规定的暂时借支的工资标准为:部长、副部长级每月小米不得超过1500斤;司、局长级(含相当于司、局的处)每月小米不得超过900斤;处长级(含相当于处的局、科)每月小米不得超过700斤;科长级每月小米不得超过500斤;科员级以下每月小米不得超过350斤。[①]

1950年1月,政务院颁发了《关于中央直属机关新参加工作人员工资标准的试行规定》,规定除原已实行全部工资制的机关(如铁道部、邮

---

① 陈少平:《国家机关和事业单位工资制度变革》,中国人事出版社1992年版,第16页。

电部、重工业部、燃料工业部、海关、银行等机关）仍按照规定执行外，其他全部实行供给制或部分实行供给制的机关中新参加工作的人员，一律从1950年1月1日起按这次颁发的试行工资标准表执行。这个工资标准没有等级序号，只有25个工资米数（以小米斤数为计算单位），最高3400斤小米，最低120斤小米，最高标准为最低标准的28.33倍。一个职务对应几个工资米数，交叉累进。凡是在1949年9月底以前参加工作的，按当时规定，实行供给制或工资制待遇的，一般不再变动，10月1日以后参加工作的，除自愿享受供给制待遇的以外，都暂按这个工资标准发给工资。家庭生活确实困难而无法解决的，予以适当照顾。专家、高级技术人员的工资或实行供给制待遇的津贴，由各部门根据具体情况规定，报政务院核准。在政府机关中兼有两个职务以上的，以其兼职较高的工资发给，不得兼领工资；在社会上有固定收入又在政府兼职的，酌发一定的车马费，不再发给工资。北京、天津两市可按这个工资标准制定单行办法；其他各省、自治区、直辖市或大行政区有各自工资标准的，仍按照标准执行。

1951年11月，中央政府人事部首次制定了人员暂行工资标准[①]，将1950年1月政务院发布的《关于中央直属机关新参加工作人员工资标准试行规定》的25级职务等级工资制，改为29级职务等级工资制。工资标准等级表共10类，分别为行政人员、工程技术人员、医务人员、科研人员、出版编辑、新闻编辑、翻译、文艺人员、中文打字、汽车司机等。工资的计算单位由小米改为工资分，从1951年9月起执行。机关行政人员分为8等46级，各职务的工资级别不交叉，但工资额有交叉，最高为1730分，最低为91分，最高是最低的19倍，高低差较1950年的标准有所缩小。工程技术人员工资标准11级，加上特级为12级，按照产业顺序分为11类工资标准，每个产业的工资标准有2个（一个为高标准，一个为低标准），各单位可根据自己的情况，选择适合的标准。产业顺序是根据各产业在国民经济中的重要性划分的，第一类为钢铁、煤矿、有色金属、地质，工资标准最高为760分，最低为200分。第十一类产业最高670分，最低170分。特级标准不分产业（700—1000分）。上述标准适

---

① 陈少平：《国家机关和事业单位工资制度变革》，中国人事出版社1992年版，第17页。

用于企业事业，全国大部分地区，除东北各省外，都执行了这个标准。这是我国首次制定的机关和事业单位工资标准。

五 建立地区工资制度

（一）以"工资分"作为全国统一的工资计算单位

中华人民共和国成立初期，我国先后实行了工资分制度和物价补贴制度。工资分是一种以实物为计算基础，以货币发放的工资计算单位。工资分所包含的实物为粮、布、油、盐、煤五种，各单位据此计发职工工资。实行工资分制度后，还根据不同地区的物价情况划有工资分区，即执行同一个工资分值的市、县（旗）为一个工资分区。据不完全统计，到1955年，全国除西藏外，共有283个工资分区。采用工资分作为工资的计算单位，在物价不稳、各地物价差别很大的情况下，不仅保证了职工的工资收入不受物价波动的影响，而且为统一工资标准创造了条件。

1952年7月，国务院在总结全国供给制人员统一增加津贴办法的基础上，颁发了《各级人民政府供给制工作人员津贴标准及工资制度人员工资标准的通知》，把供给制工作人员津贴标准和工资制工作人员工资标准都统一到29个等级，起点标准均为85分，最高标准供给制为1706分，工资制为2200分，两种制度都实行"一职数级，上下交叉"的办法。全国统一以"工资分"为工资的计算单位，但在物品种类和商品货量上，各地区根据实际情况作了适当调整。

全国统一的"工资分"所含实际的数量是在吸收老根据地经验的基础上，根据北京、天津、太原、张家口、宣化、武汉、济南、上海及东北等地区的职工家计调查资料拟定的。具体做法：以职工两口之家26种消费品为内容，按每月平均消费量及其构成的比例归并为粮、布、油、盐、煤五种主要生活用品，再以总消费量为100，取其1作为一个"工资分"：每个"工资分"中五种物品的含量为：粮0.8斤（0.4公斤）、白布0.2尺（0.067米）、食油0.05斤（0.025公斤）、盐0.02斤（0.01公斤）、煤2斤（1公斤）。[①] 物品的规格与牌号，各地根据本地区经济条件

[①] 黄定康、舒克勤：《中国的工资调整与改革1949—1991》，四川人民出版社1991年版，第44页。

和职工生活习惯确定，如南方一般用大米，北方用白面和粗粮，以中等质量为准。按国营商业的零售牌价计算"工资分"值，并且由当地主管机关或人民银行定期（按月、半月或日）公布。例如，北京地区的工资分值都是按照国营零售公司每月10日、25日的平均价格于每月28日前公布一次。

根据1954年12月的统计材料，全国约分为288个"工资分"值区[①]。华北、华东、中南、西南、西北的广大地区"工资分"值一般为0.2—0.28元（旧人民币为2000—2800元），西北、西南的边远地区工资分值较高，最高的达1.2元（旧人民币为12000元）。采用工资分作为工资的计算单位，在当时物价不稳，各地物价差别很大的情况下，不仅保证了职工的工资收入不受物价波动的影响，而且为统一工资标准创造了条件。

（二）建立物价补贴制度

1953年，国营经济力量逐渐壮大，国家决定对粮、棉、油实行由国营商业和供销合作企业统购统销办法，主要生活必需品的价格稳定下来。全国各地的工资分值从1953年起也一直稳定不动。同时，1953年开始，国家实行有计划的经济建设，工资分也不便于计划管理，因此，继续实行工资分制度已无必要。1955年，国家决定在部分单位中实行货币工资加物价津贴的制度。1955年8月，国务院发布的《关于国家机关工作人员全部实行工资制和改行货币工资制的命令》指出，由于全国物价已经稳定，职工的生活水平已逐步提高，工资分所含五种实物已不能完全反映职工的实际生活需要；因此，中央决定自1955年7月起，在国家机关、事业单位和一些企业中废除工资分，改行货币工资制。

实行统一货币工资标准加物价津贴制度，是在原来各地工资分值的基础上实行的，即全国各地均执行统一的货币工资标准。原来工资分值低的地区，执行统一的货币标准，不加物价津贴；原来工资分值高的地区，把其高出部分经过调整折算为物价津贴百分比。这是反映地区工资差别形式的第一次改变。

[①] 黄定康、舒克勤：《中国的工资调整与改革1949—1991》，四川人民出版社1991年版，第45页。

为解决各地区间存在的物价差额，国家制定了《全国各地区物价津贴表》一并发布执行，把其高出部分经过调整折算为物价津贴百分比，另外计算加发。根据《全国各地区物价津贴表》，全国共划分了259个物价区，其中包括实行实物供应的42个区和12个未定物价津贴标准的地区。物价津贴实施后，国务院编制工资委员会会同劳动部又修订了"职工生活费计算表"，印发各地按季填报，以便在实行物价津贴办法后，根据各地物价变化情况，逐年对物价津贴标准进行合理调整，对物价津贴标准的变动和调整，地方可以提出意见，但必须报国务院审查批准。

根据规定，改行货币工资标准时，工资分值在0.22元及其以下的地区，执行统一的货币工资标准，工资分值高于0.22元的，其高出部分以0.22元为基数，经过适当调整后，折算为物价津贴的百分比，另外计算加发物价津贴，物价津贴即成为反映地区工资差别的一种新的形式。1955年8月，国务院发出的《关于某些特殊地区工作人员实行实物供应的决定》指出，为了改善某些交通不便、物资缺乏的特殊地区工作人员的生活条件，保证他们和一般地区工作人员大致相同的生活水平，决定对这些地区的工作人员，在实行货币工资的同时，一律实行实物供应的办法。全国实行实物供应的地区，除西藏外共有42个物价区，其中，甘肃6个、青海19个、新疆15个、四川2个。[1]

实物供应的种类，包括米、面、油、盐、肉、茶、布、鞋子、毛巾、火柴等，由各该省人民委员会根据具体情况决定。供应的实物的价格，执行发货地点的价格，运费由公家负担；实行实物供应的地区，一般应执行发货地点的物价津贴。到1956年工资改革前，全部规定了物价津贴标准。

(三) 分大区进行工资制度改革，统一各大区内的工资制度

1952年前后，在中央的统一安排下，各大行政区分别进行了工资制度改革。这次改革基本是按照1950年劳动部召开的全国工资改革准备会议确定的三项原则开展的，改革的内容，一是对供给制人员按照国家规

---

[1] 陈少平：《国家机关和事业单位工资制度变革》，中国人事出版社1992年版，第296页。

定新的供给制标准增加津贴标准，评定级别，统一增加津贴；① 二是对工资制人员实行既能基本反映各地区实物差别，又能在全国范围内统计、核算的统一工资分为工资计算单位的制度，并统一工资分所含实物的品种和数量；三是建立新的工人和职员的工资等级制度，国营企业大多实行八级工资制，少数实行七级或六级制。职员多数实行职务等级工资制，少数实行职务工资制度（例如，中南地区按照职务规定若干工资标准）。各大行政区还分别规定了产业工资关系，如工人工资的产业类别，东北、华东、西南地区分为五类；中南、西北地区分为八类；华北地区分为九类。每类产业又分为若干类企业，分别执行若干种工资标准。各大区的工资改革，都适当提高了工资水平，绝大多数职工增加了工资，增加工资的面一般都在80%以上。全国各地区职工的平均工资，到1953年年底，分别提高60%—120%。这次工资改革，在改革旧的工资制度方面迈出了一大步，初步理出了各种工资关系的头绪，为进一步贯彻按劳分配原则和继续改进工资制度创造了有利条件。

（四）统一各大行政区之间的工资制度

在统一各大区内部的工资制度和标准的基础上，1952年7月，国务院印发《各级人民政府供给制工作人员津贴标准及工资制度人员工资标准的通知》，统一了各大行政区的工资制度。《通知》除了对省、自治区、县的工资标准作出明确规定以外，对各类市执行何种工资标准也作了规定，即中央直辖市比照省级标准；大行政区直辖市一般可以比照省级标准，具体由各大行政区政府根据各市及其工作人员条件确定；省辖市一般比照专员公署，其中较大市或较小市比照何级由省提出意见，报大行政区政府核准。《通知》还上收了调整工作人员工资、津贴的权限，规定了评定工作人员工资和津贴的原则和办法。评定工作人员的工资和津贴级别，应以其现任职务（因工作需要从较高职务调任较低职务者，应酌情按其原任较高职务评级），结合其"德""才"，并适当照顾到其资历。担任同一职务人员，其津贴、工资可以不同。评定方法一般应采用领导与群众相结合的方法，由领导提出意见，交由群众讨论，最后经领导核

---

① 黄定康、舒克勤：《中国的工资调整与改革1949—1991》，四川人民出版社1991年版，第64页。

定。这次评级从 1952 年 7 月起执行,工作人员工资、津贴评定后非经国务院批准,不得自行调整。

这次评定工资和津贴级别,基本上统一了工作人员待遇标准,使干部职级相符、劳酬相符,基本上贯彻了按照分配、同工同酬的分配原则,激发了干部积极性,为国家机关工作人员实行职务等级工资制打下了基础。

在统一机关工作人员工资标准的基础上,各业务主管部门比照各级政府机关的工资标准,分别制定了机关技术、文艺人员,学校教职工,科学研究人员,报社、通讯社、广播电台工作人员,出版编辑,卫生技术人员,翻译等人员的工资标准。机关技术人员工资标准又比照工矿企业技术人员,分为五类产业,每个产业分为 4 个职务、14 个工资级别。至此,国家统一了全国供给制津贴标准和除东北、内蒙古外,大部分地区的工资标准。

(五)统一东北和内蒙古地区的工资制度

1954 年 6 月以前,东北地区曾执行过与全国不一致的工资和供给制度。东北解放后,受国家经济负担能力和职工队伍的思想觉悟水平所限,不可能全部实行工资或供给制,采取了过渡的办法。原来享受供给制的,继续实行供给制。接收下来的人员和新参加工作的人员从 1949 年 2 月 15 日起,实行东北行政委员会颁发的工人、职员同一标准的一条龙等级工资制度。工资标准为 13 等 39 级,等外 5 级。① 级差较小,干部、工人、技术人员全部在一个工资标准上,用等级线交叉区别。这个标准简单、明确、差距小,具有一定程度的供给制下的官兵薪饷平等的精神;但同时标准等级太多,等中有级,级差很小,对鼓励职工学习技术的作用不大,不利于调动积极性。1951 年和 1952 年,中央又先后修改了一条龙工资标准,分别制定了工人和干部的工资标准,工人实行八级工资制,管理人员、技术人员、机关行政人员都规定了近似职务等级工资制的工资标准。

为保证职工生活水平不致因物价波动而受到影响,东北地区从

---

① 黄定康、舒克勤:《中国的工资调整与改革 1949—1991》,四川人民出版社 1991 年版,第 29 页。

1949年第一个工资标准起就实行了以工资分为结算单位的工资标准,即根据一定数量的粮、布、油、盐、煤五种实物在各地的物价水平,确定不同的分值,按每月分值和职工个人分数发给货币工资。东北地区工资分的五种实物含量是:混合粮1.63市斤,白布0.2市尺,豆油0.035市斤,盐0.045市斤,煤5.5市斤。按五种实物含量,每月由各地区分值委员会按照国营商店14日、15日、16日三天平均零售价,计算出该地区的工资分值,定期公布。全国统一工资分的含量是:细粮0.8市斤,白布0.2市尺,植物油0.05市斤,食盐0.02市斤,煤2市斤。两种分值的比例为0.96:1,即0.96个全国统一工资分等于一个东北地区的工资分。

1954年6月,为了使国家机关工作人员工资制度进一步统一和使供给制人员逐步过渡到工资制,中央统一了全国供给制和工资制工作人员的供给和工资等级。东北地区工资制工作人员全面按照国家统一规定的标准,评定了工资级别,但工资分仍执行东北地区分值,即将全国统一工资标准中的工资分数,按比例折算成东北地区工资分数执行。

第二节 以级别为主的职务等级工资制(1956—1985年)

1956年,我国正处于社会主义建设和社会主义改造的高潮,争取提前和超额完成第一个五年计划的伟大任务阶段。随着大规模经济建设的开展,干部队伍的数量快速增加,机构类型日益复杂。1953年召开的第二次全国组织工作会议,拟定了《关于加强干部管理工作的决定》,制定了"职务名称表",确定了中央和各级党委统一领导、各级党委组织部门统一管理的分部分级干部管理体制。

经过长时间的准备,1956年,国务院发布了《关于工资改革的决定》,工资改革工作正式启动。1956年开展的工资制度改革,在全国范围内统一了职工的工资标准,使全国职工的工资制度趋向统一、合理,奠定了我国现行工资制度的基础,适应了当时的政治经济形势,对调动工作人员的积极性,推进社会主义建设事业的发展,起到了积极的作用。

一 实行工资制度改革

(一) 工资改革的背景

我国从1953年起进入第一个五年计划时期,开始了大规模经济建设,同时基本上完成了农业、手工业和资本主义工商业的社会主义改造。"一五"期间,工业生产连年高速增长,农业在1955年获得丰收。从1949年开始,中央政府就通过不断进行改革和调整,逐步建立全国统一的工资制度。这次改革,与中华人民共和国成立后一系列工资制度改革是一个连续的过程,之前的改革是在为这次改革作准备,这次改革是之前一系列改革要达到的基本目标。

1. 工资制度不统一不适应大规模经济建设的需要

1952年的工资改革是由各大区分别组织实施的,当时的指导思想之一就是工资制度改革要因地制宜,逐步走向全国统一。因此,各大区根据本地区职工原来的工资水平、标准杂乱状况和本地区生产恢复发展的情况等所制定的工资改革方案,在产业分类、工资标准的水平、职工最高工资与最低工资之间相差的倍数和工资等级的级差系数等方面,都存在着很大的差别。这与国民经济从1953年起进入第一个五年计划时期,大规模的经济建设已经开始的形势不相适应。

2. 供给制和工资制并存的分配方式不能适应经济发展要求

1952年工资改革统一实行的工资分制度,在物价日趋稳定、职工生活水平日益提高的情况下,已基本失去了原来保障职工生活的作用;而且,按各地不同工资分值计算支付工资所形成的地区工资差别很烦琐。当时,全国共有288个工资分区,不少地区如甘肃、宁夏等省和四川省的阿坝、甘孜、凉山等州基本上是一个县一个工资分区,这给职工工作调动时的工资处理等带来了不少困难,亟须进一步统一改进。①

3. 建立新工资制度更好地调动广大职工社会主义建设的积极性

中华人民共和国成立以来,虽然经过了几次工资制度的改革和调整,但旧的工资制度遗留下来的不合理因素还没有完全克服,随着国民经济

---

① 黄定康、舒克勤:《中国的工资调整与改革1949—1991》,四川人民出版社1991年版,第86页。

的迅速发展，工资制度更加不适应实际情况，不利于干部职工提高工作积极性。1956年，我国正处于社会主义建设和社会主义改造的高潮，为了更好地鼓励广大职工的生产积极性和劳动热情，争取提前和超额完成第一个五年计划，国务院决定进行一次全国性工资制度改革，并适当提高工资水平。

4. 经济发展和所有制改造为工资改革奠定了物质基础

中华人民共和国成立后，新的社会制度建立，人民当家作主，广大工人农民的生产积极性大大提高。1953年，国家实施第一个五年计划，开始了大规模经济建设，国家156个重点建设项目上马，带动了各地经济建设新高潮，劳动生产率有了较大提高，国家财政状况趋于好转，改善人民生活提上了重要的议事日程。1953年，国民生产总值增长15.6%，1954年增长4.2%，1955年增长6.8%，1956年增长15%，财政收入也大幅增长，为工资制度改革创造了良好条件。

（二）工资改革方案的研制

1956年2月29日至4月6日，劳动部根据中央工资委员会的指示，在北京召开了全国工资会议，出席会议的有国务院所属各有关部门、各省（自治区、直辖市）及部分省辖市政府的负责人、全国总工会、各产业工会、地方劳动部门、地方工会和部分工矿企业的负责人等共530多人。这次会议的议题是研究国家机关、事业、企业单位工资制度改革问题。

会议决定成立专题小组，如产业关系组、地区物价组、地区津贴组、沿海城市组、职工生活福利组等，分别由各产业部门、各地区的同志参加研究，提出解决这些问题的方案。会议认为，制订全国工资改革方案，主要应考虑三个条件：一是产业在国民经济中的重要性，二是地区物价水平，三是现实的工资水平。根据会议要求，由劳动部门提出了工资改革轮廓方案，各产业部根据轮廓方案拟订本部门的具体实施方案，然后报劳动部。

3月4日，周恩来总理在基本建设和劳动工资等21个专业部门参加的会议上作了重要报告，详细阐述了当前国民经济的发展形势，分析了进行工资改革的必要性、迫切性和可能性，并对工资改革中的方针政策作了精辟论述。他首先指出，工资问题"是关系到每一个职工切身利益的重大问题",正确地解决工资问题,是保证社会主义建设事业顺利发展的重要条件,工资问题应该成为我们党、政府和工会组织的一项不容忽视的重要的经常工作。当前工资制度中主要问题是平均主义,各类人员的工资关系很不合理,工资标准和津贴制度混乱,国家准备拿出10亿元用于工资改革,增长工资要和全面改革工资制度结合起来。周恩来总理强调指出,目前职工的工资状况如果继续下去,势必影响职工的积极性、创造性,后果将是严重的,因此,工资改革势在必行,不能再拖了,有困难也要改革,不能求全,也不能企图通过一次改革解决所有问题,只能做到比较合理,今后还要不断改革、不断完善。对工资改革中的问题,周恩来总理都从理论和实践的结合上进行了精辟阐述,为工资改革指明了方向、明确了政策。

  会议对改革中的一些问题进行了认真讨论和深入研究。分歧较大的有三个问题:一是产业顺序问题。根据各产业在国民经济中的重要性、技术复杂程度、劳动条件的好坏等因素,把产业分成5类,按类别规定工人工资标准,不同部门对产业排序有不同看法。二是地区类别问题。取消工资分和物价津贴制度,直接以货币规定工资标准,然后根据各地区的物价、生活水平和现实工资状况,把全国划分为11类工资区。对少数物价特别高的地区,除实行最高工资区类别外,再根据实际物价、生活水平,增加一定数额的地区生活费补贴。由于各地区同志都力求提高自己地区的类别,地区类别问题成为争论的焦点。三是增长指标问题。根据各产业、各地区的测算结果,增加工资的总额大大超过原定指标。这样不仅国家财政负担不了,而且会造成社会商品供给紧张,引起物价上涨。周恩来总理要求会议领导小组重新调整工资标准,并采取分两步走的办法解决。

  1956年5—6月,国务院在北京召开了全国工资改革方案平衡会议。会议在改革方案出台之前,再一次进行深入讨论,对各地区、各部门的工资改革方案进行综合平衡,对改革的一些重点问题进行研究。[①]

[①] 黄定康、舒克勤:《中国的工资调整与改革 1949—1991》,四川人民出版社1991年版,第88页。

(三) 工资改革方案的出台

1956年7月，国务院正式发布了《关于工资改革的决定》《关于工资改革中若干具体问题的规定》《关于工资改革方案实施程序的通知》等项文件，开启了工资制度改革。

《关于工资改革的决定》指出，目前全国职工建设社会主义的热潮正在不断地高涨，为更好地鼓励职工提高业务技术水平，巩固和提高职工的劳动热情，进一步开展先进生产者运动，提高劳动生产率，提前完成和超额完成国家第一个五年计划的伟大任务，国务院决定适当地提高工资水平，并且在这个条件下，根据按劳取酬的原则，对企业（包括国营企业、供销合作社企业、全行业公私合营前的公私合营企业）、事业和国家机关的工资制度，进行进一步改革。凡是这次进行工资改革的企业、事业和国家机关，一律从1956年4月1日起实行新的工资标准。工资问题是关联着国民经济的发展和广大工人职员的物质福利的一个十分重要的问题，国务院各部门、各级人民委员会都应该特别予以重视，加强对工资工作的经常领导，健全工资工作机构。首要的任务是大力做好这次工资改革工作，达到进一步发挥工资的物质鼓励作用，促进国民经济的不断高涨和逐步改善职工生活的目的。

根据《关于工资改革的决定》的总要求，国务院印发了《关于颁发国家机关工作人员工资方案的通知》，编制了国家机关工作人员的工资标准表。1956年8月，国务院人事局印发《关于国家机关工作人员若干工资问题的处理意见》，对工资改革中的具体政策问题作出了规定。上述文件印发后，工资改革工作正式启动，并成为这一时期党和国家的重要工作。

二 确立全国统一的职务等级工资制度

1949—1955年的多次工资改革和调整，已经为建立全国统一的工资制度做好了准备，奠定了基础。1956年的改革最后正式确立了全国统一的职务等级工资制度。该制度以等级为中心，划分为30个等级，职务在等级的确定上起重要作用。一般一个职务对应若干个工资等级，上下职务对应的工资等级有交叉。

在实行职务等级工资制的基础上，这次工资改革还改进和完善了干部、工人的等级工资制。对于熟练劳动力与不熟练劳动力、繁重劳动与轻易劳动,在工资标准上规定了比较明确的差别,使计件工资标准高于计时工资标准,高温工资标准高于常温工资标准,井下工资标准高于井上工资标准。适当扩大了低等级工人与高等级工人工资标准的差额。例如,钢铁冶炼业现行的八级工人的工资为一级工人的工资的倍数平均是2.87倍,新拟的倍数是3.2倍,这就在很大程度上克服了工资待遇上的平均主义。

对于企业的职员和工程技术人员,采用按照他们所承担的职务规定统一的工资标准的制度,同时为了照顾目前干部的条件和现行工资的实际情况,每个职务可以分为若干等级,高一级职务和低一级职务的工资等级线,可以交叉。例如,四川钢铁冶炼业的一等厂的正副厂长和正副总工程师的工资标准,统一规定为130元到213元,而车间正副主任、主任工程师的工资标准,统一规定为104元到157元,在两级职务的工资标准中,有27元的交叉。对于技术人员,除了按照他们所担任的职务评定工资以外,对于其中技术水平较高的加发技术津贴,对于有重要贡献的高级技术人员加发较高的特定津贴,有些高级技术人员如果现行的工资标准高于新定的职务工资标准过多,还可以另外规定单独的工资标准,使他们的工资仍然能够所增加。

职务等级工资制度中,职务与等级的对应关系是不严格的,达不到职务最低工资等级或超过职务对应工资等级也是允许的,职务和级别脱离,提职可以不提薪。经过一段时间运行后,级别和职务的对应关系被打乱,职务和级别不对应成为普遍现象,职务等级工资制度逐渐演变为等级工资制度,级别成为确定工资和各项待遇的主要依据。

表13—1　　　　　国家机关工作人员工资标准表(一)

1956年7月　　　　　　　　　　　　　　　　　　　　　　　单位:元

级别	工资标准										
	1	2	3	4	5	6	7	8	9	10	11
1	560.0	577.0	593.5	610.5	627.0	644.0	661.0	677.5	694.5	711.0	728.0
2	505.0	520.0	535.5	550.5	565.5	581.0	596.0	611.0	626.0	641.5	656.5

第十二章 工资制度

续表

级别	工资标准											
	1	2	3	4	5	6	7	8	9	10	11
3	450.0	463.5	477.0	490.5	504.0	517.5	531.0	544.5	558.0	571.5	585.0
4	400.0	412.0	424.0	436.0	448.0	460.0	472.0	484.0	496.0	508.0	520.0
5	360.0	371.0	381.5	392.5	403.0	414.0	425.0	435.5	446.5	457.0	468.0
6	320.0	329.5	339.0	349.0	358.5	368.0	377.5	387.0	397.0	406.5	416.0
7	280.0	288.5	297.0	305.0	313.5	322.0	330.5	339.0	347.0	355.5	364.0
8	250.0	257.5	265.0	272.5	280.0	287.5	295.0	302.5	310.0	317.5	325.0
9	220.0	226.5	233.0	240.0	246.5	253.0	259.5	266.0	273.0	279.5	286.0
10	190.0	195.5	201.5	207.0	213.0	218.5	224.0	230.0	235.5	241.5	247.0
11	170.0	175.0	180.0	185.5	190.5	195.5	200.5	205.5	211.0	216.0	221.0
12	150.0	154.5	159.0	163.5	168.0	172.5	177.0	181.5	186.0	190.5	195.0
13	135.0	139.0	143.0	147.0	151.0	155.5	159.5	163.5	167.5	171.5	175.5
14	120.0	123.5	127.0	131.0	134.5	138.0	141.5	145.0	149.0	152.5	156.0
15	108.0	111.0	114.5	117.5	121.0	124.0	127.5	130.5	134.0	137.0	140.5
16	96.0	99.0	102.0	104.5	107.5	110.5	113.5	116.0	119.0	122.0	125.0
17	86.0	88.5	91.0	93.5	96.5	99.0	101.5	104.0	106.5	109.0	112.0
18	76.0	78.5	80.5	83.0	85.0	87.5	89.5	92.0	94.0	96.5	99.0
19	68.0	70.0	72.0	74.0	76.0	78.0	80.0	82.5	84.5	86.5	88.5
20	61.0	63.0	64.5	66.5	68.5	70.0	72.0	74.0	75.5	77.5	79.5
21	54.0	55.5	57.0	59.0	60.5	62.0	63.5	65.5	67.0	68.5	70.0
22	48.5	50.0	51.5	53.0	54.5	56.0	57.0	58.5	60.0	61.5	63.0
23	43.0	44.5	45.5	47.0	48.0	49.5	50.5	52.0	53.5	54.5	56.0
24	37.5	38.5	40.0	41.0	42.0	43.0	44.5	45.5	46.5	47.5	49.0
25	32.5	33.5	34.5	35.5	36.5	37.5	38.5	39.5	40.5	41.5	42.5
26	28.5	29.5	30.0	31.0	32.0	33.0	33.5	34.5	35.5	36.0	37.0
27	26.0	27.0	27.5	28.5	29.0	30.0	30.5	31.5	32.0	33.0	34.0
28	24.0	24.5	25.5	26.0	27.0	27.5	28.5	29.0	30.0	30.5	31.0
29	22.0	22.5	23.5	24.0	24.5	25.5	26.0	26.5	27.5	28.0	28.5
30	20.0	20.5	21.0	22.0	22.5	23.0	23.5	24.0	25.0	25.5	26.0

资料来源：徐颂陶、康耀：《中华人民共和国工资、保险、福利法规全书》，中国人事出版社1992年版，第2页。

表13—2　　国家机关工作人员工资标准表（一）（等级线）

级别	中华人民共和国主席、副主席及全国人民代表大会常务委员会			国务院		
1	主席、副主席	委员长、副委员长				
2				总副理、总理		
3						
4		秘书长、委员、副秘书长，各委员会主任委员、副主任委员		部长、副部长，委员会主任、副秘书长室主任、副主任		
5						
6	办公厅主任、副主任，局长、副局长、室主任、副主任			秘书厅主任、副主任，直属局长、副厅长、行长、副行长、社长、副社长、室、会主任、副主任		
7						
8			各委员会办公厅主任、副主任		部长助理	各部、委员会办公厅主任、副主任，司、局长、副司、局长
9						
10						
11			处长、副处长组长	秘书厅及直属局、行、社、室、会属处长、副处长，科长、副科长		
12						司、局属处长、副处长科长、副科长
13						
14						
15			处属科长、副科长	处属科长、副科长		
16						
17	科员			科员		
18						
19						
20						
21						
22			办事员	办事员		
23						
24						
25						
26			勤杂人员			勤杂人员
27						
28						
29						
30						

续表

级别	省、自治区、直辖市人民委员会	省辖大市人民委员会	市、自治州人民委员会和专员公署
1			
2			
3			
4			
5	省长、副省长，自治区主席、副主席，市长、副市长		
6			
7			
8			
9	各办公室主任、副主任	秘书长、副秘书长，厅长（局长）、副厅（局长）	市长、副市长
10			
11			市长、副市长，州长、副州长，专员、副专员
12		局长、副局长，处长、副处长	
13		厅、局属局、处长、副局长	
14			处、局长、副处、局长
15		厅、局属处长	局属处长、副处长	科长、副科长
16	局、处属科长、副科长	厅、局属科长、副科长		
17			科长、副科长	处属科长、副科长
18				
19				
20	科员		科员	科员
21				
22				
23		办事员	办事员	办事员
24				
25				
26		勤杂人员	勤杂人员	勤杂人员
27				
28				
29				
30				

续表

级别	县、自治县、市人民委员会	区公所	乡、镇人民委员会	备考
1				工资标准共分为十一种，除根据各地区物价、生活水平，规定各地区分别执行某一种工资标准以外，对少数物价过高的地区另加生活费补贴。各地适用工资标准种类和生活费补贴比率，详见工资区类别部分，以下各表同。
2				
3				
4				
5				
6				
7				未列的国家机构，由其上一级人民委员会比照表列相当的机构分别确定。
8				
9				
10				未列的职务，可以比照表列相当的职务办理。
11				
12				表列国家机关中的科员，包括相当于各该级科员的股长、组长、主任科员、一等科员等人员在内。
13				
14	县长、副县长、市长、副市长			表列国家机关中的勤杂人员，系指通讯员、勤务员（服务员）、饲养员、清洁员等人员。县（市）人民委员会、专员公署、省辖市与省人民委员会同驻一地者，其勤杂人员适用省（市）人民委员会勤杂人员的工资标准；县（市）人民委员会与专员公署（市）同驻一地者，其勤杂人员适用专员公署（市）勤杂人员的工资标准。
15				
16				
17				
18	局、科长，副局、科长			
19				
20		区长、副区长		
21	科员			
22				
23		助理员	乡长、副乡长，镇长、副镇长	
24				
25	办事员			
26				
27			文书	
28	勤杂人员		勤杂人员	
29				
30				

资料来源：徐颂陶、康耀：《中华人民共和国工资、保险、福利、法规全书》，中国人事出版社1992年版，第3页。

三 实行货币工资制度

（一）工资分制度向货币工资制度过渡

中华人民共和国成立后，为了尽快适应国家建设的需要，建立正常的工资制度，对供给制进行了多次改革，逐步向工资制靠拢。1956年的工资制度改革的重要任务之一，就是要实现供给制与工资制并轨，所有原来实行供给制的人员，统一改为的工资制。

在具体工资标准的制定上，对于国家机关和非工业部门，工业基建，交通等企业，采取了不同的做法。对于国家机关和非工业部门，是以当时的货币工资标准为基础，加上当年提高工资标准指标，作为第一种工资标准，然后再根据各地区物价生活水平的指数，在第一种工资标准的基础上，增加一定的比例，共将全国划分为11种工资标准区，每种工资标准之间的幅度是3%，11种工资标准之间的幅度是30%。对于少数物价特别高的地区，除了最高的工资标准以外，再根据实际的物价生活水平，增加一定数额的生活费津贴，或者实行实物供应的办法。生活费津贴随着物价的变动进行调整，其他津贴由劳动部会同有关方研究。

对于工业、基建、交通运输等企业，在规定工资标准时，将各地区的物价生活指数、当时的工资实际情况和正确地安排产业之间、工种之间的关系等三个因素综合研究和平衡。每个工种的同等级工人的工资标准都规定了一定的幅度，以便于不同地区、不同企业，根据自身的实际情况和需要选用。例如，钢铁冶炼一级工人工资标准从最低的30元到最高的42.40元，最低与最高之间的幅度为41%。

通过以上办法，在不同程度上减少了工资分和物价津贴带给工资标准的混乱现象，而使货币工资标准能够更好地反映各地区的实际物价生活标准。

（二）在提高水平的基础上调整各类人员的工资关系

随着第一个五年计划的实施，经济发展速度加快，财政收入增加，这次工资制度改革把提高职工的工资水平作为改革的目标之一。国务院《关于工资改革的决定》明确提出，通过改革，机关和企事业单位工资要提高14.5%。据统计，1956年人均工资实际提高了14.2%。

在普遍提高工资水平的基础上，这次改革对国家机关和非工业部门各类人员之间的工资关系作了若干调整。除了小学教员、供销合作社人员、乡干部的工资标准提高较多以外，高级知识分子的工资标准也有较多的提高，对其中有重要贡献的人员，规定实行加发特定津贴的制度。例如，北京的教授和科学研究人员原来的工资标准最高的是253元，新拟的工资标准提高到345元，比国家机关七级干部的工资标准高23元，比原来的工资标准提高了36.4%。国家机关各级人员的工资关系也作了若干调整，采取了中级多增，高级少增或者不增，低级适当增加的原则，以缩小最高级与最低级工资标准之间的差距。按照新拟的工资标准，十四级工资标准增加13.21%，一级工资标准不加，三十级工资标准增加11%。一级同三十级工资标准由原来的31倍缩小为28倍。

对于产业之间的工资关系，根据各产业在国民经济中的重要性，技术的复杂程度和劳动条件的好坏，同时照顾到历史条件，进行了适当的调整。对于那些重要的、技术复杂的、劳动条件比较差的产业，规定了较高的工资标准。在这次工资改革中，重工业企业比轻工业企业的工资有了较多的提高。八个工业部门中的国营工业部分，六个重工业部的平均工资增长15.6%，两个轻工业部的平均工资增长12%。

对于地区之间的工资关系，根据发展重点建设地区，同时又照顾到某些沿海地区的工资的原则，此次工资调整进行了初步调整，重点建设地区的工资标准有了较多的提高，沿海地区也稍有增长。从几个地区的国营及其制造业来看，黑龙江增长20%，山西增长19%，湖北增长18%，天津增长12%，上海增长9%。

四　实行工资区制度

（一）工资区制度的建立

由于各地的地理位置、经济发展水平以及工资收入水平等存在差异，确立全国统一的工资制度，必须有处理不同地区工资关系的制度。经过前几年的社会经济治理，全国的物价已经平稳，国家建设进入第一个五年计划后，在原工资分和物价补贴制度的基础上，建立一个适合中国国情的、稳定的地区工资制度的条件已经成熟。考虑到各地生活成本的差别，1956年的工资改革实行了工资区制度，将全国划分为十一类工资区[①]。以

[①] 黄定康、舒克勤：《中国的工资调整与改革1949—1991》，四川人民出版社1991年版，第91页。

表13—3　各地区使用工资标准种类和生活费补贴表

地区标准 省区市	种类 一	二	三	四	五	六	七	八	九	十	十一	附注
北京市						北京区						1. 本表以各地区现行物价津贴为基础，参考各地的物价、生活水平，加以调整拟定。 2. 这次调整是采取了逐步合理的精神进行的，对于物价、生活水平高而物价津贴低的地区予以适当的提高，对于物价、生活水平低而物价津贴高的地区，予以适当降低。同时，一个省、自治区内的各物价区的物价津贴差额不大的，尽量予以合并，以减少工作上不必要的手续。 3. 本表所列各个地区包括范围和有生活费补贴的地区（巴彦淖尔区、蔚犁区、库尔勒区、甘肃区、青海区、海南区、新疆区、甘孜区）均详附表。
天津市						天津区						
上海市								上海区				
河北省			河北区	保定区	唐山区	张北区						
山西省			山西区	阳泉区	太原区							
内蒙古自治区				通辽区	集宁区	呼和浩特区	锡林浩特区				巴彦淖尔区	
辽宁省				辽宁区	锦州区	沈阳区	长海区					
吉林省				吉林区	四平区	长春区			长白区			
黑龙江				龙江区	抚远区	哈尔滨区			黑河区			
陕西省	汉阴区		安康区			延汉区	渭南区	西安区		延长区		
甘肃省							庆阳区	平凉区	张掖区		甘肃区	
青海省											青海区	
新疆维吾尔自治区							且末区	绥定区	蔚犁区	库尔勒区	新疆区	
山东省			山东区	济南区	长岛区							

— 781 —

续表

种类 地区标准 省区市	一	二	三	四	五	六	七	八	九	十	十一	附注
江苏省			淮北区	南京区	松江区							
安徽省		安庆区	蚌埠区	合肥区								
浙江省		温州区		杭州区			舟山区					
福建省				福安区	建阳区	闽清区	福州区					
河南省		豫南区	开封区	郑州区								
湖北省		湖北区		武汉区								
湖南省		湖南区	长沙区									
江西省		江西区	南昌区									
广东省				北海区	诏关区		汕头区			广州区	海南区	
广西壮族自治区			广西区	柳州区	南宁区							
四川省	内江区	成都区	雅安区	雷波区	木里区	普雄区	昭觉区	理县区	美姑区		甘孜区	
贵州省	兴义区	贵定区	贵阳区									
云南省	昭通区		下关区			昆明区				个旧区		
西藏地区				淮北区	南京区	松江区					西双区	

— 782 —

第一类工资区为基准,各工资区的工资标准依次较上一类工资区高3%,第十一类工资区的工资标准较第一类工资区高30%。

(二) 工资区类别的调整

工资区制度在我国实行的时间很长,在1985年工资改革中对工资区进行了一次比较大的调整,直到1993年工资改革时,才被地区津贴制度取代。

1. 1963年工资区类别调整[①]

1963年,国家决定调整职工工资的同时,部分调整工资区类别和生活费补贴。经过全国工资会议反复协商、平衡,报经国务院审定后,1963年8月,国务院下达了《关于调整工资区类别和生活费补贴的通知》,随《通知》下发了《全国部分市、县工资区类别调整表》《全国少数边远地区生活费补贴调整表》《全国部分矿区(林区、盐场)工资区类别调整表》。这次工资区类别调整的重点是西南和中南一些地区的县和较大的城市及工矿区。经过中华人民共和国成立后十多年的经济建设和发展,再加上交通的方便,这些地区的物价和生活费用发生了很大变化。工资区类别的调整,适应了这些变化的情况。

在这次调整中,实行十一类工资区标准的,取消了一、二类工资区,把原一、二类提高为三类;一些城市和工矿区提高为四类或五类。据统计,这次调整工资区类别或生活补贴的,有902个市县,119个矿区,91个区或公社。

执行非十一类工资区工资标准的,如铁路、地质、建筑、农工等的低工资区的工资标准,也作了相应调整。

在这次调整中,中央国营企业技术人员和管理人员的工资标准进行了整顿简化,一般都对简化后的工资标准划分了工资区;煤炭工业企业技术人员和管理人员的工资标准,则完全改按国家机关十一类工资区划分。

2. 1979年工资区类别的调整[②]

1979年11月,国务院印发《关于调整工资区类别的几项具体规定》,执行国家机关十一类区工资标准的单位,三类工资区的,改按四类区同

[①] 赵东宛:《中国劳动人事年鉴》,劳动人事出版社1989年版,第488页。
[②] 陈少平:《国家机关和事业单位工资制度变革》,中国人事出版社1992年版,第348页。

类人员的工资标准执行；四类工资区的，改按五类工资区同类人员的工资标准执行。

对在国家机关十一类区中三、四类工资区中工作，但执行其他工资区制度的企业、事业单位的职工，其工资标准偏低的，工资标准可提高。可以增加工资2.83%。

在调整工资区类别时增加工资的职工，应当用增加工资的一部分来冲销粮（煤）价补贴。

在贯彻执行上述规定的过程中，一些部门和地区遇到一些问题。国家劳动总局经过征求有关人员意见，并报经国务院批准，于1980年2月印发了《关于贯彻执行"国务院关于调整工资区类别的几项具体规定"若干具体问题的处理意见》，对一些问题作了补充规定。其中对不执行国家机关十一类工资区制度的企业、事业单位，在调整偏低的工资标准时如何安排的问题，作了如下规定：各省、自治区、直辖市或部门，可按所有应当增加工资的职工，按2.83%计算出应增加的工资总额，加上应冲销的粮（煤）价补贴金额，在不超过这两项合计金额的条件下，由各地或部门合理安排上述有关单位的调整工资方案。这个补充规定，改变了原来每个单位一律都要增加2.83%的规定，可以使那些工资偏低的单位，经过调剂以后适当多增加一些工资。

3. 1978年以后少数地区生活费补贴的调整

少数地区的生活费补贴在1958—1960年整顿调低以后，除了一些地区在1963年和1975年有所调整提高以外，在1978年以后陆续有了调整提高，同时实行了一些津贴制度，如高原临时补贴、边疆工龄补贴或艰苦地区津贴等。

经国务院同意，1982年，西藏自治区的生活费补贴由25%、30%、35%、40%分别调整提高为45%、52%、60%、66%。[①] 经国务院批准，1982年10月，新疆维吾尔自治区调整提高了一些地区偏低的生活费补贴；1987年又将南疆生活补贴标准低于乌鲁木齐市国家机关干部生活费补贴标准26%的，都提高到26%。四川省的阿坝、甘孜、凉山自治州一些县的生活费补贴或工资区类别，在1975年及1978年以后也都有了提高。

---

① 陈少平：《国家机关和事业单位工资制度变革》，中国人事出版社1992年版，第349页。

五　工资改革后的工资调整工作

（一）三次降低干部工资标准

工资制度改革后不久，受各种因素的影响，中共中央、国务院于1957年1月至1960年10月先后三次决定降低部分领导干部的工资。

1956年12月，国务院颁发《关于降低国家机关十级以上干部的工资标准的决定》，从1957年1月起，降低1956年规定的国家机关工作人员工资标准表（一）中十级以上干部的工资标准。[①]

1959年2月，中共中央颁发《关于降低国家机关三级以上党员干部工资标准的决定》，从1959年3月起，在1957年降低后的国家机关十级以上干部工资标准的基础上，将国家机关一、二、三级的工资标准合并为一级，并且降低到400元（指一类工资区）；四级以下工资标准一律不变，已降低者一律恢复。

1960年9月，中共中央转发国家计划委员会党组、劳动部党组《关于当前劳动力安排和职工工资问题的报告》，同意报告中提出的从1960年10月起，降低十七级以上党员干部工资的建议。国家机关十七级以上行政人员各级降低工资的比例，三级（包括原来的一、二级）降低12%，四级降低10%，五级降低8%，六级降低6%，七级降低4%，八级降低2%，九级至十七级各降1%。

国家机关党员领导干部的工资，经过三次降低以后，最高一级工资标准降低到404.80元（六类工资区），和1955年8月国务院颁发的最高一次的一级工资标准649.60元比较，共减少了244.80元，降低了37.68%；最高和最低的倍数由31.11倍缩小到17.60倍。

（二）工资改革后的升级工作

在1956年的工资改革中，对个人工作取得的成绩和职务晋升后的工资增长作了明确说明，提出建立定期升级和不定期升级的工资调整办法。但在制度实际运行中，工资定期升级制度没有得到很好实施，只是不定期地进行了一些升级工作。这主要是因为，受工资增幅较大、劳动用工增速明显的影响，工资总额超过了计划总额，加重了财政负担，再加上

[①]　陈少平：《国家机关和事业单位工资制度变革》，中国人事出版社1992年版，第90页。

1957年后，我国经济遭受了挫折，因此，从1957年开始，中央就暂停工资升级工作，到1966年，除进行了个别升级，1963年进行一次全面升级工作外，绝大多数职工没有正常升级。

1959年6月，国务院发出了《关于一九五九年国家机关工作人员升级问题的通知》，明确了国家机关工作人员1959年原则上不升级，只在十分必要的情况下个别调整级别，调整的人数不得超过总人数的1%或者2%。

1960年3月，国务院印发《关于评定和提升全日制中、小学教师工资级别的暂行规定》，在该规定中提出，评定和提升教师的工资级别，应以教师的思想政治条件和业务工作能力为主要依据，同时必须照顾其资历和教龄。还规定，新参加工作的教师，在见习期满后合乎规定条件要求的，应及时评定其工资级别。同期，教育部又印发了《关于一九六〇年高等学校和国家举办的全日制中、小学教师工资升级工作的几点意见》，指出全国高等学校和国家举办的全日制中、小学教师1960年工资升级问题中央已经批准，高等学校教师升级面为40%，中小学教师升级面为25%，从1960年3月起执行。

随着国民经济形势的好转，国家有可能拨出一部分资金，适当解决在工资中存在的问题，改善部分职工的生活，中共中央、国务院在1963年7月批转了《劳动部关于一九六三年工资工作安排意见的报告》，决定从1963年8月起，在全国范围内给一部分职工进行升级，全国职工的升级面为40%。

此后，大范围的升级工作又一次暂停，仅对部分人群进行了转正升级工作。

1966—1976年，工资工作陷于停顿，除1967年实行了一次正常的转正定级和1971年对部分人员进行了升级之外，绝大部分职工的工资多年没有调整，造成的结果就是工资制度僵化，按劳分配的社会主义分配原则无法贯彻，严重脱离经济社会发展的需要。

1967年12月，国务院发出了《关于转正定级问题的通知》。通知规定，各企业、事业单位和国家机关、人民团体中的学徒、复员退伍军人和高等学校、中等专业学校、技工学校的毕业生以及试用人员、实行熟练期制度的工人的转正定级工作，可以照常进行；学徒转正后的工资，不得超过本单位工人工资标准的最低一级；学徒和技工学校毕业生的定级工资，不得超过二级。复员退伍军人的定级工资，一般不得超过二级，其中军龄或军龄加参军前的工龄在 8 年以上，而且政治、生产表现好的，可以定到三级（复员退伍军人分配当干部的，比照上述水平确定），高等学校和中等专业学校毕业生的定级工资，仍按现行有关规定办理（中专毕业生分配当工人的，不得超过二级）。

1971 年 11 月，国务院颁发了《关于调整部分工人和工作人员工资的通知》，决定从 1971 年 7 月 1 日起调整部分工人和工作人员的工资，采取按参加工作年限和工资级别调资的办法。通知规定，在调资范围内的人员，一般都调高一级。对 1957 年年底以前参加工作的二级工，1960 年年底以前参加工作的一级工和低于一级工的工人，经过群众充分讨论同意，并经领导批准的少数人，可以调高两级。对极少数的擅自离开工作岗位、闹无政府主义的，在未改正错误前，暂时不予调整。在这次调资中，调高一级的工资，在 5 元以上的，按当时的工资标准执行；在 5 元以下的，可以增加到 5 元，对这次调级以后的同一级人员，也按调高一级人员的工资额发给工资。1966 年后分配在全民所有制企业、事业单位和机关中工作的中等专业学校、技工学校、半工半读学校毕业生，工作已经满一年以上、仍然实行见习期间临时工资的，可以进行定级。这次调资是在低工资人员工资过低、生活非常困难的情况下进行的，采取了"对号入座"的办法，助长了熬年头的思想。这次工资调整的升级面为 28%，大多数人没有升级。

（三）1977—1984 年工资调整与升级工作[①]

"文化大革命"结束后，为解决长期不调整工资带来的弊端，1977—1984 年，除 1980 年外，国家 6 次调整了部分职工的工资标准，在很大程度缓解了长期不调整工资遗留的矛盾，部分偿还了历史欠债，改善了工资关系，激发了干部职工的活力，为 1985 年全面开展工资制度改革做了准备。

1. 1977 年工资调整

1977 年，国务院发布《关于调整部分职工工资的通知》，决定自 1977 年 10 月 1 日起调整部分职工工资。这次调资重点是工作多年工资偏低的职工。增资根据政治表现、劳动态度、贡献大小和技术高低，由群众评议，采取"杠""面"结合的办法。"杠"即按工作年限和工资级别划了两条杠，1971 年以前的一级工，1966 年以前的二级工，表现好的和比较好的一般都可以升 1

---

① 陈少平：《国家机关和事业单位工资制度变革》，中国人事出版社 1992 年版，第 112 页。

级；表现不好的缓调，缓调比例一般不超过总人数的10%。"面"即十八级及其以下的其他职工有40%的人升级。升级对象上，优先考虑贡献较大，工作多年工资偏低的生产、工作骨干和科研、技术人员。同时，级差小于5元的增加5元，大于7元的只增7元，中专毕业生可以增加7元。不属于调资范围的职工，在1971年年底前参加工作，在六、七类工资区标准工资低于38元的，可以增加到38元；1966年参加工作的，标准工资低于43元的，可以增加到43元，但每人每月增加的工资最多不得超过5元。

2. 1978年工资调整

1978年11月，国家劳动总局经国务院批准，印发《关于给工作成绩特别突出的职工升级的通知》，决定自1978年12月起，对全民所有制单位中生产、工作成绩优异、贡献较大和提职以后表现较好而工资偏低的人员升级；对个别特别优良的学徒工提前转正定级，这两部分人升级面控制在职工总数的2%以内。此外，全国文艺单位的中、青年文艺人员的工资普遍偏低，经国务院批准，文化部、国家劳动总局、民政部和财政部于1979年3月联合发出了《关于给全民所有制文艺单位增加百分之四升级指标的通知》，在2%的统一升级指标外，还给全民所有制文艺团体中的中青年演员增加了4%的升级指标，主要用于艺术表演团体、电影、艺术院校等单位中成绩特别突出、贡献较大而工资明显偏低的文艺人员，一般升1级，突出拔尖的可以升2级。集体所有制文艺单位可以参照上述精神办理。

为贯彻落实中央重视和关心老干部的政策和对老干部生活待遇要适当从优照顾的精神，民政部、国家劳动总局、财政部于1979年4月联合发出通知，规定第一、二次国内革命战争时期的老红军、老干部的工资，不论在国家机关或事业、企业单位工作，凡标准低于当地国家机关行政人员十七级工资标准的，一般可以提高到十七级，从1979年1月起执行。

3. 1979年工资调整

1979年11月，国家调整了肉、蛋、禽等八种副食品价格。考虑到副食品价格的调整会对职工的生活带来较大影响，国家决定，在提高主要副食价格的同时，给职工发放副食品价格补贴，具体标准为，一般地区每人每月补助5元，纯牧业区补助每人每月8元，新疆、西藏根据本地区情况分别规定高、低不同的补贴标准。除发给职工副食品价格补贴外，国家还决定给机关、事业和企业单位部分职工升级。国务院于1979年10月印发了《关于职工升级的几项具体规定》，规定按照1979年10月底职工人数中的1978年年底以前参加工作的固定职工和计划内临时工为基数的40%进行升级，从1979年11月起执行。鉴于科研、设计、高等学校、医疗卫生等事业单位知识分子比较集中，实际收入又比企业职工少的情况，国家劳动总局经请示国务院领导同意，在1979年11月印发《关于将原拟在科研、设计、高等学校、医疗卫生等事业单位中试行的临时津贴折合为升级人数的通知》，对知识分子较集中的单位增加了一部分升级面，其中，高等学校增加8%，科研、设计、体育系统增加6%，医疗卫生系统增加4%，文艺系统增加2%。增加的升级面主要用于讲师、助研、工程师、主治医师、护士长和优秀运动员、教练员以及文艺人员，总的升级面约达到50%以上，讲师等中级以上的专业技术人员升级面达到70%以上，不少人升了2级，个别人升了3级。

4. 1981年工资调整

根据1980年9月10日第五届全国人民代表大会第三次会议通过的《关于1980年国民经济计划安排的报告》，从1981年起，逐步解决基本没有奖金收入或奖金收入很少的科研、教学、医务和机关工作人员适当增加工资问题的意见和第六个五年计划的安排，国家对机关、事业单位和企业单位采取了分期分批调整工资的办法。1981年10月，国务院印发《关于一九八一年调整部分职工工资的通知》，决定从1981年10月起，给中小学教职工、医疗单位部分职工和体委系统优秀运动员、教练员调资。并随通知转发了教育部《关于调整中、小学教职工工资的办法》《关于增加中、小学民办教职工工资的办法》、卫生部《关于医疗卫生单位部分职工调整工资方案》和国家体委《关于调整优秀运动员、专职教练员及部分体育事业人员工资报告》，对教职工、医疗卫生人员和体育运动员调整了工资。调整的结果是，中小学除了个别工资高的不升级，一般都升了级，约有20%的人升了2级，也有升3级的；卫生系统有65%的人增加了工资，并将工资标准减少1级（卫技十六、十七级合并）；体委系统运动员、教练员工资标准减少了等级，加大了级差（运动员由十一级减到八级，教练员由十五级减到十一级），100%增加了工资，成绩优异的升了2级，有特殊贡献的升了3级。这次三个行业调资都采取了先补后靠再升级的办法，即 1977 年调资受限制只升 7 元，未达到工资标准的，都可先按本岗位工资标准补齐，凡本岗位工资标准低于国家机关相应级别的，都靠到机关行政人员工资标准，高于机关标准的不动，在此基础上再升级。

5. 1982 年工资调整

1982 年 12 月，国务院发出《关于调整国家机关、科学文教卫生等部门部分工作人员工资的决定》，决定从 1982 年 10 月起调整国家机关、科学文化卫生等部门部分工作人员的工资。这次调资范围是，各级国家机关、党派、团体；科学研究事业单位；高等院校及其附属事业单位；文化、艺术、新闻出版、广播、电视事业单位；农业、林业、水利、气象、水产、畜牧等事业单位；社会福利、环境保护、环境卫生事业单位；中小学和卫生、体委系统中 1981 年未列入调整工资范围的事业单位和人员。上述单位，除十级以上干部和 1978 年以来升过级的行政十一级至十四级干部，机关、事业所属的企业以及按企业管理的事业单位以外，都属于这次调资的范围。1981 年 3 个行业未升过级，或按这次规定应升 2 级、当时只升 1 级的，这次也可以按规定补调。凡是列入调资范围的单位中，1978 年年底前参加工作的职工，都可升 1 级工资。

为解决中年知识分子工资偏低的问题，这次调资工作又专门规定了可以升 2 级的杠子，即 1960 年大学本科毕业并参加工作，工资相当于行政二十级及其以下，1966 年年底前毕业并参加工作工资相当于行政 2 级及其以下的人员可以升 2 级。专科学校毕业生比上述杠子级别各低 1 级的也可以升 2 级。由于高级中专毕业生当干部的定级工资偏低，也给他们规定了升 2 级的杠子（与本科毕业生参加工作相同的杠子各低 2 级）。对正副处长、正副县长和公社正副主任也规定了升 2 级杠子，对部分艺术表演团体和广播电视播音员，根据他们工作的特殊需要和专业性强的特点，也规定了升两级的杠子。经过 1981 年、1982 年两次调资，国家机关和事业单位工作人员工资水平偏低的状况有所改善，给中年知识分子多增加一些工资，有利于调动他们的积极性。

6. 1983 年和 1984 年的工资调整

1983—1984 年，国家又先后调整了部分领导干部、科研人员、公安干警和运动员、教练员的工资标准。1983 年 4 月，中央组织部、劳动人事部联合发出了《关于一九七八年以来升过级的十一至十四级干部升级问题的通知》，规定属于下列情况的，可以升1级工资：现任部长、省长职务，工资级别在行政十二级以下的（含十二级）；现任副部长、副省长职务，工资级别在行政十三级以下的（含十三级）；现任正司（局、厅）长、州长、专员（市长）职务，工资级别是行政十四级的；教授、研究员、高级工程师、主任医师等高级专业技术干部，现标准工资额相当行政十四级的。

1983年1月，劳动人事部转发中国科学院《关于我院享受科研津贴人员在一九八二年调资中的处理意见》，对享受科研津贴的科研人员，在1979年用科研津贴升级后，原科研津贴多于1979年升级增加工资的部分，高于岗位工资标准1个级差以上（含1个级差）的，可以先往上靠1级，然后再以靠1级的工资等级，按照国务院《关于调整国家机关、科研文教卫生等部门部分工作人员工资的决定》的规定调整工资，这次往上靠1级后，仍多于靠1级增加工资的部分，还可以作为基本工资；原科研津贴多于1979年升级增加工资的部分，不到1个级差的，即以工资等级按《决定》的规定调整工资，调整工资后，对原科研津贴多于1979年升级增加工资的部分也不予变动。

鉴于公安干警肩负着保障人民民主、维护城乡社会治安的繁重任务和工作时间长、工资待遇偏低的情况，公安部根据国务院关于调资的决定和中共中央书记处、国务院《关于公安干警政治、生活待遇问题的通知》的精神，本着公安干警的工资略高于同级行政干部的原则，提出了《关于调整部分公安干警工资的方案》。为照顾部分低级别的公安干部、民警，公安部、劳动人事部经国务院批准，于1983年7月发出了《关于解决部分低级别公安干部民警工资问题的通知》，规定各级公安机关1982年调资范围内的干部、民警中，能起骨干作用、表现好的，1966年年底以前参加工作，这次调级前二十四级的，可改定为二十三级；1960年年底以前参加工作，这次调级前二十三级的，可改定为二十二级，在此基础上，符合升级条件的再升1级。上述人员中，按这次调资有关规定已经升过2级的，不实行改定级再升级的办法。

根据国务院将1981年体委系统调资节余的指标用于第九届亚运会和第五届全运会创造优异成绩的运动员、教练员奖励升级的指示精神，国家体委、劳动人事部、财政部于 1983 年 7 月联合发出通知，对上述人员和 20 世纪 60 年代参加工作的运动员、教练员转到体委系统机关、事业单位工作，部分工资偏低的人员作出了再升 1 级的规定。

通过 1977—1984 年的六次工资调整，使绝大多数机关、事业和企业单位职工的工资幅度有了不同程度的提高，除新参加工作和少数工资较高的干部外，每人都升了 1 级，相当一部分人升了 2 级，有的升了 3 级，个别中年知识分子升了 4 级。这一期间的工资调整工作，在我国的工资管理方面发挥着承上启下的作用。一方面，通过六次工资标准调整，很大程度上缓解了长期不调整工资带来的弊端，部分偿还了历史欠债，改善了工资关系，激发了干部职工的活力；另一方面，这一时期的工资调整工作，将职工升级和表现相结合，较好地贯彻了按劳分配原则，为在改革开放和经济体制改革的条件下开展工资工作积累了经验，也为之后的工资制度改革奠定了基础。

第三节　以职务工资为主的结构工资制度（1985—1993 年）

党的十一届三中全会后，我国社会主义经济建设进入了新的历史时期，中央开始对计划经济体制进行改革，有计划地引入市场因素。党的十二大提出"计划经济为主，市场调节为辅"的原则，1984 年，党的十二届三中全会提出社会主义经济是公有制基础上有计划的商品经济的思想，第一次突破了计划经济和商品经济对立的思想禁锢。在分配方面，中央重新肯定了按劳分配的社会主义分配原则，为工资改革提供了理论基础。这一时期，党的思想路线、政治路线出现了根本性的转变，人事制度改革的目标主要是培养接班人，从组织上保证新时期党的政治路线的贯彻执行；改革人事制度，适应经济体制改革的需要"。[①] 干部人事制度改革的主要内容有提出干部"四化"的方针，废除领导干部终身制，建立干部退休制度等。

[①] 罗国亮：《干部人事制度：新中国 60 年的演变与启示》，《理论与现代化》2009 年第 6 期，第 41—48 页。

随着经济体制改革的推进，原有的工资制度越来越不适应新形势的需要，工资工作也进入了一个新的发展时期，全面改革工资制度迫在眉睫。1985年6月，中共中央、国务院印发了《关于国家机关和事业单位工作人员工资制度改革问题的通知》，开始对国家机关、事业单位工作人员的工资制度进行全面改革。这次工资改革重新强调了按劳分配的基本原则，保障了四化建设和经济体制改革的推进，在我国工资制度史上具有重大意义。

一　实行工资制度改革

（一）改革的背景

1985年之前，我国的工资制度是以1956年工资改革确定的框架为基础建立起来的，这套制度的建立和实施，对于保证国家人事管理工作的顺利进行，推动各项事业的发展起到过积极作用。但这套制度本身也存在一些缺陷，特别是在改革开放后，经济建设成为党和国家工作任务的中心，经济体制改革加速推进，这套制度越来越不适应新形势的需要。一是劳酬脱节、职级不符，没有实现工资随生产的发展而有计划地增长；二是工资标准过多过繁，各工资标准的等级多少、级差大小又不够平衡，不利于正确处理内部分配关系，影响了职工积极性和内部团结，也增加了工资管理的困难；三是工资能上不能下、能增不能减，实际上形成了终身待遇；四是工资管理体制上，权力过于集中，地方和单位几乎没有工资管理的权限，不利于地方、部门和单位积极性的发挥。

1977年之后，国家进行了多次工资调整，增加了奖金，并特别注意给一部分中年业务骨干多增加一些工资，但由于制度没有改革，工资分配上的许多老矛盾没有解决，在实践中还出现了不少新矛盾，改革工资制度势在必行。1984年，党的十二届三中全会通过了《关于经济体制改革的决定》，中央开始有计划、有步骤地推进以城市为重点的经济体制改革。在城市经济体制改革中，围绕着增强企业活力这个中心，中央对企业的分配体制进行了一些探索，普遍实行了奖励制度，加上就业面的扩大，职工的家庭收入也有了较多增加，生活有了明显改善。而这一时期，机关和事业单位工作人员的收入增加幅度相对较小，和企业职工的差距有所拉大，适时地改革机关和事业单位工作人员的工资制度势在必行。

《关于经济体制改革的决定》明确,要改革机关和事业单位的工资制度,"使职工工资同本人肩负的责任和劳绩密切联系起来"。《关于经济体制改革的决定》和六届人大三次会议的《政府工作报告》将工资制度改革和价格改革作为1985年经济体制改革的两大任务。随后,工资制度改革方案迅速推进。1985年6月,中共中央、国务院印发了《关于国家机关和事业单位工作人员工资制度改革问题的通知》,配发了《国家机关和事业单位工作人员工资制度改革方案》,劳动人事部印发了《关于实施国家机关和事业单位工作人员工资制度改革方案若干问题的规定》,开始对国家机关、事业单位工作人员的工资制度进行全面改革。

(二) 改革的基本原则[1]

《关于国家机关和事业单位工作人员工资制度改革问题的通知》明确本次工资制度改革的基本原则:一是贯彻按劳分配原则,适当体现奖勤罚懒、奖优罚劣;体现多劳多得、少劳少得;体现脑力劳动和体力劳动、复杂劳动和简单劳动、熟练劳动和非熟练劳动、繁重劳动和非繁重劳动之间的差别。二是把工作人员的工资同本人的工作职务、责任和劳绩密切联系起来,以利于工作人员提高政治业务水平和工作效率,促进人才的合理流动。三是工资改革要使工作人员的工资普遍有所增加,中、小学教师和职级不符的中年骨干的工资要适当多增加一些。四是通过改革建立起正常的晋级增资制度,随着国民经济的发展,逐步提高国家机关、事业单位工作人员的实际工资水平。

这次改革要达到的目标是改革不合理的工资制度,逐步消除工资制度中的平均主义和其他不合理因素,初步建立起能够较好地体现按劳分配原则、便于管理和调节的新工资制度,为今后进一步理顺工资关系打下基础。

(三) 改革的显著特点

1985年工资制度改革的显著特点,一是实行以职务工资为主要内容的结构工资制度,把工作人员的工资待遇同本人实际担负的职务、责任和劳绩结合起来。无论是行政管理人员还是专业技术人员,只有实际担任某项职务,从事该项职务工作时,才能领取相当的职务工资,离开了原职务岗位,不从事原岗位职务的工作,就应按新的职务领取工资,以

---

[1] 陈少平:《国家机关和事业单位工资制度变革》,中国人事出版社1992年版,第139页。

解决劳酬脱节、职级不符的问题。

二是这次工资制度改革是在较大幅度增加工资的基础上进行的。通过改革，全国机关事业单位平均每人每月增加工资 21.2 元，是中华人民共和国成立以来人均增加工资最多的一次。工资改革特别注意解决了中小学教师工资偏低的问题，平均每人每月增加工资 23.6 元。担负一定职务的中年骨干，其原工资低于所任职务工资最低档的，可以执行最低档的职务工资标准，部分人员增资幅度达 50—60 元。

三是建立正常的增资晋级制度。这次工资改革确定了今后职工工资总额随着生产的发展和国民收入的增加按适当的比例增长，建立正常的增资晋级制度。

四是改变了过去长期实行的过于集中统一管理的做法，实行分级管理、区别对待的方针。对于国家机关，中央只管到省、自治区、直辖市以上单位；省内地、市及以下单位由省、自治区、直辖市按照国家的统一规定管理。对于事业单位，中央只管全国性的重点大专院校和科研、文化、卫生事业单位，其他事业单位由省、自治区、直辖市管理。为了鼓励事业单位向经济自立、经费自给过渡，对事业经费由国家核拨、核拨一部分、全部不核拨的事业单位具体实行区别对待，分别规定了不同的奖金发放标准。

二 建立结构工资制度

1985 年的工资制度改革，在总结中华人民共和国成立以来工资工作的历史经验基础上，根据具体国情，决定在国家行政机关和事业单位的行政人员和专业技术人员中实行以职务工资为主的结构工资制。所谓结构工资，就是将工资分解为基础工资、职务工资、工龄津贴和奖励工资四个担负不同职能的组成部分。

（一）结构工资制度的主要内容[①]

1. 基础工资

基础工资属于保障性质的工资，以大体维持工作人员本人的基本生活费计算。基础工资的水平根据国家在一定时期内的经济发展水平和满足劳动者物质文化生活需要所必需的消费水平确定，从领导干部到一般

[①] 赵东宛：《中国劳动人事年鉴》，劳动人事出版社 1989 年版，第 380 页。

工作人员均执行相同的基础工资标准。

2. 职务工资

职务工资按照工作人员的职务高低、责任大小、工作繁简和业务技术水平确定，是结构工资制中最主要的组成部分。由于担任同一职务的工作人员，虽然在业务（技术）水平上大体相当，但由于文化程度、工作经验、工作能力的不同，他们的工作效率、工作质量和工作实绩也存在差异。同样的职务名称（如处长、局长、工程师等），其工作范围、责任也存在很大差异。按照"按劳分配"的原则，他们的工资也应有所差别。所以根据具体情况，为每一个职务设几个工资标准。职务工资标准实行"一职多级"，每一职务一般设五至六个等级，而且考虑到新老交替及其他实际情况，上下职务之间的工资标准又有适当交叉。

3. 工龄津贴

工龄津贴是对工作人员劳动积累和因工作经验而做出贡献所给予的补偿。建立工龄津贴主要是为了使工作人员不论能否晋升职务和提高工资等级（档次），工资都能够随着工龄的增加逐年有所增加，特别是使那些已经达到职务最高工资额的工作人员每年也能增加部分工资收入。工龄津贴按照工作人员的工作年限逐年增长，标准是每工作一年每月发给0.5元。计发工龄津贴的工作年限，从参加革命工作和社会主义建设工作时开始计算，到本人离、退休时止。但领取工龄津贴的工作年限，最多不超过40年，即工龄津贴最多为20元。

4. 奖励工资

奖励工资用于奖励在工作中做出显著成绩的工作人员，有较大贡献的可以多奖。按照国家规定，各级国家机关、党派团体以及由国家核拨全部事业费的事业单位，从1988年起，工作人员的奖励工资（奖金）由全年不超过一个月的平均基本工资提高到一个半月，经费来源从原有资金渠道解决。有收入抵减事业费的事业单位的奖金可以多一些，国家规定了免税限额（最多为四个半月平均基本工资），超过规定限额多发奖金的，须缴纳奖金税，经费来源从创收的奖励基金项解决。按照国家规定，发放奖励工资应结合落实岗位责任制，体现奖勤罚懒的原则，工作中有显著成绩的，可以适当多奖，不要平均发放。

表13—4　中央和省级国家机关行政人员基础工资、职务工资标准表

1985年7月实行（六类工资区）

单位：元

职务	基础工资	职务工资标准 一	二	三	四	五	六		基础工资、职务工资两项合计 一	二	三	四	五	六
主席、副主席、总理	40	490	410	340					530	450	380			
副总理、国务委员	40	340	300	270					380	340	310			
部长、省长	40	*315	270	240	215	190	165		*355	310	280	255	230	205
副部长、副省长	40	*270	240	190	165	140			*310	280	230	205	180	
局长、厅长	40	*190	190	150	130	120			*230	230	190	170	160	
副局长、副厅长	40	*150	150	130	110	100			*190	190	170	150	140	
处长	40	130	120	110	100	91	82		170	160	150	140	131	122
副处长	40	110	100	91	82	73	65		150	140	131	122	113	105
科长、主任科员	40	91	82	73	65	57	49		131	122	113	105	97	89
副科长、副主任科员	40	73	65	57	49	42	36		113	105	97	89	82	76
科员	40	57	49	42	36	30	24		97	89	82	76	70	64
办事员	40	42	36	30	24	18	12		82	76	70	64	58	52

资料来源：曹志：《各国公职人员工资福利制度》（中册），北京大学出版社1989年版，第1047页。

注：表列带*号的工资标准，这次改革只适用于该职务中本人现行工资接近上述工资标准（指基础工资加职务工资之和）的人员。

结构工资制的四个组成部分体现工资不同职能的部分组成，每个部分有着特定的作用。需要调整工资时就可以分别在特定的部分适当增减，比较方便、灵活。结构工资制突出了以职务工资为主，适应了国家行政机关和事业单位脑力劳动者居多和管理工作的特点，而且每一职务的工资标准又分为几个等级，便于把工资同本人的职务、责任和劳绩结合起来，较好地体现按劳分配原则。

1985年的工资改革后，基本工资的比例略有降低，约占85%；津贴补贴的范围有所扩大，包括了岗位性津贴补贴、地区性津贴补贴和福利性津贴补贴，占比约为5%。在这次工资改革中，对在工作中做出显著成绩的人员发放奖金，奖金的占比总体约为10%。

（二）出台工资套改办法，实现新旧工资制度顺利过渡

由职务等级工资制到结构工资制是一个很大的突破，要完成这一转变，必须采取积极稳妥而又切实可行的措施。1985年工资改革时提出的方案，较好地解决了这个问题，在普遍增加工资的基础上，顺利实现了这一转变。

1. 行政人员和专业技术人员套改职务工资的具体办法[①]

工作人员工资改革前工资与改革方案中所列相应职务的职务工资和基础工资之和的标准相比较：一是凡工资改革前工资低于所任职务最低等级的职务工资加基础工资之和的，均可进入本职务的最低等级工资。二是凡工资改革前工资高于所任职务最低等级的职务工资加基础工资之和，低于所任职务最高等级的职务工资加基础工资之和的，可按工资改革前工资额就近靠级。三是上述人员中原标准工资额低于112元（六类工资区，下同）的，1982年6月底以前参加工作的，就近套级或进入本职务最低等级职务工资标准后增加工资不足一个新级差，除表现很差和犯有严重错误的以外，还可以高套1级。四是凡工资改革前工资等于和高于所任职务最高等级职务工资加基础工资之和的照发原工资。五是按照上述办法套入新定工资标准以及照发原工资的人员，均可按照规定发给工龄津贴。

2. 工人套改工资标准的具体办法

工人套改岗位工资的办法与行政人员和专业技术人员套改职务工资

---

① 赵东宛：《中国劳动人事年鉴》，劳动人事出版社1989年版，第385页。

的办法大体相同,只是高套 1 级的规定不同,工资改革前标准工资额在 87 元及其以下的才能高套 1 级。

三 调整机关、事业单位和企业的工资关系①

(一) 实现机关事业单位和企业工资制度脱钩

这次工资改革实现了企业和机关事业单位工资的彻底脱钩。这次工资改革的文件明确,本次工资改革的适用范围为各级机关、党派和人民团体,教育、卫生、科学研究,文化、艺术、体育,农林牧渔,地质勘探、测绘,社会福利,环境保护等事业单位。企业不属于本次改革的范围,包括国家机关、党派、团体和事业单位附属的企业,各类专业公司,企业性质的管理局等。对于既挂靠国家机关或事业单位,又挂靠企业的"两块牌子"单位,要明确性质后确定是否纳入改革范围,不能"两边靠"。

(二) 允许事业单位工作人员实行其他工资制度

事业单位行政人员和专业技术人员的工资制度,允许根据各行业特点,因行业制宜,可以实行以职务工资为主要内容的结构工资制,也可以实行以职务工资为主要内容的其他工资制度。实行结构工资制的,可以有不同的结构因素。

国务院各部委、中国科学院、中国社会科学院所属事业单位,凡实行结构工资制的,其行政人员的工资标准,由国务院各主管部门比照国家机关行政人员的工资标准拟定,经劳动人事部审查,报国务院批准后实行。改革方案专门设计制定了教学、科研、卫生技术人员的工资标准。其他专业技术人员的工资标准,由国务院各主管部门,在不超过上述人员工资标准的原则下拟定,经劳动人事部审查,报国务院批准后实行。省、自治区、直辖市及其下属事业单位工作人员的工资标准,由省、自治区、直辖市在不超过国务院各主管部门所属事业单位同类人员工资标准的原则下制定。实行其他工资制度的事业单位,其工资标准,不得超过上述结构工资标准的总水平。

为了鼓励中、小学校和中等专业学校、技工学校的教师、幼儿教师

---

① 何宪、熊亮:《机关和事业单位工资脱钩问题研究》,《中国人事科学》2018 年第 10 期。

和护士长期从事本职业,这次改革除按规定发给工龄津贴外,另外分别加发教龄津贴和护士工龄津贴。教龄津贴和护士工龄津贴,均按从事本职工作的年限计算。从事本职工作满5年不满10年的,每月发3元;满10年不满15年的,每月发5元;满15年不满20年的,每月发7元;满20年以上的,每月发10元。不从事该职业时,从第二个月起停发教龄津贴和护士工龄津贴。

(三)允许机关和事业单位的工人实行其他工资制度

国家机关、事业单位的工人,可以实行以岗位(技术)工资为主要内容的结构工资制,也可以实行其他工资制。实行结构工资制度的,分为基础工资、岗位(技术)工资、工龄津贴和奖励工资四个部分,其中,工人的基础工资、工龄津贴和干部相同。实行其他工资制度的,由本单位上级主管部门提出,经省、自治区、直辖市劳动人事部门审查平衡,报省、自治区、直辖市人民政府批准实行。

(四)探索机关和事业单位工资分开管理

在1985年工资制度改革之初,就已经有人提出机关和事业单位都实行同样的结构工资制是不合适的,机关和事业单位应当分别建立不同的工资制度,以体现机关和事业单位的不同特点,这一观点后来逐步被接受。1985年工资改革后,相关部门对机关和事业单位工资制度分开管理的问题进行了深入探讨,基本上达成了机关和事业单位工资要分开管理的共识。1990年,党的十三届七中全会指出,"党政机关、事业单位,逐步建立起符合各自特点的工资制度",正式提出了党政机关和事业单位要逐步建立起符合各自特点的工资制度。党的十四大进一步提出,"加快工资制度改革,逐步建立起符合企业、事业单位和机关各自特点的工资制度与正常增长机制";党的十四届三中全会进一步明确指出,"公务员的工资由国家根据经济发展状况并参照企业平均工资水平确定和调整,形成正常的晋级和工资增长机制。事业单位实行不同的工资制度和分配方式,有条件的可以实行企业工资制度"。这些探索,为1993年机关和事业单位工资分开管理创造了条件。

四 调整工资区类别

我国幅员辽阔,各地自然条件不同,经济发展不平衡,不同地区的物价和生活费水平也不同。1956年工资改革时曾采取划分地区工资类别的做法，1985年的工资改革仍沿用了这个办法，并对工资区类别作了较大调整。

这次工资改革将四类工资区的工资标准提高到五类工资区的工资标准，取消了四类工资区。自1986年7月1日起，将老五类和五点三类工资区的工资标准提高到六类工资区工资标准，1985年由四类提到五类的暂不提高。五类工资区基础工资和职务工资标准是以六类工资区的标准为100%，按照97.39%的比例计算，并将小数点后第一位数按"2舍3入、7舍8入"并成5角和1元的办法归并简化。七类和七类以上工资区的工资标准，也是以六类工资区为基数，另加一定比例的地区工资补贴计算的，其比例分别为：七类工资区2.61%，八类工资区5.22%，九类工资区7.83%，十类工资区10.43%，十一类工资区13.04%。工资改革前，按照原工资标准的一定比例发给生活费补贴的地区，仍以改革后十一类工资区的工资标准为基数，按国家原定补贴系数发给生活费补贴。

野外地质勘探队执行九类工资区制度，工资改革前的三类工资区也从1986年7月1日起提为四类工资区。五类以上工资区的工资标准均以四类为基准（100%）计算，补贴的比例分别为：五类工资区干部为3.51%、工人为4.90%；六类工资区干部为7.95%、工人为12.01%；七类工资区干部为11.03%、工人为17.63%；八类工资区干部为19.20%、工人为26.46%；九类工资区干部为29.08%、工人为44.07%。工资标准的尾数计算和享受边远地区生活费补贴的，均按十类工资区的计算办法执行。

五　建立工资正常晋级增资制度[①]

1985年的工资改革，提出要"随着国民经济的发展，逐步提高国家机关、事业单位工作人员的实际工资水平"。一是调整的是实际工资水平，要扣除物价变动因素；二是工资调整主要考虑国民经济发展情况。这次工资改革中，将"建立正常的晋级增资制度"作为改革的重要目标，并且明确了工资随着职务的晋升而提高，这是中华人民共和国成立后首

---

① 熊亮：《中华人民共和国工资制度70年——经验，传承和创新》，《中国人事科学》2019年第10期。

次实现工资随着职务的提高而提高,具有很深远的历史意义。

六 构建工资分级管理体制

根据简政放权的精神和多年实践经验,这次工资制度改革改变了过去长期实行的过分集中统一管理的做法,对工资实行分级管理、区别对待,目的是有利于地区和部门能够在执行国家总规定的原则下,及时处理本地区、本部门的一些特殊性问题,中央也可以减少大量事务性工作。为了防止地方超过中央的要求提高工资,扰乱工资秩序,这次改革反复强调,"各地区、各部门的增资指标,要严格掌握,不得超过"。总体来说,1985 年的改革"提出了分级管理的问题,但工资管理体制没有发生实质性的改变"[1]。对于国家机关,中央只管到省、自治区、直辖市以上单位,地市及其以下单位由省、自治区、直辖市按照国家的统一规定进行管理。对于事业单位,中央只管全国性的重点大专院校和科研、文化、卫生事业单位,其他事业单位由省、自治区、直辖市管理。

为了避免事业单位之间出现工资标准高低不一、差别过大,造成苦乐不均,规定事业单位的工资标准,只能按照国家和省、自治区、直辖市的统一规定执行,不能自立工资标准。对经济上能够自立和有一部分经济收入的事业单位,各级主管部门要会同财政部门核定收入分成比例和各项基金的比例。这些收入的大部分应该用于发展各项事业,用于奖励基金的只能是一小部分。所有事业单位都必须把事业费中的事业发展基金和职工工资、福利费分开,不得用事业发展基金发放工资、奖金和实物。为了鼓励有条件的事业单位转为独立核算、自负盈亏,这次改革规定凡是实行企业化管理、经济上能够自立的事业单位,除按照国家和省、自治区、直辖市规定的工资标准和核定的增资指标自费进行工资改革外,可以适当多发一些奖金,今后按企业对待,与国家机关、事业单位的工资调整脱钩,不能"两头占"。

对于改成独立核算而自负盈亏暂时有困难的事业单位,允许制定过渡办法,逐年减少事业费补贴,在规定的年限内完成过渡。过渡期间,仍实行事业单位工资改革的政策规定,有条件的还可以适当多发一些奖

---

[1] 何宪:《公务员工资管理体制问题研究》,《行政管理改革》2016 年第 3 期。

金。这些单位发放的奖金总额超过国家规定的限额时，要照章纳税。

对事业单位采取上述分级管理、区别对待的方针，有利于宏观控制、微观搞活，既便于合理安排国家机关、事业单位各类人员的工资关系，又能鼓励有条件的事业单位努力做到独立核算、自负盈亏，在改善经营管理和勤奋劳动的基础上增加工资收入，而不至于出现高低悬殊、苦乐不均。

七　探索推进国有企业工资制度改革

我国的企业工资制度也是在 20 世纪 50 年代建立的，1985 年的工资改革，将企业工资制度和机关、事业单位工资制度分开管理。1985 年 1 月，国务院印发《国务院关于国营企业工资改革问题的通知》，开始了建立体现国有企业特点的、有别于机关、事业单位的、独立的工资制度。

（一）实行工资总额同经济效益挂钩

《国务院关于国营企业工资改革问题的通知》指出，企业工资总额同经济效益挂钩。1985 年开始，在国营大中型企业中，实行职工工资总额同企业经济效益按比例浮动的办法。国家对国有企业的工资，实行分级管理的体制。国家负责核定省、自治区、直辖市（包括计划单列城市，下同）和国务院有关部门所属企业的全部工资总额，及其随同经济效益浮动的比例。每个企业的工资总额和浮动比例，由省、自治区、直辖市和国务院有关部门在国家核定给本地区、本部门所属企业的工资总额和浮动比例的范围内逐级核定。省、自治区、直辖市和国务院有关部门所属企业的全部工资总额，原则上按照国家统计局关于工资总额组成的现行规定，以 1984 年的工资总额为基数进行核定。各省、自治区、直辖市和国务院有关部门在核定所属企业的工资总额时，应剔除其中不合理的部分。

在工资总额的确定方式上，省、自治区、直辖市和国务院有关部门在核定所属企业工资总额和经济效益挂钩指标时，应从实际出发，选择能够反映企业经济效益和社会效益的指标，作为挂钩指标，其他经济指标可以作为考核指标，并相应规定工资总额增减的比例。工业企业一般可以实行工资总额同上缴税利挂钩，产品单一的企业可以同最终产品的销量挂钩；交通运输企业可以同周转量或运距运量挂钩；商业服务业可以同销售额或营业额、上缴税利挂钩，还要考核执行政策、服务质量等指标。对于违反政策和服务质量差的,要相应扣减工资总额的增长比例。

(二) 工资调整与机关、事业单位脱钩

在工资调整方式上,《国务院关于国营企业工资改革问题的通知》指出,企业与国家机关、事业单位的工资改革和工资调整脱钩。企业实行工资总额随同本企业经济效益浮动办法以后,企业职工工资的增长应依靠本企业经济效益的提高,国家不再统一安排企业职工的工资改革和工资调整。企业之间因经济效益不同,工资水平也可以不同。允许具有相同学历、资历的人,随所在企业经济效益的不同,和本人贡献大小,工资收入出现差距。

(三) 搞活内部分配

在内部分配上,企业的工资改革要贯彻执行按劳分配的原则,以体现奖勤罚懒、奖优罚劣,体现多劳多得、少劳少得,体现脑力劳动和体力劳动、复杂劳动和简单劳动、熟练劳动和非熟练劳动、繁重劳动和非繁重劳动之间的合理差别。至于工资分配形式,是实行计件工资还是计时工资,工资制度是实行等级制,还是实行岗位(职务)工资制、结构工资制,是否建立津贴、补贴制度,以及浮动工资、浮动升级等,均由企业根据实际情况自行研究确定。企业可以把工资总额随同经济效益提高增加的工资,连同奖金的大部分用来改革工资制度,留下的少量奖金,主要用于奖励少数在生产、工作中有技术革新、发明创造和突出贡献的职工。

八　工资改革后的工资调整工作

1985年的工资制度改革进展比较顺利,基本上达到了预期目的。通过改革,国家机关和事业单位工作人员的工资初步纳入了新工资制度的轨道,各级各类工作人员都程度不同地增加了工资,职级不符等突出矛盾也开始得到解决,为今后进一步理顺工资关系打下了基础。但由于积累下来的工资问题比较多,新的工资制度也有一个不断充实完善的过程,对工资改革中存在的突出问题,需要继续研究解决。1985年工资改革后,国家安排了三次较大范围的调资升级工作。

(一) 解决部分工作人员的职务工资突出矛盾

1986年，劳动人事部即发了《关于一九八六年解决国家机关和事业单位部分工作人员工资问题的通知》，提出1986年国家机关和事业单位的工资改革工作，要认真贯彻"巩固、消化、补充、改善"的方针，存利除弊，适当解决1985年改革中部分工作人员工资存在的突出问题，重点解决专业技术人员的工资问题，包括教授、副教授、讲师和相当职务的高、中级专业技术人员，以及正、副处级干部的职务工资"平台"问题，给这些人员中工作年限长并起骨干作用的，提升1级工资。对助教和相当职务的初级专业技术人员以及一般行政管理人员的工资突出问题，也采取给一部分人提升1级工资的做法。还指出要解决突出问题，为今后进一步改善工资制度和逐步理顺工资关系创造条件。

一是分期分批地解决专业技术人员实行职务聘任制以后的工资问题。按照中央职称改革工作领导小组的部署，凡已经实施专业技术职务聘任制并验收合格的单位，受聘的专业技术人员，如本人职务工资低于所任职务最低一级职务工资标准的，均可执行本职务最低一级职务工资标准。二是适当解决部分人员职务工资中的突出问题，即通常所说的职务工资"平台"问题。关于要不要拆"平台"，在文件下发前有一些争论，有人提出了不同意见，认为实行职务工资制，担任什么职务就拿什么工资是合理的，不存在"平台"问题。但是从实际情况看，担任相同职务（如处长）的人员承担的工作责任（工作量）是不一致的，每个人资历长短、经验多少不同，实际完成的工作质量也不一样，担任同一级职务的人员都拿一样的职务工资确实不尽合理，"拆平台"还是必要的。

(二) 进一步调整部分人员的工资标准

为解决部分调动人员的工资问题，1987年1月，中共中央办公厅、国务院办公厅在《关于国家机关和事业单位工作人员职务变动后确定职务工资问题的通知》中规定：调动工作而变动职务的人员，应按其新任职务的工资标准重新确定工资。

为解决事业单位专业技术人员实行职务聘任制后的工资问题，1987年5月，中央职称改革工作领导小组、国务院工资制度改革小组联合发出《关于国家机关和事业单位实行专业技术职务聘任制度有关职务工资发放问题的通知》，规定经中央批准于1986年年底开展专业技术职务聘任工作的高教、科研、卫生三系统中的省、自治区、直辖市和中央、国务院各部委、各直属机构、各人民团体直属事业单位,以及经中央职称改革工作领导小组批准或同意于 1986 年进行专业技术职务聘任制试点的单位,在首次聘任专业技术职务中的受聘人员,凡本人套改后的职务工资低于所任职务工资标准最低等级的,均应从 1985 年 7 月 1 日起,进入该职务的最低等级工资,其增加的工资,按工资改革的有关规定分两年发给。

为解决部分中年专业技术人员工资问题,经国务院批准,劳动人事部于 1988 年 1 月发出了《关于一九八七年解决部分中年专业技术人员工资问题的通知》,从 1987 年 10 月起执行。这次提高部分中年专业技术人员工资的重点是担任讲师、助理研究员、主治医师、工程师以及相当中级职务的中年专业技术人员。

为提高科技人员的工资待遇,1988 年 10 月,人事部、财政部发出《关于对承担国家重点科技攻关项目的专业技术人员试行岗位补贴的通知》,规定凡直接承担国家重点科技攻关项目的专业技术人员,在按计划开展项目工作期间,可以享受岗位补贴。岗位补贴标准,按每人每月平均 20—30 元掌握,由国家科委、国家计委、国防科工委分别按各类项目的合同或任务书的具体情况,核定实行补助的人数及总金额,下达给有关部门控制使用。

为改善中小学教师的生活待遇,促进基础教育事业的发展,国务院决定,从 1987 年 10 月起,将中小学教师现行工资标准提高 10%。1988 年 6 月,国家教育委员会、人事部联合印发《关于中小学教师工资标准提高 10% 部分可以作为计发离休、退休费基数的通知》,明确规定 1987 年 10 月以后离休、退休的中小学和幼儿园教师,提高 10% 的部分,均可以作为计发离休、退休费基数。

(三) 1989 年工资普调并解决工资突出问题

1989 年 12 月,国务院发出《批转人事部、国家计委、财政部一九八九年调整国家机关、事业单位工作人员工资实施方案的通知》,决定从 1989 年第四季度起,适当调整国家机关、事业单位工作人员的工资,包括进行一次工资普调、重点解决专业技术人员工资的突出问题,适当解决国家机关和事业单位其他人员工资的一些突出问题,同时对离休、退休人员的待遇作适当调整。普调工资带有物价补偿性质，政策比较宽松，在册正式职工人人有份。

在解决工资突出问题时，对各类人员采取不同办法。对于专业技术人员工资中的突出问题，一是按照国家规定，在普调工资基础上，通过修改原来的工资标准，将专业技术人员各职务起点工资标准和最高工资标准分别提高两个档次。专业技术人员普调1级后，工资仍未达到本职务新起点工资标准的，可增加1级工资，进入新的起点工资标准。二是提高研究生、大中专毕业生的初期工资和见习期工资待遇，改革大中专毕业生的定级工资办法。三是按照原中央职称改革工作领导小组、国务院工资制度改革小组《关于试行提高部分高级工程师职务工资的通知》要求，有突出贡献的高级工程师基础职务工资提高到160元的，在普调1级达到170元之后，可用升级的办法，将其基础职务工资由170元提高到180元。

按照国务院规定，这次工资改革中解决国家机关和事业单位行政人员工资的突出问题，主要是解决"平台"问题，即对那些任职时间较长、贡献较大、表现较好的人员，在普调的基础上适当解决他们的工资"平台"问题。一是普调前工资在本职务工资标准最低档的办事员、科员（包括仍拿定级工资的大中专毕业生），工作年限满10年的正、副科长，工作年限满15年的正、副处长，工作年限满20年的正、副司局长，工作年限满25年的正、副部（省）长可增加1级工资。二是1985年以来未升过级，工资不在最低档的，办事员、科员、正、副科长、正、副处长任职满3年的，正、副司局长任职满4年的，正、副部长任职满5年的，可增加1级工资。

第四节　职务和级别并重的工资制度（1993—2006年）

1993年工资制度改革是在我国深化经济体制改革，加快建设社会主义市场经济体制的大背景下进行的。1993年，我国颁布《国家公务员暂行条例》，开始推行公务员制度，改革机关工资制度也是建立和推行国家公务员制度的需要。配合机关工资制度改革，事业单位的工资制度也要相应进行改革。为实施这次改革，中央和国务院有关部门自

1988 年开始,就组织了多个课题组①,就相关问题进行深入研究。1993年,国务院印发《关于机关和事业单位工作人员工资制度改革问题的通知》,正式开始工资制度改革。这次改革在工资制度的多个方面提出了创新性的改革举措,如地区津贴制度、奖金制度、正常增资制度等。这些制度克服了 1985 年工资改革不彻底的弊端,具有非常重要的价值和意义。

一 实行工资制度改革

(一) 工资改革的背景

党的十四大提出,"加快工资制度改革,逐步建立起符合企业、事业单位和机关各自特点的工资制度与正常的工资增长机制"。1993 年工资制度改革是根据改革开放和建立社会主义市场经济的新要求,进一步深化经济体制改革,贯彻按劳分配原则、克服平均主义的精神而开展的。

改革机关工资制度也是建立和推行国家公务员制度的客观需要。1993 年,国务院发布《国家公务员暂行条例》,目的是"实现对国家公务员的科学管理,保障国家公务员的优化、廉洁,提高行政效能"。公务员工资制度是公务员管理的重要制度,建立公务员制度需要建立与之相适应的工资制度,以保证公务员制度的有效运转。为此,1993 年的工资制度改革是作为建立公务员制度的配套改革出台的,是根据公务员制度改革的总体要求进行的。

这次改革也是解决 1985 年工资制度改革后出现的突出问题的需要。1985 年的工资制度改革后,经过多年的运行,工资制度中的一些问题日益凸显,突出表现为不能适应实行经济体制改革、建立社会主义市场经济的需要,主要表现为:一是缺乏正常的增资机制。1956 年和 1985 年两次工资制度改革都提出要建立正常的晋级增资制度,但由于缺乏诸

---

① 中国社会科学院"工资改革理论研究"课题组:《国家机关、事业单位工资制度改革的基本思路和对策》,《经济研究》1992 年第 9 期,第 21—29 页。《按劳分配与工资制度改革研究》课题组:《国家机关、事业单位工资制度改革的目标模式和对策建议》,《改革》1993年第 3 期。

如对升级年限、升级办法等方面的具体规定，实际上没有实现。二是过分强调职务因素。工资中的大部分与职务挂得太紧，客观上造成了只有提升职务才能增加工资的局面。同时，以职务作为衡量劳动的唯一尺度，单纯依靠职务提升来实现工资提高的做法，又不可避免地成为机构升格和滥提职务的诱因。三是工资中的平均主义仍然严重。工资构成中相当一部分是平均发放，工资职能难以发挥。在业已偏低的工资收入中，各种津贴、补贴逐年增多，工资构成中的基础工资和奖励工资的部分，大都平均发放。四是工资制度未能体现各类人员特点。机关和事业单位实行同一种工资制度，不能很好地体现各类人员的工作特点，不利于调动工作人员的积极性。工资制度本身存在的缺陷，不仅使工资制度的运行处于非良性循环状态，还使按劳分配原则难以得到有效贯彻，由此引起了一系列问题，产生了一些消极影响。

在上述背景下，中央决定在全国推行工资制度改革。国务院印发《关于机关和事业单位工作人员工资制度改革问题的通知》，配发《机关工作人员工资制度改革方案》和《事业单位工作人员工资制度改革方案》，正式开始工资制度改革。随后，国务院办公厅发布《关于印发机关、事业单位工资制度改革三个实施办法的通知》，配发《机关工作人员工资制度改革实施办法》《事业单位工作人员工资制度改革实施办法》和《机关、事业单位艰苦边远地区津贴实施办法》，对工资改革进行了具体部署。针对改革中遇到的情况，1994年1月，人事部印发了《关于印发关于机关、事业单位工资制度改革实施中若干问题的规定的通知》，对改革中的一些具体问题进行了规定。

（二）工资改革的基本原则

机关事业单位工资制度改革的指导思想是，根据党中央和国务院的部署和党的十三届七中全会、十四大和八届人大一次会议精神，适应改革开放和建设社会主义市场经济体制的需要，转换机关、事业单位的工资分配机制，逐步建立符合机关和事业单位各自特点的工资制度与正常的工资增长机制，进一步贯彻按劳分配原则，克服分配中的平均主义，使工作人员的报酬与其实际贡献相一致。

机关工作人员工资制度改革的基本原则，一是贯彻按劳分配原则，克服平均主义，建立符合机关特点的工资制度。二是机关工作人员的工资应根据国民经济的发展,有计划地增长,并在此基础上建立正常增资制度。三是机关工作人员的工资,应根据职工生活费用价格指数的变动情况定期进行调整,保障工作人员的实际生活水平不因物价上涨而降低。同时,将工资外补贴纳入工资。四是改革地区工资类别制度和津贴制度。根据不同地区的自然环境、经济发展水平和物价等因素,实行不同的地区津贴;对在特殊岗位上工作的人员实行岗位津贴。发挥工资的导向和激励作用,鼓励人们到边疆、艰苦地区和艰苦岗位工作。

事业单位工作人员工资制度改革的基本原则,一是在科学分类的基础上,依据按劳分配原则建立体现事业单位不同类型、不同行业自身特点的工资制度,与国家机关的工资制度脱钩。二是引入竞争、激励机制,加大工资中活的部分,通过建立符合事业单位不同类型、不同行业自身特点的津贴、奖励制度,使工作人员的报酬与其实际贡献紧密结合起来,克服平均主义。同时将一部分物价、福利性补贴纳入工资。三是建立正常增加工资的机制,使工作人员的工资水平随着国民经济的发展有计划地增长,并与企业相当人员的工资水平大体持平。四是在国家宏观调控的前提下,对不同类型的事业单位实行分类管理,使工资管理体制逐步适应事业单位发展的需要。五是发挥工资的导向作用,对到艰苦边远地区及在苦、脏、累、险岗位工作的人员,在工资政策上给予倾斜。通过建立地区附加津贴制度,理顺地区工资关系。

二 实现机关和事业单位工资制度脱钩[①]

1985年工资改革后,机关和事业单位均实行以职务工资为主的结构工资制,而事业单位的结构工资制度是比照国家机关制定的,没有体现事业单位自身的特点,也不符合各类专业人才的成长规律,还会强化事业单位的行政色彩,不利于事业单位的改革和发展。在1993年的工资改革中,机关和事业单位工资脱钩成为改革的重要内容和新工资制度的重要特点。

一是机关和事业单位实行不同的工资制度。对机关,根据其特点和实际情况,建立起了既考虑职务高低、责任大小,又兼顾资历和贡献的

---

① 何宪、熊亮:《机关和事业单位工资脱钩问题研究》,《中国人事科学》2018年第10期。

职级工资制。对事业单位专业技术人员，依据其工作特点的不同，建立了专业技术等级工资制、专业技术岗位工资制、艺术结构工资制、体育津贴和奖金制、行员等级工资制等五种不同的工资制度，对于事业单位的管理人员，实行职员职务等级工资制度。

二是机关和事业单位实行差别化的工资结构。机关的工资结构包括职务工资、级别工资、基础工资和工龄工资。事业单位的工资构成总体包括固定部分和活的部分，固定部分体现水平高低、责任和贡献大小，活的部分体现工作人员实际工作量的多少，同时不同单位固定部分和活的部分的比例也有差异，全额拨款单位的比例为7∶3，差额拨款单位为6∶4，自收自支单位可根据单位的实际情况，活的部分比例还可以更高。

三是对机关事业单位实行不同的工资管理办法。这次改革根据机关和事业单位的不同特点，实行了不同的管理模式，对事业单位又根据不同的经费来源，实行了不同的管理办法。全额拨款事业单位，执行全国统一的工资制度和标准，在核定编制的基础上，实行工资总额包干，增人不增工资总额，减人不减工资总额。差额拨款事业单位，根据经费自立程度，实行工资总额包干或其他符合自身特点的管理办法，促使其逐步减少财政拨款，向经费自理过渡。自收自支事业单位，有条件的可以实行企业化管理或企业工资制度，做到自主经营、自负盈亏。此外，事业单位还有津补贴分配的一定自主权，在国家核定的津补贴总额控制范围内，各单位自定津补贴项目、档次、标准和发放办法。

三　机关工作人员实行职务级别工资制度

机关工作人员实行职务级别工资制，简称职级工资制，由职务工资、级别工资、基础工资、工龄工资四个部分组成。

职务工资，按工作人员的职务高低、责任轻重和工作难易程度确定，是职级工资制中体现按劳分配的主要部分，在职务工资标准中，每一职务层次设置若干工资档次，工作人员按担任的职务确定相应的职务工资，并随着职务及任职年限的变化而变化。

级别工资，按工作人员的资历和能力确定，也是体现按劳分配的主要部分，机关工作人员的级别共分十五级，一个职务对应若干个级别，上下交叉，一个级别设置一个工资标准。

表13—5　　　　　　　　职务级别工资制工资标准表　　　　　　单位：元/月

职务\标准\档次	职务工资									级别工资		基础工资	工龄工资
职务	1	2	3	4	5	6	7	8	级别	工资标准		
主席 副主席 总理	480	555	630						一	470	90	每工作一年按一元发给
									二	425	90	
副总理 国务委员	400	460	520	580					三	382	90	
部长 省长	330	380	430	480	530				四	340	90	
									五	298	90	
副部长 副省长	270	315	360	405	450				六	263	90	
司长 厅、局长	215	255	295	335	375	415			七	228	90	
副司长 副厅、局长	175	210	245	280	315	350			八	193	90	
处长 县长	144	174	204	234	264	294			九	164	90	
副处长 副县长	118	143	168	193	218	243			十	135	90	
科长 主任科员	96	116	136	156	176	196	216		十一	111	90	
									十二	92	90	
副科长 副主任科员	79	94	109	124	139	154	169		十三	77	90	
科员	63	75	87	99	111	123	135	147	十四	65	90	
办事员	50	60	70	80	90	100	110	120	十五	55	90	

资料来源：徐颂陶：《中华人民共和国工资保险福利法规全书（第二卷）》，中国人事出版社1995年版，第19页。

表 13—6　　　　　　　　　级别与职务关系对照表

级别	职务
一	总理
二	副总理 国务委员
三	部长 省长
四	副部长 副省长
五	
六	司长厅、局长
七	副司长 副厅、局长
八	处长 县长
九	
十	副处长 副县长
十一	科长 主任科员
十二	副科长 副主任科员
十三	科员
十四	办事员
十五	

资料来源：徐颂陶：《中华人民共和国工资保险福利法规全书（第二卷）》，中国人事出版社1995年版，第20页。

基础工资,按大体维持工作人员本人基本生活的费用来确定,各职务人员均执行相同的标准。

工龄工资,按工作人员工作年限确定,主要体现工作人员的积累贡献,工作年限每增加一年,工龄工资增加1元,一直到离退休当年为止。

机关技术工人实行岗位技术等级工资制,由岗位工资、技术等级工资和奖金组成;普通工人实行岗位工资制,由岗位工资和奖金组成。

四　事业单位实行多种类型的工资制度

事业单位由于行业多,情况比较复杂,工作性质和特点也不相同,按照情况相似又便于管理的原则,实行不同类型的工资制度。对专业技术人员分别实行五种不同类型的工资制度。

第一类是教育、科研、卫生等事业单位,根据其专业技术人员比较集中,工作人员的水平、能力、责任和贡献主要通过专业技术职务来体现的特点,实行专业技术职务等级工资制。

第二类是地质测绘和交通、海洋、水产等事业单位,根据其在野外或水上作业,具有条件艰苦、流动性大和岗位责任明确的特点,实行专业技术职务岗位工资制。

第三类是文化艺术表演团体,根据艺术表演人员成才早、舞台青春期短、新陈代谢快的特点,实行艺术结构工资制。

第四类是体育运动员,根据竞争性强、淘汰快、在队时间短、退役后要重新分配工作的特点,实行体育津贴、奖金制。

第五类是金融单位,根据其职能和金融工作的特点,实行行员等级工资制。

事业单位的管理人员,其工作性质不同于专业技术人员,同机关行政人员也有差别,因此,根据其自身特点,在建立职员职务序列的基础上,实行职员职务等级工资制,以体现事业单位的特点,更好地发挥工资的保障和激励作用。

事业单位的工人,也分为技术工人和普通工人两大类,技术工人实行技术等级工资制,在工资构成上,分为技术等级工资和岗位津贴两部分,技术等级工资是工资构成中的固定部分,主要体现技术工人技术水平的高低和工作能力的大小,岗位津贴是工资构成中活的部分,主要体现技术工人实际工作量的大小和岗位的差别;普通工人实行等级工资制,在工资构成上分为等级工资和津贴两部分,等级工资是工资构成中的固定部分,津贴是工资构成中活的部分,主要体现普通工人实际工作量的大小和工作表现的差异。

五 废除工资区制度,改行地区津贴制度

这次工资改革放弃了已经实行几十年的工资区制度,通过简历地区津贴的办法来处理地区工资关系。

(一) 废除工资分区制度

1993年的工资制度改革,废除了工资区制度,根据不同地区的自然环境、物价水平及经济发展等因素,结合对现行地区工资补贴的调整,建立地区津贴制度。地区津贴分为艰苦边远地区津贴和地区附加津贴。艰苦边远地区津贴主要体现地区自然环境的差异,地区附加津贴主要体现地区经济发展水平和生活水平的差异。

(二) 建立艰苦边远地区津贴制度

1993年,中央印发了《机关、事业单位艰苦边远地区津贴实施办法》,从当年开始正式实施。根据不同地区的地域、海拔、气候以及当地物价等因素确定类别。艰苦边远地区津贴标准,是将原工资区类别补贴、地区生活费补贴、高原地区临时补贴和地区性津贴等归并,然后划分为四类,各类标准在归并的津贴、补贴基础上再适当予以提高。建立艰苦边远地区津贴,体现了不同地区在自然地理环境等方面的差异,是对艰苦边远地区特殊工资政策的改进和完善,更利于发挥工资的补偿和导向作用。

(三) 提出建立地区附加津贴制度[①]

这次工资改革,中央提出了建立地区附加津贴制度的构想,根据各地经济发展水平、物价和生活费用支出等因素,考虑机关、事业单位工资水平与当地企业工资水平的差距来确定津贴标准,目的是将机关、事业单位职工工资的提高与本地区经济发展联系起来。实行地区附加津贴,

---

[①] 熊亮:《中华人民共和国工资制度70年——经验、传承和创新》,《中国人事科学》2019年第10期。

使不同地区的机关工作人员工资的提高与经济发展联系起来,允许省、自治区、直辖市运用地方财力安排一些工资性支出,用于缩小机关工作人员工资水平与当地企业职工工资水平的差距,鼓励机关工作人员为国家和本地区的经济发展多做贡献。按照当时的安排,地区附加津贴制度要在1994年出台,受多种因素的影响,地区附加津贴制度一直未能出台。

六 完善岗位津贴制度

(一) 机关工作人员岗位津贴制度

这次改革加强了对岗位津贴的管理。经国家批准建立的机关工作人员岗位津贴予以保留,包括公安干警值勤岗位津贴,海关工作人员岗位津贴,基层审计人员外勤工作补贴,人民法院干警岗位津贴,人民检察院干警岗位津贴,司法助理员岗位津贴,监察、纪检部门办案人员外出办案补贴。其他自行建立的岗位津贴原则上取消。需要新建岗位津贴或提高岗位津贴标准的,由主管部门提出意见,报国务院审批。

(二) 事业单位岗位津贴制度

国家对事业单位的津贴实行总额控制并制定指导性意见,各单位在核定的津贴总额内,可按照国家的指导性意见,根据本单位的实际情况,具体制定津贴项目、津贴档次、津贴标准和发放办法等,报主管部门和人事部门批准后实施。

全额拨款单位,津贴总额按照在工资构成中占30%的比例核定。差额拨款单位,津贴总额按照在工资构成中占40%的比例核定。自收自支单位,根据本单位的实际情况,津贴在工资构成中的比例还可高一些。津贴制度建立后,现行按国家规定发放的奖金予以取消。奖金超过4个月的部分,可以与新设立的津贴合并使用。

各单位的津贴项目和名称,要根据本单位的主要工作任务确定。津贴档次,要根据工作任务的特点和具体情况划分。津贴标准,要在认真测算的基础上设置并严格控制在核定的津贴总额内。津贴的发放,要在考核的基础上按照工作的数量和质量,贯彻多劳多得、少劳少得、不劳不得的原则。

具体来说,事业单位的岗位津贴分为专业技术人员岗位津贴和管理人员岗位津贴。其中,管理人员设立岗位目标管理津贴,津贴标准由单位在国家宏观控制的比例内，根据所负责任的大小和岗位目标任务完成情况确定。专业技术人员岗位津贴又依其行业类型，区分为五类。

第一类：高等学校，主要设立课时津贴、科研课题津贴、研究生导师津贴。中、小学校，主要设立课时津贴。科研事业单位，主要设立科研课题津贴、科研辅助津贴、研究生导师津贴。卫生事业单位，主要设立临床津贴、防检津贴。农业事业单位，主要设立农业技术推广服务津贴。林业事业单位，主要设立护林津贴、林业技术推广服务津贴、野生动物保护工作津贴。水利事业单位，主要设立水利防汛津贴、血吸虫疫区工作津贴。气象事业单位，主要设立气象服务津贴。地震事业单位，主要设立地震预测预防津贴。技术监督事业单位，主要设立技术监督工作津贴。商品检验事业单位，主要设立口岸鉴定检验津贴。环境保护事业单位，主要设立环境污染监控津贴。社会福利事业单位，主要设立社会服务津贴。其他事业单位，在国家规定的津贴总额内，根据本单位的主要工作任务设立相应的津贴。

对从事基础研究、尖端技术和高技术研究的专业技术人员，由主管部门提出意见，经人事部、财政部批准，可在国家规定的津贴比例之外另设特殊岗位津贴。津贴标准一般掌握在这部分人员工资的20%—30%，具体发放办法由本单位在这一比例内根据实际情况制定，并报人事部备案。

第二类：地质、测绘、交通、海洋、水产、野外和水上作业事业单位设立岗位津贴，岗位津贴按工作岗位设置。野外地质勘探工作人员的岗位分为九类，每个岗位类别设立一个岗位津贴标准，如队长列入九类岗；总工程师、副队长、特大型项目负责人列入八类岗；副总工程师、部级大型地质找矿项目负责人列入七类岗。野外测绘工作人员的岗位分为八类，每个岗位类别设立一个岗位津贴标准，如大队长、重大项目技术负责人列入八类岗；副大队长、总工程师列入七类岗；副总工程师、中队长列入六类岗。地质、测绘野外工作人员继续执行野外津贴。交通、海洋、水产等事业单位船员的岗位津贴，按船舶等级和实际操作岗位确定。船舶政委、副政委、政治指导员及干事等政工人员，分别执行同级船组大副、二副、三副的岗位津贴标准；等外船组的船长、大副、二副分别执行三级船组大副、二副、三副的岗位津贴标准。船员和潜水员继续实行水上作业津贴，津贴标准为：内河（港内）作业，为本人职务工资的10%；沿海作业，为本人职务工资的20%；近海作业，为本人职务工资的30%；远洋作业，为本人职务工资的40%。水上作业津贴，按实际工作天数计发，海上塔、台、站工作人员实行艰苦岛屿作业津贴，津贴标准为：在一类岛屿作业的为本人职务工资的20%；在二类岛屿作业的为本人职务工资的15%；在三类岛屿作业的为本人职务工资的10%。艰苦岛屿作业津贴建立后，现行艰苦岛屿浮动工资和航标津贴停止执行。

第三类：艺术表演团体设立表演档次津贴和演出场次津贴。表演档次津贴，占工资构成的20%，根据演员、演奏员、指挥等人员的表演档次确定。表演档次分为领衔主演、主演、次主演、演员、演出辅助人员五个档次，每个档次设立甲等、乙等、丙等三个津贴标准。表演档次津贴一般每两年确定一次。艺术表演人员根据所确定的表演档次，领取相应的表演档次津贴。对于著名演员因年龄等客观因素不适宜担任主演以上角色的，其表演档次津贴可相对固定下来。演出场次津贴占工资构成的20%，根据艺术表演人员的演出场次多少计发；演出场次由单位按照国家有关规定确定。艺术表演团体中其他专业人员的津贴发放，参照艺术表演人员的办法执行。艺术表演团体中的舞蹈、杂技、戏曲、武功等表演人员的工种补贴，仍继续执行。在其他行业工作的执行艺术专业职务序列的人员，其职务工资按艺术专业职务工资标准执行，但其津贴要根据本行业的工作特点设立。

第四类：体育运动员根据其在国内外重大体育比赛中获得的比赛成绩，发给运动员成绩津贴，标准按比赛层次和名次确定。

第五类：金融单位设立责任目标津贴。津贴标准由单位在国家规定的比例范围内，按照行员所负责任大小和完成目标任务情况确定。

各类专业技术人员中，担任党政领导职务的，领取领导职务津贴，津贴标准由单位按所担任领导职务的高低具体确定，如高等学校教授担任校长职务的，除按教授职务发给专业技术职务工资外，还可发给相应的领导职务津贴。

上述津贴建立后，教龄津贴、班主任津贴、特殊教育补贴、特级教师津贴、护龄津贴以及为特殊行业和苦、脏、累、险等特殊岗位设立的津贴仍予保留；其他均与新设津贴合并。

七　建立工资正常晋级增资制度

建立工资正常晋级增资制度是1993年工资改革的重要目标。制度设计上，这次改革在1985年晋升职务提升工资的基础上，首次实现了依据考核结果晋升工资的制度，"对考核优秀和称职的，每两年可在本职务工资标准内晋升一个工资档次"，"在原级别任职期间连续五年考核称职或连续三年考核优秀的，在本职务对应的级别内晋升一个级别"。"这是公务员工资制度的一个重大进步，是1993年工资改革的最大贡献。"[1]

机关、事业单位工作人员正常增加工资的渠道主要有：[2] 一是晋升职务工资档次。机关工作人员在严格考核的基础上考核成绩为称职以上的，每两年可以在本职务工资标准内晋升一个工资档次。全额拨款和差额拨款的事业单位，在严格考核的基础上，凡考核合格的，每两年晋升一个工资档次，对少数考核优秀并做出突出贡献的专业技术人员，可提前晋升或越级晋升；自收自支的事业单位，可参照企业的办法，在国家政策规定的范围内，根据其经济效益增长情况，自主安排升级。

二是晋升职务、级别增加工资。工作人员晋升职务时，按晋升的职务相应增加工资。机关工作人员晋升级别，也可相应增加级别工资，即，工作人员连续五年考核称职或连续三年考核优秀的，在本职务对应的级别内晋升一个级别，副部长及以上人员，任职超过五年的，晋升一个级别。机关工作人员的工龄工资随工作年限增长而增加。

三是定期调整工资标准。这次工资改革明确，工资调整要"根据国民经济的发展，有计划地增长"。在工资调整的依据上，这次改革提出了工资调整要"与企业相当人员的平均工资水平大体持平，保持合理比例关系"，这是我国工资制度史上第一次提出建立机关工作人员工资和企业相当人员工资的比较制度，提出了依据"可比性原则"决定和调整公务

---

[1] 何宪：《公平与激励——中国公务员工资制度探析》，中国人事出版社2017年版，第38页。

[2] 熊亮：《中华人民共和国工资制度70年——经验、传承和创新》，《中国人事科学》2019年第10期。

员工资的思路,具有重要意义。工资调整要考虑物价变动因素,"根据职工生活费用价格指数的变动情况定期进行调整,保障工作人员的实际生活水平不因物价上涨而降低"。

八 改革高度集中和简单划一的工资管理体制

1993年的工资改革将加强工资宏观管理作为重要内容,要求各地必须坚持统一的工资政策、工资制度和工资标准,以实现国家对工资的宏观调控。从工资实践来看,由于这次工资改革废除了工资分区的管理模式,提出建立地区附加津贴制度的设想,但在原有制度取消后,新的制度一直没有建立起来,出现了制度的真空期。在此期间,中央允许各地利用地方财力安排一些工资性支出,在这种情况下,经济发展快、财力较好的地区开始陆续自行出台津贴补贴。

一是改革了高度集中的机关、事业单位工资管理体制。我国幅员辽阔,各地自然环境、物价和经济发展水平的差别很大,在社会主义市场经济条件下,既要做到工资政策、工资制度和工资标准的统一,又要体现地区之间的差别,这次工资制度改革,将地区工资类别制度改为地区津贴制度。一方面,建立艰苦边远地区津贴,实行政策倾斜,鼓励人们到艰苦边远地区工作;另一方面,各地可以按照国家规定的原则和政策,在执行国家统一工资制度、工资标准和工资政策宏观调控的前提下,根据本地经济发展水平、生活费用支出等因素,建立地区附加津贴,允许各省、自治区、直辖市运用地方财力安排一些工资性支出,鼓励工作人员为国家和本地区的经济发展多做贡献。

二是改革机关、事业单位简单划一的管理模式。这次工资改革根据机关、事业单位的不同特点,实行了不同的管理模式。其中事业单位又根据不同的经费来源,实行了不同的管理办法。全额拨款事业单位执行国家统一的工资制度和工资标准,在核定编制的基础上,可实行工资总额包干,增人不增工资总额,减人不减工资总额,节余的工资,单位可按有关规定自主安排使用。

差额拨款事业单位按照国家制定的工资制度和工资标准执行,根据经费自理程度,按照国家有关规定,实行工资总额包干或其他符合自身特点的管理办法,促使其逐步减少财政拨款,向经费自理过渡。自收自支单位，有条件的可实行企业化管理或企业工资制度，做到自主经营、自负盈亏。

三是事业单位在津贴的分配方面有一定的自主权。国家只对津贴实行总额控制，并制定指导性意见；各单位在核定的津贴总额内，可以根据本单位的实际情况，具体制定津贴项目、津贴档次、津贴标准和发放办法等，报主管部门和人事部门批准后实施。这样，各事业单位可以根据本单位的实际，把津贴同工作量和工作实绩结合起来，更好贯彻按劳分配的原则。

九　工资改革后的工资调整工作

1993 年至 2006 年，国家共五次调整工资标准。

第一次，从 1997 年 7 月 1 日起，将机关行政人员基础工资标准由原来的每人每月 90 元提高到每人每月 110 元，调整机关工作人员工资标准所需经费，由各级财政分别负担。

第二次，从 1999 年 7 月 1 日起，将机关行政人员基础工资标准由每人每月 110 元提高到 180 元，级别工资标准由十五级至一级每人每月 55 元至 470 元提高到 85 元至 720 元。调整机关工作人员工资标准所需经费，按财政体制和单位隶属关系，分别由中央财政和地方财政负担。对于部分困难地区，中央财政给予适当补助，具体办法由财政部另行制定。在中央财政给予补助的同时，地方政府也要积极调整财政支出结构，努力筹措资金，认真落实增加工资的政策。财力确有困难的地区，可以在国家规定的标准之内，自行确定本地区增加工资的具体数额。

第三次，从 2001 年 1 月 1 日起，机关行政人员基础工资标准由每人每月 180 元提高到 230 元，级别工资标准由十五级至一级每人每月 85—720 元提高到 115—1166 元。调整机关工作人员工资标准所需经费，按财政体制和单位隶属关系，分别由中央财政和地方财政负担。对于部分困难地区，中央财政按照《中共中央、国务院关于转发〈国家发展计划委员会关于当前经济形势和对策建议〉的通知》规定的办法给予补助。在中央财政给予补助的同时，地方政府也要积极调整财政支出结构，努力筹措资金，认真落实国家关于调整工资的政策。拖欠机关工作人员工资的地区，2001 年中央财政新增的调整工资专项转移支付资金，应首先用于解决拖欠支付后仍难以按调整后的工资标准足额兑现工资的地区，要坚决取消自行建立的津贴、补贴，以优先保证基本工资的发放和国家工资政策的落实；其他地区也要认真清理、整顿自行建立的津贴、补贴，按照国家的统一要求和原则，实行规范、严格、透明的地区附加津贴制度，并纳入收入分配宏观调控的轨道。

第四次，从2001年10月1日起，公务员（含参照、依照公务员制度管理的人员）各职务起点工资标准由50—480元提高到100—850元。此次调整机关工作人员工资标准所需经费，根据中共中央、国务院有关文件精神，除北京、上海、辽宁、山东、江苏、浙江、福建、广东9省（直辖市）自行负担外，其他地区全部由中央财政负担。地方增加年终奖金所需经费由地方自行负担。

第五次，从2003年7月1日起，调整机关行政人员职务工资标准，各职务起点工资标准由现行的100—850元分别提高至130—1150元，其他各职务工资档次标准相应提高。此次调整机关工作人员工资标准所需财政资金，中西部地区全部由中央财政负担；北京、上海、天津、江苏、浙江、福建、广东7省（直辖市）自行负担；辽宁、山东2省中的沈阳、大连、济南、青岛4市自行承担，其他地方由中央财政负担40%。地方年终奖金所需经费由地方自行负担。

第五节　职务与级别相结合的工资制度（2006—2019年）

2006年进行的工资制度改革，是在我国建立和完善社会主义市场经济体制的背景下开展的。党的十六届三中全会对完善市场经济体制进行了全面部署，形成了"科学发展观"的重要思想，提出了"五个统筹""构建和谐社会"的要求，明确了主要任务。2005年，《公务员法》颁布实施。在上述背景下，中央决定对公务员和事业单位工资制度进行改革。2006年6月，国务院印发《关于改革公务员工资制度的通知》，正式开始公务员工资制度改革，人事部和财政部印发了《关于印发事业单位工作人员收入分配制度改革方案的通知》，正式开始事业单位工资制度改革。

2006年的工资制度改革，规范了机关和事业单位的工资分配制度，逐步建立了适应新时期市场经济和人事制度改革需要的机关和事业单位工资制度。

一 深化工资制度改革

（一）工资制度改革的背景

1993年机关事业单位工资制度改革实施以后，工资制度运行总体平稳，工资政策和措施不断完善。随着我国社会主义市场经济体制的建立和各项制度改革的不断深化，1993年建立的工资制度在运行中逐渐暴露出一些问题，突出表现在：第一，工资收入分配秩序比较混乱。地方和单位在国家统一工资政策外普遍自行发放津贴补贴，名目繁多，五花八门，资金来源不规范，水平相互攀比上升，"制度内统一，制度外分散"的分配现象越来越严重，不仅扰乱了工资收入分配秩序，而且导致地区间、单位间不合理的工资收入差距持续拉大。第二，工资收入水平总体偏低。1993年工资制度改革之后，机关事业单位工作人员的工资水平逐步有所提高，但总体来说仍然偏低。第三，工资制度不尽合理。公务员的基本工资切块偏多，各部分不能协调发挥作用，有的部分功能重叠。上述问题在一定程度上影响了机关事业单位工作人员的工作积极性和队伍稳定，不利于促进转变政府职能和加强党风廉政建设，不利于形成公正合理的收入分配格局。

2005年4月27日，十届全国人大常委会第十五次会议审议通过了《公务员法》，从2006年1月1日起施行。《公务员法》第十二章"工资保险福利"中第73、74、75和78条，从基本原则、主要内容、水平决定和管理四个方面，对公务员工资制度作了规定，明确公务员实行国家统一的职务与级别相结合的工资制度，国家建立公务员工资的正常增长机制，公务员的工资水平应当与国民经济发展相协调、与社会进步相适应。贯彻实施《公务员法》，需要深化公务员工资制度改革。

（二）公务员工资制度改革的指导思想和基本原则

公务员工资制度改革的指导思想是，按照党的十六大关于"完善干部职务与职级相结合的制度，建立干部激励和保障机制"的精神和《公务员法》规定，改革公务员工资制度，实行国家统一的职务与级别相结合的公务员工资制度,完善机关工人工资制度,形成科学合理的工资水平决定机制和正常增长机制,建立适应经济体制和干部管理体制要求的工资管理体制,实现工资分配的科学化、规范化和法制化。

公务员工资改革的基本原则:一是贯彻按劳分配原则,进一步理顺工资关系,合理拉开不同职务、级别之间的工资差距。二是坚持职务与级别相结合,增强级别的激励功能,实行级别与工资等待遇适当挂钩。三是健全公务员工资水平正常增长机制,建立工资调查制度,定期调整工资标准,使公务员的工资水平与经济社会发展水平相适应。四是加强工资管理,严格监督检查,有效调控地区工资差距,逐步将地区工资差距控制在合理的范围。

(三)事业单位工作人员收入分配制度改革的指导思想和基本原则

事业单位工作人员收入分配制度改革的指导思想是,根据党的十六大和十六届三中全会关于推进事业单位收入分配制度改革的精神,适应深化事业单位改革的要求,改革事业单位工资制度,建立符合事业单位特点、体现岗位绩效和分级分类管理的收入分配制度,完善工资正常调整机制,健全宏观调控机制,逐步实现事业单位收入分配的科学化和规范化。

事业单位工作人员收入分配制度改革的基本原则:一是贯彻按劳分配与按生产要素分配相结合的原则,建立与岗位职责、工作业绩、实际贡献紧密联系和鼓励创新创造的分配激励机制。二是适应事业单位聘用制改革和岗位管理的要求,以岗定薪,岗变薪变,加大向优秀人才和关键岗位的倾斜力度。三是建立体现事业单位特点的工资正常调整机制,使事业单位工作人员收入与经济社会发展水平相适应。四是坚持搞活事业单位内部分配,进一步增强事业单位活力。五是实行分级分类管理,加强宏观调控,规范分配秩序,理顺分配关系。

二 公务员实行职务与级别相结合的工资制度

按照《公务员法》的要求,公务员实行国家统一的职务与级别相结合的工资制度,将公务员基本工资构成由原职务工资、级别工资、基础工资、工龄工资四项调整为职务工资和级别工资两项。

职务工资主要体现公务员的工作职责大小,改革后,将职务工资标准由原来的"一职多档"改为"一职一薪",一个职务对应一个工资标准。同时,为体现岗位职责的差别,领导职务和非领导职务对应不同的工资标准。公务员按所任职务执行相应的职务工资标准。

级别工资主要体现公务员的工作实绩和资历。改革后,将原工资构成中体现资历和年功贡献的级别工资、职务工资的档次、工龄工资等因素加以合并,由原来的"一级一薪"改为"一级多档",每一级别设若干个工资档次。同时,为体现向基层和低职务人员的适当倾斜,对级别设置和职务与级别对应关系作了调整。公务员根据所任职务、德才表现、工作实绩和资历,确定级别和级别工资档次,执行相应的级别工资标准。

表13—7　　　　　　　公务员职务工资标准表

2006年7月1日实施　　　　　　　　　　　　　　　　单位:元/月

职务	工资标准	
	领导职务	非领导职务
国家级正职	4000	—
国家级副职	3200	—
省部级正职	2510	—
省部级副职	1900	—
厅局级正职	1410	1290
厅局级副职	1080	990
县处级正职	830	760
县处级副职	640	590
乡科级正职	510	480
乡科级副职	430	410
科员	—	380
办事员	—	340

表13—8　　　　　　　　　　公务员级别工资标准表

2006年7月1日实施　　　　　　　　　　　　　　　　　　　　　　单位：元/月

级别	档次 1	2	3	4	5	6	7	8	9	10	11	12	13	14
一	3020	3180	3340	3500	3660	3820								
二	2770	2915	3060	3205	3350	3495	3640							
三	2530	2670	2810	2950	3090	3230	3370	3510						
四	2290	2426	2562	2698	2834	2970	3106	3242	3378					
五	2070	2202	2334	2466	2598	2730	2862	2994	3126	3258				
六	1870	1996	2122	2248	2374	2500	2626	2752	2878	3004	3130			
七	1700	1818	1936	2054	2172	2290	2408	2526	2644	2762	2880			
八	1560	1669	1778	1887	1996	2105	2214	2323	2432	2541	2650			
九	1438	1538	1638	1738	1838	1938	2038	2138	2238	2338	2438			
十	1324	1416	1508	160	1692	1784	1876	1968	2060	2152	2244			
十一	1217	1302	1387	1472	1557	1642	1727	1812	1897	1982	2067	2152		
十二	1117	1196	1275	1354	1433	1512	1591	1670	1749	1828	1907	1986	2065	
十三	1024	1098	1172	1246	1320	1394	1468	1542	1616	1690	1764	1838	1912	1986
十四	938	1007	1076	1145	1214	1283	1352	1421	1490	1559	1628	1697	1766	1835
十五	859	924	989	1054	1119	1184	1249	1314	1379	1444	1509	1574	1639	1704
十六	786	847	908	969	103	1091	1152	1213	1274	1335	1396	1457	1518	1579
十七	719	776	833	890	947	1004	1061	1118	1175	1232	1289	1346	1430	
十八	658	711	764	817	870	923	976	1029	1082	1135	118	1241	1294	
十九	602	651	700	749	798	847	896	945	994	1043	1092	1141		
二十	551	596	641	686	731	776	821	866	911	956	1001			
二十一	504	545	586	627	668	709	750	791	832	873				
二十二	461	498	535	572	609	646	683	720	757					
二十三	422	455	488	521	554	587	620	653						
二十四	386	416	446	476	506	536	566	596						
二十五	352	380	408	436	464	492	520							
二十六	320	347	374	401	428	455								
二十七	290	316	342	368	394	420								

第十二章 工资制度

表 13—9　　　　　　　　　职务及级别对应关系表
2006 年 7 月 1 日实施

级别	职务
一	国家级正职
二	国家级副职
三	国家级副职
四	省部级正职
五	省部级正职
六	省部级正职
七	省部级副职
八	省部级副职
九	省部级副职
十	厅局级正职
十一	厅局级正职
十二	厅局级副职
十三	厅局级副职
十四	县处级正职
十五	县处级正职
十六	县处级副职
十七	县处级副职
十八	乡科级正职
十九	乡科级正职
二十	乡科级副职
二十一	乡科级副职
二十二	科员
二十三	科员
二十四	办事员
二十五	办事员
二十六	办事员
二十七	办事员

三 事业单位工作人员实行岗位绩效工资制度

事业单位工作人员实行岗位绩效工资制度。岗位绩效工资由岗位工资、薪级工资、绩效工资和津贴补贴四部分组成，其中岗位工资和薪级工资为基本工资。

（一）岗位绩效工资制度的主要内容

1. 岗位工资，主要体现工作人员所聘岗位的职责和要求。事业单位岗位分为专业技术岗位、管理岗位和工勤技能岗位。专业技术岗位设置13个等级，管理岗位设置10个等级，工勤技能岗位分为技术工岗位和普通工岗位，技术工岗位设置5个等级，普通工岗位不分等级。不同等级的岗位对应不同的工资标准，工作人员按所聘岗位执行相应的岗位工资标准。

2. 薪级工资，主要体现工作人员的工作表现和资历。对专业技术人员和管理人员设置65个薪级；对工人设置40个薪级，每个薪级对应一个工资标准。对不同岗位规定不同的起点薪级，工作人员根据工作表现、资历和所聘岗位等因素确定薪级，执行相应的薪级工资标准。

3. 绩效工资，主要体现工作人员的实绩和贡献。国家对事业单位绩效工资分配进行总量调控和政策指导，事业单位在核定的绩效工资总量内，按照规范的程序和要求，自主分配。事业单位实行绩效工资后，取消年终一次性奖金，将一个月基本工资的额度以及地区附加津贴纳入绩效工资。

4. 津贴补贴，分为艰苦边远地区津贴和特殊岗位津贴补贴。艰苦边远地区津贴主要是根据自然地理环境、社会发展等方面的差异，对在艰苦边远地区工作生活的工作人员给予适当补偿。艰苦边远地区的事业单位工作人员，执行国家统一规定的艰苦边远地区津贴制度。特殊岗位津贴补贴主要体现对事业单位苦、脏、累、险及其他特殊岗位工作人员的政策倾斜。国家对特殊岗位津贴补贴实行统一管理。

（二）分步骤推进事业单位绩效工资制度

绩效工资主要体现工作人员工作业绩和实际贡献，是事业单位收入分配中活的部分，各单位可在核定的绩效工资总量内依据本单位职工的工作业绩和贡献大小自主分配。在基本工资外设置绩效工资，主要是为了体现事业单位的特点，加大事业单位搞活内部分配的力度，增强工资的激励功能。国家对绩效工资进行总量调控，事业单位在核定的绩效工资总量内享有分配自主权，使绩效工资与工作人员表现、业绩相联系，合理拉开差距，调动大家的积极性。同时，将绩效工资总量与单位完成社会公益目标任务及考核情况相联系，促进事业单位不断提高公益服务的能力和水平，避免片面追求经济效益、忽视社会效益。

按照国务院的部署，事业单位绩效工资分三步实施：第一步，落实义务教育法规定，从2009年1月起在义务教育学校实施；第二步，配合医药卫生体制改革，特别是实施基本药物制度，从2009年10月起在疾病预防控制、健康教育、妇幼保健、精神卫生、应急救治、采供血、卫生监督等专业公共卫生机构和乡镇卫生院、城市社区卫生服务机构等基层医疗卫生事业单位实施；第三步，其他事业单位实施绩效工资，从2010年开始实施。

四　探索完善地区工资制度

（一）完善艰苦边远地区津贴制度

2006年工资制度改革，在1993年工资改革的基础上，完善了艰苦边远地区津贴制度，设置了科学的指标体系、扩大了实施范围、调整了类别，建立了动态调整机制。

此后，2010—2012年，几次调整了艰苦边远地区津贴标准，在一定程度上提高了艰苦边远地区机关、事业单位工作人员的工资收入水平，对稳定当地人才队伍发挥了积极作用。

为更好地发挥艰苦边远地区津贴的政策导向作用，稳步提高艰苦边远地区机关、事业单位工作人员工资收入水平，经国务院批准，从2015年开始，实行艰苦边远地区津贴标准定期调整，逐步提高津贴水平。在调整周期上，艰苦边远地区津贴标准每两年调整一次，考虑财政承受能力等因素，具体时间与基本工资调整错开。同时，与调整基本工资标准一样，如遇发生金融危机、重大自然灾害等特殊情况，艰苦边远地区津贴标准延后调整。在增资的幅度上，为加大对艰苦边远地区的工资倾斜力度，并保持艰苦边远地区津贴与基本工资合理的比例关系，今后定期调整艰苦边远地区津贴标准，参考同期全国机关、事业单位基本工资平均水平的增长比例,确定艰苦边远地区津贴平均水平的增长比例。按照上述考虑,从 2015 年 1 月起,再次提高了艰苦边远地区津贴一至六类区标准。调整后的各类区津贴平均水平分别为,一类区月人均 170 元,二类区月人均 290 元,三类区月人均 480 元,四类区月人均 800 元,五类区月人均 1450 元,六类区月人均 2400 元。

(二) 开展规范清理津贴补贴工作[①]

2006 年的改革是在规范收入分配秩序的大背景下开展的,中央对各地自行发放的津贴补贴进行了规范清理,确定了各地的津贴补贴水平,遏制了地区收入差距扩大的趋势。

2006 年工资制度改革前,公务员工资分配领域存在的一个突出问题是津贴补贴发放混乱。按照党中央、国务院的部署和要求,从 2005 年下半年开始,有关部门布置各地区、各部门对自行发放的津贴补贴进行了清理,主要任务是清理自行出台的津贴补贴项目、标准及资金来源,摸清收入来源、支出去向、账户情况和津贴补贴发放水平。清理过程中,有关部门及时组织力量进行了汇总和调研核查。清理津贴补贴时,将自行发放的各种津贴补贴划分为四大类:一是生活性补贴,指根据当地生活费用指数和物价水平等因素确定,与公务员生活需要有关的津贴补贴,如节假日补贴、物价补贴、菜篮子补贴、伙食补贴等;二是工作性津贴,指根据工作岗位职责需要确定,与公务员工作有关的津贴补贴,如职务补贴、工作津贴等;三是改革性补贴,指根据福利制度或职务消费货币化改革需要确定,与职工福利有关的津贴补贴,如住房货币化改革补贴、供热采暖货币化改革补贴、物业管理货币化改革补贴、公务用车改革补贴等;四是奖励性补贴,指根据工作人员工作业绩考核情况确定、以货币形式向职工发放的津贴补贴或奖金,如目标考核奖、地方政府奖励等。

[①] 熊亮:《中华人民共和国工资制度 70 年——经验、传承和创新》,《中国人事科学》2019 年第 10 期。

五　建立工资正常调整机制

（一）机关和事业单位工资正常调档晋级

2006 年的工资改革完善了公务员的正常增资办法，主要包括三个方面：第一，晋升职务增加工资。公务员晋升职务后，执行新任职务的职务工资标准，并按规定晋升级别和增加级别工资。原级别低于新任职务对应最低级别的，晋升到新任职务的最低级别；原级别在新任职务对应级别以内的，晋升一个级别。级别工资逐级就近就高套入晋升后级别对应的工资标准。第二，按年度考核结果晋升级别增加工资。公务员年度考核称职及以上的，一般每五年在所任职务对应的级别内晋升一个级别。第三，按年度考核结果晋升级别工资档次。公务员年度考核称职及以上的，一般每两年在所任级别对应的工资标准内晋升一个工资档次。

适应聘用制改革要求，建立了符合事业单位特点的基本工资正常调整机制，主要包括正常增加薪级工资、岗位变动调整工资和调整基本工资标准。第一，正常增加薪级工资，办法是年度考核结果为合格及以上等次的工作人员，每年增加一级薪级工资，并从第二年的 1 月起执行。第二，岗位变动调整工资，办法是工作人员岗位变动后，从变动的下月起执行新聘岗位的工资标准。第三，调整基本工资标准，办法是国家根据经济发展、财政状况、企业相当人员工资水平和物价变动等因素，适时调整事业单位工作人员的基本工资标准。基本工资标准的调整由国家统一部署。实际操作中，事业单位工作人员基本工资标准的调整与公务员同步进行，确保二者基本工资水平的大体平衡。

（二）实现机关事业单位基本工资正常调整[①]

机关和事业单位基本工资标准的正常增长机制是在 2015 年完善机关事业单位工资制度中实现的。2015 年 1 月，国务院办公厅印发《关于调整机关事业单位工作人员基本工资标准和增加机关事业单位离退休人员离退休费三个实施方案的通知》，明确建立基本工资标准正常调整机制，今后基本工资标准原则上每年或每两年调整一次，依据工资调查比较结

[①] 熊亮：《中华人民共和国工资制度 70 年——经验、传承和创新》，《中国人事科学》2019 年第 10 期。

果,综合考虑国民经济发展、财政状况和物价变动等因素确定调整幅度,近期基本工资调整每两年调整一次,参考同期物价上涨幅度、同期企业在岗职工工资增长率等因素,确定工资增长幅度。如遇发生金融危机、重大自然灾害等特殊情况,基本工资标准延后调整。按照这一文件的精神,除2014年之外,2016年和2018年又分别调整了机关和事业单位基本工资标准。

(三)探索建立公务员和企业相当人员工资调查比较制度

《公务员法》提出,国家实行工资调查制度,定期进行公务员和企业相当人员工资水平的调查比较,并将工资调查比较结果作为调整公务员工资水平的依据。2006年的《公务员工资制度改革方案》也明确要求,"建立工资调查制度,定期进行公务员和企业相当人员工资收入水平的调查比较。国家根据工资调查比较的结果,结合国民经济发展、财政状况、物价水平等情况,适时调整机关工作人员基本工资标准。工资调查制度建立前,国家根据国民经济发展、财政状况和物价水平等因素,确定调整基本工资标准的幅度"。根据上述精神,2009年开始,相关部门持续组织开展公务员和企业相当人员工资调查比较制度的建设,并开展试调查比较工作,为建立适合我国国情特点的公务员和企业相当人员工资调查比较制度奠定了基础。

关于事业单位的工资调查比较制度,国务院2016年出台的《国务院关于激发重点群体活力带动城乡居民增收的实施意见》提出,"在加强行业薪酬调查和信息发布基础上,探索建立体现行业特点的高校、科研机构薪酬调查比较制度"。事业单位工资调查比较制度的建设正式提上日程。

六 构建工资宏观管理体制[①]

2006年的工资改革将"加强工资管理"作为改革的四条原则之一,强调"要坚持国家政策的统一性和严肃性,严格执行政策,不得擅自出台和变通工资政策"。在实际的管理中,考虑到规范津贴补贴工作的复杂

---

① 熊亮:《中华人民共和国工资制度70年——经验、传承和创新》,《中国人事科学》2019年第10期。

性，还是采取了"分级管理"的方式，"中央只直接负责各省、省会城市、副省级城市的津贴补贴规范工作，地市以下由省、自治区、直辖市按照中央要求具体负责"。2016年出台的《国务院关于激发重点群体活力带动城乡居民增收的实施意见》提出，"完善公务员奖金制度，强化省级政府统筹调控责任。赋予地方一定的考核奖励分配权"，首次明确了省级政府有调控公务员奖金和一定的奖金分配的权力。

七 完善机关事业单位工资制度

2006年工资制度改革实施以来，总体运行平稳，取得了明显成效。针对实施中反映的突出矛盾和问题，经党中央、国务院批准，相关部门对机关事业单位工资制度进行了研究完善。

2015年1月，国务院办公厅印发《关于调整机关事业单位工作人员基本工资标准和增加机关事业单位离退休人员离退休费三个实施方案的通知》，决定自2014年10月1日起调整机关事业单位工作人员基本工资标准、增加机关事业单位离退休人员离退休费。这次机关事业单位工资制度完善的重点有三个方面。一是调结构。这次完善机关事业单位工资制度，不是简单的加工资，重在优化工资结构。通过调整基本工资标准和将部分津贴补贴或绩效工资纳入基本工资，提高基本工资占工资的比重。今后还要继续采取措施，逐步实现基本工资在工资中占主体。二是建机制。建立基本工资标准的正常调整机制，改变以往主要靠增加津贴补贴提高工资的状况，巩固优化工资结构的成果。今后，基本工资标准原则上每年或每两年调整一次，近期每两年调整一次。与此相适应，为进一步加大向艰苦边远地区的倾斜力度，建立艰苦边远地区津贴的正常调整机制。三是重基层。工资政策进一步向基层倾斜。一方面，调整公务员基本工资标准，主要调整级别工资标准，使基层公务员在不晋升职务的情况下，通过级别的晋升提高工资。另一方面，对乡镇机关事业单位人员建立乡镇工作补贴制度，在乡镇工作时享受，离开乡镇工作岗位不再享受，鼓励大家到乡镇基层工作。

此外，在调整机关事业单位在职人员基本工资标准的同时，还适当增加了离退休人员离退休费，让离退休人员分享改革发展成果。

八 完善部分群体工资制度[①]

(一) 探索公立医院薪酬制度改革

随着深化医药卫生体制改革和事业单位分类改革的推进，公立医院现行工资制度不能完全适应改革发展形势的要求。医疗行业人才培养周期长、职业风险高、技术难度大、责任担当重，建立符合医疗行业特点、体现以知识价值为导向的公立医院薪酬制度，是深化医药卫生体制改革和事业单位收入分配制度改革的重要内容，对确立公立医院激励导向和增强公立医院公益性，调动医务人员的积极性、主动性、创造性，推动公立医院事业的发展，都具有重要意义。2017年，人力资源和社会保障部印发了《关于开展公立医院薪酬制度改革试点工作的指导意见》，为公立医院薪酬制度改革确定了基本方向。《意见》明确提出三个坚持，坚持激励与约束相结合、坚持按劳分配与按生产要素分配相结合、坚持动态调整与合理预期相结合。探索建立适应我国医疗行业特点的公立医院薪酬制度，完善正常调整机制，健全激励约束机制，以增加知识价值为导向进行分配，着力体现医务人员技术劳务价值，规范收入分配秩序，逐步实现公立医院收入分配的科学化和规范化，增强公立医院公益性，调动医务人员积极性，不断提高医疗服务质量和水平。《意见》提出了公立医院薪酬制度改革试点的五项具体工作：一是优化公立医院薪酬结构，二是合理确定公立医院薪酬水平，三是推进公立医院主要负责人薪酬改革，四是落实公立医院分配自主权，五是健全以公益性为导向的考核评价机制。

(二) 实行法官、检察官工资制度改革

2014年6月6日，中央全面深化改革领导小组第三次会议审议通过《关于司法体制改革试点若干问题的框架意见》，标志着我国司法体制改革正式启动。配合司法体制改革，2015年，人力资源和社会保障部、财政部印发了《法官、检察官工资制度改革试点方案》，明确了法官、检察官、司法辅助人员、司法行政人员工资水平分别高于当地其他公务员一

[①] 余兴安、唐志敏：《人事制度改革与人才队伍建设 (1978—2018)》，中国社会科学出版社2019年版，第222页。

定比例的相关政策。在制定实施办法过程中，也发现一些问题。为了落实责权利相统一的原则，增强改革的内生动力，相关部门在深入调研论证的基础上，对工资制度改革政策作了适当调整，除司法警察外，法院检察院内部是三类人员、两种待遇。其中，员额法官检察官、司法辅助人员工资收入分别高于当地其他公务员一定比例，司法行政人员工资收入在实际操作中按司法辅助人员的政策办理。实际上，司法行政人员大多是法院检察院的业务骨干出身，相当一部分具有法官、检察官资格，从事的工作也是围绕办案这一中心工作展开的，从广义上讲，也是司法辅助人员。在此基础上，对法院、检察院工作人员现有的审判检察津贴、办案岗位津贴、法定工作日之外加班补贴额度，予以保留。在个别地区，如果改革后发现员额法官检察官平均工资收入水平低于司法警察的，要提高到略高于司法警察平均工资收入水平。

为了树立正确的分配导向，确保基层一线办案人员尤其是办案数量多、质量高的人员成为最大受益者，本次改革明确要合理确定绩效考核奖金在工资收入中的权重，建立与办案数量、质量直接挂钩的绩效考核奖金分配办法，防止简单地按行政职务套改，造成原来工资收入高的增幅偏高、低的增幅偏低的状况。

（三）实行乡镇工作津贴制度

我国机关事业单位近 4000 万在职人员中，有近 800 万人在乡镇工作。他们长期工作在一线，条件相对艰苦，工资水平普遍相对偏低，各地对此反应比较强烈。按照党的十八大和党的十八届三中全会关于加强基层干部队伍建设的要求，落实中央关于加强乡镇干部队伍建设的若干意见要求，为稳定基层工作队伍，鼓励人员向基层流动，从 2015 年 1 月起，对乡镇机关事业单位工作人员建立了乡镇工作补贴制度。由于各地情况不一，国家只出台了指导性意见，具体办法由各省级政府结合实际确定。

九　建立公务员职务职级并行制度

党的十七届四中全会提出，要"建立健全干部职务与职级并行制度，实行干部职级与待遇挂钩"。中央印发的深化干部人事制度改革规划纲要也明确，要"完善干部职级晋升制度，探索依据德才表现和工作实绩晋升职级的相关政策"。党的十八大要求,"深化干部人事制度改革,建设高素质执政骨干队伍"。党的十八届三中全会决定进一步明确,"推行公务员职务与职级并行、职级与待遇挂钩制度"。考虑县以下机关公务员职务晋升难的问题更为突出,工作条件也相对艰苦,中央决定先在县以下机关建立公务员职务与职级并行制度。在工作步骤上,先试点、后推开。从2013年6月开始,我国在吉林、江西、广东、甘肃4个省各选择1个具有代表性的县(区),开展了为期1年的试点。通过试点,验证了晋升职级的任职年限和级别条件,明确了晋升职级的审批和管理办法,摸清了基层干部人事管理的具体情况。总结试点情况后,形成了《关于县以下机关建立公务员职务与职级并行制度的意见》,报党中央、国务院同意后,决定从2015年1月15日起,在全国县以下机关全面实施公务员职务与职级并行制度。在取得经验的基础上,职务职级并行制度逐步推广到全部公务员。2019年3月27日,中共中央办公厅印发《公务员职务与职级并行规定》,正式在全国推行公务员职务职级并行制度。

十 实现公务员和事业单位工资在管理上的脱钩[①]

1993年工资改革正式提出机关和事业单位工资脱钩后,经过2006年工资改革,实现了机关和事业单位工资制度和增长方式的脱钩,但是机关和事业单位的工资仍旧是统一管理。2018年,为适应"更好落实党管干部原则,加强党对公务员队伍的集中统一领导,更好统筹干部管理,建立健全统一规范高效的公务员管理体制"的需要,根据党和国家机构改革的总体要求,将国家公务员局并入中央组织部。调整后,中央组织部在公务员管理方面的主要职责是,统一管理公务员录用调配、考核奖惩、培训和工资福利等事务,研究拟定公务员管理政策和法律法规草案并组织实施,指导全国公务员队伍建设和绩效管理,负责国家公务员管理国际交流合作等。根据机构改革后的新职能分工,这次改革将人力资源和社会保障部工资福利司的公务员工资福利管理职能一并划入国家公务员局,而事业单位的工资管理职能仍旧留在人力资源和社会保障部。

---

① 何宪、熊亮:《机关和事业单位工资脱钩问题研究》,《中国人事科学》2018年第10期。

改革后，原属于同一个司局管理的机关和事业单位工资福利管理职能，改为中央组织部管理机关公务员工资福利制度，人力资源和社会保障部管理事业单位和机关工人的工资福利制度，从而实现了机关和事业单位工资在管理上的脱钩。

第十三章 福利保障制度

第十三章　福利保障制度

福利，由"福"和"利"两字组成。"福"在甲骨文中是指巫师用美酒祭祀祈祷，以求富足安康的意思，意为精神上的幸福；"利"在甲骨文中是指用刀收割庄稼的意思，意为物质上的满足。将"福"和"利"结合起来，就是给人以精神上的幸福和物质上的满足之意。现代意义上的"福利"的概念系西方概念，经由日本传入我国。《现代汉语词典》对其的解释为"生活上的利益，特指对职工生活（食、宿、行）的照顾"。《辞海》对其的解释也相似，福利是"生活上的利益，特指对公民、职工在住房、健康、交通等方面的照顾"。

在管理学上，对福利的外延的解释有狭义和广义之分。狭义的福利是指单位在工资、奖金等劳动报酬之外，通过举办集体福利事业、发放福利补贴等方式，对本单位职工生活上予以照顾。广义的福利则是指为改善职工的物质和文化生活而举办的一切福利性的事业，包括社会保险、医疗卫生、各种补贴和集体福利等，因此，广义的福利也包括了保险制度的内容。本文采用广义的福利概念，认为福利涵盖职工的生、老、病、死、衣、食、住、行等方方面面。生，是指生育、生活的意思，包括生育待遇、假期待遇、生活福利事业等；老，是指退休待遇；病，是指医疗待遇、病假待遇、因公负伤（致残）待遇、疗养待遇等；死，是指抚恤制度，包括死亡抚恤金制度、丧葬费补助、遗属生活困难补助等；衣和食，共同指的是各种福利性的补贴，如物价补贴、实物补贴、困难补助等；住，指的是住房制度，也包括物业补贴、供暖补贴等制度；行，指的是交通补贴制度、公务用车制度、探亲制度等。

总之，福利是国民收入分配的一种形式，是对工资分配的补充，其主要作用是解决职工生活困难，维护职工身体健康，保障职工及其家庭成员基本生活，改善职工的工作和生活条件等。一套有效的福利保障制度具有减少职工生活上的困难，体现单位对职工生活的关心，减少单位实际用人成本，调动职工的工作积极性，促进生产发展等方面的作用。

计划经济体制下，"单位"是福利的主要提供主体。中华人民共和国成立后我国通过"单位"这一载体，建立了具有中国特色的"单位福利"制度，福利名目繁多，涵盖职工生活的方方面面，小到柴米油盐、衣食住行，大到福利分房，等等。除此之外，还有各种的福利补贴、集体福利设施等。此后，福利保障制度在曲折中发展，并在"文化大革命"期间遭到破坏。

党的十一届三中全会后，党和国家的工作重点转移到以经济建设为中心的社会主义现代化建设上来。一方面，恢复了福利保障制度，福利保障制度逐步走上正轨；另一方面，随着市场改革的推进单位福利保障制度成为单位改革的沉重负担，迫切需要对原有福利保障制度进行全面的改革。福利保障制度随之转入新的轨道，开始了新的改革探索，以建立与社会主义市场经济体制相适应的福利保障制度。一是逐步改变过去那种通过国家财政补贴进行的隐性或实物分配的制度形式，将隐性的实物的分配向货币化、透明化方向发展；二是将原来由单位为福利提供主体的福利保障制度，转向以社会为主的社会福利保障体系，其目的是减轻单位的改革负担，为市场化改革创造条件。

第一节　福利保障制度的建立与初步形成（1949—1956年）

中华人民共和国成立前，在中国共产党领导的各解放区，干部待遇主要实行供给制度，但在供给制中也包含若干福利保障的因素，如干部遇有疾病时，单位免费给予治疗；女性干部生育时，给予一定的生育假期，供给照发，有条件的单位还给予一定的补助费；干部遇有伤残、死亡时，发给一定的生活费或抚恤金。中华人民共和国成立后，通过立法和颁布单项法规的形式，初步建立了涵盖国有企业、事业单位和国家机关的福利保障制度。

一　革命根据地政府对福利保障制度的探索

第一次国内革命战争时期，在中央苏区，工农民主政府成立后，1930年5月颁布了《劳动暂行法》，规定长期工遇有疾病死伤者，其医药费、抚恤费由东家供给，标准由工会自定；女工产前产后，两个月内不做工，工资照给；事业工人由政府设法救济并分给田地及介绍工作。1931年11月，中华苏维埃共和国第一次全国工农代表大会通过了《中华苏维埃共和国劳动法》，规定劳动者工作时间不超过8小时，16—18岁青工不得超过 6 小时，14—16 岁童工不超过 4 小时，18 岁以下男女工及怀孕和哺乳期的女工禁止上夜班；所有雇佣工人均应享受社会保险，雇主支付工资总额的 10%—15% 的保险金；职工和家属都实行免费医疗；工人生病或发生其他暂时丧失劳动能力以及服侍加重病人时，雇主必须保留其工作和原有中等工资；年老、残废（包括因工和非因公）可领取残疾及老弱优恤金；职工和家属死亡发给丧葬费；受雇超过 6 个月的工人死亡后，遗属可享受优恤金；工会会员工作满一年以上，非会员满两年以上，失业后可享受失业津贴等。由于《劳动法》颁布时受到"左"的政策的影响，定得标准过高，超出了企业的承受能力，为此，苏维埃共和国中央政府于 1933 年 4 月决定修改《劳动法》，并于 1933 年 10 月 15 日由中央委执行委员主席毛泽东签署公布了新的《中华苏维埃共和国劳动法》，区别了雇主对象，照顾他们的承受能力，对某些过高的要求作了适当限制。修改后的劳动法规定，各企业各机关各商店及私人雇工，除付给工人职员工资之外，支付全国工资总额的 5%—20% 的数目，缴纳给社会保险局，作为社会保险基金。具体百分比，由中央劳动部以命令规定之。

解放战争时期，在较早解放的东北地区，较早开始了建立福利保障制度的探索。1948 年，在哈尔滨召开的第六次全国劳动大会上，提出了制定有关劳保福利方面的劳动立法，建议工人劳动时间一般实行 8 小时至 10 小时制，工资必须保障最低生活水准；女工产前产后休息 45 天，小产在 3 月以内，休息 15 天，3 个月以上，休息 30 天，工资照发；伤害、疾病、老残等医疗、抚恤，暂由工厂负责办理，或由工厂和工会共同负责办理。1948 年 12 月东北行政委员会颁布《东北公营企业战时暂行保险条例》，并决定从 1949 年 4 月 1 日起，在铁路、邮电、矿山、军工、军需、电气、纺织等 7 个行业中试行，同年 7 月 1 日起扩大到东部地区所有公营企业。[1] 条例规定，因工负伤，企业负担全部医药费，工资照发；因工致残，按其残废程度和残疾原因，发给本人工资 50%—60% 的抚恤金；非因工致残给救济金，数额为非因工致残抚恤金的一半；职工患病或非因工负伤，免费在本企业治疗；病假 3 个月以内按工龄长短发给本人工

---

[1] 严忠勤：《当代中国的职工工资福利和社会保险》，中国社会科学出版社 1984 年版，第 299 页。

资 50%—100% 的补助金，病假 3 个月以上发给本人工资 10%—30% 的救济金；因工死亡丧葬费最多不超过死者本人 2 个月工资，并按致死原因，根据工龄长短发给相当于死者本人工资 15%—50% 的遗属抚恤金；非因工死亡的丧葬补助金，为死者本人一个月工资，并按死者工龄长短发给 2—12 个月的死者本人工资作为救济金；女工生育产假 45 天，工资照发；供养直系亲属死亡，发给丧葬补助金，数额为职工月工资的 1/3。退休养老者，按工龄长短每月发给本人工资 30%—60% 的养老金①。此外，还规定举办疗养院、休养所、养老院、残废院等集体保险事业。条例的颁布实施，使东北 420 个厂矿 79.6 万名职工享受到了社会保险待遇。这个条例是我国第一次在较大范围内实行福利保障制度，它的实施对激发职工政治热情，密切党群联系，促进生产恢复和发展，支援解放战争，起到了重要作用，也为中华人民共和国成立以后在全国范围内建立福利保障制度培养了干部，积累了经验。② 其他解放区和解放的大城市，如上海、太原、天津、石家庄等，先后参照东北地区的经验，颁布了有关法令。这些探索，为中华人民共和国成立后建立我国的职工福利保障事业奠定了基础。③

中华人民共和国成立后，我国开始建立福利保障制度。这一时期，我国的职工福利事业发展比较快，各地区、各部门和职工所在单位开办了食堂、托儿所、幼儿园等集体福利设施，建立了各种补贴制度和保险制度。

二　福利保障制度的建立

中华人民共和国成立后，随着国民经济的发展，我国开始逐步建立职工的福利制度，制定兴办福利的方针，兴办各项福利事业。一是明确了发展生产的基础上逐步改善生活的方针。1950 年 9 月，中央人民政府颁布《中华人民共和国工会法》，规定工会负有改善工人、职员群众的物质生活，建立文化生活的各种设施的责任。各级政府应拨给中华全国总

---

① 严忠勤：《当代中国的职工工资福利和社会保险》，中国社会科学出版社 1984 年版，第 300 页。

② 严忠勤：《当代中国的职工工资福利和社会保险》，中国社会科学出版社 1984 年版，第 300 页。

③ 刘传济：《社会保险与职工福利》，劳动人事出版社 1987 年版，第 28 页。

工会、产业工会与地方工会以必要的房屋与设备，作为工会办公、会议、教育、娱乐及举办集体福利事业等之用。1953年9月，中共中央在《关于建筑工程部工作的决定》中指出，要从国家的长远利益与保护工人的当前切身生活利益出发，适当解决工人的工资福利问题甚为重要，兴办福利事业的正确的方针应该是在发展生产、提高劳动生产率的基础上，使工资福利适当地逐步增加。二是明确了福利经费的来源。规定国家机关、事业单位和党派、人民团体按照工资总额的一定比例提取福利费，国营企业从企业奖励基金中按照一定比例提取福利基金。此外，规定机关可以从行政经费、事业经费和企业从管理费中开支一些特定的福利费用。三是开始建立福利补助制度，包括全国总工会建立的职工生活困难补助制度和国务院制定的宿舍冬季取暖补贴制度。

企业职工的福利保障制度是通过立法的形式建立起来的。1951年2月，政务院颁布《中华人民共和国劳动保险条例》，同年3月，劳动部制定公布了《劳动保险条例实施细则（草案）》，开始建立企业职工保险制度。

随着国家财政状况的好转，为了适应大规模经济建设的要求，1953年1月，政务院颁布了《中华人民共和国劳动保险条例若干修正的决定》和修正后的《劳动保险条例》，劳动部也发布了《劳动保险条例实施细则修正草案》，扩大了实施范围，适当提高了标准。

1954年第一届全国人民代表大会通过的《宪法》明确规定，中华人民共和国劳动者在年老、疾病或者丧失能力的时候，有获得物质帮助的权利。国家举办社会保险、社会救济和群众卫生事业，并且逐步扩大这些设施，以保证劳动者享受这种权利。1956年，《劳动保险条例》的实施范围进一步扩大，至此，企业职工的保险制度逐步建立起来。

国家机关、党派、人民团体和事业单位的福利保障制度是以单项法规的形式建立的。1950年12月11日，政务院批准由内政部颁发《革命工作人员伤亡褒恤暂行条例》，对国家工作人员的伤残和死亡待遇作了规定。1952年、1953年和1955年对这个条例进行了修改，提高了待遇标准。1952年以后，国家对机关和事业单位的工作人员，因公、因战伤残、部分丧失或全部丧失劳动能力的保险待遇，以及职工死亡的丧葬费和抚恤费标准，陆续都作了规定。因公伤残完全丧失劳动能力的待遇与企业所实行的劳动保险条例规定的待遇相同，对于部分丧失劳动能力的待遇则稍优厚一些。国家工作人员死亡待遇，1955年规定的标准比《劳动保险条例》规定的稍低，1957年修改后的标准比该条例的规定稍高一些。

随着我国经济状况的好转，1952年6月27日，政务院颁布了《关于各级人民政府、党派、团体及所属事业单位的国家工作人员实行公费医疗预防的指示》，规定自1952年7月起，分期推广公费医疗制度，使全国各级人民政府、党派、工、青、妇等团体，以及文化、教育、卫生等事业单位的工作人员和残废军人，都享受公费医疗待遇，并规定门诊、住院所需的诊疗费、手术费、住院费、门诊或住院中经医师处方的药费，均由医药费拨付。① 这个指示的规定比《劳动保险条例》规定的药费保险范围更为广泛。这体现为，在《劳动保险条例》中规定普通的药费由企业行政或资方负担，贵重药费则由本人自理，而公费医疗则规定药费完全由公家负担。机关和事业单位工作人员供养的直系亲属均不享受医疗补助。同年9月12日，政务院又颁发了《各级人民政府工作人员在患病期间待遇暂行办法的规定》，其所规定的待遇标准略高于《劳动保险条例》规定的。此后，这个办法在1954年7月和1955年12月作过两次修改，但待遇标准仍旧高于《劳动保险条例》所定标准。按照《暂行办法》的规定，国家工作人员病假连续在1个月的发给本人标准工资的100%，1个月以上6个月以内的根据工龄长短，发给本人标准工资的70%—100%。

国家机关工作人员全部实行工资制后，为解决国家机关工作人员子女的医疗问题②，1955年9月，财政部、卫生部和国务院人事局联合颁布了《关于国家机关工作人员子女医疗问题》的规定，提出子女医疗问题可采取两种办法解决：一种是实行统筹医疗，每人每月交纳一定数额的医疗费，由机关统一掌握调节使用；另一种办法是，子女医疗费本人自理，确有困难的，可从机关福利费内予以补助。

---

① 严忠勤：《当代中国的职工工资福利和社会保险》，中国社会科学出版社1987年版，第311页。

② 严忠勤：《当代中国的职工工资福利和社会保险》，中国社会科学出版社1987年版，第312页。

国家机关工作人员的生育待遇①是以 1955 年 4 月国务院颁发的《关于女工工作人员生育假期的通知》为基础建立起来的。其规定的生育假期、生育假期工资及怀孕、分娩时的检查费、接生费等②生育假待遇和《劳动保险条例》的规定相同，只是没有规定生育补助费。

关于国家机关工作人员的退休退职待遇，1955 年 12 月，国务院颁发了《国家机关工作人员退休处理暂行办法》和《国家机关工作人员退职处理暂行办法》，其中规定的退休退职条件与企业的规定大体相同，而待遇标准则不尽相同。属于因工残废退休的待遇为本人工资的 70%—80%，符合其他条件退休的为 50%—70%；对有重大功绩或贡献的退休人员，只规定"可以酌量提高"，但没有规定具体数额。工作人员退职的，退职金作一次发给，领取退职金的额度，根据工作年限长短确定。退职金标准，也没有最高限额。③ 国家机关建立退休退职制度后，据 1956 年的不完全统计，退休人数约 1000 人；退职人数，按中央 51 个部门和 25 个省、自治区、直辖市统计有 8000 多人，这对于当时贯彻中央关于精简的方针，起到了良好的作用。④ 到 1955 年年末，国家工作人员的保险项目与适用于企业的《劳动保险条例》的保险项目已经相同，其生、老、病、伤、残待遇都有了明确规定，只是有些项目待遇标准略有差别。

三 初步建立假期制度

(一) 明确法定节假日标准

1949 年 12 月 23 日，政务院第十二次政务会议通过公布了法定节假日制度，规定全民性法定节假日为 7 天，具体为：新年，放假 1 天；春节，放假 3 天；劳动节，放假 1 天；国庆节，放假 2 天。此外，妇女、中等学校以上学生、儿童及军事机关人员还分别享有妇女节、青年节、儿

---

① 严忠勤：《当代中国的职工工资福利和社会保险》，中国社会科学出版社 1987 年版，第 312 页。
② 严忠勤：《当代中国的职工工资福利和社会保险》，中国社会科学出版社 1987 年版，第 312 页。
③ 严忠勤：《当代中国的职工工资福利和社会保险》，中国社会科学出版社 1987 年版，第 311 页。
④ 严忠勤：《当代中国的职工工资福利和社会保险》，中国社会科学出版社 1987 年版，第 311 页。

童节、建军节各半天假期。

（二）少数部门自行规定本部门的探亲办法

中华人民共和国成立初期，为了建设祖国和开发边远地区，大批职工和大中专学校毕业生服从国家的调动和分配，远离家乡到各地去或从工业较发达地区到边远地区参加社会主义建设。据估计，1956年，在全国2400多万职工中，有600多万职工同家属分住在两地。由于当时还没有实行职工的年休假制度，因而不少职工缺少同家属团聚的机会。有的职工要求单位就地安排家属宿舍，这就增加了住房的紧张。同时，按照我国的民间习俗，大多数职工在春节期间回家探亲，因而出现春节前后出勤率大幅度下降，交通客运紧张。不少职工家属进城探望丈夫子女，也增加了城市供应和单位行政管理的困难。为此，有少数部门如建筑、地质、石油、电力等部门，自行规定了本系统职工的一些探亲办法，探亲假期长短不一，车船补助费标准各异。其他多数部门没有探亲假的规定。

（三）初步探索建立干部休假制度

国家1952年、1953年制定了干部休假制度。但由于种种原因，这一制度执行了两年就废止了。此后20多年，国家对年休假一直未作统一规定①。

1952年12月，中央人民政府政务院发出《关于各级人民政府工作人员休假制度暂行规定的通知》，规定"中央人民政府所属各院、委、署及政务院所属各委、部、会、院、署、行政正副首长，各委正副秘书长，各大行政委员会政府秘书长和各委正副主任，省（市）人民政府主席（市长）以上人员及其他相当以上职务之人员，每年应离职休假一个月；中央人民政府、大区行政委员会正副处长、省（市）人民政府正副厅局长，专署正副专员以上人员及其他相当以上职务之人员每年应离职休假20天；其他人员（办事员以上）每年应离职休假10天"。在休假组织上，通知规定"休假应在不影响工作的原则下，采取轮流方式，有组织、有计划地进行；休假人员的工作须指定适当人员代理，注意防止因休假而造成工作无人负责的现象"。通知还规定，"工作人员在休假期内原待遇照发，经组织批准至休养地休假者，其往返车船费，按中央人民政府

---

① 徐颂陶、孙建立：《中国人事制度改革三十年》，中国人事出版社2008年版，第191页。

财政部颁布之关于因公出差之车船费之规定发给"。

1953年1月,卫生部、人事部发出《关于中央级机关高级干部休假暂行实施办法》,规定中央级假期休养区包括海滨(大连、青岛、北戴河)、温泉(汤岗子)与山岳(庐山)。其中,青岛为中央人民政府所属各机关正副首长(包括各委正副秘书长)以上人员及其他相当以上职务之人员的休假区;大连、北戴河、庐山、汤岗子为中央人民政府各机关司、局长级以上人员及其他相当以上职务之人员的休假区。

1952年的休假暂行规定颁发之后,因"各级政府准备不足,这个规定只在少数工作人员之中实行,并未达到应有的效果。同时,更由于目前工矿交通企业实行年休假的条件尚不具备,如果政府机关普遍贯彻实施年休假制度,势必对于工矿交通企业发生重大影响",1953年8月,中央人民政府政务院印发《关于各级人民政府工作人员休假制度暂行规定补充通知》,对休假制度进行了调整。一是缩小各级人民政府工作人员实行年休假的范围。原休假30天者,仍可按规定休假。原休假20天及10天者,"暂实行有条件的休假,即确属工作繁重、体质较弱、可以暂时离开而不影响工作,又经直属上级批准者,始得休假,以缩减实际休假天数;各级人民政府自接到本通知之日起,应按此精神严格掌握,并对工作人员进行适当的说服教育"。二是工矿交通企业一般不实行年休假制度。"厂、矿长及相当厂、矿长以上的行政、技术领导干部中,确属工作繁重、体质较弱、可以暂时离开而不影响工作,又经过直属上级批准者,亦可实行年休假,但不得因此影响一般职员及工人"。三是劳动模范和先进工作者的休养办法,仍按工会的旧有规定办理,暂不变更。

四 探索建立福利补贴制度

福利补贴制度是国家和单位对个人的生活支出给予必要的补偿,以保障工作人员一定的生活水平。这一时期,供给制逐步向工资制度过渡,工资制度和供给制度并行,供给制和工资制人员的实际待遇水平存在差异,带来了矛盾。为缓和矛盾,保障工作人员的生活水平,我国建立了以冬季取暖补贴制度和多子女职工生活困难补贴制度为代表的福利补贴制度。

(一)初步构建冬季取暖补贴制度

中华人民共和国成立初期,国家机关绝大部分工作人员享受供给制待遇。中央人民政府在1949年规定，供给制工作人员宿舍冬季取暖用煤由国家供给。同时，东北和内蒙古地区及铁道等部门仍沿袭了中华人民共和国成立前原有的职工煤贴办法，这就初步形成了职工冬季取暖补贴制度。

当时实行工资制的工作人员还不能享受此项待遇。为减少矛盾，1950年10月，财政部印发了《关于中央级各机关1950年度冬季烤火费的规定》的通知，除对中央机关和学校的办公室炉具设置和用煤标准作出规定外，还规定：职工宿舍装置火炉，1间（住1—3人的）可安装小号煤球炉1个；两间（住4—7人的）可安装大号煤球炉或小号铁火炉1个；3间（住8—10人的）可安装中号铁火炉1个或小号铁炉2个；11人至20人的通间大屋可安装中号铁火炉2个或小号铁炉3个。烧煤定量为：大号铁火炉每日烧煤40斤；中号铁炉每日烧煤30斤；小号铁火炉每日烧煤20斤（宿舍为15斤）；大号煤球炉每日烧煤15斤；小号煤球炉每日烧煤10斤。工资制与供给制工作人员同住一个宿舍的，烤火用煤可按炉报销。如果工资制工作人员另设宿舍，或在家居住的（供给制工作人员同），在烤火期内每日补助煤5斤，烤火期规定为三个半月，共补贴525斤。1951年改为烤火期内每人补助门头沟甲块煤半吨，折款17.20元。此后到1954年未作变动。中央级机关的取暖补贴规定颁发后，北京市、河北省等地区的国家机关先后参照执行，并对工资制工作人员也发给取暖补贴，但尚未在全国范围内实行。

1955年，供给制工作人员实行工资制后，工作人员及其家属的一切生活费用都由个人负担。由于当时的工资水平不高，且因地区交通不便的原因，煤价较高，职工负担冬季取暖用煤的费用有一定困难。1955年10月，国务院制定了《中央国家机关工作人员宿舍取暖补贴暂行办法》，并责成各省、自治区、直辖市人民委员会结合当地具体情况，分别制定同样办法，在各该辖区内颁布实行。《暂行办法》规定，工作人员有家属随同住在北京市者在4个月的取暖期间内，每月按照工作人员工资（标准工资和物价津贴）的6%给予取暖补贴；补贴数额不足18元的，按18元补贴。夫妇双方参加工作的，各按上述标准计发。工作人员的家属住在北京市，而本人因工作关系须长期住在机关时，除在机关所需取暖费用由公家支报外，按规定发给取暖补贴。工作人员在取暖期间使用公家炉具者，按炉具现值，按月收费1%。工作人员及其家属住在装有暖气设备的机关宿舍，为了弥补燃料费用，不发给取暖补贴，还应定额收费，标准为：1户单独使用暖气锅炉的宿舍，每月按房屋的使用面积每平方米收费0.2元；两户以上合用暖气锅炉的宿舍，每月按各自房屋使用面积，每平方米收费0.1元。工作人员单身住在机关集体宿舍，取暖一律由公家供给，不发取暖补贴。部长以上领导干部居住的宿舍中，如因工作需要，设有办公室或会议室，这些办公室、会议室所需燃料费用由机关统一支报，如果装有暖气设备，也不收费。

为了平衡企业、事业、机关职工的取暖补贴待遇，1955年10月18日，国务院印发《关于事业、企业单位1955年冬季取暖补贴问题的通知》，规定各事业、企业单位1955年冬季取暖补贴办法，均按当地省（市）人民委员会制定的当地国家机关工作人员取暖补贴办法执行。

当时，全国行政机关和事业、企业单位虽都实行了冬季取暖补贴办法，但由于规定不够完善，在执行中发生了许多不合理的现象，如不需要补贴的淮河以南地区，大多数省、市也发给工作人员取暖补贴；有的地区规定乡村（镇）干部实行取暖补贴，使之脱离了当地农民的生活水平；各地不少地区对住集体宿舍的单身职工，不论有无家属住在当地，一律不发取暖补贴；有的地区规定的取暖期较长，不仅增加了不必要的财政支出，而且在群众中引起不满。

为了解决上述不合理的问题，国务院在1956年10月12日指定由劳动部进行研究，并提出改进办法。当时因取暖期即将开始，劳动部、财政部在1956年10月31日发出通知，暂时决定凡按取暖期规定为4个月以上的地区，可以根据1955年规定的范围暂借给工作人员相当于1955年所领取暖补贴的半数，取暖期在4个月以下的地区，都暂不借；乡村职工不论取暖期限在4个月以上或以下，均暂不借。企业、事业单位也按上述办法办理。

1956年12月31日，国务院印发了《关于国家机关和事业、企业单位1956年职工冬季宿舍取暖补贴问题的通知》，对职工宿舍冬季取暖补贴范围作了统一规定。《通知》明确，广东、广西、福建、浙江、江西、湖南、湖北、四川、云南、贵州等省以及江苏、安徽、河南等省的淮河以南地区、陕西省秦岭以南地区，国家机关和事业、企业单位一律不发给宿舍取暖补贴,其他地区发给宿舍取暖补贴。西藏地区由当地政府酌情决定。

《通知》对发给取暖补贴的地区,又分为甲、乙两类地区。甲类地区为：辽宁、吉林、黑龙江、青海四省,内蒙古、新疆两个自治区、河北省的关外地区,山西省的雁北地区,甘肃省的兰州以西(不包括兰州)和原宁夏回族自治区辖地区。其县(市)及其以上城市(包括城关)的国家行政机关和事业、企业单位,一律发给取暖补贴。在乡村(镇)的国家行政机关、学校、事业单位和商业、金融、合作社等系统,一律不发取暖补贴。除上述规定的甲类地区以外的其他地区为乙类地区,其中省辖市、专辖市(包括城关)的国家行政机关和事业、企业单位,一律发给取暖补贴,在县城(包括城关)和乡村(镇)的国家行政机关、学校、事业单位和商业、金融、合作社等单位,一律不发取暖补贴。

《通知》规定了取暖补贴的标准。宿舍冬季取暖补贴按职工本人工资的4%计发。取暖期不超过上年度的规定的,取暖补贴最低额应比照去年适当降低,京、津最低额由18元降为16元,某些部门原发煤贴的,不再发取暖补贴；如发取暖补贴,则应取消煤贴。住集体宿舍的单身职工,由公家免费供给取暖,不发给宿舍取暖补贴。国家机关和事业、企业单位职工及其家属住有暖气设备的机关宿舍,不发给取暖补贴,在取暖期间实行定额收费。北京、天津的收费标准是宿舍(以户为单位)面积不足100平方米的每月每平方米收费0.1元；超过100平方米的每月每平方米收费0.12元。部长以上人员的宿舍附设有办公室或会议室的,其办公室或会议室应与宿舍住房统一计算,合并收费；在机关内未设办公室的,其宿舍的办公室不计入。

(二)建立生活困难补助制度

中华人民共和国成立后,党和政府采取了一系列的措施,恢复生产,稳定物价,使职工生活有了很大的改善。但仍旧有一些职工由于家庭收入低、供养人口多,或者其他原因,家庭生活存在一些困难。党和政府从关心职工生活的角度,在50年代初就分别规定了机关、事业单位和企业对生活困难职工的补助办法,并逐步成为一种制度。

1956年,全国总工会在对职工生活和职工困难补助情况进行充分调研的基础上,向各级工会组织发出了《职工生活困难补助办法》,对有关职工困难补助的政策、原则、补助对象、经费来源、补助办法等，都作了明确的规定，提出对那些确有困难和需要补助的职工要做到主动关心和及时补助。基层单位的职工，不分工会会员和非会员，如果在生活上确实发生了困难，都可以得到定期补助或者临时补助。收入少、供养人口多、不能维持当地最低生活水平或者有其他原因经常发生生活困难的职工，可以向所在工会组织申请给予定期的补助。对于长期困难的职工，可定期确定补助名单和补助金额。在补助期间要经常了解他们的生活情况的变化和群众意见，加以调整。为了做好困难补助工作，把有限财力物力用到确有困难，特别是急切需要帮助的职工身上，要坚持从实际出发，实事求是；为群众服务，为生产服务；坚持经济工作和思想工作紧密结合；既反对群众中不立足于自力更生克服困难的依赖思想，也要反对置身于群众之上的恩赐观点和漠视群众疾苦的官僚主义。

中华人民共和国成立初期，供给制人员子女的教育，除了在农村中有土地者外，一般由政府包下来；工资制度的人员则在工资内解决，根据1953年6月劳动部劳动保险局《关于福利问题的报告》，子女多而生活困难是普遍现象，但困难人数并不多。例如，上海调查的13个单位10698名职工中，因子女多而生活困难的职工只有1.77%。为了达到"救济一人，感动众人"的效果，《报告》提出了两条意见。一是在工资总额中提取0.5%作为职工生活困难补助金。二是拟定"职工生活困难补助办法"，对职工生活困难补助作原则性规定，以便各地试行。

1952年12月，政务院发出《关于解决工资制工作人员多子女困难问题的通知》，规定了各级人民政府及其所属机关（包括事业费开支单位）工资制人员因多子女困难而产生的生活问题的补助办法。

一是生活困难补助的享受范围。夫妇均参加政府工作（或乙方有社会职业），如双方工资及其他经济收入负担三个子女的教养费确有困难，或夫妇一方参加政府工作另一方无社会职业，如其工资及其他经济收入负担两个子女的教养费确有困难，均可以在规定的福利费内酌予补助。

二是补助的标准。夫妇双方工资及其他经济收入共同负担四个以上子女确有困难或乙方参加政府工作另一方无社会职业，其工资及其他经济收入负担3个以上子女的教养费确有困难，可以根据城乡不同的生活水平及其困难情况酌定其应受补助之子女人数，每人每月按3万至7万

（旧人民币）计算酌予补助费。

三是补助的财政保障。1953年，国家预算中拨付此专项补助1000亿元（旧人民币），并本着"包干"的精神分别发给县以上人民政府掌管使用，不再追加。其中，中央46亿元，华东地区100亿元，中南地区110亿元，西南地区92亿元，西北地区73亿元，华北地区66亿元，东北地区133亿元，内蒙古14亿元，西藏1亿元，军队60亿元，高等学校47亿元，中小学校253亿元，其他待分配金额5亿元。

上述《通知》发出后，中共中央又专门发出执行上述通知的指示，指出"这将是一件繁杂的组织工作，望接到此通知后，认真督促人事、财政部门按期予以实现"。

五　明确女职工生产假期标准和假期工资待遇

生育待遇是国家或企业对女职工在怀孕、生育期间给予的医疗检查、助产等服务，以及产假、产假期间的生活待遇等，是保障女职工和婴儿健康，减轻女职工由于生育产生的生活困难，所采取的一项措施。生育待遇涉及国家的生育政策，也和经济发展与工作需要等因素有着紧密联系。[①]

1951年，政务院颁布的《劳动保险条例》规定，女工人与女职员生育产前产后共给假56日，产假期间工资照发。女工人与女职员怀孕不满7个月小产时，根据医师的意见给予30日以内的产假，产假期间，工资照发。女工人与女职员难产或双生时，增给假期14日，工资照发。女工人与女职员怀孕，在该企业医疗所、医院或特约医院检查或分娩时，其检查费与接生费由企业行政方面或资方负担。女工人与女职员或男工人与男职员之妻生育时，由劳动保险基金项下发给生育补助费4万元。[②]

中华人民共和国成立初期，各地国家机关女职工生产假期不一致，针对这一情况，1955年，国务院印发《关于女工作人员生产假期的通知》，统一了女职工的生产假期。具体来说，女工人与女职员生产前产后共给假56日，难产或双生增加假期14天；怀孕不满7个月流产时，根据医师的意见，给予30日以内的产假；产假期间（包括星期日及法定假日

[①] 徐颂陶、孙建立：《中国人事制度改革三十年》，中国人事出版社2008年版，第192页。
[②] 指旧人民币，1元旧人民币折合新人民币4元。

在内）工资照发；产假期满，因病需要继续休养者，按病假处理。

六　建立公费医疗制度并解决部分人员的医疗待遇

我国职工的医疗保障在企业中实行职工劳动保险医疗制度（简称劳保医疗），在国家机关和事业单位实行公费医疗制度①。这种双轨并行的制度在我国实行了近50年，直到1998年，国务院颁布《关于建立城镇职工基本医疗保险制度的决定》，标志着在我国实行了近半个世纪的双轨的医疗保障制度走向并轨。②

国家机关和事业单位工作人员公费医疗制度建立于1952年。1952年6月，政务院发出《关于各级人民政府、党派、团体及所属事业单位的国家工作人员实行公费医疗预防的指示》，规定从1952年7月起，分期推广公费医疗制度，使全国各级人民政府、党派、工青妇等团体，以及文化、教育、卫生、经济建设等事业单位的国家工作人员，都享受公费医疗预防的待遇。《通知》规定，门诊、住院所需的诊疗费、手术费、住院费、门诊或住院中经医师处方的药费，均由医药费拨付；住院的膳食费、就医路费，由病者本人负担。

同年8月，政务院又制定了《关于国家工作人员公费医疗预防实施办法》，详细规定了享受公费医疗预防待遇人员的范围，具体包括：全国各级人民政府、党派、团体在编人员；全国各级文化、教育、卫生、经济建设事业单位工作人员；经中央人民政府政务院核定之各工作队人员；受长期抚恤的在乡革命残废军人和住荣军院、校的革命残废军人。《办法》规定，各级人民政府（专署以下除外）均组织公费医疗预防管理委员会；中央、大行政区、省（市、行署）所在地之城市，均指定1个或1个以上医院，专门负责公费医疗预防工作。关于公费医疗的经费来源，《办法》规定，各级人民政府应将公费医疗预防经费列入财政预算，由该级卫生行政机关掌握使用。

为解决国家机关工作人员子女医疗问题，1955年8月，财政部、卫生部、国务院人事局印发了《关于国家机关工作人员子女医疗问题》的

---

① 赵东宛：《中国劳动人事年鉴》，劳动人事出版社1989年版，第578页。
② 徐颂陶、孙建立：《中国人事制度改革三十年》，中国人事出版社2008年版，第195页。

通知，规定对工作人员子女的医疗问题可在两种办法中选择一种。第一种办法是实行机关统筹，即各级机关可根据机关具体情况及工作人员自愿进行组织，每人每月按公费医疗规定数额交纳医疗费，由机关统一掌握，参加统筹的工作人员子女患病的医疗费，从统筹费内开支；第二种办法是实行统筹有困难的机关，其工作人员子女的医疗费由本人自理，对自理确实有困难的，从机关福利费内予以补助。

为解决国家机关工作人员退休后的医疗待遇问题，1956年8月，国务院人事局、卫生部、内务部印发了《国家机关工作人员退休后仍应享受公费医疗待遇的通知》，规定退休人员退休后公费医疗待遇所需经费"不再另行追加，由所在省、市调剂解决"，"退休人员住院的来往旅费及住院期间的伙食费由本人自备，如确有困难时，可向当地县、市或直辖区人民委员会申请补助。逐项补助费从优抚事业费内开支"。上述通知实施后，江苏、辽宁、安徽、新疆等地就"退休前不享受公费医疗待遇，退休是否享受？""国家金融机关（人民银行）原来既不享受劳保又不享受公费医疗，其工作人员退休后如何办理"等问题函询卫生部。1956年12月，卫生部发出《关于国家机关工作人员退休后仍享受公费医疗待遇的几点补充通知》，明确"取得各级人事部门发给退休人员本人的'退休人员介绍信'和'退休人员证明书'者，给予办理公费医疗，国家金融机关不办理公费医疗"。

表14—1　　　　　实行劳动保险和享受公费医疗的人数　　　　单位：万人

	1952年	1953年	1954年	1955年	1956年	1957年
实行劳动保险的职工人数	330.0	483.0	538.0	571.0	741.7	1150.0
享受公费医疗的人数	400.0	549.6	566.6	593.7	661.2	657.2

注：1. 实行劳动保险的职工人数，是指实行国家规定的劳动保险条例的企业的职工人数，不是实行劳动保险条例，但是实行劳保合同和其他新的劳保待遇的人员则不包括在内。

2. 实行劳动保险的职工人数1949年为60万人，1950年为140万人，1951年为260万人。

资料来源：中国社会科学院，中央档案馆：《1953—1957中华人民共和国经济档案资料选编》，劳动工资和职工保险福利卷，中国物价出版社1998年版，第1103页。

七　明确职工病假期间待遇标准

为了适当解决国家机关和事业单位工作人员病假期间的生活困难问

题，我国建立了国家机关和事业单位工作人员患病期间的待遇制度。病假待遇制度保障了职工患病期间的基本生活，对患病职工迅速恢复身体健康，重赴生产工作岗位，起到了重要的作用。[1]

1952 年 9 月，政务院制定了《关于各级人民政府工作人员在患病期间待遇暂行办法》，对享受供给制和工资制的工作人员的病假待遇分别作了规定。对于供给制人员，不论其患病在 6 个月以下或 6 个月以上，其本人享受的供给、津贴一律照发。对于工资制人员，按照参加革命工作的早晚有所不同。1948 年年底以前参加革命工作的，不论其患病在 6 个月以下或 6 个月以上，原工资照发；1949 年以后参加革命工作的，其患病时间在 1 个月以内的，原工资照发，超过 1 个月不满 6 个月的，发给原工资的 80%；超过 6 个月的，发给原工资的 60%—80%。

1954 年 6 月，政务院颁发了《国家机关工作人员工资、包干费标准及有关事项的规定》。同年 7 月，国务院发布了《关于各级人民政府工作人员病假期间待遇的暂行规定》，对享受包干制和工资制的工作人员的病假待遇分别作了规定。对于执行包干制的人员，按原待遇（伙食费、服装费、津贴费等）发给生活费。对于执行工资制的人员，区分参加工作时间确定病假待遇，参加革命工作满 6 周年的，按原工资发给生活费；不满 6 周年的，病假 1 个月以内，按原工资发给生活费，病假超过 1 个月的，参加革命工作不满 1 周年，发给本人原工资 60% 的生活费，满 1 年不满 3 年的，发给 70%，满 3 年不满 6 年的，发给 80%。

国家机关工作人员改行货币工资制后，国家对病假待遇作了相应调整。1955 年 12 月 29 日，国务院颁发了《国家机关工作人员病假期间生活待遇试行办法》，对国家机关工作人员病假期间生活待遇作了规定，根据患病工作人员参加工作年限的长短，规定了不同的病假待遇。工作人员病假在 6 个月以内的，第 1 个月工资照发；从第 2 个月起，按工作年限的长短，发本人工资的 70%—100%（工作年限不满 2 年的，为本人工资的 70%；满 10 年以上的，为本人工资的 100%）；病假超过 6 个月的，从第 7 个月起发本人工资的 50%—80%（工作年限不满 2 年的，为本人工资的 50%；满 10 年以上的，为本人工资的 80%）。对革命有重大功绩，

---

[1] 赵东宛：《中国劳动人事年鉴》，劳动人事出版社 1989 年版，第 584 页。

或者在参加工作以前长期从事科学、技术、文化、教育事业，并且对社会有特殊贡献的，病假期间的生活待遇可酌量提高。工作人员病假期间可继续享受所在单位的各项福利待遇。

针对《国家机关工作人员病假期间生活待遇试行办法》试行中的问题，1956年2月，内务部、财政部和国务院人事局印发了《关于国家机关工作人员病假期间待遇试行办法中的问题》的通知，规定工作人员病假在6个月以内的，仍列在编制以内。病假超过6个月的，从第7个月起，不列在编制以内。工作人员病假在6个月以内的工资和病假超过6个月的生活费，均从行政费工资项目下开支，按统一预算科目报销。通知还规定，"工作人员参加工作的时间不久，即因病长期不能恢复工作，如果退职时，除按退职处理办法核发退职金外，可酌发本人3个月的工资作为医药补助费"。

八　建立多层次共办的疗养体系

疗养休养事业是我国福利保障制度的一项内容，也是国家卫生保健事业的一个组成部分，包括疗养院、休养所、业余疗养所等，主要是接收职工疗养或休养，以降低疾病率，增进身体健康，更好地为社会主义现代化建设服务。这些事业，有的是各级工会组织举办的，有的是卫生部门举办的，有的是工业部门和厂矿企业基层举办的，此外，军队系统也举办了不少的疗养院。

疗养院（所）一般包括慢性病综合疗养院、职业病疗养院、矿泉疗养院和中医疗养院等类型。这些疗养院（所）围绕医疗保健工作这个中心，对患病职工进行综合治疗，帮助他们恢复健康。通过办好营养食堂，设立活动俱乐部、图书馆、阅览室、室外活动场所等活动设施，开展思想工作和各类文化娱乐活动等多种措施，帮助病伤职工恢复身心健康。

休养所是组织职工短期离开生产工作岗位，以消除疲劳，增进健康。休养所主要是选送劳动模范、先进生产工作者和有贡献的科技人员、优秀教师等进行荣誉性的短期休养，一般为期一个星期至半个月[①]。

[①] 严忠勤：《当代中国的职工工资福利和社会保险》，中国社会科学出版社1987年版，第359页。

中华人民共和国成立后，随着企业职工和国家机关、事业单位工作人员福利保障制度的建立，对于举办疗养休养事业的内容、服务对象、资金来源等有了明确规定，疗养院（所）快速发展。

《劳动保险条例》规定，凡在实行劳动保险的企业内工作的工人与职员，均有享受集体劳动保险事业的权利。各企业工会基层委员会得根据各该企业的经济情况及工人与职员的需要，与企业行政方面或资方共同办理疗养所、业余疗养所、托儿所等集体劳动保险事业。中华全国总工会可举办或委托各地方或各产业工会组织举办下列各项集体劳动保险事业：疗养所、休养所、养老院、孤儿保育院、残废院、其他。

1954年5月，全国总工会印发《关于工会疗养事业若干问题的暂行规定》，对疗养事业的定位、收容对象、疗养待遇、疗养期限等作了规定。

《规定》指出，工会举办的疗养事业是医疗预防机构，为降低职工的疾病率、恢复与增进职工的身体健康、提高职工的政治觉悟与生产积极性而服务的。

《规定》明确了疗养机构的收容对象。工会举办的疗养事业，应收容患有慢性病的职工疗养。基层以上的疗养院（不包括基层），应收容患有慢性病需要脱产而又可以不住医院治疗的职工疗养。基层的业余疗养所，应收容患有慢性病而尚能继续工作的职工疗养。营养食堂收容患有慢性病与病伤后须增加营养恢复健康之职工，已办有业余疗养所的单位，可以减少或不办营养食堂。各基层单位，在必要与可能的条件下，可以举办简易的脱产疗养所。

关于疗养职工待遇，《规定》明确了基层及基层以上疗养员的伙食标准。每人应低于当地政府规定的一个小灶标准待遇，最高不得超过一个小灶标准，其伙食费一般的补助1/2，有特殊困难者可增加补助，但最高不得超过2/3。疗养员来往路费：凡因工负伤的职工，按照就医路费由企业行政或资方负担。凡疾病、非因工负伤的职工，50公里以内由本人负担，超过50公里的，原则上补助1/2，有困难者可适当照顾，提高补助。疗养职工疗养期间的工资：凡因工负伤的职工，在医疗期间工资照发。凡疾病、非因工负伤的职工，连续在6个月以内，按其本企业工龄的长短，由该企业行政方面或资方发给病伤假期工资，其数额为本人工资

60%—100%；停止工作连续医疗期间在6个月以上时，改由劳动保险基金项下按月付给疾病或非因工负伤救济费，其数额为本人工资的40%—60%。《规定》明确，疗养期限应根据病情决定，一般规定每期由30天到90天为限；有特殊情况者，经医生检查证明，可适当延长疗养时间，但不宜超过1个疗养期，病重者可转入医院治疗。

表14—2　　劳动部：各地区各产业集体劳动保险事业统计表
1953年4月

类别 地区	疗养院 肺结核 院数	疗养院 肺结核 床位数	疗养院 温泉 院数	疗养院 温泉 床位数	疗养院 一般性 院数	疗养院 一般性 床位数	疗养院 合计 院数	疗养院 合计 床位数	休养所 所数	休养所 床位数	业余疗养所 所数	业余疗养所 床位数
东北	1	242	3	460	7	808	11	1510	1	65	275	9773
华北	2	158			7	754	9	912	9	638	66	1621
华东	1	100			6	493	7	593	5	320	88	2640
中南	1	20			3	176	4	196	2	290	15	455
西南			1	150	3	160	4	310	1	50	14	419
西北					1	200	1	200	1	100	4	120
内蒙									1			
铁路	4	464	1	270	3	140	8	874	6	493		
邮电	7	514					7	514	3	130		
兵工					3	370	3	370	5	200		
煤矿												
全国总工会及其他产业工会					4	260	4	260		790		
合计	16	1498	5	880	37	3361	58	5739	40	3076	462	15028
附注	此材料系根据截至本年4月底各地工会组织送来的材料统计，其中有部分没有床位数，只有所数，所以是不全面的。											

资料来源：中国社会科学院、中央档案馆：《1953—1957中华人民共和国经济档案资料选编，劳动工资和职工保险福利卷》，中国物价出版社1998年版，第1160页。

九　制定死亡补助和抚恤标准

我国机关事业单位的死亡补助和抚恤制度源于革命战争年代的伤亡褒恤制度，补助和抚恤标准大体参照军队，调整也基本上同步。

（一）明确丧葬费补助标准

1950年12月11日，内务部公布《革命工作人员伤亡褒恤暂行条例》，规定革命工作人员不论因公死亡或非因公死亡，其棺葬费在缺乏木材的地区，可在不超过800市斤粮食内实报实销，在不缺乏木材的地区，可在不超过600市斤粮食内实报实销。此后，该标准又于1952年、1953年、1954年、1955年和1963年进行了多次调整。

（二）制定抚恤金标准和领取顺序

《革命工作人员伤亡褒恤暂行条例》制定了牺牲或病故的人员国家一次性抚恤标准，勤、警人员，牺牲的600斤粮食，病故的450斤粮食；区长、县科长级以下人员，牺牲的800斤粮食，病故的600斤粮食；县长级人员，牺牲的1000斤粮食，病故的750斤粮食；专员级以上人员，牺牲的1200斤粮食，病故的900斤粮食。领取一次性抚恤金的家属顺序为：父母，夫妻，子女，16岁以下的弟妹，抚养已故革命工作人员长大而现在又依靠其生活的其他亲属。此后，一次性抚恤金标准又在1952年、1953年、1955年进行了调整。抚恤金的标准，逐渐由实物改为货币。

（三）初步建立遗属生活困难补助制度

为解决国家机关事业单位牺牲、病故人员遗属的生活困难问题，1956年7月，中央制定了《关于处理牺牲、病故的国家机关工作人员的补助问题的暂行规定》，国家机关工作人员牺牲或者病故以后，除了按照《革命工作人员伤亡褒恤暂行条例》发给其家属一次抚恤金以外，对于必须依靠工作人员供养的家属发给补助金，补助金的标准，依据国家机关工作人员牺牲或者病故时的每月工资数额，按比例计算。其中，牺牲人员生前必须供养的家属，1口人发给工作人员每月工资的25%，2口人发给40%，3口人以上发给50%。对于病故人员的家属，1口人发给工作人员每月工资的20%，2口人发给35%，3口人以上发给45%。

十　建立福利费制度

福利费制度是国家为解决职工的生活困难问题而建立的一种专项费用制度。①

---

① 徐颂陶、孙建立：《中国人事制度改革三十年》，中国人事出版社2008年版，第193页。

针对生活困难补助的办法在实际操作中遇到的一些问题,如福利费预算项目多、标准不够合理、家属补助标准不一致等,1954 年 3 月,政务院印发《关于各级人民政府工作人员福利费掌管使用办法的通知》(以下简称《通知》),对福利费的使用作出了具体规定。《通知》将家属生活补助费、家属医药补助费、多子女补助费等合并,统称为工作人员福利费。

《通知》规定,福利费的预算标准,中央、大区、中央直辖市各级机关的工作人员,每人每月 10 分;省、行署、专署(市)人民政府之各机关的工作人员,每人每月 8 分;县(市)、区人民政府工作人员,每人每月 6 分。

《通知》明确了福利费的预算人数范围和补助对象。福利费预算人数的范围限定为编制内人员和经批准列为编制外工作人员,不包括勤杂人员,但勤杂人员本人及直系亲属确有困难的,应酌情补助。补助对象主要包括:工作人员的直系亲属;工作人员必须抚养的未满 16 周岁的弟妹;工作人员自幼曾依靠其抚养长大,现又必须由工作人员负担其生活的其他亲属;工作人员本身有特殊困难者。

《通知》明确了福利费的用途。工作人员家属生活困难(包括多子女困难);工作人员家属患病治疗医疗费困难;工作人员子女教育费困难;工作人员家属来机关探望返家路费困难;工作人员家属因生育而发生的经济困难;工作人员本人的特殊困难。

1954 年 12 月 7 日,国务院印发《关于各级人民政府工作人员福利费掌管使用问题的补充通知》,对福利费的管理使用作了补充规定。一是原中央直辖市改为省辖市[①]后,福利费预算标准改按省级机关的工作人员福利费预算标准执行。二是 1954 年福利费年终结余款可不上缴。如各级财政部门原先预算人数领取福利费超过实际人数应领取福利费的多余款额,则应上缴。各省(市)可以对结余款项在地区间、机关间调剂,以便更妥善解决工作人员及其家属,特别是多子女者的生活困难等问题。

[①] 1954 年 6 月 19 日,中央人民政府委员会第三十二次会议通过《关于撤销大区以及行政机构和合并若干省、市建制的决定》中,将沈阳、旅大、鞍山、抚顺、本溪、哈尔滨、长春、武汉、广州、西安、重庆等 11 个中央直辖市改为省辖市。

1956年5月26日，财政部、国务院人事局发出《关于调整国家机关工作人员福利费问题的通知》，适当调整了福利费的提取比例。其中，区以上工作人员福利费标准提高为工资总额的5%，乡镇干部的福利费标准按照工资总额的3%计算。

表14—3　　　劳动部：各级人民政府党派团体1953年与1954年干部福利费预算比较表　　　单位：亿元

项目	款额/地区	合计	待分配	中央	华东	中南	西南	西北	华北	东北	内蒙古	西藏
1953年预算数	干部福利费	1858	20	367	406	333	192	166	172	175	16	11
	多子女困难补助费	690	60	41	102	113	92	73	61	133	14	1
	合计	2548	80	408	508	446	284	239	233	308	30	12
1954年预算数	干部福利及多子女困难补助费	3160		308	747	659	400	346	342	312	35	11
	1954年比1953年增减数	+612	-80	-100	+239	+213	+116	+107	+109	+4	+5	-1
注	①一九五三年下半年临时特别补助，中央142.68亿元，华东272.76亿元，中南311.93亿元，西南181.48亿元，西北144.77亿元，华北153.55亿元，东北111.68亿元，内蒙古17.14亿元，合计1336亿元，不包括在上数之内。②1954年中央级因人数减少，故福利费也要减少。③1954年增加数内除去1953年待分配数80亿元，实增加692亿元。											

资料来源：中国社会科学院、中央档案馆：《1953—1957中华人民共和国经济档案资料选编，劳动工资和职工保险福利卷》，中国物价出版社1998年版，第1184页。

表14—4　　　　　劳动部：1953年全国各级
人民政府、党派团体福利费预算统计表

1953年5月23日　（单位：亿元）

系统 地区	政府	党团	合计	说明
中央	345.08	112.00	457.08	一、福利费包括：①供给制及工资制干部的家属补助费；②供给制及工资制干部家属医药补助费；③供给制区长级以下人员老年优待费；④供给制县长级以下人员家属招待费；⑤供给制人员病号贴补；⑥工资制人员多子女补助费。 二、工资制人员多子女补助费均列入政府数内，并包括除学校以外的事业单位在内，预算中未划分。 三、表列合计总数减去事业单位之多子女补助后，政府、党团合计总数约3172.98亿元。
华东	642.00	133.00	775.00	
中南	535.27	117.10	652.37	
西南	337.16	71.06	408.22	
西北	247.08	57.03	304.11	
华北	284.14	81.06	365.20	
东北	275.00	33.00	308.00	
内蒙古	25.00	5.00	30.00	
西藏	10.00	2.00	12.00	
待分配数	18.00		18.00	
总计	2718.73	611.25	3329.98	

资料来源：中国社会科学院、中央档案馆：《1953—1957中华人民共和国经济档案资料选编，劳动工资和职工保险福利卷》，中国物价出版社1998年版，第1185页。

十一　兴办文化福利事业

在革命战争年代，开展文化活动是我党提高影响力、宣传主张，发展壮大党员队伍的重要手段。中华人民共和国成立后，职工文化福利事业蓬勃发展，厂矿企业和市、区、县的工人文化宫、俱乐部、图书馆、电影院以及各种体育场所普遍建立起来。

中华人民共和国成立初期的职工文化福利设施是团结职工群众，宣传新中国，宣传党的政策主张的重要途径。工会组织根据群众要求，成立了各种业余文艺和体育、娱乐等活动组织，并因地制宜、因陋就简地创办了一些工人俱乐部、图书馆、阅览室以及各种体育活动场所。

1950年6月颁布的《中华人民共和国工会法》规定，各级政府应拨给中华全国总工会、产业工会与地方工会以必要的房屋与设备，作为工会办公、会议、教育、娱乐及举办集体福利事业之用。工厂、矿场、商店、农场、机关、学校等生产单位或行政单位的行政方或资方，应按雇用全部职工实际工资总额的2%，按月拨交工会组织作为工会会费，其中1.5%为职工的文化教育费。《工会法》颁布后，职工文化福利事业迅速发展起来。据1950年8月统计，在18个城市建立了16个市工人文化宫，773个工人俱乐部，参加文化宫和俱乐部的职工达到28万人次。铁路系统创办了不少"文化列车"，海员工会举办了许多轮船码头工人俱乐部。省市工会创建了150个流动电影放映队，经常深入远离城市的厂矿企业为职工放映电影。

1950年8月，中华全国总工会召开了第一次全国工会俱乐部工作会议，在总结交流经验的基础上，制定了工人文化宫、俱乐部组织条例、工作条例和选举条例。相关规定明确：工人文化宫、俱乐部是工人、职员群众及家属文化娱乐活动的中心场所，任务是通过各种文化、艺术、体育活动，提高工人、职员群众及其家属的政治、文化、科学技术水平，树立新的劳动态度；工人文化宫、俱乐部是工会组织的一个部门，在工会委员会的领导下进行工作，主要工作是进行政治宣传、生产鼓动、文化技术教育，组织工人职员群众及其家属业余文化休息和艺术活动；工人文化宫、俱乐部的经费来源为：工会文教经费、政府和行政的补助，文化宫和俱乐部组织一些活动的收入。由于政府和工会的重视，职工的文化福利事业迅速得到发展。1950年，全国有市一级的工人文化宫和厂矿基层俱乐部789个，1951年增至2250个，1952年增至12376个，工人图书馆也发展到9650个，藏书达到1170万册，电影放映事业由1951年的150个增至1400个。

1955年1月，中华全国总工会召开了第二次全国工会俱乐部会议。会议指出，工人文化宫、俱乐部是向职工群众及其家属进行共产主义教育的重要场所。其工作的基本方针是面向基层，为生产服务，为群众服务。要重视建立车间俱乐部、图书馆（室）。会议把俱乐部的工作概括为政治思想教育、生产技术宣传、文化艺术活动和组织职工正当的文化休息四个方面。还强调要加强对文化宫、俱乐部的民主管理，机关管理和财务、财产管理。这些文化福利事业的发展，既丰富了广大职工的文化生活，又为职工学政治、学科学技术，参加各种业余文艺活动创造了良好条件。

第二节　福利保障制度的调整与曲折发展（1957—1978 年）

一　福利保障制度整顿与调整

福利保障制度建立后，由于某些待遇标准过高，使一些职工产生了依赖思想，也加大了财政和单位的负担，因此，20 世纪 50 年代中期，针对一些地区、部门和单位存在福利费开支过松过多的情况，中央提出在全体工作人员当中，应大力提倡同群众共甘苦的作风。福利费开支，凡是标准过高的，应适当降低；凡是不合理的，都应采取适当步骤逐步加以废除。1957 年 9 月，周恩来总理在党的八届三次扩大会议上指出，福利工作的缺点主要是走得快了一些，项目混乱，有些制度不合理，管理不善，掌握偏松偏宽，今后必须贯彻在发展的基础上，逐步开展职工福利事业的方针。[1]

根据上述指示，各地区、各部门采取了一些紧缩开支、缓建新项目的规定。1957 年 3 月，劳动部发出通知，要求暂缓建立房租及上下班交通补贴，同时取消一些不合理的补贴制度。同年，国务院规定，中央各机关工作人员福利费，由过去按工资总额 5% 提取改按 2.8% 提取，区以上各机关和中央机关驻外地的机构按 3% 提取，乡镇机关按 1% 提取。有些产业部门取消了不合理的房贴制度。[2]

1958 年 6 月 9 日，国务院转发了国务院人事局《关于改进国家机关、人民团体和事业单位工作人员福利工作的请示报告》，在肯定了福利工作的成绩的同时，也指出了福利工作中存在的缺点：一是对于我国人口众多，经济落后的基本特点认识不足，过于强调增进工作人员物质福利，福利标准过高；二是有些单位在福利开支上偏宽偏松，产生不少补助不当和开支不合理的现象；三是在解决工作人员的物质困难的同时，产生了一些副作用，如工作人员及其家属过于依赖单位，不愿意生产劳动等。

针对上述问题，《请示报告》提出，根据党中央和国务院提出的勤俭建国、勤俭持家的方针和我国人口多、经济落后、广大农民群众生活水

---

[1] 赵东宛：《中国劳动人事年鉴》，劳动人事出版社 1989 年版，第 609 页。
[2] 徐颂陶：《中国人事管理工作实用手册》，中国财政经济出版社 1992 年版，第 136 页。

平低的基本情况，福利工作应从解决工作人员的生活困难出发，不应过分强调增进工作人员的物质福利；应提倡工作人员互助互济，消除工作人员单纯依赖公家的思想。在工作措施上必须做到：有利于鼓励工作人员的家属从事劳动生产、自食其力；鼓励工作人员的家属回乡居住，不加重城市负担；鼓励工作人员勤俭持家、节约储蓄。

正当各地对福利制度进行整顿的时候，我国掀起了"大跃进"高潮，盲目追求高指标、高速度，高积累、轻消费，重生产、轻生活，基本建设中的非生产投资比例被削减，一些新建企业只建厂房，不建福利设施，职工福利受到很大的影响。

在此后的困难时期，农业大幅度减产，国家经济陷入困难，人民生活水平降低。福利保障事业发展也出现了困难，主要表现为：

第一，否定按劳分配，实行"按需分配"，错误地把供给制和福利事业当作"按需分配"，盲目地扩大福利项目。在城市职工中搞半供给半工资制度试点，把各项福利待遇标准提高，范围扩大，变为供给项目，并称之为"按需分配"。在物质并不丰富的条件下增加了消费品分配中的平均主义因素。此外，由于强调生活集体化、军事化，公共食堂、托儿所出现不正常增长，造成了极大的浪费。

第二，一味追求高指标、高速度，重积累、轻消费，重生产、轻生活。国家削弱了基建投资中的非生产性投资比重，新建企业只建厂房，不建生活福利设施。原有企业为了扩大生产，占用饭厅、幼儿园和职工文化生活的活动场所来扩建车间、仓库，降低了职工原有福利待遇水平，甚至取消了职工必要的集体福利。

在此期间，国家对职工福利进行了必要的整顿。1958年6月，国家把中央各级机关工作人员福利费提取标准由按工资总额的2.8%改为1%，并提出加强对工作人员的思想教育，提倡发扬艰苦朴素的作风，提倡勤俭持家，节约储蓄，反对铺张浪费和单纯依靠公家的思想。

同期中央、国务院和有关部门还作了一些规定，对福利保障制度进行了必要的调整。一是除非生产性基本建设投资占基本建设投资的比重有所提高外，对职工的福利费的提取和使用也作了一些调整，职工的福利事业得到了恢复和发展；二是普遍加强了对困难职工的补助和救济工作，从各方面增加了困难补助经费。例如，从1962年第四季度到1963年第一季度，有 650 万职工得到了为数 2.5 亿元的困难补助费，还领取到棉布、絮棉、针织品等实物补助；三是 1960 年，党中央发出"管好粮食，办好食堂，生产度荒，节约度荒"的指示，食堂炊事员千方百计搞好食堂工作，帮助职工度过灾荒；四是为了保证职工能得到必要的福利补助，在国家财政还相当困难的情况下，国务院规定职工食堂和炊事员的工资，不再从职工福利补助费中开支，而由企业行政直接支付；五是为了减轻人员精减后增多的两地分居职工的负担，1962 年 6 月，国务院规定，职工回家探亲所需的往返车船费，由职工所在单位发给。

1966—1976 年，福利保障制度被污蔑为福利主义和修正主义，福利保障制度遭到破坏。这一时期，社会保险管理部门被撤销，社会保险金的征集、管理和调剂使用制度被迫停止。社会保险制度处于无人管理的状态，许多单位执行制度时无法可依、无章可循，制度混乱。如因工死亡待遇严重失控，许多单位因为死亡职工的遗属提出不合理要求并纠缠不休，擅自突破规定，结果互相攀比，越抬越高。除规定的待遇外，一次性补助有时高达几千元，甚至上万元。再比如，一大批符合退休、退职条件的职工，得不到妥善安置，单位劳动力不能及时更新，工作人员老化严重，造成机构臃肿，人浮于事，加重国家财政的负担。1969 年 2 月，财政部颁发了《关于国营企业财务工作中几项制度的改革意见（草案）》，规定"国营企业一律停止提取劳动保险金"，"企业的退休职工、长期病号工资和其他劳保开支，改在营业外列支"，其后果是社会保险失去了统筹调剂的职能，变成了"企业保险"，对一些经营不好或政策性亏损的企业，各项保险待遇的开支成了他们的沉重负担。

二 统一探亲假制度

1958 年 2 月 9 日，国务院颁布了《关于工人、职工回家探亲的假期和工资待遇的暂行规定》，明确了探亲假的范围是职工与分居两地的配偶、父母享受探亲待遇政策。已婚职工同配偶不住在一起以及未婚职工与父母不住在一起，又不能利用公休假日团聚的，可享受探亲假。探亲假的标准，除路程假外，职工可在家住 12 天，如因工作需要，当年不能够给予假期，应该得到工会基层组织的同意，在下年度合并给假 4 个星期至 5 个星期；如工作地点离家太远，旅途往返所需的时间在 10 日以上的，可以每两年给假1次，假期为5个星期至6个星期，均不另给路程假。探亲的假期按照本人的计时工资标准发给工资。探亲所需用的往返车船费原则上由本人自理，如果本人自理确有困难，由所在单位酌予补助。

为了更好地贯彻执行《暂行规定》，1958年4月23日，劳动部印发了《对于制定国务院关于工人、职员回家探亲的假期和工资待遇的暂行规定实施细则中若干问题的意见》，对探亲的范围和条件、探亲假期、假期工资、车船费补助等进一步作了规定，其主要内容是：本人自理车船费确有困难的职工，其探亲往返的车船费超过本人月计时工资标准1/2（两年回家一次的超过1/3）的，可以由本单位行政管理费内补助其超过部分的1/2；个别职工补助以后仍然有困难的，可以按照生活困难补助办法处理。职工在当年因其他事情已经与家属团聚过两个星期以上的，不再享受探亲假期的待遇。集中公共休假日1次休息两个星期以上的职工，仍然可以享受探亲待遇，临时工、学徒、练习实习生等不能享受探亲待遇。

20世纪60年代初，我国精减了大批职工，不少已进城的职工家属回到农村，需要探亲的职工人数大大增加。1962年6月1日，国务院发布《关于精减职工安置办法的若干规定》，明确对不带家属的在职职工回农村探亲的往返车船费，由职工所在单位发给。同年7月28日，中央精减小组办公室在《关于〈国务院关于精减职工安置办法的若干规定〉的问题解答》中，规定职工回家探亲所需的往返车船费，由职工所在单位发给。同年10月6日，经国务院批转的《教育部关于各级学校教职工探亲假以及回家探亲往返车船费问题的请示报告》也规定，对不带家属的教职工，不论是回农村或回城市和县镇探亲，其往返车船费均由教职工所在学校发给。同年10月19日，财政部颁发了《关于职工探亲车船费开支标准的通知》，具体规定了对不带家属的在职职工回家探亲的路费，一律按本人往返火车硬座和轮船统仓票价发给；软座卧铺、途中伙食补助及旅馆费、市内交通、行李搬运费以及其他运费等均由职工自理。

在这一时期，为了建设三线地区，不少企业迁入内地偏僻地区，而职工的家属仍留居原地，形成两地分居的情况。为了解决他们的探亲问题，1966年1月8日，国务院批转了劳动部《关于搬迁企业单位职工工资和劳保福利待遇问题暂行处理办法》，规定搬迁企业单位职工的探亲假待遇，按照国家关于职工探亲假待遇的规定执行。

此后，职工的探亲假曾一度停止执行。到 1967 年 12 月 28 日，国务院发出《关于恢复职工探亲假的通知》，决定从 1968 年 1 月 1 日起恢复实行职工探亲假的规定。

三　调整福利补贴制度

（一）调整冬季取暖补贴制度

1957 年 9 月 9 日，国务院明确 1957 年职工宿舍冬季取暖补贴仍按 1956 年的规定执行，同年 11 月 14 日，国务院通知有关地区及中央各部委，鉴于有些地区反映，将取暖地区分为甲、乙两类，执行起来确有困难，因此修改为甲类地区在乡村（镇）的国家行政机关、事业和企业单位的职工，可以一律发给取暖补贴；在乡村（镇）工作的职工宿舍取暖补贴的最低额，一般应该低于同一地区城市的宿舍取暖补贴最低额的 25% 左右。其他各地取暖补贴的数额仍按本人工资标准的 4% 计算，最低额偏高的地区，应适当降低，如黑龙江应由 35 元降到 30 元。乙类地区的省辖市（包括专署代管市）、工矿区的国家行政机关、事业和企业单位的职工以及铁路的职工，可以发给宿舍取暖补贴。但对某些县城职工冬季取暖确有困难、需要适当照顾的，可以在当年核准的宿舍取暖补贴款项中自行调剂解决。宿舍取暖补贴的最低额不得超过 1956 年各省、自治区、直辖市人民委员会规定的数额。1956 年规定的最低额偏高的，应该适当降低。《通知》特别指出，这项制度是一个过渡办法，中华人民共和国成立初期，由于一部分工作人员享受供给制待遇，和某些企业的原有煤贴影响形成了取暖补贴制度，在当时起了一定好作用。但经过几年来执行的结果，在城乡关系、工农关系以及在职工内部都产生了不少矛盾。这项制度本来应该随着历次职工工资的增加，逐渐取消或者以其他办法代替，目前由于照顾某些困难，仍然暂时保留，并采取以上临时性措施。因此有关省、市人民委员会在执行时，应严格掌握这一精神，不要随便扩大施行范围或提高补贴标准，以免为将来改变这个制度时增加困难。

1958 年 8 月 29 日，中共中央在《关于国家机关和事业、企业单位职工宿舍冬季取暖补贴问题的意见》中指出，几年来实行的职工宿舍取暖补贴制度，对于安定职工的生活虽然起了一定的好作用，但是在职工内部却引起了不少矛盾，产生了一些消极作用。为了有利于增强团结，需要将这项制度加以改进或者考虑废除。在目前情况下，取暖补贴还应保留，以免降低职工的实际收入，但也没有必要再增加这项开支，并且在办法上应该力求缩小各方面的差距，避免扩大矛盾。

根据这一精神，各省、自治区、直辖市1958年的职工宿舍冬季取暖补贴总额仍旧维持1957年的标准不变，由各地自行规定取暖补贴办法，发布实行，但应报国务院备案，并抄送劳动部。

1959年，全国工资问题座谈会期间，取暖补贴制度的地区对取暖补贴存在的问题进行了研究，在一些关键问题上达成了一致意见。一是实行取暖补贴的范围不再扩大；二是1959年新职工，工作满一年，与家庭同住在一起才能发给宿舍取暖补贴；三是取暖补贴标准改为按绝对数发给，由省（自治区、直辖市）根据所辖区内取暖期限的长短和寒冷程度的不同，分别规定不同数额，但不得超过该地区1958年原取暖补贴的最低标准；四是夫妻双方工作并在一起生活的，只按夫妻的一方发给。上述一致意见达成后，有的地区由发给双方改为只发给一方，有的地区未改，致使改发一方的，又恢复了发给双方的办法。

为解决三线职工家属仍居住在原地的冬季取暖问题，1966年1月8日，国务院批转劳动部《关于搬迁企业单位职工工资和劳保福利待遇问题暂行处理办法》。其中对职工宿舍冬季取暖补贴规定：职工同居家属仍留居原地的，职工原来享受的冬季取暖补贴可暂按原规定继续享受，费用由迁入单位开支。

1966年以后，中央关于逐渐取消和废除这一制度的方针并未得到贯彻，相反，不少地区自行提高了取暖补贴标准或延长了取暖期，个别淮河以南的高山寒冷地区，如四川的甘孜、阿坝、凉山三个自治州的部分地方，也建立了取暖补贴制度。

(二) 新建交通补贴制度

上下班交通是职工生活中的重要问题。在大、中城市，有些职工的住宿地点与工作单位相距较远，上下班路途时间较长，花费交通费较多，消耗精力影响工作，交通费的支出增加了职工经济负担。在职工工资很低的情况下，上下班交通费的支出，对职工的生活水平有一定影响。

1956年以前，除个别地区的个别单位外，多数地区和单位没有实行职工上下班交通费补贴。1956年5月，全国总工会在召开生活、住宅、劳动保险工作会议时，提出了《关于工矿企业（事业单位）房租、食堂、托儿所、浴室、理发室、交通费的暂行规定（草案）》，其中规定上下班交通费超过本人工资3%的，由公家补助。会后这个规定虽未正式下达，但很多地区和部门根据会议精神，都各自实行了交通费补贴。

《关于职工生活方面若干问题的指示》也明确提出，在工业人口比较集中的城市，市人民委员会应该通盘安排各机关、企业的上下班时间，同时调整电车、公共汽车的班次和出车、收车时间，以便利职工的上班下班。电车、公共汽车、轮渡必须积极改善经营管理，力求降低成本和规定适当的收费标准。在没有实行职工优待月票的地方，应该实行优待月票的办法。截至1976年，已有17个城市和工矿区实行了职工上下班交通费补贴制度，享受人数约占全国重点城市和工矿区职工人数的60%。各地规定的上下班交通费补贴办法，一般都是对住家离工作单位在2公里以上的职工补贴公共交通月票的50%，或者稍多一点，只有个别地区全部补贴。对骑自行车上下班、家离工作单位2公里以上的职工，一般补贴2元，作为自行车修理费。

《指示》没有提出建立交通费补贴制度。《指示》发出后，不少已实行交通费补贴办法的地区和部门担心停止发放影响不好，仍继续实行，尚未建立这一制度的地区和单位也纷纷要求建立。劳动部在1957年3月12日发出通知，要求各地区、部门根据《国务院关于职工生活方面若干问题的指示》精神，凡未建立职工住房的房租补贴和职工上下班交通费补贴的地区和单位，应一律暂缓建立。1963年8月16日，财政部规定，对已实行了上下班交通费补贴的企业，可以暂不改变。

1963—1977年，实行交通费补贴的地区未再扩大，只对一些特殊问题作了适当解决。如1963年8月6日，劳动部工资局规定，原来在城区的工厂迁往远郊区、县后，由于没有家属宿舍，职工仍住在城区的，可以暂时按照他们的生活情况补助一部分交通费，但最多不能超过郊区月票与市区月票票价的差额。1964年2月12日，劳动部工资局又规定，对与家属分居两地又不符合探亲条件的职工，由于回家多开支了路费而造成生活困难时，可以按照生活困难问题给予适当补助。

（三）适当收缩生活困难补助范围和标准

《关于职工生活方面若干问题的指示》明确提出，对于遇到特殊事故而生活上发生困难的职工，应该给予适当的补助。企业中这项补助工作可由工会负责，除了工会掌管的用于困难补助的经费以外，企业行政可以在企业奖励基金中提取10%作为困难补助费，拨交工会合并使用。事业、机关职工的困难补助工作由人事部门和工会负责，所需经费在福利费中开支。失业职工和零散工人的生活困难救济工作由当地民政部门负责，所需经费在社会救济费中开支。手工业工人的困难救济工作由手工业合作社和民政部门共同负责。

《关于职工生活方面若干问题的指示》还提出了解决职工生活应适当收缩的要求。指示明确提出，"必须了解，我们的国家在经济上还很落后，人民生活的改善还不可能太多和太快，职工的生活水平也不应该和广大农民的生活水平距离太远。1956年下半年以来，有些地区、部门新实行的一些有关职工生活福利的措施，有开支公费过松过多的情况，应该注意适当地收缩。要教育职工群众继续保持艰苦奋斗的优良传统，正确地认识和对待个人利益和国家利益的关系，积极工作，为国家的社会主义建设事业和进一步地改善自己的生活创造更好的物质基础"。

四　加大职工住宅投资，改善职工居住条件

《关于职工生活方面若干问题的指示》明确提出，对于一部分职工所缺少的住宅，应该本着艰苦朴素、厉行节约的精神，采取有效措施逐步地加以解决。今后中央各部门和各省、自治区、直辖市人民委员会在根据国家核定的基本建设计划分配基本建设投资的时候，应该适当地注意建筑住宅的投资，逐年为缺房的职工增建一部分住宅。企业中历年积存下来的奖励基金和今后每年提取的奖励基金，都可以拨出一部分用来建筑职工住宅。对于现有的职工住宅，地方人民委员会和各企业、事业单位都应该注意充分合理地加以使用，做好房屋的维修工作，限期修整有倒塌危险的房屋。在职工自愿的原则下，可以把职工的住宅作合理调整。今后新建和扩建企业，必须根据国家计划和批准的初步设计，同时修建新增加职工所必需的住宅。"一五"时期，我国住房建设投资相当于国家基建投资的9.1%，建成职工住宅达9454万平方米，较快地改善了职工的居住条件。①

五　严格公费医疗标准和范围

公费医疗制度实施后，干部职工的医疗保健水平得到提高。但由于标准过高、范围不断扩大，也给国家带来了沉重的负担。由于制度不合理、管理不善，公费医疗中的浪费是极其严重的。根据周恩来总理1957年9月26日所作《关于劳动工资和劳保福利问题的报告》，1957年，企业享受劳动保险医疗待遇的职工和一部分家属，国家机关、文教、事业单位享受公费医疗待遇的职工，加上实行劳保合同的企业、事业单位的职工，总数共约2500万人。其中，国家机关、文教、事业单位享受公费医疗的740万人，全年平均每人门诊15次，而市民平均每年门诊只有约3.5次，农民只有2次。据统计，当时全国共有26万张病床，仅有5万张病床是供一般市民和农民使用的。为了改变这种不合理的状况，克服浪费现象，《关于劳动工资和劳保福利问题的报告》提出了今后卫生医疗工作的方针：一是为六亿人民服务，城乡兼顾，扩大门诊，举办简易病床；二是扩大预防，以医院为中心指导地方和工矿的卫生预防工作，医院和疗养院逐步交地方统一管理；三是降低医院和疗养院的设备标准，适当降低药品价格，劳保医疗和公费医疗实行少量收费，取消一切陋规，节约经费开支；四是改革医疗制度，便利人民就医，加强医务人员教育，树立为人民服务的医疗态度；五是私人诊所不宜过早过急地实行联营。

《关于职工生活方面若干问题的指示》明确提出："卫生部门和企业、事业、机关都应该注意改进对于职工疾病的防治工作，改进医疗卫生设施，提高防治效率。某些药品价格和治疗收费标准不适当的，应由卫生部会同有关部门研究改进。没有降价的暂时不要降价，已经降价的必须研究降得是否适当。目前医院对于职工住院预收若干费用的办法，除膳食费外，其余都应废除。少数职工在1956年年底以前因为本人或者他直接供养的亲属治病所欠医院的医疗费，在短期内确实无力偿还的，可以分别不同情况给予适当补助（1956年下半年已经得到过此项补助的职工，不再补助）。这项补助费，企业由剩余的医药卫生补助金中开支，不足时

---

① 徐颂陶：《中国人事管理工作实用手册》，中国财政经济出版社1992年版，第134页。

由劳动保险基金中拨款；事业、机关由福利费中开支。这次补助工作应该由工会、人事部门协同有关方面负责办理。"

1964年5月，国务院批转了卫生部和财政部上报的《关于享受公费医疗的国家工作人员到外地就医路费问题的报告》，对国家机关工作人员患有疑难病症又必须到外地治疗的办法作出了规定。凡在本省、自治区、直辖市范围内转地治疗的，应由指定的医疗机构出具证明，并经当地卫生部门审查批准；凡转到其他省份治疗的，须经各该省份卫生厅（局）审查批准，并事先与转往的医院联系妥当。到外地就医病人的往返车船费（不包括旅馆费和途中的伙食补助费），可以参照差旅费的规定，在原单位差旅费项下报销。

鉴于医疗费支出逐年增加，浪费也比较严重，中央和部分地区、单位根据保证医疗、克服浪费的原则，对公费医疗进行了改革。1965年9月，中共中央在批转卫生部党委《关于把卫生工作重点放到农村的报告》的批示中明确指出，公费医疗制度应当适当改革，享受公费医疗的人员看病要挂号收费。同年10月，卫生部和财政部发出了《关于改进公费医疗办法》的通知，享受公费医疗待遇的人员治病的门诊挂号费和出诊费，改由个人缴纳，不得在公费医疗经费中报销。但因公致伤、二等乙级以上革命残废军人等的挂号费和享受公费医疗待遇的人员实行计划生育的费用，以及在华的外国专家及其家属的公费医疗问题，均仍按照现行的有关规定办理。各单位医务室（包括医务所、校医室等）有医生看病的，根据各地的具体情况，也可酌收适当的挂号费。已经实行了营养滋补药品（包括可以药用的食品）自费办法的地区，还要坚持执行，还没有实行营养滋补药品收费的地区，也应考虑尽快实行。

1974年7月，卫生部会同财政部颁发了《享受公费医疗人员自费药品范围（试行）》的规定，规定贵重药品和滋补药品，除用于抢救危重病人或治疗工伤人员外，均改按自费处理。在此基础上，1977年，卫生部、财政部、国家劳动总局发出《关于检发享受公费医疗、劳保医疗人员自费药品范围的规定的通知》，详细规定了享受公费医疗、劳保医疗人员自费药品范围。

六　回收疗养机构管理权限

为解决疗养事业方面的问题，1963年1月，全国总工会制定《关于改进劳动保险和疗养事业管理的暂行规定》，规定基层以上工会举办的疗（休）养院等集体劳动保险事业，由全国总工会统一领导，各省（自治区、直辖市）总工会对全国总工会委托管理的疗（休）养院等集体劳动保险事业应全部集中管理，原已下放的应收回。对疗养院的日常工作，必要时可以委托省、自治区属市（专）总工会代管。工会举办的疗（休）养事业今后凡资产转移，改变性质或改作其他用途的，均应报请全国总工会批准。

1966年后，职工疗养、休养事业遭到破坏，尤其是工会系统举办的工人疗养院、休养所以及厂矿企业举办的疗养院、休养所、业余疗养所被挤占或改作他用，几乎全部停办。到1972年，全国仅剩疗养院（所）183处，床位2.7万张，平均每千名职工的床位数只有0.38张。这些仅有的疗养院（所）也常年关门，床位空闲，没有接待疗养。

七　建立遗属生活困难补助制度

1957年，内务部、财政部、国务院人事局在《关于国家机关工作人员牺牲或者病故以后遗属生活照顾问题给内蒙古自治区、吉林省人民委员会人事局的复函》中规定，工作人员死亡后，除进行一次性的抚恤以外，如果死者所遗家属生活有困难的，原工作机关可以根据从严的精神，从机关福利费内酌情给予临时的或定期的补助。如果机关福利费开支此项费用有困难，可以在原工作机关的行政费内报销。

1964年1月，财政部、内务部对遗属生活困难补助的经费来源和列支渠道作了调整。国家机关和事业单位工作人员牺牲或者病故以后遗属的补助费，从1964年1月起不在各单位按比例提取的福利费内开支，分别在行政、事业费总开支内解决。但在预算领报时，仍列入"职工福利费"科目内。

八　多次调整福利费提取标准

为贯彻福利新方针，这一时期，国家多次调整了福利费提取比例。

1957年，国务院发出《关于国家机关工作人员福利费掌管使用的暂行规定的通知》，对福利费的掌管、申请、审批、提取比例、适用范围和补助对象等作了具体规定。《通知》规定，福利费主要用于职工生活困难补助和集体福利补助。

根据困难大的多补助、困难小的少补助的原则，工作人员的工资收入和其他经济收入，负担本人生活费和他（她）们家属生活费有困难的，或者因家属治病医药费、家属死亡埋葬费有困难的，以及有其他特殊困难的，都应该酌情予定期或者临时补助。福利费解决了工作人员各项困难，还有结余的时候，对集体福利所需费用，可以适当地给予补助。

《通知》强调，中央机关工作人员的福利费，经国务院人事部门作必要的调剂后，由各机关的人事工作部门掌管使用；各地方机关工作人员的福利费，经过各级政府的人事部门作必要的调剂后，由县级以上各级人事工作部门统一掌管使用。福利费用一般按单位职工的基本工资总额的一定比例提取。

1957年5月22日，国务院印发《关于调整国家机关工作人员福利费标准的通知》，依据中央和国家机关工作人员工资水平和城乡生活水平的不同情况，对1957年国家机关工作人员福利费标准作了调整。一是中央各级机关工作人员的福利费，按照工资总额的2.8%计算，中央各机关驻外地的机构工作人员的福利费，按照工资总额（标准工资加生活费补贴）的3%计算，由国务院人事局根据各机关的实际情况统一调剂使用。二是地方区以上各机关工作人员的福利费，按照工资总额的3%计算。乡镇人民委员会工作人员的福利费，按照工资总额的1%计算。城市街道办事处工作人员的福利费标准，按照区以上机关工作人员的福利费标准执行。三是按照国家机关工作人员福利费标准执行的其他企业、事业单位，都应分别按照同级政府工作人员福利费标准执行。

1957年7月1日，国务院人事局、国务院机关事务管理局发出《关于调剂中央一级机关福利费的通知》，决定自当年7月1日起，对福利费作如下调剂。一是工作人员不满500人的单位和工作人员在500人以上，不满1000人，平均工资不到80元的单位，福利费按工资总额的2.8%拨付。二是工作人员在500人以上，不满1000人，平均工资在80元以上的单位，福利费按照工资总额的2.75%拨付。三是工作人员在1000人以上，平均工资在 80 元以上的单位，福利费按工资总额的 2.7% 拨付。

1958 年 6 月 9 日，国务院转发了国务院人事局《关于改进国家机关、人民团体和事业单位工作人员福利工作的请示报告》，同意中央一级机关、团体工作人员的福利费标准调整为工资总额的 1%。地方各级机关、团体工作人员的福利费标准，由各省、自治区、直辖市人民委员会自行确定并报国务院人事局备案。

1964 年，财政部、内务部印发《关于一九六四年国家机关和事业单位工作人员福利费标准等问题的通知》，对各级机关的福利费调整比例作了调整。其中，中央一级机关仍按工资总额的 2% 提取；省、自治区、直辖市以下地方各级机关，按照工资总额的 2.5% 提取。中央各机关分驻外地机构工作人员的福利费标准，均按所在地规定执行。中央和地方各级机关所属事业单位工作人员的福利费，一律按照工资总额的 2.5% 提取。

1965 年 8 月 25 日，内务部印发《关于国家机关和事业单位工作人员福利费掌管使用问题的通知》，规定工作人员福利费的提取仍按工资总额的比例计算，但福利费的分配改为按照人数分配，并适当照顾基层。《通知》对福利费用于集体福利事业的范围作了明确规定。福利费的使用主要有三部分：一是工作人员家属的统筹医疗费用的超支；二是机关、单位哺乳室、托儿所、幼儿园、少年之家、理发室、浴室的零星购置费的开支；三是慰问住医院的患病工作人员少量慰问品的开支。《通知》提出大力扶持互助储金会，基金不足，可以借给一部分福利费，当资金可以周转时，即应收回。

1966 年，内务部、财政部在《关于一九六六年国家机关和事业单位工作人员福利费标准问题的通知》中指出，中央一级工作人员的福利费提取比例仍按照 1965 年的比例提取，但对各单位的分配，按照人均 1.5 元分配，余下的款数用于统一调剂使用。《通知》调整了由事业费开支的中央一级机关和中央机关所属在京事业单位工作人员福利费的提取比例，从 1966 年 1 月起，按工资总额的 2% 提取。

第三节　福利保障制度的改革与初步探索（1978—1992 年）

党的十一届三中全会以后，我国开始进行改革开放。这一时期福利保障制度改革，一是职工福利工作逐渐走上正轨，建立了一些新的项目，有些原有的项目的实施范围有所扩大，待遇标准有所提高，较好解决了过去由于经济能力所限而难以解决的一些职工生活福利问题；二是探索推进住房、医疗等制度的商品化改革；三是规范了原有的一些福利制度和项目，减少不必要的福利支出。

一　改革假期制度

（一）重点解决部分群体的探亲假待遇

自1958年建立与实施职工探亲制度以来，职工与亲属分居两地长期不能团聚问题虽得到解决，但仍存在着探亲假期过短，职工夫妇居住在一个地区的没有探望住在外地父母的假期等问题。1981年3月14日，经五届全国人大常委会第十七次会议批准，国务院颁布了《国务院关于职工探亲待遇的规定》，对原暂行规定作了修订。根据这一规定，凡在国家机关、人民团体和全民所有制企业、事业单位工作满1年的固定职工，与配偶不住在一起，又不能在公休假日团聚的，可以享受本规定探望配偶的待遇；与父亲、母亲都不住在一起，又不能在公休假日团聚的，可以享受本规定探望父母待遇。但是，职工与父亲或与母亲一方能够在公休假日团聚的，不能享受本规定探望父母的待遇。具体假期为，职工探望配偶的，每年给予一方探亲假一次，假期为30天；未婚职工探望父母，原则上每年给假一次，假期为20天，如果因为工作需要，本单位当年不能给予假期，或者职工自愿两年探亲一次，可以两年给假一次，假期为45天；已婚职工探望父母的，每4年给假一次，假期为20天。上述假期均为职工与配偶、父母团聚的时间，根据实际需要给予路程假；假期均包括公休假日和法定节日在内。对于实行休假制度的职工，如学校的教职工等，《规定》指出，应该在休假期间探亲，如果休假期较短，可由本单位适当安排，补足其探亲假的天数。对于探亲期间的工资和往返路费，《规定》指出，职工在规定的探亲假期和路程假期内，按照本人的标准工资发给工资；职工探望配偶和未婚职工探望父母的往返路费，由所在单位负担，已婚职工探望父母的往返路费，在本人月标准工资30%以内的，由本人自理，超过部分由所在单位负担。

此后，国家先后出台了探亲待遇规定，解决部分职工的探亲待遇问题。为解决上山下乡的知识青年探望亲属的问题，1978年12月，中共中央转发《国务院关于知识青年上山下乡若干问题的试行规定》，明确上山下乡知识青年工作的农场距父母住地单程超过500公里的，已婚的共享受3次公费探亲假，未婚的每两年国家补助1次探亲路费。1981年4月14日，解放军总政治部、总后勤部颁发了《关于军队现役干部探亲待遇的规定》，对军队现役干部探亲待遇作了规定；1981年6月16日，农垦部、国家劳动总局、国务院知青办联合发出《关于国营农场知识青年探亲问题的通知》，规定了原在国营农场的下乡知识青年，已转为农场正式职工的探亲待遇；1982年4月9日，国务院侨务办公室、国家人事局、国家劳动总局、财政部、公安部颁发了《关于归侨、侨眷职工出境探亲待遇问题的通知》；1984年4月1日，国务院侨务办公室、劳动人事部、财政部、国务院港澳办公室联合发出《关于港澳同胞眷属职工探亲待遇问题的通知》；1983年4月6日，劳动人事部、财政部、公安部、中国银行联合发出《关于台胞职工出境探亲待遇的通知》；1984年8月14日，劳动人事部发出《关于台属职工和台胞职工探亲问题的补充通知》，对归侨、侨眷、港澳台同胞的探亲待遇作了规定。

1984年6月11日，国务院、中央军委批转了国防科工委、劳动人事部、公安部、商业部、财政部《关于解决三线艰苦地区国防科技工业离休退休人员安置和职工夫妻长期两地分居问题的报告》和国务院科技领导小组办公室、国防科工委、劳动人事部、财政部《关于稳定和加强国防科技工业三线艰苦地区科技队伍的若干政策问题的报告》，解决了三线建设地区职工的探亲问题。1984年6月30日，国务院发布《矿山企业实行农民轮换工制度试行条例》；1984年7月，国务院批转了煤炭部等部门《关于分期完成煤矿井下职工家属落城镇户口工作的报告》；同年12月19日，国务院批准了劳动人事部关于《交通、铁路部门装卸搬运作业实行农民轮换工制度和使用承包工试行办法》；1984年12月26日，国务院发出《关于自费出国留学的暂行规定》，分别解决了矿山企业职工、交通铁路职工、出国留学学生的探亲待遇问题。

部分省份也在国家探亲待遇政策的前提下，结合本地实际情况，发布了本地区的探亲待遇规定。例如，1981年7月6日，新疆维吾尔自治区人民政府发出《关于贯彻执行〈国务院关于职工探亲待遇的规定〉的具体规定》，同年 7 月 16 日，青海省人民政府上报国务院《关于贯彻国务院〈关于职工探亲待遇的规定〉的请示报告》，同年 11 月 11 日，西藏自治区人民政府发出《关于职工休假、探亲待遇的规定》，分别对本地区的探亲待遇作了规定。

（二）恢复职工休假制度

改革开放后，许多地区、部门根据实际情况，先后制定了各自的年休假办法。1991 年 6 月，党中央、国务院以电报的形式发出《关于职工休假问题的通知》。《通知》规定，各地区、各部门在确保完成工作、生产任务，不另外增加人员编制和定员的前提下，可以安排职工的年休假。《通知》对年休假的天数作了原则规定，"确定职工休假天数时，要根据工作任务和各类人员的资历、岗位等不同情况，有所区别，最多不超过两周"。各省、自治区、直辖市和各部门制定具体实施办法，分别报中央组织部和人事部备案。

（三）明确婚丧假标准

1980 年，国家劳动总局和财政部下发了《关于国营企业职工请婚丧假和路程假问题的规定》，对国营企业职工婚（丧）假作了规定。职工本人结婚或职工的直系亲属（父母、配偶和子女）死亡时，可以根据具体情况，经本单位行政领导批准，酌情给予 1—3 天的婚丧假。职工结婚时双方不在一起工作的；职工在外地的直系亲属死亡时需要职工本人去外地料理丧事的，都可以根据路程远近，另给予路程假。在批准的婚丧假和路程假期间，职工的工资照发，途中的车船费等全部由职工自理。

二　改革福利补贴制度

（一）改革冬季取暖补贴制度

针对冬季取暖补贴制度建立后存在的一些问题，国家对冬季取暖补贴制度进行了改革。住有暖气宿舍的职工，对于在取暖期间不但不发取暖补贴，反要按每平方米居住面积每月收 0.10 元暖气费的规定，一直认为不合理。为了解决这一问题，有的地区规定了一些具体办法，如黑龙江省规定，每平方米按 0.067 元收费，北京市实行先按取暖补贴标准发钱，再按市里规定的收费标准收费，这一办法使少数单身职工家庭减少了开支，多职工的家庭增加了收入。根据上述情况，1978 年 1 月 17 日，国务院机关事务管理局与有关部门研究并报经国务院批准，印发《关于修订国家机关职工宿舍冬季取暖补贴问题的通知》，规定自1977年冬季开始，对中央国家机关住有暖气设备宿舍的职工，不发取暖补贴，由国家免费供暖；职工宿舍部分房间有暖气设备，部分房间没有暖气设备，根据没有暖气设备的住房面积占住房总面积的比例计发取暖补贴。

自1957年以来，乙类地区的县城、乡村（镇）职工一直认为当地天气与城市同样寒冷，加以烧柴很贵，煤价一般高于市内，不实行取暖补贴制度很不合理。为了减少矛盾，加强团结，调动职工的积极性，1978年12月29日，经国务院批准，国家劳动总局、财政部联合发出《关于实行职工宿舍取暖补贴制度的乙类地区的县和县以下全民所有制单位实行取暖补贴制度的通知》，解决了这一问题。

1980年2月1日，国家劳动总局、财政部同意云南省中甸、德钦两个县从1979年冬季建立职工宿舍冬季取暖补贴，每年取暖期为5个月，取暖补贴标准每月最高不得超过8元，所需经费由省内自行解决。1980年1月4日，国家劳动总局、民政部、财政部发出《关于给退休职工发宿舍取暖补贴题的通知》，规定从1979年度起，退休职工与在职职工一样，按居住地的标准发给宿舍取暖补贴。

全国实行职工宿舍冬季取暖补贴制度的有20个省、自治区、直辖市，取暖期最长的每年为10个月，最短的为2个月。补贴标准最高的每年为135元，最低的为8元。住装有暖气设备宿舍的职工实行免费供暖的有17个省自治区、直辖市；发取暖补贴后再按宿舍居住面积平方米收费的有3个省、自治区。

全国每年发给职工个人的取暖补贴和免费供暖的暗贴，是一个相当大的开支项目。据统计，1986年全国全民所有制单位这项开支约为9亿多元。根据经济体制改革的要求，职工住房制度逐步进行改革，由国家补贴改为实行商品化，与职工住房补贴制度相联系的取暖补贴制度也要进行改革。

（二）全国统一职工上下班交通费补贴制度

1978年2月5日，财政部、国家劳动总局根据各地区、各部门的要求，颁发了《关于建立职工上下班交通费补贴制度的通知》，要求从1978年起，有计划地逐步在全国建立职工上下班交通补贴制度，并对实行这项补贴的范围、条件和补贴标准作了原则规定，从此，我国开始建立全国统一的上下班交通补贴制度。

《通知》规定，职工上下班交通费补贴的实施范围是各直辖市及省、自治区首府所在地和人口在 50 万以上的城市（不包括农业人口和市属县城关非农业人口）。个别人口不满 50 万的主要工矿区，各省（自治区、直辖市）认为有必要实行交通费补贴制度，需报经财政部和国家劳动总局同意。家距工作地点 4 华里以上，必须乘坐公共汽车、电车或骑个人自行车上下班的职工可发给上下班交通费补贴。职工上下班乘坐公共汽车、电车的，每月本人负担部分应不少于 1.50 元，其余部分由工作单位给予补贴；上下班乘坐工作单位交通车的，应适当收费；骑个人自行车上下班的，适当补贴修理费，每月补贴标准不高于 1.50 元。

《通知》明确了职工上下班交通费补贴费的开支渠道，企业由企业管理费支付，事业单位由事业经费中支付，国家机关由行政经费中支付。

1978 年以后，全国各地区、各部门普遍建立了交通补贴制度；但由于各地区公交费用不一致，原来执行交通费补贴的时间和实际补贴标准也不一致，因此各地实际上执行的补贴标准仍是各不相同的。新建立交通补贴制度的地区一般均按规定的统一补贴标准执行，这就不至于把标准定得过高，增加国家的财政负担。

国务院所属各部门所在地在北京，但又不属北京市管理。为解决这些国家机关职工交通费补助问题，国务院机关事务管理局转发了《北京市财税局、劳动局〈关于试行职工交通费补助办法的通知〉》，1978 年 12 月 28 日又发出了《关于职工交通补助问题的补充规定》，从 1979 年 1 月开始执行。《补充规定》的主要内容包括：（1）符合享受交通费补助条件的职工，购买电、汽车月票的，本人仍负担 1.50 元，其差额部分由职工所在单位补助。（2）行政 13 级和工资相当于行政 13 级及其以上的干部，如乘坐电车、公共汽车上下班，从居住地点到工作单位距离在 4 站（不包括起坐站）以上的，月票费由个人负担 3.50 元，其差额部分由所在单位补助；如乘坐工作单位交通班车上下班，每人每月交费 1.50 元（如只搭乘一段路程，本人仍需买电、汽车月票的，可不再收费）。（3）带工资上大学的走读生，在走读期间的交通补助办法与在职职工相同。（4）符合享受交通费补助条件的职工，当月整日缺勤累计满 20 个工作日的，月票费由个人负担3.50元,其余部分由所在单位补助;缺勤满28个工作日的不再发给该项补助。(5)职工领取电、汽车月票补助费需凭买月票的报销凭证办理。(6)骑私人自行车或步行上下班的,交通补助费仍按照北京市财税局、劳动局《关于试行职工要通费补助办法的通知》办理。

1977年,北京市公共电、汽车月票曾一度涨价,为此,国务院机关事务管理局在上述《补充规定》中对补贴数额也作了相应提高。到1979年4月1日,北京市的公共电、汽车月票恢复了原价,国务院机关事务管理局于同年4月4日又发出《关于修订〈关于职工交通补助问题的补充规定〉的通知》,规定了国务院所属各部门职工交通费补助办法:(1)职工交通费补助,仍按照转发北京市财税局、劳动局的有关职工交通费补助的规定办理。(2)符合享受交通补助条件的行政13级和工资相当于行政13级及其以上干部,不论步行、骑自行车、购买公共电、汽车月票或乘坐机关班车上下班的,从4月1日起同其他职工一样享受交通费补助。经批准乘坐小汽车上下班的司局长,每人每月仍按5元收费;乘车不足半月的收半费,半月以上的收全费。(3)带工资上大学的走读生,在走读期间的交通费补助办法与在职职工相同。

1982年11月8日,国务院机关事务管理局转发了北京市人事局、劳动局、财政局《关于试行职工交通费补助办法补充修定的通知》,同意国务院所属各部门按照执行。该《通知》规定,住家距工作单位较远,平时不能回家住宿,但能利用节假日乘长途汽车或火车回家的职工,按合理的交通路线,每人每月固定补助4次往返的郊区专线车费,最高不得超过8元,4次往返车费低于8元的,按4次实需车费补助。骑个人自行车回家的,也按每月4次往返的汽车、火车费补助,但最多不超过3元;骑公车回家的,按骑个人自行车补助数额的一半发给。据统计,全民所有制单位用于职工上下班交通补贴方面的开支,1979年为4.9亿元,1986年为9.66亿元,1986年比1979年增加了近1倍。

(三)适当提高生活困难补助标准

1979年,鉴于国家对物价进行调整,一些生活必需品销售价格上涨,加大了职工生活费用开支,原来的困难补助标准已经不再适用,为了更好地解决职工生活困难,全国总工会发出了《关于调整物价、工资中做好群众工作的几点意见》,要求各地工会组织会同政府有关部门,从实际出发，因地制宜地适当提高职工生活困难补助标准。同时，将补助的对象，从在职职工扩大到有困难的退休、退职职工。

1988年6月1日，劳动部、财政部、全国总工会《关于适当提高城镇职工生活困难补助标准的通知》提出："关于困难补助的标准，各地可以在现行困难补助标准的基础上，参考本地区职工家计调查和职工家庭生活必需品消费支出中的人均最低生活费用水平，加以确定。鉴于当前财政困难，补助标准要从严掌握，不宜提高过多。原则上提高后的困难补助标准，特大城市大体上人均生活费收入每月不超过50元者，大中城市大体上不超过45元者，小城市和县镇大体上不超过40元者可予以补助。具体补助标准和补助办法，由各省、自治区、直辖市规定。"

三 调整女职工生育假期

为了贯彻计划生育国策，1988年，国务院颁布了《女职工劳动保护规定》，对1955年的《关于女工作人员生产假期的通知》规定的内容作了较大修改。《规定》指出，女职工产假为90天，其中产前休假15天。难产的增加产假15天。多胞胎生育的，每多生育一个婴儿，增加产假15天。女职工怀孕流产的，其所在单位应根据医务部门的证明，给予一定时间的产假。

《规定》还对女职工怀孕期间的夜班劳动、产前检查、哺乳期时间等各方面作出了具体规定，从时间上对女职工给予了保护和照顾。按照国务院令的精神，各地还根据本地区实际情况，作出了延长生育假期的规定，有的达到100天甚至半年之久。

四 探索公费医疗制度改革

1984年4月，卫生部、财政部发出《关于进一步加强公费医疗管理的通知》，要求卫生、财政及有关部门要密切协作，采取有效措施，加强对公费医疗的管理；各地区要对公费医疗管理工作进行一次彻底的检查和整顿，建立健全各项规章制度。第一，严格公费医疗的享受范围，实行凭证就医，不得随意扩大享受范围。第二，严格执行医药费报销范围的有关规定，不论任何干部包括高级干部在内，凡应由个人负担的挂号费、自费药品，未经医院批准的自购药品和其他不符合规定的开支，一律不得由公费报销,对违反规定扩大开支范围的,要严肃处理。第三,卫生部门要切实加强药品管理,认真研究制定规范,建立和加强新药品的审批制度。第四,医疗单位要把公费医疗的管理作为考核医院工作的一项重要内容,医疗单位原则上不应经营非治疗性和纯属营养性的药品,不得将营养滋补品和非治疗性商品当作"药品"公费报销。

对如何改革公费医疗制度,《通知》明确指出,在保证看好病、不浪费的前提下,各种改革办法都可以进行试点,并注意总结经验。在具体管理办法上,可以考虑与享受单位、医疗单位或个人适当挂钩。为保证一些年老、体弱的病人得到及时合理的治疗,《通知》特别强调,在改革中不要把公费医疗经费包干给个人。

由于原来规定医疗费用绝大部分由国家或单位负担,加之管理不善,造成药品浪费,医药费超支。根据 1988 年的统计,全民所有制单位总共开支医疗费 151.2 亿元(其中在职职工医疗费 112.9 亿元),大大超过了国家计划开支的医疗费。超支的原因,一方面是由于增加了较先进的医疗手段和药品提价,提高了收费标准;另一方面是由于管理不善造成药品和费用上的浪费。在国务院有关部门的支持鼓励下,有些单位和地区在不增加职工负担和保证职工医疗的前提下,在加强管理的同时,对公费医疗制度和劳保医疗制度进行了改革试点。1989 年 4 月,国务院正式批准丹东、四平、株洲、黄石等市作为医疗制度改革的试点城市,深圳市、海南省作为社会保险综合试点地区,在上述地区开展公费医疗改革试点工作,对推动医疗制度的改革起到了重要作用。[①]

为了加强公费医疗管理,进一步健全和完善公费医疗管理制度,在改革试点的基础上,1989 年,卫生部、财政部印发了《公费医疗管理办法》,提出公费医疗制度的实施遵循的原则是积极防病、保证基本医疗、克服浪费。

《办法》列明了属于享受公费医疗待遇的人员,共有十二类:各级国家机关、党派、人民团体由国家预算内开支工资的、在编制的工作人员;凡经费自理或实行差额补助的各级各类学会、协会、研究会、基金会的

[①] 张志坚、苏玉堂:《当代中国的人事管理》(下册),当代中国出版社 1994 年版,第 197 页。

工作人员不享受公费医疗；各级文化、教育、科学、卫生、体育、经济建设等事业单位由国家预算内开支工资的、在编制的工作人员；凡实行差额预算管理（不含全民所有制的医院）和自收自支管理的事业单位的工作人员及上述一、二款所列单位的临时工、季节工、学校的兼职代课教员不享受公费医疗。在国家预算内开支工资的、属于国家编制的基层工商、税务人员。中华全国总工会、各级地方工会，产业工会在编的脱产人员，以及由县或城区以上工会领导机关举办、实行全额预算管理的事业单位在编制的工作人员。属于享受公费医疗单位的，经批准因病长期休养的编外人员，长期供养和待分配的超编制人员；受长期抚恤的在乡二等乙级以上革命残废军人和残废军人教养院、荣军院的革命残废军人；属于享受公费医疗单位的离退休人员，在军队工作没有军籍的退休职工；不享受公费医疗的行政事业单位的职工，符合国务院退休办法，且退休后由民政部门发放退休金的人员；国家正式核准设置的普通高等学校（不含军事院校）计划内招收的普通本专科在校学生、研究生（不含委托培养、自费、干部专修科学生）和经批准因病休学1年保留学籍的学生，以及高等学校应届毕业生因病不能分配工作在一年以内者；享受公费医疗的科研单位招收的研究生；享受公费医疗单位招收的在编制的合同制干部、工人（不含劳保福利实行统筹办法的合同制工人）；中央和国务院规定享受公费医疗的其他人员。

《办法》明确公费医疗经费的开支范围共有11类，具体报销比例由各地合理确定。11类开支范围包括：享受公费医疗人员，在指定医疗单位就诊的医药费（含床位费、检查费、药品费、治疗费、手术费等）；因急症不能赴指定医疗单位就诊，在就近医疗单位（国家、集体）就诊的医药费；因公外出或假期探亲，在当地医疗单位（国家、集体）就诊的医药费；因手术或危重病住院后恢复期，进行短期疗养或康复治疗的，经原治疗单位建议，所在单位同意，公费医疗主管部门批准的医药费；非手术或非危重病恢复期进行疗养或康复医疗，经指定医院建议，所在单位同意，公费医疗主管部门批准的药品费；因原治疗单位没有的药品，必须外购（指到国家医药商店或其他医疗单位）并附医院证明的药品费；根据规定转外地医疗单位（国家、集体）治疗的医药费；计划生育手术的医药费；因病情需要，经治疗单位出具证明安装的进口人工器官，不超过国产最高价格部分的费用;因病情需要,进行器官移植,按公费医疗、单位和个人共同负担的原则,应由公费医疗负担的费用;因公负伤、致残的医药费用;用于危重病抢救或治疗所必需的贵重、滋补药品(含血液制品)的费用。

五 适当调整病假期间生活待遇

党的十一届三中全会后,国务院对国家机关工作人员病假期间的生活待遇作了适当调整。1981年4月,国务院颁布了《国家机关工作人员病假期间生活待遇的规定》,对国家机关职工病假期间的生活待遇作了具体规定,国家机关所属事业单位参照执行。《规定》明确,工作人员病假在2个月以内的,发给原工资。工作人员病假超过2个月的,从第3个月起按照下列标准发给病假期间工资:工作年限不满10年的,发给本人工资的90%;工作年限满10年的,工资照发。工作人员病假超过6个月的,从第7个月起按照下列标准发给病假期间工资:工作年限不满10年的,发给本人工资的70%;工作年限满10年和10年以上的,发给本人工资的80%;1945年9月2日以前参加革命工作的人员,发给本人工资的90%。获得省(自治区、直辖市)人民政府和国务院各部门授予的劳动英雄、劳动模范称号,仍然保持荣誉的,病假期间的工资,经过省(自治区、直辖市)人民政府和国务院各部门批准,可以适当提高。《规定》指出,工作人员在病假期间,可以继续享受所在单位的生活福利待遇。工作人员病假期间享受本规定的生活待遇,应有医疗机构证明,并经主管领导机关批准。

1981年6月15日,国家劳动总局、财政部发出了《关于企业符合离休条件的职工病假期间工资待遇的规定》,对1949年9月底前参加工作人员的病假待遇作了规定。1949年9月底前参加工作的相当于行政公署副专员职务或行政十四级以上的干部,1945年9月2日前参加革命工作的相当于副县长职务或行政十八级以上的干部,1937年7月6日前参加革命工作的干部和工人,病假期间工资照发。1982年6月29日,劳动人事部在《关于符合离休条件的在职干部病假期间是否减发工资问题的函复》中进一步规定,凡符合离休条件的在职干部,病假期间工资照发。

六 恢复与加强职工疗养事业

1978年10月，全国总工会召开第九次全国代表大会，明确提出"工会要做好劳动保险工作，办好职工疗养事业"的任务，邓小平同志在开幕式致辞中提出，"工会要努力保障工人福利"。1979年，全国总工会、卫生部、国家医药管理总局发出《关于恢复与加强职工疗养事业管理工作的通知》，要求凡县、市以上工会组织举办的疗（休）养事业均应恢复、整顿，加强管理。对被占用或改做他用的，应请示地方党委收回。如因特殊情况不能交还者，由使用单位给工会新建同等规模的疗（休）养院（所），或用数量、质量相当的房屋、设备抵偿；凡属原疗（休）养院（所）的医务人员、医疗设备、交通工具、房屋宿舍，以及所有物资财产一律不得再调出。对已调出调入的医务人员、医疗设备、交通工具等，应本着继续办好疗（休）养院（所）的原则，由交接双方协商解决。为防止铺张浪费，《通知》规定，省（自治区、直辖市）总工会对收回的疗（休）养院（所），在恢复、整顿过程中，应本着勤俭建国、勤俭办一切事业的精神，少花钱、多办事，严防铺张浪费。

根据这一通知的要求，各级工会组织举办的疗养休养事业逐步得到恢复，各部门、各系统和许多企业又新建、扩建一批疗养院（所），并开发了一些新的疗（休）养区。为了适应老干部离职休养的需要，卫生部门和党委组织部门新建、扩建了一批干部疗养院和休养院。铁路、交通、石油、煤炭、邮电、机械、国防、化工、水利电力、冶金、轻工、纺织、农林等产业部门也有新建、扩建了一些疗养院（所）。一些大兴厂矿企业也举办了一定规模的疗养院（所）。一些城市的工业局或公司也举办了为本系统职工服务的中型疗养院（所）。

1980年8月，全国总工会发出《工会疗养院工作条例（试行）》，明确工会举办的职工疗养院是职工的集体劳动保险事业，也是国家卫生保健事业的组成部分，体现了党和国家对职工的关怀和社会主义制度的优越性，任务是接收患慢性病、职业病的职工疗养，降低职工的患病率，恢复与增强职工的身体健康，提高职工的政治觉悟与生产积极性，为建设现代化社会主义强国服务。疗养院必须贯彻执行党的卫生工作方针、政策；本着勤俭办事业的原则，艰苦创业，充分发挥现有人员和设备的作用；学术上提倡"百家争鸣"，努力攀登疗养医学高峰，团结依靠全体职工群众，实行民主管理，科学管理，不断总结经验，努力创办适合社会主义现代化建设需要的疗养院。疗养院的工作必须坚持以医疗为中心，同时加强疗养生活的组织管理，不断提高疗养效果。

七　调整死亡补助和抚恤标准

（一）调整丧葬费补助标准

1986年9月，国务院机关事务管理局发出《关于修订中央国家机关工作人员治丧费开支标准的通知》，调整了中央国家机关工作人员治丧费标准。装殓费，不区分职务级别，按每人400元报销，由家属掌握，包干使用，结余归家属；有关遗体告别方面的费用，本着节俭原则掌握开支，凭据报销；直系亲属来京办理丧事的路费原则上自理，自理确有困难的，经领导批准，由单位酌情报销。

（二）调整一次性抚恤金标准

1979年1月，财政部、民政部发出了《关于调整军人、机关工作人员、参战民兵民工牺牲、病故抚恤金标准的通知》，对抚恤金标准作了调整。其中，对于国家机关工作人员的标准，区分职务级别，牺牲人员的一次性抚恤金标准为500—700元，病故人员为400—600元。《通知》规定，凡军人、机关工作人员、参战民兵民工在1979年2月1日以后牺牲、病故的，一次性抚恤金按照新标准执行。军人、机关工作人员、参战民兵民工在1979年2月1日以前，1950年12月11日《革命军人牺牲病故褒恤暂行条例》《革命工作人员伤亡褒恤暂行条例》和《民兵民工伤亡抚恤暂行条例》公布以后牺牲、病故的，其家属如果尚未领到一次性抚恤金，仍按1955年制定的标准执行。军人、机关工作人员、参战民兵民工在上述1950年公布的三个条例以前牺牲、病故的，不论其家属曾否领过抚恤，都不发给一次性抚恤金；生活有困难的，可按有关规定予以优待补助；烈士家属未领过烈属证的，经过一定手续，可予补发。

1986年3月，民政部、财政部发出《关于调整军人、机关工作人员、参战民兵民工因公牺牲、病故一次性抚恤金标准的通知》，对因公牺牲、病故的一次性抚恤金标准作了如下调整：因公牺牲的，为本人牺牲时的20个月工资；病故的，为本人病故时的10个月工资，但最高数额不得超过3000元，离退休的也按照上述规定执行。退休人员按本人退休时的全额工资计发。

1988年7月，国务院发布《军人抚恤优待条例》。民政部于1989年8月发出通知，明确了国家机关工作人员死亡的一次性抚恤金标准，参照军人死亡的一次性抚恤金标准，即：批准为革命烈士的，发40个月工资；因公牺牲的，发20个月工资；病故的，发10个月工资。

1993年工资制度改革后，民政部、人事部和财政部于1994年先后发出《关于工资制度改革后国家机关工作人员死亡一次性抚恤金计发问题的通知》和《关于工资制度改革后事业单位工作人员死亡一次性抚恤金计发问题的通知》，分别对机关和事业单位工作人员的死亡一次性抚恤金标准作了调整。其中，国家机关在职人员死亡后，计算一次性抚恤金的依据为：实行职级工资制的人员，为本人职务工资、级别工资、基础工资和工龄工资；技术工人为本人岗位工资、技术等级（职务）工资及按国家规定比例计算的奖金；普通工人为本人岗位工资及按国家规定比例计算的奖金。国家机关离休、退休人员死亡后，计算一次性抚恤金的依据为：工资制度改革后，实行职级工资制度的离休、退休人员，按本人离休、退休时的职务工资、级别工资、基础工资、工龄工资之和计发；退休技术工人，按本人退休时的岗位工资、技术等级（职务）工资及按国家规定比例计算的奖金之和计发；退休普通工人，按本人退休时的岗位工资及按国家规定比例计算的奖金之和计发；工资制度改革前离休、退休的人员，按照离休、退休费计发。对于事业单位工作人员，在职死亡的，按照本人生前最后一个月职务（技术等级）工资与按国家规定比例计算的津贴之和计发；事业单位的离休、退休人员，按照离休、退休费标准计算。《通知》取消了原定的病故一次性抚恤金最多不得超过3000元的限制。

（三）进一步规定遗属生活困难补助原则、对象和标准

为妥善解决遗属生活困难，有利于安定团结，解除广大工作人员后顾之忧，有利于各地区执行，1980年2月，民政部、财政部发出《关于执行〈国家机关、事业单位工作人员死亡后遗属生活困难补助暂行规定〉的通知》，进一步对遗属生活困难补助的原则、对象和补助标准作了详细规定。

《通知》规定，国家机关、事业单位工作人员死亡以后，遗属生活有困难的，死者生前所在单位可以根据"困难大的多补助，困难小的少补助，不困难的不补助"的原则，给予定期或临时补助。遗属生活困难补助费标准，一般以能维持当地群众生活水平为原则确定。中央国家机关及其所属事业单位，执行所在地的标准。遗属补助费按应享受遗属补助的人数和标准计算，其总额不得超过死者生前的工资。

《通知》列明了遗属补助的对象，是指依靠死者生前供养的下列直系亲属和其他亲属：父母（包括抚养死者长大的抚养人）、年满60岁或者基本丧失劳动能力的配偶；子女（包括遗腹子女、养子女、前妻或前夫所生子女）、弟妹未满16岁或年满16岁尚在普通中学学习或基本丧失劳动能力的。[①]

八　按固定数额提取职工福利费

1966年之后，各单位对福利费的提取比例的执行标准有所差异，有些是按照每人每月1.5元提取，有些是按照工资总额的2%提取。为统一提取标准，1978年，财政部、民政部发出《关于统一中央级国家机关和事业单位工作人员福利费提取办法的通知》，决定自1979年1月起，中央级国家机关和事业单位工作人员福利费提取比例统一为每人每月1.5元。中央驻京外单位的工作人员的福利费标准，仍按照所在地的规定办理。

1979年11月，结合部分职工升级工作，民政部、财政部、国务院机关事务管理局发出《关于中央级国家机关工作人员福利费提取使用办法的通知》，将中央级国家机关、事业单位工作人员的福利费改按每人每月1.67元提取。中央级国家机关每人每月仍按照1.5元分配使用，余下的0.17元由民政部政府机关人事局集中掌握、统一调剂使用。《通知》规定，中央级事业单位按标准提取的福利费，全部由各单位按规定掌握使用。福利费年终结余，可留作下年度继续使用。

1981年，财政部下发《关于中央级事业单位、行政机关从预算包干结余中提取的集体福利费开支范围的暂行规定》，规定集体福利费可以用

[①] 徐颂陶、孙建立：《中国人事制度改革三十年》，中国人事出版社2008年版，第195页。

于下列开支：本单位举办的哺乳室、托儿所、幼儿园的补助；本单位举办的少年之家、校外辅导站所需费用的补助；职工家属统筹医疗费用超支的补助；本单位举办的理发室、浴室的补助；开展职工业务文体活动所需费用的补助；其他必要的集体福利开支。集体福利费不得用于下列用途：严禁用于请客送礼的开支；不得巧立名目给职工变相发放各种实物，不得滥发津贴、补贴以及任意扩大津贴、补贴的发放范围和提高发放标准；不得用于增加人员（包括临时工）的开支；严禁用于违反财政制度的开支。

1986 年，劳动人事部、财政部、国务院机关事务管理局下发《关于中央国家机关和事业单位工作人员福利费提取标准的通知》，规定在京中央国家机关、事业单位工作人员的福利费，从 1987 年 1 月起按照在京中央国家机关全部工作人员的基本工资（包括基础工资、职务工资、工龄津贴和教龄、护龄津贴）的 2% 提取。据此计算，各单位统一按每人每月 2.40 元提取，以后根据工资水平提高的情况再作调整。在应提取的福利费中，中央国家机关按每人每月 2.10 元留用，其余 0.3 元交由劳动人事部统一调剂使用；事业单位按 2.40 元标准提取的福利费，全部由各单位按规定使用。福利费年终如有结余，可以转入下年度继续使用。此后直到 1998 年，福利费的提取和分配标准未作调整。

九　文化福利事业恢复与新发展

1978 年以后，经过一系列的拨乱反正工作，职工文化福利事业逐步走上正轨，并有了新的发展。1979 年 6 月，全国总工会召开了 14 个省市工人文化宫、俱乐部会议，明确了工人文化宫、俱乐部的性质是职工的"学校和乐园"，其工作方针是为职工群众服务，为社会主义服务；重申了工人文化宫、俱乐部、图书馆、电影院及体育事业是职工文化福利事业，凡是被占用的都要收回来为职工群众服务。以后工会文化福利事业建设的重点放在工厂、矿山等基层企业单位，市区县一级工人文化宫、俱乐部也可以有计划有步骤地发展。

1981 年 8 月，中央发出关心人民群众文化生活的指示，强调了各级党委和有关部门要重视人民群众的文化生活，把它放在党委工作的重要位置上，认真抓好，切实解决在这方面存在的各种困难问题。在其后的几年中,不仅收回了许多被占用的工人文化宫、俱乐部,而且各地新建了许多市、县一级工人文化宫和厂矿俱乐部。

1982年,中国共产党第十二次全国代表大会指出,文化建设也应包括健康、愉快、生动活泼、丰富多彩的群众性娱乐活动,使人们在紧张的劳动后的休息中,得到有高尚趣味的精神上的享受。党的十二大之后,工会进一步以共产主义思想为指导,把工人文化宫、俱乐部真正办成为建设社会主义精神文明的重要阵地。1983年9月,中共中央批转中宣部等四个部门《关于加强城市、厂矿群众文化工作的几点意见》,并发了通知,再次要求各地党委认真加强城市厂矿的群众文化工作。

在一系列指示精神的指导下,全国职工文化福利设施得到了快速发展。1984年,全国工人文化宫、俱乐部发展到3.7万个,比1980年增长154.5%;图书馆(室)发展到19.2万个,比1980年增长76.6%;电影放映单位增至2.5万个,比1979年增加5000多个。全国有各种职工业余文艺团队和创作组6.4万个,参加活动的职工达到97.5万人。从事各项职工文化福利事业的专职工作人员约有21万人。

第四节 福利保障制度改革的深化(1992—2019年)

1993年,党的十四届三中全会提出要建立社会主义市场经济体制。为适应建立社会主义市场经济体制的需要,国家对计划经济体制下实施的一些福利制度和保险制度进行了调整和改革。一方面,调整了法定工时制度、法定节假日制度、带薪年休假制度、产假制度等,这些制度基本上和全国其他组织的制度保持一致。另一方面,以社会化改革为方向,持续推进福利设施社会化改革;同时大力推进医疗制度、住房制度、养老制度改革,在制度上逐步实现统一。

一 调整和完善假期制度

(一)执行法定工时制度

1995年,国务院颁布了《国务院关于职工工作时间的规定》[①],同

[①] 徐颂陶、孙建立:《中国人事制度改革三十年》,中国人事出版社2008年版,第189页。

年,人事部下发了《国家机关、事业单位贯彻〈国务院关于职工工作时间的规定〉的实施办法》。国家机关、事业单位的职工执行统一的工作时间,即每日工作8小时,每周工作40小时,星期六和星期日为周休息日,任何单位不得擅自延长工作时间,各地区、各部门可根据实际情况制定具体的休息时间并报人事部备案。《实施办法》也规定了延长工作时间的情况:一是由于发生严重自然灾害、事故或其他灾害,使人民的安全健康和国家财产遭到严重威胁需要紧急处理的;二是为完成国家紧急任务或完成上级安排的其他紧急任务的。职工在完成以上任务后,为了保障他们调整身心,单位应当安排相应的补休。

(二) 调整法定节假日放假标准

1999年9月18日,国务院对年节和纪念假日作了调整,法定节假日调整为10天。新年放假1天;春节放假3天;劳动节放假3天;国庆节放假3天。

除全民节假日外,国务院令还公布了其他部分人员放假的节日及纪念日:妇女节,妇女放假半天;青年节,14周岁以上的青年放假半天;儿童节,13周岁以下的少年儿童放假1天;建军节,现役军人放假半天。对于少数民族节假日,由各少数民族聚居地区的地方人民政府,按照各民族习惯,规定放假日期。

2007年12月14日,国务院颁布了《国务院关于修改〈全国年节及纪念日放假办法〉的决定》,自2008年1月1日起,全民法定节假日调整为11天,主要是减少了劳动节的放假天数,增加了清明节、端午节和中秋节三个具有传统纪念意义的节日。具体包括:新年放假1天;春节放假3天;清明节放假1天;劳动节放假1天;端午节放假1天;中秋节放假1天;国庆节放假3天。

(三) 制定带薪年休假办法

在总结各地区、各部门经验的基础上,国务院于2007年12月颁布了《职工带薪年休假条例》,机关、团体、企业、事业单位、民办非企业单位、有雇工的个体工商户等单位的职工连续工作1年以上的,享受带薪年休假。单位应当保证职工享受年休假。职工在年休假期间享受与正常工作期间相同的工资收入。

关于休假的天数,《条例》规定,职工累计工作已满1年不满10年的，年休假 5 天；已满 10 年不满 20 年的，年休假 10 天；已满 20 年的，年休假 15 天。国家法定休假日、休息日不计入年休假的假期。但职工有下列情形之一的，不享受当年的年休假：一是职工依法享受寒暑假，其休假天数多于年休假天数的；二是职工请事假累计 20 天以上，且单位按照规定不扣工资的；三是累计工作满 1 年不满 10 年的职工，请病假累计 2 个月以上的；四是累计工作满 10 年不满 20 年的职工，请病假累计 3 个月以上的；五是累计工作满 20 年以上的职工，请病假累计 4 个月以上的。

《条例》强调，单位根据生产、工作的具体情况，并考虑职工本人意愿，统筹安排职工年休假。年休假在 1 个年度内可以集中安排，也可以分段安排，一般不跨年度安排。单位因生产、工作特点确有必要跨年度安排职工年休假的，可以跨 1 个年度安排。对单位确因工作需要不能安排职工休年休假的，经职工本人同意，可以不安排职工休年休假。对职工应休未休的年休假天数，单位应当按照该职工日工资收入的 300% 支付年休假工资报酬。

人事部根据《条例》的规定，制定了《机关事业单位工作人员带薪年休假实施办法》，对年休假的条件、假期及待遇作了明确规定。《办法》规定，工作人员因承担野外地质勘查、野外测绘、远洋科学考察、极地科学考察以及其他特殊工作任务，所在单位不能在本年度安排其休年休假的，可以跨 1 个年度安排。

《办法》强调了应休尽休的原则，强调机关、事业单位因工作需要不安排工作人员休年休假，应当征求工作人员本人的意见。机关、事业单位应当根据工作人员应休未休的年休假天数，对其支付年休假工资报酬。年休假工资报酬的支付标准是：每应休未休 1 天，按照本人应休年休假当年日工资收入的 300% 支付，其中包含工作人员正常工作期间的工资收入。但单位已安排年休假，工作人员因个人原因不休年休假的，或请事假累计已超过本人应休年休假天数，但不足 20 天的，只享受正常工作期间的工资收入。

《办法》规定了日工资收入的计算办法。工作人员应休年休假当年日工资收入的计算办法是：本人全年工资收入除以全年计薪天数（261 天）。机关工作人员的全年工资收入，为本人全年应发的基本工资、国家规定的津贴补贴、年终一次性奖金之和；事业单位工作人员的全年工资收入，为本人全年应发的基本工资、国家规定的津贴补贴、绩效工资之和。其中，国家规定的津贴补贴不含根据住房、用车等制度改革向工作人员直接发放的货币补贴。

二　持续推进福利补贴市场化改革

（一）推进取暖费货币化改革

福利供热制度在长期的运行中，积累了不少矛盾和问题，突出表现为收费难、设施老化、能耗高、浪费大、环境污染严重等。党的十六大之后，我国开始改革城镇供热体制，旨在切实解决福利供热制度中存在的矛盾和问题，保障北方地区居民采暖，建设节约型社会。

2003年，建设部、国家发展和改革委员会、财政部、人事部、民政部、劳动和社会保障部、国家税务总局、国家环境保护总局发出《关于城镇供热体制改革试点工作的指导意见》，决定在我国东北、华北、西北及山东、河南等地区（以下简称"三北地区"）开展城镇供热体制改革的试点工作，改革主要内容是"改革单位统包的用热制度，停止福利供热，实行用热商品化、货币化"。《指导意见》明确，"停止由房屋产权单位或职工所在单位统包的职工用热制度，改为由居民家庭（用热户）直接向供热企业缴费采暖，实行用热商品化"；"停止福利供热后，采暖费用采取多渠道筹集，由政府、单位、个人共同负担；各级财政、单位用于职工供热采暖的费用作为供热采暖补贴由单位直接向职工和离退休人员发放，变"暗补"为"明补"，采暖补贴可在成本费用中列支。《指导意见》要求积极稳妥地试行职工采暖补贴，对机关事业单位在职人员和离退休人员，应综合考虑职工住房标准、城镇供热平均价格、采暖期限、职工收入水平、地方财政承受能力等因素，合理确定总体的补贴水平、各类人员的补贴标准和发放办法。企业职工和离退休人员采暖补贴标准和补贴方式，可参照当地机关事业单位职工采暖补贴方案，结合企业职工住房状况等具体情况确定。

为进一步推进城镇供热体制改革工作，2005年，建设部、国家发展和改革委员会、财政部、人事部、民政部、劳动和社会保障部、国家税务总局、国家环境保护总局发布《关于进一步推进城镇供热体制改革的意见》（以下简称《意见》），进一步推进供热商品化、货币化。《意见》

提出，"停止由房屋产权单位或职工所在单位统包的福利用热制度，改为由居民采暖用户直接向供热企业交纳采暖费，实行用热商品化。同时，实行将采暖费补贴由'暗补'变'明补'。各地区在制定采暖费补贴政策时，应根据职工和离退休人员住房标准、收入水平、城镇供热平均价格、采暖期限、企业和财政承受能力等因素，合理确定总体补贴水平，统筹考虑各类人群的补贴标准和发放办法。采暖补贴资金来源为原'暗补'时财政、单位用于职工的采暖费用"。原则上各地区可用两年左右的时间实现供热商品化、货币化，具体由各地从实际出发自行确定。

（二）实行公务用车社会化改革

2013年11月，中共中央、国务院印发《党政机关厉行节约反对浪费条例》，提出"改革公务用车实物配给方式，取消一般公务用车，保留必要的执法执勤、机要通信、应急和特种专业技术用车及按规定配备的其他车辆。普通公务出行由公务人员自主选择，实行社会化提供"。这开启了我国公务用车社会化改革的序幕。2014年7月16日，中共中央办公厅、国务院办公厅印发《关于全面推进公务用车制度改革的指导意见》和《中央和国家机关公务用车制度改革方案》，正式开启公务用车改革。按照改革方案，我国正式取消一般公务用车，普通公务出行社会化，适度发放公务交通补贴。具体的补贴标准，区分职务设三个档次，司局级每人每月1300元，处级每人每月800元，科级及以下每人每月500元。考虑到各地的交通情况不一，《方案》提出，地方交通补贴可以高于中央和国家机关的标准，但不得高于中央和国家机关补贴标准的130%，边疆民族地区和其他边远地区标准不得高于中央和国家机关补贴标准的150%。

三　调整女职工产假标准

2012年，国务院颁布《女职工劳动保护特别规定》，对产假制度作了调整。《规定》明确用人单位不得因女职工怀孕、生育、哺乳降低其工资、予以辞退，与其解除劳动或者聘用合同。女职工在孕期不能适应原劳动的，用人单位应当根据医疗机构的证明，予以减轻劳动量或者安排其他能够适应的劳动。对怀孕7个月以上的女职工，用人单位不得延长劳动时间或者安排夜班劳动，并应当在劳动时间内安排一定的休息时间。

怀孕女职工在劳动时间内进行产前检查，所需时间计入劳动时间。

对于女职工的生育假期，《规定》明确，女职工生育享受 98 天产假，其中产前可以休假 15 天；难产的增加产假 15 天；生育多胞胎的，每多生育 1 个婴儿，增加产假 15 天。女职工怀孕未满 4 个月流产的，享受 15 天产假；怀孕满 4 个月流产的，享受 42 天产假。《规定》还要求，对哺乳未满 1 周岁婴儿的女职工，用人单位不得延长劳动时间或者安排夜班劳动。用人单位应当在每天的劳动时间内为哺乳期女职工安排 1 小时哺乳时间；女职工生育多胞胎的，每多哺乳 1 个婴儿每天增加 1 小时哺乳时间。

《规定》对女职工的生育津贴、生育或流产医疗费用等作了规定：女职工产假期间的生育津贴，对已经参加生育保险的，按照用人单位上年度职工月平均工资的标准由生育保险基金支付；对未参加生育保险的，按照女职工产假前工资的标准由用人单位支付。女职工生育或者流产的医疗费用，按照生育保险规定的项目和标准，对已经参加生育保险的，由生育保险基金支付；对未参加生育保险的，由用人单位支付。

四 建立基本医疗保险制度

1998 年，国务院印发了《关于建立城镇职工基本医疗保险制度的决定》，城镇职工劳动保险医疗保障制度被社会统筹和个人账户相结合的城镇职工基本医疗保险制度取代。《决定》明确"城镇所有用人单位，包括企业（国有企业、集体企业、外商投资企业、私营企业等）、机关、事业单位、社会团体、民办非企业单位及其职工，都要参加基本医疗保险"。《决定》将机关和事业单位纳入了城镇职工基本医疗保险。为保证改革后机关事业单位职工公费医疗保障制度转向基本医疗保险制度后的医疗保障待遇水平，《决定》提出，国家公务员在参加基本医疗保险的基础上，享受医疗补助政策。

2000 年，劳动保障部、财政部颁布了《关于实行国家公务员医疗补助的意见》，在城镇职工基本医疗保险制度基础上，对国家公务员实施补充医疗保险。《意见》明确了医疗补助的原则是"补助水平要与当地经济发展水平和财政负担能力相适应，保证国家公务员原有医疗待遇水平不降低，并随经济发展有所提高"。

《意见》确定医疗补助的范围为符合《国家公务员暂行条例》和《国家公务员制度实施方案》规定的国家行政机关工作人员和退休人员；经人事部或省、自治区、直辖市人民政府批准列入依照国家公务员制度管理的事业单位的工作人员和退休人员；经中央组织部或省、自治区、直辖市党委批准列入参照国家公务员制度管理的党群机关，人大、政协机关，各民主党派和工商联机关以及列入参照国家公务员管理的其他单位机关工作人员和退休人员；审判机关、检察机关的工作人员和退休人员。

关于事业单位人员是否纳入医疗补助范围，《意见》指出，原享受公费医疗待遇的事业单位工作人员、退休人员，可参照国家公务员医疗补助办法，实行医疗补助，具体单位和人员由各地劳动保障和财政部门共同审核，并报同级人民政府批准。

关于医疗补助的经费来源，《意见》指出，按现行财政管理体制，医疗补助经费由同级财政列入当年财政预算，具体筹资标准应根据原公费医疗的实际支出、基本医疗保险的筹资水平和财政承受能力等情况合理确定。医疗补助经费要专款专用、单独建账、单独管理，与基本医疗保险基金分开核算。原享受公费医疗经费补助的事业单位所需医疗补助资金，仍按原资金来源渠道筹措，需要财政补助的由同级财政在核定事业单位财政拨款时给予安排；对少数资金确有困难的事业单位，由同级财政区别不同情况给予适当补助。

《意见》就医疗补助经费的使用作了规定：医疗补助经费主要用于基本医疗保险统筹基金最高支付限额以上，符合基本医疗保险用药、诊疗范围和医疗服务设施标准的医疗费用补助；在基本医疗保险支付范围内，个人自付超过一定数额的医疗费用补助；中央和省级人民政府规定享受医疗照顾的人员，在就诊、住院时按规定补助的医疗费用。补助经费的具体使用办法和补助标准，由各地按照收支平衡的原则作出规定。

五　调整抚恤金和生活困难补助标准

（一）两次调整抚恤金标准

2007年5月，民政部、人事部、财政部发出《关于国家机关工作人员及离退休人员死亡后一次性抚恤金发放办法的通知》，对国家机关工作人员及离退休人员死亡一次性抚恤金标准进行了调整：烈士为本人生前80个月基本工资或基本离退休费，因公牺牲为本人生前40个月基本工资或基本离退休费，病故为本人生前20个月基本工资或基本离退休费。《通知》规定，自2006年7月1日起，国家机关工作人员及离退休人员死亡一次性抚恤金的计发办法为，按本人生前最后一个月基本工资为基数计发。其中，公务员为本人职务工资和级别工资之和；机关技术工人为本人岗位工资和技术等级（职务）工资之和；机关普通工人为本人岗位工资。

2008年，人力资源和社会保障部、民政部、财政部发出《关于事业单位工作人员和离退休人员死亡一次性抚恤金发放办法的通知》，规定参照《公务员法》管理事业单位的工作人员和离退休人员死亡一次性抚恤金标准和计发办法，按照民政部、人事部、财政部《关于国家机关工作人员及离退休人员死亡一次性抚恤发放办法的通知》的规定执行。按照劳动和社会保障部、人事部、民政部、财政部《关于事业单位民间非营利组织工作人员工伤有关问题的通知》规定，参照统筹地区工伤保险的事业单位工作人员属于因公死亡的，一次性工亡补助金标准按照当地工伤保险规定执行；已参加企业职工基本养老保险事业单位的工作人员和离退休人员，属于病故的，一次性抚恤待遇仍按照当地规定执行。除上述情形外，事业单位工作人员和离退休人员死亡一次性抚恤金标准，从2004年10月1日起调整为：因公牺牲为本人生前40个月基本工资或基本离退休费，病故为本人生前20个月基本工资或基本离退休费。烈士的抚恤待遇，按国家有关规定执行。

《通知》规定，从2006年7月1日起，执行事业单位工作人员和离退休人员死亡一次性抚恤金的，一次性抚恤金的计发基数调整为：工作人员的计发基数为本人生前最后一个月基本工资，即岗位工资和薪级工资之和；离退休人员的计发基数为本人生前最后一个月享受的基本离退休费，即离退休时计发的基本离退休费和离退休后历次按国家规定增加的基本离退休费之和；退职人员的计发基数，按照《国务院关于安置老弱病残干部的暂行办法》和《国务院关于工人退休、退职的暂行办法》规定办理退职的人员，计发基数为本人基本退职生活费，即退职时计发的基本退职生活费和退职后历次按国家规定增加的基本退职生活费之和。

2011年8月1日，国务院公布施行的《烈士褒扬条例》和国务院、中央军委公布施行的《关于修改〈军人抚恤优待条例〉的决定》调整了一次性抚恤金标准。为适应有关政策的变化，2011年11月15日，民政部、人力资源和社会保障部、财政部发出《关于国家机关工作人员及离退休人员死亡一次性抚恤金发放有关问题的通知》（以下简称《通知》），调整了国家机关工作人员的一次性抚恤金发放标准。《通知》规定，自2011年8月1日起，国家机关工作人员及离退休人员死亡，一次性抚恤金发放标准调整为：烈士和因公牺牲的，为上一年度全国城镇居民人均可支配收入的20倍加本人生前40个月基本工资或基本离退休费；病故的，为上一年度全国城镇居民人均可支配收入的2倍加本人生前40个月基本工资或基本离退休费。

（二）调整中央国家机关工作人员遗属生活困难补助标准

1996年4月22日，国务院机关事务管理局发出《关于调整中央国家机关工作人员遗属生活困难补助标准的通知》，考虑到物价上涨情况和中央国家机关实际，对遗属生活困难补助标准进行了调整。具体补助标准为：中央国家机关工作人员死亡后，遗属家住城市，月人均收入不足130元的，补到130元；孤身一人，无收入或月收入不足170元的，补到170元。家住农村的，可按当地农民的一般生活水平考虑，但补助标准最高不超过上述标准。

六　调整福利费提取标准

1998年，人事部、财政部、国管局下发了《关于调整在京中央国家机关工作人员福利费的提取比例》，调整了在京中央国家机关、事业单位工作人员福利费的提取比例：在京中央国家机关及事业单位工作人员的福利费按照全部工作人员基本工资［机关包括基础工资、职务工资、级别工资和工龄工资，事业单位包括职务（岗位）等级工资、国家规定比例的津贴、教龄、护龄津贴］的2.5%提取；以后福利费的提取标准随着工资水平的提高再作调整。根据上述办法，在京中央国家机关、事业单位工作人员的福利费为每人每月12元，其中，中央国家机关按每人每月9元留用，其余3元由人事部统一调剂使用；事业单位按12元提取福利费，全部由单位按规定使用。福利费年终如有结余，可转入下年度继续使用。驻京外地区的中央国家机关和事业单位工作人员的福利费，仍按所在地的规定执行。

七　福利设施社会化改革

1992年6月，中共中央、国务院《关于加快发展第三产业的决定》指出，"现有的大部分福利型、公益型和事业型第三产业单位要逐步向经营型转变，实行企业化管理"，要"以社会化为方向，积极推动有条件的机关和企事业单位在不影响保密和安全的前提下，将现在的信息、咨询机构、内部服务设施和交通运输工具向社会开放，开展有偿服务，并创造条件使其与原单位脱钩，自主经营，独立核算。同时，鼓励社会服务组织承揽机关和企事业单位的后勤服务、退休人员管理和其他事务性工作。打破'大而全'、'小而全'的封闭式自我服务体系，使上述工作逐步实现现代化"。1993年3月，经国务院批转的国家计委关于全国第三产业发展规划的基本思路，重申了上述《决定》的基本精神，强调在20世纪90年代要"逐步实现大部分事业型单位转向经营型和企业化管理，形成自我发展的动力机制。改变目前企事业单位和机关团体封闭式自我服务的状况，逐步实现大部分生产服务、生活服务的社会化"。

遵照上述精神，部分单位开始了以"企业后勤服务社会化、产业化"为主要内容的改革。在改革过程中，由于单位之间在企业规模、经济效益、职工工资水平以及地理位置等方面存在着明显差异，所以起步有先有后，改革的速度有快有慢。但是企业改革进程大体上是分三个步骤来进行的：第一步，实行独立核算和承包制。在单位内划分小核算单位，使基本具备对外经营条件的后勤服务部门成为独立核算单位；核定后勤服务单位的经费基数，实行经费差额承包，严格控制费用，明确责权利关系；在搞好对内部服务的前提下，逐步开展对外经营，即"以外补内"。第二步，逐步转换对后勤服务设施的补贴，实行对内对外双重服务，所提供的服务项目的收费向市场价格靠拢，逐步增强自我生存、自我发展的能力，成为自主经营、实行企业化管理的经济实体。第三步，全部转换对后勤服务设施的补贴，使之完全实现社会化和产业化。无论是对内服务还是对外服务，均采用市场价格收费，并在明确后勤部门与母体的资产分割和收益分配的基础上，与母体脱钩，成为具有法人地位的企业实体。

通过推进集体福利设施的社会化和产业化发展,逐渐从"单位办社会"的困扰中解脱出来,轻装上阵参与市场竞争,这不仅把大多数单位原有的后勤服务设施推向社会、推向市场,成为社会化第三产业的重要组成部分,而且还使得单位福利机制与市场经济运行机制有机地结合起来,从而实现了职工福利制度由封闭福利型向开放经营型的过渡。

第十四章 辞退与辞职制度

第十四章　辞退与辞职制度

辞退与辞职制度是我国干部人事制度的重要内容之一，是干部退出机制的重要组成部分，对加强干部队伍建设、保证干部队伍活力具有重要作用。

辞职与辞退制度是两项既密切联系又相互区别的干部人事管理制度。一方面，辞退与辞职对干部本人来说，均是现任职务不再有效。另一方面，辞退与辞职又有明显区别，二者体现不同的管理机制，主要表现在三个方面：一是提出主体不同。辞退是组织的法定职权，在解除与用人单位的关系上以组织主动性为主；辞职是干部的一项基本权利，在解除与用人单位的关系上以个人主动性为主。二是权限不同。辞退体现用人单位对干部的选择使用权，辞职体现干部个人选择职业的主动权。三是约束条件不同。法定辞退条件是对用人单位行使辞退权的必要限制，防止用人单位滥用辞退权侵害个人合法权益；法定辞职条件是对个体行为的必要约束，防止个人滥用辞职权侵犯公共利益。此外，辞退与辞职产生的时间不同，辞退制度在中华人民共和国成立后不久就产生了，而辞职制度则是在改革开放后随着我国政治、经济、科技体制改革推进而产生、发展的。为此，本章以下分别梳理辞退制度和辞职制度。

第一节　辞退制度

辞退制度是用人单位通过法定程序解除与干部任用关系的管理措施。[①]

[①] 辞退从产生之初体现的就是用人单位的用人使用权，不具有惩戒性质。1954年的《国营企业内部劳动规则纲要》第一章是"录用、调动和辞退"，第二章是"企业行政和职工的基本职责"，第三章是"工作时间"，第四章是"处分"。从标题可以看出，第一章录用、调动和辞退与第四章处分二者是并列的两章。第一章的标题中辞退与调动、录用一样，是企业的用人行为，而不是处分。1954年劳动部颁布的《国营企业内部劳动规则纲要》的解释意见也明确规定，辞退不是一种处分。改革开放后的一系列规章制度也延续了辞退的性质是用人单位的用人权利，如《全民所有制事业单位辞退专业技术人员和管理人员暂行规定》明确，辞退专业技术人员是单位的一项权利，是指因法定事由，经法定程序单位主动解除与专业技术人员和管理人员之间的关系。《国家公务员辞职辞退暂行规定》明确，辞退国家公务员，是指国家行政机关依照法律、法规规定，解除其同国家公务员的任用关系。

"辞退"一词早在1954年政务院通过的《国营企业内部劳动规则纲要》中已经出现。

改革开放后，我国干部辞退制度正式建立并逐步完备。1986年，国务院发布的《国营企业辞退违纪员工暂行规定》，是我国第一个关于干部辞退制度的规范性文件。公安部于1989年颁布的《关于公安机关辞退公安干警的规定（试行）》，是我国第一个针对某一系统公务员的辞退制度。1992年，人事部发布的《全民所有制事业单位辞退专业技术人员和管理人员暂行规定》，是我国第一个适用于全国事业单位干部的辞退制度。此后，随着干部分类管理的逐步深入和社会主义市场经济体制的建立，我国建立了适应企业、事业单位和机关干部的辞退制度。总体上，我国干部辞退制度大体可以分为企业辞退制度的探索、辞退制度的正式建立、辞退制度的分类与发展和辞退制度逐步完备四个阶段。

一 辞退制度的探索（1949—1978年）

中华人民共和国成立之初，失业现象非常严重，全面解决各种失业人员的就业问题，逐步消灭失业半失业现象，是当时党和政府面临的重要工作任务。为稳定就业、减少失业，国家不允许资本家、用人单位随意解雇工人，于是对雇主解雇权进行严格限制。[①] 不论公营私营企业，都不得随意解雇职工，即使企业生产经营出现困难，也不得从解雇职工上想办法。

（一）允许私营企业在特定条件下解雇职工

中华人民共和国成立初期，为了迎接即将开始的大规模国家建设，全面解决各种失业人员就业问题，逐步消灭失业半失业现象，1952年7月，中央人民政府政务院通过《关于劳动就业问题的决定》，严格限制各类企业的解雇权。《决定》提出：一切公私企业，均应遵守共同纲领和人民政府的政策法令，积极发展生产和营业。某些企业即令一时发生困难，也应从积极发展生产和营业中来克服本身的困难，不得从解雇职工上想办法，以保障职工利益，避免增加失业。一切公私企业，对于因实行生

[①] 张家宇：《我国解雇权的历史变迁及其启示》，《三峡大学学报》（人文社会科学版）2018年第9期。

产改革、合理地提高了劳动效率而多余出来的职工,均应采取包下来的政策,仍由原企业单位发给原工资(计入企业成本之内),不得解雇。

可见,在国家以解决就业问题为主要任务的方针指导下,限制企业解雇权是应有之义。但是,某些私营企业在满足特定条件下,经过批准且履行一定的程序,也可以依法解雇职工。①

1. 解雇的条件

《关于劳动就业问题的决定》明确了私营企业可以解雇职工的两种情形。

(1) 某些私营企业因经济改组关系,本行业确无前途必须转业者,原则上应该是劳动随资本同时转业。如果转业申请和计划开设的新业已得工商管理部门核准,又经过劳资双方协商,根据新业的计划和现有职工的条件拟出职工随资本转移的方案后,仍有一部分确实无法在新业中安置的职工。

(2) 某些私营企业确属亏本过甚,无力继续经营,经劳资协商后,仍无法开展业务,必须紧缩营业或歇业。

可见,解雇职工是私营企业因经济改组或在经营亏损过甚无力经营的情形下,企业经过努力后确实无法安置或无力继续经营,不得不采取的行为。

2. 解雇的程序

《关于劳动就业问题的决定》对不同情形下的解雇程序规定存在一定差异,但解雇职工均需依法解雇且经过批准。

(1) 对于某些私营企业因经济改组,且新业中也无法安置的职工,资方可按照工会法及其他有关法令的规定向劳动部门申请解雇,经劳动部门批准后,得依法解雇。

(2) 对于某些私营企业经营亏本,必须紧缩营业或歇业的条件下解雇,歇业应经工商管理部门批准,解雇一部分或全部职工也应经劳动部门批准。

在解雇审批上,坚持依法办理和慎重批准的导向。《关于劳动就业问

---

① 这里"解雇"实质体现的是用人单位的用人选择权,与辞退性质是相同的,只是这里规定行使解雇权的主体是私营企业。

题的决定》规定,解雇职工必须按工会法及其他有关法令的规定办理。劳动部门应根据目前情况,照顾劳资双方利益,慎重处理解雇问题。对于合情合理的解雇申请应予批准;对于假借口实,企图解雇职工,或未经批准歇业,擅自停工、停薪、停伙者,均应坚决制止。

3. 被解雇职工的权益

被解雇后的职工具有优先复工权。《关于劳动就业问题的决定》规定,对于某些私营企业确属亏本过甚,无力继续经营的,如将来再扩大营业或复业时,应尽先使原职工复工。

(二) 禁止国营企业无故辞退职工

1954 年,我国开始对资本主义工商业进行社会主义改造,由于新的劳动管理制度尚未建立,企业中出现矿工、怠工、不服从指挥等违反和破坏劳动纪律的现象。《中国人民政治协商会议共同纲领》第八条规定,中华人民共和国公民均有遵守劳动纪律的义务。为了保证和巩固劳动纪律,正确地组织劳动,充分而合理地利用工作时间,提高劳动生产率,提高产品质量,中华全国总工会建议制定《国营企业内部劳动规则纲要》。1954 年 7 月 14 日,政务院公布了《国营企业内部劳动规则纲要》,规定了辞退条件、辞退程序和辞退待遇。

1. 辞退的情形

《国营企业内部劳动规则纲要》第一章规定,禁止无故辞退职工。[①] 相对于 1952 年的《关于劳动就业问题的决定》,《国营企业内部劳动规则纲要》放宽了辞退情形,但也没有明确规定辞退的具体情形和原因。

2. 辞退的程序

在辞退的程序上,《国营企业内部劳动规则纲要》规定较为简单。辞退职工时,应发给证明书,并须注明辞退的情形和原因。

3. 被辞退职工的待遇

《国营企业内部劳动规则纲要》规定,职工如不同意企业行政方面辞退的决定,有权向所属工会组织申诉,或向当地人民政府劳动行政机关

---

① 1954 年 9 月 22 日,劳动部公布的关于《国营企业内部劳动规则纲要》内容的解释意见第 4 条规定,辞退不是一种处分,而是生产不需要或者职工不称职时采取的办法。辞退与解雇含义相同。

申请按劳动争议处理。

由于职工被辞退是因为生产不需要或者不称职,因此也就没有获得经济补偿的相关规定,仅赋予了职工对不同意企业辞退决定的申诉权或申请按照劳动争议处理。

(三)精减新招录的职工

20 世纪 60 年代初期,我国经济遭遇严重困难,中央提出"调整、巩固、充实、提高"的八字方针,要求大幅精减城市人口。1961 年 6 月 28 日,中央作出《关于精减职工工作若干问题的通知》。1962 年 6 月 1 日,国务院颁布了《关于精减职工安置办法的若干规定》,为大幅度精减城市人口进行政策铺垫。这一时期精减职工实质是因国家经济困难进行的辞退行为。

1. 精减的对象

《关于精减职工工作若干问题的通知》规定的精减对象是,1958 年 1 月以来参加工作的来自农村的新职工(包括临时工、合同工、学徒和正式工)。但是,并非所有的来自农村的新职工都要被精减。在完成精减计划的前提下,对于新职工中已经成为企业生产中的骨干和技术能手的,也可以不减。

2. 被精减职工的待遇

《关于精减职工工作若干问题的通知》明确规定,对于被精减的职工,明确提出按照离职处理,一律不用带工资下放的办法。对 1958 年以来参加工作的新职工被精减的待遇,在发给当月的工资以外(当月工资的发法:工作不满半个月的,发给半个月的工资;工作超过半个月的,发给全月的工资),另按照不同的身份和工作时间长短发给生产补助费。

(1)临时工和合同工:工作在半年以上不满 2 年的,发给半个月的本人标准工资;工作在 2 年以上不满 3 年的,发给 1 个月的本人标准工资;工作在 3 年以上的,发给 1.5 个月的本人标准工资。工作不满半年的不享受生产补助费的待遇。

(2)正式职工和学徒:工作不满 1 年的,发给 1 个月的本人标准工资(学徒为生活补贴);工作在 1 年以上不满 2 年的,发给 1.5 个月的本人标准工资;工作在 2 年以上不满 3 年的,发给 2 个月的本人标准工资;工作在 3 年以上的,发给 2.5 个月的本人标准工资。

《关于精减职工安置办法的若干规定》在原有政策的基础上，对工作时间在 3 年以上的待遇进行了细分。工作在 3 年以上不满 4 年的，发给 2.5 个月的本人标准工资；工作在 4 年以上的，发给 3 个月的本人标准工资。

3. 精减后的安置

精减后的安置去向是回乡。明确将来经济建设事业发展，需要从农村抽调劳动力时，被精减的职工可以被优先录用。对于回乡的职工，城乡两方面要认真安排，负责到底，帮助其安家生产、安排落实口粮、解决住房问题和按照规定分给自留地，帮助解决生产、生活等方面的实际困难。

(四) 实行国营企业临时工辞退政策

1962 年 10 月 14 日，国务院颁布《关于国营企业使用临时职工的暂行规定》，对国营企业辞退临时工作出规定。1965 年 3 月 10 日，国务院颁布《关于改进对临时工的使用和管理的暂行规定》，对国营企业、事业单位临时工辞退作出规定。

1. 辞退的背景

这一时期辞退主要是经济社会形势的需要，以保障生产、经济合理使用劳动力为出发点。1962 年《关于国营企业使用临时职工的暂行规定》明确，为了保证临时性、季节性的生产和工作的需要，节省人力、财力和适当安排社会劳动力使用临时工，在合同期满辞退。

1965 年，《关于改进对临时工的使用和管理的暂行规定》明确，促使企业、事业单位积极推行两种劳动制度，少用固定工、多用临时工，经济合理地使用劳动力。合同期满辞退临时工，是当时政策规定企事业单位使用和管理临时工的规范做法。

2. 辞退的对象

1962 年的《关于国营企业使用临时职工的暂行规定》明确，辞退的对象为国营企业因保障临时性、季节性生产和工作需要而招用的临时工。1965 年《关于改进对临时工的使用和管理的暂行规定》的辞退对象扩大了范围，包括国有企业和事业单位招用的临时工。

3. 辞退的情形

1962 年的《关于国营企业使用临时职工的暂行规定》明确辞退的情

形是，国营企业临时职工在无生产任务时应辞退离厂（场），不得转为长期职工。而且，对于其他临时职工，应当在劳动合同期满时立即辞退。[①]

1965年，《关于改进对临时工的使用和管理的暂行规定》要求，企业、事业单位在招用临时工时，必须根据生产、工作的需要，要与所在地的城市街道组织或农村人民公社生产队签订合同，并且在合同期满后予以辞退。

二 辞退制度的正式建立（1978—1992年）

1978年，党的十一届三中全会召开，党的工作重心转移到经济建设上来，相关制度也进入重建期。邓小平同志在中共中央工作会议闭幕会上作了重要讲话，提出在管理制度上，当前要特别注意加强责任制。

1981年11月，第五届全国人大第四次会议通过的政府工作报告《当前的经济形势和今后经济建设的方针》提出，为了挖掘现有企业的潜力，提高经济效益，增加财政收入，必须分批地有计划地对现有企业进行全面整顿。企业的全面整顿，当前要特别注意整顿和加强劳动纪律，严格执行奖惩制度等工作。劳动好的应该给予表扬和奖励，严重违反劳动纪律而又屡教不改的，企业有权按照有关规定给予经济的或行政的惩处，直到辞退和开除。

国务院于1986年颁布的《国营企业辞退违纪职工暂行规定》（以下简称《辞退规定》）提出，建立违纪辞退制度。违纪辞退是指用人单位对严重违反劳动纪律或企业内部规章，但未达到被开除、除名程度的职工，依法强行解除劳动关系的一种行政处理措施。

机关工作人员的辞退工作，最早是从公安机关开始的。1989年7月，公安部颁布了《关于公安机关辞退公安干警的规定》，率先在全国公安系统实行辞退制度；1990年，建立了公安机关干部辞退制度。此后，上海市、沈阳市和重庆市等地方政府也先后建立了适用于企事业单位专业技术人员的辞退办法和行政机关工作人员的辞退制度。

---

① 这里的其他临时职工是相对于季节性的临时职工而言的，对于季节性临时职工可以在工作任务结束时签订预约合同，以稳定其基本队伍。

(一) 建立国营企业辞退违纪职工制度

为进一步贯彻执行中央关于国民经济调整、改革、整顿、提高的方针,充分发挥现有国营工业企业的潜力,提高经济效益,1982年1月2日,中共中央、国务院作出《关于国营工业企业进行全面整顿的决定》,提出从1982年起,用两三年时间,有计划有步骤地、点面结合地、分期分批地对所有国营工业企业进行全面的整顿工作。整顿和加强劳动纪律,严格执行奖惩制度……对严重违反劳动纪律的,企业有权按照有关规定给予经济或行政的处分,屡教不改的,要加重处分,直到辞退和开除。[①]

1986年7月12日,国务院发布《国营企业实行劳动合同制暂行规定》,要求国营企业在国家劳动工资计划指标内招用常年性工作岗位上的工人,除国家另有特别规定者外,统一实行劳动合同制。同时发布的还有《国营企业招用工人暂行规定》《国营企业辞退违纪职工暂行规定》(以下简称《辞退规定》)、《国营企业职工待业保险暂行规定》三个文件,自1986年10月1日起实行。自此,国营企业在用工制度上有了一定自主权,用工制度从过去的身份管理转变为通过劳动合同来调整。三个文件的同步颁布实施,为国营企业改革用工制度提供了遵循,也保障了被辞退违纪职工的待遇。

1987年3月3日,劳动人事部、国家经济委员会、公安部和全国总工会联合发布《关于贯彻实施〈国营企业辞退违纪职工暂行规定〉有关问题的通知》(以下简称《辞退有关问题通知》),对辞退条件、辞退双方约束问题作出明确规定。针对执行中不少地区和部门反映《辞退规定》中的一些规定不够明确的问题,1987年12月17日,劳动人事部印发《〈国营企业辞退违纪职工暂行规定〉若干问题解答》(以下简称《辞退问题解答》)的通知,对《辞退规定》的适用范围、工龄计算和审批权等问题作出规定。

1. 《辞退规定》的适用范围

《辞退问题解答》明确,《辞退规定》只适用于国营企业及其所属的

[①] 违纪辞退适用于犯有《国营企业辞退违纪职工暂行规定》第二条所列七项错误行为之一,且经教育或行政处分无效的职工。1982年颁布的《企业奖惩条例》规定的惩罚措施并不包括"辞退",这说明职工虽然因违纪被"辞退",但辞退并不是纪律处分。

事业单位（如医院、学校、科研单位等），不适用于国家机关、人民团体和事业单位。集体所有制企业是否参照执行《辞退规定》，由省、自治区、直辖市人民政府确定。《辞退规定》适用于全体职工，企业干部也不例外。

2. 违纪辞退的情形

《辞退规定》明确了国营企业辞退职工的七种情形。企业对有下列行为之一，经过教育或行政处分仍然无效的职工，可以辞退：

（1）严重违反劳动纪律，影响生产、工作秩序的；

（2）违反操作规程，损坏设备、工具，浪费原材料、能源，造成经济损失的；

（3）服务态度很差，经常与顾客吵架或损害消费者利益的；

（4）不服从正常调动的；

（5）贪污、盗窃、赌博、营私舞弊，不够刑事处分的；

（6）无理取闹，打架斗殴，严重影响社会秩序的；

（7）犯有其他严重错误的。

符合除名、开除条件的职工，按照《企业职工奖惩条例》的规定执行。

从辞退职工的条件可见，国营企业辞退违纪职工，应同时具备两个要件：一是职工有七种违纪行为之一；二是经过教育或者行政处分仍然无效。而且，辞退的七种行为规定宽严不一，有的条款有"严重"的情节，如（1）（6）（7）；有的则没有情节限定，如（2）（3）（4）（5）。此外，即使出现违纪辞退的七种行为之一，且经过教育或行政处分仍然无效，也不是"必须"辞退，而是"可以"辞退。

《辞退有关问题通知》强调，企业要根据《辞退规定》和省、自治区、直辖市政府制定的实施细则，结合本单位的实际情况，明确规定辞退违纪职工的具体条件，经过职工代表大会审议通过后贯彻实施，同时报送企业主管部门、当地劳动部门或劳动争议仲裁委员会和当地工会组织备案。

1991年6月，劳动部办公厅印发的关于《国营企业辞退违纪职工暂行规定》第二条有关问题解释的复函明确："企业对有下列行为之一，经过教育或行政处分仍然无效的职工，可以辞退。"这是指职工违反规定中所列的其中行为之一，企业对其进行批评教育或行政处分后，又继续犯有规定所列七种行为中任何一种的，可视为经教育或行政处分无效，企业可以辞退。①

3. 违纪辞退的程序

《辞退规定》关于违纪辞退制度的相关程序比较简单，包括征求意见和备案两个环节。《辞退规定》明确提出，企业辞退职工应当征求本企业工会的意见，并报企业主管部门和当地劳动人事部门备案。

《辞退问题解答》规定，企业应根据《辞退规定》和本企业的实际情况，制定或完善厂规厂纪。厂规厂纪经厂职代会审议通过后，由厂长按照厂规厂纪行使辞退违纪职工的审批权。

4. 被辞退职工的待遇

被辞退违纪职工的待遇主要包括办理待业登记、领取待业救济金和医疗补助费、工龄计算和申诉权。

（1）办理待业登记。《辞退规定》明确，企业对被辞退的职工应当发给辞退证明书。被辞退的职工可以持辞退证明书到本人户口所在地的劳动部门办理待业登记。

（2）领取待业救济金和医疗补助费。被辞退的职工在待业期间的管理和待业救济金、医疗补助费的发放，按照《国营企业职工待业保险暂行规定》办理。《辞退问题解答》明确规定，在《辞退规定》实施以前辞退的职工，在待业期间不能享受待业救济。②

（3）工龄计算。《辞退问题解答》明确规定，职工被辞退前及重新就业后的工龄合并计算。

（4）申诉权。被辞退的职工对企业作出的辞退处理不服的，可以在收到辞退证明书之日起的15日内，向当地劳动争议仲裁委员会申诉，由劳动争议仲裁委员会仲裁；对仲裁不服的，可以向当地人民法院起诉。

与改革开放前的《国营企业禁止无故辞退职工》相比，《辞退规定》

---

① 国家人事部流动调配司：《中国人才流动政策法规大全》，经济管理出版社1993年版，第181页。

② 国家人事部流动调配司：《中国人才流动政策法规大全》，经济管理出版社1993年版，第180页。

更具人性化,职工因违纪被辞退,除享有申诉权以外,还能享受待业救济、医疗补助等经济待遇。

5. 辞退后的管理

《辞退规定》关于辞退后管理,仅针对被辞退的职工单方面作出规定。《辞退规定》明确,被辞退的职工无理取闹、纠缠领导,影响生产、工作和社会秩序的,由公安部门按照《治安管理处罚条例》的有关规定处理。

《辞退有关问题通知》对辞退双方进行约束,并对违纪违法行为作出详细规定。《辞退有关问题通知》明确,企业辞退违纪职工要坚持实事求是,严格按照《辞退规定》办理。如发现辞退不当的,要及时纠正;发现确属企业领导人滥用职权打击报复的,要按照有关规定进行严肃处理。企业对被辞退的违纪职工,要认真做好思想教育工作,不能简单从事,防止矛盾激化。被辞退的违纪职工拒绝接受企业的正确处理,扰乱企业生产、工作的政策进行,殴打他人,损毁公私财物,非法限制他人人身自由,或者非法侵入他人住宅,用写恐吓信等方法威胁他人安全,以及干扰他人正常生活的,由公安机关按照《治安管理处罚条例》的有关规定予以处罚;构成犯罪的,依法追究刑事责任。[①]

(二) 建立公安干警辞退制度

为加强公安队伍建设,保证公安干警的素质,根据《人民警察条例》《人民警察内务条令(试行)》《人民警察奖惩条例(试行)》的有关要求,1989年7月14日,公安部颁布《关于公安机关辞退公安干警的规定(试行)》(以下简称《辞退公安干警规定》),这是我国行政机关初次建立辞退制度。

1. 辞退的情形

《辞退公安干警规定》明确,辞退公安干警有四种情形。凡属下列情形之一的公安干警可以予以辞退:[②]

[①] 国家人事部流动调配司:《中国人才流动政策法规大全》,经济管理出版社1993年版,第183页。

[②] 《公安机关人民警察辞退办法》规定,实行辞退制度是公安机关解除公安干警身份的行政措施,不具备惩戒性质。

（1）不符合人民警察的基本条件，不适宜做公安工作，经教育培训仍不合格的；

（2）因工作需要进行工作调整、调动，本人拒不接受合理安排的；

（3）不接受公安机关的纪律约束，多次违反纪律和规章制度，经教育不改的；

（4）犯有严重错误，造成不良影响的。

公安干警被决定劳动教养，没有开除公职的，应即解除干警身份，并依照第9条收回证件、装备等。待解除劳教后办理辞退手续。

可见，公安机关辞退公安干警的情形多与公安干警的职务具有关联性，公安干警因不称职、不接受纪律约束、拒绝接受合理工作调整或者犯有严重错误被辞退。所以，辞退行为是公安机关的用人行为。

2. 辞退的程序

《辞退公安干警规定》明确，辞退公安干警需要履行如下程序：

（1）所在单位领导集体内部讨论决定。辞退公安干警，由所在单位领导集体讨论提出意见，说明辞退的理由和事实依据，按干部管理权限报任免机关审批。

（2）审批机关审批。审批机关应当在30天内作出审批决定。凡批准辞退的，应当以书面形式通知本人及其所在单位；凡未批准的，应将有关请示报告等材料退回原单位，并说明理由。

相对于《辞退规定》，《辞退公安干警规定》在辞退程序上对用人单位进行约束，而且在辞退程序上更为规范。所在单位作出辞退规定需经过单位领导集体讨论提出意见，说明辞退理由和事实依据，按照干部审批权限报任免机关批准；而且初次规定了审批机关的审批时限为30天。

3. 被辞退后的待遇

《辞退公安干警规定》明确，公安干警被辞退后享受的待遇主要包括领取生活补助费、工龄计算、身份和申诉权。

（1）生活补助费。凡被辞退人员，都由本人自谋职业。在谋求新的职业期间，原单位按下列标准发给生活补助费：工龄在5年（含5年）以上的，半年内发给原工资（基础工资、职务工资、工龄补贴），半年后发给原工资的70%，工龄不满5年的，可酌情减发。凡被辞退的人员都不再发岗位津贴和奖励工资。逾一年仍未找到工作的，原单位不再发给工资或其他生活补贴。

（2）工龄。被辞退人员转到新的工作岗位后，其在公安机关工作期间的工龄可以连续计算。

（3）身份。被辞退的公安干警是否保留干部身份，由新工作单位确定。

（4）申诉权。被辞退人员如果对辞退决定不服，有权在接到辞退通知后 15 天内，向审批单位的上一级公安或人事部门提出申诉。受理申诉的公安或人事部门应当认真进行复查，并尽快作出结论。如确属退错的，应当予以纠正。

相对于《辞退规定》，《辞退公安干警规定》在辞退后待遇方面增加了内容，不仅包括根据工龄长短领取生活补助费的经济待遇，还包括确定身份、工龄计算和申诉权等多项待遇。

4. 辞退后的管理

辞退后管理包括针对被辞退人员、所在单位和上级单位三个方面。相对于国有企业辞退违纪职工的辞退后管理，《辞退公安干警规定》增加了对所在单位的监督，防止单位滥用辞退权损害公安干警的合法权益。

（1）对被辞退人员。被辞退人员接到辞退通知后，应当在 15 天内办完离任手续。被辞退人员不准无理取闹或威胁有关领导，违者予以严肃处理。

（2）对被辞退人员所在单位。在被辞退人员接到辞退通知后，其所在单位应当将其枪支、警械、警服、工作证和其他警用装备收回。

（3）对公安机关。各级公安机关逐级负责本规定的监督实施。对滥用辞退权的领导人，要酌情给予批评教育、行政处分直至追究法律责任。

可见，相对于《辞退规定》，《辞退公安干警规定》在辞退后管理方面更加公平，不仅约束被辞退公安干警，还防止被辞退单位领导人滥用辞退权，要求所在单位及时收回被辞退公安干警装备等。

（三）实行公安机关干部辞退制度

公安部作为全国公安系统的领导机关，为保证部机关干部的素质，增强部机关的凝聚力和战斗力，应当严格执行《印发〈关于公安机关辞退公安干警的规定〉（试行）的通知》（以下简称《规定》）。1990 年 9 月 12 日，公安部颁布了《公安部政治部关于严格执行公安部〈关于公安机关辞退公安干警的规定〉(试行)的通知》,对辞退公安机关干部作出相应规定。

1. 辞退的适用范围

《规定》明确,辞退对象适用于部机关行政编制的干部。辞退部机关工勤人员可以参照本规定执行。

2. 辞退的审批

辞退机关干部按照分级管理的原则进行审批。《规定》明确,辞退机关干部,由局(司)务会集体讨论提出,副处级以下干部(含副处级)由政治部审批,正处级以上干部经政治部核报部党委审批。

3. 辞退的程序

辞退机关干部与辞退公安干警程序大体相似,均需严格履行规定程序。《规定》明确,辞退机关干部,所在单位须报送辞退报告,说明辞退的理由和事实依据。凡批准辞退的,要以书面形式通知本人及其所在单位,并将辞退报告、批复等有关材料装入本人档案。

4. 被辞退后的待遇

《规定》明确,凡被辞退人员,都由本人自谋职业。在谋求新的职业期间,按《规定》中第 10 条所列标准发给生活补助费。一年之内找到工作的,可按机关干部介绍给新工作单位。满一年之后,组织上不再负责介绍调转关系,并将其档案转到户口所在地街道办事处。

5. 慎重使用辞退

《规定》确立了慎重辞退人员的导向,对不胜任现任岗位的人员以及犯有一般错误的干部,均需先采取一定的培训、转岗或者教育挽救的措施,而不是直接辞退。《规定》明确,对因文化素质低、业务能力弱而不胜任现职工作的人员,应先酌情安排其离岗培训或下派基层锻炼,限期提高,经考试考核合格者可返回原岗位工作,仍不合格者可酌情安排其他工作或予以辞退。

各单位在执行《规定》中要严格掌握辞退条件,对犯有一般错误的干部,首先要立足于教育挽救,不能简单行事,严禁滥用辞退权,更不能搞打击报复。对被辞退的人员,要认真细致地做好思想教育工作,防止发生问题。

除上述在全国范围内进行的制度探索以外,上海市政府于 1988 年 12

月 25 日颁布了《上海市全民所有制企业事业单位辞退专业技术人员暂行办法》，规定了辞退办法的适用范围、辞退/不得辞退的条件、辞职程序和辞退后的管理。1992 年以后，沈阳、青岛、重庆、深圳、苏州等地以及海关、税务系统的部分单位也开展了辞退工作。[①] 这些地方干部辞退制度的探索为建立全国的分类辞退制度提供了有益借鉴。

三　辞退制度的分类与发展（1992—2009 年）

党的十三大报告提出建立干部分类管理的思想，指出现行干部人事制度仍然存在一些重大缺陷，主要是："国家干部"这个概念过于笼统，缺乏科学分类；管理权限过分集中，管人与管事脱节；管理方式陈旧单一，阻碍人才成长；管理制度不健全，用人缺乏法治。进行干部人事制度的改革，就是要对"国家干部"进行合理分解，改变集中统一管理的现状，建立科学的分类管理体制；改变用党政干部的单一模式管理所有人员的现状，形成各具特色的管理制度；改变缺乏民主法制的现状，实现干部人事的依法管理和公开监督。

人事部于 1992 年印发了《全民所有制事业单位辞退专业技术人员和管理人员暂行规定》（以下简称《事业单位辞退暂行规定》）是首个适用于全民所有制事业单位干部的辞退制度。1994 年《中华人民共和国劳动法》（以下简称《劳动法》），以法律形式约定了劳动双方的权利义务。1993 年 4 月，《国家公务员暂行条例》颁布实施。作为配套制度，1995 年 7 月，人事部下发了《公务员辞职辞退暂行规定》，明确了辞职辞退的程序、条件及相关要求。1996 年 7 月，人事部印发了《国家公务员被辞退后有关问题的暂行办法》，对被辞退的公务员档案管理、辞退费发放等作出补充规定。同年 8 月，公安部、人事部印发《公安机关人民警察辞退办法》。2000 年，司法部颁布了《司法行政机关人民警察辞退暂行办法》（以下简称《司法警察辞退办法》）。至此，我国建立了分别适用于事业单位、企业和机关干部的辞退制度。

（一）企业通过劳动合同实施辞退制度

1992 年 1 月 25 日，劳动部、国务院生产办、国家体改委、人事部、

[①] 林弋：《公务员法立法研究》，中国人事出版社、党建读物出版社 2006 年版，第 400 页。

全国总工会联合印发的《关于深化企业劳动人事、工资分配、社会保险制度改革的意见》指出，"从整体看，企业内部'铁交椅'、'铁饭碗'和'铁工资'的弊端没有完全破除，影响了职工主人翁责任感和积极性的充分发挥。深化企业劳动人事、工资分配和社会保险制度改革，在企业内部真正形成'干部能上能下，职工能进能出，工资能升能降'的机制，成为当前转换企业经营机制的重要任务"；要求改革企业人事制度，企业管理人员和技术人员要逐步实行聘任制……要通过引入竞争机制，公开考核，聘任上岗，逐步打破干部和工人的身份界限；巩固完善劳动合同制，逐步推行全员劳动合同制，在搞好优化（或合理）劳动组合的基础上，逐步扩大全员劳动合同制的范围。

随着1994年《劳动法》和2007年《中华人民共和国劳动合同法》（以下简称《劳动合同法》）的颁布实施，企业和劳动者通过依法建立、调整和解除劳动合同来规范双方的权利义务关系。其中，用人单位提出解除劳动关系的制度实质就是辞退制度。根据辞退原因，又可细分为过失辞退、无过失辞退和经济性裁员辞退三种类型，并规定了不得辞退的情形。不同类型的辞退条件、辞退程序和辞退待遇存在差异。

1. 辞退及不得辞退的情形

（1）过失辞退情形。《劳动法》规定，劳动者有下列情形之一的，用人单位可以解除劳动合同：一是在试用期间被证明不符合录用条件的；二是严重违反劳动纪律或者用人单位规章制度的；三是严重失职、营私舞弊，对用人单位利益造成重大损害的；四是被依法追究刑事责任的。

《劳动合同法》规定，劳动者有下列情形之一的，用人单位可以解除劳动合同：一是在试用期间被证明不符合录用条件的；二是严重违反用人单位的规章制度的；三是严重失职，营私舞弊，给用人单位造成重大损害的；四是劳动者同时与其他用人单位建立劳动关系，对完成本单位的工作任务造成严重影响，或者经用人单位提出，拒不改正的；五是因本法第26条第一款第一项规定的情形致使劳动合同无效的；[①] 六是被依法追究刑事责任的。

---

① 《劳动合同法》第26条第一款第一项内容是：以欺诈、胁迫的手段或者乘人之危，使对方在违背真实意思的情况下订立或者变更劳动合同的。

相对于《劳动法》,《劳动合同法》增加了辞退情形,即,劳动者同时与其他用人单位建立劳动关系对完成本单位的工作任务造成严重影响,或者经用人单位提出,拒不改正的。

(2) 无过失辞退的情形。《劳动法》规定了用人单位在劳动者不存在过失的情况下解除劳动合同的三种情形。一是劳动者患病或者非因工负伤,医疗期满后,不能从事原工作也不能从事由用人单位另行安排的工作的;二是劳动者不能胜任工作,经过培训或者调整工作岗位,仍不能胜任工作的;三是劳动合同订立时所依据的客观情况发生重大变化,致使原劳动合同无法履行,经当事人协商不能就变更劳动合同达成协议的。

《劳动合同法》对过失辞退的规定与《劳动法》的规定基本一致,仅调整了部分表述方式。①

(3) 经济性裁员辞退。企业遇到生产经营困难等情形需要裁员的时候,也可以辞退员工。

《国有企业富余职工安置规定》明确,企业因生产经营发生重大变化,必须裁减职工的,对劳动合同制职工,经企业职工代表大会讨论同意,可以提前解除劳动合同,但是应当按照合同约定履行义务。

《劳动法》规定,用人单位濒临破产进行法定整顿期间或者生产经营状况发生严重困难,确需裁减人员的,应当提前30日向工会或者全体员工说明情况,听取工会或者职工的意见,经向劳动行政部门报告后,可以裁减人员。

《劳动合同法》明确规定了企业裁员辞退的具体情形,细化了辞退人数的限制及需要辞退人员的情形,并增加了辞退程序。《劳动合同法》规定,有下列情形之一,需要裁减人员20人以上或者裁减不足20人但占企业职工总数10%以上的,可以裁减人员:依照企业破产法规定进行重整的;生产经营发生严重困难的;企业转产、重大技术革新或者经营方式调整,经变更劳动合同后,仍需裁减人员的;其他因劳动合同订立时所依据的客观经济情况发生重大变化,致使劳动合同无法履行的。

---

① 与《劳动法》相比,《劳动合同法》第3条规定在表述上略有变化。"劳动合同订立时所依据的客观情况发生重大变化,致使劳动合同无法履行,经用人单位与劳动者协商,未能就变更劳动合同内容达成协议的。"

(4) 不得辞退的情形。《劳动法》规定，劳动者有下列情形之一的，用人单位不得依据本法第 26 条、第 27 条的规定解除劳动合同：患职业病或者因工负伤并被确认丧失或者部分丧失劳动能力的；患病或者负伤，在规定的医疗期内的；女职工在孕期、产期、哺乳期的；法律、行政法规规定的其他情形。

相对于《劳动法》，《劳动合同法》增加了两种不得辞退劳动者的情形：一种情形与职业病有关，另一种情形与临近退休有关。劳动者有下列情形之一，用人单位不得解除劳动合同：从事接触职业病危害作业的劳动者未进行离岗前职业健康检查，或者疑似职业病病人在诊断或者医学观察期间的；在本单位患职业病或者因工负伤并被确认丧失或者部分丧失劳动能力的；患病或者非因工负伤，在规定的医疗期内的；女职工在孕期、产期、哺乳期的；在本单位连续工作满 15 年，且距法定退休年龄不足 5 年的；法律、行政法规规定的其他情形。

2. 辞退的程序

《国有企业富余职工安置规定》明确，企业因生产经营发生重大变化，必须裁减职工的，对劳动合同制职工，经企业职工代表大会讨论同意，可以提前解除劳动合同，但是应当按照合同约定履行义务。

《劳动法》对于无过失辞退和经济性裁员辞退的程序存在明显差异，经济性裁员辞退的程序更复杂。

(1) 无过失辞退。《劳动法》第 26 条规定，有下列情形之一的，[①]用人单位可以解除劳动合同，但是应当提前 30 日以书面形式通知劳动者本人。

(2) 经济性裁员辞退。用人单位濒临破产进行法定整顿期间或者生产经营状况发生严重困难，确需裁减人员的，应当提前 30 日向工会或者全体员工说明情况，听取工会或者职工的意见，经向劳动行政部门报告后，可以裁减人员。

[①] 《劳动法》第 26 条规定的是无过失辞退的三种情形，即，劳动者患病或者非因工负伤，医疗期满后，不能从事原工作也不能从事用人单位另行安排的工作的；劳动者不能胜任工作，经过培训或者调整工作岗位，仍不能胜任工作的；劳动合同订立时所依据的客观情况发生重大变化，致使原劳动合同无法履行，经当事人协商不能就变更劳动合同达成协议的。

《劳动合同法》规定，用人单位提前 30 日向工会或者全体职工说明情况，听取工会或者职工的意见后，裁减人员方案经向劳动行政部门报告。

3. 被辞退后的待遇

不同的辞退类型对被辞退人员的待遇明显不同。其中，过失辞退不发放辞退费，富余职工安置和无过失辞退则要给予经济补偿。各种类型辞退均需办理档案和社会保险转移手续。

（1）经济补偿。《国有企业富余职工安置规定》明确，对合同没有约定的，企业对被提前解除劳动合同的职工，按照其在本企业工作的年限，工龄每满 1 年，发给相当于本人 1 个月标准工资的补偿费。

《劳动合同法》规定了特定情形下辞退员工，用人单位要支付经济补偿。经济补偿按劳动者在本单位工作的年限，每满 1 年支付 1 个月工资的标准向劳动者支付。6 个月以上不满 1 年的，按 1 年计算；不满 6 个月的，向劳动者支付半个月工资的经济补偿。劳动者月工资高于用人单位所在直辖市、设区的市级人民政府公布的本地区上年度职工月平均工资 3 倍的，向其支付经济补偿的标准按职工月平均工资 3 倍的数额支付，向其支付经济补偿的年限最高不超过 12 年。月工资是指劳动者在劳动合同解除或者终止前 12 个月的平均工资。

用人单位在符合规定的情形，与职工协商一致的情况下，可以额外支付劳动者 1 个月工资后辞退。

（2）档案和社会保险关系转移。用人单位应当在解除或者终止劳动合同时出具解除或者终止劳动合同的证明，并在 15 日内为劳动者办理档案和社会保险关系转移手续。

4. 辞退后的管理

因经济性裁员被辞退的人员享有优先录用权。《劳动法》规定，用人单位依据本条规定裁减人员，在 6 个月内录用人员的，应当优先录用被裁减人员。

《劳动合同法》规定，劳动者应当按照双方约定，办理工作交接。用人单位依照本法有关规定应当向劳动者支付经济补偿的，在办结工作交接时支付。

(二) 实行事业单位人员辞退/辞聘制度

《事业单位辞退暂行规定》明确，辞退专业技术人员和管理人员是事业单位的一项权利，是指因法定事由，经法定程序单位主动解除与专业技术人员和管理人员之间的关系。

为了配合事业单位实行聘用制度，中共中央组织部、人事部2000年印发的《〈关于加快推进事业单位人事制度改革的意见〉的通知》提出，建立解聘辞聘制度。事业单位可以按照聘用合同解聘职工，职工也可以按照聘用合同辞聘。通过建立解聘辞聘制度，疏通事业单位人员出口渠道，增加用人制度的灵活性，解决人员能进能出的问题。由于《通知》的适用范围既包括原固定用人制度职工、合同制职工、新进事业单位的职工，又适用于工勤人员。相应地，解聘的范围也随之扩大，而不仅仅是事业单位的专业技术人员和管理人员。

可见，解聘制度就是以用人单位为主的用人选择权，实质就是辞退制度。

1. 辞退及不得辞退的情形

(1) 辞退情形。《事业单位辞退暂行规定》明确，单位对有下列情况之一，经教育无效的专业技术人员和管理人员，可以辞退：一是连续两年岗位考核不能完成工作任务，又不服从组织另行安排或重新安排后在一年之内仍不能完成工作任务的；二是单位进行撤并或缩减编制需要减员，本人拒绝组织安排的；三是单位转移工作地点，本人无正当理由不愿随迁的；四是无正当理由连续旷工时间超过15天，或一年内累计旷工时间超过30天的；五是损害单位经济权益，造成严重后果以及严重违背职业道德，给单位造成极坏影响的；六是无理取闹、打架斗殴、恐吓威胁单位领导，严重影响工作秩序和社会秩序的；七是贪污、盗窃、赌博、营私舞弊，情节严重但不够刑事处分的；八是违反工作规定或操作规程，发生责任事故，造成严重经济损失的；九是犯有其他严重错误的。

《事业单位辞退暂行规定》中关于辞退的情形中包括不胜任工作、不服从安排、违反工作纪律、损害单位经济权益以及违法等多种情形，但是，事业单位专业技术人员和管理人员仅出现上述行为之一并不能直接辞退，而且还要经过教育无效，才可以辞退。

2002年，国务院办公厅转发《人事部关于在事业单位试行人员聘用制度意见的通知》，规定了事业单位解聘工作人员的三种情形。一是随时解聘。受聘人员有下列情形之一的，聘用单位可以随时单方面解除聘用合同：连续旷工超过10个工作日或者一年内累计旷工超过20个工作日的；未经聘用单位同意，擅自出国或者出国逾期不归的；违反工作规定或者操作规程，发生责任事故，或者失职、渎职，造成严重后果的；严重扰乱工作秩序，致使聘用单位、其他单位工作不能正常进行的；被判处有期徒刑以上刑罚收监执行的，或者被劳动教养的。二是试用期内解聘。对在试用期内被证明不符合本岗位要求又不同意单位调整其工作岗位的，聘用单位也可以随时单方面解除聘用合同。三是通知解聘。受聘人员有下列情形之一的，聘用单位可以单方面解除聘用合同，但是应当提前30日以书面形式通知拟被解聘的受聘人员：受聘人员患病或者非因工负伤，医疗期满后，不能从事原工作也不能从事由聘用单位安排的其他工作的；受聘人员年度考核或者聘期考核不合格，又不同意聘用单位调整其工作岗位的，或者虽同意调整工作岗位，但到新岗位后考核仍不合格的。

可见，在辞退情形上，相对于《事业单位辞退暂行规定》的行为列举，《通知》根据受聘人员的行为及其在用人单位所处的不同阶段进行区分。

（2）不得解聘的情形。出于人道主义和特定情形下对专业技术人员和管理人员的保护，《事业单位辞退暂行规定》首次明确了不得辞退专业技术人员和管理人员的五种情形：一是因公负伤、致残，丧失劳动能力的；二是妇女在孕期、产假及哺乳期内的；三是享受休假待遇的人员在休假期间的；四是患绝症、精神病及本专业职业病的；五是符合国家规定其他条件的。

2002年，国务院办公厅转发人事部《关于在事业单位试行人员聘用制度意见的通知》，规定受聘人员有下列情形之一的，聘用单位不得解除聘用合同：一是受聘人员患病或者负伤，在规定的医疗期内的；二是女职工在孕期、产期和哺乳期内的；三是因工负伤，治疗终结后经劳动能力鉴定机构鉴定为1级至4级丧失劳动能力的；四是患职业病以及现有医疗条件下难以治愈的严重疾病或者精神病的；五是受聘人员正在接受纪律审查尚未作出结论的；六是属于国家规定的不得解除聘用合同的其他情形的。

相对于《事业单位辞退暂行规定》,《关于在事业单位试行人员聘用制度意见的通知》的适用对象范围扩大,增加了不得辞退的情形。

人事部2003年印发的《事业单位试行人员聘用制度有关问题的解释》(以下简称《解释》)的通知规定,被人民法院判处拘役、有期徒刑缓刑的,单位可以解除聘用合同。相对于《事业单位辞退暂行规定》,《解释》增加了事业单位对被判处刑事处罚的人员辞退的规定。

2. 辞退的条件和程序

辞退专业技术人员和管理人员必须严格依据规定的条件和程序。《事业单位辞退暂行规定》明确,辞退专业技术人员和管理人员,由单位有关行政领导提出书面意见,说明辞退理由和事实依据,经单位领导集体讨论决定后,按人事管理权限办理辞退手续、发给本人《辞退证明书》,并报同级政府人事部门备案。

3. 被辞退后的待遇

事业单位的干部被辞退后的待遇包括辞退费、身份、工龄、人事档案和住房、申请仲裁权。

(1) 辞退费。单位辞退专业技术人员和管理人员,应发给被辞退人员辞退费。辞退费由单位在其办完有关手续后一次性发给,并将《辞退费发放证明》存入本人档案。辞退费发放标准按工作年限长短确定:工作1年以上不满5年(含见习期)的,发给本人当年基本工资(基础工资、职务工资、工龄工资之和,护士加护龄津贴,中小学教师加教龄津贴,下同)总额的60%;工作5—10年(含5年)的,发给本人当年基本工资总额的65%;工作10年(含10年)以上的,发给本人当年基本工资总额的75%。已实行待业保险的地方和部门,不发给辞退费,被辞退人员可按有关规定享受待业保险待遇。

《解释》明确,在聘用合同中对培训费用没有约定的,受聘人员提出解除聘用合同后,单位不得收取培训费用;有约定的,按约定收取培训费,但不得超过培训的实际支出,并按培训结束后每服务一年递减20%执行。

(2) 身份。被辞退人员是否保留干部身份依据其再就业单位的性质决定。专业技术人员和管理人员被辞退后一年内,到全民所有制单位、集体所有制单位、"三资"企业工作，保留其全民所有制干部身份；被辞退人员从事个体经营、到私营企业工作或被辞退后一年之内找不到接收单位的，不再保留其全民所有制干部身份。

（3）工龄。被辞退人员由全民所有制单位重新接收的，除去待业时间，其工龄合并计算。对再次被辞退的，按照本规定第 7 条发放辞退费时，其工作时间从重新接收之日算起。

（4）人事档案。管理被辞退人员人事档案的政府人事部门所属人才流动服务机构负责其干部身份的审定工作。对保留干部身份的，应将《被辞退人员干部身份证明书》存入本人档案。被辞退人员的人事档案，有关单位应按中共中央组织部、人事部《关于加强流动人员人事档案管理工作的通知》和《关于进一步加强流动人员人事档案管理的补充通知》进行移交、接转和管理。

《解释》规定，聘用合同解除后，单位和个人应当在三个月内办理人事档案转移手续。单位不得以任何理由扣留无聘用关系职工的人事档案；个人不得无故不办理档案转移手续。

（5）住房。被辞退人员在没有另外获得住房前，在一定期限内允许继续居住原单位住房，具体居住时间和收费标准，按当地政府有关规定办理；当地政府没有规定的，可按单位与个人签订的协议办理；未签协议的，单位与个人协商解决。此项规定体现了用人单位对被辞退人员在生活上的照顾。

（6）申请仲裁权。被辞退人员有申请仲裁的权利。《事业单位辞退暂行规定》明确，当事人接到《辞退证明书》15 日之内，可向当地人才流动争议仲裁机构申请仲裁。当地尚未成立仲裁机构的，由被辞退人所在单位上级主管部门协调解决。

4. 辞退后的管理

辞退后管理对象包括被辞退人员和单位负责人双方主体。《事业单位辞退暂行规定》明确，任何单位和个人不得干扰辞退工作，严禁单位负责人滥用辞退权。事业单位干部被辞退后，要遵守相关政策和法律法规，不得泄露国家机密，不得损害原单位的经济权益和技术权益，违者责令赔偿经济损失或追究法律责任。对借辞退进行打击报复的，应依法追究责任。被辞退人员不得无理取闹，纠缠领导，扰乱工作秩序，伺机报复，违者按《中华人民共和国治安管理处罚条例》有关规定处理。

(三) 建立一般公务员辞退制度

公务员辞退,是指机关依照法律、法规规定,解除与公务员的任用关系。公务员被辞退后,不再具有公务员身份。1993年颁布实施的《国家公务员暂行条例》正式明确,国家公务员建立辞退制度。为落实公务员制度,作为《国家公务员暂行条例》的配套制度,1995年7月18日,人事部印发《公务员辞职辞退暂行规定》,明确了辞职辞退的程序、条件及相关要求。1996年7月19日,人事部印发《国家公务员被辞退后有关问题的暂行办法》(以下简称《被辞退后问题暂行办法》),对被辞退公务员档案管理、辞退费发放等作出了补充规定。

1. 辞退及不得辞退的情形

(1) 辞退的情形。《国家公务员暂行条例》规定了国家公务员辞退的五种情形。只要出现有下列情形之一的,予以辞退:一是在年度考核中,连续两年被确定为不称职的;二是不胜任现职工作,又不接受其他安排的;三是因单位调整、撤销、合并或者缩减编制员额需要调整工作,本人拒绝合理安排的;四是旷工或者无正当理由逾期不归连续超过15天,或者一年内累计超过30天的;五是不履行国家公务员义务,不遵守国家公务员纪律,经多次教育仍无转变,又不宜给予开除处分的。

《辞职辞退暂行规定》关于辞退的五种情形与《国家公务员暂行条例》基本一致,不同的是《辞职辞退规定》第五种情形增加了"造成恶劣影响"的后果。

(2) 不得辞退的情形。《国家公务员暂行条例》没有规定不得辞退的情形,《辞职辞退暂行规定》明确了公务员不得被辞退的三种情形。国家公务员有下列情形之一的,不得辞退:因公致残并被确认丧失工作能力的;患严重疾病或负伤正在进行治疗的;女性公务员在孕期、产期及哺乳期内的。

可见,不得辞退的情形主要是为了保护公务员的合法权益,尤其注重保护妇女的合法权益。

2. 辞退的程序

《国家公务员暂行条例》规定,辞退公务员必须履行规定的程序。辞退国家公务员,由所在机关提出建议,按管理权限报任免机关审批,并以书面形式通知本人。国家公务员辞职或者被辞退，离职前应当办理公务交接手续，必要时接受财务审计。

《辞职辞退暂行规定》明确，辞退国家公务员按下列程序办理：一是所在单位在核准事实的基础上，经领导集体研究提出建议，填写《辞退国家公务员审批表》，按管理权限报任免机关审批；二是任免机关人事部门审核；三是任免机关审批。作出辞退决定的以书面形式通知呈报单位和被辞退的国家公务员，同时抄送同级政府人事部门备案。县级以下国家行政机关辞退国家公务员，须报经县级人民政府批准。

3. 被辞退后的待遇

公务员被辞退后，不保留公务员身份，但是享受失业保险或领取辞退费、人事档案和提出申诉等待遇。

（1）不保留身份和停发工资。《辞职辞退暂行规定》明确，国家公务员辞职或者被辞退后，不保留国家公务员身份，自批准之月的下月起停发工资。《被辞退后问题暂行办法》规定，国家公务员被辞退后，应在接到《国家公务员辞退通知书》后的 30 日内，持有关证件到当地政府人事部门指定的有关机构登记。

（2）失业保险或辞退费。《辞职辞退暂行规定》明确，被辞退的国家公务员，按国家有关规定享受失业保险或者按有关规定领取一定的辞退费。

《被辞退后问题暂行办法》规定了辞退费的发放标准和方式、发放时限、停发条件以及资金来源。

发放标准和方式。国家公务员被辞退前连续工作满 1 年以上的，自被辞退的次月起由有关机构按月发放辞退费。辞退费的发放标准，由省、自治区、直辖市人民政府根据"低于公务员办事员的最低工资、高于社会救济"的原则确定。

发放时间按照工作时间长短确定，并规定了上限。辞退费发放年限为：工作年限不足 2 年的，为 3 个月；满 2 年的，为 4 个月；2 年以上的，每增加 1 年增发 1 个月，但最长不得超过 24 个月。

停止发放辞退费有五种情形：一是领取期限已满；二是重新就业；三是参军；四是出境或出国定居；五是被劳动教养或被判刑。

资金来源。辞退国家公务员所需辞退费，由单位在作出辞退国家公务员决定后的 15 日内，一次性向有关机构缴纳，所需费用在单位预算内经费中调剂解决。在已开展机关工作人员失业保险的地区，国家公务员被辞退后的有关事宜，暂按当地失业保险规定办理。

（3）人事档案。《辞职辞退暂行规定》明确，国家公务员被辞退，其人事档案由所在单位按规定转至有关机构。《被辞退后问题暂行办法》规定，国家公务员被辞退后，其人事档案等应由所在单位在作出辞退决定后的 15 日内，转交有关机构管理。

（4）申诉权。国家公务员对辞职未被批准或者被辞退不服的，可根据国家有关规定提出申诉。

4. 辞退后的管理

辞退后管理主要是对被辞退公务员进行的单方面约束，包括办理交接手续、必要时接受财务审计以及再就业限制。

《辞职辞退暂行规定》明确，国家公务员被辞退，应在批准之日起的半个月内，办理公务交接手续和辞退手续，必要时应接受财务审计。对拒不办理公务交接手续或不接受财务审计的，给予开除处分。国家公务员被辞退后，5 年内不准重新录用到国家行政机关工作。

（四）建立人民警察辞退制度

为了提高人民警察队伍的素质和战斗力，完善公安机关人事管理制度，贯彻执行《中华人民共和国人民警察法》和《国家公务员暂行条例》，进一步做好全国公安系统辞退已不具备人民警察条件、不适合在公安机关继续工作的人员的工作，1996 年 8 月 15 日，公安部、人事部联合印发了《公安机关人民警察辞退办法》，对公安机关人民警察辞退作出了规定。

《公安机关人民警察辞退办法》明确，辞退是指公安机关对已不具备人民警察条件，不适合在公安机关继续工作的人员，解除其与公安机关任用关系的一项人事行政管理措施。在辞退条件上细分了类型，将辞退分为应当辞退、经批评教育培训后不胜任辞退以及违法违纪辞退三种情形。

1. 辞退及不得辞退的情形

应当辞退。《公安机关人民警察辞退办法》明确了应当辞退的情形：不符合录用人民警察的条件，未按规定程序招收的；连续两年考核被确定为不称职的；不能胜任现职工作，又不服从其他安排的；因单位调整、撤销、合并或者缩减编制员额需要调整工作，本人拒绝合理安排的；旷工或者无正当理由逾期不归连续超过15天，或者一年内累计超过30天的。

经批评教育培训后不胜任辞退。《公安机关人民警察辞退办法》明确，人民警察有下列情形之一，经批评教育、纪律处分后仍不改正的，或者经培训试用后仍不合格的，应当予以辞退：作风散漫，纪律松弛，经常迟到早退或者上班时间经常办私事的；遇事推诿，消极怠工，工作不负责任的；耍特权，态度恶劣，刁难辱骂群众，侵犯公民合法权益的；酗酒滋事或者经常酗酒的；私自将警械、警服、警衔标志转借、赠送非人民警察的；不按规定着装，警容不严整，举止不端庄的；对遇有危难情形的群众拒绝提供救助的；文化、业务素质低，不适应公安工作的。

违法违纪辞退。《公安机关人民警察辞退办法》明确，人民警察有下列情形之一，错误比较严重又不宜给予行政开除处分的，应当予以辞退：殴打他人或者唆使他人打人的；违法实施处罚的；违反规定收取费用的；接受当事人及其代理人请客送礼的；从事营利性的经营活动或者受雇于个人、组织的；给违法人员通风报信或者给违法活动提供保护的；玩忽职守，不履行法定义务的；不执行上级决定和命令的；在执行公务中贪生怕死，临阵脱逃的；违反规定使用武器、警械的；利用职权谋取私利的；诬告他人，压制和打击报复检举人、控告人的；道德败坏，生活腐化的；有其他违法违纪行为的。

相对于普通公务员辞退情形，人民警察的辞退更加注重警察的职业特点以及与职务行为的关联性。

不得辞退。人民警察有下列情形之一的，不得辞退：因公负伤致残并被确认丧失工作能力的；患严重疾病或者负伤正在进行治疗的；在孕期、产期或者哺乳期内的。

2. 辞退程序

《公安机关人民警察辞退办法》细化了辞退的程序，增加了任免机关审核环节，统一了辞退使用的表格，强调书面形式通知、抄送和备案。

辞退人民警察按下列程序办理：所在单位在核准事实的基础上，经领导集体讨论研究提出辞退建议，填写《辞退国家公务员审批表》，按照管理权限报任免机关；任免机关人事部门审核；任免机关审批；任免机关应当在 30 日内作出决定。凡批准辞退的，应当以书面形式通知呈报单位和被辞退人员，同时抄送同级人民政府人事部门和上一级公安机关备案。凡不予批准的，应当将辞退建议和《辞退国家公务员审批表》退回呈报单位，并说明理由；被辞退人员对辞退决定不服，可以按照《国家公务员申诉控告暂行规定》申请复核或者提出申诉。受理复核和申诉的机关，发现辞退决定错误的，应当及时予以纠正。

3. 被辞退后待遇

《公安机关人民警察辞退办法》规定，人民警察被辞退后的待遇主要包括人事档案转递、领取辞退费或失业保险。被辞退人员的人事档案，由任免机关人事部门按规定转至有关机构；被辞退人员，自批准之月的下月起停发工资，按国家有关规定享受失业保险或者领取辞退费。

4. 辞退后管理

《公安机关人民警察辞退办法》强化了辞退后的管理，增加了必要的审计环节和再就业限制，规定了对被辞退人员无理取闹等行为的相关处罚，加大了对辞退的监督力度。一是被辞退人员的管理。被辞退人员应当在接到《辞退国家公务员通知书》或者接到维持原辞退决定的《国家公务员复核（申诉）决定通知书》的 15 日内，办理公务交接手续和辞退手续，必要时，应当接受财务审计。对拒不办理公务交接手续、辞退手续和拒绝接受财务审计的，给予开除处分。被辞退人员 5 年内不得再录用为人民警察。被辞退人员无理取闹、扰乱机关工作秩序，殴打、侮辱、诽谤有关人员，属于违反治安管理行为的，依照《中华人民共和国治安管理处罚条例》予以处罚；构成犯罪的，依法追究刑事责任。二是对所在单位的管理。被辞退人员的所在单位应当及时收回其使用的枪支、警械、警用标志、工作证件和其他警用物品。三是对监督部门的管理。同级人民政府人事部门和上一级公安机关对公安机关执行辞退制度的情况有权进行监督。对弄虚作假、挟嫌报复、姑息迁就、说情庇护等违反规定，干扰辞退工作正常进行的主要或者直接责任人员，应当根据情节轻重，依照有关规定处理。

（五）司法行政机关人民警察辞退制度

为提高司法行政机关人民警察队伍的素质和战斗力，根据《中华人民共和国人民警察法》《中华人民共和国监狱法》和《国家公务员暂行条例》，2000年11月27日，司法部颁布《司法行政机关人民警察辞退暂行办法》（以下简称《司法警察辞退办法》），对司法行政机关的人民警察辞退作出规定。

1. 辞退及不得辞退条件

司法行政机关人民警察的辞退条件包括法定辞退、表现不好经多次批评教育仍不改正应当予以辞退、违纪辞退三种不同情况。

法定辞退。司法行政机关人民警察有下列情形之一的，应当予以辞退：一是在年度考核中，连续两年被确定为不称职的；二是不能胜任现职工作，又不接受其他安排的；三是因单位调整、撤销、合并或者缩减编制员额需要调整工作，本人拒绝合理安排的；四是旷工或者无正当理由逾期不归连续超过15天，或者一年内累计超过30天的。

表现不好，经教育后不改正或经培训后不合格应当辞退。司法警察表现不好，经多次批评教育仍不改正，或者经培训仍不合格的，应当予以辞退的情形：一是作风散漫，纪律松弛，经常迟到早退或者上班时间经常办私事的；二是遇事推诿，消极怠工，工作不负责任的；三是酗酒滋事或者经常酗酒的；四是私自将警械、制式服装、警衔标志、警官证转借、赠送非人民警察的；五是文化、业务素质低，不适合在司法行政机关人民警察岗位上继续工作的。

违纪辞退。对于司法行政机关人民警察错误比较严重又不宜给予行政开除处分的，《司法警察辞退办法》列举了应当予以辞退的13种情形：殴打或者纵容他人殴打罪犯、劳教人员的；侮辱罪犯、劳教人员的；利用罪犯、劳教人员提供劳务谋取私利的；私自为罪犯、劳教人员传递信件或者物品的；非法将监管罪犯、劳教人员的职权交予他人行使的；不执行上级决定和命令的；在执行公务中贪生怕死，临阵脱逃的；违反规定使用武器、警械的；索要、收受、侵占罪犯、劳教人员及其亲属财物的；接受当事人及其代理人请客送礼的；从事营利性的经营活动或者受雇于个人、组织的；诬告他人，压制和打击报复检举人、控告人的；道德败坏、生活腐化的。

可见，司法行政机关人民警察违纪辞退情形也与其职业特点相关联，且大多与职务行为有关。

不得辞退情形。《司法警察辞退办法》规定了司法行政机关不得辞退人民警察的三种情形与《公务员暂行条例》规定的情形基本一致。具体情形为：因公负伤致残并被确认丧失工作能力的；患严重疾病或者负伤正在进行治疗的；在孕期、产期或者哺乳期内的。

2. 辞退程序

司法行政机关人民警察辞退程序与公安机关人民警察辞退程序基本相同，包括单位提出辞退建议、任免机关人事部门审核和任免机关审批以及被辞退人员对辞退决定不服，申请复核或者复议几个环节，只是抄送和备案单位存在差异。具体程序：一是所在单位在核准事实的基础上，经领导集体讨论研究提出辞退建议，填写《辞退国家公务员审批表》，按照管理权限报任免机关；二是任免机关人事部门审核；三是任免机关审批。凡批准辞退的，以书面形式通知呈报单位和被辞退人员。省属单位的，抄送省司法厅和省级人民政府人事部门备案；市（地）属单位的，抄送市（地）司法局和市（地）级人民政府人事部门备案。凡不予批准的，应当将《辞退国家公务员审批表》退回呈报单位，并说明理由；四是被辞退人员对辞退决定不服，可以按照《国家公务员申诉控告暂行规定》申请复核或者提出申诉。

3. 被辞退后的待遇

司法行政机关人民警察被辞退后待遇与公安机关人民警察被辞退后待遇相同，都包括人事档案转递、领取辞退费或失业保险。

4. 辞退后的管理

司法行政机关人民警察辞退后管理与公安机关人民警察辞退后管理的内容相似，包括对被辞退人员管理、对所在单位管理和对监督部门的管理三方面。具体内容：一是对被辞退人员的管理。被辞退人员应当在接到《辞退国家公务员通知书》15日内，办理公务交接手续，必要时，应当接受财务审计。对拒不办理公务交接手续、不接受财务审计的，给予开除处分。被辞退人员无理取闹、扰乱机关工作秩序，殴打、侮辱、诽谤有关人员，属于违反治安管理行为的，依照《中华人民共和国治安管理处罚条例》予以处罚；构成犯罪的，依法追究刑事责任。二是对所在单位的管理。被辞退人员的所在单位应当及时收回其使用的枪支、警械、警用标志、工作证件、警官证和其他警用物品。三是对监督部门的管理。同级人民政府人事部门和上一级司法行政机关对司法行政机关执行辞退制度的情况进行监督，有权对违反规定的行为进行纠正和处理，并依据有关规定对直接责任人作出处理。

（六）建立法官及检察官辞退制度

1995年颁布的《法官法》和《检察官法》规定了法官和检察官辞退制度。由于我国检察官与法官的管理制度相似，本部分只对法官辞退制度内容进行梳理，检察官的辞退制度不再赘述。辞退法官，是指各级人民法院依照法律、法规的规定，对不适合从事法院审判工作的法官，按照管理权限报经任免机关审批，解除其法官职务及同所在单位的任用关系。

1. 辞退及不得辞退的情形

《法官法》规定，法官有下列情形之一的，予以辞退：一是在年度考核中，连续两年确定为不称职的；二是不胜任现职工作，又不接受另行安排的；三是因审判机构调整或者缩减编制员额需要调整工作，本人拒绝合理安排的；四是旷工或者无正当理由逾假不归连续超过15天，或者一年内累计超过30天的；不履行法官义务，经教育仍不改正的。[①]《法官法》规定的辞退法官的五种情形与《国家公务员暂行条例》关于辞退条件所规定的五项内容大致相同，只是法官义务上存在差异。

《法官法》尚未规定不得辞退法官的情形。法官作为公务员的类别之一，人民法院应当参照《国家公务员辞职辞退暂行规定》中关于不得辞退公务员的三种情形执行。

2. 辞退程序

《法官法》尚未规定法官辞退的程序，可参照《国家公务员辞职辞退

[①] 《中华人民共和国法官法释义》对法官义务作出如下解释：作为法官，既是普通公民，又是一个特殊的群体，他们所从事的工作或职业是有特殊性的，时刻都与国家、法律、公民的权利和利益相联系，法官是人民的公仆。所以，本法根据法官工作的特殊性规定了法官应当履行下列义务：严格遵守宪法和法律；审判案件必须以事实为依据，以法律为准绳，秉公办案，不得徇私枉法；依法保障诉讼参与人的诉讼权利；维护国家利益、公共利益、维护自然人、法人和其他组织的合法权益；清正廉明，忠于职守，遵守纪律，恪守职业道德；保守国家秘密和审判工作秘密；接受法律监督和人民群众监督。这是对法官的特殊要求。作为法官都应当积极履行法律所规定的义务，如有不履行义务的情况发生，经单位或组织教育后仍不履行义务的，单位或组织应当予以辞退。

暂行规定》对辞退国家公务员的程序的规定执行。《法官法》规定，辞退法官应当依照法律规定的程序免除其职务。这样规定，是考虑到除助理审判员外，其他法官都是由各级人民代表大会或者其人大常委会选举或者任命的，要辞退法官，应先经选举或者任命机关批准。法官对被辞退不服的，可根据国家人事部 1995 年颁发的关于印发《国家公务员申诉控告暂行规定》的通知直接向有关机关提出申诉。

3. 被辞退后的待遇

法官作为公务员，其被辞退后的待遇与一般公务员相同，包括身份、工资待遇和领取失业保险或者辞退费。《法官法》对于法官被辞退后的待遇未作出规定，可参照《国家公务员辞职辞退暂行规定》执行，不保留国家公务员身份，自批准之月的下月起停发工资。被辞退的法官，按国家有关规定享受失业保险或者按有关规定领取一定的辞退费。法官被辞退，其人事档案由所在单位按规定转至有关机构。

4. 辞退后的管理

法官辞退后管理主要有办理交接手续、接受必要的审计和再就业限制。一是办理手续和必要时接受审计。被辞退的法官，应在批准之日起的半个月内，办理公务交接手续和辞退手续，必要时应接受财务审计。对拒不办理公务交接手续或不接受财务审计的，给予开除处分；二是再就业限制。法官被辞退后，5 年内不准重新录用到国家行政机关工作。法官从人民法院离任后两年内，不得以律师身份担任诉讼代理人或者辩护人。法官从人民法院离任后，不得担任原任职法院办理案件的诉讼代理人或者辩护人，但是作为当事人的监护人或者近亲属代理诉讼或者进行辩护的除外。

四 辞退制度的逐步完备（2009—2019 年）

这一时期，辞退制度主要体现为逐步规范公务员辞退制度和事业单位工作人员辞退制度。2005 年，第十届全国人民代表大会常务委员会第十五次会议通过《公务员法》。作为配套制度，2009 年，中央组织部、人力资源和社会保障部颁布了《公务员辞退规定（试行）》（以下简称《辞退规定》），对公务员辞退条件、程序等作出新的规定。2014 年，国务院颁布了《事业单位人事管理条例》，对事业单位工作人员的辞退情形作出规定。2018年12月29日，第十三届全国人民代表大会常务委员会第七次会议修订的《公务员法》对辞退制度进行了补充修订。

（一）保持企业职工辞退制度不变

《全国人民代表大会常务委员会关于修改〈中华人民共和国劳动合同法〉的决定》由第十一届全国人民代表大会常务委员会第三十次会议于2012年12月28日通过并公布。修改后的《劳动合同法》对于解除合同内容没有作出改变，与2007年《劳动合同法》的内容一致。

（二）简化事业单位辞退情形

2014年2月26日，国务院第40次常务会议通过了《事业单位人事管理条例》，对事业单位工作人员的辞退情形进行了简化，对于解聘程序和解聘后管理没有作出规定。

1. 旷工达到一定程度辞退

事业单位工作人员连续旷工超过15个工作日，或者一年内累计旷工超过30个工作日的，事业单位可以解除聘用合同。

2. 考核不合格辞退

事业单位工作人员年度考核不合格且不同意调整工作岗位，或者连续两年年度考核不合格的，事业单位提前30日书面通知，可以解除聘用合同。

（三）完善公务员辞退制度

2005年4月27日，第十届全国人民代表大会常务委员会第十五次会议通过《公务员法》。作为配套制度，2009年7月24日，中央组织部、人力资源和社会保障部颁布了《公务员辞退规定（试行）》，明确了公务员辞退/不得辞退的情形、辞退程序、辞退待遇和辞退后管理等内容。2018年修订的《公务员法》，在辞退制度上总体上修订很少，只是在辞退情形上调整了部分表述。

1. 辞退的条件

《公务员辞退规定（试行）》明确，辞退是指机关依照法律、法规规定，解除与公务员的任用关系。公务员被辞退后，不再具有公务员身份。

（1）辞退的情形。《公务员辞退规定（试行）》规定，公务员有下列情形之一的，予以辞退：一是在年度考核中，连续两年被确定为不称职的；二是不胜任现职工作，又不接受其他安排的；三是因所在机关调整、撤销、合并或者缩减编制员额需要调整工作，本人拒绝合理安排的；四是不履行公务员义务，不遵守公务员纪律，经教育仍无转变，不适合继续在机关工作，又不宜给予开除处分的；五是旷工或者因公外出、请假期满无正当理由逾期不归连续超过15天，或者一年内累计超过30天的。可见，关于公务员被辞退的情形的内容与《辞职辞退规定》的内容基本一致，只是调整部分表述，交换了第四款和第五款的顺序，取消了第五种情形增加的"造成恶劣影响"规定。

2018年通过修订的《公务员法》基本上保留原有关于辞退的内容，修改了第4条的部分表述，将"不遵守公务员纪律"修改为"不遵守法律和公务员纪律"。

（2）不得辞退的情形。《公务员辞退规定（试行）》关于不得辞退的内容与1995年《辞职辞退暂行规定》的内容基本一致，但增加了一项兜底条款。对有下列情形之一的公务员，不得辞退：因公致残，被确认丧失或者部分丧失工作能力的；患病或者负伤，在规定的医疗期内的；女性公务员在孕期、产假、哺乳期内的；法律、行政法规规定的其他不得辞退的情形。

在不得辞退的情形方面，相对于《辞职辞退暂行规定》，《公务员辞退规定（试行）》增加了法律、行政法规规定的其他不得辞退的情形作为兜底条款，为以后完善辞退制度留下余地。根据该条规定，有关辞退的情形只能由法律和行政法规设定，地方性法规以及政府规章均不可以设定辞退公务员的情形，这有利于保证把辞退限定在适当的范围内，防止辞退的滥用。[①]

2. 辞退的程序

《公务员法》规定，辞退公务员，按照管理权限决定。辞退决定应当以书面形式通知被辞退的公务员，并应当告知辞退依据和理由。《公务员辞退规定（试行）》细化、完善辞退的程序，更加注重程序完整和书面通知、存档。

[①] 张柏林：《中华人民共和国公务员法释义》，中国人事出版社、党建读物出版社2012年版，第198页。

《公务员辞退规定（试行）》明确辞退程序包括五个环节：一是所在单位在核准事实的基础上，提出建议并填写《辞退公务员审批表》报任免机关；二是任免机关组织人事部门审核；三是任免机关审批。作出辞退决定的，以书面形式通知呈报单位和被辞退的公务员，同时抄送同级公务员主管部门备案。县级以下机关辞退公务员，由县级公务员主管部门审核并报县级党委或者人民政府批准后作出决定；四是《辞退公务员审批表》和辞退决定等存入本人档案，任免机关根据有关规定可以直接作出辞退决定；五是《辞退公务员通知书》应当直接送达被辞退公务员本人，直接送达本人有困难的，参照有关规定执行。

《公务员辞退规定（试行）》增加了辞退相关文件存入本人档案以及送达公务员本人的环节。

2018年修订的《公务员法》和原《公务员法》关于辞退内容的表述一致。2019年修订后的《法官法》规定，辞退法官应当依照法律规定的程序免除其职务；辞退法官应当按照管理权限决定；辞退决定应当以书面形式通知被辞退的法官，并列明作出决定的理由和依据。

3. 辞退后的待遇

《公务员法》规定，被辞退的公务员，可以领取辞退费或者根据国家有关规定享受失业保险。《公务员辞退规定（试行）》调整并细化了相关规定。

（1）工资。《公务员辞退规定（试行）》明确，公务员被辞退后，自批准之日的次月起停发工资。

（2）辞退费。明确了辞退费的发放机构、发放标准、停发情形、资金来源等。

明确辞退费发放机构。公务员被辞退前连续工作满一年以上的，自被辞退的次月起，由有关的人才服务机构按月发放辞退费。

改变辞退费发放标准。辞退费发放标准为公务员被辞退前上月基本工资，发放标准由省、自治区、直辖市人民政府根据"低于公务员办事员的最低工资、高于社会救济"的原则确定。

辞退费发放期限保持不变：工作年限不满2年的，按照3个月发放；满2年的，按照4个月发放；2年以上的，每增加1年增发1个月，但最长不得超过24个月。

增加了辞退费纳入财政预算、停发辞退费情形、未发放的辞退费返还内容。《公务员辞退规定（试行）》明确，辞退公务员所需经费，应当列入财政预算，予以保障。出现下列情形之一的，辞退费停发：一是领取期限已满；二是重新就业；三是应征服兵役；四是移居境外；五是被判刑或者被劳动教养；六是死亡。未发放的辞退费，有关的人才服务机构应当返还被辞退公务员原所在机关。

（3）工龄。《公务员辞退规定（试行）》明确，公务员被辞退后重新就业的，其被辞退前在机关的工作年限合并计算。

（4）档案转递。《公务员辞退规定（试行）》细化了档案转递的时限和相应机构。公务员被辞退后，应当按照有关规定转递档案。在90日内重新就业的，应当在就业单位报到后30日内，按照干部人事档案转递的有关规定，将档案转至有关的组织人事部门保管；在90日内未就业或者重新就业单位不具备保管条件的，按照流动人员人事档案管理的有关规定转递档案。

（5）申诉权。《公务员辞退规定（试行）》明确，公务员对辞退决定不服的，可以按照规定申请复核或者提出申诉；复核、申诉期间不停止辞退决定的执行。

4. 辞退后的管理

《公务员法》规定，公务员被辞退，离职前应当办理公务交接手续，必要时按照规定接受审计。《公务员辞退规定（试行）》在辞退后管理方面增加了对违法违纪行为的约束，明确在辞退公务员时，有徇私舞弊、打击报复、弄虚作假等违法违纪行为的，按照有关规定予以处理。

第二节　辞职制度

改革开放前，我国实行社会主义计划经济，实行统包统配的人事管理制度，人员流动主要通过组织调动方式进行，离职或转业作为劳动纪律来管理。虽然个别员工也有辞职行为，但是辞职尚未成为劳动者普遍享有的一项权利,[①] 也尚未正式建立辞职制度。改革开放后，我国干部辞职制度经历了从无到有，制度内容从简单到丰富逐步演进的过程。从整体上看，辞职制度大致可以分为辞职制度的初步探索、分类分层辞职制度的建立与发展和逐步规范辞职制度三个发展阶段。

一　辞职制度的初步探索（1981—1990 年）

改革开放后，随着经济体制改革的深入，干部管理工作中出现了一些新情况和新问题。在中央和国务院先后发布的针对国有企业职工、科技人员和党政干部管理的若干文件中正式提出了"辞职"的概念，但是这一时期尚未在全国建立统一的干部辞职制度。在时间上，企业职工辞职制度最早建立，其次是科技干部辞职制度，最后是党政干部辞职制度。

（一）探索企业职工辞职制度

党的十一届三中全会提出，把党和国家的工作重点转移到社会主义现代化建设上来。1979 年 4 月 5 日，中共中央召开工作会议，针对国民经济比例严重失调的情况，决定从 1979 年起，用 3 年时间对国民经济实行"调整、改革、整顿、提高"的方针。以国有工业企业整顿为契机，通过整顿劳动组织纪律、实行定员定岗和岗位责任制等，国有企业职工辞职制度开始萌芽。总体上，这一时期国有企业职工辞职制度处于探索阶段，适用的对象较为狭窄，辞职程序也非常简单。

企业职工辞职制度探索可以划分为两个主要阶段：第一阶段是城镇工人可以提出辞职；第二阶段是劳动合同制工人要求解除劳动合同。

1. 城镇工人可以提出辞职

针对一些企业工人要求辞职是否批准的问题，1981 年 8 月 13 日，国家劳动总局印发的《关于家居城镇工人要求辞职问题给云南省劳动局的

[①] 1954 年 7 月 14 日政务院公布的《国营企业内部劳动规则纲要》中出现"离职"一词。"工人要求离职或转业时，需于两星期前通知所在单位的负责人；职员要求离职或转业，须于一个月以前通知。职工离职或转业，均需经厂长或经理批准。否则，均以违反劳动纪律论。"职工"离职"与"转业"，由于要经过提前通知、批准两个环节，可以说是辞职制度的雏形。1958 年，时任劳动部长马文瑞在关于"国务院关于工人职员退职处理的暂行规定（草案）"的说明中提到，"个别生产或工作上离不开的职工，如果不顾整体利益，为了个人目的而强求离职的话，应该以辞职或自动离职论"。由此可见，这时职工也有辞职的行为，但是，当时辞职还未成为劳动者的一项权利，没有建立辞职相关制度。

复函》明确,对于要求辞职的工人是否批准其辞职,主要应根据生产是否需要和现任工作能否发挥其专长来定。对于现任工作不能发挥其专长、辞职后对生产无较大影响的,由本人提出书面申请,企业可以同意其辞职,并发给辞职证明。对于生产确实需要,现任工作也可以发挥其专长而要求辞职的工人,企业可以不同意其辞职,并做好思想教育工作,尽可能解决他们的实际困难,使他们安心工作。对其中自行离职者,经过教育,3个月内仍不回原单位参加生产的,可按自动离职论处,予以除名。[①] 对于家居城镇的辞职工人,不发给离职补助费和迁至外地的车旅费。

2. 劳动合同制工人要求解除劳动合同

1986年12月7日颁布的《国营企业实行劳动合同制暂行规定》(以下简称《劳动合同制暂行规定》)对劳动合同制工人解除劳动合同的情形作出了规定:一是经国家有关部门确认,劳动安全、卫生条件恶劣,严重危害工人身体健康的;二是企业不能按照劳动合同规定支付劳动报酬的;三是经企业同意,自费考入中等专业以上学校学习的;四是企业不履行劳动合同,或者违反国家政策、法规,侵害工人合法权益的。

解除合同需履行一定程序。《劳动合同制暂行规定》提出,任何一方解除合同,必须提前一个月通知对方,方可办理解除劳动合同的手续。解除劳动合同,企业应当报请上级主管部门和当地劳动行政主管部门备案。一方违反劳动合同,给对方造成经济损失的,应当根据其后果和责任大小,予以赔偿。

可见,我国辞职制度是从国有企业工人开始建立的,辞职需要履行程序,并区分不同情况决定是否给予相应待遇。实行劳动合同制后,明确约定合同制工人解除劳动合同的具体情形和解除合同的程序,并确立了过错赔偿的原则。

[①] 除名与违纪辞退、开除三者并不相同。开除是最严厉的行政处分,违纪辞退和除名不属于行政处分,但是属于行政处理。除名仅适用于无正当理由经常旷工,经教育不改,连续旷工时间超过15天,或者一年以内(按自然年度计算)累计旷工时间超过30天的职工。违纪辞退适用于犯有《国营企业辞退违纪职工暂行规定》第2条所列七项错误行为之一,且经教育或行政处分无效的职工。

(二) 国营企业富余人员辞职安置

为进一步贯彻执行国民经济调整、改革、整顿、提高的方针,充分发挥国营工业企业的潜力,提高经济效益,1982年1月2日,中共中央、国务院作出的《关于国营企业进行全面整顿的决定》(以下简称《决定》)提出,从1982年起,用两三年的时间,有计划有步骤地、点面结合地、分期分批地对国营工业进行全面的整顿工作,以促进国民经济状况的根本好转。9月1日,党的十二大报告提出,"坚持国营经济的主导地位和发展多种经济形式……鼓励劳动者个体经济在国家规定的范围内和工商行政管理下适当发展,作为公有制经济的必要的、有益的补充"。在国家政策的鼓励下,个体经济发展迅速,为职工辞职从事个体经济提供了机会。为了贯彻《决定》,进一步搞好整顿劳动组织、按定员定额组织生产,国家经济委员会、劳动人事部于同年12月20—28日召开全国整顿企业劳动组织工作座谈会,交流整顿企业劳动组织的经验,明确了整顿企业的指导思想,还研究了若干具体政策。[①]

1983年4月8日,国家经济委员会、劳动人事部转发《全国整顿企业劳动组织工作座谈会纪要》,在安排企业富余人员的具体政策中提出了富余人员辞职的相关内容。

(1) 辞职需履行程序。富余人员自愿要求辞职自谋生计的,经企业领导批准,可以办辞职手续。

(2) 经批准的辞职人员享受生活补助费待遇。经批准的辞职人员,家居城镇的,工龄每满1年,发给相当于本人半个月标准工资的一次性的生活补助费,最多不超过6个月的工资;回农村的,工龄每满1年,发给相当于本人1个月标准工资的一次性的生活补助费,最高不超过12个月的工资。

(3) 富余人员辞职后失去身份。已辞职的职工,不得再要求原单位给予复工复职。

[①] 国家经贸委、劳动人事部转发的《全国整顿企业劳动组织工作座谈会纪要》的通知提出,整顿企业劳动组织工作中的若干具体政策问题有五个:一是关于企业机构设置和人员配备;二是关于安排富余人员;三是关于清退计划外用工和清理"混岗"人员;四是关于结合整顿劳动工资制度;五是关于发挥定员的作用,巩固定员工作的成果。其中,允许富余人员辞职是安排富余人员的八项具体政策之一。

可见，这时的辞职对象范围较窄，仅限于国营企业的富余人员；辞职程序要经过企业领导批准；辞职待遇根据辞职的富余职工是城镇或乡村以及工龄长短发给金额不等的生活补助费；辞职意味着职工与企业终止劳动关系，职工以后不能再要求回到原单位复工复职。

(4) 富余职工"停薪留职"期满可以辞职。

随着我国实行改革开放，一些企业的少数职工要求"停薪留职"从事个体经营。面对我国经济管理体制和劳动、人事制度改革中出现的新情况，为了妥善解决这个问题，1983年6月11日，劳动人事部、国家经济委员会下发《关于企业职工要求"停薪留职"问题的通知》提出凡是企业不需要的富余职工，可以允许"停薪留职"，"停薪留职"的时间一般不超过两年。"停薪留职"期满，本人要求辞职的，经单位行政领导同意，可以按辞职处理。

可见，这时辞职需具备三个条件：一是辞职对象是企业富余职工申请"停薪留职"的；二是"停薪留职"两年期满，本人提出要求辞职；三是单位行政领导同意。

(三) 探索科技人员辞职制度

我国科技人员辞职制度探索经历了从提出概念到试点，再到建立制度的过程，辞职制度内容经历了从无到有、从简单到逐步规范的过程。

1. 试点单位科技人员及其他职工有辞职权

20世纪80年代，由于我国科技人员的分布和结构很不合理，一些部门和单位科技人员严重不足，而另一些部门和单位却存在科技人员积压或用非所学、用非所长的现象，科技人员难以流动，积压、浪费和使用不当的现象凸显。

为确保国家重点建设项目和重大科技攻关任务的完成，振兴经济，实现四个现代化，必须对现有科技人员作适当调整，改善对科技人员的管理和使用。为此，国务院于1983年7月13日出台了《关于科技人员合理流动的若干规定》，首次提出科技人员及其他职工"辞职"的概念。国务院各部门和省（自治区、直辖市）所属的科研、设计单位和高等院校，经上级批准，对科技人员及其他职工可进行聘用制试点。试点单位按照合理流向有招聘和解聘的权力，科技人员及其他职工有应聘和辞职的权利。

可见，科技人员辞职制度是在推进我国科研、设计单位和高等学校实行聘用制试点的背景下，为解决科研人员和其他职工合理流动问题，赋予用人单位有招聘和解聘的权力。与之相对应，科技人员及其他职工有应聘和辞职权利。这时，辞职首次作为科技人员及其他职工普遍享受的一种基本权利出现的。

2. 符合条件的科技人员可以辞职

1984年10月12日，中共中央在《关于经济体制改革的决定》中提出，科学技术和教育对国民经济的发展有极其重要的作用。随着经济体制改革的推进，科技体制和教育体制的改革越来越成为迫切需要解决的战略性任务。

在此背景下，中共中央于1985年3月13日作出《关于科学技术体制改革的决定》，明确提出科技体制改革的主要内容之一是在人事制度方面，要克服"左"的影响，扭转对科学技术人员限制过多、人才不能合理流动、智力劳动得不到应有尊重的局面，造成人才辈出、人尽其才的良好环境……必须改变积压、浪费人才的状况，促使科学技术人员合理流动。

依据经济体制改革、科技体制改革和教育体制改革的精神，国务院于1986年7月9日颁布《国务院关于促进科技人员合理流动的通知》，明确规定了辞职对象、辞职程序、辞职后待遇及辞职后管理。

（1）辞职对象。在未实行专业技术职务聘任制的单位，凡使用不当，难以发挥作用，又未做调整的科技人员，可以辞职。

（2）辞职程序。辞职必须向单位提出书面辞职申请，单位接到申请3个月内应予答复。科技人员辞职申请被批准后，离开单位前，应当办理工作交接和辞职手续。

（3）辞职待遇。辞职后被新单位录用，其工龄应当将辞职前和录用后的工龄累积计算。

（4）科技人员不得擅自离职。对已经擅自离职的科技人员，要按照不同情况妥善处理。对流向合理、原单位离得开的，在原工作岗位使用不合理的，或者确有特殊情况需要照顾的，经接收单位和其原单位协商同意后，按干部管理权限补办调动手续。本人要求辞职，经原单位批准，可以补办辞职手续。其余的要动员他们返回，由原单位妥善安排，不得歧视。经教育无效，拒不返回也不补办手续的，按自动离职处理，以后被其他单位录用，工龄从重新录用之日起计算。

对比《通知》与《关于科技人员合理流动的若干规定》，可以发现有两个变化：一是缩小了辞职人员的范围，《通知》规定的辞职对象仅包括科技人员，而且是在尚未实行专业技术职务聘任制的单位，难以发挥作用，又未做调整的科技人员；二是辞职程序更加严格，规定了科技人员不得擅自离职。整体上，《通知》建立了辞职制度的主要框架。

3. 支持科技人员辞职

1987年10月25日，党的十三大召开，党的十三大报告把发展科学技术放到我国经济发展战略的首要位置。[①] 1988年5月3日，国务院作出《深化科技体制改革若干问题的决定》，提出各级政府部门要充分发挥现有科技人员的作用。鼓励有计划地组织科技人员或支持科技人员以调离、辞职、停薪留职、兼职等方式，创办、领办或承包、租赁中小企业和乡镇企业，或到农村进行有偿服务和技术经济承包。各地区要因地制宜地制定政策，促进人才合理流动……有条件的城市，要积极探索科技人员管理制度的综合性改革，在社会保障等方面积极创造条件，逐步实行用人单位有权聘用和辞退科技人员，科技人员有权应聘和辞职的双向选择用人就业制度。

可见，辞职制度是在国家从发挥科技人员作用和促进科技人员合理流动两个角度背景下提出来的。

（四）探索党政干部辞职制度

党政干部辞职制度也是随着改革开放的推进而产生发展的。党政干部辞职制度探索经历了允许党政干部自愿辞职、党政干部保留公职或辞去公职并行以及担任企业职务必须辞去职务三个发展阶段。

1. 允许党政干部自愿辞职

改革开放后，由于企业经济活力提高，经济效益和职工生活水平也明显得到改善。一些县市党政机关的在职党政干部包括主要领导干部也兴办经营企业，用于改善职工生活。但是，这种做法容易削弱党和政府

[①] 党的十三大报告提出："把发展科学技术和教育事业放在首要位置，使经济建设转到依靠科技进步和提高劳动者素质的轨道上来。""现代科学技术和现代化管理是提高经济效益的决定性因素，是使我国经济走向新的成长阶段的主要支柱。"

对经济工作的全面领导,影响党政干部秉公办事当好全体人民的勤务员,容易发生与民争利的偏向,形成一批仗权谋利的垄断企业,不利于真正搞活经济。在这种情况下,1984年7月17日,中共中央办公厅、国务院办公厅出台了《关于党政机关在职干部不要与群众合办企业的通知》,提出经济体制改革必须坚持政企分开,官商、官工分开的原则。有的党政干部愿意辞去原来职务转入民办企业的,可以允许。

可见,这时允许党政干部辞职是在政企分开的背景下,坚持官商、官工分开原则。对于党政干部辞职的态度是"可以允许",辞职类型是"自愿辞职",但没有涉及辞职程序、辞职待遇等内容。

2. 选择停薪留职或辞去公职

《关于党政机关在职干部不要与群众合办企业的通知》下发以后,党政机关和党政机关干部经商、办企业的现象还没有从根本上得到纠正,有些地方仍在继续发展。在这种情况下,1984年12月3日,中共中央、国务院印发的《关于严禁党政机关和党政干部经商办企业的决定》提出,党政机关的在职干部,如本人要求保留公职去经商、办企业,可予批准,但不能保留原来的职务,其工资及生活福利待遇应即停发。如果本人要求辞去公职经营个体或集体经济,应予同意。

与《关于党政机关在职干部不要与群众合办企业的通知》相比,《关于严禁党政机关和党政干部经商办企业的决定》将干部辞职区分为辞去职务保留公职和辞去公职两类,并规定了不同类别辞职的待遇:对于保留公职经商办企业的,可予批准但是不能保留原来职务,同时立即停发工资及生活福利待遇;对于辞去公职经营个体或集体经济的,应予同意。

3. 担任企业职务必须辞职

尽管出台上述规定,但是还存在党政机关和党政干部经商、办企业的现象,有的党政领导干部还继续兼任企业职务,有的家属利用领导干部的关系及影响经商、办企业等,危害很大。为了坚决刹住这股不正之风,1986年2月4日,中共中央、国务院印发《关于进一步制止党政机关和党政干部经商、办企业的规定》,对有关党政机关和党政领导干部及其家属经商办企业作出严格规定。党政机关,包括各级党委机关和国家权力机关、行政机关、审判机关、检察机关以及隶属这些机关编制序列的事业单位的干部、职工,包括退居二线的干部,除中央书记处、国务院特殊批准的以外,一律不准在各类企业中担任职务。已经担任企业职务的,必须立即辞职;否则,必须辞去党政机关职务。

《关于进一步制止党政机关和党政干部经商、办企业的规定》相比以前的两个规定,① 进一步明确了禁止制止党政机关和党政干部经商、办企业的机关范围,扩大了党政干部的范围,取消了以往可以保留公职经商办企业的规定,明确要求干部必须在担任企业职务或者担任党政机关职务二者之间作出唯一选择。

1988年10月3日,中共中央、国务院作出《关于清理整顿公司的决定》,要求严格执行党中央、国务院关于党和国家机关干部不得经商办企业的规定,包括到企业兼任名誉职务,并提出了违反规定的惩戒措施。《决定》提出,党和国家机关的在职人员不得到公司(企业)兼职(含名誉职务),已经兼职的,应限期辞去公司(企业)职务,或者辞去所任的党和国家机关职务。无论是在职干部,还是退(离)休干部,均不得利用权力和关系进行商业经营、金融等活动,从中谋利。凡违反者,由主管机关没收其不正当收入,并给予处分,构成犯罪的,由司法机关追究其刑事责任。

可见,《关于清理整顿公司的决定》进一步严格要求在职党政干部不得到公司(企业)兼职,已经兼职的,限期辞去公司(企业)职务或者党和国家机关职务,而且明确了违反规定的处罚措施。

这一时期,除在国家层面进行辞职制度探索以外,部分地方政府根据本地实际情况出台了辞职制度。如湖南省委组织部、湖南省劳动人事厅、湖南省公安厅、湖南省粮食局于1987年7月25日出台了《关于专业技术干部辞职问题的意见》;山西省于1988年3月7日出台了《关于专业技术干部辞职的管理意见》;济南市于1988年4月15日出台了《专业技术人员辞职暂行规定》;上海市于1988年10月12日颁布了《专业技术人员辞职暂行办法》;广东省于1988年12月29日出台了《企事业单位专业技术人员和管理人员辞职的若干规定》等。虽然上述辞职制度在

---

① 两个规定是《关于党政机关在职干部不要与群众合办企业的通知》(1984)和《关于严禁党政机关和党政干部经商办企业的决定》(1984)。

适用范围、①辞职种类、辞职/不得辞职的条件、辞职程序和约束管理等方面都不尽相同，但是均为日后建立适用于全国的、分层分类的辞职制度作出了有益的探索。

二　分类分层辞职制度的建立与发展（1990—2004 年）

以党的十三大报告为指引，我国干部开始实行分类管理，体现在辞职制度建设上就是1990年建立了全民所有制事业单位专业技术人员和管理人员辞职制度，1993年建立国有企业富余职工安置办法，1995年建立国家公务员辞职制度和党政领导干部辞职制度。

在辞职种类上，事业单位专业技术人员和管理人员辞职以及国有企业职工辞职均指自愿辞职；公务员辞职制度主要指辞去公职；党政领导干部辞职种类较多，包括因公辞职、自愿辞职、责令辞职和引咎辞职四类。在辞职制度内容上，都包括辞职及不得辞职情形、辞职程序、辞职后待遇及辞职后管理等。

（一）建立国有企业职工辞职制度

党的十二大提出建立社会主义市场经济体制，对国有企业改革提出要求。1992年7月23日，国务院颁布的《全民所有制工业企业转换经营机制条例》赋予了企业劳动用工权，包括依法依规辞退职工的权利。② 为了妥善安置国有企业富余职工，增强企业活力，提高企业经济效益，1993年4月20日，国务院发布《国有企业富余职工安置规定》，提出国有企业职工可以申请辞职，即辞职是作为国有企业富余职工的一种安置

---

① 山西省《关于专业技术干部辞职的管理意见》适用于各科研机构、高等院校、政府机构和全民所有制企事业单位的各类专业技术干部，济南市的《专业技术人员辞职暂行规定》适用于国家行政机关、全民所有制企事业单位各类专业技术人员与管理人员，不适用中、小学教师辞职。上海市《专业技术人员辞职暂行办法》适用于全民所有制企业、事业单位的专业技术人员，不适用于外商投资企业和国家机关中的专业技术人员。广东省《企事业单位专业技术人员和管理人员辞职的若干规定》适用范围是广东省以及中央驻省全民所有制企事业单位的专业技术人员和管理人员。

② 《全民所有制工业企业转换经营机制条例》规定，企业有权依照法律、法规和企业规章，解除劳动合同、辞退、开除职工。对被解除劳动合同、辞退和开除的职工，待业保险机构依法提供待遇保险金，劳动部门应当提供再就业的机会，对其他属于集体户口的人员，当地的公安、粮食部门应当准予办理户口和粮食供应关系迁移手续，城镇街道办事处应当予以接收。

方式提出来的。

1994年2月17日,劳动部办公厅发布《关于职工辞职有关政策问题的复函》,提出对职工提出辞职的条件与辞职后的待遇应根据不同情况区别对待。7月15日,《劳动法》颁布,对劳动者通知单位解除合同作出规定。为了更好地贯彻执行国有企业富余职工安置工作,明确富余职工安置的有关问题,10月25日,劳动部办公厅在《关于贯彻执行〈国有企业富余职工安置规定〉中有关职工辞职后的工龄计算问题的批复》中,对发放一次性生活补助费和工龄计算问题作出规定。

1. 辞职的性质

在国有企业改革初期,辞职制度经历了两种形式。一种是作为国有企业富余职工安置的方式,另一种是《劳动法》出台后,劳动者可以主动辞职。但是,两种辞职的性质并不相同。

(1)辞职作为安置方式。《国有企业富余职工安置规定》提出,职工可以申请辞职。职工辞职是国有企业富余职工安置的一种方式。

(2)劳动者主动辞职。《劳动法》规定,有下列情形之一的,劳动者可以随时通知用人单位解除劳动合同:在试用期内的;用人单位以暴力、威胁或者非法限制人身自由的手段强迫劳动的;用人单位未按照劳动合同约定支付劳动报酬或者提供劳动条件的。可见,主动辞职是劳动者的权利。

2. 辞职的程序

这一时期关于国有企业职工的辞职程序简单,主要包括批准和办理辞职手续两个环节。《国有企业富余职工安置规定》明确,辞职需要经过企业批准辞职,办理手续。

3. 辞职后的待遇

这一时期企业辞职人员的待遇主要包括发放一次性生活补助费和工龄计算,不同类型的辞职待遇存在差异。

(1)一次性生活补助费。《国有企业富余职工安置规定》提出,经企业批准辞职的职工,在办理手续时,企业应当按照国家有关规定,发给一次性生活补助费。这意味着,只有当富余职工辞职被批准时,才会发给一次性补助费。

不同性质的辞职情况待遇不同。1994年2月17日,劳动部办公厅颁布的《关于职工辞职有关政策问题的复函》认为，职工提出辞职的条件与辞职后的待遇应根据不同情况区别对待。职工正常辞职，仍按1981年国家劳动总局（81）劳总劳字83号执行，不发给辞职补助费；对于劳动合同制职工提出辞职的，应履行解除劳动合同手续，是否发给生活补助费，可按照国家有关规定和劳动合同的约定办理；对于国有企业富余人员申请辞职的，按照国务院去年发布的《国有企业安置富余职工规定》第10条规定，发给一次性生活补助费。

一次性补助费的发放标准。劳动部办公厅于1994年10月25日颁布《关于贯彻执行〈国有企业富余职工安置规定〉对有关职工辞职后的工龄计算问题的批复》，明确了根据家居城镇或乡村及工龄长短发放一次性补助费的标准。申请辞职的富余职工，经企业批准，在办理辞职手续时，企业应当按照国家有关规定发给一次性的生活补助费，标准是：家居城镇的，工龄每满1年，发给相当于本人半个月标准工资的一次性生活补助费，最多不超过6个月的工资；随户口转回农村的，工龄每满1年，发给相当于本人1个月标准工资的一次性生活补助费，最高不超过12个月的工资。再次就业后又申请辞职的企业富余职工，应按再次就业后重新计算的实际工作年限计发，其生活补助费，不得同以前的工作年限合并重复领取。

（2）工龄计算。《关于贯彻执行〈国有企业富余职工安置规定〉对有关职工辞职后的工龄计算问题的批复》规定，无论参加养老保险社会统筹与否，辞职前和再次就业后的工龄，可合并计算为连续工龄。

（二）事业单位人员辞职制度

为完善全民所有制事业单位的人事管理制度，促进人才合理流动，充分发挥人才的作用，1990年9月8日，人事部制定了《全民所有制事业单位专业技术人员和管理人员辞职暂行规定》（以下简称《专业技术人员和管理人员辞职暂行规定》），这是我国干部辞职制度的首个部门规章。《专业技术人员和管理人员辞职暂行规定》印发后，一些部门和地方提出了执行该文件的一些具体问题。于是，1991年5月31日，人事部印发了《人事部关于执行〈全民所有制事业单位专业技术人员和管理人员辞职暂行规定〉中有关问题的通知》对辞职具体程序、辞职后身份、住房等问题作出详细解释。

随着事业单位改革的推进，中央组织部、人事部于 2000 年 7 月 21 日印发的《关于加快推进事业单位人事制度改革的意见》，提出建立解聘辞聘制度，规定事业单位可以按照聘用合同解聘职工，职工也可以按照聘用合同辞聘。通过建立解聘辞聘制度，疏通事业单位人员出口渠道，增加用人制度的灵活性，解决人员能进能出的问题。2002 年 7 月 6 日，国务院办公厅转发《人事部关于在事业单位试行人员聘用制度意见的通知》，规范了事业单位人员解聘辞聘制度。2003 年 12 月 10 日，人事部印发《事业单位试行人员聘用制度有关问题的解释》，对事业单位工作人员辞职作出了规定。事业单位与职工解除工作关系，适用辞职辞退的有关规定；实行聘用制度以后，事业单位与职工解除聘用合同，适用解聘辞聘的有关规定。

1. 辞职的对象

《专业技术人员和管理人员辞职暂行规定》提出，全民所有制事业单位的专业技术人员和管理人员都可以提出辞职，相对于制度探索阶段科技人员辞职而言，扩大了辞职对象范围。

《事业单位试行人员聘用制度有关问题的解释》提出，事业单位试行聘用制度后，试行聘用制度的范围进一步扩大，既包括原固定用人制度职工、合同制职工、新进事业单位的职工，也包括工勤人员，都要实行聘用制度。这意味着，辞职对象的范围也随之相应扩大。

2. 辞职的原则

《专业技术人员和管理人员辞职暂行规定》提出，全民所有制事业单位专业技术人员和管理人员辞职要考虑人才分布现状、事业单位的性质和发挥人才作用等因素，提出专业技术人员和管理人员辞职应遵循如下原则：有利于人才的分布与国民经济发展的需要相适应；有利于更好地发挥人才作用；鼓励和支持人才到边远地区、贫困地区、少数民族地区、工农业生产第一线及其他国家最需要的地区、行业和部门工作。

3. 辞职的程序

《专业技术人员和管理人员辞职暂行规定》提出，事业单位专业技术人员和管理人员辞职必须遵循一定的程序，而且特殊人员辞职必须经过批准。按照人事管理权限，向所在单位或主管部门提出书面申请。所在单位或主管部门从收到辞职申请起，应在 3 个月内予以办理辞职手续并发给辞职证明书。与所在单位订有聘用合同的人员，其辞职按聘用合同的规定办理。

有下列情况之一的人员，其辞职必须经过批准：一是国家和省、市（地区）重点科研项目的主要负责人和业务骨干，辞职后对工作可能造成损失的；二是在边远地区、少数民族地区工作的；三是从事特殊行业、特殊工种的；四是从事国家机密工作，或曾从事国家机密工作，在规定的保密期内的；五是经司法或行政机关决定或批准，正在接受审查、尚未结案的；六是法律、法规、规章规定的其他情况。

可见，这时辞职程序比较宽松，辞职申请是辞职的必备程序。但不是所有辞职都需经过批准，只有上述6种情形需要经过批准。

1991年，《人事部关于执行〈全民所有制事业单位专业技术人员和管理人员辞职暂行规定〉中有关问题的通知》对辞职具体程序作出详细规定，辞职程序更加规范。

4. 辞职后的待遇

为保障辞职人员辞职后的工作、生活，相关文件规定了辞职人员辞职后的待遇，主要包括人事档案转递、工龄计算、住房待遇和身份确定等。

（1）人事档案。辞职人员的人事档案，有关单位应按国家关于流动人员人事档案的规定，进行移交、接转和管理。《事业单位试行人员聘用制度有关问题的解释》规定，聘用合同解除以后，单位和个人应当在3个月内办理人事档案转移手续。单位不得以任何理由扣留无聘用关系职工的人事档案；个人不得无故不办理档案转移手续。

（2）工龄。辞职人员被全民所有制单位重新录用，辞职前和录用后的工龄合并计算。

（3）住房。辞职人员在未另外获得住房前，在一定期限内允许继续居住原单位住房；具体居住时间和住房收费标准，按当地政府的有关规定执行。《人事部关于执行〈全民所有制事业单位专业技术人员和管理人员辞职暂行规定〉中有关问题的通知》对住房问题进行了补充规定：辞职人员居住原单位住房的时间和收费标准，当地政府没有规定的，可按单位与辞职人员签订的协议办理；未签协议的，由双方协商解决。

（4）身份。辞职人员的身份依据再就业的单位性质确定。《人事部关于执行〈全民所有制事业单位专业技术人员和管理人员辞职暂行规定〉中有关问题的通知》明确,辞职人员辞职后一年之内,去全民所有制单位、集体所有制单位、三资企业工作的,保留其全民所有制干部身份;辞职人员从事个体经营、到私营企业工作或辞职后一年之内找不到接收单位的,不再保留其全民所有制干部身份。

政府人事部门所属人才流动服务机构负责辞职人员干部身份的审定工作,对保留干部身份的,应将《辞职人员干部身份证明书》存入本人档案。

辞职人员到全民所有制单位工作时,由接收单位向保存其人事档案的人才流动服务机构出具《辞职人员接收函》。人才流动服务机构凭《辞职人员接收函》向接收单位出具《辞职人员工作介绍信》和《工资转移证》,并将辞职人员的人事档案转交接收单位。[①]

5. 辞职后的管理

辞职后管理主要包括辞职人员缴纳培训费、办理辞职手续、遵守行为规范及发生相关争议的处理等,要求辞职人员履行相应的责任,并对违反相关规定的人员进行惩罚。

(1) 缴纳培训费。辞职人员凡经单位出资培训的,如个人与单位订有合同,培训费问题可按合同规定办理;如个人与单位没有签订合同,单位可以适当收取培训费,收取标准按培训后回单位服务的年限,以每年递减培训费20%的比例计算。

(2) 辞职应按规定程序办理手续,不得擅自离职。对擅自离职人员,要进行批评教育,并分别不同情况妥善处理。符合本规定可以辞职或经批准允许辞职的,要补办辞职手续。其余的要动员返回。对拒不返回和拒不补办手续的,按自动离职处理,以后被其他单位录用,工龄从重新录用之日起计算。

(3) 辞职人员不得私自带走属原单位的科研成果、内部资料和设备器材等,违者视情节轻重给予行政处分或责令赔偿经济损失。

(4) 所在单位或主管部门与辞职申请人之间发生争议时,可向当地政府人事部门人才流动争议仲裁机构申请调解或仲裁。

[①] 国家人事部流动调配司:《中国人才流动政策法规大全》,经济管理出版社1993年版,第199页。

(三) 实行公务员辞职制度

公务员辞职制度是随着公务员管理法律法规和规章的颁布实施、修改而建立和发展的。1993 年 4 月 24 日，国务院第二次常务会议通过的《国家公务员暂行条例》（以下简称《公务员暂行条例》）首次对国家公务员辞职作出规定。1995 年 2 月 28 日，第八届全国人民代表大会常务委员会第十二次会议通过《法官法》，对法官辞职作出规定。为更好地保障国家公务员的合法权利，优化国家公务员队伍，1995 年 7 月 18 日，人事部依据《公务员暂行条例》制定了《国家公务员辞职辞退暂行规定》（以下简称《辞职辞退暂行规定》），这是我国关于公务员辞职的首个制度。

为了有利于国家公务员辞职后再就业，维护社会稳定，1997 年 9 月 22 日，人事部出台了《关于国家公务员辞职或被辞退后有关问题的通知》（以下简称《辞职辞退通知》），对公务员辞职后的再就业身份和工龄问题作出规定。1998 年 12 月 11 日，人事部在关于《机关、事业单位工作人员辞职、辞退及自动离职参加工作后工作年限计算问题的复函》中，对机关、事业单位工作人员辞职、辞退及自动离职参加工作后工作年限的计算问题作出规定。

1. 不得辞职的条件

国家公务员辞职受到一定限制，不得辞职的情形如下。

(1)《公务员暂行条例》规定了不得辞职有两种限制情形。国家行政机关可以根据实际情况，规定国家公务员 3 年至 5 年的最低服务年限。未满最低服务年限的，不得辞职；在涉及国家安全、重要机密等特殊职位上任职的国家公务员，不得辞职。

(2)《辞职辞退暂行规定》明确公务员有四种不得辞职情形。一是在涉及国家安全、重要机密等特殊职位上任职以及调离上述职位不满解密期的；二是重要公务尚未处理完毕，而且须由本人继续处理的；三是正在接受审查的；四是未满最低服务年限的。

可见，相对于《公务员暂行条例》，《辞职辞退暂行规定》考虑到实际情况，对不得辞职的情形进行了细化和丰富，增加了"重要公务尚未处理完毕，而且必须由本人继续处理的"和"正在接受审查的"两种情形，补充了"调离特殊职位不满解密期的"规定。

2. 辞职的程序

《辞职辞退暂行规定》对辞退程序进行了细化。

（1）《公务员暂行条例》规定辞职包括两个环节。国家公务员辞职，应当向任免机关提出书面申请；任免机关应当在3个月内予以审批。审批期间，申请人不得擅自离职。国家行政机关擅自离职的国家公务员，给予开除处分。

（2）《辞职辞退暂行规定》对公务员辞职程序进行了细化，辞职程序更加规范，主要包括提出申请、所在单位提出意见、任免机关审核、审批及反馈通知四个环节。具体为：由本人向所在单位提出辞职申请，填写《国家公务员辞职申请表》；所在单位提出意见，按照管理权限报任免机关；任免机关人事部门审核；任免机关审批，并将审批结果以书面形式通知呈报单位及申请辞职的公务员。

细化公务员辞职程序，可在一定程度上防止公务员滥用辞职权，损害机关的利益。同时，为了保护辞职公务员的利益，《公务员暂行条例》将公务员辞职的审批时间规定为任免机关接到申请表的3个月内；过3个月未予批复的，视为同意辞职，任免机关应予办理辞职手续。

国家公务员在辞职审批期间不得擅自离职，对擅自离职的，给予开除处分，不准重新录用到国家行政机关工作。

3. 辞职后待遇

公务员辞职待遇主要包括辞职后的身份、工龄、档案和申诉权。

（1）身份。《辞职辞退暂行规定》明确，国家公务员辞职或者被辞退后，不保留国家公务员身份，自批准之月的下月起停发工资。《关于国家公务员辞职或被辞退后有关问题的通知》再次明确，国家公务员辞职或被辞退后，不再保留国家公务员身份，辞职或被辞退后的身份按再就业后所在单位和岗位的情况确定。国家公务员辞职或被辞退后一年内联系到工作单位，接收单位根据工作需要安排到干部岗位工作的，可按干部身份办理有关手续。

（2）工龄。国家公务员辞职或被辞退后被全民所有制单位重新接收的，除去待业时间，其工龄合并计算。

（3）档案转递。《辞职辞退暂行规定》明确，国家公务员辞职离开国家行政机关和被辞退，其人事档案由所在单位按规定转至有关机构。

（4）申诉权。《辞职辞退暂行规定》明确，国家公务员对辞职未被批准或者被辞退不服的，可根据国家有关规定提出申诉。

4. 辞职后限制再就业

公务员辞职后再就业受到时间、机构性质以及是否与原机关具有隶属关系的限制。《公务员暂行条例》和《辞职辞退暂行规定》都明确规定，国家公务员辞职后，两年内到与原机关有隶属关系的国有企业或营利性的事业单位工作的，须经原任免机关批准。但是，对于违反规定的行为并没有相关处罚。

（四）党政领导干部辞职制度

根据《党政领导干部选拔任用工作暂行条例》规定的适用范围，党政领导干部包括中共中央、全国人大常委会、国务院、全国政协、中央纪律检查委员会、最高人民法院、最高人民检察院的工作部门的领导成员，地方县级以上（含县级）党委、人大常委会、政府、政协、纪委、法院、检察院及其工作部门的领导成员。上述工作部门的内设机构、县级以上党委、政府的直属事业单位和工会、共青团、妇联等人民团体的领导干部。党政领导干部的辞职制度体现在辞职类型、辞职条件、辞职程序和辞职后管理多个方面。

为认真贯彻执行党的干部路线、方针、政策，建立科学规范的党政领导干部选拔任用制度，1995年2月9日，中共中央印发《党政领导干部选拔任用工作暂行条例》（以下简称《干部任用暂行条例》），提出建立党政领导干部辞职制度，并将党政领导干部辞职划分为因公辞职、个人申请辞职和责令辞职三种类型。2000年8月20日，中共中央办公厅印发《深化干部人事制度改革纲要》（以下简称《纲要》），提出实行党政领导干部辞职制度，制定实施办法，建立和完善党政领导干部自愿辞职、责令辞职、引咎辞职等制度。相对于《干部任用暂行条例》，《纲要》取消了"因公辞职"，将"个人申请辞职"修改为"自愿辞职"，增加了"引咎辞职"。

2001年11月7日，最高人民法院出台了《地方各级人民法院及专门人民法院院长、副院长引咎辞职规定（试行）》。2002年7月，中共中央印发的《党政领导干部任用条例》（以下简称《干部任用条例》），规定实行党政领导干部辞职制度，辞职包括因公辞职、自愿辞职、引咎辞职和责令辞职。至此,党政领导干部辞职类型固定下来。

1. 辞职类型及限制辞职条件

辞职及不得辞职的情形根据不同的辞职类型而有所差异,其中,自愿辞职中有不得辞职的限制性条件。

(1) 因公辞职。《干部任用暂行条例》提出,因公辞职是领导干部"因职务变动",依照法律或者政协章程的规定,向本级人民代表大会、人大常委会或者政协提出辞去领导职务。《干部任用条例》明确,因公辞职是指领导干部"因工作需要变动职务",依照法律或者政协章程的规定,向本级人民代表大会、人大常委会或者政协提出辞去现任领导职务。

可见,因公辞职制度是为了保证干部任免工作的有序进行、维护法律严肃性而设计的程序性制度。根据宪法和有关组织法规定,担任有关国家机关领导职务之间有不相容性,例如担任国务院组成人员、省区市政府组成人员均不得在同级人大担任常委以上领导职务。另外,经人民代表大会选举或人大常委会任命的领导干部,在异地交流时,也需要向任免主体辞职。①

(2) 自愿辞职。《干部任用暂行条例》规定,个人申请辞职,是指党政领导干部因"个人或者其他原因",自动提出辞去现任领导职务;同时对领导干部的个人申请辞职作出了限制,即涉及国家安全、重要机密等特殊职位任职的领导干部,个人不得提出辞职。

相对于《干部任用暂行规定》,《干部任用条例》增加、细化了不得自愿辞职的条件,明确党政领导干部有下列情形之一的,不得提出辞职:在涉及国家安全、重要机密等特殊职位任职且不满解密期限的;重要公务尚未处理完毕,须由本人继续处理的;有其他特殊原因的。

(3) 引咎辞职。我国引咎辞职制度探索可追溯到 2000 年年底,中央组织部在深圳市龙岗区试行"处级科级干部引咎辞职和投票表决制度"。随后,江苏、海南、重庆、广东、吉林等省市,以及高法、高检等系统都先后出台了有关引咎辞职的规定,开始积极推行这项制度。

2004 年颁布的《干部任用条例》规定了党政领导干部引咎辞职制度,

---

① 林弋:《公务员法立法研究》,中国人事出版社、党建读物出版社 2006 年版,第 373 页。

明确党政领导干部引咎辞职的情形是,"党政领导干部因工作严重失误、失职造成重大损失或者恶劣影响,或者对重大事故负有重要领导责任"。

引咎辞职强调的是党政领导干部因工作严重失误、失职造成重大损失或者恶劣影响,或者对重大事故负有重要领导责任,不宜再担任现职,是本人"主动提出"辞去现任领导职务。可见,引咎辞职是领导干部的自责、自律行为,实施主体是领导干部个人,体现领导干部对所担负政治责任的自我追究。①

(4)责令辞职。《干部任用暂行条例》和《干部任用条例》均规定,责令辞职是党委(党组)及其组织(人事)部门根据党政领导干部任职期间的表现,认定其已不再适合担任现职,可以通过一定程序责令其辞去现任领导职务;拒不辞职的,应当免去现职。

从上可见,责令辞职是基于党政领导干部任期表现,由组织作出的认定,其行为是组织行为而不是个人行为。因此,与引咎辞职的"自律"行为相比,责令辞职对被责令的干部来说,是一种带有强制性的"他律"行为。

2. 辞职的程序

《干部任用暂行规定》仅规定了"个人申请辞职"的程序:个人申请辞职,必须写出书面申请,按照干部管理权限报任免机关审批;任免机关应当在收到申请书的3个月以内予以答复;未经批准,不得擅离职守;擅自离职的,应当给予纪律处分。《干部任用条例》规定的辞职程序与《干部任用暂行规定》基本一致,唯一的变化是增加了"擅自离职的,给予纪律处分"。

3. 辞职后的管理

《干部任用暂行规定》和《干部任用条例》均明确,引咎辞职、责令辞职、降职的干部,在新的岗位工作一年以上,实绩突出,符合提拔任用条件的,可以按照有关规定,重新担任或者提拔担任领导职务。

三 辞职制度的不断完备(2004—2019年)

这一阶段,辞职制度主要侧重于对公务员和党政领导干部辞职进行

---

① 林弋:《公务员法立法研究》,中国人事出版社、党建读物出版社2006年版,第391页。

规范，尤其对领导干部辞职后从业行为进行严格限制。

2004年4月8日，中共中央办公厅印发《党政领导干部辞职暂行规定》（以下简称《辞职暂行规定》）和《关于党政领导干部辞职从事经营活动有关问题的意见》（以下简称《干部辞职意见》）。前者对党政领导干部辞职的适用范围、辞职类型、辞职/不得辞职条件、辞职程序以及辞职后续管理进行了详细规定；后者对党政领导干部辞职和辞职后从事经营活动进行了专项规定。

为规范中管干部辞去公职或者退（离）休担任上市公司、基金管理公司独立董事、独立监事的行为，鼓励其发挥个人专长，参与社会发展，同时防止其可能利用原有职权或者地位形成的便利条件谋取不正当利益，根据《公务员法》和有关文件精神，中央纪律检查委员会于2008年颁布了《关于规范中管干部辞去公职或者退（离）休后担任上市公司、基金管理公司独立董事、独立监事的通知》，对中管干部辞去公职后担任特定职务进行了规定。

2009年7月24日，中央组织部、人力资源和社会保障部印发了《公务员辞去公职规定（试行）》，对公务员辞去公职/不得辞职的情形、辞职程序、辞职待遇和辞职管理等作出规定。

2013年10月13日，中央组织部印发《关于进一步规范党政领导干部在企业兼职（任职）问题的意见》的通知，对党政领导干部在企业任职进行了规范。

党的十八大以来，以习近平同志为核心的党中央鲜明提出新时期好干部标准，进一步强化党组织领导和把关作用，完善选人用人制度机制，严把选人用人政治关、品行关、能力关、作风关、廉洁关，坚决匡正选人用人风气，推动选人用人工作取得显著成效。2014年1月16日，中共中央印发《党政领导干部选拔任用工作条例》，对党政领导干部辞职作出规定。2017年4月28日，中央组织部、人力资源和社会保障部、国家市场监督管理总局、国家公务员局印发《关于规范公务员辞去公职后从业行为的意见》的通知，对公务员辞去公职后从业行为作出严格规定。

为更好地坚持和加强党的全面领导，吸收党的十八大以来选人用人工作中探索形成的实践成果，回应干部工作中出现的一些新情况新问题，2019年，中共中央对2014年的《党政领导干部选拔任用工作条例》（以下简称《干部任用条例》）进行了修订，对党政领导干部辞职后再任职作出了规定。

（一）完善企业职工辞职制度

《劳动合同法》于 2008 年 1 月 1 日实施，各类企业与劳动者建立劳动关系，订立、履行、变更、解除或者终止劳动合同，适用《劳动合同法》。在《劳动合同法》规范下，员工主动解除与企业签订的合同，其实质就是辞职制度。

1. 辞职的情形

《劳动合同法》规定劳动者解除合同主要有如下两类情形，也即劳动者辞职的两种情形：

（1）用人单位无过错。《劳动合同法》规定，用人单位与劳动者协商一致，可以解除劳动合同。用人单位无过错，双方协商一致，劳动者提出解除劳动合同，即辞职。

（2）用人单位有过错。《劳动合同法》规定，用人单位有下列情形之一的，劳动者可解除劳动合同：一是未按照劳动合同约定提供劳动保护或者劳动条件的；二是未及时足额支付劳动报酬的；三是未依法为劳动者缴纳社会保险费的；四是用人单位的规章制度违反法律、法规的规定，损害劳动者权益的；五是因本法第 26 条第一款规定的情形致使劳动合同无效的；六是法律、法规规定劳动者可以解除劳动合同的其他情形。

2. 辞职的程序

按照《劳动合同法》的规定，不同的辞职情形，劳动者向用人单位提出辞职时间存在差异、是否需要采用书面形式通知也相应不同。主要有三种情况：

（1）双方协商一致的，劳动者提前 30 日以书面形式通知用人单位，可以解除劳动合同。

（2）劳动者在试用期内提前三日通知用人单位，可以解除劳动合同。

（3）用人单位以暴力、威胁或者非法限制人身自由的手段强迫劳动者劳动的，或者用人单位违章指挥、强令冒险作业危及劳动者人身安全的，劳动者可以立即解除劳动合同，不需事先告知用人单位。

3. 辞职后的待遇

按照《劳动合同法》规定，劳动者在辞职时需要承担必要的责任，如违约的情况下需要向用人单位支付违约金、办理档案和社会保险转移手续、办理工作交接。

（1）支付违约金。劳动者违反服务期约定的，应当按照约定向用人单位支付违约金；违约金的数额不得超过用人单位提供的培训费用。用人单位要求劳动者支付的违约金不得超过服务期尚未履行部分所应分摊的培训费用。

（2）办理档案和社会保险关系转移手续。用人单位应当在解除或者终止劳动合同时出具解除或者终止劳动合同的证明，并在15日内为劳动者办理档案和社会保险关系转移手续。

（3）工作交接。劳动者应当按照双方约定，办理工作交接。用人单位依照本法有关规定应当向劳动者支付经济补偿的，在办结工作交接时支付。

4. 辞职后管理

辞职后管理主要是双方遵守竞业限制。《劳动合同法》规定，对负有保密义务的劳动者，用人单位可以在劳动合同或者保密协议中与劳动者约定竞业限制条款，并约定在解除或者终止劳动合同后，在竞业限制期限内按月给予劳动者经济补偿。劳动者违反竞业限制约定的，应当按照约定向用人单位支付违约金。在解除或者终止劳动合同后，前款规定的人员到与本单位生产或者经营同类产品、从事同类业务的有竞争关系的其他用人单位，或者自己开业生产或者经营同类产品、从事同类业务的竞业限制期限，不得超过两年。

（二）事业单位人员辞职制度基本不变

2011年，中共中央办公厅、国务院办公厅印发《关于进一步深化事业单位人事制度改革的意见》的通知，提出完善人员退出机制，畅通人员出口，拓展人员正常退出渠道；规范解除、终止聘用合同的条件、程序和经济补偿方面的规定。事业单位与其工作人员依法解除聘用合同，要按照国家有关规定做好社会保险关系建立或接续工作，办理档案接转手续。

1. 事业单位一般人员辞职制度

《事业单位人事管理条例》规定，事业单位工作人员提前30日书面通知事业单位，可以解除聘用合同；但是，双方对解除聘用合同另有约定的除外。这一规定与以往事业单位工作人员辞职规定基本一致。

2. 事业单位领导人员辞职制度

2015年,中共中央办公厅印发《事业单位领导人员管理办法》,规定实行事业单位领导人员辞职制度,包括因公辞职、自愿辞职、引咎辞职和责令辞职;辞职程序参照有关规定执行。这一规定与党政领导干部辞职制度相同。

(三) 公务员辞职制度

2005年出台的《公务员法》吸收了党政领导干部辞职制度的成果,分别规定了公务员辞去公职和辞去领导职务两种情况,还规定了辞去领导职务的四种类型。[①]

依据2006年实施的《公务员法》,2009年7月24日,中央组织部、人力资源和社会保障部印发了《公务员辞去公职规定(试行)》(以下简称《辞去公职规定》)。由于《公务员法》扩大了国家公务员的范围,因此,公务员辞去公职制度也相应发生变化。公务员辞去公职是指公务员依照法律、法规规定,申请终止与任免机关的任用关系。公务员辞去公职后,不再具有公务员身份。

1. 不得辞职的情形

《辞去公职规定》对公务员辞职作出限制性规定。与1995年《辞职辞退暂行规定》相比,修改、细化了部分描述,剔除了未满最低服务年限的情形,增加了法律、行政法规规定的其他不得辞去公职的兜底性条款。

《辞去公职规定》明确,公务员有下列情形之一的,不得辞去公职:一是在涉及国家秘密等特殊职位任职或者离开上述职位未满国家规定的脱密期限的;二是重要公务尚未处理完毕,且须由本人继续处理的;三是正在接受审计、纪律审查,或者涉嫌犯罪,司法程序尚未终结的;四是法律、行政法规规定的其他不得辞去公职的情形。此外,公务员与所在机关因专项培训订立协议约定工作期限的,在未满约定工作期限内一般不得申请辞去公职。

2. 辞职的程序

不同类型的辞职,辞职程序存在差异。相对于《辞职辞退暂行规

[①] 侯建良:《公务员制度发展纪实》,中国人事出版社2007年版,第238页。

定》,《辞去公职规定》在公务员辞去公职程序上进行了调整、细化,根据公务员不同身份将审批时间进行差异化处理:普通公务员任免机关的审批时间从原来的3个月内缩短到30日内,对领导成员辞去公职的审批时间为自接到申请之日起90日内;增加了将辞去公职申请表和同意辞去公职的批复存入本人档案的规定。具体程序:一是公务员向任免机关提出书面申请,填写《公务员辞去公职申请表》;二是任免机关组织人事部门审核;三是任免机关审批,作出同意辞去公职或者不同意辞去公职的批复,同意辞去公职的应当同时免去其所任职务;四是任免机关将审批结果以书面形式通知公务员所在单位和申请辞去公职的公务员,并将同意辞去公职的批复送同级公务员主管部门备案。《公务员辞去公职申请表》和同意辞去公职的批复等存入本人档案。

《法官法》《检察官法》规定,法官/检察官申请辞职,应当由本人书面提出,经批准后,依照法律规定的程序免除其职务。

3. 辞职后的待遇

公务员辞去公职后待遇主要包括身份、工龄、保险和人事档案,违约的公务员辞职要缴纳违约金。《辞去公职规定》明确,公务员辞去公职后,不再具有公务员身份;自批准之日的次月起停发工资,社会保险按照有关规定执行。

(1) 身份。《辞职辞退通知》规定,辞职或被辞退后的身份按再就业后所在单位和岗位的情况确定。国家公务员辞职或被辞退后一年内联系到工作单位,接收单位根据工作需要安排到干部岗位工作的,可按干部身份办理有关手续。

(2) 工龄。《辞职辞退通知》规定,国家公务员辞职后被全民所有制单位重新接收的,除去待业时间,其工龄合并计算。《辞去公职规定》取消了只有被全民所有制单位重新接收才计算工龄的限制,明确"公务员辞去公职后重新就业的,其辞去公职前在机关的工作年限合并计算"。

(3) 档案转接。《辞去公职规定》明确,公务员辞去公职后,应当按照有关规定转递档案。在90日内重新就业的,应当在就业单位报到后30日内,按照干部人事档案转递的有关规定,将档案转至有关的组织人事部门保管;在90日内未就业或者重新就业单位不具备保管条件的,按照流动人员人事档案管理的有关规定转递档案。

（4）缴纳违约金。《辞去公职规定》明确，公务员接受专项培训后在未满约定工作期限内申请辞去公职的，应当向所在机关支付违约金或者履行相应义务。违约金的数额不得超过机关提供的专项培训费用。机关要求辞去公职公务员支付的违约金不得超过约定工作期限尚未履行部门所应分摊的培训费用。

4. 辞职后的管理

对公务员辞职后管理主要是对其从业进行限制。公务员辞职后的从业限制制度，实质上是预防腐败制度体系的组成部分。[①]

《辞去公职规定》明确了不同身份公务员从业限制时间、不得从事的行为以及违反规定的处罚。公务员辞去公职的，原系领导成员的公务员在离职3年内，其他公务员在离职两年内，不得到与原工作业务直接相关的企业或者其他营利性组织任职，不得从事与原工作业务直接相关的营利性活动。公务员辞去公职后有违反前款规定行为的，由其原所在机关的同级公务员主管部门责令限期改正；逾期不改正的，由县级以上工商行政管理部门没收其从业期间的违法所得，责令接收单位将其予以清退，并根据情节轻重，对接收单位处以被处罚人员违法所得1倍以上5倍以下的罚款。

2017年，中央组织部等四部门出台《关于规范公务员辞去公职后从业行为的意见》，加强了对公务员辞去公职后的管理。如规定各级机关中原系领导班子成员的公务员以及其他担任县处级以上职务的公务员，辞去公职后3年内，不得接受原任职务管辖地区和业务范围内的企业、中介机构或其他营利性组织的聘任，个人不得从事与原任职务管辖业务直接相关的营利性活动；其他公务员辞去公职后两年内，不得接受与原工作业务直接相关的企业、中介机构或其他营利性组织的聘任，个人不得从事与原工作业务直接相关的营利性活动。其中，"原任职务"或"原工作业务"，一般应包括辞去公职前3年内担任过的职务或从事过的工作业务。该意见还要求公务员申请辞去公职时应如实报告从业去向，签署承诺书，在从业限制期限内主动报告从业变动情况；公务员原所在单位在批准辞去公职前要与本人谈话，了解从业意向，提醒严格遵守从业限制

[①] 林弋：《公务员法立法研究》，中国人事出版社、党建读物出版社2006年版，第385页。

规定;公务员主管部门要建立健全公务员辞去公职从业备案和监督检查制度,对各机关落实辞去公职从业规定情况进行指导和监督检查;工商、市场监管部门要对经查实的违规从业人员和接收企业给予相应处罚等。

(四)细化党政领导干部辞职制度

2004年的《辞职暂行规定》、2014年和2019年修订的《干部任用条例》关于辞职类型的规定没有变化,对各类辞职具体内容进行了修订。2014年、2019年修订的《干部任用条例》均没有对引咎辞职作出规定。

1. 辞职的类型

(1)因公辞职。2004年的《辞职暂行规定》修改了因公辞职的定义,明确因公辞职的对象是领导干部担任由人大、政协选举产生的领导职务,在任期未满因工作需要变动职务的情况下,依照法律或者政协章程规定应当辞去现任领导职务的,向本级人民代表大会、人大常委会或者政协提出辞去现任领导职务。

《地方各级人民代表大会和地方各级人民政府组织法》规定,县级以上地方各级人民政府领导人员、人民法院院长、人民检察院检察长,可以向本级人民代表大会提出辞职,由大会决定是否接受辞职;大会闭会期间,可以向本级人民代表大会常务委员会提出辞职,由常务委员会决定是否接受辞职;《中国人民政治协商会议章程》规定,因工作变动或其他原因不宜继续担任委员的,本人应当辞去委员职务。

(2)自愿辞职。《辞职暂行规定》细化了自愿辞职类型,将自愿辞职分为自愿辞去现任领导职务或者公职。其中,自愿辞去现任领导职务是丧失领导职务,但依然保留与原单位的工作关系;自愿辞去公职是自愿解除与原单位的工作关系。

(3)引咎辞职。《辞职暂行规定》基本沿袭了2002年《干部任用条例》中的定义,但是将"由本人主动提出辞去现任领导职务"修改为"本人应当引咎辞去现任领导职务",进一步强调了"引咎辞职是一种自纠、自律的行为,强调的是主观责任"。[①]

(4)责令辞职。《辞职暂行规定》明确,党委(党组)及其组织

[①] 吕建华:《我国领导干部"引咎辞职"后续管理问题刍议》,《云南行政学院学报》2010年第6期。

（人事）部门根据党政领导干部任职期间的表现，认定其已不再适合担任现职，可以通过一定程序责令其辞去现任领导职务。

2. 辞职及不得辞职情形

（1）因公辞职。《辞职暂行规定》明确，因公辞职的情形是领导干部"任期未满因为工作需要变动职务"。《关于党政领导干部辞职从事经营活动有关问题的意见》增加了任职时间的规定，明确提出由人大、政协选举、任命、决定任命的领导干部任职不满一年的，也不得辞去公职。

（2）自愿辞职。《辞职暂行规定》对党政领导干部自愿辞职的相关规定进一步细化，限定条件包括不得辞去领导职务和不得辞去公职两种情形。

党政领导干部有下列情形之一的，不得辞去领导职务：一是有重要公务尚未处理完毕，而且须由本人继续处理的；二是由人大、政协选举、任命、决定任命的领导干部任职不满一年的；三是正在接受纪检机关（监察部门）、司法机关调查或者审计机关审计的；四是有其他特殊原因的。

党政领导干部具有本规定第11条所列情形之一的或者有下列情形之一的，不得辞去公职：一是在涉及国家安全、重要机密等特殊职位上任职或者离开上述职位不满解密期限的；二是未满最低服务年限的；三是有其他特殊原因的。

根据中央《关于党政领导干部辞职从事经营活动有关问题的意见》的规定，对党的高级干部、地方党政正职和一些特殊岗位的干部辞去公职应当从严掌握。有如下五种情形：一是在涉及国家安全、重要机密等特殊职位上任职或者离开上述职位不满解密期限的；二是重要公务尚未处理完毕且须由本人继续处理的；三是正在接受纪检（监察）、司法机关调查或者审计机关审计的；四是未满最低服务年限的；五是或者有其他特殊原因的，不得辞去公职。

（3）引咎辞职。《辞职暂行规定》以列举的方式明确了党政领导干部应当引咎辞职的九种情形：一是因工作失职，引发严重的群体性事件，或者对群体性、突发性事件处置失当，造成严重后果或者恶劣影响，负主要领导责任的；二是决策严重失误，造成巨大经济损失或者恶劣影响，负主要领导责任的；三是在抗灾救灾、防治疫情等方面严重失职，造成重大损失或者恶劣影响,负主要领导责任的;四是在安全工作方面严重失职,连续或者多次发生重大责任事故,或者发生特大责任事故,负主要领导责任的,连续或者多次发生特大责任事故,或者发生特别重大责任事故,负主要领导责任、重要领导责任的;五是在市场监管、环境保护、社会管理等方面管理、监督严重失职,连续或者多次发生重大事故、重大案件,造成巨大损失或者恶劣影响,负主要领导责任的;六是执行《党政领导干部选拔任用工作条例》不力,造成用人严重失察、失误,影响恶劣,负主要领导责任的;七是疏于管理监督,致使班子成员或者下属连续或多次出现严重违纪违法行为,造成恶劣影响,负主要领导责任的;八是对配偶、子女、身边工作人员严重违纪违法知情不管,造成恶劣影响的;九是有其他应当引咎辞职情形的。

(4)责令辞职。《辞职暂行规定》提出,党政领导干部有本规定第15条所列情形之一,应当引咎辞职而不提出辞职申请的,党委(党组)应当责令其辞职。2014年及2019年修订的《干部任用条例》没有对责令辞职情形作出修改。

3. 辞职的程序

不同类型的辞职,其辞职程序存在差异。

(1)因公辞职。《辞职暂行规定》明确,领导干部因公辞职,应当在接到党委(党组)通知后7日内,向任免机关提出辞去现任职务的书面申请。

(2)自愿辞职。《辞职暂行规定》明确,党政领导干部自愿辞职应当经过下列程序:一是干部本人按照干部管理权限,以书面形式向党委(党组)提出辞职申请。辞职申请应当说明辞职原因等情况,同时辞去公职的还应说明辞职后去向等。二是组织(人事)部门对干部辞职原因、辞职条件等有关情况进行了解审核,并提出初步意见。审核中应当听取干部所在单位的意见及纪检机关(监察部门)的意见,并与干部本人谈话。三是按照干部管理权限,党委(党组)集体研究,作出同意辞职、不同意辞职或者暂缓辞职的决定。对申请辞去领导职务同时辞去公职的,党委(党组)除对是否同意其辞去领导职务作出决定外,还应对是否同意其辞去公职作出决定。四是党委(党组)作出同意辞职决定后,按照有关规定办理辞职手续。由人大、政协选举、任命、决定任命的领导干部，依照法律或者政协章程的有关规定办理。

党委（党组）应当自接到干部辞职申请之日起 3 个月内予以答复，答复意见应当以书面形式通知辞职干部所在单位和干部本人；超过 3 个月未予答复的，视为同意辞职。

（3）引咎辞职。《辞职暂行规定》明确了党政领导干部引咎辞职应当经过下列程序：一是干部本人按照干部管理权限，以书面形式向党委（党组）提出辞职申请。辞职申请应当说明辞职原因和思想认识等。二是组织（人事）部门对辞职原因等情况进行了解审核，并提出初步意见。审核中应当听取纪检机关（监察部门）的意见，并与干部本人谈话。三是按照干部管理权限，党委（党组）集体研究，作出同意辞职、不同意辞职或者暂缓辞职的决定。党委（党组）的决定应当及时通知干部所在单位和干部本人。四是党委（党组）作出同意辞职决定后，按照有关规定办理辞职手续。由人大、政协选举、任命、决定任命的领导干部，依照法律或者政协章程的有关规定办理。

党委（党组）应当自接到干部引咎辞职申请 3 个月内予以答复。

（4）责令辞职。《辞职暂行规定》明确责令辞职应当经过下列程序：党委（党组）作出责令干部辞职的决定，并指派专人与干部本人谈话。责令干部辞职的决定应当以书面形式通知干部本人；被责令辞职的干部应当在接到责令辞职通知后 15 日内向任免机关提出书面辞职申请；按照有关规定办理辞职手续。由人大、政协选举、任命、决定任命的领导干部，依照法律或者政协章程的有关规定办理。

《辞职暂行规定》赋予被责令辞职的干部以申诉权。被责令辞职的干部若对组织决定不服，可以在接到责令辞职通知后 15 日内，向作出决定的党委（党组）提出书面申诉。党委（党组）接到申诉后，应当及时组织人员进行核查，并在一个月内作出复议决定。复议决定以书面形式通知干部本人。复议决定仍维持原决定的，干部本人应当在接到复议决定后三日内向任免机关提出书面辞职申请。对复议决定仍有不同意见的，可以向上级党委（党组）反映，但应当执行复议决定。被责令辞职的领导干部不服从组织决定、拒不辞职的，予以免职或者提请任免机关予以罢免。

4. 辞职后的管理

《辞职暂行规定》对不同类型辞职后的管理既有共性要求，也有特别要求。

(1) 共性要求。《辞职暂行规定》规定了各类辞职后管理的共性内容，包括经济责任审计、办理相关手续、不得擅自离职等内容。具体如下：党政领导干部辞职，按照有关规定需进行经济责任审计的，党委（党组）及其组织（人事）部门应当委托审计机关进行经济责任审计；党政领导干部辞职，应当自任免机关批准之日起15日内，办理公务交接等相关手续。对拒不办理公务交接手续的，按照有关规定给予相应的党纪政纪处分；党政领导干部在辞职审批期间或者组织决定其暂缓辞职期间不得擅自离职。对擅自离职的，按照有关规定给予相应的党纪政纪处分。

(2) 特别要求。除共性要求以外，《辞职暂行规定》及相关规定对辞职后从业、再任职等作出特别规定。

因公辞职。因公辞职的领导干部另有任用，按照有关法律规定拟任职务与现任职务不能同时担任的，应当在任免机关批准其辞职后，再对外公布其新任职务。

自愿辞职。党政领导干部辞去公职后3年内，不得到原任职务管辖的地区和业务范围内的企业、经营性事业单位和社会中介组织任职；不得从事或者代理与原工作业务直接相关的经商办企业活动。

《关于党政领导干部辞职从事经营活动有关问题的意见》强调，对领导干部辞去公职后从业应有必要限制，除《辞职暂行规定》的要求外，对担任县级以上地方党委、人大常委会、政府、政协领导职务的领导干部以及具有审批、执法监督等职能部门的领导干部辞职，要按照上述规定从严管理。

《中共中央纪律检查委员会关于规范中管干部辞去公职或者退（离）休后担任上市公司、基金管理公司独立董事、独立监事的通知》进一步规范了中管干部辞去公职后担任上市公司、基金管理公司独立董事、独立监事的范围、时间、程序、待遇的限制性规定，以防止其可能利用原有职权或者地位形成的便利条件谋取不正当利益。

任职单位和行为限定。中管干部辞去公职或者退（离）休后3年内，不得到与本人原工作业务直接相关的上市公司、基金管理公司担任独立董事、独立监事，不得从事与本人原工作业务直接相关的营利性活动。

审批限定。中管干部辞去公职或者退（离）休后3年内按照规定担任上市公司、基金管理公司独立董事、独立监事的,必须由拟聘任独立董事、独立监事的公司征得该干部原所在单位党组(党委)同意,并由该干部原所在单位党组(党委)征求中央纪委、中央组织部意见后,再由拟聘任独立董事、独立监事的公司正式任命。中管干部辞去公职或者退(离)休3年后担任上市公司、基金管理公司独立董事、独立监事的,应由本人向其所在单位党组(党委)报告,并由其所在单位党组(党委)向中央组织部备案,同时抄报中央纪委。

待遇限定。中管干部辞去公职后担任上市公司、基金管理公司独立董事、独立监事的,可以领取相应报酬,具体数额应当由其所在的上市公司、基金管理公司董事会制定预案,股东大会审议通过,并在公司年报中进行披露。中管干部退(离)休后担任上市公司、基金管理公司独立董事、独立监事的,不得领取报酬、津贴和获取其他额外利益。所在的上市公司、基金管理公司可按照有关规定,报销其工作费用。

违规后处理。中管干部辞去公职或者退(离)休后3年内,已担任与本人原工作业务直接相关的上市公司、基金管理公司独立董事、独立监事的,应辞去所担任的独立董事、独立监事。中管干部辞去公职或者退(离)休3年内现已担任与本人原工作业务不直接相关的上市公司、基金管理公司独立董事、独立监事,但未履行本通知规定程序的,要抓紧履行相应程序。

引咎辞职和责令辞职。《辞职暂行规定》明确,引咎辞职和责令辞职干部同时提出辞去公职的,应当符合本规定第12条所列的条件。其中,责令辞职的干部同时提出辞去公职的,须按自愿辞去公职的程序办理。引咎辞职、责令辞职的干部构成违纪的,按照有关规定给予党纪政纪处分;触犯法律的,依法追究法律责任。对引咎辞职、责令辞职的干部,根据辞职原因、个人条件、工作需要等情况予以适当安排。任免机关在同意干部引咎辞职后,一般应当将干部引咎辞职情况在一定范围内公布。

2014年修订的《干部任用条例》对《干部辞职暂行规定》的部分条款进行了修订,对引咎辞职、责令辞职的党政领导干部再任职情况作出限制性规定,明确提出一年内不安排职务,两年内不得担任高于原任职务层次的职务。同时受到党纪政纪处分的,按照影响期长的规定执行。

2019年修订的《干部任用条例》对引咎辞职、责令辞职的党政领导干部的再任职作出规定，强调了再任职的类别限制，即从原来的"一年内不安排职务，两年内不得担任高于原任职务层次的职务"修改为"一年内不安排领导职务，两年内不得担任高于原任职务层次的领导职务"；同时，将"同时受到党纪政纪处分"修改为"同时受到党纪政务处分"。

第十五章 退休制度

第十五章　退休制度

退休制度是干部人事制度的重要内容之一，是干部退出机制的制度体现。建立和完善干部退休制度对于保持干部队伍的生机活力、促进干部队伍新陈代谢具有重要作用。

退休制度是指国家制定的关于干部离休退休条件、待遇、退休后管理的政策和法规的总称。[①] 《中国共产党组织工作辞典（修订本）》解释离退休制度为：国家为达到规定年龄或因病残丧失劳动能力而退出工作岗位并享受一定养老待遇的干部所建立的制度。干部退休制度是国家对干部离休、退休、退职条件、待遇、安置和管理等问题作出的统一规定。[②] 因此，通常讲退休制度实际上包括离休、退休、退职三种具体制度。国家根据老、弱、病、残人员参加工作时间早晚、工作年限的长短及其对党和国家做出的贡献大小分别安置为离休、退休或退职。其中，离休制度作为退休制度的一种特殊形式，是党和国家对中华人民共和国成立以前参加革命工作的老干部实行的养老制度。离休干部享受的政治待遇、生活待遇均比退休干部待遇优厚。退职制度是对完全丧失劳动能力但不满足法定退休条件而退出工作岗位休养的职工实行的制度，实质是一种低待遇的退休。退职不包括干部辞职、停薪留职和被辞退。[③] 退居二线，包括当顾问和担任荣誉职务，也不属于离休退休。[④]

[①] 徐颂陶、孙建立：《中国人事制度改革三十年（1978—2018）》，中国人事出版社 2008 年版，第 196 页。

[②] 中共黑龙江省老干部局、中共山西省委老干部工作局、青海省老干部局：《简明老干部工作辞典》，华龄出版社 2012 年，第 3 页。

[③] 张志坚、苏玉堂：《当代中国的人事管理》（上册），当代中国出版社 1994 年版，第 487 页。

[④] 国家在多个文件中对担任荣誉职务和顾问进行了表述。如 1958 年《中共中央关于安排一部分老干部担任荣誉职务的通知》规定，党的八届三中全会提出，安排一部分不能继续担任实际工作又不能参加生产劳动的老干部，担任各种荣誉职务。荣誉职务可以设在政协机关、咨询机构、各种社会公益事业、某些社会团体和经济、文化机关中。1978 年《国务院关于安置老弱病残干部的暂行办法》中将担任顾问、荣誉职务和离职休养分条进行规定，而且（转下注）

>> 当代中国人事制度

我国干部退休制度是中华人民共和国成立以后逐步建立起来的。民主革命时期,由于没有建立全国统一的革命政权,缺乏实行退休制度的物质保障,干部队伍也比较年轻,没有建立退休制度的物质基础和现实紧迫性。中华人民共和国成立前夕,个别解放区制定了劳动保险条例,部分老企业实行退休制度。东北解放区于1948年年底制定了《东北公营企业战时暂行劳动保险条例》;天津、太原、石家庄等地的公营企业和铁路、邮电等部门,在当地解放后不久也开始实行劳动保险办法。[①]1954年宪法规定,"中华人民共和国劳动者在年老、疾病或者丧失劳动能力的时候,有获得物质帮助的权利"。这为建立干部退休制度提供了依据。

中华人民共和国成立后,党和国家根据不同时期经济社会发展状况、干部队伍变化、国家政治经济体制改革以及干部人事制度改革的推进,在借鉴世界其他国家的社会保障制度经验的基础上,形成了有中国特色的干部退休制度。纵观我国干部退休制度的演进历程,大致可以分为退休制度的初建、干部工人统一制度的建立、干部退休制度的基本定型以及退休制度的改革完善四个阶段。

(接上注)担任顾问、荣誉职务和离职休养的条件不同。国务院各部门及其所属司局级机构,各省、市、自治区革命委员会及其所属部门,省辖市、行政公署一级领导机关及其所属部门,县(旗)革命委员会,相当于县级和县级以上的企业、事业单位,都可以根据情况设顾问。各级顾问安排同级或高一级的干部担任。安排对象是:担任实职有困难,有斗争经验,尚能做一些工作,1949年9月底以前参加革命工作的地委正副书记、行政公署正副专员及相当职务以上的干部;1942年底以前参加革命工作的县委正副书记、革命委员会正副主任及相当职务的干部。各级政协、视察室、参事室、文物管理委员会、文史馆等单位,可以安排一些老同志担任荣誉职务。安排的对象是:1949年9月底以前参加革命工作的地委正副书记、行政公署正副专员及相当职务以上的干部;1942年底以前参加革命工作的县委正副书记、革命委员会正副主任及相当职务的干部。对于丧失工作能力,1949年9月底以前参加革命工作的地委正副书记、行政公署正副专员及相当职务以上的干部;1942年底以前参加革命工作的县委正副书记、革命委员会正副主任及相当职务的干部;1937年7月7日以前参加革命工作的干部,可以离职休养,工资照发。1982年的《中共中央关于建立老干部退休制度的决定》明确提出,退居二线,包括当顾问和荣誉职务,不属于离休退休。那些身体还好,又有比较丰富的领导经验和专业知识、但因年龄或名额限制不宜进入领导班子的老干部,可以安排担任负有一定职责的顾问,或从事某一方面的调查研究、参谋咨询的工作。那些为党的事业作出重大贡献、威望比较高,但是坚持正常领导工作(包括当顾问)有困难的老干部,可以安排适当的荣誉职务。

① 张志坚、苏玉堂:《当代中国的人事管理》(上册),当代中国出版社1994年版,第490页。

第一节 退休制度的初建（1949—1958年）

我国干部退休制度是在继承部分解放区劳动保险制度基础上，从无到有，从少数行业、部门逐步建立起来的。这一时期的退休制度主要包括退休和退职两种方式，退休制度早于退职制度建立。

中华人民共和国成立前夕召开的中国人民政治协商会议第一届全体会议通过的《共同纲领》提出，"逐步实行劳动保险制度"。中华人民共和国成立以后，随着时间的推移，对干部中的老、弱、病、残人员如何安置，逐步成为必须解决的现实问题。国家政治稳定，国民经济发展，为建立干部退休制度创造了条件。[①]

一 建立机关和企业统一退休制度

中华人民共和国成立后最早的退休办法，是1950年3月15日发布的《中央人民政府政务院财政经济委员会关于退休人员处理办法的通知》（以下简称《退休人员处理办法》）。其适用范围是，过去有退休金的机关、铁路、海关、邮局等单位的职工。[②]

由于当时正值中华人民共和国成立初期，百废待兴，国家财政状况没有完全好转，因此，尚不具备在全国范围内实施退休制度的条件，只能在经济条件尚好、过去有退休金的一些单位实行。

（一）退休的条件

《退休人员处理办法》规定，男女职工年龄50岁以上、工龄满10年者退休。[③] 也就是说，这一时期的职工退休条件不分身份和性别，只有年龄、工龄两个退休条件。

（二）退休的待遇

《退休人员处理办法》规定的退休待遇按照工龄长短确定，实行封顶

---

① 张志坚、苏玉堂：《当代中国的人事管理》（上册），当代中国出版社1994年版，第490页。
② 曹志：《中华人民共和国人事制度概要》，北京大学出版社1986年版，第380页。
③ 曹志：《中华人民共和国人事制度概要》，北京大学出版社1986年版，第86页。

限制。每工作一年发给退休前月工资的 1/3，累计应发的退休金最高不得超过本人 6 个月的工资。可见，这一时期的退休待遇比较低，而且实行封顶，这与中华人民共和国成立初期国家财政经济条件直接相关。

1956 年 3 月 15 日，国务院人事局颁布的《关于退休金是否包括地区津贴问题的复函》明确规定，退休金及退职金都不包括地区津贴。

（三）退休金的发放方式

由于《退休人员处理办法》规定的退休待遇较低，退休金实行一次性发放。

二 逐步建立分行业企业退休制度

1951 年 2 月 26 日，政务院在总结东北地区 1948 年年底实行的《东北公营企业战时暂行劳动保险条例》的基础上，正式公布了《中华人民共和国劳动保险条例》（以下简称《劳动保险条例》）。由于当时我国正处于经济恢复时期和抗美援朝战争期间，国家财力仍然很薄弱，这个条例也不可能在全国范围内实行，只先在一部分企业中试行。适用范围是：铁路、邮电、航运及有职工 100 人以上的工厂、矿场的职工。[①]

随着我国财政经济状况明显好转，政务院对 1951 年的《劳动保险条例》进行了修改，于 1953 年 1 月 2 日公布实行。修订后的《劳动保险条例》扩大了适用范围，增加了工、矿、交通事业的基建企业和国营建筑公司；降低了退休条件，对退休年龄和一般工龄没有变动，但是将本企业工龄改为 5 年。工人与职员因公负伤、因疾病和非因公负伤确定为残废，完全丧失劳动能力不能工作，准予退职。

1956 年，国务院将《劳动保险条例》实行范围进一步扩大到商业、外贸、粮食、供销、金融、民航等部门。至此，全国所有的国家机关和企业、事业单位普遍实行了退休制度。

（一）退休的条件

《劳动保险条例》规定的退休条件包括性别、一般工龄、本企业工龄和劳动条件。职工符合下列条件之一者，可以退休：

[①] 张志坚、苏玉堂：《当代中国的人事管理》（上册），当代中国出版社 1994 年版，第 491 页。

（1）一般情况下的退休条件。男职工年满60岁，一般工龄满25年，本企业工龄满10年的；女职工年满50岁，一般工龄满20年，本企业工龄满10年的。

（2）特殊工作条件退休条件。井下矿工或固定在华氏32度以下的低温或华氏100度以上的高温工作场所工作者，男年满55岁，女年满45岁，工龄符合（1）项条件的（从事此种低温和高温工作的工龄，每工作1年作1年零3个月计算）。

（3）有害健康工作的退休条件。在提炼或制造铅、汞、砒、磷、酸及其他化学、兵工工业中直接从事有害身体健康工作者，男年满55岁，女年满45岁，工龄符合（1）项条件的（其工龄每工作1年作1年零6个月计算）。

可见，这一时期的退休条件考虑因素逐步增加，包括性别、年龄、工龄、特殊工作条件以及有害健康工种等多种因素。

（二）《劳动保险条例》的退休待遇

《劳动保险条例》及实施细则中规定的影响退休待遇的因素包括本企业工龄、是否加入工会、因公残废是否需要扶助等。

（1）本企业工龄满10年的，为本人工资的35%。

（2）本企业工龄超过10年的，每超过1年加发2%，至本人工资的60%为止。未加入工会的，只能发给上述规定额的半数。

（3）因公残废的，与饮食起居是否需要人扶助不同。其中，饮食起居需人扶助的，退休金为本人工资的75%；饮食起居不需人扶助的，为本人工资的60%。

可见，相对于《退休人员处理办法》，《劳动保险条例》扩大了适用范围，提高了退休待遇，对在本企业工龄长、特殊工种和因公致残情况给予优待，这样有助于激发职工劳动热情，解除职工的后顾之忧。

（三）修订后的《劳动保险条例》退休待遇

修订后的《劳动保险条例》及实施细则修正草案再次提高了退休费标准，并对战斗英雄、劳动模范等有突出贡献人员提供了优厚退休待遇。

（1）本企业工龄未满10年的，退休金为本人工资的50%。

（2）本企业工龄已满10年未满15年的，为本人工资的60%。

（3）本企业工龄满15年以上的，为本人工资的70%。

(4) 优待战斗英雄、劳动模范。本企业工龄未满 10 年的，为本人工资的 60%；本企业工龄已满 10 年未满 15 年的，为本人工资的 70%；本企业工龄满 15 年以上的，为本人工资的 80%。

(5) 因工残废退休金，为本人工资的 100%。[①]

(四) 抚恤费待遇

修订后的《劳动保险条例》规定，工人与职员因工死亡时，按其供养的直系亲属人数，每月付给供养直系亲属抚恤费，其数额为死者本人工资的 25% 至 50%，至受供养者失去受供养的条件时为止。

(1) 有供养直系亲属 1 人的，为死者本人工资的 25%。

(2) 有供养直系亲属 2 人的，为死者本人工资的 40%。

(3) 有供养直系亲属 3 人及 3 人以上的，为死者本人工资的 50%。

(五) 退休金的经费渠道

《劳动保险条例》及实施细则规定，退休费、供养直系亲属抚恤费劳动保险基金项下按月付给。

三 建立国家机关工作人员退休制度

随着国民经济的好转和国家机关中接近退休年龄人员的增加，恰当地处理国家机关工作人员的退休问题成为党和政府考虑的问题。由于国家机关工作人员还不能和企业职工采取同样的办法计算工龄，而且，国家机关和企业部门的工资标准也有差别。在这种情况下，国家机关还不能立即实行劳动保险条例。于是，国务院于 1955 年 12 月 29 日颁布了《关于国家机关工作人员退休处理暂行办法》（以下简称《退休处理暂行办法》），来解决国家机关及所属事业单位工作人员退休问题。

为了正确贯彻执行《退休处理暂行办法》，1956 年 2 月 21 日，内务部、财政部、国务院人事局联合发布了《〈关于国家机关工作人员退休处理暂行办法中〉的问题》，对退休条件、劳动年限、办理退休手续等作出了规定。

[①] 张志坚、苏玉堂：《当代中国的人事管理》（上册），当代中国出版社 1994 年版，第 492—493 页。

（一）退休的条件

《退休处理暂行办法》规定的退休条件包括年龄、工龄和伤残。工作人员具有下列条件之一的，可以退休：

1. 男满60岁，女满55岁，工作年限已满5年，加上参加工作以前主要依靠工资生活的劳动年限，男子共满25年、女子共满20年的。

2. 男子年满60岁，女子年满55岁，工作年限已满15年的。

3. 工作年限已满10年，因劳致疾丧失工作能力的。

4. 因公残废丧失工作能力者。

这一时期机关退休人员的退休条件除性别、年龄以外，还增加了连续工龄，并将连续工龄、累计工龄和不同种类的伤残作为退休条件。

1956年2月21日，内务部、财政部、国务院人事局印发的《关于〈国家机关工作人员退休处理暂行办法〉中的问题》（以下简称《机关退休问题》）明确，具有退休条件之一的"可以退休"，但不是说凡符合规定退休条件的必须退休，因工作需要继续工作的可以不退休。

（二）退休的经济待遇

《退休处理暂行办法》规定的影响退休待遇的因素包括工龄、伤残和重大贡献，扩大了特殊贡献的优待范围，规定享受优异退休金的幅度需经过批准确定。

1. 按年限长短发放退休金。工作年限满5年不满10年的，发给本人工资（退休时的标准工资加退休后居住地点的物价津贴）的50%；满10年不满15年的，发给本人工资的60%；工作年限满15年者，以及工作年限满10年，因劳致疾或因公残废丧失工作能力者，均发给本人工资的70%。

2. 伤残待遇。因劳致疾或因公残废丧失工作能力，其工作年限满15年以上者，发给本人工资的80%。

3. 优待有重大贡献人员。工作人员对革命有重大功绩，或者在参加工作以前长期从事科学、技术、文化、教育等事业，并且对社会有特殊贡献的，他们的退休金经过省（自治区、直辖市）人民委员会或者国务院批准可以酌量提高。

（三）退休的医疗待遇

国务院于1955年12月29日颁布的《关于国家机关工作人员退休、

退职、病假期间待遇等暂行办法和计算工作年限暂行规定的命令》规定，办理退休手续，并取得各级人事部门（如中央一级由国务院人事局、省由省人事局等）发给退休人员的"退休人员介绍信"和"退休人员证明书"者，给予办理公费医疗。

1956年8月21日，国务院人事局、卫生部、内务部颁布了《为国家机关工作人员退休后仍应享受公费医疗待遇的通知》，对国家机关工作人员退休后享受公费医疗待遇的经费、医疗、来往旅费等问题作出规定。

1. 经费，退休人员退休前绝大部分原来已享受公费医疗，故退休后享受公费医疗的经费不再另行追加，由所在省、市调剂解决。

2. 医疗问题，由退休人员所在地的卫生行政机关给予指定医疗机构办理。

3. 退休人员住院的来往旅费及住院期间的伙食费由本人自备，确有困难的，可向当地县、市或市辖区人民委员会申请补助。这项补助费从优抚事业费内开支。

卫生部于1956年12月11日颁布的《关于国家机关工作人员退休后仍享受公费医疗待遇的几点补充通知》规定，凡是按1955年12月29日"国务院关于国家机关人员退休、退职、病假期间待遇等暂行办法和计算工作年限暂行规定的命令"办理退休手续，并取得各级人事部门（如中央一级由国务院人事局，省由省人事局等）发给退休人员本人的"退休人员介绍信"和"退休人员证明书"者，给予办理公费医疗。

（四）经费渠道

除退休金以外，国家机关人员退休后还享受车船费、行李费、途中伙食补助费等待遇，不同的待遇通过不同的经费渠道发放。

退休金。工作人员退休后的退休金由其退休后居住地点的县级人民委员会在优抚费项下发给，到其死亡时为止。《机关退休问题》规定，退休金标准由办理退休的机关根据退休办法的规定核定，由居住地点县、市、市辖区的民政部门按月照发。

车船费、行李费等。工作人员退休时，本人及其家属到其退休后居住地点的车船费、行李费、途中伙食补助费和旅馆费，参照现行行政经费开支标准中有关的规定处理。

丧葬补助费。工作人员退休后死亡时，由其退休后居住地点的县级人民委员会在优抚费项下，一次加发本人三个月的退休金给其家属，作为丧葬补助费。

安家补助费。《国务院关于国家机关工作人员退休和工作年限计算等几个问题的补充通知》（以下简称《工作年限补充通知》）规定，为照顾退休人员安家的困难，原工作机关可以发给本人2个月的工资，作为安家补助费。

抚恤费。《国务院关于工人、职员退休处理的暂行规定实施细则》规定，退休人员去世以后的供养直系亲属抚恤费，由发给退休费的单位发给。

（五）退休的程序

《退休处理暂行办法》规定，工作人员的退休，必须经过任免机关批准。工作人员退休时，由各级人事工作部门办理退休手续，填发"退休人员证明书"，并且同时通知其退休后居住地点的县级人民委员会予以登记。

《机关退休问题》进一步明确了办理退休手续的机关：中央国家机关由国务院人事局办理；地方国家机关由县、市、市辖区以上人民委员会人事工作部门办理。国家机关所属事业费开支单位的工作人员退休手续和退休金开支和国家机关工作人员相同。各民主党派和各人民团体工作人员的退休手续，由退休人员的原单位填发"退休人员证明书"，经由同级人民委员会人事工作部门发给介绍信，介绍至居住地点，由县、市、市辖区的民政部门发给退休金。

（六）退休后的安置去向

在相当长时期内，我国对退休人员的安置去向，本着有利于控制大城市人口和提倡"告老还乡"的精神，作出了一些规定。[1]《工作年限补充通知》规定，国家机关工作人员退休以后，有家可归的，一般的应动员回家；无家可归的，由处理机关商请适宜退休人员安家地点的县、市人民委员会予以安置。

---

[1] 曹志：《中华人民共和国人事制度概要》，北京大学出版社1986年版，第401页。

四　建立编余老弱病残退职制度

中华人民共和国成立后,国家根据紧缩编制的任务,需要对编余的老弱病残人员妥善安置。1951年11月12日,内务部下发《关于一九五一年内处理革命工作人员退职办法的通知》(以下简称《退职办法通知》),这是我国第一次发布退职规定。

（一）退职的条件

《退职办法通知》规定的退职条件包括编制、工龄、年龄和身体状况。凡列入行政编制以内的包干制、薪金制工作人员,包括公立学校、公立医院等事业费开支单位的工作人员,参加工作满3年,因年老（55岁以上）或长期病弱,确实不能工作的,始可退职。

（二）退职的待遇

《退职办法通知》依据退职人员工作年限长短待遇不同,一次发给退职生产补助金,对立大功的人员实行优待,并对有家属的退职人员适当照顾。

1. 一般人员的退职金按工作年限实行累进制。生产补助金折粮计算,干部以500斤,勤杂人员以300斤为基本数,工作年限在5年以内每月增加10斤,第6年至第10年每月增加20斤,第11年至第15年每月增加40斤,第16年以上每月增加80斤。

2. 优待立大功人员。立大功者,增发1年工作年限的补助金。

3. 适当照顾退职人员家属。退职人员带有家属者（妻、夫、子、女）,其家属除发路费外,每人补助100斤。[①]

（三）退职金的经费渠道

《退职办法通知》规定,退职生产补助金均在退职人员原籍县人民政府优抚事业费内报销。

（四）退职的程序

退职需要经过规定的程序。《退职办法通知》规定,由本人书面申请,所在机关批准,人事部门审核同意,可以退职。

---

① 曹志:《中华人民共和国人事制度概要》,北京大学出版社1986年版,第368页。

五 建立企业工人职员退职制度

中华人民共和国成立后,干部队伍急剧扩大,老弱病残人员逐年增多。为保持干部队伍的精干,提高工作效率,国家除实行退休制度外,对那些不够退休条件又丧失劳动能力的干部,建立退职制度进行安置。

1952年1月12日,政务院财政经济委员会公布试行《关于国营企业工人职员退职处理暂行办法(草案)》,对凡已实行劳动保险条例的国营企业及其业务管理机关与附属企业单位内,工人职员身体衰弱不能工作而不合乎养老条件的人员可通过自请退职或由行政方面令其退职。

(一) 退职的条件

随着国家财政经济状况的明显好转,政务院对1951年的《劳动保险条例》进行了修改,并于1953年1月2日公布实行。修订后的《劳动保险条例》规定,工人与职员因公负伤、因疾病和非因公负伤确定为残废,完全丧失劳动能力不能工作,准予退职。

《国营企业退职办法(草案)》规定,退职包括自请退职或者行政方面令其退职两种。但是,对于生产有特殊贡献或护厂有功之工人职员及转入本企业工作之残废军人,如本人并未提请退职,企业行政方面应为其调换轻便工作,不得强迫其退职。

(二) 退职的待遇

1952年的《国营企业退职办法(草案)》根据性别、年龄和在本企业工作年限发放金额不等的退职金,并实行上限封顶。在离职时由企业行政方面一次发给。

一般人员退职待遇。男职工年满50岁以上,女职工年满45岁以上,在本企业工作之工龄(以下简称本企业工龄)已满10年者,发给原工资6个月。本企业工龄超过10年部分,每满1年,增发原工资半个月,但退职金总额不得超过原工资12个月;男职工年龄未满50岁,女职工年龄未满45岁,本企业工龄已满10年者,发给原工资5个月。本企业工龄超过10年部分,每满1年,增发原工资半个月,但退职金总额不得超过原工资12个月;本企业工龄未满10年者,其本企业工龄在2年以内,发给原工资2个月,以后本企业工龄每增加1年,增发原工资1个月的1/3。

优待有特殊贡献人员。对于生产有特殊贡献或护厂有功之工人职员及转入本企业工作之残废军人,因年老力弱自请退职时,其退职金加发20%。①

退职金的计算标准。退职金的标准应按该工人职员退职前1个月所得工资计算,如领取计件工资之工人职员,即以最近3个月所得平均工资为标准。如本人并未提请退职,企业行政方面应为其调换轻便工作,不得强迫其退职。

1953年修正后的《劳动保险条例》规定,实行劳动保险的工人与职员,因病或非因工负伤医疗终结确定为残废,完全丧失劳动力退职后,其退职金数额按下列情况规定:饮食起居需人扶助者为本人工资50%,饮食起居不需人扶助者为本人工资40%,至恢复劳动力或死亡时止。

(三)退职金的经费渠道

《国营企业退职办法(草案)》规定,退职工人职员的退职金,应在离职时由企业行政方面一次发给。附属企业单位如系独立的经济核算单位,依本办法发给的退职金,由各附属单位自行负责。

1953年修正后的《劳动保险条例》规定,实行劳动保险的工人与职员,因病或非因工负伤医疗终结确定为残废,完全丧失劳动力退职后,病伤假期工资或疾病非因工负伤救济费停发,改由劳动保险基金项下发给非因工残废救济费。

六 建立机关工作人员退职制度

1952年10月17日,政务院颁布《人事部关于各级人民政府工作人员退职处理暂行办法》(以下简称《政府人员退职暂行办法》),对机关工作人员退职条件、退职待遇作出规定。1955年12月29日,国务院颁布《国家机关工作人员退职处理暂行办法》(简称《机关退职办法》),对机关工作人员退职作出规定。

(一)退职的条件

《政府人员退职暂行办法》规定年龄、工龄和不能继续工作是退职的必要条件。凡参加革命工作满两年的各级人民政府及其所属机关及事业费开支单位的工作人员,因年老(55岁以上)体弱或残废,不能继续工

---

① 曹志:《中华人民共和国人事制度概要》,北京大学出版社1986年版,第368—369页。

作的。机关干部与企业职工的退职条件基本一致，不同的是，机关干部须具备一定的工龄条件，企业职工没有工龄限制。①

《机关退职办法》规定，工作人员符合下列情况之一的，按退职处理：年老或者病弱不能继续工作，又不符合退休条件的；自愿退职的；不适宜现职工作，又不愿接受其他工作的。

修改后的机关工作人员的退职条件取消了革命工作时间的限制，增加了不适宜现职工作、又不愿接受其他工作的条件，为退职提供了更多选择性。

(二) 退职的待遇

不同的身份、参加革命工作时间和是否立大功均影响退职后的待遇。

(1)《政府人员退职暂行办法》规定的退职待遇。《政府人员退职暂行办法》规定，经县以上同级人民政府人事部门核定，勤杂人员和干部按其参加革命工作时间及月工龄长短，按照一定标准发给退职生活补助粮。补助粮以125千克为固定基数，按中国革命战略阶段月工龄增发。

一般人员退职待遇。各级人民政府工作人员退职时，由其所在机关发齐本月应领之供给，不足一月者，按全月发给。对享受供给制的，发给全月应领之供给（包干津贴）及原享受之各种补助费，对享受工资制的，发全月工资。勤杂人员生产补助粮。1945年9月4日至退职时止，为人民解放战争阶段及以后工作时期，其间每月增发100斤；1937年7月7日至1945年9月3日为抗日战争阶段，其间每月增发25斤；1927年至1937年7月6日为土地革命战争阶段，其间每月增发50斤。凡经两个以上阶段者，其各阶段之月工龄分开计算；如有不足一月者，按一月计算。干部退职生产补助粮。班级（即勤杂人员班长）按勤杂人员的1.5倍计发；办事员级（县科员）按勤杂人员的2倍计发；科员级（县科长）按勤杂人员的2.5倍计发；科长级（县长）按勤杂人员的3倍计发。

优待立大功人员。对曾在工作期间立过大功的退职工作人员，并有其所在部队或机关证明文件者，不论立功次数多少，按其第一次立功时所在之革命阶段，增发12个月的生产补助粮，即在土地革命阶段立功者，增发600斤；在抗日战争阶段立功者，增发300斤；在人民解放战争

---

① 曹志：《中华人民共和国人事制度概要》，北京大学出版社1986年版，第363页。

阶段立功者，增发 120 斤。

退职人员带有直系家属者，每人发给补助粮 100 斤。以上补助粮，由原籍或安家地点之县（市）人民政府核定数目，按当地粮市价，折合人民币发给，随行政费报销。

退职人员的车船费、途中食宿费及应发给的服装费，由办理退职机关按"各级人民政府退职人员各项补助费用开支标准"核定办理。

对参加各级人民政府工作不满 2 年之工作人员，如因老弱残废，自愿申请退职，并经所在机关核准，按照下列规定予以补助：参加各级政府工作在 6 个月至 1 年内者，发给 150 斤；参加工作在 1—2 年以内者，发给 200 斤。

(2)《机关退职办法》规定的退职待遇。1955 年的《机关退职办法》规定的退职待遇根据人员工作年限长短有所差异。工作年限满 5 年或在 5 年以下的，除发给本人 1 个月的工资外，每满一年加发本人 1 个月的工资；工作年限满 10 年或不满 10 年而在 5 年以上的，除按 5 年以下的规定发给外，从第 6 年起，每满 1 年加发本人 1.5 个月的工资；工作年限超过 10 年的，除分别按前两项的规定发给外，从第 11 年起，每满 1 年加发本人 2.5 个月的工资。

除退职金以外，工作人员退职时还酌情发放路费。《政府人员退职处理暂行办法》规定，退职人员还乡路费，酌情补助。

（三）退职后的安置去向

《政府人员退职暂行办法》规定，对于退职人员还乡或到一定地点安家，办理退职的机关，应予填发退职人员证明书及"退职人员介绍信"。[①]退职人员还乡或安家时，当地人民政府应给予适当帮助，安家后，身体过弱而负担勤务有困难者，得酌予减免，在其生产未打下基础前，当地人民政府在社会福利方面，应予以适当照顾。

（四）退职的程序

《政府人员退职暂行办法》规定的退职程序较为复杂。退职由本人申请，经医生检查证明，单位审查同意，并经县以上同级人民政府人事部门核准，可以退职。各级人民政府工作人员，被开除或未经批准擅自离

[①] 曹志：《中华人民共和国人事制度概要》，北京大学出版社 1986 年版，第 374 页。

职者，不得享受本办法规定的各项待遇。

《机关退职办法》规定，工作人员的退职，必须经过任免机关的批准。工作人员退职时，由各级人事工作部门办理退休手续，填发"退职人员证明书"。可见，退职程序经历了由繁到简的过程。

（五）退职金的渠道

不同时期退职金的经费渠道不同。《政府人员退职处理暂行办法》规定，补助粮由原籍或安家地点之县（市）人民政府核定数目，按当地粮市价，折合人民币发给，随行政费报销。车船费、途中食宿费及应发给服装费等退职补助费由退职人员的所在机关发给，随行政费报销。

《机关退职办法》改变了退休金的经费渠道，由原工作机关发放。工作人员退职金由原工作机关在行政费项下开支。发放方式仍然是一次发给。本人及其家属到退职后居住地点的车船费、行李费、途中伙食补助费和旅馆费，参照现行行政费开支标准中有关的规定办理。

第二节　干部工人统一退休制度的建立（1958—1978 年）

这一时期，我国经历了"大跃进"、精减职工以及"文化大革命"三个阶段，退休制度也受到不同程度的影响。国家建立了干部工人统一的退休制度和退职制度，并探索建立离休制度。

1957 年 11 月 16 日，全国人民代表大会常务委员会第八十五次会议决议原则批准，国务院全体会议于 1958 年 2 月 6 日修改通过，2 月 9 日，国务院总理周恩来公布施行《国务院关于工人、职员退休处理的暂行规定》（以下简称《退休处理暂行规定》）。这是我国首次把国营、公私合营的企业、事业单位和国家机关、人民团体的工人和干部的退休统一在一个规定中。该退休规定比以往任何退休条例或办法，都较为全面，较为合乎中国当时的国情。[①] 4 月 29 日，国务院出台《国务院关于工人、职员退休处理的暂行规定实施细则（草案）》（以下简称《退休处理实施细则》），对退休相关问题进行了规定。退休相关规定的颁布施行，使我

[①] 张志坚、苏玉堂：《当代中国的人事管理》（上册），当代中国出版社 1994 年版，第 496 页。

国干部职工退休工作开始走上制度化轨道。

一 建立工人职员统一的退休制度

这一时期，我国机关、企业、事业单位和人民团体的工人、职员建立了统一的退休制度。

第一任劳动部部长马文瑞在《国务院关于工人职员退休处理的暂行规定（草案）的说明》中明确阐述了制定新的退休制度的历史背景。他指出，截至1956年年底，企业职工退休了约6.2万人，国家机关的工作人员退休了约1000人。由于现行的退休规定某些条件限制严了一些，有些待遇的标准不够适当，因而目前还有相当大的一部分年老的和身体衰弱丧失劳动能力的职工不能够或者不愿意退休。这些人员实际上已经不能从事生产和工作，勉强留在原单位里，对于国家和他们本人都很不相宜。在这种情况下，制定工人职员退休处理的暂行规定，目的就是对于现行条例和办法中的退休的条件和退休以后的待遇作某些改变，以便使那些应该退休的职工能够退休。这样，既可以妥善地安置这一部分职工，又有利于精简机构，提高生产和工作效率，还能够节约经费开支，用来多吸收一些青年学徒，便于安排劳动就业。[①]

在这种情况下，这一时期的退休条件规定内容更为详细、规范，退休条件相对宽松。

（一）放宽退休条件

《退休处理暂行规定》明确，国营、公私合营的企业、事业单位和国家机关、人民团体的工人、职员，符合下列条件之一的，应该退休：

1. 男满60周岁，连续工龄满5年，一般工龄满20年；女年满55岁，连续工龄满5年，一般工龄满15年。

2. 从事井下、高空、高温、特别繁重体力劳动或者其他有损身体健康工作的工人、职员，男年满55周岁、女年满45周岁，其连续工龄和一般工龄又符合本条（1）项规定的。

3. 男年满50周岁、女年满45周岁，连续工龄满5年，一般工龄满

[①] 马文瑞：《关于"国务院关于工人职员退休处理的暂行规定（草案）"的说明（1957）》，《人民日报》1957年11月21日。

15年，身体衰弱丧失劳动能力，经过劳动鉴定委员会确定或者医生证明不能继续工作的。

4. 连续工龄满5年，一般工龄满25年，身体衰弱丧失劳动能力，经过劳动鉴定委员会确定或者医生证明不能继续工作的。

5. 专职从事革命工作满20年的工作人员，因身体衰弱不能继续工作而自愿退休的。

可见，新规定的退休条件中"一般工龄"的年限，比"劳动保险条例"中的规定减少了5年；比"劳动保险条例"增加了"男年满50周岁、女年满45周岁的工人、职员，连续工龄满5年，一般工龄满10年，身体衰弱丧失劳动能力，经过医生证明不能继续工作的，应该退休"。退休条件，比"国家机关工作人员退休处理暂行办法"的规定，有放宽处，也有稍严处。在一般工龄方面，同样减少了5年。国家机关退休办法中规定凡是因劳致疾丧失工作能力的工作人员，只要工作年限（"工作年限"的含义和新规定的"连续工龄"相同）满10年，不问年龄多大，就可以退休，而新规定对于这种情况的工作人员还规定必须男年满50周岁、女年满45周岁。

（二）调整退休的待遇

1. 生活待遇

《退休处理暂行规定》明确，工人、职员退休以后，按月发给退休费，直至本人去世。退休费标准根据工龄长短有所差异，对有特殊贡献的优待设置上限。一是符合本规定第二条①②两项条件的工人，职员，连续工龄在5年以上不满10年的，为本人工资的50%；10年以上不满15年的，为本人工资的60%；15年以上的，为本人工资的70%。二是符合本规定第二条③④两项条件的工人、职员，连续工龄在5年以上不满10年的，为本人工资的40%；10年以上不满15年的，为本人工资的50%；15年以上的，为本人工资的60%。三是符合本规定第二条⑤项条件的工作人员，为本人工资的70%。四是对社会有特殊贡献的工人、职员的退休费，可以酌情高于本条①②③三项的标准，但是提高幅度最高不得超过本人工资的15%，并且必须经过上级主管机关批准。

可见，一般年老退休人员的退休费与"劳动保险条例"规定相同；对于有特殊贡献的人员的优惠待遇，新规定为可以增加不超过本人工资的 15%，比"劳动保险条件"的规定高了 5%。退休费标准比之"国家机关工作人员退休处理暂行办法"的规定（本人工资的 50%—80%），对于少数人来说，是稍降低了一点；对于有特殊贡献的人员的优惠待遇也由"可以酌量提高"改变为"不超过本人工资的 15%。为了和企业单位待遇一致，免得相互影响"。[①]

《退休处理实施细则》对于有特殊贡献的工人职员作出详细规定，包括下列人员：获得全国劳动英雄、劳动模范称号，在退休时仍然保持其荣誉的人员；根据"中华人民共和国授予中国人民解放军在中国人民革命战争时期有功人员的勋章、奖章条例"获得勋章的或者符合获得勋章条件的转业军人和复员军人；专职从事革命工作满 20 年的工作人员；国务院或者省、自治区、直辖市人民委员会认为有显著贡献的从事科学技术和文化教育工作在 20 年以上的人员。

2. 医疗待遇

《退休处理实施细则》明确规定，退休人员因病住院的伙食费和就医路费，由本人自理。但是因工残废的退休人员，因为旧伤复发而住院的伙食费，和经当地公立医疗机构证明须赴外地就医的路费，可以由负责发给退休费的单位给予 1/2 的补助。

3. 其他待遇

其他待遇包括车船费、行李搬运费、伙食补助费、丧葬补助费和直系亲属抚恤费等。

车船费、行李费等。《退休处理暂行规定》明确，工人、职员退休的时候，本人和他们的供养直系亲属前往居住地点途中所需用的车船费、旅馆费、行李搬运费和伙食补助费，都按照本单位现行的行政经费开支的规定办理。《退休处理实施细则》限定了退休后前往居住地车旅费的享受时间。工人、职员退休后，在 6 个月以内前往居住地点的，其所需的车、旅等费用，由所在单位按照本规定第 6 条发给；在退休满 6 个月以后前往居住地点或者安家以后再次迁移居住地点等，都不发给车旅等费用。

丧葬补助费。《退休处理暂行规定》明确，退休人员去世以后，一次

[①] 马文瑞：《关于"国务院关于工人职员退休处理的暂行规定（草案）"的说明（1957）》，《人民日报》1957 年 11 月 21 日。

发给50—100元的丧葬补助费。《退休处理实施细则》规定，退休人员去世以后的丧葬补助费，由发给退休费的单位根据实际情况在50—100元的范围内酌予发给。可见，草案规定的退休人员去世以后的丧葬补助费，为相当于本人2—3个月的退休费的总额。这比"劳动保险条例"的规定（相当于两个月的企业平均工资的总额）和"国家机关工作人员退休处理暂行办法"的规定（相当于本人3个月的退休费的总额）都略低。

直系亲属抚恤费。《退休处理暂行规定》明确，根据其供养的直系亲属人数的多少，一次发给相当于本人6—9个月的退休费总额的亲属抚恤费。《退休处理实施细则》细化了亲属抚恤费的发放规则。退休人员去世以后的供养直系亲属抚恤费，根据供养直系亲属的多少由发给退休费的单位发放。有供养直系亲属1人的，为死者6个月的退休费总额；有供养直系亲属2人的，为死者7.5月的退休费总额；有供养直系亲属3人及3人以上的，为死者9个月的退休费总额。没有供养直系亲属的不发。

可见，《退休处理暂行办法》中没有关于亲属抚恤费的相关规定，新规定的标准比"劳动保险条例"的规定（相当于6—12个月的本人工资的总额）稍低。总体来看，新规定的退休待遇和现行的规定出入不大。这里既要考虑力求节约，又要考虑能够使应该退休的职工乐于退休。[1]

（三）退休的程序

《退休处理暂行规定》提出，工人、职员退休，都由企业、机关行政决定，取得同级工会同意以后执行。如果是领导人员退休，还必须报送任免机关批准。有关退休的工龄计算、退休待遇标准的确定、填发退休人员证明书等工作，由企业、机关的人事部门会同同级工会办理。工人、职员退职的时候，由所在企业、机关办理退职手续，并填发"退职人员证明书"。

（四）退休后的安置去向

1958年的《退休处理实施细则》延续了鼓励退休干部"告老还乡"的精神，提出"工人、职员退休后，原单位应该负责动员他们回家养老；对于个别无家可归的，原单位应该负责设法安置"。

---

[1] 马文瑞：《关于"国务院关于工人职员退休处理的暂行规定（草案）"的说明（1957）》，《人民日报》1957年11月21日。

(五) 退休经费渠道

退休人员的各项经费来源差异较大，包括劳动保险基金、企业行政费用、民政部门预算等多种渠道。

《退休处理暂行规定》明确，发给的各项费用，在实行劳动保险的企业单位，退休费、丧葬补助费和亲属抚恤费，由劳动保险基金中支付，如果本单位的劳动保险基金不敷开支，可以在本省、自治区、直辖市或者本产业系统内进行调剂，仍然不足的时候，差额部分由本单位行政支付。在没有实行劳动保险的企业单位，上述各项费用全部由企业行政支付；在事业单位、国家机关和人民团体，全部由退休人员居住地方的县级民政部门另列预算支付。

《退休处理实施细则》对退休费开支按照企业不同情况分类作出规定。实行劳动保险条例的企业单位的退休费用的开支和调剂，按照中华全国总工会的有关规定办理。没有实行劳动保险条例的企业单位的退休人员的退休费用，由企业行政按照本规定直接支付。事业单位、国家机关、人民团体、民主党派和军事系统的退休人员退休当年的退休费用，由原单位在办理退休手续时一次拨给退休人员居住地点的县（市）、市辖区的民政部门，从下一年起退休费用由民政部门列入预算。

工人、职员退休以后，如果原单位撤销或者合并，其退休费、医疗费、丧葬补助费和亲属抚恤费等费用的支付，按照以下规定办理：实行劳动保险条例的企业单位撤销后，由退休人员居住地的省、自治区、直辖市工会联合会或者产业工会全国委员会在劳动保险基金的调剂金中继续发给；如果是合并，由合并后的单位继续发给。没有实行劳动保险条例的企业单位撤销后，由其上一级主管单位发给，如果上一级主管单位不是企业单位，则由退休人员居住地点的县（市）、市辖区的民政部门发给，如果是合并，也由合并后的单位继续发给。

(六) 建立老干部工作机构

1964年，在毛泽东主席、党中央的关怀下，中央组织部成立了老干部管理机构，加强了对老干部的管理工作。当时的老干部工作管理机构，即中央组织部八处，其主要职能是为中央一些退出现职的老领导服务。

二 实行精减时期的退休制度

1959年,由于经济工作失误和遭受重大自然灾害,国民经济发生了严重困难。1960年,中央提出了"调整、巩固、充实、提高"八字方针,对国民经济进行整顿。① 在这种背景下,国家机构开始精简和人员下放。9月3日,习仲勋同志在给中央的《关于中央各部门机构编制情况和精简意见的报告》中指出,中央各部门机构臃肿、人浮于事、组织不纯、浪费人力的现象是十分惊人的……必须以革命的精神,大刀阔斧地精简。1961年6月22日,毛泽东主席在《给邓小平的信》中指出,"坚决精减,在全国范围内大为减少官僚主义,提高工作效率"。②

由于"大跃进"中许多企业要求增加职工,国家下放招工权力,放宽招工政策,全国范围内增加职工过多过快。1960年前后发生严重自然灾害,国家面临很大困难。为克服困难,1961年6月28日,中共中央作出《关于精减职工工作若干问题的通知》。为处理全国精减职工和城镇人口工作的日常事务,随时向中央反映这方面的情况、问题,研究和提出解决问题的意见,1962年2月23日,中共中央决定成立中央精简小组。《中央精简小组关于各级国家机关党派、人民团体精简的建议》提出,"老弱病残人员,应当区别对待,合乎退休条件的,可以退休"。

(一) 符合特定条件按退休安置

1962年5月27日,中共中央、国务院作出《关于进一步精减职工和减少城镇人口的决定》,对全国精减职工人数作出了具体规定,③ 明确精减职工的工作必须与国民经济各部门的调整和企业、事业、机关机构的裁并结合起来进行。精减下来的老、弱、残职工,应当采取退休、退职、救济、列为编外人员等办法妥善安置。

---

① 潘小娟:《中国政府改革七十年回顾与思考》,《中国行政管理》2019年第10期。
② 《毛泽东文集》第八卷,人民出版社1999年版,第280页。
③ 《中共中央国务院关于进一步精减职工和减少城镇人口的决定》不仅提出全国职工人数的控制线,而且规定了各部门的精减职工指标。全国职工人数应当在1961年年末4170万人的基础上,再减少1056万—1072万人。分部门的指标为:工业减少500万人;基本建设减少230万人;交通运输邮电减少40万人;农林减少50万人;财贸减少80万人;文教卫生减少60万人;城市公用事业减少2万人;国家机关和党派团体减少94万—110万人。

为顺利地进行国民经济调整工作和完满完成精减职工任务,保证精减下来的职工各得其所,6月1日,国务院制定《关于精减职工安置办法的若干规定》(简称"《精减职工规定》"),提出对精减下来的老、弱、残职工,凡是合乎退休条件的,按照1958年2月公布施行的《国务院关于工人、职员退休处理的暂行规定》作退休安置。

(二)退休的待遇

这一时期的退休待遇包括政治待遇和经济待遇两个方面的内容。

1. 政治待遇

《中共中央关于国家机关和企业事业单位精减干部的安置处理办法的补充规定》明确,合乎退休、退职条件的干部,应当按照退休、退职的规定处理。对退休的干部,安置以后,仍然应当从政治上和生活上关心他们。在政治生活方面,可以按照个人的具体情况和条件,吸收他们听必要的报告,阅读一定的文件,并且可以与原在的国家机关、企业和事业单位保持一定的联系。

2. 生活待遇

《中共中央关于精减职工工作若干问题的通知》规定,精减1957年以前参加工作的职工,按照退休、退职办法处理。《精减职工规定》提出,凡是合乎退休条件的,按照1958年2月公布施行的"国务院关于工人、职员退休处理的暂行规定"作退休安置。职工退休后,在3个月内其原来的口粮定量标准供应。对于退休职工生活用工业品的供应,实行当地在职职工的供应标准。

(三)退休后的安置去向

由于1961年《中共中央关于精减职工工作若干问题的通知》规定精减的对象是1958年1月以来参加工作的来自农村的新职工(包括临时工、合同工、学徒和正式工),所以,安置去向是回到各自的家乡,参加农业生产。

《精减职工规定》强调,精减下来的职工,主要地应当安置到农村。凡是来自农村、能够回乡的,都应当说服他们回到本乡的生产队中去参加农业生产;如果本乡是灾区或者因为回乡职工过多而无法安置的时候,可以由省、自治区、直辖市和专、县三级统筹,将他们安置到非灾区和回乡职工较少的生产队中去。一些原来就生长在城市里的职工,凡是自愿下乡落户的，可以安置到有亲朋照顾的生产队去，或者有组织地安置一批到条件较好的生产队去，或者由干部带头率领一批到缺乏劳动力公社（地多人少地区、需要劳动力的市郊蔬菜区等）去安家落户，参加农业生产。

（四）退休经费渠道

《中共中央关于精减职工工作若干问题的通知》规定，生产补助费和车旅费、途中伙食补助费，由各单位开支后，列入财务决算报销，国家财政不另拨专款。少数亏损企业没有钱开支这笔费用的，可以暂向银行贷款垫支，然后由财政上照数归还给银行。

三 工人职员实行统一退职制度

马文瑞在"关于《国务院关于工人职员退职处理的暂行规定（草案）》的说明"中介绍了制定新的退职制度的历史背景。虽然政务院财政经济委员会1952年年初发布试行的"国营企业工人、职员退职处理暂行办法（草案）和国务院1955年年底发布的"国家机关工作人员退职处理暂行办法"对工人、职员的退职制度作出规定，但是由于这两个办法都未公开发布，广大职工并未充分了解；各单位对这项工作也不够重视，没有认真执行。另外，加之原办法的某些规定不尽恰当，规定的退职条件限制过严，退职的待遇标准又偏低，以致不少应该退职的职工，不能够或者不愿意退职。因此，目前很需要重新制定一个更加切合实际的、企业和机关统一执行的退职办法，适当地规定职工退职的条件和待遇标准，以利妥善地处理工人、职员的退职问题。[1]

在这种情况下，为了改进劳动组织，提高生产和工作效率和妥善地处理工人、职员的退职问题，1958年3月7日，全国人民代表大会常务委员会第九十四次会议通过了《国务院关于工人职员退职处理的暂行规定（草案）》（以下简称《退职暂行规定（草案）》）。该草案的适用范围是国营、公私合营的企业、事业单位和国家机关、人民团体的工人、职员，不适用于手工业生产合作社、运输合作社和未定息的公私合营企业

---

[1] 马文瑞：《关于"国务院关于工人职员退职处理的暂行规定（草案）"的说明》，《中华人民共和国国务院公报》1958年10月。

的人员。

1961 年 6 月 28 日，中共中央颁布了《关于精减职工工作若干问题的通知》，规定某些 1957 年以前参加工作的老职工，如其因为年老体弱，自愿退休或退职的，也可以准许退休或退职。

（一）放宽退职条件

退职条件通常需要考虑身体情况、工作安排、是否自愿和工龄因素。《退职暂行规定（草案）》的退职条件是：国营、公私合营的企业、事业单位和国家机关、人民团体的工人、职员，合于下列情况之一的，按照退职处理：

1. 年老体衰，经劳动鉴定委员会或者医师证明不能继续从事原职工作，在本企业、机关内部确实无轻便工作可分配，而又不符合退休条件的。

2. 本人自愿退职，其退职对于本单位的生产或工作并无妨碍的。

3. 连续工龄不满 3 年，因病或非因工负伤而停止工作的时间满 1 年的。

4. 录用 6 个月以内发现原来有严重慢性疾病，不能坚持工作的。

时任劳动部部长马文瑞在"关于《国务院关于工人职员退职处理的暂行规定（草案）》的说明"中指出，需要作退职处理的是属于如下几种情况的职工：

一种情况是年老体衰，经劳动鉴定委员会或者医师证明不能继续从事原来的工作，在本企业、机关确实无轻便工作可分配，又不合退休条件的。这类职工一般是工龄短、条件不够享受退休待遇的。但是这些职工实际上已经不能继续从事工作，如果仍然留在生产或工作岗位上，不但对于精简和健全机构，提高生产、工作效率不利，对他们本人的身体也很不相宜。

另一种情况是本人自愿退职，而其退职对于本单位的生产或工作并无妨碍的。这类职工的自愿退职，或者因为本人的条件不适宜于现任工作，或者愿意从其他方面另谋工作（如回乡从事农业生产），或者因为家庭需要愿意回家从事家务劳动，只要生产或者工作上离得开，就可以退职。

再一种情况是工作时间不久（连续工龄不满 3 年），因病或者非因工负伤长期（1年以上）停止工作的。这类职工对生产或工作的贡献还不多，但是给所在单位的负担却很重，在本单位已经负责治疗1年多而仍然不能恢复健康参加工作的时候，是应该按照退职处理的。否则，要所在单位更长期地包下来，那是不合理的。①

可见，当时出台的退职政策是兼顾国家整体利益和职工个人利益，从当时的经济社会条件出发，符合从6亿人口出发而统筹兼顾、适当安排的。

（二）提高退职待遇

《退职暂行规定（草案）》中退职人员的待遇是按照连续工龄时间长短发放不等的退职补助费。连续工龄时间越长，退职补助费越高，但是退职金最高有上限；适当照顾年老体衰和因病或因负工伤而退职人员。

具体退职金待遇为：一是连续工龄不满1年的，发给1个月的本人工资。二是1年以上至10年的，每满1年，加发1个月的本人工资。三是10年以上的，从第11年起，每满1年，加发1.5个月的本人工资。但是退职补助费的总额，最高不得超过30个月的本人工资。四是对于年老体衰，经劳动鉴定委员会或者医师证明不能继续从事原职工作，在本企业、机关内部确实无轻便工作可分配，而又不合退休条件的，其退职补助费除按本条规定发给外，另加发4个月的本人工资。五是对于连续工龄不满3年，因病或非因工负伤而停止工作的时间满1年的，其退职补助费除按本条规定发给外，另加发2个月的本人工资。

对于职工退职的待遇问题，本着尽可能地照顾退职人员的精神，根据我国人口多、底子穷、生产水平还相当低的实际情况，对于退职补助费作了适当规定。退职补助费的最高额为30个月的本人工资。这里之所以要规定为30个月，是因为能够领取这个数目的退职人员，须有23年连续工龄，而按照退休规定，一般工龄满25年、身体衰弱丧失劳动能力的，就可以退休，不按退职处理。②

---

① 马文瑞：《关于"国务院关于工人职员退职处理的暂行规定（草案）"的说明》，《中华人民共和国国务院公报》，1958年10月。

② 马文瑞：《关于"国务院关于工人职员退职处理的暂行规定（草案）"的说明》，《中华人民共和国国务院公报》，1958年10月。

(三) 退职金的经费渠道

《退职暂行规定（草案）》明确，按本规定发给退职工人、职员的各项费用，应该由所在企业、机关从本单位行政费项下开支。

四 精减职工条件下的退职制度

(一) 放宽退职条件

1961年，《中共中央关于精减职工工作若干问题的通知》规定，某些1957年以前参加工作的老职工，如其因为年老体弱，自愿退休或退职的，也可以准许退休或退职。

《精减职工规定》规定，精减下来的老、弱、残职工，全部或者大部分丧失劳动能力、不合乎退休条件的老、弱、残职工，可以作退职处理。其中家庭生活有依靠的，按照《国务院关于工人、职员退职处理的暂行规定（草案）》发给退职补助费。

《中央精简小组关于〈国务院关于精减职工安置办法的若干规定〉的问题解答》对"老""弱""残"进行了解释。全部或者大部分丧失劳动能力的、不合乎退休条件的老、弱、残职工中的"老"职工，指年龄符合退休条件而工龄不符合退休条件的职工；"弱"职工，指由于身体衰弱，不能从事原来工作，也不能胜任轻便工作，年龄、工龄又不够退休条件的职工；"残"职工，指因病或非因工负伤致残，全部或大部分丧失劳动能力，不能胜任原来工作或轻便工作，而又不符合退休条件的职工。[1]

(二) 降低退职待遇

《精减职工规定》对回乡、下乡安置的精减职工，退职按照参加工作的时间确定不同待遇。1957年年底以前参加工作的职工（包括临时工、合同工），按照1958年3月试行的《国务院关于工人、职员退职处理的暂行规定（草案）》的规定发给退职补助费。退职职工应领的退职补助费不超过300元的，在精减的时候一次发给；超过300元的，分为2年或者3年发给，具体办法由省、自治区、直辖市人民委员会规定。1962年1月1日以后精减的这类职工所领的补助费少于应领的退职补助的，其差额部

---

[1] 曹志：《中华人民共和国人事制度概要》，北京大学出版社1986年版，第365—366页。

分一律补发。

1964年3月25日,中央精简小组颁布的《关于职工退职待遇等问题的通知》改变了退职补助费的发放方式,提出退职职工的退职补助费,应该一次发给,不要再分期发给。

(三)退职金的经费渠道

《精减职工规定》根据退职人员家庭生活是否有依靠对退职补助费发放进行了调整。对于家庭生活有依靠的,按照《国务院关于工人、职员退职处理的暂行规定(草案)》发给退职补助费;家庭生活无依靠的,不发给退职补助费,改由当地民政部门按月发给救济费,救济费的标准为本人原标准工资的30%,作为本人的生活费用,他们的家属生活有困难的,另按照社会救济标准给予救济。

(四)调整退职程序

《精减职工规定》对按月领取救济费的退职职工,除了原单位应当在其退职的时候发给领取救济费的证明,还要通知退职职工居住地的县(市)民政部门予以登记。

五 探索建立老干部离休制度

中华人民共和国成立后,党和政府对那些为创建新中国立下丰功伟绩的老干部十分爱护。为了让其安度晚年,国家建立了离职休养制度。老干部离职休养制度是从"长期供养"逐步演变而来的。离休制度的产生晚于退休制度的建立。[①]

(一)部分县委以下老干部离职休养

1958年6月4日,中共中央发布《关于安排一部分老干部担任各种荣誉职务的通知》,规定安排荣誉职务的干部必须是在1942年以前参加革命工作的县委部长以上的干部(包括地专以上机关科长以上的干部及事业、企业中担任相当职务的干部),或者是1945年以前参加革命工作的营级以上的军队干部,对党忠实、思想健康,在群众中有一定影响的。荣誉职务可以设在协商机关、咨询机关、各种社会公益事业、某些社会

[①] 张志坚、苏玉堂:《当代中国的人事管理》(上册),当代中国出版社1994年版,第498页。

团体和经济、文化机关中。

可见，担任荣誉职务是后来"退居二线"中担任荣誉职务制度的雏形。担任荣誉职务除要求具备的职务要求、"由于年龄和身体关系不能继续担负繁重的工作任务"的身体状况以外，还提出了"思想作风好"的政治要求。文件提出，对于那些在思想作风方面有很多问题、严重脱离人民群众的老干部，不应该安排他们担任荣誉职务，以免造成不良影响。在安排担任荣誉职务的老干部人数和安排上还明确提出：担任荣誉职务的干部人数不宜过多，并且应该根据不同的情况作不同的具体安排。

《关于安排一部分老干部担任各种荣誉职务的通知》规定，第二次国内革命战争期间及在这以前参加革命的老同志，现在做县委部长以下的工作，思想作风比较好，但是因年老体衰担任实际工作确有困难的，可以采取调离现任工作、工资照发、长期供养的方法来处理。其中，还能做一些轻微工作的，应该尽可能分配他们做一些他们能够胜任的工作。这是离职休养制度的源起。

可见，对一部分县委部长以下的老干部可以采取调离现任工作、工资照发、长期供养，其不同于担任荣誉职务。而且，对老干部离职休养是"可以"，即选择性的措施，不是强制性的。离职休养的待遇是"工资照发、长期供养"。

（二）符合长期供养人员可以退休

1963年10月13日，内务部颁布的《关于符合长期供养条件人员退休时其退休费标准问题的通知》，规定国家机关和事业单位的工作人员中，根据1958年中共中央《关于安排一部分老干部担任各种荣誉职务的通知》第6条规定，作长期供养的人员，如果本人自愿回原籍居住，可以办理退休手续，退休费一律按照本人工资的100%发给。退休费的支付、公费医疗待遇及其他生活待遇，均照退休人员的有关规定办理。

（三）企业退休人员改按离休待遇

劳动部、全国总工会于1965年8月28日颁布的《关于企业老干部退休问题的复函》明确规定，对于企业单位中符合《中共中央关于安排一部分老干部担任各种荣誉职务的通知》第6条规定，应当作长期供养处理的老干部，本人自愿、组织同意已经作退休处理的，其退休费从现在起可以改按本人工资的100%发给。

（四）中央部长级和地方省长级领导离休制度

根据1963年12月27日中共中央书记处会议的决定：中央机关正副部长和省委书记、候补书记一级领导干部，凡是年老体衰或长期患病而不能担任实际领导工作的，应当调离现职，采取离职休养、退休，担任荣誉职务等办法安排。从此，在中央部长级和地方省长级领导干部中率先实行离职休养。[1]

对比1958年的离职休养，这一时期离职休养条件为"中央机关正副部长和省委书记、候补书记一级的领导干部"以及"年老体衰或长期患病而不能担任实际领导工作"，取消了"思想作风好"的政治要求；对于离职休养是"应当调离现职"，即具有强制性。在安排方式上"采取离职休养、退休，担任荣誉职务等办法安排"。[2]

这一时期正副部长和省委书记、候补书记一级领导干部的离休待遇是"离职后，原来的一切政治、生活待遇不变"。

（五）地委副书记、专员以上干部离休制度

根据中央书记处决定的精神，1965年8月11日，中央组织部向中央、国家机关各部委下发了《关于安排年老体衰、长期患病的相当于地委副书记、专员以上干部的暂行规定（草案）》（以下简称《暂行规定（草案）》），规定中央机关副部长、省委候补书记、副省长以上的干部，1942年年底以前参加革命工作的县委副书记、县长以上的干部，1937年6月底以前参加革命工作的其他干部，凡年老体衰或因病基本丧失工作能力的，可以退休，也可以调离现职，另列编制，长期供养或免（离）职休养。免职休养的，在疾病痊愈可恢复工作时，另行分配工作；如果病情恶化，或基本丧失了工作能力，按退休、长期供养等办法安排。这个草案规定的离休范围有所扩大，当时已在少数部委进行试点，但后来并

---

[1] 张志坚、苏玉堂：《当代中国的人事管理》（上册），当代中国出版社1994年版，第499页。

[2] 从这一表述上可见，离职休养与退休是属于同一类别的安排方式；但是与担任荣誉职务不是同一种安排方式。

没有普遍实行。

相比前两次以《通知》和会议的方式对离职休养作出规定，本次以正式草案的方式提出离职休养，更具有制度化意义。离职休养条件以参加革命不同时间和职务为标准，为建立正式的离休制度奠定了制度基础。在安置方式上，也更具有选择性：既"可以退休"，"也可以调离现职，另列编制，长期供养或免（离）职休养"。

在生活待遇上，1965年《暂行规定（草案）》规定，离休干部生活待遇不变。

第三节　干部退休制度的基本定型（1978—1992年）

这一阶段，我国干部退休制度从干部、工人实行统一的退休制度改变为依据两类人员不同特点实行不同的退休制度。干部退休制度经过这一时期的调整后，基本框架定型并一直沿用至今。

为妥善安置老弱病残干部，1978年6月2日，国务院颁布了《关于安置老弱病残干部的暂行办法》（以下简称《安置暂行办法》），对干部离休、退休、退职条件和待遇进行统一规定。该办法适用于党政机关、全民所有制企业、事业单位和群众团体的干部，以及因工作需要调派到集体所有制企业、事业单位工作的干部。同时，国务院颁布了《关于工人退休、退职的暂行办法》，对工人退休、退职作出规定。这两个暂行办法，较之1958年制定的干部、工人统一的《退休处理暂行规定》更加符合实际和全面，既体现了干部和工人在退休待遇上一致的方面，又在某些方面考虑到干部与工人的不同以及机关和企业的差异作出不同规定，比较充分地反映了机关干部的特点。

党的十一届三中全会作出把工作重点转到现代化建设上来、实行改革开放的历史性决策。1978年12月29日，中央组织部出台《关于加强老干部工作的几点意见的通知》（以下简称《几点意见的通知》），明确老干部的地位和老干部工作是党的干部工作的重要组成部分，对老干部范围、老干部的历史功绩和贡献以及老干部政治、生活待遇适当从优照顾等方面提出了九点意见。

1979年7月29日，邓小平同志在接见中共海军委员会常务扩大会议全体同志的讲话中，提出建立干部退休制度。他说："庙只有那么大，菩萨只能要那么多，老的不退出来，新的进不去，这是很简单的道理……我们将来要建立退休制度。"① 干部退休制度实际上是干部队伍的更新机制，这项制度的实施，使那些达到退休年龄或丧失工作能力的干部退出干部队伍，由新生力量来接替，以保持干部队伍永远朝气蓬勃。②

1980年2月，党的十一届五中全会讨论《中国共产党章程》修改草案，明确提出废止领导职务终身制，规定在中央和省（自治区、直辖市）设立顾问委员会，使原来担任主要领导职务的干部在退出领导岗位后通过进入顾问委员会过渡，为建立退休制度奠定了基础。4月，中央政治局会议作出《关于丧失工作能力的老同志不当十二大代表和中央委员候选人的决定》，是废除干部职务终身制和逐步更新领导班子的重要步骤。8月18日，邓小平同志在中央政治局扩大会议上作的关于《党和国家领导制度的改革》的重要讲话，从废除干部领导职务终身制的角度明确提出建立离休、退休制度的必要性。"干部领导职务终身制现象的形成……同我们党一直没有妥善的退休解职办法也有关系……对各级各类领导干部（包括选举产生、委任和聘用的）职务的任期，以及离休、退休，要按照不同情况，作出适当的、明确的规定。"9月1日，党的十二大明确提出，改革领导机构和干部制度，实现干部队伍的革命化、年轻化、知识化、专业化。12月，邓小平同志在中央工作会议上的讲话指出，"要有步骤地和稳妥地实行干部离休、退休的制度，废除实际上存在的干部领导职务的终身制。退休、离休的干部，在政治待遇、生活待遇等各方面，都要逐个做出妥善安排"。③

中央委员会副主席陈云在1981年6月8日召集中央组织部、解放军总政治部有关负责人就老干部离休退休问题进行座谈，并主持起草了《关于老干部离休退休问题座谈会纪要》。他指出："干部必须实行离休退休制度，这是根本办法。"④ 7月2日，陈云在省、自治区、直辖市党委

---

① 《邓小平文选》第二卷，人民出版社1994年版，第193页。
② 袁文成：《干部退离休工作实用手册》，中国人事出版社1993年版，第3页。
③ 《邓小平文选》第二卷，人民出版社1994年版，第360页。
④ 徐轶杰、李文：《陈云与改革开放初期党的干部队伍代际交替问题的解决》，《党史研究与教学》2014年第1期。

书记座谈会上的讲话中指出:"我们现在的干部,青黄不接的情况很严重……老干部离休、退休的工作必须做好。要使人心安定。"①

1982年2月20日,中央作出《中共中央关于建立老干部退休制度的决定》(以下简称《决定》),肯定了老干部的政治地位和贡献;首次提出了老干部离休退休的年龄;对离休退休与退居二线进行了区分。退居二线包括当顾问和荣誉职务,不属于离休退休。那些身体还好,又有比较丰富的领导经验和专业知识,但因年龄或名额限制不宜进入领导班子的老干部,可以安排担任负有一定职责的顾问,或从事某一方面的调查研究、参谋咨询的工作。那些为党的事业作出重大贡献、威望比较高,但是坚持正常领导工作(包括当顾问)有困难的老干部,可以安排适当的荣誉职务。《决定》还提出,老干部工作的基本原则是基本政治待遇不变,生活待遇还要略为从优,并注意很好地发挥他们的作用。

此后,国务院、中央组织部、劳动人事部先后颁布了一系列文件,对老干部离退休待遇作出规定,涉及政治待遇、经济待遇、发挥离退休老干部作用等,如《国务院关于高级专家离休退休若干问题的暂行规定》(以下简称《高级专家离休退休规定》)、《国务院关于延长部分骨干教师、医生、科技人员退休年龄的通知》《劳动人事部关于贯彻执行〈国务院关于高级专家离休退休若干问题的暂行规定〉的说明》(以下简称《高级专家离休退休说明》)、《中央组织部印发〈关于确定部分老同志待遇问题的意见〉的通知》《中共中央办公厅、国务院办公厅印发关于发挥离休退休专业技术人员作用的暂行规定》《中央组织部、劳动人事部关于女干部离休退休年龄问题的通知》(以下简称《女干部退休年龄通知》)、《人事部关于高级专家退(离)休有关问题的通知》《中央组织部印发关于进一步加强老干部工作的通知》(以下简称《加强老干部工作通知》),等等。

一　单独建立干部退休制度

这一时期,我国根据干部、工人的不同特点建立了适合不同身份人员的退休制度。干部退休制度包括退休条件、退休待遇、安置地点、审批管理等内容,制度的框架基本确定,具体内容随着社会政治经济条件

---

① 陈云:《陈云文选(一九五六—一九八五年)》,人民出版社1986年版,第267页。

的变化不断作相应调整。

(一) 设立多种退休条件

这一时期干部退休条件包括多种情形,有正常退休、女干部退休、高级专家退休、民主党派工商联专职工作人员退休、市区人大常委会委员等干部群体退休。不同的退休情形,退休条件存在差异。

1. 规定正常退休条件

《安置暂行办法》规定的退休条件包括性别、年龄、参加工作年限和身体状况四个因素。相比以前的退休办法,放宽了退休的工作年限条件。党政机关、群众团体、企业、事业单位的干部,符合下列条件之一的,都可以退休。

(1) 男年满 60 周岁,女年满 55 周岁,参加革命工作年限满 10 年的。

(2) 男年满 50 周岁,女年满 45 周岁,参加革命工作年限满 10 年,经过医院证明完全丧失工作能力的。

(3) 因工致残,经过医院证明完全丧失工作能力的。

《决定》规定退休的条件包括职务层次和年龄两项因素。老干部离休退休年龄的界限,考虑到当前干部的实际状况和接替条件,应当规定:担任中央、国家机关部长、副部长,省(自治区、直辖市)党委第一书记、书记、省政府省长、副省长,以及省(自治区、直辖市)纪律检查委员会和法院、检察院主要负责干部的,正职一般不超过 65 岁,副职一般不超过 60 岁。担任司局长一级的干部,一般不超过 60 岁。

2. 明确高级专家延迟退休条件

为了充分发挥高级专家的作用,为社会主义建设事业多作贡献,我国从 1983 年起,先后颁布了一系列关于延迟退休的政策。

1983 年 9 月 12 日,国务院颁布的《高级专家离休退休规定》明确提出,高级专家的范围是指:正副教授、正副研究员、高级工程师、高级农艺师、正副主任医师、正副编审、正副译审、正副研究馆员、高级经济师、高级统计师、高级会计师、特级记者、高级记者、高级工艺美术师,以及文艺六级以上的专家。高级专家的离休退休年龄,一般应按国家统一规定执行。对于高级专家离休退休条件考虑职务、年龄、工作需要和身体状况,在履行一定程序后分三种情况区别对待。对其中少数高级专家，确因工作需要，身体能够坚持正常工作，征得本人同意，经下述机关批准，离休退休年龄可以适当延长：

（1）副教授、副研究员以及相当这一级职称的高级专家，经所在单位报请上一级主管机关批准，可以适当延长离休退休年龄，但最长不超过 65 周岁。

（2）教授、研究员及相当这一级职称的高级专家，经所在单位报请省（自治区、直辖市）人民政府或中央、国家机关的部委批准，可以延长离休退休年龄，但最长不超过 70 周岁。

（3）学术上造诣高深、在国内外有重大影响的杰出高级专家，经国务院批准，可以暂缓离休退休，继续从事研究或著述工作。

1983 年 12 月 3 日，劳动人事部颁布关于贯彻执行《国务院关于高级专家离休退休若干问题的暂行规定》的说明，对高级专家进行了解释和限定，对"暂缓离休退休的杰出高级专家"和"有重大贡献的专家"[①]的范围作出解释。少数高级专家延长离休退休年限的四个条件，要同时具备，但必须首先考虑工作需要和身体条件，"工作需要"主要应考虑其在延长离休退休期间所承担的工作任务的必要性，"身体条件"须符合在延长期间所承担的工作的要求。

为充分发挥现有骨干专业技术人员的作用，促进教育、卫生、科学技术事业的发展，并考虑到脑力劳动的特点，国务院于 1983 年 9 月 12 日颁布《关于延长部分骨干教师、医生、科技人员退休年龄的通知》规定，在 1990 年前，对在上述单位工作的讲师、主治医师、工程师、农艺师、助理研究员以及具有高等院校、中等专业学校（含中等师范

---

① 劳动人事部关于贯彻执行《国务院关于高级专家离休退休若干问题的暂行规定》的说明规定，《暂行规定》第二条规定的暂缓离休退休的杰出高级专家，系指曾任全国人大常委、全国政协常委以及各民主党派中央领导职务的高级专家，学术上造诣高深，在国内外享有很高声誉，对我国社会主义建设有特殊贡献的高级专家。这些高级专家，经国务院批准后，可暂不离休退休。《暂行规定》第 4 条第一项中规定的"少数有重大贡献的专家"一般是指：国家统一颁发的各种奖（如自然科学奖、发明奖等）的获得者，集体奖指主要发明人或作者；全国劳动模范、全国劳动英雄、全国先进工作者；各省、市、自治区和中央机关、国家部委一级授予的劳动模范、劳动英雄、先进工作者或被省、市、自治区中央机关、国家部委一级确认为在生产、科研、文教、卫生、管理等方面作出优异成绩者。上述专家提高退休费的比例为 5%—15%，由各省市、各部委具体确定。

学校）和高中毕业学历或经严格考核取得同等学力的、教学经验丰富的中、小学教师中，确因工作需要，身体能够坚持正常工作，有较强的业务能力，本人又愿意继续工作的，经所在单位报请县一级以上主管机关严格审查批准，可将他们的退休年龄延长 1—5 年，延长后的退休年龄，女同志最长不得超过 60 周岁，男同志最长不得超过 65 周岁。为贯彻执行这一文件，12 月 3 日，劳动人事部颁发了关于贯彻执行《国务院关于延长部分骨干教师、医生、科技人员退休年龄的通知》的说明，明确了"适用范围""确因工作需要"和"身体能够坚持正常工作"的边界。①

为进一步贯彻执行国务院有关高级专家退（离）休的规定，做好高级专家的退（离）休工作，充分发挥他们的作用，经国务院批准，人事部于 1990 年 2 月 27 日发布《关于高级专家退（离）休有关问题的通知》，就有关问题作出规定。

（1）高级专家退（离）休，仍按照《国务院关于高级专家离休退休若干问题的暂行规定》和《劳动人事部关于印发两个"说明"的通知》中的附件一执行。

（2）女性高级专家，凡身体能坚持正常工作，本人自愿，可到 60 周岁退（离）休。对年满 60 周岁的少数女性高级专家，确因工作需要延长退（离）休年龄的，按《国务院关于高级专家离休退休若干问题的暂行规定》和《劳动人事部关于印发两个"说明"的通知》规定执行。

（3）《国务院关于高级专家离休退休若干问题的暂行规定》文件中的少数高级专家"确因工作需要"延长退（离）休年龄，主要是指以下几种情况：已承担的重要工作（如重点攻关科研项目）和带博士研究生等任务尚未完成，退（离）休后将对工作带来较大影响的；特殊专业和新

---

① 《国务院关于延长部分骨干教师、医生、科技人员退休年龄的通知》规定，一、本通知只适用如下范围：在教学、医疗、科研和工农业生产单位直接从事教学、医疗、科研、技术工作的讲师、主治医师、助理研究员、工程师（含建筑师）、农艺师以及中小学教师；二、在《通知》规定的延长上述人员退休年龄的条件中，"确因工作需要"，一般系指如下几种情况：1. 已承担的工作任务尚未完成，退休后将对工作带来较大损失的；2. 新学科和特殊专业急需的；3. 边远地区和技术力量薄弱的单位所需要的；4. 有较强的业务能力，到工作急需的单位后能发挥较大作用的；"身体能够坚持正常工作"，系指身体健康，能够坚持八小时工作。

学科、重点学科急需的；技术力量薄弱的单位确系工作需要的；在业务上起把关作用或在学科中起带头作用、退（离）休后尚无人接替的。

3. 规定民主党派、工商联等专职工作人员延迟退休

为规范中央和省级机关专职工作人员延迟离休退休时间问题，1985年11月11日，《中共中央统战部转发各民主党派中央、全国工商联〈关于中央和省级机关专职工作人员离休退休工作的几点意见〉的通知》，按照机构层级和职务作出不同的规定。

（1）民主党派中央、全国工商联和省级机关处级干部、各部、各委、厅正副部长、主任，可适当延长留任期限，但最长不超过5年。

（2）民主党派中央、全国工商联和省级机关处级干部，应按国家规定年限办理离休退休，少数确因工作需要，又无人接替的，可以适当延长期限，一般不超过2年。

4. 明确（市、区）人大常委会委员、政协委员等退休条件

为统一规范人大常委会委员的离休、退休问题，中央组织部于1986年3月11日发布《关于省（区、市）人大常委会委员离休、退休应先辞去委员职务问题的通知》，规定省人大常委会委员如要求离休、退休，应先由本人辞去委员职务，然后再办理离休、退休手续。该《通知》对省、自治区、直辖市顾委委员、政协委员对离休、退休也同样适用。

5. 规定女干部退休条件

1987年5月29日，中央组织部、劳动人事部印发《关于女干部离休退休年龄问题的通知》，明确规定女干部退休仍应按照第五届全国人民代表大会常务委员会第二次会议原则批准的《国务院关于安置老弱病残干部的暂行办法》执行。具体为：

（1）担任司局长以上职务的，继续按照《关于建立老干部退休制度的决定》执行。

（2）高级专家和骨干教师、医生、科技人员，继续按照《国务院关于高级专家离休退休若干问题的暂行规定》和《国务院关于延长部分骨干教师、医生、科技人员退休年龄的通知》办理。

（3）在党政机关、群众团体、事业单位工作，年满55周岁的处（县）级女干部，原则上按照《安置暂行办法》规定执行。个别确因工作需要，一时尚无适当接替人选，且身体能坚持正常工作，根据本人自

愿，经所在单位审查同意，报任免机关批准，其离休、退休年龄可适当推迟。

（二）建立健全退休待遇

这一时期，干部退休各项待遇基本建立起来，包括政治待遇、生活待遇和其他待遇。

1. 健全政治待遇

这一时期关于政治待遇的相关规定相比以前广泛、具体，包括阅读文件、听报告、参加会议和节日活动、春节期间慰问、加强老干部党组织建设等。

（1）阅读文件、听报告。《安置暂行办法》规定，要注意安排老干部学习马列和毛主席著作，按照规定阅读文件、听报告。

《几点意见的通知》明确，对老干部政治、生活待遇要适当从优照顾。老干部因年龄和身体关系不继续担任实职性工作的时候，其原有的政治待遇不变。要按照规定，组织他们看文件，听报告，参加必要的会议和节日活动。要根据具体情况，建立离休、退休老干部党支部，让他们参加党的组织生活。要适当组织老干部参观访问。要建立和坚持在春节等节日期间看望老干部，召开座谈会，征求意见的制度。《决定》提出，对于一切离休退休的老干部，他们的政治待遇包括阅读文件、听重要报告，应当一律不变。

（2）元旦或春节期间慰问。1980年12月，中央组织部印发《关于在春节期间开展慰问老干部活动的通知》提出，将春节期间慰问老干部，作为一项制度，年年坚持下去。1983年1月，劳动人事部、中华全国总工会发布《关于春节期间开支对退休职工进行慰问活动的通知》，对慰问的内容形式等作出具体要求，并提出今后每年元旦或春节都要进行一次慰问退休职工的活动，形成制度。

（3）参加重大会议。《决定》提出，离退休老干部参加某些重要会议和重要政治活动等，应当一律不变。

（4）加强党组织建设。《进一步加强老干部工作的通知》规定，各级党委要抓好离退休干部党组织的建设。党员离休退休干部多的单位，应单独建立老干部党支部。要健全组织生活制度，开展批评与自我批评。对党员离休退休干部的先进事迹，要大力表彰。

2. 多种方式提高退休费待遇

我国干部退休金遵循与贡献相匹配的原则，干部退休金的多少与本人工资、参加革命时间、工作年限直接相关，并考虑身体状况。退休费主要分为正常退休费和特殊情况下提高退休费两种情形。

（1）正常退休金待遇。《安置暂行办法》规定，干部退休以后，每月按下列标准发给退休费，直至去世为止。符合第四条第（一）项或第（二）项条件，抗日战争时期参加革命工作的，按本人标准工资的90%发给。解放战争时期参加革命工作的按本人标准工资的80%发给。中华人民共和国成立以后参加革命工作，工作年限满20年的，按本人标准工资的75%发给；工作年限满15年不满20年的，按本人标准工资的70%发给；工作年限满10年不满15年的，按本人标准工资的60%发给。退休费低于25元的，按25元发给。

符合第四条第（三）项条件，饮食起居需要人扶助的，按本人标准工资的90%发给，还可以根据实际情况发给一定数额的护理费，护理费标准，一般不得超过一个普通工人的工资；饮食起居不需要人扶助的，按本人标准工资的80%发给。同时具备两项以上的退休条件，应当按最高的标准发给。退休费低于35元的，按35元发给。

（2）特殊贡献群体退休金待遇。《安置暂行办法》对有特殊贡献的干部提高退休金标准：获得全国劳动英雄、劳动模范称号，在退休时仍然保持其荣誉的干部；省（自治区、直辖市）革命委员会认为在新民主主义革命和社会主义革命、社会主义建设的各条战线上有特殊贡献的干部；部队军以上单位授予战斗英雄称号和认为对作战、军队建设有特殊贡献的转业、复员军人，在退休时仍然保持其荣誉的。提高退休费的标准是，可以酌情高于本办法所定标准的5%—15%，但提高标准后的退休费，不得超过本人原标准工资。

"两航"起义人员优待政策。《国务院办公厅转发中国民用航空局、劳动人事部、财政部〈关于提高"两航"起义中有特殊贡献人员退休费问题的请示〉的通知》对起义人员根据贡献大小提高5%—15%的退休费。《关于原国民党招商局驾船起义人员有关待遇问题的处理意见》根据起义的时间、身份不同，可享受离休待遇或者按原基本工资额的100%发给退休费。《中办、国办转发航空工业部、民用航空局〈关于"两航"起义人员有关待遇问题的请示〉的通知》规定，中华人民共和国成立前起义的"两航"人员，现在是干部的（含已退休的），可享受离休待遇。"两航"起义人员中，中华人民共和国成立前就已参加筹划起义工作的（有确凿证明），应按地下革命工作人员对待，可享受离休待遇。中华人民共和国成立后起义的"两航"的人员退休后（含已退休的），可按其原基本工资额100%发给退休金。

西藏、青海等地干部退休优待政策。《国务院办公厅转发国家人事局、国家劳动总局关于西藏干部、工人离休、退休、退职工作中有关问题处理意见的报告的通知》明确，西藏自治区干部、工人按在西藏连续工作时间提高退休费标准为：凡在海拔3500米以上地区工作累计满10年不满15年的，退休费标准提高5%；累计满15年以上的，退休费标准提高10%。在海拔3500米以下地区工作的，不提高退休费标准。特殊贡献人员的退休待遇为：获得全国性的劳动（战斗）英雄、模范等光荣称号的干部、工人，退休费标准可提高10%—15%；获得自治区劳动英雄、模范和部队军级以上单位授予的战斗英雄、模范等光荣称号的，以及自治区人民政府认为对西藏革命和建设有特殊贡献的干部、工人，退休费标准可提高5%—10%。享受特殊贡献待遇的干部、工人，如果长期在高原地区工作，还可以按规定提高退休费标准，但其退休费总额不得超过本人的标准工资。

1983年，劳动人事部、财政部印发的《关于职工工资、保健、福利等问题给青海省人民政府的复函关于适当提高职工退休费标准问题》明确，按下列标准予以适当提高：凡在海拔2000—3500米地区工作，累计满15年的，退休费提高5%；累计满20年的，退休费提高10%；凡在海拔3501米以上地区工作，累计满15年的，退休费提高10%；累计满20年以上的，退休费提高15%；但以上提高标准后的退休费，不得超过本人原标准工资。

（3）高级专家退休费优待政策。《高级专家离休退休暂行规定》对高级专家的优待政策有：有重大贡献的高级专家，经省（自治区、直辖市）人民政府或中央、国家机关的部委批准，其退休费标准可以酌情提高5%—15%。提高标准后的退休费，不得超过本人原标准工资；中华人民共和国成立后从国外或者从香港、澳门、台湾回来定居工作的高级专家，其退休费均按中华人民共和国成立后参加革命工作退休干部的最高标准发给。其中有重大贡献的，再按上一条规定提高退休费。

为了在全国实行专业技术职务聘任制度，国务院颁布的《关于高级专家退休问题的补充规定》明确，凡中华人民共和国成立前从事专业技术工作，1986年已满60周岁，并于1983年9月1日前已获得相当于副教授以上职称的老科学家、老教授、老专家（含中华人民共和国成立前在国外工作，中华人民共和国成立后回国的），在他们退休后，仍可保留原已获得的称号，退休费按其原工资额的100%发给。对于过去已经办了退休手续、符合上述条件的，也同样对待；领取原工资额的100%退休费的时间，自1986年2月起计算。5月27日，国家科委作出《关于高级专家离休退休问题的几点说明》，明确国务院《关于高级专家退休问题的补充规定》所规定的三个条件，高级专家（包括已退休的高级专家）必须同时具备，方可保留已获得的称号并领取原工资额的100%的退休费。

为在全社会发扬尊重知识、尊重人才的良好风尚，进一步调动广大知识分子的积极性，中共中央、国务院印发《关于给做出突出贡献的专家、学者、技术人员发放政府特殊津贴的通知》，规定1991年的政府特殊津贴及按去年发放特殊津贴的标准，即每人每月100元，免征工资调节税，享受政府特殊津贴的专家、学者、技术人员离、退休后可继续享受，数额不减。人事部离休退休司发布的《关于中小学教师退休时特级教师津贴能否计入退休费基数的复函》明确，中小学教师在职期间获得特殊教师荣誉称号并享受特级教师补贴费，在退休时仍保持其称号和待遇的，按照教育部、劳动人事部《关于中小学特级教师退休离休和调动工作以后补贴费处理的意见》执行，即"特级教师退休、病休时，有补贴费的，其补贴费可作为计算退休费和病假待遇的基数；离休时有补贴费的，补贴费照发。"

高级专家延迟退休享受免征个人所得税政策优惠。1994年5月13日，财政部、国家税务总局印发《关于个人所得税若干政策问题的通知》，第7条第2款规定，按《国务院关于高级专家离休退休若干问题的暂行规定》和《国务院办公厅关于杰出高级专家暂缓离退休审批问题的通知》精神，达到离休、退休年龄，但确因工作需要，适当延长离休退休年龄的高级专家（指享受国家发放的政府特殊津贴的专家、学者），其在延长离休退休期间的工资、薪金所得,视同退休工资、离休工资免征个人所得税。

2008年7月1日,财政部、国家税务总局印发《关于高级专家延长离休退休期间取得工资薪金所得有关个人所得税问题的通知》,明确了延长离休退休年龄的高级专家的范围和高级专家延长离休退休期间取得的工资薪金所得免征个人所得税政策口径标准。[1]

(4) 提高退休金待遇。国家在机关、事业单位工资制度改革以及经济社会发展、物价上涨的情况下先后多次提高退休费的标准。

退休费随工资区类别变动。1980年8月16日,国家劳动总局印发《关于退休费、退职生活费、精减人员救济费可随工资区类别的调整而变动的通知》,规定1979年10月底以前已经退休、退职的职工和按国务院《关于精减退职老职工生活困难救济问题的通知》规定发给本人工资40%救济费的精减人员,其退休费、退职生活费和救济费可随工资区类别的调整而变动,自1979年11月起由发给上述待遇的单位,改按调整工资区类别后原单位的同等级在职职工的标准工资计发;对享受粮(煤)补贴的,按国务院《关于调整工资区类别的几项具体规定》相应冲销其粮(煤)补贴后计发。

提高退休费最低保证数。劳动人事部、财政部于1983年6月28日颁布《关于提高职工退休费、退职生活费的最低保证数的规定》,明确提高退休费、退职生活费最低保证数的金额和经费来源。全民所有制企业、事业单位和国家机关、群众团体的退休职工,自1983年8月起,其退休费、退职生活费的最低保证数在现行标准的基础上提高5元。即:年老和因病完全丧失劳动能力退休的,由25元提高到30元;因工致残完全丧失劳动能力退休的,由35元提高到40元;过去已经退休和按照《安置

---

[1] 《关于高级专家延长离休退休期间取得工资薪金所得有关个人所得税问题的通知》明确,高级专家范围指:(一)享受国家发放的政府特殊津贴的专家、学者;(二)中国科学院、中国工程院院士。高级专家工资薪金所得免征个人所得税政策口径标准是:(一)对高级专家从其劳动人事关系所在单位取得的,单位按有关国家规定向职工统一发放的工资、薪金、奖金、津贴、补贴等收入,视同离休、退休工资,免征个人所得税;(二)除上述第(一)项所述收入以外各种名目的津补贴收入等,以及高级专家从其劳动人事关系所在单位之外的其他地方取得的培训费、讲课费、顾问费、稿酬等各种收入,依法计征个人所得税。

暂行办法》规定退职的职工，其退休费的最低保证数，自 1983 年 8 月起，也按上述规定执行；提高退休费最低保证数所增加的费用，由现在支付退休费的单位负责发给；集体所有制企业、事业单位退休、退职职工的退休费的最低保证数，由各省（自治区、直辖市）人民政府确定。

提高退休费基数。1989 年 12 月 19 日，《国务院批转人事部、国家计委、财政部〈关于 1989 年调整国家机关、事业单位工作人员工资实施方案〉的通知》和《国务院批转劳动部、国家计委、财政部〈关于 1989 年国营企业工资工作和离退休人员待遇问题安排意见〉的通知》两个文件同步提高了退休待遇。对国家机关、事业单位离休、退休的人员，按在职人员相应职务普调一级的平均增资数额，增加离休、退休费，低于 8 元的，按 8 元发给；将职工退休费最低保证数由原来的 30 元提高到 50 元；将因工（公）致残的退休职工退休费最低保证数由原来的 40 元提高到 60 元；对 1957 年以来从未升过级的退休干部，按提高一级工资的数额增加退休费，计入退休费总数；离休、退休人员先提高待遇，再按普调的有关规定，相应增加离休、退休费；离休干部按《国务院关于提高主要副食品销价后发给职工副食价格补贴的几项具体规定》享受的每人每月 5 元副食品价格补贴和按《国务院关于发给离休退休人员生活补贴的通知》规定享受的 17 元生活补贴费，可纳入本人离休费总数，计发 1 个月、1.5 个月、2 个月离休费总数的生活补贴。

工龄津贴计入退休费基数。1991 年 12 月 31 日，国务院颁布了《关于调整机关、事业单位工作人员工龄津贴标准的通知》，调整机关、事业单位离休、退休人员的待遇。对参加了 1985 年工资制度改革的，按本人离退休前的实际工龄和调整后的标准计算原工龄津贴数额，纳入离退休费基数；对未参加 1985 年工资制度改革的，按本人离退休前的实际工龄和每工作 1 年 1 元的标准增加离退休费基数。

国务院《关于调整机关、事业单位工作人员工龄津贴标准的通知》下发以后，不少地区和部门在调整离退休人员待遇方面，提出了一些具体问题。为此，人事部于 1992 年 2 月 2 日印发《关于离退休人员待遇有关问题的通知》，对离退休干部待遇的具体内容作出规定。一是按照《几项规定》和国务院批转《人事部、国家计委、财政部 1989 年调整国家机关、事业单位工作人员工资实施方案的通知》规定，每年享有 1 个月、

1.5 个月、2 个月离休费总数生活补贴的离休干部，这次增加的离休费，可作为计发"生活补贴"的基数。今后，凡是按国家规定增加的离休费，均可照此办理。二是按照中共中央组织部、劳动人事部《关于工资改革后离休的部分老干部待遇问题的通知》精神，离休干部这次调整待遇后，其离休费分别达到原行政十四级、十八级工资数额的，不能按行政十四级、十八级对待享受局、处级待遇。三是按照国务院批转《人事部、国家计委、财政部 1989 年调整国家机关、事业单位工作人员工资实施方案的通知》规定，享受退休费最低保证数的退休人员，这次增加的退休费基数，按现行办法打折扣后，可与原享受的退休费最低保证数合并发给。四是未参加 1985 年工资改革的离退休人员，这次增加离退休费基数的办法，应按在职人员计发工龄津贴的办法办理。五是符合《安置暂行办法》规定条件的退职人员，原则上可参照退休人员的办法增加退职生活费基数，具体办法由各省、自治区、直辖市和中央、国家机关各部门根据实际情况确定。

发放副食品价格补贴和生活补贴。为保证职工生活的基本安定，1979 年 10 月 17 日《国务院关于提高主要副食品销价后发给职工副食品价格补贴的几项具体规定》明确，从 1979 年 11 月 1 日起，在提高几种主要副食品销售价格的同时，发给职工副食品价格补贴。退休职工、退休军队干部和按照《安置暂行办法》规定退职的职工，每月发给 5 元副食品价格补贴。

鉴于物价上涨，1985 年 1 月 10 日，国务院印发《关于发给离休退休人员生活补贴费的通知》，决定向离退休人员发放生活补贴。一是机关、事业单位的离休、退休人员，除按《几项规定》和《安置暂行办法》规定享受的待遇和副食品价格补贴外，从 1985 年 5 月 1 日起，每人每月发给 17 元生活补贴费。二是企业单位根据自己的负担能力，对离休、退休人员每人每月发给 12—17 元的生活补贴费，发放时间由各省、自治区、直辖市确定。国务院各部门在各地的企业，除铁路系统以外，一律按当地规定的发放时间执行。三是实行本规定所需增加的经费，国家机关、事业单位由财政拨专款解决。属于中央单位的，由中央财政开支；属于地方单位的，由地方财政开支。企业单位在营业外支出中列支。由民政部门管理的离休、退休人员所需增加的经费，由同级财政部门增加预算解决。

上述《通知》下达以后，有些地区反映企业负担有困难，同时根据省长会议精神，4月4日，国务院出台《关于发给离休退休人员生活补贴费的补充通知》，规定要适当控制消费基金的增长，经研究确定，企业离休、退休人员一般先按每人每月12元发给，以后随着企业经济效益的提高，再逐步增加。

1985年6月13日，国务院工资制度改革小组、劳动人事部印发《关于实施国家机关和事业单位工作人员工资制度改革方案若干问题的规定的通知》，对离退休人员生活费补贴作出规定。凡是1985年4月30日以前离休、退休的，可按《国务院关于发给离休退休人员生活补贴费的通知》规定的待遇执行。不分工资区类别，每人每月一律发给生活费补贴17元。1985年5月1日以后至这次工资制度改革之前离休、退休的，也可按《国务院关于发给离休退休人员生活补贴费的通知》规定的待遇，从办理离休、退休的下个月起发给生活费补贴17元。参加了工资改革的人员，离休、退休时一律不再享受《国务院关于发给离休退休人员生活补贴费的通知》规定的生活费补贴，其离休、退休待遇可按国家现行规定，以本人的基础工资、职务工资、工龄津贴之和为基数计发。

3. 享受公费医疗待遇

《安置暂行办法》明确，离休、退休、退职干部本人，可以享受与所居住地区同级干部相同的公费医疗待遇。

4. 明确住房待遇

《安置暂行办法》明确，退休干部的住房，就地安置的，由原单位负责解决；回中小城镇安置的，其住房由接受安置的地区尽量从公房中调剂解决；确实不能调剂解决，需要修缮、扩建和新建住房的，也由接受安置的地区列入基建计划统一解决；回农村安置，住房确有困难的，可以由原单位给予适当补助。

离休或退休的干部确需修建住房的，其住房面积和标准，应当本着勤俭节约的原则，根据家庭人口和当地群众住房水平确定，不要脱离群众；自己有房屋可以居住的，不得另建新房。

西藏离休退休干部的住房政策。对于离休、退休后回农村安置以及易地安置到县、镇的干部、工人，可以适当发给建房、修缮补助费。离休、退休后仍居住公房的，包括易地安置到配偶或子女处居住公房的，都不再发给住房补助费。跨省安置到中等以上城市，确无住房或住房确有困难的，由接收安置地区积极协助解决，新建、扩建住房的费用由西藏自治区支付。1983年5月，《国务院办公厅批转〈劳动人事部关于落实西藏离休退休人员跨省安置问题的请示〉的通知》明确，跨省安置离休退休干部的住房面积和造价标准，按当地同级在职干部和群众的水平确定，由接受地区列入统筹建房计划。

5. 其他待遇

干部退休以后，无论退休、离休还是退职，除享受退休金的生活待遇，还享受安家补助费、车船费、旅馆费、丧葬费及直系亲属抚恤费等其他待遇。

（1）安家补助费。《安置暂行办法》规定，离休、退休干部易地安家的，一般由原工作单位一次发给150元的安家补助费，由大中城市到农村安家的，发给300元。

（2）车船费、旅馆费等。《安置暂行办法》规定，干部离休、退休、退职的时候，本人及其供养的直系亲属前往居住地点途中所需用的车船费、旅馆费、行李搬运费和伙食补助费，都按照现行的规定办理。

（3）直系亲属抚恤费。离休和退休的干部去世后，其丧事处理、丧葬补助费和供养直系亲属抚恤费，应当与在职去世的干部一样。

（三）面向农村和中小城市安置

《安置暂行办法》在安置去向上依然沿袭严格控制大城市、鼓励"告老还乡"的做法，在坚持总体上面向农村和中小城镇安置精神的基础上，扩大了安置去向的选择范围，考虑退休干部的工作地点、本人和爱人的原籍。离休、退休和退职的干部的安置，要面向农村和中小城镇。在大城市工作的，应当尽量安置到中小城镇和农村，也可以根据具体情况，到本人或爱人的原籍安置；在中小城镇和农村工作的，可以就地或回原籍中小城镇和农村安置。易地安置有实际困难的，也可以就地安置。跨省安置的，各有关省（自治区、直辖市）应当积极做好安置工作。对于其他省（自治区、直辖市）要求向北京、天津、上海安置的，要从严控制。

(四) 严格退休审批与管理

为加强退休管理,我国先后出台了多个关于退休审批的制度。

1. 规范离退休审批

(1) 正常情况下审批。《安置暂行办法》规定,干部离休、退休、退职,由所在单位按照干部管理权限报任免机关批准。

为认真执行干部退休制度,中央组织部、人事部颁布了《关于认真执行干部退(离)休制度有关问题的通知》,对办理退休手续、暂时留任、编制问题等作出了规定。一是达到规定的退休年龄(周岁)的干部,都应及时办理退休手续,不需本人提出申请。二是各级组织、人事部门对本单位达到退休年龄的干部,应事先按干部管理权限报经任免机关批准,在其达到退休年龄的前一个月通知本人,并在其达到退休年龄后的1个月内按规定办完有关手续,不再列为在编人员。三是对地、市(厅、局)级以上干部中个别确因工作需要暂时留任的,或需要安排到人大、政协任职的人选,应由所在单位事先提出留任或安排的理由和时间(留任时间一般为1年,最长不超过3年),按干部管理权限,报经任免机关审批。批准留任的,应及时通知本人。担任主要负责职务的干部需要留任的,由任免机关直接决定,并通知所在单位和本人。四是依据法律和有关规定经选举任职,在任届未满时达到退休年龄的干部,一般可待任届期满后,按有关规定办理退休手续。五是少数身体健康、具有专长的干部,在达到规定的退休年龄时,如工作确实需要的,可以在办理退休手续后,由需用单位按照政策规定予以聘用,但不列为在编人员。

(2) 延迟退休审批。《关于认真执行干部退(离)休制度有关问题的通知》规定,凡符合《国务院关于高级专家离休退休若干问题的暂行规定》《国务院关于延长部分骨干教师、医生、科技人员退休年龄的通知》规定,可以暂缓退休的高级专家和部分骨干教师、医生、科技人员,必须严格按上述文件规定和劳动人事部《关于印发两个"说明"的通知》的规定执行。女干部退休年龄按中央组织部、劳动人事部《关于县(处)级女干部退(离)休年龄问题的通知》的规定执行。少数身体健康、具有专长的干部,在达到规定的退休年龄时,如工作确实需要的,可以在办理退休手续后,由需用单位按照政策规定予以聘用,但不列为在编人员。

劳动人事部关于贯彻执行《国务院关于延长部分骨干教师、医生、科技人员退休年龄的通知》的说明提出，对延长退休人员要严格审批手续。凡需延长退休年龄的人员，先由其所在单位提出意见，在征得本人同意后，填写《部分专业技术干部延长离、退休年龄审批表》，按干部管理权限报主管部门审批。

（3）延迟退休审批。劳动部出台的《劳动部关于严格掌握企业职工退休条件的通知》要求，企业对接近退休年龄的职工，要妥善安置，因年老体弱不能坚持正常生产工作的，可以实行离岗退养。离岗退养期间工龄连续计算，按一定比例发给工资，所需费用仍在工资基金中列支。离岗退养职工到达退休年龄时，再按国家有关规定正式办理退休手续，发给退休费。

2. 严格出生日期认定

为明确办理干部离退休手续时如何认定出生日期的问题，1990年8月30日，中央组织部、人事部、公安部下发《关于办理干部退（离）休等手续时认定出生日期问题的通知》，规定凡干部居民身份证填写的出生日期同本人档案记载的出生日期一致的，均可作为组织、人事部门在办理其退（离）休等手续时，认定出生日期和计算年龄的依据。不一致的，组织人事部门应会同干部常住户口所在地户口登记机关进行查证核实，按干部管理权限和户口管理权限批准后查实的出生日期作为计算年龄和户口登记的依据，查证材料归入干部本人档案，同时抄送干部常住户口所在地户口登记机关；对无法查实的，应以干部档案或户口档案中最先记载的出生日期为依据。凡在公安部发布《关于在全国实施居民身份证使用和查验制度的通告》之前已办理了退（离）休手续的干部，其出生日期的认定及年龄的计算，均以办理退（离）休手续时组织人事部门管理的干部本人档案的记载为依据。[①]

3. 注重日常管理

《安置暂行办法》规定，各地区、各部门要加强对老弱病残干部安置工作的领导。党委的组织部门和革命委员会的人事、民政部门，要在党委和革命委员会的领导下，认真做好离休、退休干部的思想政治工作和

[①] 徐颂陶、孙建立：《中国人事制度改革三十年（1978—2008）》，中国人事出版社2008年版，第199页。

管理工作。就地安置的,由原工作单位管理;易地安置的,分别由接受地区的组织、人事和民政部门管理。对离休退休的老干部的服务工作,应由他们离休退休时所在的工作单位负责。

《决定》明确,离休退休老干部的服务工作,应由他们离休退休时所在的工作单位负责。原则上,在哪个地方离休退休,就居住在哪个地方。如果本人希望回乡或到某些适宜的地区定居,也应当积极地为他们安排,提供方便。

劳动人事部《关于严格掌握干部退休、退职条件及加强干部退休、退职后的管理工作的通知》规定,干部退休、退职时,任免机关应严格按照《国务院关于安置老弱病残干部的暂行办法》规定的条件审批。审批时应注意的事项,以及他们退休、退职后的教育,聘用及聘用后的待遇的管理,应该按照《国务院关于严格执行工人退休、退职暂行办法的通知》的第一、第二、第三、第五条的规定办理。在各地行政机构没有改革之前,这项工作由各省(自治区、直辖市)人事局商同劳动局(厅)贯彻执行。

4. 对离退休再就业进行限制

为避免离退休老干部利用自身关系或职务影响牟利,国家出台政策对离休老干部再就业进行限制。1984年,中共中央、国务院印发《关于严禁党政机关和党政干部经商、办企业的决定》,提出决不允许离休、退休干部利用老战友、老部下的关系和曾经担负过领导职务的影响,套购或倒卖国家的紧缺物资,严禁走私贩私、偷税漏税的买空卖空、牟取高利,以及从事"皮包公司"性质的经营体,也不得为自己的亲友提供从事这类活动的条件。

上述文件下达以后,党政机关办的企业大部分已经停办或者同党政机关脱钩;参与经商、办企业的党政干部,大多数已经回到机关工作或辞去党政职务。但是,这股不正之风还没有完全刹住。对此,1986年2月4日,中共中央、国务院印发《关于进一步制止党政机关和党政干部经商、办企业的规定》,提出党政机关的离休、退休干部,除中央书记处、国务院批准者外,不得到国营企业任职。如果到非国营企业任职,必须在离休、退休满两年以后,并且不能到原任职机关管辖行业的企业中任职。离休、退休干部到企业任职以后,即不再享受国家规定的离休、退休待遇。

为治理经济环境,整顿经济秩序,加强对商品流通的管理,保障改革的顺利进行。1988年10月3日，中共中央、国务院印发《关于清理整顿公司的决定》，规定无论是在职干部，还是退（离）休干部，均不得利用权力和关系进行商业经营、金融活动，从中谋利。凡违反者，由主管机关没收其不正当收入，并给予处分，构成犯罪的，由司法机关追究其刑事责任。

（五）规定各类退休经费来源

《安置暂行办法》明确，规定发给的退休费、退职生活费，企业单位，由企业行政支付；党政机关、群众团体和事业单位，就地安置的，由原工作单位负责；易地安置的，分别由负责管理的组织、人事和县级民政部门另列预算支付。

对于西藏跨省安置所需费用，1983年5月，《国务院办公厅批转〈劳动人事部关于落实西藏离休退休人员跨省安置问题的请示〉的通知》明确规定，凡属国家统一规定的费用，如住房费、退（离）休费、医药费，离休干部特需费和西藏规定的各种补贴，由西藏自治区拨交接受安置地区掌握支付，并每年结算一次。

（六）健全老干部工作机构

随着老干部数量的增多和服务需求的增加，老干部工作的重要性日益凸显，建立健全老干部工作机构逐步提上议事日程。

1. 设立各级老干部工作部门

《关于加强老干部工作的几点意见》提出，要加强对老干部工作的领导。老干部工作任务重，思想性、政策性强，各级党委要把其作为一项政治任务，列入议事日程，并确定一名主要领导同志分管。各有关部门，要密切配合，齐心协力做好这项工作。中央、国家机关各部委党委（党组），各省（市、自治区）、地（市、州、盟）委组织部，要建立和健全老干部工作机构，配备党性强，作风好，对老干部有无产阶级感情的干部，县（市、旗）委组织部，可以根据具体情况，设立老干部工作机构，或配备专人分管这项工作。

《老干部离休暂行规定》明确，各地区、各部门要加强对离休干部工作的领导。县以上的部门要有一名领导同志分管，干部、人事部门和其他有离休干部的单位，应当根据情况，配备专职或兼职干部，注意与有关部门密切配合，共同做好这项工作。

中央组织部印发的《关于妥善安排退出现职的老干部的意见》提出，为了适应离休退休老干部日益增多的新情况，做好为离休退休老干部服务的工作和思想政治工作，要建立健全老干部工作机构，力量不足的要充实加强。中央、国家机关各部委离休退休老干部较多的单位，应设老干部局；人员较少的，可设老干部办公室或在人事干部管理机构内设老干部处，专司其事。老干部局、室、处的负责同志，必须选配对老干部有感情、热心为老干部服务的老同志担任。老干部服务机构属机关编制。

《决定》规定，为统筹解决老干部离休退休方面的问题，各级党委的组织部门应当建立健全老干部工作机构，专司其事。

1983年，中央组织部《关于印发〈九省市老干部工作座谈会纪要〉的通知》规定，为适应大批老干部退下来、老干部工作任务繁重的情况，便于加强党委对老干部工作领导，各省（自治区、直辖市）的老干部工作机构，宜统称老干部局，列为省市区党委的部、局级机构，归口省市区党委组织部。

2. 明确老干部工作机构编制和经费

1988年11月4日，国家编制委员会发布《关于中央一级国家机关人员编制管理和行政预算几个问题的通知》，明确了中央一级部门编制性质、数量和经费。各部门为离退休干部服务的工作人员列为行政附属编制，其机构仍称老干部局（离退休人数少的称处），是各部门的附属机构，开支离退休人员管理和活动的专项经费，在机关行政经费预算中单列科目。老干部局（处）的工作人员，包括管理人员、医护人员、司机等，其配备人数按管理和服务等离退休人数多少来确定，一年核定一次。配备的标准是：离休的正副部级干部与工作人员的比例为1∶1；离休的司局长及以下的干部与工作人员的比例为10∶1；退休的干部与工作人员的比例为30∶1。离退休人数少的部门，可以适当提高配备比例；离退休人数多的部门，应当降低配备比例。离退休干部和老干部局（处）工作人员的各项经费预算和有关标准，由财政部、国务院机关事务局制定。

为贯彻《关于中央一级国家机关人员编制管理和行政预算几个问题的通知》精神，1989年5月25日，人事部颁布了《关于核定老干部机构编制的通知》，明确了老干部机构的主要任务和职责、编制和工作人员的待遇。老干部机构的设置，根据服务工作量大小和工作需要等，视具体情况确定。老干部机构的编制，随着离退休干部人数的增减，每年调整一次……各部门不得将老干部机构的编制挪作他用。有些部门与所属单位共同设立老干部机构或老干部活动场所的，其工作人员的编制，由各单位在批准的编制内分摊。老干部机构的编制列为机关行政附属编制以后，其工作人员的待遇，与各部门职能机构的工作人员待遇同等对待。

3. 确定老干部工作机构规格

1990年，《加强老干部工作的通知》规定，老干部工作机构只能加强，不得削弱。各省、自治区、直辖市的老干部局，应仍按组通字〔1983〕28号通知的要求设置，列为省（区、市）党委的部、局级机构。老干部工作人员的配备，必须与所担负的任务相适应。要选配政治素质好，热爱老干部工作的同志，充实老干部工作部门。

可见，在加强退休制度建设的同时，党和国家从机构建设的角度越来越重视老干部工作，明确机构编制、人员待遇和机构规格。

（七）发挥退休人员作用

在如何发挥退休人员的作用上，党和国家的政策经历了从规定较为原则到具体的转变过程。

1. 原则规定发挥老干部作用

《几点意见的通知》提出，要充分发挥老干部的积极作用。但是，对于采用哪些形式、发挥老干部哪些方面的作用并没有明确规定。

《决定》明确，老干部离休退休以后，中央希望他们继续关心党的事业，关心国家和人民的命运，并在力所能及的范围内，为党为人民做出新的贡献。

《中央组织部关于妥善安排退出现职的老干部的意见》规定，妥善安排退出现职的老干部，在健康状况允许的条件下，继续发挥他们的作用，是党的一项具有重要政治意义的任务。

2. 具体规定离休退休人员发挥作用方式

《中共中央、国务院印发关于严禁党政机关和党政干部经商、办企业的决定》提出，党政机关离休、退休的干部，应该发扬党的全心全意为人民服务、密切联系群众的优良传统，在为社会公益事业服务等方面多作贡献。具有一定科技知识和专业特长的离休、退休干部，经有关部门批准，可以从事技术性、知识性咨询活动，可以举办培训班、补习学校、医疗所等,并取得合理的经济收入;也可以应聘于本地或外地企事业单位从事咨询或讲学活动,依照合同领取应得的劳动报酬。应聘迁居外地的,可以保持原地户籍,允许随时迁回。离休、退休干部可以从事家庭养殖业、种植业,出售自己的劳动产品。从事上述活动的离休、退休干部,按照有关规定继续领取应领的工资和享受应享受的生活待遇。

3. 发挥离休退休专业技术人员作用

为了更好地发挥离休退休专业技术人员作用,1986年10月6日,中共中央办公厅、国务院办公厅印发《关于发挥离休退休专业技术人员作用的暂行规定》,对离休退休专业技术人员继续发挥作用的形式、取得报酬、纳税、差旅费、表彰奖励、用人单位支持其发挥作用等方面作出了规定。

4. 利用老干部独特的优势发挥作用

《加强老干部工作的通知》提出,老干部是党和国家的宝贵财富,具有独特的优势。老同志主要是就地就近面向社会、面向群众、面向基层发挥作用,多做拾遗补阙的社会工作,帮助人民群众排忧解难。要特别注重帮助有关部门开展教育青少年的活动。发挥离休退休干部作用,应坚持自愿和量力而为、社会需求同本人志趣相结合的原则。要严格执行党的政策规定,提倡奉献精神。

二 正式建立离休制度

这一时期,我国正式建立了老干部离休制度,明确离休条件、离休待遇、审批管理等,并随着经济社会发展变化进行调整。

1980年9月29日,第五届全国人大常务委员会第十六次会议通过的《国务院关于老干部离职休养的暂行规定》(以下简称《离休暂行规定》),对老干部离休条件、安置地点、待遇和服务等作出详细规定,标志着我国正式建立离休制度。

此后,党和国家先后颁布了一系列政策,对离休制度作出详细规定。主要有《国务院关于发布老干部离职休养制度的几项规定的通知》(以下简称《几项规定》)、《劳动人事部贯彻〈国务院关于老干部离职休养规定中具体问题的处理意见〉》的通知(以下简称《离休处理意见》)、《中央组织部关于行政十四级、十八级以上干部离休后分别按司局级和处级待遇的通知》、《劳动人事部关于〈贯彻国务院关于老干部离职休养规定中具体问题的处理意见〉的问题解答》（以下简称《问题解答》）、《国务院办公厅转发劳动人事部关于中央和国家机关离休干部生活待遇问题的补充规定的通知》（以下简称《离休干部生活待遇补充规定》）、《劳动人事部印发关于离休干部健康休养的几项规定》（以下简称《离休健康休养规定》），等等。

（一）逐步放宽离休条件

这一时期，老干部离休条件建立后，又经历了两次调整，逐步降低了离休条件，扩大了离休对象范围。

1.《安置暂行办法》规定的离休条件

《安置暂行办法》规定的离休条件包括身体状况、参加革命时间、职务层次三个因素。具体为：

（1）对于丧失工作能力，1949年9月底以前参加革命工作的地委正副书记、行政公署正副专员及相当职务以上的干部；

（2）1942年底以前参加革命工作的县委正副书记、革命委员会正副主任及相当职务的干部；

（3）1937年7月7日以前参加革命工作的干部，可以离职休养。

可见，离休条件将中华人民共和国成立前划分为三个时间段，不同时间段离休条件存在差异：参加革命时间越早，离休要求的职务层次越低；参加革命时间越晚，离休要求职务层次越高，尤其是中华人民共和国成立前夕参加革命的，除了职务层次要求，还需具备"丧失工作能力"条件。

2.《离休暂行规定》放宽离休条件

1980年9月29日，中华人民共和国第五届全国人民代表大会常务委员会第十六次会议通过《国务院关于老干部离职休养的暂行规定》（以下简称《离休暂行规定》）。相对于《安置暂行办法》，《离休暂行规定》降低了离休条件，扩大了离休对象范围。

（1）第一、第二次国内革命战争时期参加革命工作的干部，抗日战争时期参加革命工作的副县长及相当职务或行政十八级以上的干部。

（2）中华人民共和国成立以前参加革命工作的行政公署副专员及相当职务或行政十四级以上的干部，年老体弱、不能坚持正常工作的，应当离休。

（3）已经退休的干部，符合上述规定的应当改为离休。

3. 《几项规定》进一步放宽离休条件

1982年4月10日，国务院《关于老干部离职休养制度的几项规定》（以下简称《几项规定》）进一步放宽了离休条件，对中华人民共和国成立前参加中国共产党所领导的革命战争、脱产享受供给制待遇的和从事地下革命工作的老干部，达到离职休养年龄的，实行离职休养的制度。已经退休的干部，符合离休条件的，应当改为离休。《几项规定》还明确规定了不同职务老干部的离休年龄，分别是：

（1）中央、国家机关的部长、副部长，省市自治区党委第一书记、书记、副书记和省市自治区人民政府省长、市长、主席、副省长、副市长、副主席及相当职务的干部，正职年满65周岁，副职年满60周岁。

（2）中央、国家机关的司局长、副司局长，省市自治区党委部长、副部长和省市自治区人民政府厅局长、副厅局长、地委书记、副书记和行政公署专员、副专员及相当职务的干部，年满60周岁。

（3）其他干部男年满60周岁，女年满55周岁，身体不能坚持正常工作的，可提前离休。

（4）确因工作需要，身体又能坚持正常工作的，经任免机关批准，可适当推迟。

此后，劳动人事部发布的《离休处理意见》对《几项规定》关于老干部的范围、退休改离休等进行了解释。[①]

（二）丰富老干部的政治待遇和生活待遇

1. 提高老干部的政治待遇

（1）发放离休荣誉证。《几项规定》明确，老干部办理离休手续后，

[①] 《劳动人事部贯彻国务院关于老干部离职休养规定中的具体问题的处理意见》的通知规定：《几项规定》第一条可以享受离休待遇的老干部是指：1949年9月30日以前，参加中国共产党所领导的革命军队的；在解放区参加革命工作并脱产享受供给制待遇的；中华人民共和国成立前在敌占区从事地下革命工作的。在东北和个别老解放区，1948年底以前享受当地人民政府制定的薪金制待遇的干部，也可以享受离休待遇。根据《几项规定》第一条退休改离休的干部，从1982年4月改发其原工资。在《离休暂行规定》下达以前退休的专业干部，抗日战争时期参加革命工作的科研、高教、翻译、工程技术、农业技术的九级，文艺十级、卫技十一级以及相当于行政十八级以上的；符合《几项规定》离休条件的解放战争时期参加革命工作的科研、高教、翻译、工程技术、农业技术的六级，文艺、卫技的七级以及相当于行政十四级以上的，由退休改为离休后，从1980年10月起改发其原工资。

由国务院委托离休人员所在的省、自治区、直辖市人民政府或中央国家机关的部委授予"老干部离休荣誉证"。荣誉证的具体事宜由老干部（人事）部门承办。

（2）阅读文件。《离休干部生活待遇补充规定》明确，离休干部的政治待遇，原则上按同级在职干部的待遇阅读机要文件、听重要报告、看必要的学习材料以及参加重要的政治活动和会议。对因病或年老体弱行动不便的离休干部，在不违背保密制度的原则下，老干部部门指定专人赴离休干部住地送阅重要文件或口头传达重要会议精神。高级干部离休后，一般不配秘书。工作确实需要的，经所在部、委领导批准，可临时抽调助手。

（3）参加庆祝大会。《离休处理意见》明确，在举行重大庆祝会、纪念会等，要请离休干部的代表上主席台或荣誉席就座。

2. 提高离休生活待遇

《国务院关于老干部离职休养的暂行规定》明确，干部离休后，原标准工资（含保留工资）照发，福利待遇不变。[①]《几项规定》明确，老干部离休后基本政治待遇不变，生活待遇略为从优。1921年7月1日到1949年9月30日各个革命时期参加革命工作的老干部，离休后原工资照发。[②] 随着经济社会发展，党和国家逐步提高了部分离休老干部的生活待遇。

（1）工资改革时提高离休费。《国务院批转人事部、国家计委、财政部1989年调整国家机关、事业单位工作人员工资实施方案的通知》规定：提高离休干部待遇。1937年7月6日以前参加革命工作的离休干部，

[①] 这里的福利待遇不变是指干部离休后，继续享受原单位同级在职干部同样的困难补助（含遗属生活困难补助）等各项非生产（工作）性福利待遇不变；"其他各项生活待遇"包括：粮价补贴、副食品价格补贴、冬季取暖补贴和医疗、住房、用车、生活品供应等待遇。易地安置离休干部的"其他各项生活待遇"，执行接受安置地区的标准。参见《劳动人事部贯彻国务院关于老干部离职休养规定中具体问题的处理意见》。

[②] "原工资"包括级别工资、保留工资和附加工资。有地区生活费补贴的地方，"原工资"含地区生活费补贴。原享受地区生活费补贴的干部，离休后到没有地区生活费补贴地方安置的，不再发给地区生活费补贴；原不享受地区生活费补贴的干部，离休后到有地区生活费补贴地方安置的，应按接受地区同级干部的标准发给地区生活费补贴。参见《劳动人事部贯彻国务院关于老干部离职休养规定中具体问题的处理意见》。

其离休时工资低于124元（六类工资区，下同）的，可按124元领取离休费；1937年7月7日至1942年年底参加革命工作的离休干部，其离休时工资低于87.5元的，可按87.5元领取离休费；1943年1月1日至1945年9月2日参加革命工作的离休干部，其离休时工资低于78元的，可按78元领取离休费；1945年9月3日至1949年9月30日参加革命工作的离休干部，其离休时工资低于70元的，可按70元领取离休费。对1957年以来从未升过级的离休干部，按提高一级工资的数额增加离休费，计入离休费总数。凡已享受上述提高离休干部待遇第1项的，不再享受此项待遇。

（2）发放生活补贴。为体现对老干部生活待遇的优待，《几项规定》根据老干部参加革命时间的早晚，发放金额不等的生活补贴。一是1937年7月6日以前参加革命工作的老干部，按本人离休前标准工资，[①]每年增发两个月的工资，作为生活补贴。二是1937年7月7日到1942年12月31日参加革命工作的老干部，按本人离休前标准工资，每年增发1.5个月的工资，作为生活补贴。三是1943年1月1日到1945年9月2日参加革命工作的老干部，按本人离休前标准工资，每年增发1个月的工资，作为生活补贴。四是1945年9月3日到1949年9月30日参加革命工作的老干部，不增发生活补贴。行政八级和相当于八级以上（含八级）的老干部离休后，不增发生活补贴。享受上述待遇的离休老干部，一律不再发给任何形式的奖金。老干部离休后的生活补贴，自批准离休之日起按年发给。

《国务院批转人事部、国家计委、财政部1989年调整国家机关、事业单位工作人员工资实施方案的通知》规定，抗日战争时期及其以前参加革命工作的原行政八级（含八级）以上的离休干部，同原行政九级以下的离休干部一样，按照他们参加革命工作的不同时期，每年分别增发1个月、1.5个月、2个月本人离休费总数的生活补贴。

（3）奖金待遇。《劳动人事部印发〈关于贯彻国务院关于老干部离职

[①] "标准工资"一般是指由国家统一制定的工资标准表中的级别工资，但有保留工资的离休老干部，其标准工资中含保留工资。参见《劳动人事部贯彻国务院关于老干部离职休养规定中具体问题的处理意见》。

休养规定中具体问题的处理意见的问题解答〉的通知》规定,干部从离休的下个月起,不再发给任何形式的奖金。因工作需要由组织安排,坚持上班的离休干部,可与在职干部一样继续发给工作(生产)奖金。

3. 提高部分离休干部待遇

(1) 离休干部享受副司局级、副县级待遇。根据《中共中央组织部关于行政十四级、十八级以上干部离休后分别按司局级和处级待遇的通知》,1984年10月,《中共中央组织部、劳动人事部关于国营企业非国家机关行政级干部离休后分别享受司局级、处级待遇的通知》《教育部干部司关于高等学校非国家机关行政级别干部离休后分别享受司局级或处级待遇的通知》《中共中央组织部、劳动人事部关于工资改革后离休的部分老干部待遇问题的通知》《中共中央组织部老干部局关于获得高级专业技术职称的干部离休后有关待遇问题的复函》《中共中央组织部老干部局关于行政十四级、十八级以上干部离休后提高待遇问题的电话答复》规定,以下干部离休后可提高享受副司级(地专)级待遇:一是中华人民共和国成立前参加革命工作未担任司局(地专)级职务的行政十四级以上老干部离休后,一般可享受司局(地专)级的政治、生活待遇。二是中华人民共和国成立前参加革命工作,其标准工资额高于当地国家机关行政十四级干部的工资额的企业干部。三是中华人民共和国成立前参加革命的干部,其工资级别为高等学校教学人员六级或六级以上的;工资级别为高教行政九级及九级以上的;工资级别为其他非国家机关行政级,其标准工资额高于当地国家机关行政十四级的干部。四是中华人民共和国成立以前参加革命工作的干部,1982年年底以前,国家机关、科学文教卫生等部门,按照国务院调整工资的规定,工资级别调为行政十四级以上的;国营企业非国家机关行政级干部,1983年年底以前按国务院调整工资的规定,其标准工资额调为高于当地国家机关行政十四级干部工资额(不包括浮动工资、津贴)不同和各地区、各部门自行调整的工资的。五是获得高级专业技术职称的干部离休后提高享受待遇的问题,仍应按照中共中央《关于建立老干部退休制度的决定》,中共中央组织部、劳动人事部《关于国营企业非国家机关行政级干部离休后分别享受司局级、处级待遇的通知》,中共中央组织部、劳动人事部《关于工资改革后离休的部分老干部待遇问题的通知》的规定办理。其在职时按中央、国务院及有关部门的规定享受的乘车、医疗等项待遇，离休后仍可以继续享受。

以下干部离休后可享受副处（县）级待遇：一是中华人民共和国成立前参加革命工作未担任处（县）级职务的行政十八级以上老干部。二是中华人民共和国成立前参加革命工作，其标准工资额高于当地国家行政机关行政十八级干部的工资额的企业干部。三是中华人民共和国成立前参加革命的干部，其工资级别为高等学校教学人员九级及九级以上的；其工资级别为高教行政十三级及十三级以上的；工资级别为其他非国家行政机关行政级，其标准工资额高于当地国家机关行政十八级的。四是中华人民共和国成立以前参加革命工作，1982年年底以前，国家机关、科学文教卫生等部门，按国务院调整工资的规定，工资级别调为行政高于当地国家机关行政十八级干部工资额（不包括浮动工资、津贴、补贴和各地区、各部门自行调整的工资）的。五是获得高级专业技术职称的干部离休后提高享受待遇的问题，仍应按照中共中央《关于建立老干部退休制度的决定》，中央组织部、劳动人事部《关于国营企业非国家机关行政级干部离休后分别享受司局级、处级待遇的通知》，中央组织部、劳动人事部《关于工资改革后离休的部分老干部待遇问题的通知》的规定办理。其在职时按中央、国务院及有关部门的规定享受的乘车、医疗等项待遇，离休后仍可以继续享受。

（2）离休干部享受省（部）长级待遇和副省（部）长级待遇。1984年，《中共中央组织部印发〈关于确定部分老同志待遇问题的意见〉的通知》规定，除现任部长级职务的干部外，符合下列条件之一的干部，按部长级待遇：行政六级以上（含六级）的；1927年7月31日以前参加革命工作，"文化大革命"前担任副部长级职务，行政七级的；中华人民共和国成立以后担任过部长、省长或相当这一级职务，后因工作需要调任较低职务（不包括犯错误而降级）的。

除现任副部长级职务的干部外，符合下列条件之一的干部，按副部长级待遇：一是行政八级以上（含八级）的；二是1937年7月6日以前参加革命工作，"文化大革命"前担任正局长级职务，行政九级的；三是1927年7月31日以前参加革命工作，"文化大革命"前行政十级的；四是中华人民共和国成立以后担任过副部长、副省长或相当这一级职务，后因工作需要调任较低职务（不包括犯错误而降级）的；五是1937年7月6日以前参加革命工作，转业前在军队担任过正军级职务，"文化大革命"前行政十级的。

4. 明确特殊情况下离休人员的待遇

（1）异地安置的离休人员工资区确定。1984年6月19日，《劳动人事部关于异地安置的离休人员应按何类地区工资标准计发工资的复函》中明确，对于异地安置离休人员的工资由原单位支付的，仍按原单位所执行的工资区类别计发标准工资。离休人员的工资已由接受安置地区支付的，也应按原工作单位所执行的工资区类别计发标准工资。异地安置的离休人员的标准工资无论由何地支付，均不受接受安置地区工资区类别调整的影响，而应随原工作单位所在地工资区类别的调整作相应调整。

（2）派驻深圳工作干部离休待遇确定。1989年5月17日，《人事部离退休司关于派驻申请深圳公司工作的干部离退休后待遇问题的答复》规定凡在离休前户口已迁到深圳的，可按深圳的工资标准领取离休费；凡户口仍在派出地的，应享受原派出单位同职级干部的离休费待遇。

5. 重视医疗待遇

党和政府重视对离休干部医疗待遇的保障，随着经济社会的发展逐步丰富离休老干部的医疗待遇内容，提高医疗待遇水平。

（1）公费医疗待遇。《安置暂行办法》规定，离休、退休、退职干部本人，可以享受与所居住地区同级干部相同的公费医疗待遇。

（2）制定老干部保健制度。1978年《加强老干部工作的几点意见》提出，对老干部，特别是第一、第二次国内革命战争时期的老干部，要在住房、医疗、用车、生活品供应等方面给予适当照顾。要协同卫生部门制定老干部保健制度，在他们住院治疗期间，及时去探望他们。

（3）离休干部医疗待遇优先照顾。《离休干部生活待遇补充规定》提出，原享受保健医疗待遇的干部，离休后待遇不变。对其他离休干部，各医疗单位须积极创造条件，增设干部病床，在门诊、住院等方面予以优先照顾。行动不便的离休干部，除在原单位合同医院就诊外，经所在区卫生局办理手续，可在居住地区附近再确定一个医疗机构看病，凭收据报销医药费。合同医院会同离休干部所在单位医务室，须定期对离休干部进行体格检查。有条件的单位应设医务室，建立巡诊制度，为离休干部送医送药上门。《加强老干部工作通知》规定，在医疗制度改革中，对离休干部要给予适当照顾。老同志在制度规定范围内的医药费用，应实报实销。

（4）高级专业技术职称离休干部医疗待遇继续享受。1990年12月，《中共中央组织部关于获得高级专业技术职称的干部离休后有关待遇问题的复函》规定，获得高级专业技术职称的干部，在职时按中央、国务院及有关部门的规定享受的乘车、医疗等项待遇，离休后仍可以继续享受。

6. 保障住房待遇

对于离休干部的住房待遇，国家按照不同情况分别原则处理。

（1）正常离休住房待遇。《安置暂行办法》规定，离休干部的住房，就地安置的，由原单位负责解决；回原籍或到其他地区安置的，由接受安置的地区负责解决。确需修缮、扩建或新建住房的，由接受安置的省（自治区、直辖市）列入基建计划统一解决。

（2）离休干部住房的责任单位。《离休处理意见》规定，离休干部住房有困难的，就地安置的，由所在单位负责优先解决。确实无力建房的基层单位，由上级主管部门或房管部门负责解决。跨省安置离休干部的建房，原工作单位将所需建房费划拨给接受安置地区后，由接受安置地区作为自筹基建优先列入地方计划，并负责筹建、管理。各级离休干部每户的建筑标准，可参照国家建筑主管部门的有关规定确定。对到农村安置的，可酌情给予一定数额的建房补助费，补助标准由各省（自治区、直辖市）制定。

（3）离休干部住房分配优先。1983年5月23日，《国务院办公厅转发劳动人事部关于中央和国家机关离休干部生活待遇问题的补充规定的通知》（以下简称《离休干部生活待遇补充规定》）对离休干部住房作出规定。《离休干部生活待遇补充规定》提出，离休干部住房，按家庭同居人口、职务级别分配。原则上在同等条件下，比在职干部优先分配，并在住房的条件上给予照顾的原则。离休干部住房由所在单位负责解决。

7. 建立健康休养制度

根据老干部离休后基本政治待遇不变，生活待遇略为从优的原则，1983年5月，劳动人事部印发《关于离休干部健康休养的几项规定》的通知，规定了离休干部组织健康休养原则、休养时间、费用支出等。

（1）组织健康休养，应从各地实际情况出发，分期分批地进行。凡有疗养场所的，对离休干部应优先安排；没有疗养场所的，可与有关单位联系一些床位，适当安排。

（2）参加健康休养的离休干部，必须本人自愿；有医疗部门的检查，证明其健康状况容许，并经本单位组织批准。有传染病或严重慢性病者，不要参加。

（3）健康休养时间，一般可安排15—20天。

（4）副部长以上（含副部长）及相当于这一级的离休干部外出休养，可根据〔1980〕国办发18号文件规定办理，即，高级干部外出休养因病或年老体弱，需要家属随同照顾的，公家一般可报销家属一人的同席车船费和住宿费。但一般不得携带已参加工作的子女。

（5）所需费用，按下列原则掌握：车船费和床位费按同职级在职干部差旅费标准，从离休干部所在单位差旅费中列报；休养期间的医疗费，按公费医疗规定办理。伙食费自理。未经组织批准，自行联系休养的，或在统一组织健康休养期间，自动转换疗养场所的，一切费用自理。要发扬艰苦奋斗的优良传统，防止搞特殊化。

为体现党和国家对离休干部政治上的关怀，使他们及时了解我国社会主义建设的大好形势，劳动人事部颁布了《关于离休干部参观工农业建设项目的通知》，对离休干部参观工农业建设项目的地域范围、参观人数、参观时间、参观过程、接待单位及经费支出作出规定。

《离休干部生活待遇补充规定》提出，各单位应按照有关规定组织离休干部健康休养。有疗养场所的，对离休干部应优先安排；没有疗养场所的，要积极创造条件自建或联合筹建。离休干部经组织批准健康休养的车、船、住宿费，按同级在职干部差旅费标准报销。伙食费自理。

（三）保障离休干部待遇

离休人员的其他待遇除与退休人员都同样享受的安家补助费、车船费、供养直系亲属抚恤费、丧葬费以外，离休干部还有享受护理费待遇、车船费和车辆使用等待遇。

1. 明确护理费标准

《离休暂行规定》规定，因公致残饮食起居需要人扶助的离休干部，一般可发给不超过当地普通机械行业二级工标准工资的护理费。由于瘫痪等原因，生活长期完全不能自理的，可酌情发给护理费。需要购置病残工具而本人有困难的，可酌情补助。

《劳动人事部关于发布贯彻国务院关于老干部离职休养规定中具体问题的处理意见》规定，《离休暂行规定》所称因病残发给护理补助费的标准，不得超过当地一个普通机械行业二级工的工资标准。病情好转、生活基本能够自理后，护理补助费停发。

《民政部、劳动人事部、财政部关于在职的革命残废军人伤口复发治疗期间的有关待遇及对离休、退休的特、一等残废军人发给护理费问题的通知》规定，对于离休、退休因战因公负伤致残、完全丧失劳动能力、饮食起居需人扶助的特、一等革命残废军人，应参照《安置暂行办法》《国务院关于老干部离职休养的暂行规定》的有关规定，由发放离休费、退休费的单位发给护理费。

《劳动人事部、财政部关于调整离休退休人员护理费标准的通知》规定，自1986年11月起，离休、退休人员按照国家规定条件享受的护理费，其标准调整为《关于印发国营大中型企业职工工资标准的通知》中规定的当地新五级工标准工资的中线（六类区为51元）。

2. 享受探亲待遇

《老干部离职休养的暂行规定》明确，干部离休后，继续享受国家规定的探亲待遇，本人可报销一次探视父母、子女或回原籍的往返车船费。

《劳动人事部印发〈关于贯彻国务院关于老干部离职休养规定中具体问题的处理意见的问题解答〉的通知》规定，干部离休后除继续享受国家对在职干部规定的探亲待遇外，本人还可以按现行差旅费开支标准报销一次探视父母、子女或回原籍的往返车船费。住宿费和伙食费自理。探视地点只准一处（顺路中途下车的不限）。陪同人员的费用自理。离休干部出国探亲按对在职干部的探亲规定报销国内的往返路费。

3. 明确配备车辆待遇

《几项规定》明确了离休干部配备必要的车辆的标准。地专级以上的离休干部，按同级在职干部的配车规定配备车辆。县以上老干部工作部门和干休所，可根据实际情况适当配备车辆。供离休干部看病、学习、公出使用。所配车辆应首先从各单位现有车辆中调剂，不足部分由上级有关部门负责解决。

《关于〈贯彻国务院关于老干部离职休养规定中具体问题的处理意见〉的问题解答》的通知明确，离休干部使用的车辆，参照现行标准配备。原配有专车的干部，离休后待遇不变，鉴于工作量减少，根据本人自愿的原则，其专车也可组成为老干部服务的车队，由机关统一调度。离休后符合配专车条件的，不再固定专车。正、副部长级离休干部用车，保证随叫随到。司局长级（含十四级）离休干部看病、住院和处以下离休干部急诊、重病住院，应保证用车。在机关车辆不能保证的情况下，经有关部门同意，可租用车辆，费用报销。参加有组织的活动，对司局长级（含十四级）离休干部和行动不便的处以下离休干部用车要妥善安排。参照上下班市内交通补贴标准，可继续发给离休干部交通补贴。司局长级（含十四级）以上离休干部因病用车和处以下离休干部急诊、重病住院用车，均不收费。因私用车按规定收费。老干部工作部门，根据实际需要，可配备适当数量的工作车辆，为离休干部服务。

（四）严格控制到大城市安置

这一阶段在离休老干部安置去向上，坚持从严控制去北京、天津、上海等大城市安置。

1. 从严控制到直辖市安置

1980年10月，国务院公布的《老干部离职休养的暂行规定》明确提出，对要求到北京、天津、上海安置的，要从严控制。

2. 有条件地放宽到大城市安置

随着经济社会发展，并考虑到实际情况，国家有条件地放宽离休干部到大城市安置。1983年12月，《国务院办公厅转发〈劳动人事部、公安部、商业部、国家计委、城乡建设环境保护部关于离休干部跨省安置的补充规定〉的通知》规定，就地安置有困难，要求回原籍的离休干部的爱人子女都在北京，本人在外地的，可到北京安置。到天津、上海安置的离休干部，可参照办理。在高原、沙漠、边远地区（西藏除外）工作的内地干部离休后，一般可在离休时所在省的省会、自治区的首府或交通、物质条件较好的其他城镇安置。对身体确实不适应或就地分散安置有困难，需到内地安置，可以到本人或配偶的原籍、子女工作地或原调出单位所在地区安置。

3. 严格控制到北京安置

1990年3月,《北京市老干部局、财政局〈关于外省(自治区、直辖市)离休干部易地来京安置的暂行规定〉的通知》规定:离休干部要求来京安置的,要按中央、国务院的规定严格控制。离休干部的配偶、子女都在北京,本人在外地,来京后能解决住房的,可以批准到北京安置。

(五)审批管理

《离休处理意见》规定,老干部离休时,地级以上单位管理的,应由所在单位按照干部管理权限,报任免机关批准;县级以下单位管理的,要报县级以上机关审核批准,并报地级以上主管部门备案。

(六)不同情形离休经费来源存在差异

1. 正常离休的经费渠道

《离休处理意见》提出,离休干部所需的各项经费(包括工资、生活补贴、粮价补贴、副食品价格补贴、冬季取暖补贴、福利费、公用经费、探亲路费、护理费、购置病残工具补助费、建房费和按规定配备汽车等项费用),由所在单位列入预算。行政单位在其他行政经费、事业单位在有关事业费项下的"离休退休人员费用"目内列支。企业单位在营业外支出中列支。

2. 异地安置干部的经费渠道

易地安置的离休干部所需各项经费,由原单位汇交接受安置单位支付。易地安置已由接受地区支付退休费的退休改离休干部,由接受地区的干部、人事部门单列编制,并负责各项经费的预算编造和支付工作,由"抚恤和社会福利救济费类"的"离休费"中列支。

3. 组织派到企事业单位干部的经费渠道

由组织派到集体所有制企业、事业单位的国家干部,离休后所需的各项经费,可由上级主管单位分别在企业、事业费中开支。有离休干部的单位,每年按每个离休干部150元计算,由离休干部所在单位或上级主管部门作为特需经费列入预算,统一掌握,主要用于解决离休干部的特殊困难和必要的活动经费开支。

(七)明确离休老干部发挥作用形式

《离休暂行规定》明确了发挥老干部作用的形式,列举了离休干部撰写回忆录、关心国家大事、关心人民生活、反映情况、提出建议等几种形式发挥作用；同时考虑到离休干部的身体状况，要求离休干部做力所能及的工作。①

三 优化退职制度

（一）简化退职条件

《安置暂行办法》规定，对于经过医院证明完全丧失工作能力，又不具备退休条件的干部，应当退职。可见，这一时期的退职条件就是不具备退休条件、经医院证明完全丧失工作能力。

（二）提高退职待遇

退职待遇主要是退职金和安家补助费，其他待遇如公费医疗、车船费、旅馆费与退休人员相同。

1. 提高退职费

《安置暂行办法》规定，退职后，按月发给相当于本人标准工资40%的生活费，低于20元的，按20元发给。

劳动人事部、财政部于1983年6月28日颁布的《关于提高职工退休费、退职生活费的最低保证数的规定》明确，全民所有制企业、事业单位和国家机关、群众团体的退休职工，自1983年8月起，其退职生活费的最低保证数在现行标准的基础上提高5元，年老和因病完全丧失劳动能力不够退休条件而退职的，由20元提高到25元；过去已经退休和按照《安置暂行办法》规定退职的职工，其退职生活费的最低保证数，自1983年8月起，也按上述规定执行；提高退休费、退职生活费最低保证数所增加的费用，由现在支付退职生活费的单位负责发给；集体所有制企业、事业单位退休、退职职工的退职生活费的最低保证数，由各省（自治区、直辖市）人民政府确定。

1989年12月19日，国务院批转《人事部、国家计委、财政部1989年调整国家机关、事业单位工作人员工资实施方案》的通知和国务院批

---

① 《离休暂行规定》明确，注意发挥离休干部的作用的形式。凡是能写革命回忆录的，要为他们口述或撰写提供必要的条件。鼓励他们发扬革命传统，关心国家大事，关心人民生活，反映情况，提出建议，做些力所能及的工作。

转《劳动部、国家计委、财政部关于1989年国营企业工资工作和离退休人员待遇问题安排意见》的通知同时提出，提高退职人员待遇，将职工退职生活费最低保证数由原来的25元提高到40元。

2. 发放异地安家补助费

《安置暂行办法规定》明确，退职干部易地安家的，可以发给本人2个月的标准工资作为安家补助费。

第四节 退休制度的改革与完善（1992—2019年）

随着我国建立社会主义市场经济，国有企业、机关和事业单位工资制度、养老保险制度、医疗和住房等多方面改革的推进，干部退休制度面临着新形势和新要求。由于离休干部年龄越来越大，保障离休干部生活待遇成为离休制度的重要内容；随着退职人数减少，退职制度内容仅涉及退职金的调整；退休人员数量越来越多，要求改革完善退休制度，着重强化退休制度的保障机制建设，改进和完善退休管理服务，充分发挥离退休干部的作用。

1992年5月28日，中央组织部、人事部印发《关于加强干部退休工作的意见》的通知，明确了加强干部退休工作的重要性，要求各级组织、人事部门要严格执行干部退休制度，认真落实退休干部的政治和生活待遇，注意发挥退休干部的作用，因地制宜不断改进和完善退休干部管理形式，加强退休干部管理机构和工作队伍建设。

市场经济的建立和社会保障制度改革为干部退休制度提出新的课题。党的十四届三中全会通过的《中共中央关于建立社会主义市场经济体制若干问题的决定》提出，建立合理的个人收入分配和社会保障制度。1994年12月，全国离退休干部工作座谈会召开，会议指出："在建立社会主义市场经济体制的新形势下，我们党将一如既往地关心、重视离退休干部工作，党和国家对老同志从优照顾的一些基本政策和原则，是不会改变的。而且，通过建立社会主义市场经济，深化改革，党和国家关于从优照顾老同志的一些具体规定，将会越来越合理，

第十五章　退休制度

越来越完善。"①

1995年3月17日，国务院印发《关于深化企业职工养老保险制度改革的通知》，对企业职工养老保险制度改革的目标、原则、基本养老保险费用承担等作出规定。12月7日，劳动部、财政部印发《关于做好企业离退休人员生活保障工作的通知》，要求建立企业离退休人员基本养老金的调整机制、资金保障和发放工作。

国务院于1997年7月16日印发的《关于建立统一的企业职工基本养老保险制度的决定》提出，建立起适应社会主义市场经济体制要求，适用城镇各类企业职工和个体劳动者，资金来源多渠道、保障方式多层次、社会统筹与个人账户相结合、权利与义务相对应、管理服务社会化的养老保险体系，并对企业和个人缴费比例、缴费年限和养老金发放作出规定。9月12日，党的十五大报告提出，完善干部离退休制度，更好地从政治上关心、生活上照顾老干部，发挥他们的作用。

党的十五届四中全会通过了《中共中央关于国有企业改革和发展若干重大问题的决定》，提出要逐步推进社会保障的社会化管理，实行退休人员与原企业相分离，养老金由社会服务机构发放，人员由社区管理；认真落实企业离休干部的政治、生活待遇，做好管理和服务工作。2003年10月，党的十六大报告提出，继续做好离退休干部工作。

2007年10月，党的十七大报告提出，全面做好离退休干部工作。2008年1月31日，中央政治局常委、中央书记处书记、国家副主席习近平在老同志迎春茶话会上强调，深入贯彻党的十七大精神，全面做好离退休干部工作；要切实做到对老干部政治上多关心、思想上多沟通、生活上多照顾、精神上多关怀。3月26日，中央组织部、人力资源和社会保障部印发《关于进一步加强新形势下离退休干部工作的意见》。2009年1月16日，习近平在老同志迎春茶话会上讲话强调："我们对老同志为党和人民事业发展建立的历史功绩永远不能忘，对老同志的光荣传统和崇高风范永远不能丢，对老同志尊重、关心、照顾的政策永远不能变……

---

① 人事部政策法规司：《人事工作文件选编》第十八卷，中国人事出版社1996年版，第138—139页。

要坚持政治上多关心、思想上多沟通、生活上多照顾、精神上多关怀。"[①]

2010年，中共中央印发《2010—2020年深化干部人事制度改革规划纲要》，提出坚持和完善离退休制度；严格执行干部离退休制度；坚持和完善有关离退休干部政治待遇的各项制度；完善离休干部离休费和医药费保障机制，健全财政支持机制；完善离退休干部服务管理机制；进一步加强对离退休干部兼职的管理。

2011年9月15日，习近平在全国老干部工作先进集体和先进工作者表彰大会上讲话指出，尊重老干部就是尊重党的光荣历史，爱护老干部就是爱护党的宝贵财富，学习老干部就是学习党的优良传统和作风，重视发挥老干部作用就是重视党的重要政治资源。党的十六大报告提出，继续做好离退休干部工作。党的十八大报告提出，全面做好离退休干部工作。

2012年1月17日，习近平参加在京老同志迎春茶话会时指出，要完善和落实离退休干部政治待遇制度，探索创新离退休干部党支部设置方式、活动方式和活动内容，使广大老同志始终保持政治坚定、思想常新；要完善和落实离退休干部生活待遇制度，加强离休干部离休费保障机制、医药费保障机制和财政支持机制建设，继续提高企业退休人员基本养老金水平，让老同志晚年生活更加幸福；要充分利用和整合社区资源，建立健全单位、社区、家庭结合的离退休干部服务管理体系。

2013年1月11日召开的全国老干部局长会议强调，要站在讲政治的高度做好老干部工作，立在用心用情的实处做好老干部工作，想在更细更好的深处做好老干部工作。

2014年11月26日，中央组织部召开全国离退休干部先进集体和先进个人表彰大会，习近平总书记亲切接见与会的"双先"代表和离退休干部工作部门负责同志并发表重要讲话。习近平总书记强调，要发挥老同志的政治优势、经验优势、威望优势，要切实解决好老同志的实际困

[①]《老同志迎春茶话会在京举行，习近平出席讲话》，新华网，2009年1月16日，http://www.ce.cn/xwzx/gnsz/szyw/200901/16/t20090116_17985514.shtml。

难，让老同志安享幸福晚年。①

国务院于 2015 年 1 月印发的《关于机关事业单位工作人员养老保险制度改革的决定》明确提出，从 2014 年 10 月 1 日起改革机关事业单位养老保险制度，建立社会统筹与个人账户相结合的基本养老保险制度。

为主动适应协调推进"四个全面"战略布局和人口老龄化的新形势新要求，积极应对离退休干部队伍在人员结构、思想观念、活动方式、服务管理等方面的新情况新问题，2016 年 1 月 14 日，中共中央办公厅、国务院办公厅印发《关于进一步加强和改进离退休干部工作的意见》，明确提出新时期加强离退休干部工作的总体要求，加强离退休干部思想政治工作，完善和创新离退休干部服务管理工作，加强对离退休干部工作的组织领导。12 月 24 日，习近平总书记在全国老干部工作先进集体和先进工作者表彰大会讲话中，再次强调老干部是党执政兴国的重要资源，是推进中国特色社会主义伟大事业的重要力量。②

2017 年 3 月，李克强总理在政府工作报告中提出，"继续提高退休人员基本养老金，确保按时足额发放"。10 月，习近平总书记在党的十九大报告中提出，要"认真做好离退休干部工作"。2018 年 3 月，李克强总理在政府工作报告中提出，"深化养老保险制度改革，建立企业职工基本养老保险基金中央调剂制度……继续提高退休人员基本养老金和城乡居民基础养老金"。2019 年 1 月 16 日，全国老干部局长工作会议召开，会议强调，2019 年的老干部工作，要突出以政治建设为统领，全面加强离退休干部党的建设；突出组织引导老同志发挥优势和作用，进一步彰显老干部工作的价值；突出问题导向，以改革创新精神研究破解老干部工作中的重点难点问题；突出抓好信息化、精准化、规范化建设，不断提高老干部工作质量；突出组织领导和自身建设，为做好新时代老干部工作提供坚强保证。③

---

① 《习近平在北京亲切会见全国离退休干部先进集体和先进个人代表并发表重要讲话》，人民网，2014 年 11 月 27 日，http：//www.chinanews.com/gn/2014/11-27/6818960.shtml。
② 《习近平对全国老干部工作作出重要指示》，国家公务员局网站，2016 年 12 月 26 日，http：//www.scs.gov.cn/gzdt/201612/t20161226_6788.html。
③ 《全国老干部局长会议在京召开》，《中国组织人事报》2019 年 1 月 21 日。

一　严格执行退休制度

(一) 完善退休条件

这一时期干部离退休条件总体不变,随着经济社会发展和干部人事制度改革需要进行了局部调整。

1. 调整部分女干部的退休年龄

(1) 统一县处级女干部离退休年龄。1992年9月,中央组织部、人事部印发《关于县(处)级女干部退(离)休年龄问题的通知》,对县处级女干部退休作出统一规定。《通知》明确,党政机关、群众团体的县(处)级女干部,凡能坚持正常工作,本人自愿的,其退(离)休年龄可到60周岁。因身体健康状况不能坚持正常工作,或本人不愿意延长退(离)休年龄的,仍按《安置暂行办法》执行。全民所有制事业单位中担任党务、行政工作的相应职级的女干部,可参照本通知精神办理;专业技术干部按人事部《关于高级专家退(离)休有关问题的通知》。

从上述规定可见,对于县(处)级女干部退休年龄既考虑能最大限度发挥优质人力资源的作用,同时也考虑到本人意愿。

(2) 优化部分女干部退休年龄。男女两性不同年龄退休问题,不仅影响女性职业发展,而且关系女性退休待遇。这一问题近年来广受社会各界关注,连续多年成为两会热点问题。[①] 在社会各界多方呼吁下,2015年2月16日,中共中央组织部、人力资源和社会保障部颁布的《关于机关事业单位县处级女干部和具有高级职称的女性专业技术人员退休年龄问题的通知》规定,党政机关、人民团体中的正、副县处级及相应职务层次的女干部,事业单位中担任党务、行政管理工作的相当于正、副处级的女干部和具有高级职称的女性专业技术人员,年满60周岁退休。上述女干部和具有高级职称的女性专业技术人员如本人申请,可以在年满55周岁时自愿退休。年满60周岁的少数具有高级职称的女性专业技术人

[①] 据不完全统计,全国十一届人大一次会议、三次会议、四次会议涉及"男女同龄退休"建议分别为7件、17件和39件。全国人大代表、中华女子学院孙晓梅教授曾连续6年提出"男女同龄退休问题"议案;全国政协会议也有很多"关于男女同龄退休问题"提案,其中妇联界曾有66位政协委员提案"实行男女公务员同龄退休"。

员，因工作需要延长退休年龄的，仍按照《国务院关于高级专家离休退休若干问题的暂行规定》《人事部关于高级专家退（离）休有关问题的通知》有关规定执行。

这一规定，相对于1992年的关于处级女干部退休政策有两个改变：一是改变退休对象。在《关于县（处）级女干部退（离）休年龄问题的通知》中规定的是处级女干部，在本文件中，规定为正、副处级女干部和具有高级职称的女性专业技术人员。二是改变退休年龄性质。在《关于县（处）级女干部退（离）休年龄问题的通知》中，55岁是法定退休年龄，60岁是自愿延迟退休年龄。在本文件中，60岁为法定退休年龄，55岁是自愿退休年龄。

2. 确立和修改公务员的提前退休条件

1993年颁布的《国家公务员暂行条例》规定，国家公务员符合下列条件之一的，本人提出要求，经任免机关批准，可以提前退休：一是男年满55周岁，女年满50周岁，且工作年限满20年的；二是工作年限满30年的。

2006年的《公务员法》修订了《暂行条例》关于提前退休的规定，将"自愿申请、任免机关批准"作为前提条件，将"工作年限"作为必要条件，增加兜底性条款。公务员符合下列条件之一的，本人自愿提出申请，经任免机关批准，可以提前退休：一是工作年限满30年的；二是距国家规定的退休年龄不足5年，且工作年限满20年的；三是符合国家规定的可以提前退休的其他情形的。

2018年12月修订的《公务员法》关于提前退休的条件与2006年《公务员法》内容一致。

3. 明确部分国有企业人员提前退休条件

针对部分国有企业为减轻负担，违反规定办理提前退休的问题，1999年，劳动和社会保障部印发《关于制止和纠正违反国家规定办理企业职工提前退休有关问题的通知》，规定办理提前退休的范围限定为：国务院确定的111个"优化资本结构"试点城市的国有破产工业企业中距法定退休年龄不足5年的职工；3年内有压锭任务的国有纺织企业中，符合规定条件的纺纱、织布工种的挡车工。但此项规定与前款规定不能同时适用于同一名职工。

规范转制单位部分人员提前退休条件。2004年4月2日,劳动部、人事部、财政部、科技部印发的《关于转制单位部分人员延缓退休有关问题的通知》规定,转制单位中任届未满的省(自治区、直辖市)人大常委会委员和政协常委以上职务的人员,少数确因工作需要、身体能够坚持正常工作的副教授、副研究员和相当这一职称以上的高级专家,转制时需留任的院所厅(局)级以上党政一把手,按照国家有关政策和干部管理权限,经有关部门批准,可以适当延长退休年龄。其中,转制前达到退休年龄,转制后办理退休的,执行事业单位退休待遇计发办法和调整政策;转制过渡期内达到退休年龄,延缓办理退休的,按企业的办法和达到退休年龄当年的过渡期政策计发基本养老金,并按企业的办法调整基本养老金。上述规定适用于各类转制单位。

4. 规定事业单位聘用人员的退休条件

为适应事业单位人事制度改革、试行人员聘用制度的需要,2004年7月,人事部印发《关于事业单位试行人员聘用制度有关工资待遇等问题的处理意见(试行)》,对事业单位聘用人员退休条件作出规定。

(1)对由工勤岗位受聘到专业技术或管理岗位的人员,在专业技术岗位或管理岗位聘用满10年(本意见下发前已被聘用的,可连续计算)且在所聘岗位退休(退职)的,可按所聘岗位国家规定的条件办理退休(退职),并享受相应的退休(退职)待遇。

(2)对首次聘用时由专业技术岗位或管理岗位受聘到工勤岗位的人员,任原职务满5年、符合订立聘用至退休合同且保留原国家规定工资待遇的,应按专业技术岗位或管理岗位国家规定的条件办理退休(退职),并享受相应的退休(退职)待遇。

5. 规范全国政协委员的退休条件

为统一规范全国政协委员的退休问题,中央组织部干部调配局于1995年2月6日发布了《关于全国政协委员办理退休手续问题的答复函》,对全国政协委员退休条件作出规定,明确全国政协委员的性质"属在编人员,不属于离休退休"。按此规定,全国政协委员在任职期间,工作单位不应为其办理离休退休手续;如本人愿意办理退休手续,须先辞去其委员职务。

这一规定相对于1986年《关于省(区、市)人大常委会离休、退休应先辞去委员职务问题的通知》有两点不同：一是明确全国政协委员的身份性质，是"在编人员"；二是对象不同，上一文件针对的是"省（区、市）政协委员"，此文件明确是"全国政协委员"。相同之处在于，"如本人愿意办理退休手续，须先辞去其委员职务"。

6. 明确院士等杰出高级专家的退休条件

为贯彻落实《中共中央关于全面深化改革若干重大问题的决定》关于改进院士制度的精神，国务院办公厅于2015年2月4日颁布了《关于院士等杰出高级专家退休年龄问题的通知》，就中国科学院院士、中国工程院院士（以下统称院士）等退休年龄作出规定。

（1）院士年满70岁退休。个别确因国家重大项目特殊需要，可适当延长退休年龄，最多延长至75岁。院士延迟退休由国家重大项目主管部门提出建议名单，按干部人事管理权限批准并报人力资源和社会保障部备案。

（2）达到国家规定的机关企事业单位职工退休年龄且本人主动提出退休申请的院士，所在单位应当及时按程序为其办理退休手续。

（3）目前已超过70周岁和2017年12月31日前将年满70周岁的院士，确因工作需要可延缓到2017年12月31日前办理退休手续。

（4）按照《国务院发布〈国务院关于高级专家离休退休若干问题的暂行规定〉的通知》及配套政策文件规定可暂缓离退休的曾任全国人大常委会委员、1983年年底以前评定为四级以上的老专家，其他有突出贡献、学术上造诣很深、在国内外享有很高声誉的高级专家，比照执行院士退休年龄政策。

可见，院士等高级专家的退休条件既规定了正常退休年龄，又规定了强制退休年龄，并统筹考虑国家重大项目建设的需要。

（二）落实退休人员政治待遇

1. 重视离退休干部政治学习

1992年5月，中央组织部、人事部印发《关于加强干部退休工作的意见》的通知提出，干部退休后，各有关单位要按照党和国家的政策规定，组织退休干部学习文件、听报告、过组织生活，参加有关活动，通报有关情况，便于他们及时了解党的路线、方针、政策和国内大事。10月，党的十四大报告明确提出，认真执行干部离退休制度，继续推进新老干部的交替与合作；要切实从政治上生活上关心离退休干部，使他们老有所为，安度晚年。

中共中央办公厅、国务院办公厅于 2016 年 2 月印发《关于进一步加强和改进离退休干部工作的意见》，提出加强理论学习和思想教育，加强和创新离退休干部党组织建设，加强离退休干部党员教育管理，增强思想政治工作的针对性实效性。

2. 加强离退休干部党支部建设

1997 年 3 月，中央组织部印发《关于加强离退休干部党支部建设的意见》，提出要充分认识新时期加强离退休干部党支部建设的重要性，明确离退休干部党支部建设工作的基本要求和离退休干部党支部的主要任务，加强离退休干部党支部的组织建设、离退休干部党员的思想政治工作、离退休干部党支部的制度建设以及加强对离退休干部党支部建设的领导。

2006 年 5 月，中央组织部印发《关于进一步加强和改进离退休干部党支部建设工作的意见》的通知，进一步强调了新形势下加强和改进离退休干部党支部建设工作的重要性和必要性，对离退休干部党支部建设工作的基本要求也更加具体，确定了离退休干部党支部的主要职责，对离退休干部党支部的政治建设、组织建设和制度建设提出更多、更明确的要求。

3. 做好离退休干部思想政治工作

1999 年 5 月，中央组织部、中央宣传部、人事部、劳动和社会保障部印发《关于加强退（离）休干部思想政治工作的通知》，提出要进一步健全各项制度，认真落实退（离）休干部的政治待遇。加强退（离）休干部党支部建设，耐心细致地做好思想政治工作；积极组织退（离）休干部开展科学、健康的文化、健身活动，重视退（离）休干部活动场所建设；充分运用新闻媒体，加大宣传力度，形成做好退（离）休干部思想政治工作的良好舆论氛围；提高认识，加强领导，各负其责，进一步做好退（离）休干部思想政治工作。

为全面贯彻落实党和国家关于离退休干部工作的方针政策，推动离退休干部工作更好地适应改革开放和社会主义现代化建设的需要，2008 年 3 月，中央组织部、人事部印发《关于进一步加强新形势下离退休干部工作的意见》，提出加强离退休干部思想政治建设，坚持和完善离退休干部政治待遇的各项制度，加强和改进离退休干部党支部建设工作，加强和改进离退休干部思想政治工作。

（三）提高和落实退休人员生活待遇

国家高度重视退休人员生活待遇保障问题，历届国务院总理都多次将提高退休人员待遇问题写入政府工作报告。如2011年，温家宝总理在政府工作报告中提出，连续7年提高企业退休人员基本养老金水平，年均增长10%。稳步提高企业退休人员基本养老金和城乡居民最低生活保障标准；推进城镇居民养老保险试点，解决集体企业退休人员养老保障的历史遗留问题，建立企业退休人员基本养老金正常调整机制；积极推进机关和事业单位养老保险制度改革。2012年，温家宝总理在政府工作报告中提出，增加企业退休人员基本养老金。2013年的政府工作报告提出，企业退休人员基本养老金从2004年人均每月700元提高到现在的1721元；妥善解决关闭破产企业退休人员、困难企业职工、国有企业老工伤人员、未参保集体企业退休人员社会保险等问题……今年企业退休人员基本养老金继续提高10%。2014年，李克强总理在政府工作报告中提出，企业退休人员基本养老金水平提高10%……改革机关事业单位养老保险制度，鼓励发展企业年金、职业年金和商业保险。2015年，李克强总理在政府工作报告中提出，企业退休人员基本养老金标准提高10%。稳步推行退休人员医疗费用跨省直接结算。推进城镇职工基础养老金全国统筹。落实机关事业单位养老保险制度改革措施"。2019年，李克强总理在政府工作报告中明确提出，建立企业职工基本养老保险基金中央调剂制度，提高退休人员基本养老金……加快推进养老保险省级统筹改革，继续提高企业职工基本养老保险基金中央调剂比例、划转部分国有资本充实社保基金；既要减轻企业缴费负担，又要保障职工社保待遇不变、养老金合理增长并按时足额发放，使社保基金可持续、企业与职工同受益。

1. 提高离退休费和养老金

干部退休费的调整办法经历了企业和机关事业单位分别调整到统一调整的过程。

2016年以前，企业和机关事业单位退休人员养老金分别调整。2016年以来，国家实行统一安排、同步调整企业和机关事业单位退休人员基本养老金水平。

在调整方式上，经历了从普遍、定额调整逐步发展转变为"普遍调整，对特殊群体实行倾斜"，到 2016 年调整时采取"定额调整、挂钩调整和适当倾斜"三结合。

在调整频率上，经历了从不定期调整到基本定期调整。自 2005 年以来，国家已连续第 15 年调整企业退休人员基本养老金，也是继 2016 年以来连续第 4 年同步安排适当提高企业和机关事业单位退休人员养老金水平。

在调整金额上，企业退休人员的离退休金由各省（自治区、直辖市）根据本地情况进行调整，机关事业单位的退休金调整额度全国统一。

企业与机关事业单位多次提高养老金。为了缩小企业与机关事业单位人员的退休待遇，机关事业单位提高退休金调整次数明显少于企业退休金的调整次数。

1992 年 5 月 15 日，国务院印发《关于机关、事业单位离退休人员增加离退休费的通知》，决定从 1992 年 3 月起，机关、事业单位离休、退休人员，按本人月基本离休、退休费的 10% 增加离休、退休费。一是离休人员增加数额不足 12 元的，按 12 元发给；退休人员增加数额不足 10 元的，按 10 元发给。二是根据国家政策规定办理退职的机关、事业单位人员，可参照上述办法增加退职生活费。

同时，国务院印发了《关于企业离退休人员加增离退休金的通知》，决定从 1992 年 1 月起，适当增加企业离休、退休人员的离休、退休金。一是未参加 1985 年工资制度改革的全民所有制企业离休、退休人员，每人每月增发 10 元离休、退休金。二是全民所有制企业的离休、退休人员，按本人月基本离休、退休金（包括上述增发的 10 元）的 10% 增加离休、退休金。离休人员增加数额不足 12 元的，按 12 元发给；退休人员增加数额不足 10 元的，按 10 元发给。三是根据国家政策规定办理退职的全民所有制企业人员，可参照上述办法增加退职生活费。

1994 年 2 月 22 日，国务院印发《关于调整企业离退休人员离退休金的通知》，决定提高国有企业退（离）休人员的退休金。一是 1993 年 9 月 30 日以前离退休的人员，从 1993 年 10 月起分别按下列标准增加离退休金：1978 年 12 月 31 日以前离退休的人员，每月分别增发 100 元离休金和 60 元退休金。1979 年 1 月 1 日至 1985 年工资改革前离退休的人员，每月分别增发85元离休金和45元退休金。1985年工资改革后至1988年12月31日离退休的人员,每月分别增发70元离休金和30元退休金。1989年1月1日至1993年9月30日离退休的人员,每月分别增发60元离休金和20元退休金。1993年10月1日以后离退休的人员和已实行以岗位技能工资为基数计发离退休金的人员,这次不增加离退休金。二是国有企业中根据国家政策规定办理退职的人员,可适当增加退职生活费。增加退职生活费的具体标准,由各省、自治区、直辖市人民政府参照本通知精神自行确定。三是城镇集体所有制企业的离退休人员和退职人员增加离退休金和退职生活费问题,由各省、自治区、直辖市人民政府参照本通知精神制定具体办法。5月13日,国务院办公厅印发的《关于调整企业离退休人员离退休金有关问题的通知》规定,对1993年10月1日至12月31日离退休的人员,可按照离休人员每月不超过60元、退休人员每月不超过20元的标准增发离退休金,具体办法由各省、自治区、直辖市人民政府确定。

劳动部、财政部于1995年8月17日印发的《关于1995年调整企业离退休人员基本养老金的通知》决定,各地区可从1995年7月1日起,对国有企业1994年12月31日以前离退休人员,以贯彻国发〔1994〕9号及国办发〔1994〕62号文件后的离退休金为基数,一般可按1994年当地职工平均工资增长率的40%—60%计算增加离退休金。具体调整比例,由各省、自治区、直辖市根据实际情况,并考虑养老保险基金的支付能力,在上述幅度内自行确定;在特殊情况下,也可以按低于40%的比例进行调整。12月8日,国务院印发的《关于机关、事业单位离退休人员增加离退休费的通知》决定,1995年9月30日前的机关、事业单位离退休人员,从1995年10月起适当增加离退休费。一是离休人员按同职务在职人员晋升一个工资档次的增资额增加离退休费,每月低于25元的按25元增加;退休人员按每月20元增加退休费。二是依照国家规定退职的人员,按每月15元增加退职生活费。1996年10月25日,劳动部、财政部印发《关于1996年调整企业离退休人员基本养老金的通知》,在调整总体水平和调整方式上与1995年基本一致。

1997年9月29日,人事部、财政部印发《关于机关、事业单位离退休人员增加离退休费的通知》,规定了调整离退休费等内容。一是从1997

年7月1日起，对1997年6月30日前已办理离休、退休、退职手续和已达到离退休年龄的人员（按国家有关规定经组织批准留任的除外），按每人每月20元增加离休、退休费和退职生活费。二是从1997年10月1日起，对1997年9月30日前已办理离休、退休、退职手续和已达到离退休年龄的人员（按国家有关规定经组织批准留任的除外），仍按《国务院关于机关、事业单位离退休人员增加离退休费的通知》规定精神，适当增加离休、退休费和退职生活费。三是离休人员按同职务在职人员晋升一个职务工资档次的档差增加离休费，每月低于25元的按25元增加；退休人员按每月20元增加退休费；依照国家规定退职的人员，按每月15元增加退职生活费。

国务院办公厅于1999年8月7日转发《劳动保障部等部门关于做好提高三条社会保障线水平等有关工作意见的通知》，决定从1999年7月1日起，按基本养老金调整机制适当增加企业离退休人员养老金。企业离休人员养老金的调整水平应与机关事业单位大体相当，具体标准由各地根据实际情况确定。企业退休人员养老金的调整幅度，1999年应比正常年份高一些，一般应比1998年月平均养老金水平提高15%左右，具体标准由各地根据目前养老金的实际水平和基金支付能力确定。今年已经对养老金进行了正常调整的地区，在这次调整中相应冲减。8月31日，国务院印发了《关于调整机关事业单位工作人员工资标准和增加离退休人员离退休费三个实施方案的通知》，规定机关、事业单位1999年6月30日前已办理离退休手续和已达到离退休年龄的人员（按国家有关规定经批准留任的除外），从1999年7月1日起增加离退休费。一是离休人员按照同职务在职人员的增资额增加离休费（机关离休人员按同职务同条件在职人员的增资额增加离休费）；每人每月增加数额不足120元的，按120元增加。二是退休人员按下列标准增加退休费：行政人员，省（部）级及以上职务210元，厅（局）级170元、处级140元、科级110元、科员及办事员90元；专业技术人员，教授及相当职务170元、副教授及相当职务140元、讲师及相当职务110元、助教以下职务90元。三是依照国家规定退职的人员，每人每月增加80元退职生活费。上述办法仅限于这次增加离退休费，在职人员正常晋升职务工资档次时，离退休人员仍按《人事部、财政部关于事业单位离退休人员增加离退休费的通知》规定的办法执行。

国务院办公厅于 2001 年 2 月 8 日转发的《人事部、财政部关于调整机关事业单位工作人员工资和增加离退休人员离退休费四个实施方案的通知》规定，机关、事业单位 2000 年 12 月 31 日前已办理离退休手续和已达到离退休年龄的人员（按国家有关规定经组织批准留任的除外），从 2001 年 1 月 1 日起增加离退休费。一是离休人员按照同职务同条件在职人员的增资额增加离休费；每人每月增加数额不足 100 元的，按 100 元增加。二是退休人员按下列标准增加退休费：行政人员，省（部）级及以上职务 270 元、厅（局）级 180 元、处级 130 元、科级 100 元、科员及办事员 80 元；专业技术人员，教授及相当职务 180 元、副教授及相当职务 130 元、讲师及相当职务 100 元、助教（含相当职务）及以下职务 80 元。三是依照国家规定退职的人员，按每人每月 70 元增加退职生活费。

劳动和社会保障部、财政部 2001 年 9 月 3 日印发的《关于提高企业离休人员基本养老金水平的通知》规定，从 2001 年 1 月 1 日起，提高企业离休人员基本养老金水平；调整范围为 2000 年 12 月 31 日前已办理离休手续的企业离休人员；企业离休人员提高基本养老金的具体标准，由各省、自治区、直辖市人民政府参照《国务院办公厅转发人事部、财政部关于调整机关事业单位工作人员工资和增加离退休人员离退休费四个实施方案的通知》规定的机关事业单位离休人员离休费调整标准确定；今年已自行提高企业离休人员基本养老金水平的地区，提高水平已经达到《国务院办公厅转发人事部、财政部关于调整机关事业单位工作人员工资和增加离退休人员离退休费四个实施方案的通知》规定调整标准的，不得再次调整企业离休人员基本养老金；提高水平低于本通知标准的，可调整到本通知规定标准。

2002 年 8 月 16 日，劳动和社会保障部、财政部印发《关于 2002 年调整企业退休人员基本养老金水平的通知》，规定从 2002 年 7 月 1 日起，调整企业退休人员基本养老金水平，调整基本养老金的人员范围为 2001 年 12 月 31 日前已按规定办理退休手续的企业退休人员；调整基本养老金的水平，以 2001 年 12 月基本养老金为基数，总体上按当地上年企业在岗职工平均工资增长率的 50% 左右掌握；实施时，要在普遍调整的基础上，对退休早、基本养老金偏低的老干部、老工人、军队转业干部等人员适当提高调整水平。

国务院办公厅于 2003 年 12 月 29 日转发《人事部财政部关于调整机关事业单位工作人员工资标准和增加离退休人员离退休费三个实施方案的通知》，规定机关事业单位 2003 年 6 月 30 日前已办理离退休手续和已达到离退休年龄的人员（按国家有关规定经组织批准留任的除外），从 2003 年 7 月 1 日起增加离退休费。一是离休人员按照同职务同条件在职人员的增资额增加离休费。每人每月增加数额不足 50 元的，按 50 元增加。二是退休人员按下列标准增加退休费：行政管理人员，省（部）级及以上职务 165 元、厅（局）级 120 元、处级 80 元、科级 50 元、科员及办事员 35 元；专业技术人员，教授及相当职务 115 元、副教授及相当职务 75 元、讲师及相当职务 50 元、助教（含相当职务）及以下职务 35 元。三是依照国家规定退职的人员，按每人每月 30 元增加退职生活费。

人力资源和社会保障部、财政部印发的《关于 2009 年调整企业退休人员基本养老金的通知》规定，从 2009 年 1 月 1 日起，为 2008 年 12 月 31 日前已按规定办理退休手续的企业退休人员提高基本养老金水平；调整方法采取普遍调整和特殊调整相结合的办法；调整水平按照 2008 年企业退休人员月人均基本养老金的 10% 左右确定。普遍调整，与退休人员的缴费年限和年龄等挂钩；在普遍调整的基础上，对具有高级职称的企业退休科技人员、中华人民共和国成立前的老工人、1953 年年底以前参加工作的人员、原工商业者等早退休、基本养老金相对偏低的人员再适当提高调整水平。对艰苦边远地区的企业退休人员，适当提高其调整水平。对基本养老金偏低的企业退休军转干部，继续按照中共中央办公厅、国务院办公厅转发人事部等部门《关于进一步贯彻落实人发〔2002〕82 号文件精神，切实解决部分企业军转干部生活困难问题的意见》的通知规定予以倾斜。

2010—2015 年，国家每年提高企业离退休人员基本养老金水平，调整水平和调整方法与 2009 年大致相似。

为配合机关事业单位养老保险改革，2015 年 1 月 12 日，国务院办公厅转发《人力资源和社会保障部、财政部印发〈关于调整机关事业单位工作人员基本工资标准和增加机关事业单位离退休人员离退休费三个实施方案〉的通知》，决定从 2014 年 10 月 1 日起，对机关事业单位 2014 年

9月30日前已办理离退休手续和已达到离退休年龄的人员增加离退休费。一是离休人员每月按下列标准增加离休费：行政管理人员，省部级正职及以上1400元，省部级副职1140元，厅局级正职900元，厅局级副职730元，县处级正职570元，县处级副职480元，乡科级及以下400元；专业技术人员，教授及相当职务820元，副教授及相当职务540元，讲师（含相当职务）及以下职务400元。二是退休人员每月按下列标准增加退休费：行政管理人员，省部级及以1100元，厅局级700元，县处级460元，乡科级350元，科员及办事员260元；专业技术人员，教授及相当职务700元，副教授及相当职务460元，讲师及相当职务350元，助教（含相当职务）及以下职务260元；工人，高级讲师和技师350元，高级工以下（含高级工）及普通工260元。三是按国家规定办理退职的人员，按每人每月260元增加退职生活费。四是在按以上标准增加离退休费的基础上，1934年9月30日前出生的离退休人员每人每月再增加100元，1934年10月1日至1939年9月30日出生的离退休人员每人每月再增加60元。

2016年，养老金的调整范围为企业和机关事业单位退休人员，调整水平按6.5%左右提高企业和机关事业单位退休人员养老金标准，并向退休较早、养老金偏低的退休人员和艰苦边远地区企业退休人员适当倾斜。8月5日，国务院办公厅转发《人力资源和社会保障部、财政部〈关于调整机关事业单位工作人员基本工资标准和增加机关事业单位离休人员离退休费三个实施方案〉的通知》，规定从2016年7月1日起，机关事业单位离休人员每月按下列标准增加离休费，行政管理人员，省部级正职及以上1450元，省部级副职1100元，厅局级正职900元，厅局级副职750元，县处级正职600元，县处级副职500元，乡科级及以下400元；专业技术人员，教授及相当职务820元，副教授及相当职务580元，讲师（含相当职务）及以下职务400元。

2017年，人力资源和社会保障部、财政部共同印发《关于2017年调整退休人员基本养老金的通知》，决定从2017年1月1日开始，提高退休人员基本养老金水平5.5个百分点。调整退休人员基本养老金兼顾企业和机关事业单位退休人员，按照调整办法大体统一的原则，采取定额调整、挂钩调整与适当倾斜相结合的办法。定额调整要体现公平原则；挂钩调整要体现"多工作、多缴费、多得养老金"的激励机制,可与退休人员本人缴费年限(或工作年限)、基本养老金水平等因素挂钩;对高龄退休人员、艰苦边远地区企业退休人员,可适当提高调整水平。继续确保企业退休军转干部基本养老金不低于当地企业退休人员平均水平。要合理确定定额调整、挂钩调整与适当倾斜三部分比重,增强激励导向。

2018年和2019年,人力资源和社会保障部、财政部先后印发《关于2018年调整退休人员基本养老金的通知》《关于2019年调整退休人员基本养老金的通知》,规定同步调整企业和机关事业单位退休人员基本养老金水平;总体调整水平按照上一年退休人员月人均基本养老金的5%左右确定;继续坚持2017年调整方法基础上,提出"兼顾公平与激励"导向,合理确定定额调整、挂钩调整与适当倾斜三部分比重。国务院办公厅转发人力资源和社会保障部、财政部《关于调整机关事业单位工作人员基本工资标准和增加机关事业单位离休人员离休费三个实施方案的通知》规定,从2018年7月1日起,机关事业单位离休人员每月按下列标准增加离休费:行政管理人员,省部级正职及以上1700元,省部级副职1150元,厅局级正职900元,厅局级副职750元,县处级正职600元,县处级副职500元,乡科级及以下400元;专业技术人员,教授及相当职务820元,副教授及相当职务580元,讲师(含相当职务)及以下职务400元。

2. 发放离退休生活补贴

1999年2月,中央组织部、人事部、劳动和社会保障部、财政部印发《关于给部分离退休专家发放生活补贴的通知》,规定自1999年1月起,对部分收入较低的离退休专家发给适当生活补贴;发放范围是1998年12月31日前离退休,在1985年工资制度改革前专业技术级别为1—6级的离退休专家;补贴标准:1—3级离退休专家固定收入达不到1000元的,补足到1000元,4—6级离退休专家达不到800元的,补足到800元。

3. 实行医疗保险制度

为更好地体现对老干部的关怀和照顾,在医药费方面,退休干部按有关规定报销。

1998年12月14日,国务院颁布《关于建立城镇职工基本医疗保险制度的决定》,明确退休人员参加基本医疗保险,个人不缴纳基本医疗保险费，对退休人员个人账户的计入金额和个人负担医疗费的比例给予适当照顾。

（四）建立健全离退休金和医疗费保障机制

针对一些生产经营不善的企业出现离退休金和医疗费发放困难的问题，党和国家先后出台一系列政策，建立健全离退休干部特别是企业离退休干部的离退休金和医疗费保障机制。

1. 做好国有企业离退休人员基本生活保障

1993年11月5日，国务院办公厅印发了《关于做好国有企业职工和离退休人员基本生活保障工作的通知》，提出应确保离退休人员离退休金的发放；所需费用，凡参加退休费用社会统筹的企业，从养老保险基金中支付；少数未参加社会统筹的，所需资金原则上由企业自筹解决；企业自筹资金确有困难的，主管部门和财政部门应给予适当帮助。

为指导和规范国有企业破产工作，安置好破产企业职工，1994年10月25日，国务院印发《关于在若干城市试行国有企业破产有关问题的通知》，规定破产企业离退休职工的离退休费和医疗费由当地社会养老、医疗保险机构负责管理。破产企业参加养老保险、医疗保险基金社会统筹的，其离退休职工的离退休费、医疗费由当地社会养老、医疗保险机构分别从养老保险、医疗保险基金社会统筹中支付。没有参加养老保险、医疗保险基金社会统筹或者养老保险、医疗保险基金社会统筹不足的，从企业土地使用权出让所得中支付；处置土地使用权所得不足以支付的，不足部分从处置其他破产财产所得中拨付。

1995年12月7日，劳动部、财政部印发的《关于做好企业离退休人员生活保障工作的通知》规定，一是各级人民政府要根据《国务院关于深化企业职工养老保险制度改革的通知》的精神和《劳动部、财政部关于1995年调整企业离退休人员基本养老金的通知》的有关规定，尽快建立企业离退休人员基本养老金的正常调整机制，给企业离退休人员增加基本养老金。二是增加离退休金所需资金，按企业的不同情况确定。凡参加养老保险费用社会统筹的企业，原则上由统筹基金支付；没有参加社会统筹的企业，按原资金渠道解决；对特别困难的企业和地区，当地财政可根据实际情况对调整企业离休人员的离休金给予适当支持。三是要认真做好困难企业和破产、撤销、解散企业离退休人员的离退休金发放工作。凡参加养老保险费用社会统筹的企业，社会保险经办机构应按时、足额支付养老金。未参加社会统筹的，企业应切实保证离退休金的发放；确有困难的，也应先发给基本生活费，具体标准由各地区、各有关部门根据实际情况确定；所需资金原则上由企业自筹解决；企业自筹确有困难的，主管部门和财政部门应给予适当帮助。

针对一些企业发不出工资、部分职工生活困难的问题还没有完全解决的问题，1996年10月23日，中共中央办公厅、国务院办公厅印发《关于进一步解决部分企业职工生活困难问题的通知》，规定了不同类别企业发放离退休金和资金渠道。12月13日，劳动部印发《关于进一步做好困难企业离退休人员基本生活保障工作的通知》，从讲政治高度，要求把做好困难企业离退休人员基本生活保障工作作为当前劳动和社会保障工作的一项重要任务，层层落实工作责任，保证困难企业离退休人员的基本生活，做好困难企业离退休人员退休费发放，并对不同缴费情况企业发放基本养老金的标准和发放途径作出规定。

为解决企业离退休人员养老金发放问题，1999年，朱镕基总理在政府工作报告指出，企业离退休人员的养老金基本做到了按时足额发放。要完善养老保险制度，确保企业离退休人员养老保险金的按时足额发放，并尽快补发拖欠的养老金。

2000年2月3日，国务院办公厅印发《关于继续做好确保国有企业下岗职工基本生活和企业离退休人员养老金发放工作的通知》，要求确保企业离退休人员基本养老金按时足额发放，妥善解决"两费"拖欠问题，确保不再发生新的拖欠。

2. 建立解决拖欠离退休人员养老金情况报告制度

为明确、及时掌握各地区、各部门企业离退休人员养老金的拖欠及补发情况，1998年6月12日，劳动和社会保障部办公厅印发《关于建立解决拖欠企业离退休人员养老金问题情况报告制度的通知》，规定从6月开始，建立解决拖欠企业离退休人员养老金问题情况的月度报告制度，要求各地区、各有关部门劳动和社会保障行政主管机关，应每月写出本地区、本部门解决拖欠企业离退休人员养老金问题的专项报告，将拖欠养老金的基本情况、突出问题、已采取的措施、实施效果、尚未解决的矛盾及对策建议报劳动部。

3. 实施国有资本划转充实养老金制度

随着人口老龄化的加剧，基本养老保险基金支付压力不断加大，保障养老金及时足额发放成为当务之急。

2017年政府工作报告提出，继续提高退休人员基本养老金标准，各地要切实负起责任，确保养老金按时足额发放。为充分体现代际公平和国有企业发展成果全民共享，决定划转部分国有资本充实社保基金，2017年，国务院制订的《划转部分国有资本充实社保基金实施方案》提出，以弥补企业职工基本养老保险制度转轨时期因企业职工享受视同缴费年限政策形成的企业职工基本养老保险基金缺口为基本目标，划转比例统一为企业国有股权的10%。

为全面推开中央和地方划转部分国有资本充实社保基金工作，2019年9月10日，财政部、人力资源和社会保障部、国有资产管理委员会、国家税务总局和中国证券监督管理委员会联合发布《关于全面推开划转部分国有资本充实社保基金工作的通知》，制定了《关于划转部分国有资本充实社保基金有关事项的操作办法》，明确了划转范围、划转对象、多元持股企业的划转方式等事项。

4. 建立养老保险基金中央调剂制度

为解决地区间发展不平衡不充分的突出问题，围绕建立健全更加公平更可持续养老保险制度目标，2018年5月30日，国务院发布《关于建立企业职工基本养老保险基金中央调剂制度的通知》，要求在现行企业职工基本养老保险省级统筹基础上，建立中央调剂基金，对各省养老保险基金进行适度调剂，确保基本养老金按时足额发放。中央调剂基金由各省养老保险基金上解的资金构成。按照各省职工平均工资的90%和在职应参保人数作为计算上解额的基数，上解比例从3%起步，逐步提高。中央调剂基金实行以收定支，当年筹集的资金全部拨付地方。养老保险基金中央调剂制度于2018年7月1日开始实施。

2019年的政府工作报告明确提出，建立企业职工基本养老保险基金中央调剂制度，提高退休人员基本养老金……加快推进养老保险省级统筹改革，继续提高企业职工基本养老保险基金中央调剂比例、划转部分国有资本充实社保基金。

为贯彻落实党中央、国务院决策部署，降低社会保险（以下简称社保）费率，完善社保制度，稳步推进社保费征收体制改革，2019年4月1日，国务院办公厅印发《降低社会保险费率综合方案的通知》，明确降低养老保险单位缴费比例，加大企业职工基本养老保险基金中央调剂力度，2019年基金中央调剂比例提高至3.5%，进一步均衡各省之间养老保险基金负担，确保企业离退休人员基本养老金按时足额发放。

（五）加强退休干部管理服务

1. 严格执行按时退休制度

中央组织部、人事部印发《关于加强干部退休工作的意见》的通知，要求各级组织、人事部门要严格执行干部退休制度，认真贯彻《中共中央关于建立老干部退休制度的决定》精神和中央组织部、人事部《关于认真执行干部退（离）休制度有关问题的通知》等有关规定，凡达到退休年龄的干部，除按国家规定延长退休年龄或留任者外，均应按时办理退休手续。

1993年2月17日，劳动部印发《关于严格按规定办理职工退休的通知》，要求各级劳动部门加强对退休审批工作的领导，严格掌握审批权限。4月20日，国务院印发《国有企业富余职工安置规定》，提出职工距退休年龄不到5年的，经本人申请，企业领导批准，可以退出工作岗位休养；职工退出工作岗位休养期间达到国家规定的退休年龄时，按照规定办理退休手续。

1995年3月9日，中央组织部、人事部印发的《关于抓紧办理干部退（离）休手续问题的通知》，对干部离退休手续作出规定。凡已达到退（离）休年龄，且已退出领导工作岗位，按规定应办理退（离）休手续的干部，请抓紧办理退（离）休手续。其中担任过正副省（部）长级职务的干部，由各地、各部门根据上述原则尽快提出意见，报中央审批。现职干部达到退（离）休年龄后，在呈报审批免职时，一并呈报办理退（离）休手续。确因工作需要继续留任或另作安排，暂不办理退（离）休手续的，应说明理由及留任的时间，并报任免机关批准。干部达到退（离）休年龄，办理退（离）休手续，不再由本人提出申请或征得本人同意，但所在单位应在办理报批手续前通知干部本人，并由有关领导同志事先与本人谈话，做好工作。达到退（离）休年龄的干部退出领导岗位后，被聘任做咨询、顾问工作，担任荣誉职务或民间社会团体职务的，也应办理退（离）休手续，不再列入在职人员编制。

为配合中央国家机关和省、自治区、直辖市机构改革工作的顺利进行，1999年5月16日，中央组织部印发《关于继续抓紧办理干部退（离）休手续问题的通知》，就继续抓紧办理干部退（离）休手续的问题再次作出规定，强调各地各部门应自觉执行干部退（离）休制度；为达到退（离）休年龄的干部办理退（离）休手续，不需由本人提出申请，也不再征求本人意见，但所在单位在办理报批手续前，应责成有关领导同志与本人谈话，通知本人。

1998年7月23日，人事部印发《关于禁止赎买工龄和违反规定办理提前退休等问题的通知》，提出对机关干部采取工龄赎买办法，按工龄长短给予不同的经济补助，实行所谓"一次性买断"及提前退休、内退等做法不符合党中央、国务院有关干部人事工作的政策，必须予以坚决制止和纠正。

2. 限制离退休领导干部到行业商会兼职

为加快转变政府职能，实现行业协会商会与行政机关脱钩，促进行业协会商会规范发展，2015年7月，中共中央办公厅、国务院办公厅印发的《行业协会商会与行政机关脱钩总体方案》提出，行业协会商会具有人事自主权，在人员管理上与原主办、主管、联系和挂靠单位脱钩，依法依规建立规范用人制度，逐步实行依章程自主选人用人。具体而言：

（1）限制行政机关权力。行政机关不得推荐、安排在职和退（离）休公务员到行业协会商会任职兼职。

（2）限制领导干部离退休后兼职。领导干部退（离）休后3年内一般不得到行业协会商会兼职，个别确属工作特殊需要兼职的，应当按照干部管理权限审批；退（离）休3年后到行业协会商会兼职，须按干部管理权限审批或备案后方可兼职。

3. 加强离退休老干部机构建设

1991年5月，中央组织部、人事部印发《关于加强干部退休工作的意见》的通知，提出加强退休干部管理机构和工作队伍建设。要求各地区、各部门根据实际情况，采取适当措施，使干部退休工作有机构抓、具体事情有人办；对从事干部退休工作的人员，要给予关心和爱护，并采取轮训、培训等办法，提高他们的政治、业务素质，进一步做好干部退休工作。

2018年3月,中央组织部、人力资源和社会保障部印发《关于进一步加强新形势下离退休干部工作的意见》,提出加强老干部工作部门建设。要求保持老干部工作机构的相对稳定,编制和人员配备必须与担负的任务相适应;要对老干部工作部门所属事业单位予以切实支持;要按照政治素质好、工作能力强、作风过得硬、对老干部有感情的要求,选好配强老干部工作部门领导班子;要严把"入口",畅通"出口",不断改善老干部工作队伍结构。

中共中央办公厅、国务院办公厅于2016年3月印发《关于进一步加强和改进离退休干部工作的意见》,提出加强离退休干部工作队伍建设,高度重视退休干部工作队伍建设,严把入口、畅通出口,选好配强工作力量。

4. 推进退休服务管理社会化

《关于加强干部退休工作的意见》提出,要因地制宜,不断改进和完善退休干部管理形式。各地区可根据退休干部人数、居住地点、管理工作任务等实际情况,研究适合本地区实际的退休干部管理办法,不搞一个模式,不要强求一致;要认真总结前一个时期退休干部管理工作的经验和做法,不断增加社会化管理内容,建立健全社会服务体系,努力创造条件,积极稳妥地促进退休干部由原单位管理逐步向社会化管理过渡,更好地为退休干部服务。

2003年6月19日,中共中央办公厅、国务院办公厅关于转发《劳动和社会保障部等部门〈关于积极推进企业退休人员社会化管理服务工作的意见〉的通知》,对企业退休人员社会化管理服务的主要内容、社会化管理服务的形式、尽快落实社会化管理服务的工作条件等作出规定。

为全面贯彻落实党和国家关于离退休干部工作的方针政策,推动离退休干部工作更好地适应改革开放和社会主义现代化建设的需要,2008年3月26日,中央组织部、人力资源和社会保障部印发《关于进一步加强新形势下离退休干部工作的意见》,提出退休干部的日常服务管理由供养关系所在单位负责;按规定移交到街道、社区的,由所在街道、社区负责;坚持因地制宜,研究切合实际的退休干部管理形式,不断改进和完善退休干部管理办法。

随着我国离休干部普遍进入高年龄期、高发病期，退休干部人数逐年增多，服务管理面临一些新情况新问题。为适应离退休干部高龄养老和服务管理的需要，落实离退休干部待遇，更好地加强和改进离退休干部党组织建设，更好地发挥离退休干部的积极作用，2010年4月8日，中央组织部办公厅印发《关于利用社区资源做好离退休干部服务工作的意见》，就利用社区资源做好离退休干部服务工作作出规定。

2016年2月，中共中央办公厅、国务院办公厅印发《关于进一步加强和改进离退休干部工作的意见》，提出加强退休干部服务管理工作。要求坚持统一领导、分工协作、分级负责、分类管理的原则，进一步完善退休干部服务管理办法；做好退休干部党组织建设、思想政治工作、活动和学习安排、作用发挥等工作；建立健全基本养老金正常调整机制，缩短医药费报销周期，推进医药费异地直接结算；逐步提高行政事业单位退休干部公用经费标准，通过列入同级财政或者单位预算等方式予以保障，注意发挥家庭在养老中的基础性作用，教育引导家庭成员切实履行应尽义务；顺应老龄事业发展趋势，坚持社会化管理服务方向，积极稳妥、协调推进相关工作；综合利用政府公共服务、政府购买服务、社会优待服务、志愿服务和市场化服务，健全就近学习、就近活动、就近得到关心照顾、就近发挥作用的社区平台，更好满足退休干部养老服务需求。

（六）进一步发挥退休人员作用

1992年5月28日，中央组织部、人事部印发《关于加强干部退休工作的意见》，要求注意发挥退休干部的作用。各地区、各部门要根据退休干部的专业特长、兴趣爱好、身体状况等不同情况，因地因人制宜，积极支持他们在社会主义现代化建设中再做贡献；要紧密围绕经济建设中心，有组织、有领导地发挥退休干部的作用；对发挥作用作出突出成绩的退休干部，应给予表彰和奖励；退休干部发挥作用要严格执行党和国家的政策和有关法律，坚持自愿和量力而行的原则，多做拾遗补阙的社会工作，提倡不计报酬的奉献精神，在政策规定的范围内，允许取得合理报酬；退休干部管理部门和原工作单位以及社会有关方面，要为退休干部发挥作用创造一定的条件，并加强管理，经常进行检查和指导。

1996年颁布的《中华人民共和国老年人权益保障法》提出，根据社会需要和可能，鼓励老年人在自愿和量力的情况下，从事下列活动：对青少年和儿童进行社会主义、爱国主义、集体主义教育和艰苦奋斗等优良传统教育；传授文化和科技知识；提供咨询服务；依法参与科技开发和应用；依法从事经营和生产活动；兴办社会公益事业；参与维护社会治安、协助调解民间纠纷；参加其他社会活动。

为进一步发挥离退休专业技术人员的作用，2005年6月29日，中央组织部、中央宣传部、中央统战部、人事部、科技部、劳动和保障部、解放军总政治部、中国科协印发了《关于进一步发挥离退休专业技术人员作用的意见》，对发挥离退休专业技术人员作用作出规定。

2008年3月，中央组织部、人力资源和社会保障部印发《进一步加强新形势下离退休干部工作的意见》，规定发挥离退休干部在落实科学发展观、促进经济社会又好又快发展中的推进作用，在构建社会主义和谐社会中的参谋作用，在大力弘扬党的优良传统和践行社会主义荣辱观中的示范作用，在加强党的执政能力建设和先进性建设中的促进作用，在关心教育下一代工作中的积极作用；做好组织引导工作；要从工作需要出发，根据离退休干部的自身状况、志趣爱好和专业特长，本着自觉自愿、量力而行的原则，鼓励离退休干部面向社会、面向群众、面向基层，发挥积极作用；老干部工作部门和离退休干部原工作单位以及社会有关方面，应为离退休干部发挥作用创造一定条件，并经常进行指导。

2016年2月，中共中央办公厅、国务院办公厅印发《关于进一步加强和改进离退休干部工作的意见》，提出鼓励退休专业技术人才依托高等学校、科研院所、干部院校、各类智库、科技园区、专家服务基地、农民合作组织等开展人才培养、科研创新、技术推广和志愿服务。

二 改革离休制度

这一时期干部离休制度基本保持原有的制度框架，特别注重落实离休老干部的生活待遇，并随着国家经济社会发展，在重大节日或者党和国家重要的纪念时点提高离休干部的生活待遇。

2008年，习近平在老同志迎春茶话会上强调，要认真落实老干部政治待遇，要高度重视和全面落实老干部生活待遇，推进离休干部离休费保障机制、医药费保障机制和财政支持机制的健全完善和有效运转，做好国企改制、破产企业和高龄、高发病期离休干部管理服务工作，尤其要关心和帮助贫困地区、困难行业、困难单位的老同志和有特殊困难的老同志，为他们雪中送炭、排忧解难。

在中国共产党成立90周年之际，为体现对离休干部的关怀和照顾，中央先后出台了一系列文件，提高了离休老干部的生活待遇，如《关于提高部分离休干部医疗待遇的通知》《关于提高部分离休干部医疗费报销标准的通知》《关于提高离休干部生活补贴标准和扩大发放范围的通知》。

（一）切实保障离休人员生活待遇

离休干部的生活待遇主要包括随着经济发展增加离休费、增发离休人员生活补贴、提高医疗待遇等。

1. 西藏特殊津贴等纳入离休费基数

（1）西藏特殊津贴。1995年10月9日，中央组织部、人事部、财政部《关于建立西藏特殊津贴问题的通知》明确，西藏机关、事业单位工作人员1994年1月1日以后离休的，其享受的西藏特殊津贴可作为计发离休费的基数。

（2）中小学教师等职务工资提高10%部分纳入离休费基数。人事部、国家教育委员会《关于印发高等学校、中小学、中等专业学校贯彻〈事业单位工作人员工资制度改革方案〉三个实施意见的通知》和《人事部、劳动部关于印发技工学校贯彻〈事业单位工作人员工资制度改革方案〉实施意见的通知》规定，1993年工资制度改革后，中小学、中等专业学校、技工学校教师按1993年工资制度改革的有关文件规定职务工资提高10%的部分计入离休费的基数。

（3）飞行员提高工资标准计入离休费。1994年10月17日，人事部印发《关于中国民用航空总局机关、事业单位飞行人员工资制度改革有关问题的通知》，规定1993年工资制度改革后，在飞行岗位上离休的飞行人员，可按提高后的工资标准为基数计发离休费。

2. 政府特殊津贴、教龄津贴等纳入离休费

（1）政府特殊津贴、教龄津贴和护龄津贴。1993年12月4日，国务院办公厅印发《关于机关事业单位、事业单位工资制度改革三个实施办法的通知》，明确事业单位工作人员享受政府特殊津贴、教龄津贴和护龄津贴的工作人员，1993年工资制度改革后离休的，其享受的上述津贴按

100%发给。

（2）警衔津贴。1995年9月16日，人事部、财政部印发《关于人民警察实行警衔津贴问题的通知》，明确在警察工作岗位上连续工作满5年并从警察工作岗位上离休的人员，其警衔津贴作为计发离休费的基数全额发给。

（3）海关工作人员津贴。1995年9月25日，人事部、财政部、海关总署印发《关于实行海关工作人员津贴和海关缉私船员出海津贴问题的通知》，规定在海关工作岗位上连续工作满5年并从海关工作岗位上离休的人员，其海关工作人员津贴作为计发离休费的基数全额发给。[①]

3. 单独提高离休费

除历次调整离退休人员待遇时对离休干部离休费同步调整外，中央还专门出台政策单独提高离休干部离休费。

2008年12月24日，中央纪委、中央组织部、国家监察委员会、财政部、人力资源和社会保障部、审计署印发《关于解决离休人员待遇有关问题的通知》，就离休人员待遇作出决定：机关离休人员补贴标准（不含国家统一规定的津贴补贴和改革性补贴）占同级政府同职级在职人员津贴补贴水平（指规范津补贴后发放的工作性补贴和生活补贴之和）的90%，低于90%的，提高到90%；按机关离休人员和企事业离休人员收入水平大体相当的原则，相应调整企事业单位离休人员待遇水平；京外中央国家机关、京外中央事业单位和京外中央企业离休人员，执行所在地离休人员待遇政策；自2009年1月1日起执行。

2016年8月5日，国务院办公厅转发《人力资源和社会保障部、财政部印发的〈关于调整机关事业单位工作人员基本工资标准和增加机关事业单位离休人员离退休费三个实施方案〉的通知》，规定从2016年7月1日起，机关事业单位离休人员每月按下列标准增加离休费，行政管理人员，省部级正职及以上1450元，省部级副职1100元，厅局级正职900元，厅局级副职750元，县处级正职600元，县处级副职500元，乡科级及以下400元；专业技术人员，教授及相当职务820元，副教授及相当职务580元，讲师（含相当职务）及以下职务400元。

[①] 蒋冠庄：《离退休人员待遇政策问答》，中国人事出版社2002年版，第67—68页。

4. 发放和提高离休人员生活补贴

（1）确定生活补贴基数。1992年2月2日，人事部印发《关于离退休人员待遇有关问题的通知》，明确按照国务院《关于老干部离职休养制度的几项规定》和国务院批转《人事部、国家计委、财政部1989年调整国家机关、事业单位工作人员工资实施方案的通知》规定，每年享受有1个月、1.5个月、2个月离休费总数生活补贴的离休干部，这次增加的离休费，可作为计发"生活补贴"的基数。今后，凡是按国家规定增加的离休费，均可照此办理。

（2）提高生活补贴。在中国共产党成立90周年之际，为体现党中央、国务院对离休干部的关怀和照顾，2011年4月11日，中央组织部印发的《关于提高离休干部生活补贴标准扩大发放范围的通知》规定：一是1937年7月6日前参加革命工作的离休干部，生活补贴由原每人每年增发2个月的基本离休费，提高到每人每年增发3个月的基本离休费；二是1937年7月7日至1942年12月31日参加革命工作的离休干部，生活补贴由原每人每年增发1.5个月的基本离休费，提高到每人每年增发2.5个月的基本离休费；三是1943年1月1日至1945年9月2日参加革命工作的离休干部，生活补贴由原每人每年增发1个月的基本离休费，提高到每人每年增发2个月的基本离休费；四是对1945年9月3日至1949年9月30日参加革命工作的离休干部，每年增发1个月的基本离休费，作为生活补贴。

5. 着重提高离休人员医疗待遇

为更好地体现对老干部的关怀和照顾，在医药费方面，对离休干部按规定实报实销，并在建党和中华人民共和国成立的重大纪念年份提高部分离休干部的医疗待遇。

1999年7月20日，中央组织部印发《关于提高部分离休干部医疗待遇的通知》，提高部分离休干部的医疗待遇。一是第一次国内革命战争时期参加革命工作的副部长级（含副部长级待遇）离休干部，凡未享受正部长级医疗待遇的，均享受正部长级医疗待遇。二是第一次国内革命战争时期参加革命工作的副部长级以下离休干部，凡未享受副部长级医疗待遇的，均享受副部长级医疗待遇。三是第二次国内革命战争时期参加革命工作的离休干部，"文化大革命"前任正局级职务、行政十二级或

"文化大革命"前任副局级职务、行政十一级的,均享受副部长级医疗待遇。

2003年,中央组织部印发《关于提高部分老同志医疗待遇的通知》,规定1945年9月2日以前参加革命工作的副省(部)长级(含享受副省〈部〉长级待遇)离休干部,提高享受省(部)长级医疗待遇。

在中华人民共和国成立60周年之际,中央组织部印发《关于提高部分离休干部医疗待遇的通知》,决定提高部分离休干部的医疗待遇。一是1937年7月6日前参加革命工作、尚未享受副省(部)长级医疗待遇的离休干部,提高享受副省(部)长级医疗待遇。二是1937年7月7日至1945年9月2日参加革命工作、离休前为正司局级的离休干部,提高享受副省(部)长级医疗待遇。三是1937年7月7日至1945年9月2日参加革命工作的县处级及以下离休干部,提高享受副司局级医疗待遇。四是提高待遇后,老同志就医医院按"就地升格为主,个别调整为辅"的原则确定;提高享受副司局级医疗待遇的离休干部住院时,如干部病房临时不能保证,可优先安排在普通病房。

在中国共产党成立90周年之际,2011年4月7日,中央组织部印发《关于提高部分离休干部医疗待遇的通知》,提高部分离休干部医疗待遇。一是1937年7月6日前参加革命工作、离休前为正、副厅局级的离休干部,提高享受省(部)长级医疗待遇。二是1937年7月7日至1938年12月31日前参加革命工作、离休前为副厅局级的离休干部,提高享受副省(部)长级医疗待遇。三是1937年7月7日至1942年12月31日参加革命工作、"文化大革命"前为副厅局级的离休干部,提高享受副省(部)长级医疗待遇。同日,中央组织部发布《关于提高部分离休干部医疗费报销标准的通知》,规定1937年7月6日前参加革命工作、离休前为正处级及以下的离休干部,按省(部)长级标准报销医疗费。

6. 明确异地安置离休干部住房待遇

1994年1月,中央组织部老干部局在《关于易地安置离休干部在房改中如何明确产权及购买现住房问题给江苏省委老干部局的复函》中,明确了关于易地安置离休干部的住房(不包括私房)产权归属问题。凡安置时原工作单位与接收安置单位已商定归属的,按协议确定;未明确归属的,根据劳动人事部关于发布《贯彻国务院关于老干部离职休养规定中具体问题的处理意见》的通知第 14 条的规定精神，产权归接收安置单位或地区。房改中，易地安置的离休干部个人需购买现住房时，应按产权持有单位或地区的政策规定办理相关手续，并享受该单位或地区同职级离休干部的购房优惠待遇。

（二）提高离休人员护理费等其他待遇

这一时期的退休干部的待遇基本不变，注重提高离休老干部的其他待遇，包括护理费、自雇费、抚恤费、交通费等。自 1992 年以来，我国党和政府多次调整离休老干部的护理费发放范围、提高发放水平。

1. 多次提高护理费和自雇费水平

（1）调整离休干部护理费发放方式。为体现党中央、国务院对创建新中国作出贡献的老同志的关怀和照顾，自 1992 年以来，先后 7 次提高离休老干部的护理费标准。调整方式从对所有老干部统一标准调整，转变为根据参加革命时间长短、贡献大小进行精细化调整，参加革命时间越长、贡献越大，护理费标准越高。离休干部的护理费与自雇费、生活长期完全不能自理的护理费不能重复享受，按照就高不就低的原则予以发放。

（2）调整因瘫痪等原因生活长期完全不能自理的离休干部护理费标准。为了更好地关怀和照顾老干部，党和国家先后 5 次提高因瘫痪等原因生活长期完全不能自理的离休干部护理费标准，使其更好地度过晚年生活。

（3）调整因公致残人员护理费标准。1993 年 1 月 11 日，人事部、财政部印发《关于调整国家机关、事业单位因公致残人员护理费标准的通知》，规定国家机关、事业单位工作人员和离退休人员因公致残，完全丧失工作能力，生活不能自理，饮食起居需要人扶助的，可适当发给一定数额的护理费，护理费标准根据民政部《革命伤残军人评定伤残等级的条件》评定的伤残等级确定。凡特等和一等伤残人员可享受护理费，其标准为：特等为当地社会平均工资的 50%；一等为当地社会平均工资的 40%、30%。伤残情况特别严重的，护理费可略高于本等级标准，伤残情况较轻的，护理费可略低于本等级标准，各省、自治区、直辖市可结合当地实际情况，制定护理费具体标准。

2. 提高抚恤金标准

2014 年 8 月 26 日，《中央组织部、财政部、人力资源和社会保障部印发〈关于企业和事业单位离休干部病故一次性抚恤金有关问题〉的通知》决定,从 2011 年 8 月 1 日起,企业和事业单位离休干部病故一次性抚恤金计发标准,按照上一年度全国城镇居民人均可支配收入的 2 倍加本人生前 40 个月基本离休费确定。企业和事业单位离休干部一次性抚恤金所需资金,参加城镇企业职工基本养老保险的,由基本养老保险基金支付;未参加城镇企业职工基本养老保险的,按现行渠道解决。

3. 实行交通费定额包干

1992 年 7 月 7 日,中央组织部、人事部、财政部、中共中央直属机关事务管理局、国务院机关事务管理局印发《关于调整中央、国家机关离休干部护理费发放范围和交通费定额包干标准》的通知,明确了离休干部交通费定额包干标准。

(1)正部级离休干部每人每月 100 元;副部级离休干部(不包括只享受副部级住房、医疗待遇的)每人每月 70 元;司局级(含待遇)离休干部每人每月 50 元;处级离休干部每人每月 30 元;处以下离休干部每人每月 20 元。

(2)交通费定额包干标准调整后,凡配有专车和享受专车待遇而用车不缴费的离休干部,不发定额包干交通费。

(三)建立离休干部离休费和医疗费保障机制

1. 做好拖欠离休干部"两费"补发工作

2000 年 12 月 14 日,中共中央办公厅、国务院办公厅关于转发《中央组织部、国家经贸委、财政部、人事部、劳动和社会保障部、卫生部〈关于落实离休干部离休费、医药费的意见〉的通知》要求,切实做好拖欠离休干部"两费"的补发工作。对各省、自治区、直辖市上报的截至 1999 年年底拖欠的离休干部"两费",由中央财政一次性予以补发;通过建立离休干部离休费、医药费保障机制和财政支持机制,确保今后不再发生新的拖欠;各地区和有关部门要按照"单位尽责,社会统筹,财政支持,加强管理"的原则,建立和完善离休干部离休费、医药费保障机制和财政支持机制,采取特殊政策、特殊办法,确保离休干部的离休费按时足额发放、医药费按规定实报实销。12 月 27 日,中央组织部、财政部、劳动和社会保障部印发《关于一次性补发拖欠离休干部离休费、医药费有关问题》的通知,对一次性补发拖欠离休干部离休费、医药费作出规定。

2. 明确"两费"保障工作基本要求

为做好离休干部"两费"保障工作，2003年6月11日，中央组织部办公厅、财政部办公厅、劳动和社会保障部办公厅印发《离休干部"两费"保障工作的基本要求》的通知，明确了离休干部"两费"保障工作的总体要求、离休费保障机制的基本要求、医药费保障机制的基本要求和财政支持机制的基本要求。

（1）离休费保障机制的基本要求。一是地方行政机关和事业单位离休干部离休费纳入同级财政安排。乡级财政确有困难的，其离休干部离休费要纳入县级财政安排；二是企业离休干部离休费要确保按时社会化发放；三是凡国家统一规定的离休干部离休费开支项目，省（区、市）政府和中央管理企业要全额纳入离休费予以保障。

（2）医药费保障机制的基本要求。一是地方行政机关和原享受公费医疗的事业单位离休干部的医药费用切实保障或建立了有效的保障方式；二是企业和原未享受公费医疗的事业单位离休干部实行医药费单独统筹；三是乡镇离休干部参加县级医药费统筹，乡级财政缴纳统筹金确有困难的，县级财政要帮助解决；四是离休干部医药费统筹金标准，既要符合离休干部的实际需要，又要考虑到当地的财政经济状况；五是离休干部的医疗保障，由劳动保障部门统一管理，确保离休干部医疗待遇的落实和资金合理使用。

（3）财政支持机制的基本要求。各级财政部门要把保障机关事业单位离休干部离休费、医药费所需资金纳入本级财政预算，省、市（地）级财政要对所属困难地区离休干部"两费"的资金缺口给予财政支持，省级财政要切实负起责任。

3. 巩固和完善离休干部"三个机制"

2008年3月26日，中央组织部、人力资源和社会保障部颁布《关于进一步加强新形势下离退休干部工作的意见》，提出要完善落实离退休干部生活待遇的保障机制，巩固和完善离休干部"三个机制"。按照中央要求，坚持"单位尽责、社会统筹、财政支持、加强管理"的原则，确保离休费保障机制、医药费保障机制、财政支持机制的健全完善和有效运转。

（1）健全离休费保障机制。离休费由财政负担的，要在预算中足额安排；离休费实行基本养老保险统筹的，有统一规定的开支项目要全部纳入，保证按时足额发放。

（2）健全医药费保障机制。实行离休干部医药费单独统筹的，要合理确定统筹标准，不断拓宽统筹渠道，切实加大征缴力度，确保医药费统筹金按时足额到位；医药费由财政负担的，要在预算中足额安排；没有实行医药费单独统筹的企事业单位，要按规定给予经费保障；采取积极措施，稳妥推进中央企业离休干部参加所在地离休干部医药费单独统筹工作；加强对统筹金的监管，确保合理使用，防止浪费；完善方便离休干部看病就医的具体措施。

（3）健全财政支持机制。各级财政特别是省级财政要强化对落实离休干部离休费、医药费的资金支持力度，确保离休干部"两费"保障机制的正常运行。对因机构改革、企业改制和破产等原因单位变更的，要及时明确离休干部的服务管理单位，落实"两费"的资金渠道；组织、老干部工作、财政、人力资源和社会保障等部门要加强协调、检查和督促，确保离休干部"两费"的落实。

4. 切实落实离休干部工作"三个机制"

2016年2月，中共中央办公厅、国务院办公厅印发《关于进一步加强和改进离退休干部工作的意见》，提出切实落实离休干部离休费保障机制、医药费保障机制、财政支持机制。要求健全中央企业资金保障帮扶机制，下级企业对离休干部离休费、医药费及生活补贴无法完全保障的，由上级企业给予帮助；地方国有企业和事业单位离休干部的离休费、医药费及生活补贴，现渠道无法完全保障的，由上级企业或者单位主管部门给予帮助，上述渠道无法解决的，由同级财政负责保障，同级财政有困难的由上级财政帮助解决；建立健全基本养老金正常调整机制，缩短医药费报销周期，推进医药费异地直接结算；逐步提高行政事业单位退休干部公用经费标准，通过列入同级财政或者单位预算等方式予以保障。

（四）做好离休干部服务

1. 利用街道社区做好离休干部服务

为更好地利用街道社区资源做好离休干部服务工作，2008年3月26日，中央组织部、人力资源和社会保障部印发《关于进一步加强新形势下离退休干部工作的意见》，提出推进老干部活动中心、老干部大学（老年大学）工作，利用街道、社区资源为离休干部搞好服务。在保持原有管理关系、服务关系的基础上，充分发挥街道、社区的作用，让离休干部就近学习、就近活动、就近得到关心照顾、就近发挥作用，逐步建立和完善单位、街道、社区、养老机构、家庭相结合的离休干部医疗保健、生活服务体系，为离休干部提供医疗服务、学习活动服务和精神慰藉服务。对居住在农村的离休干部，乡（镇）、村两级党组织要多渠道、多方面给予关心照顾。

2. 做好异地安置离休干部服务

2004年9月15日，中央组织部、财政部、人力资源和社会保障部印发《关于进一步做好跨省易地安置离休干部服务管理工作的意见》，就跨省异地安置离休干部的政治待遇、生活待遇、医疗待遇、困难离休干部帮扶方面作出规定。

为更好地做好异地安置离休干部管理服务工作，2016年2月4日，中共中央办公厅、国务院办公厅印发《关于进一步加强和改进离退休干部工作的意见》，提出切实做好易地安置离休干部服务管理工作。要求原单位和原单位所在地有关部门，对易地安置离休干部应定期走访慰问、经常联系、加强关怀，出现重大情况及时派人处理；采取有效措施减少医药费个人垫付，缩短报销周期，确保医药费能够及时报销；接收安置地党委和政府及有关部门要在医疗保健、生活照顾等方面给予他们更多关爱，加强与原单位的联系，配合做好相关工作；对异地居住的离休干部，原单位和居住地有关部门应予以关心照顾。

三　探索建立分类退休制度

随着干部人事分类管理制度建设的推进，中央探索建立适合不同类别、不同职位类别特点的干部退休制度。

2011年，中共中央办公厅、国务院办公厅印发《关于进一步深化事业单位人事制度改革的意见》，提出研究建立与聘用制度和岗位管理制度相适应的事业单位工作人员退休制度。

为了深入推进公安改革，加强和深化新形势下公安队伍建设，2015年2月，中央审议通过《关于全面深化公安改革若干重大问题的框架意见》，提出根据人民警察的性质特点，建立有别于其他公务员的人民警察管理制度和保障机制，按照职位类别和职务序列，对人民警察实行分类管理。2016年12月1日，公安部公布《中华人民共和国人民警察法（修订草案稿）》，规定从事基层一线执法执勤工作满25年或者在特殊岗位、艰苦边远地区从警满20年的人民警察，本人自愿提出申请，经任免机关批准，可以提前退休，并享受正常退休的待遇。

2019年4月修订的《法官法》和《检察官法》规定，法官/检察官的退休制度，根据审判/检察工作特点，由国家另行规定。

第十六章 权益保障制度

第十六章 权益保障制度

权益保障有广义、狭义之分。从广义的角度来说，干部权益保障包括物质经济方面、政治方面、身份方面、履行职务方面的权益保障以及法律规定的其他权益保障。本章所指的权益保障是从狭义的角度，即从权益救济的角度防止干部合法权益受到侵害，当干部权益受到侵害后采取措施使受损权益得到恢复或补救，确保干部权益最终实现而采用的制度化设计，具有调整组织对个体的人事管理，实现约束组织的权力和保障干部的权益双重目标的作用。

中华人民共和国成立之后，随着干部人事制度的建立，工作人员和用人单位之间的人事争议问题就已经存在。在计划经济时代，对机关、国有企业、事业单位人事工作中发生的争议、矛盾的处理方式基本上是单纯的行政手段解决或政策处理机制[1]，以此来保障用人单位和工作人员的合法权益。改革开放以后，随着市场经济的发展和人才流动的出现，人事争议问题日益增多，原有的人事争议处理机制不能妥善解决人事管理中出现的矛盾和纠纷。与此同时，我国实行干部分类管理，机关、国有企业、事业单位的人事制度逐步区分开来，亟须建立符合干部人事制度改革需求的人事争议处理制度和工作体系。

1993年8月，《国家公务员暂行条例》颁布，标志着国家公务员制度的建立。行政机关工作人员纳入公务员制度管理范畴，公务员申诉控告制度作为公务员人事争议的解决机制得以建立。之后，相对独立的事业单位人事管理制度也逐步建立。

随着机关、国有企业、事业单位人事制度改革的逐步推进，为了公正合理及时地处理人事争议，1997年8月人事部颁布实施《人事争议处理暂行规定》，人事争议仲裁作为处理人事争议的执法机制得以建立和发展。2003年《关于人民法院审理事业单位人事争议案件若干问题的规定》出台，实现了人事仲裁结果与司法程序的接轨，赋予仲裁裁决以法律效力，为人事争议仲裁工作的开展创造了有利条件。2005年4月《公务员

---

[1] 张勇敏：《人事争议处理机制法律问题研究》，浙江大学出版社2010年版，第44页。

法》颁布,要求建立人事争议仲裁制度,聘任制公务员可以通过人事争议仲裁和诉讼的途径处理与所在机关之间因履行聘任合同发生的争议。为了进一步完善人事争议处理制度,2007年8月《人事争议处理规定》正式颁发,标志着符合我国人事争议仲裁工作需要、较为规范的人事争议仲裁法律体系基本形成。

回顾中华人民共和国成立70年来干部权益保障制度的发展历程,与我国市场经济的发展、社会主义民主与法制建设的发展以及干部人事制度改革的进程保持着高度的同步性,呈现出法制化、规范化、科学化水平不断提升的鲜明特点。一方面,随着我国干部人事分类管理制度的建立,申诉控告制度作为解决公务员因人事处理决定发生的人事争议的有效办法逐步得到建立和发展,为保障公务员的合法权益提供了法律依据,在健全公务员制度、调动公务员工作积极性、稳定公务员队伍、合理开发公共人力资源等方面发挥了重要作用。与此同时,随着事业单位改革的不断深入推进,事业单位工作人员申诉制度也得以建立,为维护事业单位工作人员的合法权益、促进人事和谐提供了制度保障。另一方面,基于我国人事争议处理工作发展的现实需要,人事争议仲裁制度应运而生,在维护当事人合法权益、促进人才资源的合理配置、流动和开发,调动人才工作积极性和创造性,维护社会稳定等方面提供了制度保障。

第一节　权益保障制度的初建与中断
（1949—1978 年）

中华人民共和国成立以后,国家陆续出台有关政策法规,形成了国家工作人员人事争议的行政处理机制,维护国家工作人员的合法权益。按照《中华人民共和国中央人民政府组织法》,国家于1949年10月成立了政务院,设立了政务院人民监察委员会和政务院人事局,其中人民监察委员会负责监察政府机关和公务人员是否履行其职责。1950年10月,国家撤销政务院人事局,成立中央人民政府人事部负责统一管理全国在职、在野、在学、在党和非党干部,保证人事政策和人事制度的统一,避免人事机构重叠、工作分散。在这一阶段,这些机构具体受理行政机关工作人员的申诉控告,为行政机关申诉控告工作提供了组织保证。

一　建立行政机关工作人员申诉控告制度

为了干部奖惩工作的开展，避免在干部处分处理工作过程中存在的不当的行为，保护当事人的合法权益，1952年8月21日，中央人民政府制定的《国家工作人员奖惩暂行条例》（草稿）第30条规定，被惩戒人对惩戒处分如有不服，得于接到通知之次日起3日内向惩戒机关要求复议，或于15日内向上级机关提出申诉。①

1954年3月，政务院人民监察委员会制定了《关于惩戒工作中应注意的几个问题》，对申诉制度实践中存在的问题进行了纠正，指出扣留申诉或"怕"影响干部情绪而不转告处分者，或一律认为申诉就是思想和做法不老实，都是不对的。这样绝不能使受处分者心服口服，从而达到教育目的。②1957年8月，监察部在《关于国家监察机关处理公民控诉工作的暂行办法》中，对处理国家行政机关工作人员的申诉作了具体规定。同年10月出台的《国务院关于国家行政机关工作人员的奖惩暂行条例》（以下简称《暂行条例》）提出，对行政处分行为不服的，可以在行政系统内寻求救济。其中，对行政纪律处分的申诉作了如下专门规定：国家行政机关工作人员对所受纪律处分不服的时候，可以向处理机关复议，并且有权直接向上级机关申诉；复议或者申诉期间，不停止处分的执行。《暂行条例》的出台为国家行政机关工作人员不服行政处分提供了救济渠道，但其所确定的国家行政机关工作人员权益保障与救济的范围只限于行政处分行为，没有包括其他侵害权益的行政行为。

1963年8月10日，中共中央办公厅、国务院办公厅，在《关于中央机关接待和处理人民来访的几项规定》中，对处理不服行政处分（包括不服除名和自动离职处理）的分工进行了具体规定，为主管部门受理申诉提供了指导。1965年7月，内务部针对实际工作中存在处理申诉、控告案件的处理时间较长，处理不够严肃认真造成返工翻案、对被控告人打击报复、制度缺位导致处理工作规范性较低等问题，出台《关于加强处理控告、申诉案件工作的意见》，对今后如何加强处理控告、申诉案件

---

① 林弋：《公务员法立法研究》，中国人事出版社2006年版，第44页。
② 林弋：《公务员法立法研究》，中国人事出版社2006年版，第44页。

工作提出了具体的要求。

二　确立办理申诉控告案件的工作原则

人事争议处理机构处理申诉控告案件时都必须遵循分级负责，归口处理，及时办理，落实到位和保密性原则。

（一）实行分级负责、归口处理原则

为了更好地开展工作，按照申诉、控告的处理要求和各级党政机关的职责权限，实行按级、按系统分工处理，便于发挥不同地区、不同部门、不同单位的各自作用，做到实事求是，符合政策法规，按照既定程序及时处理。

为了便利公民行使控告、申诉的权利，及时地、正确地处理公民的控告、申诉案件，1957年8月，监察部出台的《关于国家监察机关处理公民控诉工作的暂行办法》规定：对于国家行政机关工作人员不服行政纪律处分的重要申诉案件，由申诉人所在机关的同级监察机关或者上级监察机关直接检查处理。对于一般的申诉案件，由原处理机关或者原处理机关的上级机关进行复查或复议。[1]

1963年8月10日，中共中央办公厅、国务院办公厅在《关于中央机关接待和处理人民来访的几项规定》中，对处理不服行政处分（包括不服除名和自动离职处理）的分工进行了明确规定：属于中央各部门直属的和省（自治区、直辖市）以上的事业、企业单位的干部、工勤人员，按业务系统分别由各主管部门处理；属于专区、省直辖市以下的事业、企业单位的干部、工勤人员，由劳动部处理；属于各级党委机关的干部、工勤人员，按业务系统分别由中共中央各主管部门处理；属于各级国家行政机关的干部、工勤人员，由内务部处理。不服各主管部门处理的，属于各级党委机关的干部、工勤人员，由中共中央组织部处理，属于事业、企业单位的干部和工勤人员，由劳动部处理。[2]

（二）及时办理、落实到位的原则

办理申诉案件要求对申诉人提出的诉求事项，努力做到及时办理、

---

[1] 张志坚、苏玉堂：《当代中国的人事管理》（上册），当代中国出版社1997年版，第439页。

[2] 曹志：《中华人民共和国人事制度概要》，北京大学出版社1986年版，第202页。

落实到位和解决到位。1957年10月23日，全国人民代表大会常务委员会第八十二次会议批准国务院命令公布出台《国务院关于国家行政机关工作人员的奖惩暂行规定》，明确要求"国家行政机关对于受处分人的申诉，应该认真处理。对于受处分人给上级机关的申诉书，必须迅速转递，不得扣压。但是在复议或者申诉期间，不停止处分的执行"。

1965年7月，内务部出台的《关于加强处理控告、申诉案件工作的意见》对如何规范处理控告、申诉案件提出了进一步的要求，主要包括：处理控告、申诉案件，必须树立明确的阶级观点、政策观点和群众观点；要敢于坚持原则，明辨是非；要有实事求是的工作作风；各级人事部门的领导干部必须重视，要亲自批办重要的控告、申诉案件。省、专两级人事部门对于重要案件、不服下级人事部门处理的案件和长期没有解决的案件，应该直接调查处理；转办的案件，必须认真督促及时处理；对报告处理结果的案件，应该认真审查，不能马虎了事。县级人事部门，一般应当只办不转。对于上级机关要查处结果的案件，在处理结束后，应该迅速报告。任何一个案件，都必须在事实查证确凿的基础上，全面地分析研究，根据党和国家的政策，实事求是地处理；重视人民群众的控告，防止打击报复。向各级国家机关书面或者口头控告违法失职人员，是人民的权利。因此，对于任何一个控告案件，必须严肃对待、认真处理。

（三）坚持保密性原则

为了保护控告人不遭受打击报复，处理申诉、控告案件时对当事人的相关信息要进行保密。《关于加强处理控告、申诉案件工作的意见》明确规定：需要转办的控告案件，一般只转抄件，不转原件，在抄件上不要写出来信人的地址和姓名；严禁把控告信转到被控告人或与被控告人有利害关系的人手中，防止打击报复。凡是对控告人进行打击报复的，必须严肃处理；情节严重，手段恶劣，并造成严重后果的，应该建议司法机关处理。对于匿名信件，应该同署名的信件一样看待。

三 规定办理申诉控告案件的工作程序

处理相关办理申诉控告案件的程序，主要包括当事人提出申请，处理机构开展复查复议，作出处理规定。

（一）申请

1957年10月出台的《国务院关于国家行政机关工作人员的奖惩暂行规定》对国家行政机关工作人员不服纪律处分的申诉时限作了专门规定[1]：国家行政机关工作人员对所受纪律处分不服，在接到通知后一个月内，向处理机关要求复议，并且有权直接向上级机关申诉。

（二）开展复查或复议

为了确保申诉人的申诉得到有效处理，需要按照既定的程序要求进行复查或复议。监察部出台的《关于国家监察机关处理公民控诉工作的暂行办法》明确规定：对国家行政机关工作人员行政纪律处理的重要申诉案件，应该由申诉人员在机关的同级监察机关或者上级监察机关直接监察处理。对于一般的此类申诉案件，可交由原处理机关或者其上级机关进行复查或复议。具体受理要求包括：对于国家行政机关工作人员不服行政纪律处分的申诉案件，必须根据当时、当地的具体情况，认真负责地、实事求是地进行复查或复议；复查或复议，须作出书面结论。如果申诉人同意所作结论，予以结案。如果申诉人对结论仍然不服，并提出正当理由的，应该再次复查或复议。如果申诉人不服，而又不能提出正当理由的监察机关可以将复查或复议的结论和有关材料以及申诉人的意见，一并报告行政领导审查解决。[2]

《国务院关于国家行政机关工作人员的奖惩暂行规定》对受理申诉、控告作了专门规定：国家行政机关对于受处分人的申诉，应该认真处理。对于受处分人给上级机关的申诉书，必须迅速转递，不得扣压。但是在复议或者申诉期间，不停止处分的执行；国家监察机关对于所受理的奖励或者纪律处分的控告、申诉案件，可以进行复议或者复查，并且提出具体意见，建议其主管机关作出决定，或者报请上级行政机关决定。

1965年7月5日，内务部出台《关于加强处理控告、申诉案件工作

---

[1] 《国务院关于国家行政机关工作人员的奖惩暂行规定》适用于各级国家行政机关中经地方各级人民代表大会选举担任国家行政职务的人员，和各级国家行政机关任命的工作人员，以及企业、事业单位中由国家行政机关任命的工作人员。

[2] 曹志：《中华人民共和国人事制度概要》，北京大学出版社1986年版，第201页。

的意见》，对如何加强处理控告、申诉案件工作提出了具体的要求，一是要尊重受处分人的申诉权利。对于不服行政纪律处分的申诉案件，要按照政策，认真负责地、实事求是地进行复查或者复议。二是在复查、复议中，既要听取原处理单位和群众的意见，也要听取申诉人的意见；既要听取正面意见，也要听取反面意见；既要注意人证，也要注意物证，把事实查证确凿，性质分辨清楚，绝不能从印象出发，主观臆断，先定框框，以感想代替政策。①

（三）作出处理决定

经过复查或复议之后，受理机构作出书面结论。通过复查或复议发现问题要及时处理，对与事实不符或处理不当的问题要予以更正。1953年10月，政务院人民监察委员会、人事部下发的《关于干部惩戒中若干问题的解答》中提出，国家机关工作人员的行政处分，原来不恰当，经过重新议处而后予以改变：改变后的处分轻于原处分者，其受处分时间，应按原处分决定时间起算；重于原处分者，其受处分时间，应按决定改变处分时间起算。1957年8月出台的《关于国家监察机关处理公民控诉工作的暂行办法》规定，复查或复议时，如发现原处分所根据的事实有出入或结论有错误的，应该修正；处分重了的，应该减轻处分；不该处分的，就要取消处分；对于原处分正确，而本人不认识错误的，应该批评教育，耐心地帮助，使其认识错误，改正错误。② 同年10月出台的《国务院关于国家行政机关工作人员的奖惩暂行规定》明确要求，国家行政机关发现所属机关的纪律处分决定不适当或者错误的时候，应该加以改变，根据具体情况，分别予以加重、减轻或者撤销。国家行政机关处分任何工作人员，应该对其所犯错误的事实认真进行调查对证，并且经过一定会议讨论，作出书面结论。在讨论的时候，除特殊情形以外，应该通知受处分人出席申诉意见。纪律处分经决定或者批准生效后，应该书面通知受处分人，并且记入本人档案。③

---

① 曹志：《中华人民共和国人事制度概要》，北京大学出版社1986年版，第203—204页。
② 曹志：《中华人民共和国人事制度概要》，北京大学出版社1986年版，第200—201页。
③ 张志坚、苏玉堂：《当代中国的人事管理》（上册），当代中国出版社1997年版，第438页。

针对有些单位缺乏实事求是的态度，明知处分错了，也不愿改正的问题，内务部在1965年7月5日出台的《关于加强处理控告、申诉案件工作的意见》中明确规定[①]：控告案件，经过调查，被控告人确实犯有错误的，应该把错误的性质、情节和犯错误的责任，作出书面结论，提出处理意见，建议其主管机关或者报请上级机关决定；控告不实的，必须分清是误告还是诬告，属于误告的，应该予以解释，属于诬告的，必须严肃处理；经过复查或者复议，如果原处分所根据的事实有出入，或者结论不当，应该改正；处分重了的，应该减轻处分；不该处分的，就要撤销处分；原处分正确，而申诉人不认识错误的，应该以理服人，批评教育，耐心帮助，使其端正态度，认识错误，改正错误。如果经耐心地批评教育后，仍无理取闹的，建议有关机关予以处理。申诉案件经过复查或者复议，提出的处理意见如果与原处理单位意见不一致时，应该共同研究，求得统一认识。经过反复讨论研究，仍不能统一认识的，可报请上级机关决定。

总的来看，在这一时期，国家通过设立相关机构、颁布有关法律、法规和政策，为国家工作人员提供了在行政系统内部寻求救济的权益保障机制，有效维护了用人单位和工作人员的合法权益。此后，由于种种历史原因，申诉控告制度在发展过程中因遇到了一些问题而被迫中断。

第二节 权益保障制度的恢复与重建
（1978—1992年）

1978年12月召开的党的十一届三中全会作出了把党和国家工作重点转移到社会主义现代化建设上来的战略决策，并着重提出了健全社会主义民主，加强社会主义法制的任务。党的十一届三中全会的胜利召开，拉开了我国改革开放的序幕，也标志着我国干部人事制度改革的启动。随着我国开始探索实行干部人事分类管理制度，机关事业单位工作人员权益保障制度也逐渐得到恢复和重建，并向着规范化、法律化方向迈进。

一方面，国家出台了一系列关于国家行政机关工作人员的申诉控告

---

① 曹志：《中华人民共和国人事制度概要》，北京大学出版社1986年版，第203—204页。

的法律、法规，对维护国家行政机关工作人员的合法权益，正确处理国家行政机关工作人员与国家行政机关因人事处理发生的争议，促进国家行政机关依法行政起到了积极的推动作用。另一方面，随着我国经济社会发展的时代需要和各项改革的不断发展推进，人才流动得到进一步发展。因人才流动引起的矛盾日益增多，并逐渐演变为人事争议，进而推动了地方对人事争议仲裁工作的探索，为保护人才和用人单位的合法权益，维持人才流动秩序提供了制度保障。

一　恢复行政机关工作人员申诉控告制度

1978年3月5日，第五届全国人民代表大会第一次会议通过了经重新修改制定的《中华人民共和国宪法》。在第三章"公民的基本权利和义务"部分作了大量补充，由1975年宪法的4条增加到16条。其中，第五十五条明确规定："公民对于任何违法失职的国家机关和企业、事业单位的工作人员，有权向各级国家机关提出控告。公民在权利受到侵害的时候，有权向各级国家机关提出申诉。对这种控告和申诉，任何人不得压制和打击报复。"

随着经济社会发展的需求，1982年，我国又重新修改制定了《中华人民共和国宪法》，在序言中突出明确了宪法作为国家根本大法的地位。在第二章"公民的基本权利和义务"部分作了补充，由1978年宪法的16条增加到23条。其中，第四十一条明确规定："中华人民共和国公民对于任何国家机关和国家工作人员，有提出批评和建议的权利，对于任何国家机关和国家工作人员的违法失职行为，有向国家机关提出申诉、控告或者检举的权利。但不得捏造或者歪曲事实进行诬告陷害。对于公民的申诉、控告或者检举，有关国家机关必须查清事实，负责处理。任何人不得压制和打击报复。由于国家机关和国家工作人员侵犯公民权利而受到损失的人，有依照法律规定取得赔偿的权利。"

国家行政机关工作人员申诉控告的权利是宪法规定的公民的申诉控告权利的具体化。1987年8月国务院下发《关于在县以上地方各级人民政府设立行政监察机关的通知》，明确规定了国家行政监察机关的监察对象、主要任务和职责。其中，国家行政监察机关的监察对象是国家行政机关及其工作人员、国家行政机关任命的国营企事业单位的领导干部。

国家行政监察机关的主要任务和职责中有两项涉及申诉控告，即受理个人或单位对监察对象违反国家政策和法律、法规以及违法政纪行为的检举、控告；受理监察对象不服纪律处分的申诉。①

1988年5月，监察部制定了《中华人民共和国监察机关调查处理政纪案件试行办法》，第三十三条明确规定："对于监察对象不服政纪处分的申诉，监察机关应予受理；如需改变或取消处分决定的，一般由原作出决定或批准处分的单位或部门重新作出决定；在新的决定作出前，仍按原处分决定执行；如政纪处分有改变，善后问题由申诉人所在单位处理。对于定性准确、处理恰当的案件，申诉人如坚持错误，应对其批评教育；如无理取闹，要严肃处理。"同年9月，国务院发布了《国家行政机关工作人员贪污贿赂行政处分暂行规定》，对被处分人员不服行政处分提出申诉和监察机关受理申诉等内容进行了规定。1989年6月，监察部、人事部联合下发了《关于在惩戒工作中分工协作问题的通知》。

1990年，国务院颁布《中华人民共和国行政监察条例》，对国家行政机关工作人员不服行政处分的申诉机制进行了规定。该条例的颁布，对规范监察行为、促进依法监察意义重大，是各级监察机关开展工作的基本法规。该条例规定监察机关要建立举报制度和申诉制度，对国家行政机关工作人员不服行政处分的救济制度也进行了完善。

为保证监察机关正确、及时地处理不服行政处分的申诉，维护国家法律、法规和政纪的严肃性，保障国家行政机关工作人员的合法权益，根据《中华人民共和国行政监察条例》的有关规定，国家监察委员会于1991年发布《监察机关处理不服行政处分申诉的办法》，对申诉案件的管辖、申诉的提起和受理、复审和复核等内容进行了具体规定。②

1991年4月，人事部发出《关于加强行政惩戒工作管理的通知》，明确规定各级人事部门对国家行政机关、事业单位和企业中由国家行政机关任命的工作人员不服处分的申诉（由监察机关直接给予处分不服的申

---

① 张志坚、苏玉堂：《当代中国的人事管理》（上册），当代中国出版社1997年版，第472页。

② 该法适用处理国家行政机关工作人员和国家行政机关任命的其他人员不服行政处分决定的申诉。

诉除外），要严肃对待、认真处理。对需要重新调查核实的，应责成原处理单位或直接组织人员调查核实，如发现原处分不恰当需要改变时，应建议或责成原处理单位予以纠正。上述这些法规、规章及规范性文件的相继出台，促使机关工作人员不服行政纪律处分所提起的申诉进一步规范化。

二 明确办理申诉控告案件的工作原则

办理申诉控告案件是监察机关工作的重要组成部分。《中华人民共和国行政监察条例》明确规定，监察机关作为人民政府行使监察职能的专门机构，有职责受理对国家行政机关及其工作人员和国家行政机关任命的其他人员违反国家法律、法规以及违反政纪行为的检举、控告；受理国家行政机关工作人员和国家行政机关任命的其他人员不服行政处分的申诉，以及法律、法规规定的其他由监察机关受理的申诉。为保证监察机关正确、及时地处理不服行政处分的申诉，维护国家法律、法规和政纪的严肃性，保障国家行政机关工作人员的合法权益，根据《中华人民共和国行政监察条例》的有关规定，监察部于1991年11月制定《监察机关处理不服行政处分申诉的办法》，明确了监察机关受理申诉案件的工作原则。

（一）坚持实事求是、有错必纠、不错不纠的原则

监察机关办理申诉控告案件是一项政治性、政策性、原则性很强的工作，必须严格依照法律、法规的要求实事求是、认真细致地进行处理。《监察机关处理不服行政处分申诉的办法》明确规定："监察机关处理不服行政处分申诉要坚持实事求是，有错必纠，不错不纠的原则。"因此，对于经过复审、复核之后案件的结果，要根据情况分别作出相应的处理。一是原行政处分决定或者行政处分复审决定恰当的，维持原决定；二是原行政处分决定或者行政处分复审决定是错误的，要予以撤销后，由原决定机关重新审理；三是原行政处分决定或者行政处分复审决定存在部分错误，要对原决定予以变更。

（二）实行分级负责、归口办理的原则

为了便于监察机关处理申诉案件和便于当事人申请申诉，《监察机关处理不服行政处分申诉的办法》规定监察机关处理不服行政处分申诉实

行分级负责和归口办理。分别对国家监察委员会，省、自治区、直辖市监察厅（局），自治州、设区的市的监察局，县、自治县、不设区的市、市辖区的监察局，监察机关的派出监察机构五个层次的监察部门可受理不服行政处分的申诉案件的范围进行了明确。

国家监察委员会可受理不服行政处分的申诉案件包括以下四种情形：不服国家监察委员会行政处分决定的；不服省、自治区、直辖市监察厅（局）和国家监察委员会派出监察机构行政处分复审决定的；不服国务院各部门行政处分决定的；不服省、自治区、直辖市人民政府行政处分决定的。

省、自治区、直辖市监察厅（局）可以受理的不服行政处分的申诉案件包括以下四种情形：不服本厅（局）行政处分决定的；不服下一级监察机关和本厅（局）派出监察机构行政处分复审决定的；不服本级人民政府各部门行政处分决定的；不服自治州、设区的市、直辖市辖区（县）人民政府行政处分决定的。

自治州、设区的市的监察局可受理的不服行政处分的申诉案件包括以下四种情形：不服本局行政处分决定的；不服下一级监察机关和本局派出监察机构行政处分复审决定的；不服本级人民政府各部门行政处分决定的；不服县、自治县、不设区的市、市辖区人民政府行政处分决定的。

县、自治县、不设区的市、市辖区的监察局可受理的不服行政处分的申诉案件包括以下三种情形：不服本局行政处分决定的；不服本级人民政府各部门行政处分决定的；不服乡、民族乡、镇人民政府行政处分决定的。

监察机关的派出监察机构可受理的申诉案件包括以下三种情形：不服本派出监察机构行政处分决定的；不服与派驻部门有垂直领导关系的下级行政部门行政处分决定的；不服与派驻部门有垂直领导关系的下级行政部门的监察机构的行政处分复审决定的。

此外，还规定了监察机关受理由上级领导机关交办的不服行政处分的申诉案件和认为需要由本机关办理的其他不服行政处分的申诉案件；对不服行政处分的申诉案件的管辖有争议的，由涉及的监察机关协商确定，或者由它们共同的上一级监察机关指定。

（三）实行复审复查终结制的原则

复审、复核是监察制度中为保护国家行政机关工作人员的合法权益，对监察机关行使职权实施内部监督的一项重要工作制度。根据《监察机关处理不服行政处分申诉的办法》规定，监察机关应当在受理后一个月内作出复审决定。对不服行政处分复审决定的复核申请，应当在受理后二个月内作出复核决定。国家监察委员会作出的复审决定为最终决定，不得再提出申诉。监察机关对受理的不服主管机关行政处分决定的申诉，根据实际调查情况，可作出以下两种处理方法：一是建议原决定机关对原决定予以维持或者变更或者撤销；二是监察机关在职权范围内，对原决定直接作出维持或者变更或者撤销的决定。

三　明确办理申诉案件的工作程序

受理申诉案件需要按照适用的步骤和程式来开展，包括申请、受理、复审或复核、处理决定等主要环节。明确办理申诉案件工作程序有利于客观公正地处理人事争议，对提升办理申诉案件的规范化水平具有重要意义。

（一）申请

当事人不服行政处分决定可以向有管辖权的机构提出申诉申请。申诉人提出申诉有相应的前提条件，并需要按照相关要求在一定时限内提出申诉申请。

1988年9月，国务院发布的《国家行政机关工作人员贪污贿赂行政处分暂行规定》对被处分人员不服贪污贿赂行政处分提出申诉进行了规定。被处分人员对主管机关作出的处分决定不服的，可以向同级行政监察机关申诉，并可以向上一级行政监察机关申请复核。对行政监察机关直接作出的处分决定不服的，可以向作出处分决定的行政监察机关申诉，并可以向上一级行政监察机关申请复核。

1990年，国务院颁布的《中华人民共和国行政监察条例》第四十条规定："监察对象对监察决定不服的，可以在收到监察决定次日起十五日内向作出决定的监察机关申请复审，复审决定应当在一个月内作出。对复审决定仍不服的，可以向上一级监察机关申请复核。上一级监察机关应当在两个月内作出复核决定。"第四十一条规定："国家行政机关工作人员和国家行政机关任命的其他人员对其主管部门作出的行政处分决定不服的，可以向同级监察机关申诉。申诉人对同级监察机关的复审决定仍不服的，可以向上一级监察机关申请复核。"

1991年发布的《监察机关处理不服行政处分申诉的办法》明确规定，国家行政机关工作人员和国家行政机关任命的其他人员对监察机关行政处分决定不服的，可以在收到该决定次日起十五日内向作出决定的监察机关申请复审；对其主管部门行政处分决定不服的，可以向有管辖权的监察机关申请复审；对监察机关行政处分复审决定仍不服的，可以在收到复审决定次日起十五日内向作出复审决定的上一级监察机关申请复核。具体来说，申诉人提起不服行政处分的申诉应当符合下列条件：申诉应当由受到行政处分的国家行政机关工作人员和国家行政机关任命的其他人员提起；受处分人丧失行为能力或者死亡的，可以由其近亲属代为提起；有明确的作出行政处分决定的机关；有具体的申诉请求和事实根据；属于受理申诉的监察机关管辖；法律、法规规定的其他条件。

申诉人提出申诉还应当在规定期限内提交申诉书，并附原行政处分决定书、复审决定书复制件。申诉书应包括以下内容：申诉人的姓名、性别、年龄、职业、住址等；作出行政处分决定或者复审决定的机关名称；申诉的请求和理由；提出申诉的日期。

此外，还明确了申诉人行使申诉权的义务要求。申诉人提出申诉不能歪曲事实，提供伪证或者诬陷他人，对于恶意提出申诉而扰乱工作秩序、社会秩序的人员，要依法进行相关处理。

（二）受理

监察机关按照管辖权限来受理不服行政处分的申诉。在这一环节，要对申请人提交的申请进行审查，通过审查后作出相应的处理决定。

《监察机关处理不服行政处分申诉的办法》规定，监察机关在收到申诉书次日起十五日内，要根据申诉要求、管辖权限、申诉书内容等情况，作出相应的处理。对于符合《监察机关处理不服行政处分申诉的办法》规定要求的申诉，应予受理，并告知申诉人；对于不属于监察机关管辖的申诉案件，移送有权处理的监察机关或者其他有关机关、单位，并告知申诉人；当发现申诉不符合提起申诉的条件，不予受理并告知申诉人不予受理的理由；对于申诉书未按照规定载明相关内容的，应当把申诉书发还申诉人，并要求申诉人限期补正。

(三) 复审或复核

复审或复核是处理申诉案件的重要程序，需要由专门机构根据既定的程序和规范性要求来开展。监察部于1991年发布的《监察机关处理不服行政处分申诉的办法》规定，对于不服行政处分的申诉案件，由监察机关处理申诉案件的专门机构来负责办理；由审理部门负责办理的，应当指定原承办本案以外的人员办理。为保证案件审理的公平公正性，复审或者复核申诉案件，由二人承办；复审或者复核重要、复杂的申诉案件，由二人以上承办。

1. 审阅案件材料并调查核实

复审或者复核申诉案件，必须调阅原案的全部材料，对原案进行全面审查，不受申诉内容的限制，并制作阅卷笔录。受理案件后，应查清以下内容：事实是否清楚，证据是否确实充分；应当追究政纪责任的人员是否遗漏，申诉人是否代人受过；定性是否准确；行政处分是否恰当；是否符合规定的办案程序；其他需要查清的问题。根据实际工作需要，监察机关可以采用对案卷材料进行书面审查、直接调查核实、与原办案部门共同调查核实的形式来进行复审或者复核。阅卷后，认为有必要进行调查核实的，应当确定需要核查的主要问题，并拟制核查方案，报部门领导同意，按规定程序进行。当监察机关采用直接调查核实或与原办案部门共同调查核实的方式时，如有必要可以根据有关规定使用政纪案件调查的措施和手段。

2. 撰写复审或复核报告

对申诉案件的复审或复核之后，承办人要提出意见，经部门讨论后，写出复审或复核报告。复审或者复核报告的主要内容包括：原案处理的经过、原行政处分决定或者行政处分复审决定认定的事实和处理结论；申诉的请求理由；复审或者复核的情况和认定的事实、证据、定性以及适用的法律、法规和政策的规定等；复审或者复核意见。

3. 作出复审或复核决定

《国家行政机关工作人员贪污贿赂行政处分暂行规定》要求，行政监察机关对被处分人员的申诉或者复核请求，应当在三个月内作出处理。不能在三个月内作出处理的，应当将原因通知本人。

《监察机关处理不服行政处分申诉的办法》规定，对不服行政处分决定的复审申请,应当在受理后一个月内作出复审决定。监察部作出的复审决定为最终决定。对不服行政处分复审决定的复核申请,应当在受理后二个月内作出复核决定。逾期未能办结的,应当向本级监察机关负责人报告并说明理由;对上级监察机关交办的申诉案件逾期未能办结的,本级监察机关应当向上级监察机关申明原因。因特殊原因经本级监察机关负责人批准后,办案期限可延长两个月。

（四）处理决定

经过复审或复核之后,监察机关可根据实际情况分别作出维持原决定、撤销原决定和变更原决定的决定。

1. 维持原决定

承办人经过复审或复核之后,认为原行政处分决定或者行政处分复审决定具备事实清楚,证据确实充分;适用法律、法规、政策正确,定性准确;处分适当的条件,报经监察机关负责人审定,可维持原决定。

2. 撤销原决定

一是承办人经过复审或复核之后,认为监察机关或者主管部门作出的原行政处分决定或者行政处分复审决定具有违法违纪事实不存在的情形/或具有认定事实不清,证据不足的情形/或具有违反法定程序,影响案件公正处理的情形,报经监察机关案件审理委员会讨论后,由监察机关负责人审定,可决定撤销。二是承办人经过复审或复核之后,认为下一级人民政府作出的行政处分决定具有违法违纪事实不存在的情形/或具有认定事实不清,证据不足的情形/或具有违反法定程序,影响案件公正处理的情形,报经监察机关案件审理委员会讨论后,由监察机关负责人审定,建议该人民政府予以撤销,或者由监察机关报经本级人民政府或者上一级监察机关同意直接予以撤销。如发现存在认定事实不清,证据不足的情形/或违反法定程序,影响案件公正处理的情形,决定撤销后,由原决定机关重新审理。

3. 变更原决定

一是承办人经过复审或复核之后,认为监察机关或者主管部门作出的原行政处分决定或者行政处分复审决定具有适用法律、法规、政策不当,定性不准确的情形/或具有处分明显不当的情形,报经监察机关案件审理委员会讨论后,由监察机关负责人审定,决定变更。二是承办人经过复审或复核之后，认为下一级人民政府作出的行政处分决定具有适用法律、法规、政策不当，定性不准确的情形/或具有处分明显不当的情形，报经监察机关案件审理委员会讨论后，由监察机关负责人审定，建议该人民政府予以变更，或者由监察机关报经本级人民政府或者上一级监察机关同意直接予以变更。

（五）制作决定书

根据《监察机关处理不服行政处分申诉的办法》的要求，监察机关经过审理作出复审或者复核决定后要制作复审或复核决定书。复审或复核决定书应当载明以下内容：申诉人的姓名、性别、年龄、单位、职务（职称）、住址；原作出行政处分决定或者复审决定的机关和名称；原作出行政处分决定或者复审决定所认定的事实、理由、适用的法律、法规和政策；申诉的主要请求和理由；监察机关复审或者复核后认定的事实、理由，适用的法律、法规和政策；复审或者复核结论；作出复审或者复核决定的年、月、日。复审决定书上要清楚记录不服复审决定向上一级监察机关申请复核的期限。同时，复审或者复核决定书要加盖监察机关的印章。

制作复审或复核决定书之后，监察机关可通过直接送达、留置送达、邮寄送达，或者委托其他监察机关、主管部门代为送达的方式将复审或复核决定书分别给申诉人和原作出行政处分决定或者复审决定的机关。送达复审决定书和复核决定书必须有送达回证，由受送达人在送达回证上记明收到日期、签名或者盖章。受送达人在送达回证上的签收日期即为送达日期。邮寄送达则是以挂号回执上注明的收件日期为送达日期。

四 初步建立事业单位人才流动权益保障制度

改革开放以后，随着我国经济社会发展的时代需要和各项改革的不断发展推进，事业单位人才流动大量涌现，国家开始对专业技术人员的流动机制进行探索。1983年7月，国务院颁布了《国务院关于科技人员合理流动的若干规定》，有力推动了全国范围人才流动工作的开展。1985年3月，中共中央发布了《中共中央关于科学技术体制改革的决定》，提出要改变积压、浪费人才的状况，促使科学技术人员合理流动。随着事业单位人才流动的大量涌现，人才流动争议问题也受到国家和地方的重视。1986年7月,国务院发布《国务院关于促进科技人员合理流动的通知》,提出对科技人员流动中发生的争议问题,应当协商解决。经协商未能达成一致意见的,由地方各级人民政府、国务院各部门指定主管部门或组织有关部门进行裁决。对裁决结论双方都必须服从。与此同时,各地根据自身实际积极开展了人才流动争议处理工作,同时也推动了人事争议仲裁工作的展开。

(一)各地积极开展人才流动争议处理工作

随着我国人才流动工作呈现出日益活跃的局面,也产生了大量的人才流动争议。面对这一情况,一些省市人事部门,为了创造一个良好的环境,更好地促进人才流动,适时地、创造性地开展了人才流动争议仲裁工作。例如,1984年6月,北京市人事局在北京市人才交流中心成立了仲裁部门,协助北京市人事局做好人才交流的仲裁工作。1988年,沈阳市人民政府颁布了《沈阳市人才流动争议仲裁试行规定》。1989年,辽宁省成立了辽宁省人才流动争议仲裁委员会。1990年,福建省人民政府制定了《福建省人才流动争议仲裁暂行规定》,设立了省人才流动争议仲裁委员会。[1] 这些工作的开展为解决人才流动纠纷发挥了重要作用,促进了人才的合理流动,维护了人才市场的正常秩序和健康发展。

1990年9月,人事部制度发布了《全民所有制事业单位专业技术人员和管理人员辞职暂行规定》,明确规定所在单位或主管部门与辞职申请人之间发生争议时,可向当地政府人事部门人才流动争议仲裁机构申请调解或仲裁。为推广开展人才流动争议仲裁工作的经验,同年10月,人事部又转发了《辽宁省人才流动争议仲裁暂行规定》等三个文件,并于12月召开了全国人才流动争议仲裁和流动人员人事档案管理培训班,以此推广先进经验,促进人才流动工作的整体发展。随后,各地也结合本地区实际和工作需要,制定了一些地方性法规。例如,1991年吉林省制定出台了《吉林省人才流动争议仲裁暂行规定》和《〈吉林省人才流动争议仲裁暂行规定〉实施细则》。截至1992年,辽宁、上海、黑龙江、福建等26个省市已经制定了人才流动争议仲裁规定。

---

[1] 杨安军:《我国人事争议仲裁制度建设的回顾、问题和前景》,《西南政法大学学报》2004年第6卷,第36页。

在这一时期，国家和地方都充分认识到人才流动的重要性，也日益重视对人才流动争议问题的处理。在这一阶段确立了建立仲裁机构来解决人才流动争议的改革思路。在政府人事部门，设立人才流动争议仲裁机构，依据国家法律和政策，对人才流动过程中产生的争议和纠纷进行裁决，保护人才和单位的合法权益，维持人才流动秩序。[1]

（二）各地探索开展人事争议仲裁工作

随着人才流动的日益增加，个人与单位之间发生争议的范围越来越大，超出了人才流动争议的范围，沈阳等地方从实际工作出发，大胆探索，率先扩大受案范围，将人才流动争议仲裁发展为人事争议仲裁。各地也结合本地区实际和工作需要，制定了一些地方性法规，不同程度地开展了人事争议仲裁工作，取得了一定成效。例如，1990年沈阳颁布的《沈阳市人事争议仲裁暂行规定》，1992年南京市政府颁布的《南京市人事争议仲裁暂行规定》。此外，国家政府机构也进行了改革探索。1992年10月，人事部发布《关于印发〈聘用制干部调动暂行办法〉的通知》，明确规定"聘用制干部在调动过程中发生争议的，可到当地人事（流动）争议仲裁机构申请调解或仲裁"。

第三节　权益保障制度改革的探索
（1992—2000年）

伴随着党的十四大召开和小平同志南方谈话，我国进入了改革开放的新时期。在建设中国特色社会主义市场经济的新形势下，机关、国有企业和事业单位改革，都面临着适应市场经济体制要求的新任务。1993年10月，《国家公务员暂行条例》正式颁布，标志着我国公务员制度的建立和政府机关人事管理开始走上法制化的轨道。随着我国公务员制度的正式建立与实施，对建立公务员申诉控告制度的需求日益迫切。1995年8月，《国家公务员申诉控告暂行规定》正式发布，标志着公务员申诉控告制度的建立，对保障公务员的合法权益，完善机关内部的监督机制和民主机制，惩治腐败，建设廉洁、高效的政府发挥了重要的作用，有

---

[1] 徐颂陶：《中国人事管理工作实用手册》，当代中国出版社1992年版，第191页。

效促进了社会主义民主政治的全面实现。

与此同时,随着人才流动的涌现和事业单位聘用制的试点改革,人事仲裁成为人事争议的新处理方式。1997年8月,人事部颁布实施《人事争议处理暂行规定》,是我国首次颁布的关于人事争议仲裁的行政规章,标志着我国人事争议仲裁制度初步建立。随后,人事部召开第一次全国人事争议仲裁工作会议,对全面推行人事争议仲裁制度进行了部署,人事争议仲裁制度由此得到发展。1999年,人事部出台《人事争议处理办案规则》和《人事争议仲裁员管理办法》,进一步促进了人事争议仲裁工作的发展,为促进人才资源的合理配置和开发、维护人才的合法权益、促进人事和谐提供了制度保障。

一 建立公务员申诉控告制度

公务员是政府管理活动的重要组织者和执行者。政府各项职能都需要通过公务员依法行政、执行公务来完成。为保证国家行政工作良序进行,维护国家利益、集体利益以及公务员自身合法权益免遭侵害,增强社会各界参与和监督意识,必须建立国家公务员申诉控告制度。

1992年,人事部开始对公务员申诉控告制度进行研究。1993年10月1日,《国家公务员暂行条例》正式施行,在第二章"义务与权利"第七条明确提出国家公务员具有提出申诉与控告的权利。并在第十六章"申诉控告"对公务员申诉、控告制度的功能进行了规定。其中,公务员提出申诉的目的在于使处理机关改变或撤销对自己的人事处理决定,恢复自身的合法权益,并获得必要的补偿。公务员控告的目的在于当自己合法权益受到损害后要使自己的合法权益得到恢复和补偿,同时要对有关机关和领导人追究相应的法律责任。

为了更好地开展申诉控告工作,人事部于1994年在考核培训司设立了申诉控告处,专门负责公务员申诉控告管理工作,这是中华人民共和国成立以来在政府人事部门中第一次设立的专门负责申诉控告工作的管理机构,为后续更好地推动申诉控告工作的开展提供了有力的组织保障。该处的主要职责是负责制定公务员申诉控告的法规和政策,负责指导和管理全国公务员申诉控告的工作,负责受理中央国家行政机关公务员的申诉控告案件等工作。各地人事部门也明确了相应处室负责此项工作。①

为了让地方更好地开展申诉控告工作，人事部于1995年对部分省市、地、县人事部门从事申诉控告工作的同志进行了专门培训，还组织编写了《国家公务员申诉控告工作指南》，就公务员申诉控告制度的具体操作程序等方面进行了详细阐述，为更好地推动公务员申诉控告工作的开展提供了业务指导。随后，各地陆续开展申诉控告工作人员培训、机构设立、确定试点单位和案件审理等工作，公务员申诉控告工作在全国范围内逐步展开。

在前期深入研究、广泛征求意见和反复论证的基础上，1995年8月，《国家公务员申诉控告暂行规定》正式发布试行，对公务员申请复核、申诉、控告的范围、受理机关、程序及法律责任等都作出了比较系统的规定；确定了公务员申诉控告制度需要遵循的六大基本原则，包括保障国家公务员合法权益有错必纠的原则、行政机关和国家公务员在申诉控告法律关系中法律地位平等的原则、坚持实事求是和忠于事实的原则、行政机关负举证责任的原则、时效性原则和回避原则。②《国家公务员申诉控告暂行规定》的出台，弥补了我国人事监督保障机制的空白，标志着国家公务员申诉控告制度的正式建立，为公务员申诉控告工作指明了方向，提供了法规依据，对公务员制度的稳定推行起到保障作用。

1997年3月，人事部办公厅发布《关于建立国家公务员申诉案件备案制度的通知》，决定建立公务员申诉案件备案制度，并要求各地区于1997年4月底以前将已经受理的公务员申诉案件按上述规定进行备案。备案内容包括申诉人的基本情况、基本案情、审理过程、处理决定、执行情况和其他需要说明的情况。各级人民政府人事部门处理的申诉案件向上一级人民政府人事部门备案，一案一备。地方县级以上各级人民政府处理的申诉案件按照管理权限向上一级机关备案。备案时限受理申诉的机关应在作出申诉处理决定之日起两个月内，按本规定向有关机关

---

① 《中国公务员》记者：《积极稳妥地把公务员申诉控告工作开展起来——访人事部考核培训司司长张志鸿》，《中国公务员》1996年第6期。
② 薛虹：《建立健全有中国特色的国家公务员申诉控告制度——访国家人事部考核培训司副司长王永杰》，《中国人事》1995年第11期。

备案。

　　针对公务员申诉工作中面临的实际问题，为保证县级以上人民政府人事部门客观、公正地审理公务员申诉案件，规范办案程序，人事部于1998年8月发布了《公务员申诉案件办案规则》，明确提出审理公务员申诉案件，坚持有错必纠和依法、及时、适当的原则，做到事实清楚，证据确凿，定性准确，程序合法；规定审理公务员申诉案件，不适用调解原则。受理申诉的机关不得以调解方式结案；对立案、公正委员会组成、调查、审理和决定进行了明确规定。

　　从这一时期的实践来看，我国公务员申诉控告制度的建立与发展呈现出鲜明的特点。公务员申诉制度以保护公务员个人的合法权益、纠正国家机关的不当处理为重点。公务员依法作出申诉行为，是公务员的基本权利之一，同时也是充分保障其合法权益，从而实现其参与国家行政管理，并有效发挥其监督作用的重要保障。公务员控告制度是以公务员对国家机关及其领导人的监督、保证其适用法律的正确性与准确性为重点。公务员控告制度的建立，有利于从制度上防止权力被滥用、追究侵权人的责任、保障公务员权利和保护社会正义。虽然公务员申诉控告制度的功能各异，但都为公务员的切身利益和合法权益不受侵害提供了有力的制度保障。此外，我们也应看到在这一时期公务员申诉的范围还存在较为狭窄的问题，在处理程序等方面的规范性、科学性还有待进一步提升。

二　规定公务员申诉制度的基本内容与要求

　　公务员申诉是指公务员就涉及个人利益的人事处理决定不服时，向有关国家机关提出建议，要求对处理决定复议，或要求重新处理的行为。公务员申诉的一般程序是公务员对机关人事处理决定不服可以向处理机关申请复核，公务员对复核决定不服可以向同级公务员主管部门或者上一级机关提出申诉。其中，复核是指国家公务员对国家行政机关作出的涉及本人权益的人事处理决定不服，向原处理机关提出重新审查的意见和要求。复核并非公务员申诉的必经程序，公务员也可以选择直接申诉程序，即公务员对涉及本人的人事处理决定不服，直接向同级公务员主管部门或者上一级机关提出申诉。直接申诉程序的设置为公务员行使申诉权提供了更为便捷的途径，也给予公务员更多的选择。当公务员由于某种原因不愿向原处理机关复核，或认为向原处理机关复核并不能解决问题时，可以不提出复核，直接提出申诉。

（一）界定公务员提出申诉的范围

《国家公务员暂行条例》明确规定，公务员对涉及本人的人事处理决定不服的，可以向同级人民政府人事部门申诉，其中对行政处分决定不服的，可以向行政监察机关申诉。但《国家公务员暂行条例》并未对公务员申诉的具体范围作出规定。

1995年8月，《国家公务员申诉控告暂行规定》正式发布实施，通过列举的方式明确界定了公务员申诉的范围，主要包括以下五项：①行政处分；②辞退；③降职；④年度考核定为不称职；⑤法律、法规规定可以提出申诉的其他人事处理决定。该范围的明确有利于公务员更好地维护其合法权益。

（二）规定复核的程序性要求

为了保障国家公务员的合法权益，促进国家行政机关依法行使职权，公正、及时地处理国家公务员的申诉、控告，人事部于1995年颁布了《国家公务员申诉控告暂行规定》，界定了复核的概念，并对公务员如何申请复核、申请复核的时限要求、受理复核的相关要求进行了细化规定。

1. 明确公务员申请复核的相关要求

公务员申请复核有时限要求。1993年颁布的《国家公务员暂行条例》规定，公务员应当在接到国家行政机关的人事处理决定之日起三十日内向原处理机关申请复核。公务员申请复核，需要递交复核申请书，同时附上原处理机关的处理决定（复印件）。复核申请书需要包括以下内容：申请人的姓名、单位、职务及其他基本情况；申请复核的事项、理由及要求；提出复核申请的日期。

2. 明确受理复核的相关要求

原处理机关在接到公务员递交的复核申请书之后，要另外安排原承办人以外的人员对该人事处理进行复核。原处理机关需要在三十日内作出复核决定，并以书面形式通知申请复核的公务员。

在受理复核的机关未作出处理决定前，公务员可以通过书面形式提出撤回复核的申请。受理复核的机关在接到公务员关于撤回复核申请的申请书后，可以停止受理工作。

（三）规定申诉程序性要求

申诉是指公务员对国家行政机关作出的涉及本人权益的人事处理决定不服，向有关机关提出意见和要求。1993年颁布的《国家公务员暂行条例》规定，公务员在知道人事处理决定之日起三十日内可以直接向同级人民政府人事部门申诉，对行政处分决定不服的可以直接向行政监察机关申诉。在此基础上，人事部于1995年出台《国家公务员申诉控告暂行规定》对公务员如何提出申诉、提出申诉的时限要求、受理申诉的相关要求进行了更细化的规定。为保证公务员申诉案件得到客观、公正的审理，规范办案程序，1998年人事部出台《公务员申诉案件办案规则》，对申诉立案、公正委员会组成、调查、审理和决定等环节进行了更细化的规定。

1. 明确公务员提出申诉的相关要求

（1）提出申诉的前提条件。根据《国家公务员申诉控告暂行规定》的要求，公务员可以在以下两种情况下提出申诉：一是公务员提出复核后对复核结果仍然不服的，可以在接到复核决定之日起十五日内向有管辖权的机关提出申诉；二是公务员不经申请复核，在接到行政机关人事处理决定之日起三十日内直接提出申诉。公务员不经申请复核直接提出申诉仅适用于以下人事处理决定：一是公务员对国家行政机关作出的行政处分、辞退、降职、法律、法规规定的人事处理决定不服，可以不经过复核程序直接提出申诉。二是公务员对国家行政机关作出的行政处分不服，可以直接向有管辖权的行政监察机关提出申诉。原则上申诉是由受到人事处理的公务员本人提出，除非公务员本人丧失行为能力或者死亡，可以由其近亲属代为提出。

（2）提出申诉的时限要求。《国家公务员申诉控告暂行规定》明确了公务员提出申诉的时限要求，即公务员应当在接到行政机关人事处理决定之日起三十日内或者接到复核决定之日起十五日内提出。对于公务员因不可抗力等正当理由在规定的期限内未能提出申诉的，经受理申诉机关批准可以延长期限。如公务员无正当理由，超过规定期限提出申诉，受理机关可以不予受理。

（3）申诉书的撰写要求。公务员提出申诉时要向受理申诉的机关一并递交申诉书,并附上原处理机关作出的人事处理决定的复印件,对复核决定不服的申诉还应当附上复核机关作出的复核决定的复印件。公务员提交的申诉书应包括以下内容:申诉人的姓名、单位、职务及其他基本情况;原处理机关的名称;申诉的事项、理由及要求;提出申诉的日期。

2. 明确受理申诉的程序和相关要求

《国家公务员申诉控告暂行规定》明确规定,公务员对本人所在的政府工作部门作出的人事处理决定不服的申诉,由同级人民政府人事部门管辖。公务员对地方县级以上各级人民政府作出的人事处理决定不服的申诉,由上一级机关管辖。

1996年,人事部发布了《人事部关于成立人事部人事仲裁公正厅有关问题的通知》,决定成立人事部人事仲裁公正厅,负责管辖国务院各部委、各直属机构、办事机构、部委管理的国家局(以下简称行政机关)的工作人员与单位发生的人事争议案件,包括公务员对国家行政机关作出的涉及本人权益的行政处分、辞职、辞退、降职、年度考核定为不称职以及法律、法规规定可以提出申诉的其他人事处理决定等不服的申诉。

公务员申诉受理机关必须按照《国家公务员申诉控告暂行规定》中关于处理公务员申诉的原则、标准、程序和时限规定,及时、合法、适当地作出处理决定,并答复公务员。这一要求有利于防止在实践中出现对公务员的申诉"受而不理",或者敷衍塞责、久拖不议的现象。[①] 根据《国家公务员申诉控告暂行规定》《公务员申诉案件办案规则》的要求,受理机关处理公务员申诉的程序主要包括立案、组成临时性的公正委员会、调查、审理、决定、执行等环节。

(1) 受理机关决定是否予以受理。《国家公务员申诉控告暂行规定》要求,受理机关在接到公务员申诉书之日起30日内,根据不同情况对公务员提出的申诉作出以下三种处理:一是予以受理,并立案审理。同时告知申诉人;二是不予受理,并以书面形式告知申诉人,同时说明不予受理的理由;三是申诉材料不齐备,告知申诉人在限期内补充齐全。过

---

① 中华人民共和国人事部:《国家公务员制度全书》,吉林文史出版社1994年版,第105页。

期未补正的则视为申诉人不再申诉。对决定予以受理的申诉，受理申诉的机关应当在接到国家公务员递交的申诉书后的六十日内，作出处理决定。对于申诉案情复杂，按期不能办结的案件，办理期限可以延长三十日。为了保证受理申诉过程的公平公正性，受理申诉的机关要按照回避的有关规定，合理安排工作人员受理公务员申诉的相关事宜。

《公务员申诉案件办案规则》规定，对公务员提出的申诉，受理申诉的机关中负责公务员申诉工作的机构应填写《公务员申诉案件登记表》，并按照要求，对申诉是否符合受理条件进行初步审查。同时，受理申诉的机关初步审查主要包括以下九个方面：一是提出申诉的人是受到人事处理的公务员本人，或如本人丧失行为能力或者死亡，可以由其近亲属代为提出；二是被申诉的机关是作出人事处理决定的行政机关；三是申诉事项属于受案范围；四是申诉请求明确、具体，有事实根据；五是属于本机关管辖；六是对年度考核定为不称职不服的已进行复核；七是申诉系在规定的期限内提出；八是申诉书符合规定的要求；九是申诉材料齐备。凡不具备上述条件之一的申诉，不予立案。对于经初步审查认为不符合受理条件的申诉，工作机构应提出不予受理的意见，报受理申诉的机关负责人审批。审批后决定不予立案的，受理申诉的机关以书面形式通知申诉人，并说明理由。

（2）受理并立案。按照《公务员申诉案件办案规则》的要求，对于经初步审查认为符合受理条件的申诉，工作机构应填写《公务员申诉案件立案审批表》，报受理申诉的机关负责人审批。审批后决定立案的，受理申诉的机关以书面的形式通知申诉人。

（3）组成临时性的公正委员会。《国家公务员申诉控告暂行规定》规定，受理申诉的机关在决定受理公务员申诉后，要组成临时性的公正委员会，负责审理公务员的申诉案件并提出具体处理意见。公正委员会一般由政府人事部门中与申诉事项有关的工作机构的负责人组成。必要时，可以吸收政府其他工作部门的有关人员参加。公正委员会一般由3—5人组成，组成人数必须是单数。主任由政府人事部门中负责受理公务员申诉的工作机构的负责人担任。受理申诉的机关对涉及公务员申诉的事项，有权进行查询和调查。被申诉的机关应当提供相关的证据和文件。公正委员会在案件审查结束后，要根据审理情况提出处理意见，写出审理报告，并将审理报告提交受理申诉的机关。审理报告包括以下内容：申诉人的姓名、单位、职务以及其他基本情况；提出申诉的事项、理由及要求；公正委员会成员的姓名、单位及职务；审理的时间；审理情况概要；公正委员会的处理意见。

《公务员申诉案件办案规则》进一步规定，公正委员会成员的人选，由工作机构提出，报受理申诉的机关审定，或由受理申诉的机关直接指定。公正委员会组成后，受理申诉的机关应当在5日内将公正委员会成员的情况以书面形式通知申诉人和被申诉的机关，并告知其有要求公正委员会成员回避的权利。

按照《公务员申诉案件办案规则》的要求，公正委员会成员有下列情形之一的，应自行回避，申诉人和被申诉的机关也有权要求其回避：一是系申诉人或者被申诉机关负责人（代表人）的近亲属的；二是与案件有利害关系的；三是与案件申诉人、被申诉机关负责人（代表人）有其他关系，可能影响对案件公正审理的。其中，特别提出公正委员会主任的回避，由受理申诉的机关的负责人决定；其他成员的回避由公正委员会主任决定。回避决定应当在提出回避申请之日起3日内作出。回避决定作出后，应及时通知提出回避的申请人。在作出是否回避的决定前，被申请回避的人员应暂停参与案件的调查、审理工作。

（4）调查。《国家公务员申诉控告暂行规定》明确提出受理申诉的机关对涉及国家公务员申诉的事项，有权进行查询和调查。被申诉的机关应当提供相关的证据和文件。在此基础上，《公务员申诉案件办案规则》对调查的方式、调查人员组成和调查报告撰写要求等内容进行了详细地规定，为受理申诉的机关有序开展调查提供了有力的指导。工作机构决定立案后，需在立案之日起5日内向被申诉的机关发送《应诉通知书》和申诉书副本，告知其应在接到《应诉通知书》之日起10日内向受理申诉的机关提交作出人事处理决定的有关材料，并提交答辩书。工作机构在接到答辩书之日起5日内，将答辩书副本发送申诉人。被申诉的机关未履行举证责任的，受理申诉的机关应告知其限期举证。

①调查方式。《公务员申诉案件办案规则》明确要求，受理申诉的机关秉持依法、全面、客观的原则收集证据。对收集到的证据，填写《证据登记表》进行记录。《证据登记表》一式两份，一份交证据提供人，一

份入卷。受理申诉的机关可以采取下列方式进行调查：一是要求被申诉的机关提交与申诉事项有关的证据、文件及其他必要材料；二是责令有关人员在规定的时间、地点就申诉事项涉及的问题作出解释和说明；三是举行案件调查听证会；四是法律、法规允许的其他方式。在调查过程中，禁止以威胁、引诱、欺骗以及其他非法手段收集证据。

②调查人员组成及工作要求。按照《公务员申诉案件办案规则》的规定，申诉案件调查人员不得少于 2 人，一般情况下要有公正委员会成员参加，必要时由工作机构的办案人员单独组成。调查取证时，调查人员要出示调查证明，查明被调查人的身份，告知被调查人要如实提供证据以及有意作伪证或者隐匿证据应负的责任。调查人员要当场制作调查笔录。调查笔录经被调查人校阅后，由被调查人、调查人分别签名或者盖章。

③调查报告撰写要求。案件调查结束后，要根据调查情况提交调查报告，内容包括：案件的由来和调查经过；申诉人和被申诉机关与案件相关的基本情况；申诉人的申诉理由和要求；被申诉机关的答辩意见；案件调查的其他有关情况。

（5）审理。《公务员申诉案件办案规则》规定由临时性公正委员会负责申诉案件的审理工作。公正委员会成员审阅受理申诉的机关提交的案件调查报告和其他有关材料，并对下列问题进行评议：一是案件事实是否已经查清；二是原人事处理决定认定的事实是否存在、清楚，主要证据是否充分；三是原人事处理决定适用法律、法规和政策是否适当；四是原人事处理决定的程序是否符合规定；五是原人事处理决定是否显失公正；六是被申诉的机关有无超越职权或者滥用职权的情形；七是处理本案适用法律、法规和政策是否适当；八是作为定案根据的证据是否确切；九是其他需要评议的问题。

公正委员会评议案件时不公开进行。在这一过程中，记录人要当场制作评议笔录，由参加评议的公正委员会成员签名或者盖章。评议中的不同意见，必须如实记入评议笔录。公正委员会通过阅卷、评议，应当按照少数服从多数的原则，对案件如何处理提出明确意见。案件审理结束后，公正委员会应当按照《国家公务员申诉控告暂行规定》的要求，向受理申诉的机关提交审理报告。

(6) 申诉人的撤诉申请。《国家公务员申诉控告暂行规定》明确提出，在受理申诉的机关未作出处理决定前，公务员可以通过书面形式提出撤回申诉的申请。受理申诉的机关在接到公务员关于撤回申诉的申请书后，可以停止受理工作。在此基础上，《公务员申诉案件办案规则》对申诉人撤诉的要求进行了进一步的规范。要求受理申诉的机关对申诉人的撤诉申请进行审查，如无违反或者规避国家法律、法规和政策的，应准许撤诉；否则，不准许撤诉。

(7) 申诉处理决定

①作出申诉处理决定。《国家公务员申诉控告暂行规定》和《公务员申诉案件办案规则》规定受理申诉的机关对公正委员会提交的申诉审理报告进行审核，认为审理报告认定事实清楚，适用法律、法规和政策正确，办案程序合法，对公正委员会提出的处理意见应予确认，并根据不同情况作出申诉处理决定。申诉处理决定包括：原处理决定正确的，维持原处理决定；原处理决定所列事实不存在的，撤销原处理决定或者建议原处理机关撤销原处理决定；原处理决定所列事实不清楚，证据不足，或者违反规定程序的，建议原处理机关重新审理；原处理决定适用法律、法规、政策不当或者处理明显不当的，直接变更原处理决定或者建议原处理机关予以变更。

②申诉处理决定书撰写和送达要求。按照《国家公务员申诉控告暂行规定》的要求，受理申诉的机关作出申诉处理决定后，要制作公务员申诉处理决定书，并及时将申诉处理决定送达申诉人和被申诉的机关。申诉处理决定书包括以下内容：申诉人的姓名、单位、职务及其他基本情况；原处理机关的名称，以及作出人事处理决定和复核决定所认定的事实、理由及适用的法律、法规和政策；申诉的事项、理由及要求；受理申诉的机关认定的事实、理由及适用的法律、法规和政策；受理申诉机关的处理决定；作出决定的日期。原处理机关要将申诉处理决定书存入公务员个人档案。

《公务员申诉案件办案规则》进一步细化了对申诉处理决定书送达方式、送达回证、受送达人签名等方面的相关规定。受理申诉的机关送达申诉处理决定书应采取直接送达的方式，在直接送达有困难的情况下，可以采取留置送达、委托送达、邮寄送达或者其他方式送达。送达申诉处理决定书必须有送达回证。受送达人在送达回证上的签收日期为送达日期。受送达人拒收、拒绝在送达回证上签字或因故不能签字的，由送达人在送达回证上注明情况和实际送达时间，经工作机构负责人签字后视为完成送达，不影响申诉处理决定的执行。申诉处理决定书送达后，工作机构应将案件卷宗整理归档，并按照规定做好备案。

（8）执行。《公务员申诉案件办案规则》规定，申诉人和被申诉的机关应当执行受理申诉机关作出的申诉处理决定。被申诉的机关不执行申诉处理决定的，受理申诉的机关可以报请被申诉机关的上级行政机关责令其执行。受理申诉的机关建议重新处理或者变更原处理决定的，被申诉的机关应当在接到申诉处理决定之日起30日内作出处理决定。公务员对被申诉的机关重新处理或者变更后的人事处理决定仍不服的，可以再提出申诉。

（四）明确申诉处理决定后的补救措施

《国家公务员暂行条例》明确规定，国家行政机关对公务员处理错误的，应当及时予以纠正；造成名誉损害的，应当负责恢复名誉、消除影响、赔礼道歉；造成经济损失的，应当负赔偿责任。在此基础上，《国家公务员申诉控告暂行规定》进一步规定，国家行政机关对公务员处理有误，而且不按上级机关决定给予纠正，或者对申诉人进行打击报复的，上级机关必须追究直接责任者和负责人的责任。这一要求保证了公务员因行政机关的错误处理而受到侵害的权益能够得到切实的恢复和补偿，体现了国家行政机关有错必纠、有损必偿的基本原则。同时，为了确保公务员维护其自身合法权益，明确要求国家行政机关不得因公务员提出申诉，而加重对公务员的处理。

（五）明确复核、申诉期间原处理决定的效力问题

《国家公务员暂行条例》和《国家公务员申诉控告暂行规定》规定，复核和申诉期间，不停止对公务员处理决定的执行。也就是说，公务员提出申诉并不会中止处理决定的执行。这一规定的出发点是要保证国家行政机关正常、有效地行使行政职权，执行行政公务。同时，明确了行政机关错误处理公务员的责任。因此，在复核和申诉期间不停止对公务员处理决定的执行，也不会影响到公务员个人合法权益的保障。

(六) 明确公务员行使申诉权的义务要求

《国家公务员暂行条例》明确规定，公务员提出申诉必须忠于事实。在此基础上，《国家公务员申诉控告暂行规定》进一步明确了公务员行使申诉权的义务要求。对于公务员在申诉中捏造事实、弄虚作假、诬陷他人的，国家行政机关要根据情节轻重给予批评或者行政处分；触犯刑法的，要依法追究刑事责任。给国家和他人造成经济损失的，要负责赔偿；给他人造成名誉损害的，要公开赔礼道歉，挽回影响。提出这一要求的目的在于公务员在行使申诉权的同时应承担相应的义务，要保证没有滥用申诉权，不得弄虚作假、无理取闹、任意对抗组织决定。

(七) 具体规定公务员不服行政处分的申诉程序

1997年5月9日，中华人民共和国第八届全国人民代表大会常务委员会第二十五次会议通过《中华人民共和国行政监察法》，明确规定国家公务员对主管行政机关作出的行政处分不服可以提出申诉。国家公务员可以自收到行政处分决定之日起三十日内向监察机关提出申诉，监察机关应当自收到申诉之日起三十日内作出复查决定；对复查决定仍不服的，可以自收到复查决定之日起三十日内向上一级监察机关申请复核，上一级监察机关应当自收到复核申请之日起六十日内作出复核决定。复查、复核期间，不停止原决定的执行。

监察机关对受理的不服主管行政机关行政处分决定的申诉，经复查认为原决定不适当的，可以建议原决定机关予以变更或者撤销；监察机关在职权范围内，也可以直接作出变更或者撤销的决定。公务员对监察决定不服的，可以自收到监察决定之日起三十日内向作出决定的监察机关申请复审，监察机关应当自收到复审申请之日起三十日内作出复审决定；对复审决定仍不服的，可以自收到复审决定之日起三十日内向上一级监察机关申请复核，上一级监察机关应当自收到复核申请之日起六十日内作出复核决定。复审、复核期间，不停止原决定的执行。

上一级监察机关认为下一级监察机关的监察决定不适当的，可以责成下一级监察机关予以变更或者撤销，必要时也可以直接作出变更或者撤销的决定。上一级监察机关的复核决定和国务院监察机关的复查决定或者复审决定为最终决定。对监察建议有异议的，可以自收到监察建议之日起三十日内向作出监察建议的监察机关提出，监察机关应当自收到异议之日起三十日内回复；对回复仍有异议的，由监察机关提请本级人民政府或者上一级监察机关裁决。

总的来看，在这一时期我国公务员申诉制度主要呈现出以下三大特点：一是公务员提出申诉有前提条件，即公务员对有关国家行政机关的处理决定不服，且认为处理决定明显违反法律或法规，或者是处理决定明显不公正、不合理、不符合事实，而这一处理决定直接涉及公务员的切身利益，因此，公务员有权依法作出申诉行为；二是公务员申诉制度的建立旨在保障和维护公务员个体的合法权益，通过申诉这一方式给公务员提供表达意见要求修改不当处理的机会，也为国家行政机关对于作出的不当处理进行及时修正提供了机会；三是公务员提出申诉，应向处理机关或其他法定的专门机关提出。受理机关根据事实，按照法律法规对该争议问题作出公正处理，对存在的错误及时纠正，对公务员合法权益造成的损害进行妥善的补救。

三 规定公务员控告制度的基本内容与要求

公务员控告是指公务员对国家行政机关及其领导人员侵犯其合法权益的行为向上级行政机关或者行政监察机关提出指控。公务员控告不单是国家公务员享有的一项基本权利，同时也是公务员有效监督国家机关及其工作人员执法、守法的一个重要手段。[①] 在这一时期，我国公务员控告制度主要呈现出以下两大特点：一是公务员提出控告有前提条件，即公务员的合法权益受到侵害。行政机关及其领导人员的违法违纪行为直接损害了公务员的切身利益，因此，公务员有权依法作出控告行为；二是公务员控告制度的建立不仅在于维护公务员个体的合法权益，还要求对违法违纪涉案人员进行惩处，制止侵害公务员权益行为的发生。

（一）明确公务员控告的对象

公务员控告的对象是国家行政机关及其领导人员侵犯公务员合法权益的行为。在这里，"国家行政机关及其领导人员"是指对该公务员有行政隶属和管理关系的行政机关及其领导人员。"侵犯公务员合法权益"是

---

① 杨文忠：《完善国家公务员申诉控告制度应注意研究的几个问题》，《河北法学》1993年第10期。

指上述机关及其领导人员在依职权对所属公务员进行内部管理的活动中所实施的侵犯公务员由于职务关系所享有的权利与利益的违法、违纪行为。

(二) 确定控告受理机关

根据《国家公务员申诉控告暂行规定》的要求,受理公务员控告的机关是"上级行政机关"或者"行政监察机关"。具体向谁提出,由公务员自主决定。这里所说的"上级行政机关"是指被控告的行政机关及其领导人员的上级行政机关,而不是提出控告的公务员自己的上级行政机关。

(三) 规定控告处理程序

根据《国家公务员申诉控告暂行规定》的要求,控告的程序一般包括:提出控告、立案、调查、作出处理决定、执行处理决定等环节。

1. 公务员提出控告

当公务员的合法权益受到侵害,且侵害权益的行为是违法违纪的,并且有明确的被控告机关或者被控告人员,被控告的机关和人员属于受理控告的机关管辖的情况下,公务员可以提出控告。原则上控告应当由受侵害的公务员本人提出,如公务员本人丧失行为能力或者死亡,可以由其近亲属代为提出。此外,公务员提出控告要一并递交控告书。控告书应当包括以下内容:控告人的姓名、单位、职务及其他基本情况;被控告机关或领导人员的名称等基本情况;控告的理由和要求;提出控告的日期。

2. 受理机关立案

上级行政机关或者行政监察机关在接到公务员提交的控告书之后,要按照国家有关规定对控告人提供的情况进行初步审查、判断。对需要立案的,应当及时立案。

3. 调查

上级行政机关或者行政监察机关对国家公务员提出的控告决定立案以后,应立即进行认真调查,听取被调查人的陈述和辩解,全面、客观地收集证据。根据调查工作的需要,上级机关或者专门机关可以聘请有关机关、团体、单位的人员和具有专门知识、技术的人员参加检查和调查工作,对具有专业技术性的证据进行鉴定。

4. 作出处理决定

受理控告的机关对国家公务员提出的控告立案审理后,应当区分不同情况作出处理决定,并将处理决定以书面形式送达控告人、被控告机关、被控告人和被控告人所在的机关。

5. 执行处理决定

有关机关和人员在接到处理决定后,要在规定的期限内执行处理决定,并将执行情况通报给作出处理决定的机关。

(四) 明确公务员行使控告权的义务要求

《国家公务员暂行条例》明确规定,公务员提出控告必须忠于事实。在此基础上,《国家公务员申诉控告暂行规定》进一步明确了公务员行使控告权的义务要求。公务员在控告中捏造事实、弄虚作假、诬陷他人的,国家行政机关要根据情节轻重给予批评或者行政处分;触犯刑法的,要依法追究刑事责任。给国家和他人造成经济损失的,要负责赔偿;给他人造成名誉损害的,要公开赔礼道歉,挽回影响。提出这一要求的目的主要在于公务员在行使控告权的同时应承担相应的义务,要保证没有滥用控告权,不得捏造事实、诬告陷害他人。

(五) 明确公务员控告受理机关的义务要求

受理控告的机关对控告制度的有效执行负有重要责任,需要承担相应的义务要求。首先,要查明事实,公正、客观地处理控告案件。其次,要对提出控告的公务员给予保护,不得对控告人进行歧视、刁难。对公务员提出的控告,不得置之不理或者敷衍塞责,也不得将控告材料转给被控告人。

四 建立人事争议仲裁制度

随着社会主义市场经济的发展和人事制度改革的深化,人事争议日益增多。如果这些争议不能及时得到解决,不仅会损害当事人的合法权益,也会直接影响社会的稳定和社会主义市场经济的发展。针对这一情况,1995年12月,人事部在总结有关省市经验的基础上,提出要建立人事争议仲裁制度。1996年,人事部发布《人事部关于成立人事部人事仲裁公正厅有关问题的通知》,全面推行人事争议仲裁制度,加强人事执法监督,标志着我国人事部人事仲裁公正厅的成立。据不完全统计,1996

年5月，全国人事争议仲裁机构共处理人事争议案件9737件，其中调解7649件，裁决2088件，处理争议的数量比1995年增长了一倍。①

1997年6月20日，人事部印发《1996—2010年全国人才资源开发规划纲要》，明确提出要"建立人事争议仲裁制度，积极开展仲裁业务，妥善解决人才流动争议，切实保障和维护人才与用人单位的合法权益"。随后，人事争议仲裁工作逐步在全国推广开来，人事争议案件的处理数量也大幅增加。

1997年8月8日，人事部颁布实施《人事争议处理暂行规定》，就争议主体、受案范围、管辖方式、处理程序、执行与监督、法律责任等内容进行了具体规定，确定了我国人事争议仲裁制度的基本框架。该规定是关于人事争议界定的重要法律依据，也是我国首次颁布的关于人事争议仲裁的行政规章，标志着我国人事争议仲裁制度正式建立。为了贯彻落实《人事争议处理暂行规定》，人事部成立人事仲裁厅、推进人事争议仲裁工作的开展，加强人事执法监督。同年9月，人事部在南京召开了第一次全国人事争议仲裁国内工作会议，全面部署了人事争议仲裁工作。

为了切实做好人事争议处理工作，1999年9月6日，人事部出台《人事争议处理办案规则》和《人事争议仲裁员管理办法》。《人事争议处理办案规则》的出台为各级人事争议仲裁委员会处理人事争议案件提供了具体的指导，有利于保证及时、公平、合理地处理人事争议，保护单位和个人的合法权益，规范人事争议处理工作。《人事争议仲裁员管理办法》对仲裁员应具备的基本条件、主要职责、工作纪律、培训考核、解聘和处分等内容进行了规定，为加强人事争议仲裁工作队伍建设提出了具体的规范性要求，有助于仲裁员更好地做好人事争议案件的处理工作。两个文件的出台为做好人事争议案件的处理工作、加强人事争议仲裁工作队伍建设提供了指导。

在这一时期，一系列政策法规文件的陆续出台，为人事争议仲裁制度的发展提供了法律保障，有力地推动了全国人事争议仲裁工作的开展，

---

① 杨安军：《我国人事争议仲裁制度建设的回顾、问题和前景》，《西南政法大学学报》2004年第6期，第37页。

同时也推动了干部人事制度改革，促进了人才资源的合理配置和开发。但我们也应该看到，在这一阶段人事争议仲裁制度还存在一些问题，主要表现在人事争议仲裁的依据为部门规章，立法层次不高，受案范围较为狭窄，仲裁机构缺乏独立性和中立性，仲裁员素质有待提高等方面，应进一步发展和完善。

（一）明确人事争议仲裁的受案范围

1997年8月，人事部颁布实施的《人事争议处理暂行规定》规定，人事争议仲裁处理人事争议的范围主要包括：一是国家行政机关与工作人员之间因录用、调动、履行聘任合同发生的争议。二是事业单位与工作人员之间因辞职、辞退以及履行聘任合同或聘用合同发生的争议。三是企业单位与管理人员和专业技术人员之间因履行聘任合同或聘用合同发生的争议。四是依照法律、法规、规章规定可以仲裁的人才流动争议和其他人事争议。

（二）规定仲裁机构处理案件的管辖范围

人事争议仲裁的管辖，是指各级仲裁机构之间受理人事争议案件的职权划分。确定仲裁机构对于人事争议案件的管辖范围，有利于仲裁机构的权限分工进一步明确、合理，从而使仲裁机构能够及时、充分地行使仲裁权，及时解决争议；有利于当事人参加仲裁；有利于提高仲裁委员会审理案件的效率和质量，避免仲裁机构在受理案件方面发生互相争执或互相推诿的现象。[①]

1997年8月，人事部颁布实施的《人事争议处理暂行规定》要求人事争议仲裁实现级别管辖和地域管辖，具体规定如下：国务院各部委、国务院直属事业单位以及各部委直属在京事业单位的人事争议，跨省（自治区、直辖市）的人事争议，由人事部人事仲裁公正厅负责处理。省（自治区、直辖市）、副省级市、地（市）、县（市、区）仲裁委员会的管辖范围，由省（自治区、直辖市）确定。

1999年9月，人事部出台的《人事争议处理办案规则》又进一步细化了对人事争议仲裁管辖的规定，实行地域管辖和级别管辖相结合，同时辅之以移送管辖和指定管辖。具体内容包括：一是国务院各部委、直

---

① 唐志敏：《事业单位人事争议处理》，中国人事出版社2004年版，第39页。

属机构、直属事业单位及其直属在京事业单位的人事争议，跨省（自治区、直辖市）的人事争议，由人事部人事仲裁公正厅处理。跨省（自治区、直辖市）的人事争议，人事部人事仲裁公正厅也可视情况委托省（自治区、直辖市）、副省级市仲裁委员会处理。二是国务院各部委、直属机构、直属事业单位在京外的直属单位的人事争议由驻在省（自治区、直辖市）仲裁委员会管辖或者由省（自治区、直辖市）仲裁委员会授权单位所在地的地（市）仲裁委员会处理。三是省（自治区、直辖市）、副省级市、地（市）、县（市、区）仲裁委员会的人事争议处理办案管辖范围，由省（自治区、直辖市）确定。四是仲裁委员会发现受理的案件不属本委管辖范围的，应移送有管辖权的仲裁委员会。仲裁委员会之间因管辖权发生争议时，由双方协商解决。当双方协商不成时，由共同的上级政府人事部门指定管辖。

（三）设立人事争议仲裁机构

人事争议仲裁机构是依法设立的处理人事争议并具有仲裁职能的专门机构，包括人事仲裁公正厅、仲裁委员会、仲裁委员会办事机构、仲裁庭。

1. 人事仲裁公正厅

为公正及时地处理人事争议，强化人事部门的监督、保障职能，妥善处理中央国家行政机关及其直属单位和跨地区的人事争议案件，1996年5月，人事部下发《人事部关于成立人事部人事仲裁公正厅有关问题的通知》，决定成立人事部人事仲裁公正厅。1997年8月，人事部颁布实施的《人事争议处理暂行规定》明确提出："人事部设立人事仲裁公正厅，处理管辖范围内的人事争议。国务院各部委、国务院直属事业单位以及各部委直属在京事业单位的人事争议，跨省（自治区、直辖市）的人事争议，由人事部人事仲裁公正厅负责处理。"

按照《人事部关于成立人事部人事仲裁公正厅有关问题的通知》的规定，人事仲裁公正厅由厅长和委员组成，并设置申诉控告办公室（设在考核培训司申诉控告处）和仲裁办公室（设在流动调配司流动与仲裁处）两个办事机构。人事仲裁公正厅的职责是依照法律、法规和规章，运用公正审查职能和仲裁职能，及时公正地处理和解决涉及中央国家行政机关及其直属单位和跨地区的人事争议。人事仲裁公正厅管辖国务院各部委、各直属机构、办事机构、部委管理的国家局（以下简称行政机关），国务院直属的事业单位，国务院各部委、各直属机构、办事机构、部委管理的国家局直属在京事业单位（以下简称事业单位）的工作人员与单位发生的人事争议案件。受理下列人事争议案件：一是公务员对国家行政机关作出的涉及本人权益的行政处分、辞职、辞退、降职、年度考核定为不称职以及法律、法规规定可以提出申诉的其他人事处理决定等不服的申诉；二是行政机关因录用公务员发生的争议；三是公务员交流中发生的争议；四是因履行聘任合同或聘用合同发生的争议。此外，还预留了一定的制度空间，允许人事仲裁公正厅的管辖和受案范围随着条件的成熟和经验的积累逐步扩大。

人事仲裁公正厅处理案件的程序主要包括以下内容：对公务员和国家行政机关发生的人事争议案件的处理程序依照《国家公务员申诉控告暂行规定》执行。对行政机关因录用公务员、公务员交流，因履行聘任合同或聘用合同发生的争议，依照仲裁程序处理，包括申请、受理、组织仲裁庭。第一步是申请。当事人如果对国家行政机关和事业单位的人事处理决定不服，申请仲裁，必须向人事仲裁公正厅提交申请书。第二步是受理。人事仲裁公正厅应对仲裁申请书进行审查，并作出受理或者不受理的决定，书面通知有关当事人。第三步是组织仲裁庭。人事仲裁公正厅决定受理人事争议案件，应当组织仲裁庭。仲裁庭由相关业务的仲裁公正厅委员和聘请的仲裁员共3人组成。对简单的人事争议案件，可由仲裁公正厅指定1名仲裁员独任审理。

2. 仲裁委员会

1997年8月，人事部颁布实施的《人事争议处理暂行规定》规定："省（自治区、直辖市）、副省级市、地（市）、县（市、区）设立人事争议仲裁委员会，分别负责处理管辖范围内的人事争议。"按照少数服从多数的议事原则，仲裁委员会组成人员为单数。仲裁委员会一般由主任1人，副主任2—4人和委员若干人组成。仲裁委员会的主任由同级人民政府分管人事工作的负责人或者政府人事行政部门的主要负责人担任，副主任、委员可以聘请有关方面的人员担任。

仲裁委员会成员按照多方参与的原则，可以聘任政府有关部门的人员、专家学者和律师为专职或兼职仲裁员。兼职仲裁员与专职仲裁员在执行仲裁公务时享有同等权利。这种成员组成机制，有利于广泛听取各方意见，避免出现偏颇。特别是当仲裁庭处理重大的或疑难的人事争议案件时，可提交仲裁委员会讨论决定，从而及时、公正、合理地解决争议。仲裁委员会的决定，仲裁庭必须执行。

仲裁委员会的职责主要包括：负责处理管辖范围内的人事争议，领导监督其办事机构、仲裁庭的工作；实施仲裁监督；研究制定人事争议处理的各项工作制度，研究部署人事争议仲裁工作，并向同级人民政府报告工作；聘请仲裁员，决定仲裁庭的组成，决定仲裁员的回避；就仲裁工作中发现的问题，向有关单位提出建议；协调有关人事争议处理方面的关系。①

3. 仲裁委员会办事机构

仲裁委员会成员一般是兼职，因此，根据《人事争议处理暂行规定》的要求，仲裁委员会下设办事机构，负责案件受理、仲裁文书送达、档案管理、仲裁费用的收取与管理等日常工作，办理仲裁委员会授权的其他事宜。仲裁委员会办事机构设在同级人民政府人事行政部门。

根据《人事争议处理办案规则》，仲裁委员会的办事机构负责人事争议案件受理的日常工作。仲裁委员会办事机构工作人员接到仲裁申请书后，应对下列事项进行初步审查：一是申请人是否与本案有直接利害关系；二是申请仲裁的人事争议是否属于仲裁委员会的受理范围；三是该人事争议是否属于本仲裁委员会管辖；四是申请书及有关材料是否齐备并符合要求；五是仲裁申请是否符合申请仲裁的时效规定。对申请材料不齐备或者有关情况不明确的仲裁申请书，指导申请人补充。

此外，仲裁委员会的办事机构经仲裁委员会授权确定仲裁庭的组成，协助仲裁庭办案（如提供资料、通信、交通、办公设施等方面的协助）；组织开展人事争议处理的理论研究，做好人事争议仲裁法规、政策的宣传教育工作，组织培训仲裁工作人员；收集仲裁工作资料，总结交流办案经验；向仲裁委员会和人事行政部门报告工作，接受其领导、检查和监督；完成仲裁委员会交办的其他事项。②

---

① 唐志敏：《事业单位人事争议处理》，中国人事出版社2004年版，第43页。
② 唐志敏：《事业单位人事争议处理》，中国人事出版社2004年版，第44页。

4. 仲裁庭

根据《人事争议处理暂行规定》，仲裁委员会处理人事争议案件，实行仲裁庭制度。仲裁庭制度是指争议仲裁委员会不直接处理案件，而是通过组成仲裁庭来具体处理争议。

根据《人事争议处理办案规则》，仲裁委员会一旦决定受理人事争议案件，就要组成仲裁庭。仲裁庭由3名或以上（总数须是单数）仲裁员组成，其中1名为首席仲裁员。简单的人事争议案件可由一名仲裁员独任处理。首席仲裁员和仲裁员由仲裁委员会指定或者仲裁委员会授权的办事机构指定。

仲裁庭工作时如意见不一致，裁决应按照多数仲裁员的意见作出，少数仲裁员的不同意见应记入笔录。仲裁庭对重大或疑难的案件不能形成多数意见时，可以提交仲裁委员会讨论决定，仲裁委员会的决定，仲裁庭必须执行。

仲裁庭的职责主要包括：一是审阅案件材料，审查证据、调查取证、要求被调查人应实事求是地提供证据，查明争议事实。二是在遇到专门问题时，仲裁庭可向专家咨询或者委托专门机构进行勘验或鉴定。三是仲裁庭应在查明事实、分清责任的基础上促使当事人双方达成和解协议，调解达成协议的，制作调解书。四是调解不成或者调解书送达前一方反悔的，及时进行裁决。

（四）建立人事争议仲裁员队伍

根据《人事争议仲裁员管理办法》，人事争议仲裁员（以下简称仲裁员）包括专职仲裁员和兼职仲裁员。仲裁员实行聘任制。专职仲裁员由仲裁委员会从其办事机构工作人员中聘任。兼职仲裁员由仲裁委员会从政府有关部门的人员、专家学者、律师以及从事过人事工作的退休干部中聘任。聘任兼职仲裁员应征得其所在单位同意。仲裁委员会聘任仲裁员的数量由仲裁委员会根据工作需要确定。

仲裁员应具备下列基本条件：拥护党的路线、方针、政策，坚持四项基本原则；遵纪守法，作风正派，廉洁自律；具有一定的法律知识，熟悉人事政策法规，有独立办案的工作能力；具有大专以上文化程度，身体健康。

仲裁员主要履行以下职责：一是接受仲裁委员会及其办事机构交办

的人事争议案件，参加仲裁庭；二是查明案件事实，必要时进行与争议事实有关的调查取证；三是主持调解，促使当事人双方达成调解协议；四是参加仲裁庭合议，对案件提出裁决意见；五是及时制作仲裁文书，做好案卷的整理归档工作。仲裁员根据受理案件的需要，有权向案件有关人员调查了解情况，有权查阅当事人的人事档案。有关单位和个人必须支持和配合仲裁员的工作。

仲裁员委员会负责对仲裁员的管理。仲裁员有下列情形之一的，仲裁委员会应予以解聘：一是聘期已满，仲裁委员会决定不予续聘的。二是仲裁员在聘任期内因工作调动或其他原因，不能履行仲裁员职责的。三是考核不合格的。四是无正当理由两次不接受仲裁委员会交办工作的。五是有违法违纪行为，或者不遵守职业道德，造成不良影响的。仲裁员在仲裁活动中徇私舞弊，收受贿赂，滥用职权，情节比较严重，由所在单位或上级机关按有关规定给予行政处分；构成犯罪的，依法追究刑事责任。

此外，根据《人事争议处理办案规则》，仲裁员有下列情形之一的应当回避：是本案的当事人或者当事人、代理人近亲属的。与本案有利害关系的。与本案当事人、代理人有其他关系，可能影响公正裁决的。仲裁委员会对回避申请应当及时作出决定，并通知当事人。

（五）实行"一裁终局"的人事争议仲裁程序

根据《人事争议处理暂行规定》《人事争议处理办案规则》的规定，人事争议仲裁实行当事人单方申请，强制仲裁。具体过程包括仲裁申请、受理和准备、调解、裁决等主要环节，按照一裁终局、允许复议的程序执行。对仲裁程序的规范性要求为人事争议案件得到客观、公正的处理提供了制度性保障，在人事争议仲裁工作中具有重要的指导意义。

1. 申请

申请是仲裁程序的第一个步骤，按照《人事争议处理暂行规定》，当事人应在争议发生之日起60日内，以书面形式向仲裁委员会申请仲裁，并按被申请人数递交副本。仲裁申请书包括下列内容：申请人和被申请人的基本信息，包括姓名、性别、年龄、职业、工作单位和住所。如果申请人和被申请人是单位，则应写明单位的名称、住所、法定代表人或者主要负责人的姓名、职务。仲裁请求和所根据的事实、理由。证据和证据来源、证人姓名和住所。当事人可以单方提出申请人事争议仲裁，无须事前告知单位或经过单位同意。

2. 受理和准备

按照《人事争议处理暂行规定》，仲裁委员会收到仲裁申请书后，需在 15 日内作出受理或者不予受理的决定。根据《人事争议处理办案规则》的要求，在作出是否受理的决定前，要对仲裁申请进行初步审查，内容包括：一是申请人是否与本案有直接利害关系；二是申请仲裁的人事争议是否属于仲裁委员会的受理范围；三是该人事争议是否属于本仲裁委员会管辖；四是申请书及有关材料是否齐备并符合要求；五是仲裁申请是否符合申请仲裁的时效规定。对申请材料不齐备或者有关情况不明确的仲裁申请书，仲裁委员会办事机构将指导申请人补充。对以上内容的审查应自接到仲裁申请书之日起 10 日内完成。当事人因不可抗拒的事由或者其他正当理由超过申请时效的人事争议，仲裁委员会应根据情况决定是否受理。

对经审查符合条件的仲裁申请，仲裁委员会办事机构应在 5 日内作出立案或不立案的决定。决定不予立案或者初步审查不符合立案条件的，应当在作出决定或者审查结束之日起 5 日内制作不予受理通知书，送达申请人。决定受理的，在 7 日内将仲裁申请书副本送达被申请人并组成仲裁庭。被申请人应当在收到仲裁申请书副本之日起 15 日内提交答辩书和有关证据。被申请人没有按时提交或者不提交答辩书的，不影响仲裁程序的进行。对重大、复杂的争议案件，由仲裁委员会指定或者仲裁委员会授权的办事机构指定 1 名仲裁员担任首席仲裁员，并组成由 3 名或以上（总数须是单数）人员组成的仲裁庭。对于简单的人事争议案件，可由 1 名仲裁员独任处理。仲裁庭可根据需要，进行调查取证。

3. 调解

调解是人事争议仲裁工作中解决人事争议的一个重要方式。《人事争议处理暂行规定》《人事争议处理办案规则》规定，仲裁庭处理人事争议先行调解，在查明事实、分清责任的基础上促使当事人双方自愿达成协议。调解达成协议的，仲裁庭根据协议内容制作调解书并送达双方当事人。调解书经双方当事人签收后，即发生效力。调解未达成协议或调解书送达前当事人反悔的，仲裁庭应当及时进行仲裁。

4. 裁决

按照《人事争议处理暂行规定》《人事争议处理办案规则》的规定，仲裁裁决应开庭进行。当事人协议不开庭，或者仲裁庭认为不宜开庭的，可以书面仲裁。决定开庭处理的，仲裁庭于开庭前5日内将开庭时间、地点等书面通知当事人。仲裁申请人经书面通知，无正当理由不到庭或者未经仲裁庭许可中途退庭的，可以视为撤回仲裁申请。秉持谁主张谁举证的原则，当事人有责任对自己的主张提供证据。仲裁庭认为有必要，可以自行收集证据。只有经过质证认定的事实，才可以作为仲裁的证据。

（1）开庭程序。开庭一般按下列程序进行：一是书记员宣布当事人和其他仲裁参加人入庭，并宣布仲裁庭纪律。二是书记员宣布首席仲裁员、仲裁员入庭。书记员应当庭记录开庭活动。开庭笔录应当庭宣读或交当事人和其他仲裁参加人阅读。当事人和其他仲裁参加人认为笔录无误的，应在笔录上签名；拒绝签名的，书记员应在开庭笔录上记明情况；认为对自己的陈述记录有遗漏或差错的，可以申请仲裁庭补正。开庭笔录最后由首席仲裁员、仲裁员、书记员签名。三是首席仲裁员核对当事人和其他仲裁参加人的身份。四是首席仲裁员宣布开庭；宣布案由；宣布仲裁庭组成人员、书记员名单；告知当事人有关的权利义务，询问当事人是否申请回避。当事人提出回避申请的，首席仲裁员应当宣布休庭。当事人申请回避的理由不能成立的，首席仲裁员在重新开庭时予以驳回；当事人申请回避的理由成立，决定回避的，由首席仲裁员宣布延期开庭。五是申请人陈述和被申请人答辩。六是仲裁庭对需要了解的问题进行当庭调查，询问证人，对证据进行质证。七是调查结束后，应当进行辩论。当事人在仲裁过程中有权进行辩论。八是辩论结束后，首席仲裁员征询当事人的最后意见，当庭再行调解。调解不成的，应休庭合议并作出裁决。九是仲裁庭复庭，首席仲裁员宣布仲裁裁决。对仲裁庭难作结论或者需提交仲裁委员会决定的疑难案件，首席仲裁员应当宣布定期裁决。十是首席仲裁员宣布裁决后，应当宣布闭庭。独任仲裁员开庭处理案件按照这一程序进行。

（2）作出裁决决定并制作裁决书。裁决按照合议制原则，根据多数仲裁员的意见作出，少数仲裁员的不同意见可以记入笔录。仲裁庭不能形成多数意见时，裁决按照首席仲裁员的意见作出。最后，仲裁庭对重大的或者疑难的人事争议案件的处理，提交仲裁委员会讨论决定；仲裁委员会的决定，仲裁庭必须执行。

仲裁庭在裁决作出后 5 日内制作裁决书。按照《人事争议处理办案规则》，裁决书应当写明如下内容：申请人和被申请人的姓名、性别、年龄、民族、职业、职务、工作单位和住址及代理人的姓名、职务；案由、仲裁请求、争议的事实和理由；裁决认定的事实、理由和适用的法律、法规和规章；裁决结果仲裁请求、争议事实、裁决理由、裁决结果、仲裁费用的负担和裁决日期。裁决书由仲裁庭成员签名并加盖仲裁委员会的印章。裁决书一经送达，即发生效力。

（3）裁决书的送达。按照《人事争议处理办案规则》，仲裁庭送达仲裁文书必须按照法定方式和程序进行。首先，仲裁文书必须在仲裁期间期满前交邮，不包括在途时间。其次，送达仲裁文书必须有送达回证，由受送达人在送达回证上记明收到日期、签名或盖章。最后，裁决书经送达即发生效益。送达方式包括直接送达、留置送达、委托送达、邮寄送达和公告送达五种方式。具体要求如下：一是直接送达。直接送达是将仲裁文书直接送交受送达人；本人不在的，交其同住成年家属签收；受送达人已向仲裁委员会指定代收人的，交代收人签收；受送达人一方是法人或者非法人组织，又没有向仲裁委员会指定代收人的，可以交其负责收件人签收。但需要注意的是，调解书必须直接送达当事人。二是留置送达。留置送达是指受送达人拒绝接受仲裁文书的，送达人将仲裁文书留在受送达人住所的送达方式。采取这种方式，送达人应邀请有关组织的代表或其他人到场见证，在送达回证上写明情况，由送达人、见证人签名或盖章，把仲裁文书留在受送达人的住所，即视为送达。二是委托送达。当直接送达仲裁文书有困难的，可以委托当事人所在地的仲裁委员会代为送达。四是当直接送达仲裁文书有困难的，可通过邮局挂号邮寄送达。邮寄送达以挂号查询回执上的收件日期为送达日期。五是公告送达。当受送达人下落不明，或者用本规定的其他方式无法送达仲裁文书的，可公告送达。自公告之日起，经过 30 日，即视为送达。

仲裁庭处理人事争议案件，一般应当在仲裁庭组成之日起 60 日内结案。案情复杂需要延期的，经仲裁委员会批准，可以适当延期，但是延长的期限不得超过 30 日。

5. 执行

执行作为人事争议仲裁的最后环节,对有效保证当事人的合法权益,维护人事争议仲裁的权威性具有重要意义。因此,发生效力的调解书、裁决书当事人必须执行。只有执行才能使人事争议案件得到彻底解决。如当事人有证据证明仲裁庭的组成或者仲裁的程序是违反法定程序、裁决所依据的证据是伪造的、对方当事人隐瞒了足以影响公正裁决的证据的、仲裁员在仲裁该案时有受贿索贿、徇私舞弊、枉法裁决行为的,有上述任何一种行为,都可以在收到裁决书之日起10日内向作出裁决的仲裁委员会申请复议。一旦仲裁委员会经审查核实上述情况,应当另行组成仲裁庭处理。复议期间,不影响裁决的执行。仲裁委员会主任对本委发生效力的裁决书,发现确有错误,需要重新仲裁的,应当提交仲裁委员会讨论决定。仲裁委员会决定重新仲裁的,应当另行组成仲裁庭处理。

第四节 权益保障制度的发展与定型
(2000—2012年)

党的十五大提出"依法治国"的要求,明确提出要求进一步加强人事法制建设,尽快出台国家公务员法。2005年4月27日,第十届全国人民代表大会常务委员会第十五次会议通过《公务员法》,并于2006年1月1日正式实施。《公务员法》的颁布实施,标志着我国干部人事制度改革进入了一个全面深化改革的新阶段,公务员制度进入了一个法制化管理的新阶段。《公务员法》基本沿用了《国家公务员暂行条例》和《国家公务员申诉控告暂行规定》关于公务员申诉控告制度的规定,并对公务员权益保障与救济方面作出了许多有益的修改和完善。随后,《行政机关公务员处分条例》《公务员申诉规定(试行)》陆续出台,公务员申诉控告工作进一步得到发展和完善,实现了公务员申诉控告制度的规范化、制度化和法制化。至此,我国形成了以公务员法为核心,相关法律、配套法规等有机统一相互补充的公务员申诉控告制度体系。

与此同时,随着我国事业单位人事制度改革的不断深化,我国事业单位从2002年开始试行聘用制并不断扩大推行面。2002年,国务院办公厅下发《关于在事业单位试行人员聘用制度意见的通知》,提出要认真做好人事争议的处理工作。这是国务院第一次系统要求在事业单位建立人事争议仲裁制度。2003年8月27日，最高人民法院发布《关于人民法院审理事业单位人事争议案件若干问题的规定》，认可了人事争议仲裁的仲裁性质，实现了人事仲裁结果与司法程序的接轨，为之后人事争议仲裁工作的全面开展和人事争议仲裁制度立法打下了良好的基础。在这一阶段，符合我国人事争议仲裁工作需要、较为规范的人事争议仲裁法律体系基本形成，有效促进了人事争议处理工作的法制化，为完善人事争议仲裁制度指明了方向，推动了人事争议仲裁制度的纵深发展。

一　优化公务员申诉制度相关规定

在这一时期，根据公务员制度建设和公务员管理工作的实际需要，《公务员法》《行政机关公务员处分条例》和《公务员申诉规定（试行）》对公务员申诉的规定作出了一些修改和完善，对公务员申诉制度进行了局部调整、优化和细化，主要包括：明确受理公务员复核、申诉的管辖机构，扩充公务员提起申诉的人事处理行为的具体范围，扩大公务员申诉的受理机关范围，确立二级申诉制度，组建正式的公务员申诉公正委员会，加强对公务员申诉公正委员会和受理申诉工作人员的回避管理等相关内容，为保障公务员合法权益，维护公务员队伍稳定提供了强有力的法律保障，也显著提升了公务员申诉制度在实施中的可操作性。其中，将原有的一级申诉制调整为二级申诉制度，并规定受理机关对再申诉作出的处理决定为最终处理决定，是对公务员申诉制度的最大改革亮点。

2007年6月1日正式实施的《行政机关公务员处分条例》在第六章"不服处分的申诉"中对公务员不服处分申诉的提出，有关机关如何受理、处理，变更处分决定的条件和权限，处分不当的补偿措施等进行了具体规定。为了保障公务员的合法权益，依法处理公务员的申诉，规范公务员的管理，促进机关依法行使职权，2008年5月14日，中组部、人社部联合下发《公务员申诉规定（试行）》，明确了公务员申诉包括复核、申诉和再申诉三个程序，为申诉制度提供了更为细化的规范指导。与此同时，国家公务员局专门就公务员申诉公正委员会组建工作进行了研究。

积极推动公务员申诉制度按照《公务员申诉规定（试行）》的要求落实运行，指导各地依法开展公务员申诉案件受理工作，保障公务员的合法权益。

（一）扩增公务员提出申诉的范围

与《国家公务员申诉控告暂行规定》相比，《公务员法》对可申诉的事由从之前的五个方面扩增到八个方面，包括：处分；辞退或者取消录用；降职；定期考核定为不称职；免职；申请辞职、提前退休未予批准；未按规定确定或者扣减工资、福利、保险待遇；法律、法规规定可以申诉的其他情形。其中，增加了免职，申请辞职、提前退休未予批准，未按规定确定或者扣减工资、福利、保险待遇三项申诉内容。2008年5月出台的《公务员申诉规定（试行）》也沿用了《公务员法》确定的公务员可提出申诉的范围。

（二）细化复核程序性要求

1. 公务员申请复核的程序和时限

按照《公务员法》和《公务员申诉规定（试行）》的相关规定，公务员的权益因人事处理行为受到侵犯时，可以选择找原处理机关复核。公务员申请复核应在知道人事处理之日起30日内向原处理机关提出并提交书面申请。起算日是自该公务员接到人事处理决定之日起的次日，最后一日是法定节假日或休息日的，则可以顺延至法定节假日或休息日后的第一个工作日。原则上，申请复核应当由受到人事处理的公务员本人提出。如本人丧失行为能力或者死亡，方可由其近亲属代为提出。确实因不可抗力等正当理由在规定的期限内未能申请复核的，经受理机关批准方可延长期限。公务员也可以不经复核直接提出申诉。是否经过复核程序，由当事公务员自己选择。在复核决定作出前，申请复核的公务员不得提出申诉。

2. 受理复核申请的程序和时限

按照《公务员法》和《公务员申诉规定（试行）》的相关规定，原处理机关在接到公务员提交的复核申请书后，应当在30日内作出维持、撤销或者变更原人事处理的复核决定，并以书面形式通知申请人。在处理决定作出前，申请人可以提出撤回复核的申请，申请应当以书面形式提出。原处理机关在接到申请人关于撤回复核的书面申请后，可以决定终结处理工作，并以书面形式告知申请人。

3. 明确复核处理决定书的送达要求

《公务员申诉规定（试行）》明确规定，复核决定可采取直接送达、留置送达、邮寄送达和公告送达四种方式。具体要求如下：一是直接送达。直接送达受送达人本人，受送达人应在送达回证上签名或者盖章。当受送达人本人不在，可以由其同住的成年近亲属在送达回证上签名或者盖章，即视为送达。二是留置送达。当受送达人或者其同住的成年近亲属拒绝接收或者拒绝签名、盖章的，送达人应当邀请有关基层组织的代表或者其他有关人员到场，见证现场情况，由送达人在送达回证上记明拒收事由和日期，由送达人、见证人签名或者盖章，将处理决定留在受送达人的住所或者所在单位，即视为送达。三是当直接送达有困难的，可以通过邮寄送达。以回执上注明的收件日期为送达日期。四是公告送达。如果上述三种方式都无法送达的，可以在相关媒体上公告送达。自发出公告之日起，经过 60 日，即视为送达。公告送达，要在案卷中记明原因和经过。送达日期为受送达人或者有关人员在送达回证上的签收日期。

（三）细化申诉的程序性要求

1. 公务员提出申诉的条件和时限

公务员可以在以下两种情况下提出申诉：一是公务员提出复核后对复核结果仍然不服的，可以在接到复核决定之日起 15 日内向同级公务员主管部门提出申诉；二是公务员认为复核不能解决问题或者不愿意进行复核，可以不经复核，自知道人事处理之日起 30 日内直接提出申诉。因不可抗力等正当理由在规定的期限内未能提出申诉的，经受理机关批准方可延长期限。原则上申诉应当由受到人事处理的公务员本人提出；如本人丧失行为能力或者死亡，方可由其近亲属代为提出。

《公务员申诉规定（试行）》明确了公务员行使申诉权的几个条件：一是主体必须是被处理的公务员本人。在特殊情况下，如本人丧失行为能力或者死亡，可以由其近亲属代为提出。二是当对象是涉及本人的人事处理决定。"人事处理决定"是机关对公务员的考核、培训、奖惩、回避、职务升降、职务任免、辞职辞退和工资福利等作出的处理决定。通常分为处分决定和非处分决定。① 处分决定针对违法违纪行为而为惩戒性质,而非处分行为因其他事项作出,比如不胜任工作被辞退而公务员不服提起申诉。三是公务员在主观上认为人事处理决定损害了自己的合法权益就可以提出申诉申请。四是根据公务员申诉申请的不同情形确定相应的申诉受理机构,不同类别、层级受理机构的申诉管辖权不同。

公务员应采用书面形式提出申诉,即提交申诉书。通过书面形式能够较好地、详尽地表达申诉人的意见和要求,也有利于申诉的受理机关清楚、准确地了解真实的情况。申诉书需要包括以下内容:申诉人的姓名、单位、职务、联系方式、住址及其他基本情况;被申诉机关的名称;申诉的事项、理由及要求;提出申诉的日期。需要注意的是,申诉人必须在申诉书中明确表达申诉的理由,申诉请求,并且能够提出明确的事实根据。此外,在提交申诉书的同时,一并提交原人事处理决定、复核决定等材料的复印件。

2. 受理申诉的程序规定

根据《公务员法》《公务员申诉规定(试行)》的要求,受理机关处理公务员申诉的程序主要包括立案、组成公正委员会、调查、审理、决定、执行等环节。

(1) 立案。受理机关在接到申请人提交的申诉书之后,要对申请人提出的申诉是否符合受理条件进行审查,从接到申诉书之日起30日内,作出受理或者不予受理的决定,并以书面形式通知申请人。

受理机关作出受理或不予受理的决定主要基于以下五个方面:一是申诉是由受到人事处理的公务员本人提出或当受到人事处理的公务员本人丧失行为能力或者死亡,其近亲属代为提出;二是申诉事项属于相关法规规定的受理范围;三是在规定的期限内提出;四是属于受理机关管辖;五是申诉材料齐备。凡不符合上述条件之一的申诉,不予受理并说明理由。对于申诉材料不齐备的,应当及时告知申请人,限期15日内补正。申请人按照要求补正全部材料后,应予受理。

受理机关对涉及公务员申诉事项,有权进行调查。调查工作由2名

---

① 方世荣、石佑启、徐银华等:《中国公务员法通论》,武汉大学出版社2009年版,第314页。

以上工作人员同时开展。接受调查的机关和个人应当如实提供相关情况。同时，受理公务员申诉的机关要组成公务员申诉公正委员会，负责受理和审理公务员的申诉案件。

（2）组成公务员申诉公正委员会。《公务员申诉规定（试行）》第六条规定，受理公务员申诉的机关立案后，要成立申诉处理机构——公务员申诉公正委员会，负责受理和审理公务员的申诉案件。公务员申诉公正委员会在决定受理申诉案件后，负责对案件事实、适用法规、工作程序等进行全面审议，并向受理机关提出明确的审理意见。公务员申诉公正委员会一般由受理机关中相关工作机构的人员组成。为了确保公平公正性，必要时，可以吸收其他机关的有关人员参加。公务员申诉公正委员会的组成人数为单数，主任一般由主管公务员申诉工作的机关负责人或者负责处理公务员申诉的工作机构负责人担任。

（3）审理。根据《公务员申诉规定（试行）》的要求，公务员申诉公正委员会根据调查情况对下列事项进行审议：一是原人事处理认定的事实是否存在、清楚，证据是否充分；二是原人事处理适用法律、法规、规章和有关规定是否正确；三是原人事处理的程序是否符合规定；四是原人事处理是否显失公正；五是被申诉机关有无超越职权或者滥用职权的情形；六是其他需要审议的事项。在审理对复核决定不服的申诉时，公务员申诉公正委员会还应当对复核决定进行审议。在审议过程，公务员申诉公正委员会按照少数服从多数的原则，对申诉案件提出明确审理意见，并向受理机关提交审理报告。

（4）决定。在公务员申诉公正委员会进行全面审议之后，受理机关根据公务员申诉公正委员会的审理意见，区别不同情况，可作出以下申诉处理决定：原人事处理认定事实清楚，适用法律、法规、规章和有关规定正确，处理恰当、程序合法的，维持原人事处理；原人事处理认定事实不存在的，按照管理权限责令原处理机关撤销或者直接撤销原人事处理；原人事处理认定事实没有错误，但适用法律、法规、规章和有关规定有错误，或者处理明显不当的，按照管理权限责令原处理机关变更或者直接变更原人事处理；原人事处理认定事实不清楚，证据不足，或者违反规定程序和权限的，责令原处理机关重新处理。受理申诉的机关在决定受理之日起 60 日内作出处理决定。案情确实复杂的，可以适当延长时限，但不得超过 30 日。公务员对重新处理后作出的处理决定不服，可以提出再申诉。

制作申诉处理决定书及其要求。申诉处理决定作出后，要制作申诉处理决定书并加盖公务员申诉公正委员会的印章。申诉处理决定书包括如下内容：申诉人的姓名、单位、职务及其他基本情况；被申诉机关的名称，以及人事处理和复核决定所认定的事实、理由及适用的法律、法规、规章和有关规定；申诉的事项、理由及要求；公务员申诉公正委员会认定的事实、理由及适用的法律、法规、规章和有关规定；申诉处理决定；作出决定的日期；其他需要载明的内容。

制作好的申诉处理决定书要及时送达申诉人和原处理机关。《公务员申诉规定（试行）》明确提出申诉处理决定送达方式有直接送达、留置送达、邮寄送达和公告送达四种方式。

(四) 建立再申诉机制

2006 年 1 月 1 日正式实施的《公务员法》规定，公务员对省级以下机关作出的申诉处理决定不服的，可以向作出处理决定的上一级机关提出再申诉。将公务员申诉制度由一级申诉制调整为二级申诉制，给予公务员更多的申诉机会，可在更大程度上减少处理偏差。

1. 公务员再申诉的条件和时限

根据《公务员法》的规定，公务员对省级以下机关作出的申诉处理决定不服的，可以向作出处理决定的上一级机关提出再申诉。《公务员申诉规定（试行）》进一步明确规定公务员对申诉处理决定不服的，应当自接到申诉处理决定之日起 30 日内提出再申诉。因不可抗力等正当理由在规定的期限内未能申提出再申诉的，经受理机关批准可以延长期限。原则上再申诉应当由受到人事处理的公务员本人提出；如本人丧失行为能力或者死亡，方可由其近亲属代为提出。

公务员提出再申诉，应当一并提交申诉书，同时提交原人事处理决定、申诉处理决定等材料的复印件。申诉书需要包括以下内容：申诉人的姓名、单位、职务、联系方式、住址及其他基本情况；被申诉机关的名称；再申诉的事项、理由及要求；提出再申诉的日期。

2. 再申诉受理对象

《公务员申诉规定（试行）》根据管理权限对公务员再申诉的受理对

象进行了具体规定。对同级公务员主管部门作出的申诉处理决定不服的再申诉，由本级党委、人民政府或者上一级公务员主管部门管辖。其中，对省、自治区、直辖市公务员主管部门作出的申诉处理决定不服的再申诉，按照管理权限由省、自治区、直辖市党委和人民政府管辖。县级以下机关公务员对上一级公务员主管部门作出的申诉处理决定不服的再申诉，由本级党委、人民政府或者上一级公务员主管部门管辖。中央垂直管理部门省级以下机关公务员对上一级机关申诉处理决定不服的再申诉，由作出申诉处理决定的机关的上一级机关管辖。省以下垂直管理部门公务员对省垂直管理机关作出的申诉处理决定不服的再申诉，由省、自治区、直辖市人民政府管辖。

3. 应予受理的前提条件

受理机关在接到申请人提交的申诉书之后，要对申请人提出的再申诉是否符合受理条件进行审查，从接到申诉书之日起30日内，作出受理或者不予受理的决定，并以书面形式通知申请人。

受理机关作出受理或不予受理的决定主要基于以下五个方面：一是再申诉是由受到人事处理的公务员本人提出或当受到人事处理的公务员本人丧失行为能力或者死亡，其近亲属代为提出；二是再申诉事项属于相关法规规定的受理范围；三是在规定的期限内提出；四是属于受理机关管辖；五是再申诉材料齐备。凡不符合上述条件之一的再申诉，不予受理并说明理由。对于申诉材料不齐备的，应当及时告知申请人，限期15日内补正。申请人按照要求补正全部材料后，应予受理。

4. 受理再申诉的程序规定

受理再申诉的机关在决定受理之日起60日内作出处理决定。案情确实复杂的，可以适当延长时限，但不得超过30日。受理机关对涉及公务员再申诉事项，有权进行调查。调查工作由2名以上工作人员同时开展。接受调查的机关和个人应当如实提供相关情况。同时，受理公务员再申诉的机关要组成公务员申诉公正委员会，负责受理和审理公务员的再申诉案件。

在公务员申诉公正委员会进行全面审议之后，受理机关根据公务员申诉公正委员会的审理意见，区别不同情况，作出以下再申诉处理决定：一是原人事处理认定事实清楚，适用法律、法规、规章和有关规定正确，处理恰当、程序合法的，维持原人事处理。二是原人事处理认定事实不存在的，按照管理权限责令原处理机关撤销或者直接撤销原人事处理。三是原人事处理认定事实没有错误，但适用法律、法规、规章和有关规定有错误，或者处理明显不当的，按照管理权限责令原处理机关变更或者直接变更原人事处理。四是原人事处理认定事实不清楚、证据不足，或者违反规定程序和权限的，责令原处理机关重新处理。

再申诉处理决定作出后，要制作再申诉处理决定书。再申诉处理决定书除前款规定内容外，还应当载明申诉处理决定的内容和作出申诉处理决定的日期。再申诉处理决定书包括如下内容：申诉人的姓名、单位、职务及其他基本情况；被申诉机关的名称，以及人事处理和复核决定所认定的事实、理由及适用的法律、法规、规章和有关规定；再申诉的事项、理由及要求；申诉处理决定的内容和作出申诉处理决定的日期；公务员申诉公正委员会认定的事实、理由及适用的法律、法规、规章和有关规定；再申诉处理决定；作出决定的日期；其他需要载明的内容。再申诉处理决定书应当加盖公务员申诉公正委员会的印章。再申诉处理决定书应当及时送达申诉人、原处理机关和作出申诉处理决定的机关。原处理机关应当将再申诉处理决定书存入公务员的个人档案。

再申诉处理决定要直接送达受送达人本人，其具体要求同申诉处理决定的送达要求。

（五）申诉处理决定后的补救措施

《公务员法》规定，公务员申诉的受理机关审查认定人事处理有错误的，原处理机关应当及时予以纠正。《公务员申诉规定（试行）》要求机关对公务员处理错误的，应当及时予以纠正；造成名誉损害的，应当赔礼道歉、恢复名誉、消除影响；造成经济损失的，应当根据有关规定给予赔偿，并视情节对作出错误处理的责任人进行处理。

（六）受理申诉中的回避事宜

为了确保公务员申诉处理的公平公正性，《公务员申诉规定（试行）》明确了受理申诉中的回避事宜。公务员申诉公正委员会委员中根据有关规定需要回避的，本人应当申请回避，利害关系人也有权要求其回避。公务员申诉公正委员会委员和工作人员的回避，由受理机关负责人决定。回避决定作出前，相关人员应当暂停参与调查和审理。

（七）复核、申诉期间原处理决定的效力问题

按照相关法律法规的有关规定，复核和申诉期间，不停止对公务员处理决定的执行。《公务员法》第九十一条第二款规定，复核和申诉期间，不停止对人事处理决定的执行。《行政机关公务员处分条例》第四十八条第二款规定，复核和申诉期间不停止处分的执行。《公务员申诉规定（试行）》第五条第一款规定，复核、申诉期间不停止人事处理的执行。

（八）公务员不服行政处分的申诉程序

《公务员法》明确规定行政机关公务员对处分不服向行政监察机关申诉的，按照《中华人民共和国行政监察法》的规定办理。

1. 当事人对主管行政机关作出的处分决定不服的申诉程序

按照《中华人民共和国行政监察法》的规定，国家行政机关公务员对主管行政机关作出的处分决定不服的，可以自收到处分决定之日起30日内向监察机关提出申诉，监察机关应当自收到申诉之日起30日内作出复查决定；对复查决定仍不服的，可以自收到复查决定之日起30日内向上一级监察机关申请复核，上一级监察机关应当自收到复核申请之日起60日内作出复核决定。复查、复核期间，不停止原决定的执行。

监察机关对受理的不服主管行政机关处分决定的申诉，经复查认为原决定不适当的，可以建议原决定机关予以变更或者撤销；监察机关在职权范围内，也可以直接作出变更或者撤销的决定。法律、行政法规规定由监察机关受理的其他申诉，依照有关法律、行政法规的规定办理。

2. 当事人对监察决定不服的申诉程序

当事人对监察决定不服的，可以自收到监察决定之日起30日内向作出决定的监察机关申请复审，监察机关应当自收到复审申请之日起30日内作出复审决定；对复审决定仍不服的，可以自收到复审决定之日起30日内向上一级监察机关申请复核，上一级监察机关应当自收到复核申请之日起60日内作出复核决定。复审、复核期间，不停止原决定的执行。

上一级监察机关认为下一级监察机关的监察决定不适当的，可以责成下一级监察机关予以变更或者撤销，必要时也可以直接作出变更或者撤销的决定。上一级监察机关的复核决定和国务院监察机关的复查决定或者复审决定为最终决定。

3. 撤销处分决定的条件和权限

《行政机关公务员处分条例》专门在第六章"不服处分的申诉"中对公务员不服处分提出申诉进行了具体规定。有下列情形之一的，受理公务员复核、申诉的机关应当撤销处分决定，重新作出决定或者责令原处分决定机关重新作出决定：一是处分所依据的违法违纪事实证据不足的；二是违反法定程序，影响案件公正处理的；三是作出处分决定超越职权或者滥用职权的。

4. 变更处分决定的条件和权限

有下列情形之一的，受理公务员复核、申诉的机关应当变更处分决定，或者责令原处分决定机关变更处分决定：一是适用法律、法规、规章或者国务院决定错误的；二是对违法违纪行为的情节认定有误的；三是处分不当的。

5. 变更、撤销处分后的补救措施

变更处分决定后的补救措施。行政机关公务员的处分决定被变更，需要调整该公务员的职务、级别或者工资档次的，应当按照规定予以调整；行政机关公务员的处分决定被撤销的，应当恢复该公务员的级别、工资档次，按照原职务安排相应的职务，并在适当范围内为其恢复名誉。被撤销处分或者被减轻处分的行政机关公务员工资福利受到损失的，应当予以补偿。此外，强调了对公务员申诉权的保护。行政机关公务员不因提出复核、申诉而被加重处分。

从实践情况来看，《公务员法》《行政机关公务员处分条例》《公务员申诉规定（试行）》陆续颁布以后，公务员申诉工作的规范性、可操作性都有了很大提升，有效地保障了公务员的合法权益。

二 优化公务员控告制度相关规定

在这一时期，根据公务员制度建设和公务员管理工作的实际需要，《公务员法》对公务员控告的规定作出了一些有益的修改和完善。实践证明，公务员控告制度在维护公务员自身合法权益、监督机关及其领导人员遵守法规等方面至关重要。

（一）调整公务员控告的对象

与明确《国家公务员暂行条例》相比，《公务员法》调整了公务员的范围。公务员范围由行政机关工作人员扩大到中国共产党机关、人大机关、政协机关、审判机关、检察机关和各民主党派机关的工作人员。因此，公务员控告的对象由"国家行政机关及其领导人员侵犯公务员合法权益的行为"调整为"机关及其领导人员侵犯公务员合法权益的行为"。

（二）公务员提出控告的条件

按照《公务员法》的规定，公务员提出控告应当符合下列条件：一是控告主体是公务员。"但若公务员本人死亡或丧失行为能力，可由其近亲属提出。"二是控告原因是公务员的合法权益受到侵害，且侵害权益的行为是违法违纪的。三是公务员提出控告的对象要明确，比如被控告机关或者被控告人员。被控告的机关和人员属于受理控告的机关管辖。四是受理机关分不同情况可以是上级机关，也可以是有关的专门机关。

与《国家公务员申诉控告暂行规定》不同的是，《公务员法》对受理控告机构的规定有所变化，由原来的"上级行政机关或者行政监察机关"修改为"上级行政机关和有关的专门机关"。有关专门机关主要是纪检、监察机关。值得注意的是，控告针对的"合法权益受侵害"与申诉的"合法权益受侵害"是不同的，控告的合法权益受侵害是指"公务员对机关及其领导人的失职渎职、打击报复、栽赃陷害、以权谋私以及其他侵害自己合法权益的违法乱纪行为"，而申诉则是针对行政处理对自己产生了不利影响。[①]

（三）调整控告受理机关

按照法律法规的要求，接受公务员控告的受理机关必须是有权查处控告案件并追究相关人员和组织责任的机关。与《国家公务员申诉控告暂行规定》不同的是，《公务员法》对受理控告机构的规定有所变化，由原来的"上级行政机关或者行政监察机关"修改为"上级行政机关或者有关的专门机关"。在这里的"有关的专门机关"主要是指纪检、监察机关、法院、审计等。

（四）规定公务员行使控告权的义务要求

《公务员法》第九十四条规定："公务员提出控告，不得捏造事实，

[①] 方世荣、石佑启、徐银华等：《中国公务员法通论》，武汉大学出版社2009年版，第316页。

诬告、陷害他人。"该法条要求公务员提出控告要本着忠于事实，维护公正公平的原则，禁止公务员为了谋取个人私利而捏造事实诬告陷害他人，侵害他人的合法权益。一旦公务员违反了规定，会受到公务员纪律制度的惩戒和法律的制裁。

三 逐步完善人事争议仲裁制度

进入新世纪新阶段，党中央提出了构建社会主义和谐社会、人才强国等一系列战略目标，要求妥善协调各方面的利益关系，正确处理人民内部矛盾，对新形势下的人事争议仲裁工作提出了更高的要求。[①] 2002年，国务院办公厅下发《关于在事业单位试行人员聘用制度意见的通知》（以下简称《通知》），提出要认真做好人事争议的处理工作。这是国务院第一次系统要求在事业单位建立人事争议仲裁制度。《通知》规定："为妥善处理人员聘用工作中出现的各种问题，及时化解矛盾，维护聘用单位和受聘人员双方的合法权益，要建立和完善事业单位人事争议仲裁制度，及时公正合理地处理、裁决人员聘用中的争议问题。当受聘人员与聘用单位在公开招聘、聘用程序、聘用合同期限、定期或者聘期考核、解聘辞聘、未聘安置等问题上发生争议的，当事人可以申请当地人事争议仲裁委员会仲裁。仲裁结果对争议双方具有约束力。"随后，一些系统化的人事争议仲裁制度措施开始出现。例如，上海市制定了《聘任制人员的人事争议处理暂行规定》，详细规定了人事争议仲裁的组成、程序，以及仲裁过程中应该注意的一些问题，如回避等，同时规定了人事争议仲裁结果的强制执行方式。

2003年12月，中共中央国务院发布《关于进一步加强人才工作的决定》明确提出要"完善人事争议仲裁制度"。2005年4月27日颁布的《公务员法》明确规定国家要建立人事争议仲裁制度，表明了人事争议仲裁制度得到法律确认。2005年6月，国务院颁布的《中国人民解放军文职人员条例》，明确规定，聘用单位与文职人员因履行聘用合同发生争议的，双方可以协商解决；不愿意协商或者协商不成的，当事人可以向聘

---

① 陈存根：《以实现和谐的人事关系为目标努力完善我国人事争议仲裁制度》，《中国人才》2006年第6期。

用单位的上一级单位申请调解。不愿意调解或者调解不成的,当事人可以向聘用单位所在地的人事争议仲裁机构申请仲裁,对仲裁裁决不服的,当事人可以依法向人民法院提出诉讼。该条例的出台将军队文职人员的人事争议纳入人事争议仲裁受理的范围。上述法律法规的出台和干部人事制度改革的推进,需要对原有人事我争议仲裁的受案范围、管辖范围进行重新规范,需要对人事争议仲裁与司法接轨在法规上进行明确,需要对人事争议仲裁组织机构进行重新规定。因此,2007 年 8 月 9 日,中组部、人事部、总政治部联合印发《人事争议处理规定》,该规定是在 1997 年人事部制定的《人事争议处理暂行规定》的基础上,根据新形势的发展需要进行了修订。至此,符合我国人事争议仲裁工作需要、较为规范的人事争议仲裁法律体系基本形成,有效促进了人事争议处理工作的法制化,推动了人事争议仲裁制度的纵深发展。经过主管部门和实践部门的共同努力,在这一时期,我国加快推进人事争议仲裁的相关制度建设,逐步完善办案工作机制,推进机构和队伍建设,人事争议仲裁工作取得了显著的成绩,为和谐社会的建设、人事制度改革和社会主义民主法制建设做出了积极贡献。

(一)建立适用聘任制公务员的人事争议仲裁制度

2005 年颁布的《公务员法》明确规定"国家建立人事争议仲裁制度",表明了人事争议仲裁制度得到法律确认。这一规定赋予聘任制公务员一定的司法救济权。同时,规定了人事争议仲裁的基本原则、人事争议仲裁委员会的组成以及与司法制度衔接等内容,标志着人事争议仲裁制度与司法衔接正式得到法律确认,成为保障聘任制公务员合法权益的义一重要途径,有效解决了公务员职位聘任管理中的一个重要问题。与公务员申诉控告制度不同,后者既不能申请仲裁,也不能向法院提起诉讼。

1. 界定人事争议仲裁的含义

人事争议仲裁,是指人事争议仲裁委员会对申请仲裁的人事争议案件依法进行调解和裁决的活动。处理因履行聘任合同而产生的争议是一种合同争议,通过人事争议仲裁方式解决比较妥当。[①] 和劳动争议一样,

---

[①] 张柏林:《〈中华人民共和国公务员法〉释义》,中国人事出版社 2005 年版,第 227 页。

此仲裁也是诉讼的前置程序，公务员与用人单位因履行聘用合同发生争议的，可以自争议发生之日起60日内向人事争议仲裁委员会申请仲裁，不服仲裁的可以提起诉讼。建立人事争议仲裁制度，为公务员和用人单位因履行聘用合同发生争议时提供了解决矛盾的有效途径，有利于保障聘任制公务员和用人单位的合法权益，并促进人事工作的依法管理。

2. 规定人事争议仲裁的原则

根据《公务员法》规定，"人事争议仲裁应当根据合法、公正、及时处理的原则，依法维护争议双方的合法权益"。合法原则是指承担仲裁职责的人事争议仲裁委员会必须坚持以事实为依据，依法对争议案件进行审查和处理。公正原则是指当事人在人事争议处理中的地位平等。人事争议仲裁委员会对当事人双方一视同仁，秉公执法，依据事实来作出判断和裁决。及时处理原则是指人事争议仲裁委员会对于案件应当依据规定的时限及时受理，按时结案。如果当事人出现不履行仲裁结果的情况，要及时进行解决，保证处理结果的落实，使被侵权或受害一方受到有效保护。

3. 明确人事争议仲裁委员会成员组成

根据《公务员法》的规定，"人事争议仲裁委员会由公务员主管部门的代表、聘用机关的代表、聘任制公务员的代表以及法律专家组成"。多元化的人员组成体现了广泛的代表性，可以有效保证仲裁工作在实际开展中的客观公平公正。

4. 允许当事人对仲裁裁决不服提出起诉

《公务员法》规定，"当事人对仲裁裁决不服的，可以自接到仲裁裁决书之日起15日内向人民法院提起诉讼"。人事争议起诉是当事人的一项权利，是解决人事争议的一种方式，也是最后的方式。起诉的前提是对人事争议仲裁的裁决结果不服，只有经过人事争议仲裁委员会仲裁之后，对裁决不服的才可以向人民法院提起诉讼。

5. 规范仲裁裁决执行与监督

按照《公务员法》规定，"仲裁裁决生效后，一方当事人不履行的，另一方当事人可以申请人民法院执行"。这就意味着，发生效力的调解书、裁决书，当事人必须执行。只有这样才能对权益受到侵害或损害一方给予及时的保护。

(二) 逐步改进人事争议仲裁制度的相关内容

2002年7月，人事部发布《人事部关于修改〈人事争议处理暂行规定〉和〈人事争议处理办案规则〉有关条款的通知》，对相关内容进行了修改。

为了进一步完善人事争议仲裁制度，更大发挥人事争议仲裁在深化人事制度改革中的作用，实现与《公务员法》和《中国人民解放军文职人员条例》的有效衔接，中组部、人事部、总政治部于2007年8月9日联合印发了《人事争议处理规定》。《人事争议处理规定》共6章38条，对人事争议仲裁的基本原则、受案范围、组织机构、管辖、人事争议调解、人事争议仲裁的申请、受理、开庭审理、裁决等基本程序及人事争议仲裁与司法的衔接和裁决的执行等进行了具体的专门规定。该规定的颁布标志着人事争议仲裁制度迈向了一个新的发展时期。

与《人事争议处理暂行规定》相比，《人事争议处理规定》有以下几个方面新的突破。一是在充分保障当事人双方权益下，受案范围实现了与现行法规有效接轨，扩大了人事争议的受案范围。二是提出组织机构设置，建立多元参与的仲裁委员会成员组成机构，解决人事争议仲裁机构设置的独立性问题。三是明确了仲裁员的职责内容，加强仲裁员队伍建设。四是将调解贯穿于仲裁过程始终，调解书具有强制执行效力。五是举证责任分配。合理分配举证责任是提高仲裁裁决的公正性和准确性的重要保证。《人事争议处理规定》提出"当事人应当对自己的主张提供证据"。也就是说，一般情况下收集、提供证据的责任在当事人。"仲裁庭认为有关证据由用人单位提供更方便的，应要求用人单位提供"。为了更好地保障个人的合法权益不受侵害，《人事争议处理规定》还强调了"用人单位作出解除人事关系和不同意工作人员要求辞职或终止聘任（用）合同引发的人事争议，由用人单位负责举证"。事实证明此举对仲裁庭认清事实真伪是有帮助的。[①]

为贯彻《中华人民共和国劳动争议调解仲裁法》关于仲裁案件属地管辖的要求，更好地处理人事争议仲裁案件，2011年8月15日，中组

[①] 朱志敏：《完善人事争议仲裁构建和谐社会——〈人事争议处理规定〉解读》，《中国人才》2007年第10期。

部、人社部、总政治部对《人事争议处理规定》部分内容进行了修改，并重新发布。修改内容包括：一是将第六条第一款"中央机关及所属事业单位人事争议仲裁委员会设在人事部"删去。二是将第十三条第一款"中央机关、直属机构、直属事业单位及其在京所属事业单位的人事争议由中央机关及所属事业单位人事争议仲裁委员会处理"修改为"中央机关、直属机构、直属事业单位及其在京所属单位的人事争议由北京市负责处理人事争议的仲裁机构处理，也可由北京市根据情况授权所在地的区（县）负责处理人事争议的仲裁机构处理"。三是将第十五条最后一句"驻京部队聘用单位与文职人员的人事争议，由中央机关及所属事业单位人事争议仲裁委员会处理"删去。

1. 扩大人事争议的受案范围

为了满足新形势下人事争议仲裁工作新任务的要求，《人事争议处理规定》在充分保障当事人双方权益下，受案范围与实施的《公务员法》《中国人民解放军文职人员条例》进行了有效衔接，在《人事争议处理暂行规定》的基础上扩大了受案范围，主要适用于下列人事争议：一是实施公务员法的机关与聘任制公务员之间、参照《公务员法》管理的机关（单位）与聘任工作人员之间因履行聘任合同发生的争议。二是事业单位与工作人员之间因解除人事关系、履行聘用合同发生的争议。三是社团组织与工作人员之间因解除人事关系、履行聘用合同发生的争议。四是军队聘用单位与文职人员之间因履行聘用合同发生的争议。五是依照法律、法规规定可以仲裁的其他人事争议。根据该规定，人事争议是国家机关、事业单位、社团组织、聘用文职人员的军队聘用单位与工作人员之间因解除人事关系发生的争议。

2. 调整人事争议仲裁管辖相关规定

按照《人事争议处理规定》，人事争议仲裁实行级别管辖为主，级别管辖与属地管辖相结合的管辖制度，主要内容如下：一是中央机关、直属机构、直属事业单位及其在京所属单位的人事争议由北京市负责处理人事争议的仲裁机构处理，也可由北京市根据情况授权所在地的区（县）负责处理人事争议的仲裁机构处理。二是中央机关在京外垂直管理机构以及中央机关、直属机构、直属事业单位在京外所属事业单位的人事争议，由所在地的省（自治区、直辖市）设立的人事争议仲裁委员会处理，也可由省（自治区、直辖市）根据情况授权所在地的人事争议仲裁委员会处理。三是省（自治区、直辖市）、副省级市、地（市、州、盟）、县（市、区、旗）人事争议仲裁委员会的管辖范围，由省（自治区、直辖市）确定。四是军队聘用单位与文职人员的人事争议，一般由聘用单位所在地的县（市、区、旗）人事争议仲裁委员会处理，其中师级聘用单位与文职人员的人事争议，由所在地的地（市、州、盟）、副省级市人事争议仲裁委员会处理，军级以上聘用单位与文职人员的人事争议由所在地的省（自治区、直辖市）人事争议仲裁委员会处理。

3. 提升仲裁机构的独立性

为解决人事争议仲裁机构设置的独立性问题，按照《人事争议处理规定》，"省（自治区、直辖市）、副省级市、地（市、州、盟）、县（市、区、旗）设立人事争议仲裁委员会。人事争议仲裁委员会独立办案，相互之间无隶属关系"。人事争议仲裁机构设置独立性的另一个重要体现就是仲裁委员会组成人员的广泛性和社会性。[①] 按照《人事争议处理规定》，人事争议仲裁委员会由公务员主管部门代表、聘任（用）单位代表、工会组织代表、受聘人员代表以及人事、法律专家组成。这一规定体现了多方参与原则的仲裁委员会成员组成特点。此外，人事争议仲裁委员会可以聘任有关部门的工作人员、专家学者和律师为专职或兼职仲裁员。其主要职责是受人事争议仲裁委员会的委托或当事人的选择，负责人事争议案件的具体处理工作。兼职仲裁员与专职仲裁员在仲裁活动中享有同等权利。兼职仲裁员进行仲裁活动时，所在单位应当给予支持。同级人民政府分管人事工作的负责人或者政府人事行政部门的主要负责人任人事争议仲裁委员会主任。人事争议仲裁委员会组成人员应当是单数，设主任1名、副主任2—4名、委员若干名。人事争议仲裁委员会下设办事机构，其职责是负责人事争议案件的受理、仲裁文书送达、档案管理以及仲裁员的考核、培训等日常工作，办理人事争议仲裁委员会授权的其他事宜。办事机构设在同级人民政府人事部门。

---

① 朱志敏：《完善人事争议仲裁构建和谐社会——〈人事争议处理规定〉解读》，《中国人才》2007年第10期，第16—19页。

4. 建立仲裁庭制度

根据《人事争议处理规定》的要求，人事争议仲裁委员会处理人事争议案件实行仲裁庭制度，仲裁庭是人事争议仲裁委员会处理人事争议案件的基本形式。仲裁庭一般由 3 名仲裁员组成。人事争议仲裁委员会指定 1 名仲裁员担任首席仲裁员，主持仲裁庭工作；另 2 名仲裁员可由双方当事人各选定 1 名，也可由人事争议仲裁委员会指定。案件经仲裁庭合议后按照多数仲裁员的意见作出仲裁裁决。简单的人事争议案件，经双方当事人同意，人事争议仲裁委员会可以指定 1 名仲裁员独任处理。

5. 进一步规范人事争议仲裁程序

按照《人事争议处理规定》，人事争议仲裁程序主要包括：申请、受理、开庭审理、调解、裁决、执行等主要环节。

（1）申请。按照《人事争议处理规定》，当事人从知道或应当知道其权利受到侵害之日起 60 日内，以书面形式向有管辖权的人事争议仲裁委员会申请仲裁。申请仲裁应当提交仲裁申请书，并按被申请人人数递交副本。仲裁申请书应当说明以下内容：一是申请人和被申请人姓名、性别、年龄、职业及职务、工作单位、住所和联系方式。申请人或被申请人是单位的，应写明单位的名称、住所、法定代表人或者主要负责人的姓名、职务和联系方式。二是仲裁请求和所依据的事实、理由。三是证据和证据来源、证人姓名和住所。发生人事争议的一方在 5 人以上，并且有共同的仲裁请求和理由的，可以推举 1—2 名代表参加仲裁活动。代表人放弃、变更仲裁请求或者承认对方的仲裁请求，进行和解，必须经过被代表的当事人同意。

（2）受理。按照《人事争议处理规定》，仲裁委员会人事争议仲裁委员会在收到仲裁申请书之日起 10 个工作日内，认为不符合受理条件的，应当书面通知申请人不予受理，并说明理由；认为符合受理条件的，应当受理，将受理通知书送达申请人，将仲裁申请书副本送达被申请人，并组成仲裁庭。被申请人应当在收到仲裁申请书副本之日起 10 个工作日内提交答辩书。

按照《人事争议处理规定》，被申请人没有按时提交或者不提交答辩书的，不影响仲裁的进行。按照这一规定，人事争议处理中实行申请人单方申请制度，即人事争议发生后，只要一方当事人提出申请并且争议事由及其相关情形符合仲裁机构的受理条件，仲裁机构都应当受理。被申请人不提交答辩书或者不出庭的，不影响仲裁程序的进行。

（3）开庭审理。按照《人事争议处理规定》，仲裁应当公开开庭进行，涉及国家、军队秘密和个人隐私的除外。涉及商业秘密，当事人申请不公开开庭的，可以不公开开庭。当事人协议不开庭的，仲裁庭可以书面仲裁人事争议仲裁委员会应当在开庭审理人事争议案件5个工作日前，将开庭时间、地点、仲裁庭组成人员等书面通知当事人。申请人经书面通知无正当理由不到庭，或者到庭后未经仲裁庭许可中途退庭的，视为撤回仲裁申请。被申请人经书面通知无正当理由不到庭，或者未经仲裁庭许可中途退庭的，可以缺席裁决。当事人有正当理由的，在开庭前可以申请延期开庭，是否延期由仲裁庭决定。

按照《人事争议处理规定》，实行"谁主张，谁举证"的人事仲裁举证责任分配原则。当事人应当对自己的主张提供证据。仲裁庭认为有关证据由用人单位提供更方便的，应要求用人单位提供。用人单位作出解除人事关系和不同意工作人员要求辞职或终止聘任（用）合同引发的人事争议，由用人单位负责举证。仲裁庭认为需要调查取证的，可以自行取证。当事人的举证材料应在仲裁庭上出示，并进行质证。只有经过质证认定的事实和证据，才能作为仲裁裁决的依据。

（4）调解。按照《人事争议处理规定》，仲裁庭处理人事争议应注重调解。自受理案件到作出裁决前，都要积极促使当事人双方自愿达成调解协议。当事人经调解自愿达成书面协议的，仲裁庭应当根据调解协议的内容制作仲裁调解书。协议内容不得违反法律法规，不得侵犯社会公共利益和他人的合法权益。调解书由仲裁庭成员署名，加盖人事争议仲裁委员会印章。调解书送达后，即发生法律效力。当庭调解未达成协议或者仲裁调解书送达前当事人反悔的，仲裁庭应当及时进行仲裁裁决。

（5）裁决。按照《人事争议处理规定》，仲裁裁决应当按照多数仲裁员的意见作出，少数仲裁员的不同意见应当记入笔录。最后，仲裁庭对重大、疑难以及仲裁庭不能形成多数处理意见案件的处理，应当提交人事争议仲裁委员会讨论决定；人事争议仲裁委员会作出的决定，仲裁庭必须执行。仲裁庭应当在裁决作出后5个工作日内制作裁决书。裁决书由仲裁庭成员署名并加盖人事争议仲裁委员会印章。当事人在仲裁过程中有权进行辩论。辩论终结时,仲裁庭应当征询当事人的最后意见。仲裁庭处理人事争议案件,一般应当在受理案件之日起 90 日内结案。需要延期的,经人事争议仲裁委员会批准,可以适当延期,但是延长的期限不得超过 30 日。

（6）执行。按照《人事争议处理规定》,对发生法律效力的调解书或者裁决书,当事人必须履行。一方当事人逾期不履行的,另一方当事人可以依照国家有关法律法规和最高人民法院相关司法解释的规定申请人民法院执行。

（三）实行一裁两审的司法衔接制度

人事争议仲裁工作开展以后,通过仲裁的方式处理了一批人事争议,但对于不服人事争议仲裁裁决而提起的诉讼或裁决可否作为人民法院执行的依据,一直没有明确具体的解释。2002 年、2003 年全国人大代表两次提出建议,建议最高人民法院尽快出台人事争议仲裁问题的司法解释。2002 年 8 月,辽宁省高级人民法院向最高人民法院报送请示,要求最高人民法院就"人事争议仲裁裁决是否属于人民法院受案和强制执行范围"作出批复。支持配合事业单位聘用合同制度的推行和人事争议仲裁制度的实施,最高人民法院在广泛调查研究的基础上,根据劳动法并结合实际情况,于 2003 年 8 月 27 日发布了旨在保护科技人员合法权益,规范人事争议仲裁制度的《关于人民法院审理事业单位人事争议案件若干问题的规定》。[①]《关于人民法院审理事业单位人事争议案件若干问题的规定》,提出事业单位与其工作人员之间因辞职、辞退及履行聘用合同所发生的争议,适用《中华人民共和国劳动法》的规定处理。明确了司法审查人事争议的种类、范围和法律适用,人事争议仲裁与诉讼的法律关系、人事争议诉讼的时效、仲裁裁决的强制执行等问题,为人民法院处理人事争议案件提供了依据,认可了人事争议仲裁的仲裁性质,实现了人事仲裁结果与司法程序的接轨,解决了长期困扰社会的仲裁执行难和仲裁当被告问题,并使原来的一裁终局变为一裁两审,赋予仲裁裁决以法律效力,为人事争议仲裁工作的开展创造了有利条件。随后,出台了《最

---

① 杨安军:《我国人事争议仲裁制度建设的回顾、问题和前景》,《西南政法大学学报》2004 年第 6 期,第 37 页。

高人民法院关于事业单位人事争议案件适用法律等问题的答复》，对人民法院审判人事争议案件的法律适用作了进一步的阐释。

按照《人事争议处理规定》，人事争议仲裁是司法的前置程序，人事争议案件经仲裁机构作出裁决后，当事人对仲裁裁决不服的，可以按照《公务员法》《中国人民解放军文职人员条例》以及最高人民法院相关司法解释的规定，自收到裁决书之日起15日内向人民法院提起诉讼；逾期不起诉的，裁决书即发生法律效力。对生效的仲裁调解书或裁决书，一方当事人在规定期限内不履行的，另一方当事人可以向人民法院申请强制执行。

经过多年的不断发展、完善，人事争议仲裁已经成为维护人事争议当事人合法权益的有效渠道，保障当事人权益、维护社会稳定、化解矛盾、减轻诉讼压力等方面的重要性日益提升。截至2007年，全国自上而下组建了2532家人事争议仲裁机构。各省、自治区、直辖市均成立了人事争议仲裁机构，有近98%的地市和75%的区县设立了人事争议仲裁机构。全国各级人事争议仲裁机构专兼职仲裁员19000多名，一个覆盖全国的人事争议仲裁工作体系正在逐步建立和完善。①

（四）统一劳动人事争议仲裁办案规则

2008年3月31日，根据国务院机构改革方案，在人事部与劳动和社会保障部的基础上组建了人力资源和社会保障部。人社部设立调解仲裁管理司，负责统筹拟定劳动人事争议调解仲裁制度的实施规范，指导劳动、人事争议调解工作，指导开展劳动、人事争议预防工作，依法组织处理重大劳动、人事争议。2008年12月17日，人力资源和社会保障部第15次部务会议通过《劳动人事争议仲裁办案规则》，将劳动争议仲裁和人事争议仲裁整合为一体，于2009年1月1日正式实施。《劳动人事争议仲裁办案规则》明确了人事争议仲裁的受案范围，规范了人事争议仲裁的办案程序，对人事争议仲裁制度的发展与健全具有重要意义。推动人事争议处理制度法制化建设进入新的历史发展阶段。

1. 进一步规范完善人事仲裁程序

《劳动人事争议仲裁办案规则》将人事争议和劳动争议处理程序规则

---

① 徐颂陶、孙建立：《中国人事制度改革三十年》，中国人事出版社2009年版，第263页。

合二为一，对劳动人事争议仲裁办案程序中的操作性、具体性和执行性问题进行了更加细致明确的规定，在一定程度上解决了地方仲裁机构在办案实践中遇到的问题，对劳动人事争议仲裁制度进行了适度整合，实现了劳动人事争议办案程序的统一，确保当事人的诉求在制度设计上减少缺失。[1]

2. 完善人事争议仲裁的操作规则

《劳动人事争议仲裁办案规则》加大了对争议过程中各类细节的规范力度，比如对仲裁过程中回避申请的提出、证据的收集与提交、仲裁时效中断、用人单位情况变更等方面进行了较为详细的规定。对仲裁申请的受理、组成仲裁庭和裁决的期限分别作了修改，缩短了时间期限，以此杜绝故意拖延案件审理的行为。对于仲裁申请书不规范或者材料不齐备的，仲裁委员会应当当场或者在5日内一并告知申请人需要补正的全部材料。申请人按要求补正全部材料的，仲裁委员会应当出具收件回执。

3. 规定当事人对案卷材料具有查阅和复印的权利

《劳动人事争议仲裁办案规则》规定，"仲裁委员会应当建立案卷查阅制度。对不需要保密的内容，应当允许当事人及其代理人查阅、复印"。这一规定有利于当事人进行取证。同时，还规定"仲裁调解和其他方式结案的案卷，保存期不少于5年，仲裁裁决结案的案卷，保存期不少于10年，国家另有规定的从其规定。保存期满后的案卷，应按照国家有关档案管理的规定处理"。仲裁机构有法定的义务保存该案卷材料，并配合当事人阅卷，该规定是对原有办案程序的一大突破和进步。

4. 增加被申请人在仲裁答辩期间具有反请求的权利

《劳动人事争议仲裁办案规则》规定，"被申请人可以在答辩期间提出反申请，仲裁委员会应当自收到被申请人反申请之日起5日内决定是否受理并通知被申请人"。该反申请是对被申请人权利的保护，同时规定提出反请求的时间应在答辩期间，否则就无效，需要另行申请。同时规定，仲裁委员会决定受理的，可以将反申请和申请合并处理。反申请如果是应当另行申请仲裁的争议，仲裁委员会应当书面告知被申请人另行申请仲裁；反申请如果是不属于《劳动人事争议仲裁办案规则》规定应

---

[1] 杨志明：《劳动人事争议调解仲裁》，中国劳动社会保障出版社2012年版，第202页。

当受理的争议,仲裁委员会应当向被申请人出具不予受理通知书。被申请人在答辩期满后对申请人提出反申请的,应当另行提出,另案处理。

(五)统一劳动人事争议仲裁组织规则

2010年1月20日,人力资源和社会保障部公布实施《劳动人事争议仲裁组织规则》,对仲裁委员会职责、仲裁庭组成、仲裁员聘任和解聘等内容作出了进一步的规范,对着力加强仲裁员队伍建设提出了具体要求,包括明确了仲裁员的权利与义务,增加了仲裁员考核、培训、作风建设等内容,规范了仲裁监督的内容。《劳动人事争议仲裁组织规则》作为专门规范劳动人事争议仲裁组织机构和队伍建设的部门规章,出台的目的主要有三点:一是有利于进一步贯彻落实《劳动争议调解仲裁法》关于仲裁组织的有关规定,并通过制定《劳动人事争议仲裁组织规则》规范和细化仲裁组织机构队伍建设。二是有利于进一步提高争议处理的工作效能。通过制定《劳动人事争议仲裁组织规则》,规范仲裁员配备、仲裁员聘任及管理,加强办案人员力量,进而提高办案质量和效率。三是有利于进一步整合劳动争议仲裁和人事争议仲裁资源。根据政府机构改革成立人力资源和社会保障部的要求,原来由人事部管理的人事争议仲裁和劳动和社会保障部管理的劳动争议仲裁从体制和制度上需要进行整合,通过制定《劳动人事争议仲裁组织规则》将上述资源进行规范整合后可最大限度地节约仲裁资源,统一的仲裁委员会及其办事机构的运作与管理也更加方便当事人。

1. 加强仲裁委员会的建设

按照《劳动人事争议仲裁组织规则》,劳动人事争议仲裁委员会(以下称仲裁委员会)由人民政府依法设立,专门处理劳动、人事争议案件。仲裁委员会经费依法由财政予以保障。人力资源和社会保障行政部门负责指导本行政区域的调解仲裁工作,组织协调处理跨地区、有影响的重大争议,负责仲裁员的管理、培训等工作。仲裁委员会按照统筹规划、合理布局和适应实际需要的原则设立,由省、自治区、直辖市人民政府依法决定。

仲裁委员会由干部主管部门代表,人力资源和社会保障行政部门等相关行政部门代表,军队及聘用单位文职人员工作主管部门代表,工会代表,用人单位代表等组成。从仲裁委员会成员来看,遵循《劳动争议调解仲裁法》仲裁委员会组成三方原则的基础上，扩大了代表组成范围，使其更具有广泛性。为确保仲裁工作的公正性，仲裁委员会组成人员为单数。

按照《劳动人事争议仲裁组织规则》，仲裁委员会设主任1名，副主任和委员若干名。仲裁委员会主任由行政部门代表担任。仲裁委员会依法履行下列职责：一是聘任、解聘专职或者兼职仲裁员；二是受理争议案件；三是讨论重大或者疑难的争议案件；四是对仲裁活动进行监督。仲裁委员会应当每年至少召开两次全体会议，研究本委职责履行情况和重要工作事项。仲裁委员会主任或者1/3以上的仲裁委员会组成人员提议召开仲裁委员会会议的，应当召开。仲裁委员会的决定实行少数服从多数原则。这些规定进一步加强了仲裁委员会的建设，加强了仲裁委员会对仲裁办案的领导力量。

2. 强化仲裁委员会办事机构的作用

按照《劳动人事争议仲裁组织规则》，仲裁委员会可以下设实体化的办事机构，具体承担争议调解仲裁等日常工作。办事机构名称和仲裁员等工作人员按照地方人民政府规定进行规范和配备。仲裁委员会组成单位可以派兼职仲裁员常驻办事机构，参与争议调解仲裁活动。此项规定对充实仲裁机构办案力量，及时有效地应对激增的争议案件，维护劳动关系的和谐具有积极意义。

3. 规范对仲裁员的管理

按照《劳动人事争议仲裁组织规则》，仲裁员是由仲裁委员会聘任，依法调解和仲裁争议案件的专业工作人员。仲裁员分为专职仲裁员和兼职仲裁员。同时对仲裁员的选拔、聘任、管理等进行了系统规定，特别是规定了仲裁员要严格按照法律规定的条件进行选拔、聘任和上岗前培训。通过这些规定进一步提高仲裁员综合素质和办案能力，进而打造一支专业化、职业化的仲裁员队伍。

4. 强调仲裁监督的作用

一方面，具体细化了仲裁监督的有关规定，包括仲裁委员会监督仲裁活动的具体环节、方式。《劳动人事争议仲裁组织规则》规定，仲裁委员会应当依法对本委聘任的仲裁员以及仲裁活动进行监督，包括对仲裁申请的受理、仲裁庭组成、仲裁员的仲裁活动等进行监督。仲裁委员会发现应当受理而在法定期限内未予受理或者已经出具不予受理通知书的争议案件，申请人尚未向人民法院提起诉讼的，应当在书面征求申请人同意后，及时予以受理，并撤销已经出具的不予受理通知书。另一方面，具体细化了仲裁员、记录人员的行为限制以及法律责任。《劳动人事争议仲裁组织规则》规定，仲裁员不得有下列行为：徇情枉法，偏袒一方当事人；滥用职权，侵犯当事人合法权益；利用职权为自己或者他人谋取私利；隐瞒证据或者伪造证据；私自会见当事人及其代理人，接受当事人及其代理人的请客送礼；故意拖延办案、玩忽职守；擅自对外透露案件处理情况；在任职期间担任仲裁案件的代理人；其他违法乱纪的行为。当发现仲裁员出现上述行为，仲裁委员会视情节轻重，给予批评教育、解聘等处理；仲裁员所在单位也可以根据国家有关规定给予处分；构成犯罪的，依法追究刑事责任。同时，要求记录人员应客观记录案件庭审等情况，不得有因偏袒一方当事人而不客观记录、故意涂改记录或者将案件处理过程中应当保密的情况泄露给特定当事人等行为。记录人员违反上述规定的，仲裁委员会视情节轻重，给予批评教育、解聘等处理；仲裁员所在单位也可以根据国家有关规定给予处分；构成犯罪的，依法追究刑事责任。此项规定对仲裁员公平、公正处理争议案件，提高仲裁社会公信力具有重要意义。

第五节　权益保障制度的不断完善
（2012—2019 年）

党的十八大以后，以习近平同志为核心的党中央对干部人事制度改革提出了新的要求，干部人事制度改革进入了全面深化的新阶段。党的十九大提出了坚持严管和厚爱结合、激励和约束并重的干部管理原则，新修订的《公务员法》认真贯彻落实这一要求，更加重视对公务员权益保障，公务员申诉控告制度进入新的发展阶段。随着事业单位分类改革深入推进，《事业单位工作人员申诉规定》作为《事业单位人事管理条例》的配套法规得以率先出台，标志着事业单位内部工作人员通过申诉来获得权益保障的渠道得以建立。

与此同时，随着国家经济的快速发展和社会结构的变革，劳动人事争议案件的数量也逐年增长。党中央、国务院高度从加强和创新社会治理、推进国家治理体系和治理能力现代化的高度，对加强劳动人事争议处理效能建设提出了一系列要求。2015年3月，《中共中央国务院关于构建和谐劳动关系的意见》明确提出，要"加强裁审衔接与工作协调，积极探索建立诉讼与仲裁程序有效衔接、裁审标准统一的新规则、新制度"[①]。为了加快推进劳动人事争议仲裁机构实体化和调解仲裁队伍专业化建设，完善仲裁办案制度，规范办案程序，依法、公正、及时解决劳动人事争议，保护当事人的合法权益，2017年3月21日，人社部、中央综治办、最高人民法院、司法部、财政部、中华全国总工会、中华全国工商业联合会、中国企业联合会/中国企业家协会联合下发了《关于进一步加强劳动人事争议调解仲裁完善多元处理机制的意见》。根据新形势新要求，人力资源和社会保障部对《劳动人事争议仲裁办案规则》和《劳动人事争议仲裁组织规则》进行了修订，并于2017年7月1日正式实施。2017年11月8日，人社部、最高人民法院制定出台了《关于加强劳动人事争议仲裁与诉讼衔接机制建设的意见》，就进一步加强劳动人事争议裁审衔接机制建设提出意见。[②] 从实践工作来看，人事争议仲裁制度得到深入发展，科学化、法制化、规范化水平不断提升，人事争议处理的质量和效率不断提高，在保护单位和个人的合法权益，依法加强人事管理、维护社会和谐稳定方面取得了显著成效。

一　进一步加强对公务员合法权益的保护

2019年6月1日，新修订的《公务员法》正式实施。新修订的《公务员法》吸收借鉴了《公务员申诉规定（试行）》的相关做法，在第十五章"申诉与控告"中对申诉控告的相关法条进行了修改、补充和完善，加强了对公务员合法权益的保护。

一是为进一步保证公务员救济的公正性，新修订的《公务员法》在

---

① 人社部、最高人民法院相关负责人就《〈关于加强劳动人事争议仲裁与诉讼衔接机制建设的意见〉有关情况进行解读》，http：//www.mohrss.gov.cn/Syrlzyhshbzb/zcfg/Syzhengcejiedu/201711/t20171109_281352.html，2017年11月。

② 人社部、最高人民法院相关负责人就《〈关于加强劳动人事争议仲裁与诉讼衔接机制建设的意义〉有关情况进行解读》，《人事天地》2017年第12期。

第九十五条中增加了"受理公务员申诉的机关要组成公务员申诉公正委员会来负责受理和审理公务员申诉案件"的内容。在《公务员法》里明确要求受理申诉机关组建申诉公正委员会,是对公务员申诉制度的进一步健全,将为公务员维护自身的合法权益提供有效的保障和救济途径,进一步推进公务员管理的科学化水平。

二是新修订的《公务员法》对原受理机关作出复核决定之后如何送达本人进行明文规定。在第 96 条中关于原处理机关作出复核决定的规定增加了"要以书面形式告知申请人"的内容,从法律角度对复核决定送达要求进行了具体规定,强化了复核决定送达的严肃性,增强了工作的可操作性。

三是增加了"公务员不因申请复核、提出申诉而被加重处理"的规定,保障公务员提出批评、申诉、控告或者检举的权利,明确规定不得对批评、申诉、控告、检举进行压制或者打击报复。同时,第九十九条规定对捏造事实,诬告、陷害他人的,依法追究法律责任。明确了公务员行使控告权的义务要求。

二 建立事业单位工作人员申诉制度

随着事业单位总体分类改革的不断推进,2014 年 4 月,国务院发布了《事业单位人事管理条例》。该条例作为事业单位人事管理总章程的行政法规,从人事管理的"进、管、出"全环节进行了制度建构和规范,使事业单位的人事管理有了基本遵循。事业单位人事争议处理包括以仲裁和申诉为主的两种并行的制度与方式,构建了符合我国事业单位人事管理特点、全面系统的人事争议处理体系。

为贯彻实施《事业单位人事管理条例》,保障事业单位工作人员合法权益,2014 年 6 月 27 日,中组部,人社部印发了《事业单位工作人员申诉规定》。《事业单位工作人员申诉规定》共 6 章 35 条,对有关申诉工作的管辖、申请受理、审理决定、执行监督等方面作出了具体规定,并将原来的一级申诉制调整为二级申诉制。该规定的出台标志着事业单位内部工作人员通过申诉来获得权益保障的渠道得以建立,对保障事业单位工作人员合法权益,依法处理事业单位工作人员的申诉,促进事业单位及其主管部门依法行使职权具有重要意义。

为规范事业单位工作人员申诉案件办理程序，促进事业单位人事综合管理部门和主管部门公正及时处理申诉案件，2019年1月18日，中共中央组织部办公厅、人力资源和社会保障部办公厅印发《事业单位工作人员申诉案件办理规则》（以下简称《办理规则》）。《办理规则》共7章34条，内容包括：申诉案件办理工作组织的人员组成、具体职责等，对申诉的申请、受理、审理、决定、执行和归档等操作环节的流程、办理时限等的具体规定，证据类型、举证责任、回避管理等。《办理规则》遵循《事业单位人事管理条例》《事业单位工作人员申诉规定》的基本精神，从提升申诉案件办理效率出发，在总结地方实践经验的基础上，针对当前申诉案件办理中存在的突出矛盾、面临的重点难点问题，完善了申诉案件办理程序，为申诉案件的申请、受理、审理、决定等程序提供了基本遵循，通过规范事业单位工作人员申诉、再申诉工作，有利于增强申诉案件办理的规范性、时效性和可操作性，更好地维护事业单位工作人员的合法权益，提升申诉案件办理效率。

（一）提出申诉的范围

《事业单位人事管理条例》规定，事业单位工作人员对涉及本人的考核结果、处分决定等不服的，可以按照国家有关规定申请复核、提出申诉。《事业单位工作人员申诉规定》通过列举的方式进一步确定了事业单位工作人员可以提出申诉的范围。事业单位工作人员对涉及本人的下列人事处理不服，可以申请复核或者提出申诉、再申诉：一是处分；二是清退违规进人；三是撤销奖励；四是考核定为基本合格或者不合格；五是未按国家规定确定或者扣减工资福利待遇；六是法律、法规、规章规定可以提出申诉的其他人事处理。

（二）申诉工作的管辖

《事业单位工作人员申诉规定》规定受理机关处理不服人事处理申诉、再申诉实行分级负责和归口办理。

事业单位工作人员对中央和地方直属事业单位作出的复核决定不服提出的申诉，由同级事业单位人事综合管理部门管辖。事业单位工作人员对中央和地方各部门所属事业单位作出的复核决定不服提出的申诉，由主管部门管辖。

事业单位工作人员对主管部门或者其他有关部门作出的复核决定不

服提出的申诉，由同级事业单位人事综合管理部门管辖。事业单位工作人员对乡镇党委和人民政府作出的复核决定不服提出的申诉，由县级事业单位人事综合管理部门管辖。

事业单位工作人员对主管部门作出的申诉处理决定不服提出的再申诉，由同级事业单位人事综合管理部门管辖。事业单位工作人员对市级、县级事业单位人事综合管理部门作出的申诉处理决定不服提出的再申诉，由上一级事业单位人事综合管理部门管辖。

事业单位工作人员对中央垂直管理部门省级以下机关作出的复核决定不服提出的申诉，由上一级机关管辖；对申诉处理决定不服提出的再申诉，由作出申诉处理决定机关的同级事业单位人事综合管理部门或者上一级机关管辖。

（三）申诉案件办理机构

《事业单位人事管理条例》《事业单位工作人员申诉规定》和《办理规则》都规定受理申诉、再申诉的单位应当组成申诉公正委员会审理案件。其中，《办理规则》对申诉公正委员会、审理组及申诉公正委员会办事机构的组成、职责等内容进行了统一规范。要求各级事业单位人事综合管理部门和主管部门应当分别组建事业单位工作人员申诉公正委员会，负责办理事业单位工作人员的申诉案件。具体申诉案件的审理工作，根据实际情况，可以组建审理组负责，也可以由申诉公正委员会直接承办。

1. 申诉公正委员会的组成及其职责

按照《事业单位工作人员申诉规定》，受理申诉、再申诉的单位应当组成申诉公正委员会审理案件。申诉公正委员会由受理申诉、再申诉的单位相关工作人员组成，必要时可以吸收其他相关人员参加。申诉公正委员会组成人数应当是单数，不得少于3人。申诉公正委员会负责人一般由主管申诉、再申诉工作的单位负责人或者负责申诉、再申诉的工作机构负责人担任。

《办理规则》要求，申诉公正委员会的组成人员应当是单数，不得少于3人。申诉公正委员会设主任1名，副主任和委员若干名。主任一般由受理单位主管申诉、再申诉工作的负责人或者承担申诉工作的内设机构负责人担任。副主任、委员由受理单位研究决定，一般由受理单位相关工作人员担任。必要时，可以吸收其他相关人员参加。

申诉公正委员会依法依规履行下列职责：处理管辖范围内的申诉、再申诉案件，对案件事实证据、适用政策法规、工作程序纪律等进行全面审议；审理申诉、再申诉案件；对审理组的审理工作进行指导和监督；讨论重大或者疑难的申诉、再申诉案件；法律法规规章规定的由申诉公正委员会承担或者受理单位授权的其他职责。

2. 审理组的组成

按照《办理规则》的要求，具体申诉案件的审理工作，根据实际情况，可以组建审理组负责办理。审理组的组成人员应当是单数，不得少于3人。审理组一般由申诉公正委员会成员组成，必要时，可以吸收其他相关人员参加。审理组设组长，负责组织审理工作。

3. 申诉公正委员会办事机构

按照《办理规则》的要求，申诉公正委员会下设办事机构。根据实际情况，办事机构可以专门成立，也可以依托受理单位某一内设机构。申诉公正委员会办事机构依法依规履行下列职责：一是对申诉、再申诉案件的申请进行审查；二是经申诉公正委员会批准，组建负责审理具体申诉案件工作的审理组；三是办理申诉、再申诉案件的文书制作和送达、档案和印章管理等；四是负责申诉公正委员会和审理组成员的组织、联络等工作；五是办理申诉公正委员会授权的其他事宜。

（四）复核

1. 工作人员申请复核的程序和时限

《事业单位工作人员申诉规定》规定，事业单位工作人员知道人事处理之日起三十日内可申请复核。复核的时效期间自申请人知道或者应当知道人事处理之日起计算。原则上，申请复核由受人事处理的工作人员本人提出，如果本人丧失行为能力、部分丧失行为能力或者死亡的，可以由其近亲属或监护人代为申请。

申请人申请复核要提交申请书，同时提交原人事处理决定等材料的复印件。申请书应当载明下列内容：申请人的姓名、出生年月、单位、岗位、政治面貌、联系方式、住址及其他基本情况；原处理单位的名称、地址、联系方式；复核的事项、理由和要求；申请日期。申请书可以通过当面提交、邮寄或者传真等方式提出。申请人当面递交申请书的，受理单位应当场出具收件回执。

2. 受理复核申请的程序、时限和相关要求

《事业单位工作人员申诉规定》规定，受理单位对申请人提交的申请书是否符合受理条件进行审查，在接到申请书之日起十五日内，作出受理或者不予受理的决定，并以书面形式通知申请人。符合以下条件的复核，应予受理：一是复核是由事业单位工作人员本人申请。当本人丧失行为能力、部分丧失行为能力或者死亡的，是由其近亲属或监护人代为申请；二是复核事项属于本规定的受理范围；三是在规定的期限内提出；四是属于受理单位管辖范围；五是材料齐备。凡不符合上述条件之一的，不予受理。不予受理的，应当说明理由。当申请人提交的申请材料不齐备的，应当一次性告知申请人所需补正的全部材料，申请人按照要求补正全部材料的，应予受理。

《事业单位工作人员申诉规定》受理单位决定受理复核申请之后，应在接到申请书之日起三十日内作出维持、撤销或者变更原人事处理的复核决定，并以书面形式通知申请人，并将复核决定存入申请人的个人档案。复核决定要按照下列规定送达：一是直接送达申请人本人，受送达人在送达回证上签名或者盖章，签收日期为送达日期；二是申请人本人不在的，可以由其同住的具有完全民事行为能力的近亲属在送达回证上签名或者盖章，视为送达，签收日期为送达日期；三是申请人或者其同住的具有完全民事行为能力的近亲属拒绝接收或者拒绝签名、盖章的，送达人应当邀请有关基层组织的代表或者其他有关人员到场，见证现场情况，由送达人在送达回证上记明拒收事由和日期，由送达人、见证人签名或者盖章，将处理决定留在申请人的住所或者所在单位，视为送达。送达人、见证人签名或者盖章日期为送达日期；四是直接送达确有困难的，可以通过邮寄送达，以回执上注明的收件日期为送达日期；五是上述规定的方式无法送达的，可以在相关媒体上公告送达，并在案卷中记明原因和经过。自公告发布之日起，经过六十日，即视为送达。

3. 撤回复核的申请

《事业单位工作人员申诉规定》规定，在受理单位作出处理决定前，申请人可以以书面形式提出撤回复核的申请。受理单位在接到申请人关于撤回复核、的书面申请后，可以决定终结处理工作。终结复核决定应当以书面形式告知申请人。

（五）申诉

1. 工作人员提出申诉的程序和时限

按照《事业单位工作人员申诉规定》的要求，申请人对复核决定不服的，自收到复核决定之日起三十日内向有管辖权的人事综合管理部门或主管部门提出申诉。申诉的时效期间自申请人收到复核决定之日起计算。因不可抗力或者其他正当理由，申诉人不能在规定的期限内提出申诉的，经受理单位或者经授权的申诉公正委员会主任批准，可以延长期限。原则上，提出申诉由受人事处理的工作人员本人提出，如果本人丧失行为能力、部分丧失行为能力或者死亡的，可以由其近亲属或监护人代为申请。

申请人提出申诉要提交申请书，同时提交原人事处理决定、复核决定等材料的复印件。申请书可以通过当面提交、邮寄或者传真等方式提出。申请人当面递交申请书的，受理单位应当场出具收件回执。申请书应当载明下列内容：申请人的姓名、出生年月、单位、岗位、政治面貌、联系方式、住址及其他基本情况；原处理单位的名称、地址、联系方式；申诉的事项、理由和要求；申请日期。

2. 受理申诉的流程、时限和相关要求

按照《事业单位工作人员申诉规定》的要求，受理单位对申请人提交的申诉申请书是否符合受理条件进行审查，在接到申请书之日起十五日内，作出受理或者不予受理的决定，并以书面形式通知申请人。

（1）受理。《办理规则》对受理申诉进行了更为细致的规定。首先，要求办事机构对申诉人提出的申诉申请，应当填写申诉案件登记表和收件回执，对申诉是否符合受理条件进行审查。其次，办事机构应当自接到申请书之日起15日内区别不同情况，作出如下处理：一是对于经审查认为符合受理条件的申诉，向申请人发送事业单位工作人员申诉案件受理通知书并加盖申诉公正委员会印章。二是对于经审查认为不符合受理条件的申诉，向申请人发送不予受理通知书，说明不予受理的理由，并加盖申诉公正委员会印章。监察机关已受理的申诉案件，事业单位主管部门、人事综合管理部门不再受理。三是申请材料不齐备的，应当及时一次性告知申请人所需补正的全部材料和合理的补正期限。审查期限自收到补正材料后的次日起重新计算。申请人补正相关材料后，应予受理。

无正当理由逾期不补正的，视为申请人放弃申请。

《办理规则》规定，当办事机构决定受理申诉案件，应当自决定受理之日起7日内向被申诉单位发送事业单位工作人员申诉案件应诉通知书和申请书副本，并将申诉公正委员会或者审理组的组成情况及时通知申请人和被申诉单位。被申诉单位应当自接到通知书之日起15日内向办事机构提交事业单位工作人员申诉案件答辩书和作出人事处理决定的证据、依据和其他有关材料。办事机构应当自收到答辩书之日起7日内将答辩书副本发送申诉人。申诉人应当自收到答辩书副本之日起7日内提出书面反馈意见，送交办事机构。未提交书面反馈意见的，不影响案件审理。被申诉单位提交答辩书和作出人事处理决定的有关材料、申诉人提出书面反馈意见可以通过当面提交、邮寄或者传真等方式。

（2）审理

①举证责任。被申诉单位对作出的原人事处理决定负有举证责任，应当提供作出该决定的证据和所依据的法律法规和其他政策文件。被申诉单位未履行举证责任的，办事机构应当责令其限期举证，无正当理由逾期提供的证据不予采纳。没有证据或者证据不足以证明被申诉单位的事实主张的，由负有举证责任的被申诉单位承担不利后果。

②证据类型。申诉案件中的证据包括：申诉人的陈述和被申诉单位的意见；书证；物证；视听资料；电子数据；证人证言；鉴定意见；勘验笔录、现场笔录。

③调查流程。受理申诉的申诉公正委员会、审理组根据需要对申诉案件有关问题进行调查。调查一般采取书面调查、现场调查等方式进行。接受调查的单位或者个人有配合调查的义务，应当如实提供情况和证据。现场调查应当制作调查笔录，调查人员不得少于2人。被调查人、证人及相关人员应当对现场调查笔录中由本人提供的情况进行确认后签名，调查人员应当在经上述人员确认并签名的调查笔录上签名。

④审议。申诉公正委员会或者审理组应当认真审阅案件调查笔录以及其他有关材料，对案件进行全面审议。申诉人有明确要求时，申诉公正委员会或者审理组可以根据案件审理需要听取申诉人的陈述和被申诉单位的申辩。申诉公正委员会或者审理组审议案件，应当制作审议笔录，由参加审议的成员签名。审议中的不同意见，应当如实记入审议笔录。

对于重大、疑难的申诉案件，审理组难以形成一致或者多数审理意见的，应当提请申诉公正委员会讨论。申诉公正委员会或者审理组应当按照客观公正和少数服从多数的原则提出明确审理意见，由申诉公正委员会向受理单位提交审理报告。经申诉公正委员会批准后，也可以由审理组向受理单位提交审理报告。

⑤审理报告要求。审理报告应当载明下列内容：申诉人和被申诉单位的基本情况；申诉公正委员会、审理组成员的组成；申诉人提出申诉的事项、理由和要求；被申诉单位的答辩理由、证据和依据；审理情况概要；申诉公正委员会、审理组的审理意见。

（3）决定

《办理规则》规定，受理单位依据申诉公正委员会的审理意见，作出处理决定。该处理决定应当在受理单位自决定受理之日起60日内作出。案情复杂的，经申诉公正委员会主任或者副主任批准，可以适当延长，但是延长期限不得超过30日。非因违反规定程序或者权限，被责令重新处理的，作出原人事处理的单位不得以同一事实和理由作出与原人事处理基本相同的处理。

办事机构根据受理单位作出的申诉处理决定并制作申诉处理决定书，并自作出申诉处理决定之日起7日内将处理决定书送达申诉人和作出原人事处理决定的单位。

作出申诉处理决定后，应当制作申诉处理决定书。申诉处理决定书应当载明下列内容：申诉人的姓名、出生年月、单位、岗位及其他基本情况；原处理单位的名称、地址、联系方式、人事处理和复核决定所认定的事实、理由及适用的法律、法规、规章和有关规定；申诉的事项、理由及要求；申诉公正委员会认定的事实、理由及适用的法律、法规、规章和有关规定；申诉处理决定；作出决定的日期；其他需要载明的内容。

申诉处理决定书送达方式与复核决定送达方式一致，包括直接送达、留置送达、邮寄送达和公告送达。

（4）执行

《办理规则》规定，除维持原人事处理的申诉处理决定外，对发生效力的申诉处理决定，原人事处理的单位应当自执行期满30日内将执行情况以书面形式报作出申诉处理决定的受理单位备案。原人事处理的单位无正当理由拒不执行申诉处理决定或者打击报复申诉人的，对其负有责任的领导人员和直接责任人员，受理单位应当按照有关规定给予组织处理或者纪律处分，涉嫌违法犯罪的，按照有关法律规定移送司法机关处理。

受理单位应当及时将处理的申诉案件相关材料整理归档。归档材料主要包括申请书、登记表、收件回执、原人事处理决定、复核决定、受理（不予受理）通知书、应诉通知书、答辩书、终结通知书、调查笔录、审议笔录、审理报告、处理决定书、决定执行情况等。

（5）撤回申诉的申请

按照《事业单位工作人员申诉规定》，在处理决定作出前，申请人可以以书面形式提出撤回申诉的申请。受理单位在接到申请人关于撤回复申诉的书面申请后，可以决定终结处理工作。终结申诉处理决定应以书面形式告知申请人和原处理单位。《办理规则》进一步规定，在申诉处理决定作出前，申请人可以以书面形式撤回申诉申请。受理单位在接到申诉人关于撤回申诉的书面申请后，应对撤回申请进行审查，如无违反法律法规的情形，可以同意申请人撤回申请，终结案件处理工作，并以书面形式将终结申诉处理决定告知申请人和被申诉单位。因申诉人撤回申诉导致案件终结的，申诉人再以同一事由提起申诉的，不予受理。

（六）再申诉

1. 工作人员提出再申诉的程序和时限

《事业单位工作人员申诉规定》《办理规则》都明确规定事业单位工作人员对申诉处理决定不服的，可以提出再申诉。再申诉应当由事业单位工作人员本人申请。如果本人丧失行为能力、部分丧失行为能力或者死亡的，可以由其近亲属或监护人代为申请。申请复核或者提出再申诉的时效期间为30日。再申诉的时效期间自申请人收到申诉处理决定之日起计算。因不可抗力或者有其他正当理由，当事人不能在本条规定的时效期间内提出再申诉的，经受理机关批准可以延长期限。

申请人提出再申诉，应当提交申请书，同时提交原人事处理决定、申诉处理决定等材料的复印件。申请书可以通过当面提交、邮寄或者传真等方式提出。申请人当面递交申请书的，受理单位应当场出具收件回执。申请书应当载明下列内容：申请人的姓名、出生年月、单位、岗位、政治面貌、联系方式、住址及其他基本情况；原处理单位的名称、地址、联系方式；再申诉的事项、理由和要求；申请日期。

2. 受理再申诉的流程、时限和相关要求

《事业单位工作人员申诉规定》要求受理单位应当对申请人提交的申请书是否符合受理条件进行审查，在接到申请书之日起 15 日内，作出受理或者不予受理的决定，并以书面形式通知申请人。

（1）受理。《办理规则》对受理再申诉进行了更为细致的规定。首先，要求办事机构对申诉人提出的再申诉申请，应当填写申诉案件登记表和收件回执，对再申诉是否符合受理条件进行审查。其次，办事机构应当自接到申请书之日起 15 日内区别不同情况，作出如下处理：一是对于经审查认为符合受理条件的再申诉，向申请人发送事业单位工作人员再申诉案件受理通知书并加盖申诉公正委员会印章。二是对于经审查认为不符合受理条件的再申诉，向申请人发送不予受理通知书，说明不予受理的理由，并加盖申诉公正委员会印章。监察机关已受理的再申诉案件，事业单位主管部门、人事综合管理部门不再受理。三是申请材料不齐备的，应当及时一次性告知申请人所需补正的全部材料和合理的补正期限。审查期限自收到补正材料后的次日起重新计算。申请人补正相关材料后，应予受理。无正当理由逾期不补正的，视为申请人放弃申请。

《办理规则》规定，当办事机构决定受理再申诉案件，应当自决定受理之日起 7 日内向被申诉单位发送事业单位工作人员再申诉案件应诉通知书和申请书副本，并将申诉公正委员会或者审理组的组成情况及时通知申请人和被申诉单位。被申诉单位应当自接到通知书之日起 15 日内向办事机构提交事业单位工作人员再申诉案件答辩书和作出人事处理决定的证据、依据和其他有关材料。办事机构应当自收到答辩书之日起 7 日内将答辩书副本发送申诉人。申诉人应当自收到答辩书副本之日起 7 日内提出书面反馈意见，送交办事机构。未提交书面反馈意见的，不影响案件审理。被申诉单位提交答辩书和作出人事处理决定的有关材料、申诉人提出书面反馈意见可以通过当面提交、邮寄或者传真等方式。

在处理决定作出前，申请人可以以书面形式提出再申诉的撤回申请。受理单位在接到申请人关于撤回再申诉的书面申请后，可以决定终结处理工作。终结再申诉处理决定应当以书面形式告知申请人、申诉受理单位和原处理单位。

(2) 审理

①举证责任。被申诉单位对作出的原人事处理决定负有举证责任,应当提供作出该决定的证据和所依据的法律法规和其他政策文件。被申诉单位未履行举证责任的,办事机构应当责令其限期举证,无正当理由逾期提供的证据不予采纳。没有证据或者证据不足以证明被申诉单位的事实主张的,由负有举证责任的被申诉单位承担不利后果。

②证据类型。再申诉案件中的证据包括:申诉人的陈述和被申诉单位的意见;书证;物证;视听资料;电子数据;证人证言;鉴定意见;勘验笔录、现场笔录。

③调查流程。受理再申诉的申诉公正委员会、审理组根据需要对申诉案件有关问题进行调查。调查一般采取书面调查、现场调查等方式进行。接受调查的单位或者个人有配合调查的义务,应当如实提供情况和证据。现场调查应当制作调查笔录,调查人员不得少于2人。被调查人、证人及相关人员应当对现场调查笔录中由本人提供的情况进行确认后签名,调查人员应当在经上述人员确认并签名的调查笔录上签名。

④审议。申诉公正委员会或者审理组应当认真审阅案件调查笔录以及其他有关材料,对案件进行全面审议。申诉人有明确要求时,申诉公正委员会或者审理组可以根据案件审理需要听取申诉人的陈述和被申诉单位的申辩。申诉公正委员会或者审理组审议案件,应当制作审议笔录,由参加审议的成员签名。审议中的不同意见,应当如实记入审议笔录。对于重大、疑难的申诉案件,审理组难以形成一致或者多数审理意见的,应当提请申诉公正委员会讨论。申诉公正委员会或者审理组应当按照客观公正和少数服从多数的原则提出明确审理意见,由申诉公正委员会向受理单位提交审理报告。经申诉公正委员会批准后,也可以由审理组向受理单位提交审理报告。

⑤审理报告要求。审理报告应当载明下列内容:申诉人和被申诉单位的基本情况;申诉公正委员会、审理组成员的组成;申诉人提出再申诉的事项、理由和要求;被申诉单位的答辩理由、证据和依据;审理情况概要;申诉公正委员会、审理组的审理意见。

(3) 决定。受理单位依据申诉公正委员会的审理意见,作出处理决定。该处理决定应当在受理单位自决定受理之日起 60 日内作出。案情复杂的，经申诉公正委员会主任或者副主任批准，可以适当延长，但是延长期限不得超过 30 日。非因违反规定程序或者权限，被责令重新处理的，作出原人事处理的单位不得以同一事实和理由作出与原人事处理基本相同的处理。

办事机构根据受理单位作出的再申诉处理决定并制作再申诉处理决定书，并自作出再申诉处理决定之日起 7 日内及时送达申请人、申诉受理单位和原处理单位。

再申诉处理决定书送达方式，包括直接送达、留置送达、邮寄送达和公告送达四种，具体要求与复核处理决定书送达一致。

（4）执行。再申诉处理决定应当在发生效力后 30 日内执行。除维持原人事处理外，原处理单位应当在再申诉决定执行期满后 30 日内将执行情况报再申诉受理单位备案。原处理单位逾期不执行的，申请人可以向作出发生效力的决定的单位提出执行申请。接到执行申请的单位应当责令原处理单位执行。受理单位应当及时将处理的再申诉案件相关材料整理归档。

（七）受理申诉中的保密和回避事宜

《事业单位人事管理条例》规定，负有单位人事争议处理职责的人员履行职责，有下列情形之一的，应当回避：一是与本人有利害关系的；二是与本人近亲属有利害关系的；三是其他可能影响公正履行职责的。

《事业单位工作人员申诉规定》规定参与复核、申诉、再申诉审理的工作人员有存在以下所列情形之一的，应当提出回避申请：一是与申请人或者原处理单位主要负责人、承办人员有夫妻关系、直系血亲、三代以内旁系血亲关系或者近姻亲关系的；二是与原人事处理及案件有利害关系的；三是与申请人或者原处理单位主要负责人、承办人员有其他关系，可能影响案件公正处理的。复核案件审理工作人员的回避，由受理复核单位负责人决定。有上述规定的情形，申诉或复核申请人、与原人事处理及案件有利害关系的公民、法人或者其他组织有权要求其回避。再申诉案件审理工作组织负责人的回避由受理单位负责人员集体决定；其他工作人员的回避，由申诉或再申诉案件审理工作组织负责人决定。回避决定作出前，相关人员应当暂停参与案件的调查和审理。

《事业单位工作人员申诉案件办理规则》要求处理申诉案件的相关人员对工作中涉及的国家秘密、工作秘密、商业秘密和个人隐私应当保密。同时，明确了对受理申诉相关工作人员应申请回避情形、回避决定时限的规定。申诉公正委员会、审理组、办事机构成员存在《事业单位工作人员申诉规定》中所列需回避情形之一的，申诉人和被申诉单位应当自知道或者应当知道之日起3日内根据回避决定权限以书面形式提出回避申请。申诉公正委员会主任的回避由受理单位负责人员集体决定，申诉公正委员会副主任、委员、审理组成员、办事机构成员的回避由申诉公正委员会主任决定。回避决定应当自收到回避申请之日起3日内作出。回避决定作出前，相关人员应当暂停参与案件的调查和审理。

（八）申诉期间原处理决定的效力问题

《事业单位工作人员申诉规定》明确规定，复核、申诉、再申诉期间不停止人事处理的执行。也就是说，事业单位工作人员提出复核、申诉、再申诉并不会中止处理决定的执行。这一规定的出发点是要保证事业单位正常、有效地开展工作。同时，明确了事业单位错误处理工作人员的责任。因此，在复核、申诉和再申诉期间不停止对工作人员处理决定的执行，也不会影响到工作人员个人合法权益的保障。

三　不断完善人事争议仲裁制度

人事争议仲裁制度是具有中国特色的一种权益救济制度，它的产生是我国人事管理工作发展现实的要求和实践的结果，对于深化人事制度改革，保障用人单位和工作人员的合法权益，维护社会稳定，意义重大。从早期地方自发探索到国家统一规范，经过几十年的发展，人事争议仲裁通过具体案件的公正裁决，在提升人事工作依法行政水平、增强当事人依法维护正当人事权利的意识、提高案件处理质量、妥善化解矛盾和减少不和谐因素方面取得了显著成效，为构建和谐社会和深入推进人事制度改革提供了制度保障。

为了深入贯彻落实党中央、国务院的有关新要求，及时总结地方在仲裁实践中创造的经验做法，进一步推动提升劳动人事争议仲裁效能，更好地发挥仲裁在劳动人事矛盾纠纷多元化解机制中的重要作用，2017年4月24日人力资源和社会保障部第123次部务会审议通过了新修订的

《劳动人事争议仲裁办案规则》《劳动人事争议组织规则》，并于2017年7月1日正式施行。在这一阶段，人事争议仲裁制度得到深入发展，人事争议处理效能建设不断加强，仲裁办案的规范化、标准化和专业化水平不断提升。

（一）加强人事争议调解工作

调解是处理人事争议的重要方式。新修订的《劳动人事争议仲裁办案规则》增加了"调解程序"一章，在仲裁办案程序中专门对调解进行规范。一是明确调解优先原则，规定仲裁委员会处理争议案件，应当坚持调解优先，引导当事人通过协商、调解方式解决争议。二是实行调解建议书和委托调解制度，规定对没有经过调解、当事人直接申请仲裁的争议，仲裁委员会可以向当事人发出调解建议书，引导其到调解组织进行调解；在仲裁庭开庭之前，经双方当事人同意，仲裁庭可以委托调解组织或者其他具有调解能力的组织、个人进行调解。三是规范仲裁庭调解，规定仲裁庭审理争议案件时，应当进行调解。必要时可以邀请有关单位、组织或者个人参与调解。四是完善调解协议仲裁审查制度，对调解组织调解协议的仲裁审查申请、审查时限和程序等内容作出了明确规定。①

通过调解的方式柔性化解人事争议，有利于把矛盾纠纷解决在萌芽状态，实现"案结事了人和"的效果。因此，2017年3月21日，人社部、中央综治办、最高人民法院、司法部、财政部、中华全国总工会、中华全国工商业联合会、中国企业联合会/中国企业家协会联合下发了《关于进一步加强劳动人事争议调解仲裁完善多元处理机制的意见》，明确指出要"探索建立符合事业单位和社会团体工作人员、聘任制公务员和军队文职人员管理特点的单位内部人事争议预防机制"并"加强事业单位及其主管部门调解组织建设，重点推动教育、科技、文化、卫生等事业单位及其主管部门建立由人事部门代表、职工代表、工会代表、法律顾问等组成的调解组织"。

---

① 小鞠：《完善制度规范程序提升效能——人社部相关负责人就新修订劳动人事争议仲裁"两规则"答记者问》，《劳动保障世界》2017年第22期，第29页。

（二）加强仲裁机构实体化建设

针对我国劳动人事关系矛盾进入易发期和多发期，劳动人事争议的调处任务越来越重的现实问题。2012年2月，人力资源和社会保障部、中央编办、财政部在缜密调研、广泛征求意见的基础上，印发《关于加强劳动人事争议处理效能建设的意见》，明确了今后一个时期加强争议处理效能建设的原则、目标和重点任务等各项内容，要求"十二五"期间在全国县以上普遍设立劳动人事争议仲裁院等办事机构。《关于加强劳动人事争议处理效能建设的意见》主要明确了以下六个方面内容：一是明确了仲裁机构实体化建设的原则和目标；二是加强仲裁队伍建设，努力提高仲裁员素质和能力；三是加强仲裁基础设施建设，努力提高仲裁社会服务能力和水平；四是落实仲裁专项经费，努力加强仲裁保障能力；五是完善仲裁工作制度，努力提高仲裁科学管理能力；六是加强效能建设的组织领导。随后，从中央到地方都在大力推进劳动人事争议仲裁办事机构实体化，全国31个省、自治区、直辖市从机构设置、人员编制配备、财政资金入手，将劳动人事争议仲裁委员会办公室实体化，绝大多数办事机构获得独立法人地位，称之为"劳动人事争议仲裁院"。截至2017年年底，实体化任务取得了很大进展，全国共建立动人事争议仲裁院3114家，建院率达到95.7%，大大提升了仲裁效能。随着仲裁办事机构实体化的推进，办案职能逐步从仲裁行政机构转移至新成立的仲裁院，解决了仲裁办案职能和仲裁行政职能高度重合的问题。[①]

（三）加强仲裁员队伍专业化建设

仲裁员是熟悉人力资源和社会保障法律法规的业务知识、掌握调解仲裁理论和技能、了解调解仲裁工作规律和特点的专业性人才。为了提高调解仲裁工作队伍专业化程度，2013年12月22日，人力资源和社会保障部办公厅下发《关于印发劳动人事争议仲裁员任职培训大纲（试行）的通知》，进一步规范仲裁员培训工作。随后，各地建立起分级培训和持证上岗制度。总体来看，我国调解仲裁队伍建设成效显著，调解仲裁队伍规模不断壮大，为维护劳动人事关系和谐与社会稳定发挥了重要职能

[①] 宋胜利：《劳动人事争议仲裁办事机构改革与职能配置再审视》，《行政与法》2019年第8期，第69页。

作用。截至2016年5月底，全国各地劳动人事争议仲裁机构共有专兼职仲裁员2.37万人，其中专职1.41万人，兼职0.96万人。① 2017年7月1日起施行的新修订的《劳动人事争议仲裁组织规则》重点提出加强仲裁员队伍建设，主要从以下三方面完善加强仲裁员队伍建设的措施。一是加强管理。明确了仲裁员的权利义务，要求仲裁委员会根据工作需要合理配备专职仲裁员和办案辅助人员，对仲裁员考核、培训等工作进行了规范。二是加强监督。授权仲裁委员会制定仲裁监督制度，对申请受理、办案程序、处理结果、仲裁工作人员行为等进行监督，明确了仲裁员违法违纪行为的具体情形及处理措施。三是加强保障。对仲裁经费保障、仲裁场所和设施设备、仲裁工作人员统一着装等作出明确规定。同时，明确要求建立仲裁员职业保障机制，拓展仲裁员职业发展空间。随后，中央和各地主管部门持续加强调解仲裁机构队伍建设，不断提高调解仲裁队伍的政治素质与专业水平。2018—2019年，人社部共举办12期培训班，培训学员2100余人。2019年开展1期远程培训，在线培训调解员、仲裁员近1万人。②

（四）完善人事争议仲裁办案制度

为了进一步完善劳动人事争议仲裁办案制度，优化办案工作流程、提升办案服务能力。2017年4月24日，人力资源和社会保障部第123次部务会审议通过新修订的《劳动人事争议仲裁办案规则》和《劳动人事争议仲裁组织规则》，自2017年7月1日起施行。与旧规则相比，新修订的两个规则在适用范围和具体规定上均有新的变化，主要体现在依法细化终局裁决范围，完善仲裁组织机构设置，强化仲裁员队伍建设，加强仲裁监督，进一步健全劳动人事争议调解仲裁机制，坚持以提高劳动人事争议处理质量和效率为目标，在着重围绕体现仲裁简便、灵活、高效特点完善办案程序的基础上，为进一步方便劳动人事争议双方当事人维权、提高仲裁服务水平等方面作出了许多新的规定。一是实施"一次性

---

① 小鞠：《完善制度规范程序提升效能——人社部相关负责人就新修订劳动人事争议仲裁"两规则"答记者问》，《劳动保障世界》2017年第22期，第28—29页。

② 中国人力资源和社会保障部：《中国人力资源和社会保障年鉴2020（工作卷）》，中国劳动社会保障出版社，中国人事出版社2021年版，第574页。

告知"制度，让当事人维权少跑路。新修订的《劳动人事争议仲裁办案规则》规定，仲裁申请书不规范或者材料不齐全的，仲裁机构应该一次性告知申请人需要补正的全部材料。二是开展公开庭审制度，方便社会进行监督。新修订的《劳动人事争议仲裁办案规则》规定，除涉及国家秘密、军事秘密、商业秘密、个人隐私等事项外，仲裁庭一律公开进行庭审，努力做到仲裁办案场所、仲裁人员名单、仲裁法规制度、仲裁庭审现场、仲裁法律文书公开。三是推行流动仲裁庭便民服务，方便当事人就近维权。新修订的《劳动人事争议仲裁组织规则》规定，仲裁委员会可以根据案件处理需要设立派驻仲裁庭、巡回仲裁庭、流动仲裁庭，就近就地处理争议案件。四是增加简易处理程序。《劳动人事争议仲裁办案规则》规定，对于权利义务明确、事实清楚的简单争议案件或经双方当事人同意的其他争议案件，仲裁委员会可指定1名仲裁员独任处理，并可在庭审程序、案件调查、仲裁文书送达、裁决方式等方面进行简便处理。此外，为了着力解决仲裁文书送达难问题，为当事人提供便利服务，在全国范围内开展以仲裁专递方式邮寄送达仲裁文书工作。[①]

（五）完善调解、仲裁、诉讼衔接机制

建立劳动人事争议裁审衔接机制有利于统一裁审的执法尺度，及时、公正、高效处理劳动人事争议案件，促进社会和谐稳定。近年来，一些地区积极探索加强裁审衔接工作，在促进合法公正及时解决劳动人事争议方面取得良好的成效。但劳动人事争议裁审衔接机制尚未在全国普遍建立，已建立的也还不够完善，仍然存在争议受理范围不够一致、法律适用标准不够统一、程序衔接不够规范等问题。为进一步加强劳动人事争议裁审衔接机制建设，2017年11月8日，人力资源和社会保障部、最高人民法院制定出台了《关于加强劳动人事争议仲裁与诉讼衔接机制建设的意见》，就进一步加强劳动人事争议裁审衔接机制建设提出意见，明确了加强裁审衔接机制建设的总体要求，为统一裁审受理范围和法律适用标准，规范裁审程序衔接，完善裁审衔接工作机制提供了指导。目前，

---

① 人社部调解仲裁司副司长王振麒解读《劳动人事争议仲裁办案规则》和《劳动人事争议仲裁组织规则》，http://www.mohrss.gov.cn/tjzcgls/TJZC gon gznodongtai/201707/t20170731_2374963.html。

已实现部、省两级裁审衔接工作机制全覆盖。完善人事争议调解、仲裁、诉讼衔接机制建设，是健全人事争议处理制度、完善矛盾纠纷多元化解机制的重要举措。2017年人社部、最高人民法院、司法部财政部、中华全国总工会、中华全国工商业联合会和中国企业联合会/中国企业家协会联合颁发《关于进一步加强劳动人事争议调解仲裁完善多元处理机制的意见》，从三个方面对完善劳动人事争议调解、仲裁、诉讼衔接机制做出了规定。一是明确提出要加强调解与仲裁的衔接。调解组织对调解不成的争议案件，要及时引导当事人进入仲裁程序；定期向仲裁机构通报工作情况，共同研究有关问题；邀请仲裁机构参与调处重大疑难争议案件。二是明确提出要加强调解与诉讼的衔接。调解组织要主动接受人民法院的指导，协助人民法院调处劳动人事争议。三是明确提出要加强仲裁与诉讼的衔接。建立仲裁与诉讼有效衔接的新规则、新制度，实现裁审衔接机制长效化、受理范围一致化、审理标准统一化。各级仲裁机构和同级人民法院要加强沟通联系，建立定期联席会议、案件信息交流、联合业务培训等制度。有条件的地区，人民法院可在仲裁机构设立派驻法庭。加强调解、仲裁、诉讼之间的有效衔接，是完善劳动人事关系矛盾纠纷多元处理机制的重要内容，也是提升调解仲裁公信力、节约诉讼资源的现实需要，有利于实现矛盾纠纷处理的法律效果与社会效果的统一。这些意见的出台充分发挥了劳动人事争议处理中调解、仲裁、诉讼的独特优势，合力化解矛盾纠纷，促进劳动人事关系和谐与社会稳定。2019年，全国办结劳动人事争议案件202.3万件，调解成功率为68%，仲裁结案率为95.5%，仲裁终结率为68.3%（其中，终局裁决率为41.2%，仲裁调解率为51.7%）。[①]

[①] 中国人力资源和社会保障部：《中国人力资源和社会保障年鉴2020（工作卷）》，中国劳动社会保障出版社，中国人事出版社2021年版，第573页。

第十七章 人事档案管理制度

第十七章 人事档案管理制度

干部人事档案是各级党委（党组）和组织人事等有关部门在党的组织建设、干部人事管理、人才服务等工作中形成的，反映干部个人政治品质、道德品行、思想认识、学习工作经历、专业素养、工作作风、工作实绩、廉洁自律、遵纪守法以及家庭状况、社会关系等情况的历史记录材料。人事档案是历史、全面地考察了解和正确选拔使用干部的重要依据，是国家档案的重要组成部分。人事档案包括三种类型：干部档案、学生档案和工人档案。本章所讲的人事档案主要是指干部人事档案。人事档案经国家及组织认可，原始记录个人经历、德才水平和工作表现并归档保存，如实记录和反映干部品德，才干、功过奖惩。干部人事档案制度体系由国家颁布的人事档案管理法律法规及相关规章组成。人事档案管理制度在干部管理方面有着不可替代的重要作用。纵观中华人民共和国人事档案制度发展历史，总体可分为人事档案制度的初步建立、制度体系的基本健全、管理体制的逐步完备、新时期管理制度的进一步完善等主要阶段。本章围绕上述主要发展阶段，重点从管理制度的基本内容、人事档案的法治建设、档案管理服务信息化发展等方面阐述。

第一节 人事档案管理制度的初步建立（1949—1978 年）

《中华人民共和国档案法》规定："档案是指过去和现在的国家机构、社会组织以及个人从事政治、军事、经济、科学、技术、文化、宗教等活动直接形成的对国家和社会有保存价值的各种文字、图表、声像等不同形式的历史记录。"人事档案是国家档案的重要组成部分，是人事档案管理制度形成和发展的物质载体。我国的人事档案和人事档案工作历史源远流长，公务员制度的推行与人才市场的兴起，使得人事档案管理的观念、思维方式、管理模式发生了重大变化。我国人事档案制度产生伊始，就是为了干部管理而设置的，目的是加强党对干部的考察。新民主主义革命时期的干部档案和干部档案工作包含干部政治情况，当时的人事档案不仅仅是一份个人档案材料那么简单，实际上是干部政治生涯的体现，很大程度上决定了一个人前途的好坏。中华人民共和国成立后，人事档案作为对干部个人经历和从事人事管理活动的历史记录，成为一种公共管理工具并为我国公共管理做出了巨大贡献。[①] 中华人民共和国成立后，党和国家颁发了一些关于干部人事档案的法律法规和规章，1956年8月，中央组织部召开了第一次全国干部档案工作座谈会，制定了我国第一部全国性的干部档案工作的法规——《干部档案管理工作暂行规定》，初步形成了比较完整的干部人事档案制度体系[②]，对我国干部管理发挥了非常重要的作用。

一 制定全国性人事档案管理工作法规

1949年，中华人民共和国成立后，人事档案制度涉及的范围越来越广，重要性也越来越强，人们求学、晋升乃至结婚等都需要人事档案。传统人事档案作为公共管理的载体，虽在某些内容上，以改革开放后的观念看来有不合理之处，但在计划经济时期，对社会组织与管理发挥了不容忽视的作用，作为一项公共政策的干部人事档案制度，同样在社会信用、干部管理等方面起到了不可替代的作用。[③] 为了推动人事档案工作的主体——干部档案工作的健康发展，搞好档案管理和建设，1956年8月，中央组织部召开了第一次全国干部档案工作座谈会，会议研究分析了干部档案工作情况，讨论了如何加强干部档案工作，制定了我国第一部全国性的干部档案工作的法规——《干部档案管理工作暂行规定》[④]。这次会议提出了干部档案工作的任务和方向，确定了干部档案的外在形式和内容设置，制定了一套较完整的制度和管理方法。这次会议的召开，是我国人事档案管理工作的一件大事，推动了干部档案工作的全面发展，标志着我国的人事档案管理工作开始迈向法制化[⑤]。

---

① 邓绍兴：《人事档案的历史沿革》，《中国人才》，2002年第6期，第7—9页。
② 邓绍兴：《人事档案教程》，中国传媒大学出版社2008年版，第167页。
③ 冯惠玲、张辑哲：《档案学概论》（第二版），中国人民大学出版社2006年版，第35—36页。
④ 张虹：《档案管理基础》（第四版），中国人民大学出版2019年版，第42—43页。
⑤ 邓绍兴：《人事档案教程》，中国传媒大学出版社2008年版，第167页。

二 确立人事档案管理体制和组织体系

人事档案工作是党和国家人事、干部工作的重要组成部分，也是国家档案工作的组成部分。人事档案工作，在国家档案行政管理部门的宏观管理、组织协调下，实行分级管理，由人事、干部主管部门领导；在档案的保护、保管方面接受同级档案行政部门监督、指导，日常业务工作接受上级人事、干部主管部门的检查、指导。1956年8月，中央组织部主持召开了第一次全国干部档案工作座谈会，座谈会上制定了我国第一部具有全国性指导意义的《干部档案管理工作暂行规定》，初步确立了干部人事档案工作的管理体制和组织体系，完善了人事档案工作的具体环节，对档案材料收集补充、鉴别、归档、整理入库、利用与保密制度等方面都作了明确规定。干部人事档案工作开始向法制化迈进。[①] 除此之外，各级劳动部门、教育部门和其他有关部门，也参照干部人事档案管理的办法，先后开始建立工人档案、学生档案和其他人事档案。

各级组织、人事部门先后召开了专门会议，通过贯彻第一次全国干部档案工作座谈会的精神，认真总结过去的工作，提高了对干部档案工作重要性的认识，加强了对干部档案工作的领导，明确了今后的任务。各地各级组织、人事部门根据《干部档案管理工作暂行规定》，结合各自的具体情况，建立人事档案工作机构，配备专职或兼职档案人员。党中央和国务院各部委，省（自治区、直辖市）、地（市、州）、县（旗）等各级政府的人事部门，大中型企事业单位都普遍建立起人事档案管理科、组、室等档案机构，选派政治品质好、作风正派、党性强的共产党员管理人事档案。中央国家机关的组织、人事部门专管或兼管人事档案。[②] 由于各级领导的重视，各地逐步建立起人事档案工作组织体系，形成了一支人事档案工作队伍。为了适应和胜任人事档案工作，各级组织人事部门采取教育培训等形式，提高档案人员的思想与业务素质，给人事档案工作的顺利发展奠定了组织保证。

---

① 邓绍兴：《人事档案的历史沿革》，《中国人才》2002年第6期，第7—9页。
② 冯惠玲、张辑哲：《档案学概论》（第二版），中国人民大学出版社2006年版，第46页。

三 加强人事档案管理规章制度建设

在第一次全国干部档案工作座谈会的推动下，从1956年到1966年的干部档案工作建设，取得了巨大的成绩。我国不仅确立了人事档案工作的管理体制和组织体系，各系统、各地区建立了人事档案工作机构，配备了专职或兼职档案人员，给人事档案工作的顺利发展奠定了组织保证，而且建立了必要的规章制度，如收集归档、整理、转递、查阅借用、安全保密、检查核对、统计等一整套规章制度，初步做到了有规可循、有章可依。[1] 各级组织、人事部门根据《干部档案管理工作暂行规定》，结合实际工作的需要，逐步建立起各种规章制度和办法，基本上改变了过去人事档案管理工作中无章可循的混乱现象，走上了人事档案管理正常发展的轨道。[2]

根据《干部档案管理工作暂行规定》，人事档案管理制度包含八项规章制度：一是档案材料收集归档制度。包括档案材料的收集、补充、归档的方法和手续，短缺材料的查寻与有关档案材料线索的登记等。二是干部档案的鉴别制度。具体包括鉴别的内容、程序、方法和要求。三是干部档案整理制度。整理是档案由凌乱变为系统的重要手段，包括整理工作的原则、内容、程序和方法。四是转递制度。包括转递工作的要求、转递工作的手续和注意事项。五是查阅借用制度。包括查阅和出借档案的范围，查阅和借出档案的方法、手续，归还档案等方面的规定。六是安全保密制度。包括保密纪律、库房安全设施、安全保密措施等。七是检查核对制度。包括定期将库房档案与目录核对，档案目录与人员名册核对，转出与转入是否登记，借出是否归还等，逐一进行检查与核对。八是统计制度。包括定期不定期统计档案的收集、整理、清理、保管和为人事工作服务状况，并根据人事工作需要提供有关的数据和统计资料。上述制度的建立，使干部人事档案的管理工作初步做到有章可循、有法可依，为建立良好的人事档案工作秩序，提高人事档案管理效率和质量，发挥了积极作用。

---

[1] 张虹：《档案管理基础》（第四版），中国人民大学出版2019年版，第48页。
[2] 邓绍兴：《人事档案教程》，中国传媒大学出版社2008年版，第169页。

四 初步收集与整理干部人事档案

中华人民共和国成立初期，百废待兴。许多人事档案管理机构的干部人事档案材料存在杂乱、残缺、陈旧、散失的现象，保管、转递手续混乱，管理部门的工作职责不明确、工作制度不健全，为进一步加强干部档案的管理工作，全国各级档案管理单位对中华人民共和国成立前的历史档案材料进行了必要的清理与整理，搜集了一些新的人事档案材料，开始建立了一些必要的人事档案管理制度。[1] 1966 年开始的"文化大革命"中断了干部人事档案制度的前进方向，人事档案散失、毁坏现象严重，干部人事档案的完整性、真实性与严肃性也遭到了严重的破坏。[2] "文化大革命"后，为适应党管干部的原则，中央及各级党委组织部门取代了原来的干部科，对干部人事档案实行集中统一管理。[3] 国家逐步统一收集整理了干部档案，初步达到了干部档案材料基本上按人集中、分类合理、排列有序、幅页整齐、易于保管、方便查找的要求。按照档案管理对象不同，初步建立了工人档案和学生档案，改善了人事档案工作的物质条件[4]。

人事档案部门根据《干部档案管理工作暂行规定》及其附件《干部档案整理办法》的要求，对过去分散在各部门和个人手中的人事档案材料进行了比较系统的收集，并布置干部填写履历表、登记表、自传等，补充档案内容。在广泛收集、补充的基础上，以人为单位将零散、杂乱的档案材料集中起来，进行系统的整理和登记，组成正、副本，分别装订成册。经过收集和整理，进一步充实和补充了档案内容，对不属于干部档案的材料予以剔除，残破的干部档案材料及时修补，头尾不清、来源不明的材料，退回原单位补齐或作出附注，手续不全的人事档案要求

---

[1] 邓绍兴：《人事档案的历史沿革》，《中国人才》2002 年第 6 期，第 7—9 页。
[2] 冯惠玲、张辑哲：《档案学概论》（第二版），中国人民大学出版社 2006 年版，第 49 页。
[3] 陈潭：《单位身份的松动：中国人事档案制度研究》，南京大学出版社 2007 年版，第 42—45 页。
[4] 张虹：《档案管理基础》（第四版），中国人民大学出版 2019 年版，第 52 页。

补全，初步对干部人事档案进行了全面收集与整理。[1]

第二节　人事档案管理制度的基本健全（1978—1990 年）

人事档案制度自其产生以来，对干部选拔与管理、社会信用建设、国家安全以及福利分配等方面做出了贡献。1978 年党的十一届三中全会后，各级部门对干部人事档案管理工作进行了恢复整顿，恢复了必要的工作制度，充实了人事档案工作队伍，初步收集、清理被破坏打乱的人事档案材料。干部人事档案工作逐渐恢复正常的工作秩序，重新走上了正轨。[2] 但随着我国改革开放步伐的不断前进，社会主义市场经济不断发展，传统干部人事档案制度的弊端慢慢显露出来。比如"死档弃档""人档脱节""虚假档案""档案克隆"现象，以及频频爆出的干部档案造假案件[3]，都让干部人事档案工作的规范化提上日程。1980 年 2 月，中央组织部召开了第二次全国干部档案工作座谈会，讨论和修改了《关于加快干部档案工作的意见》《干部档案工作条例》等系列文件。

这次会议以党的十一届三中全会精神为指导，交流了人事档案工作恢复、整顿的工作情况，研究了干部档案工作如何适应党的工作重点转移与现代化建设的要求，以便更好地为组织、人事服务。会议讨论和修改了《关于加强干部档案工作的意见》《干部档案工作条例》《干部档案整理办法》等政策制度，进一步明确了干部档案工作是干部工作的重要内容，干部档案工作的好坏，直接关系到干部工作的开展，对干部队伍建设产生重要影响。会议提出进一步发展干部档案工作的重点工作任务主要包括：收集和补充新材料，改变档案材料老、散、乱、缺的现状，普遍清理和整理干部档案，健全必要的规章制度，做好干部队伍建设，充实和补充干部，加强干部档案的科学管理，改善管理条件，逐步实现管理方法的科学化、管理手段的现代化。[4] 这次干部档案工作会议标志着

---

[1] 邓绍兴：《人事档案教程》，中国传媒大学出版社 2008 年版，第 169 页。
[2] 冯惠玲、张辑哲：《档案学概论》（第二版），中国人民大学出版社 2006 年版，第 65 页。
[3] 张虹：《档案管理基础》（第四版），中国人民大学出版 2019 年版，第 58 页。
[4] 邓绍兴：《人事档案教程》，中国传媒大学出版社 2008 年版，第 171—172 页。

我国人事档案工作进入了逐步规范化的发展阶段。

第二次全国干部档案工作座谈会后，人事档案工作在以下几方面发生了巨大的变化。一是收集和补充了新材料，充实了档案内容。在全国范围内布置职工填写履历表、简历表，有的还补写了自传，还重点补充了反映业务能力、技术专长等方面的材料，使档案能反映人员的历史和现实面貌。二是清理和处理了人事档案中的虚假和不实的材料，维护了人事档案的真实性。清理了一些政治运动中冤、假、错案中产生和形成的材料，清理了"无头档案"。三是重新整理了人事档案，使其更加条理和规范。[①] 四是健全各项制度，严格进行管理，提高了档案工作的科学管理水平，建设了一支业务和政治素质较高的人事档案工作队伍。

一　逐步规范人事档案管理

1966—1976年，人事档案的旧、空、缺、散的问题比较突出。1980年2月，在全党工作的重心转移到社会主义现代化建设上来的新形势下，中央组织部召开了第二次全国干部档案工作座谈会，在全国范围内布置填写干部履历表，收集补充了大量人事档案材料，组织清理和处理了历次冤、假、错案产生的档案材料，清理了前期形成的部分材料，维护了干部人事档案的真实性，干部人事档案的分类、整理、转递等工作也开始有了规范、统一的要求。[②] 针对存在的问题，各级组织、人事部门采取措施收集和补充新材料，以适应新形势下人事工作的需要。一是在全国范围内布置干部填写履历表、简历表，部分还补写了自传。二是重点收集和补充了下列材料：反映业务能力、技术专长、发明创造、科研成果的评价材料；反映工作成绩的考核和考察材料；反映专业背景的学历和专业培训材料；反映科研水平的职称、学位评定材料；反映落实平反政策的个人鉴定材料；反映待遇水平的工资待遇材料，以及任免、考察、学习、奖惩材料等。人事档案工作使档案材料的内容进一步充实，为人

---

① 冯惠玲、张辑哲：《档案学概论》（第二版），中国人民大学出版社2006年版，第82页。

② 冯惠玲、张辑哲：《档案学概论》（第二版），中国人民大学出版社2006年版，第87—88页。

事工作培养和选拔干部、遴选"四化"建设所需要的人才提供了可靠的依据。①

在全国范围内，清理和整理了人事档案中虚假不实的材料，维护了人事档案的真实性。根据中央有关部门的统一规定，各级组织、人事部门对人事档案材料进行了普遍清理，重点清理任务涉及三个方面：一是清理冤假错案产生的材料。清理政治运动中冤假错案形成的材料，按照有关规定，经过复查、改正、平反之后，档案材料都应进行相应彻底的清理。二是清理违规形成的材料。认真审查人事档案材料，以中央有关精神和规定为准绳，严肃认真地做好清理工作。该归入人事档案的材料归入人事档案，该归入文书档案的材料归入文书档案，该修改和补充的材料就退给有关部门修改和补充，该剔除销毁的材料经过清理、登记、批准后及时销毁，该退还本人的材料及时退还本人。三是清理来源不明档案。"无头档案"有的是历史遗留下来的，有的是由于档案制度被破坏而该转递的材料没有及时转递，还有转错和未及时归档与整理而造成的。② 通过清理和处理人事档案中的虚假和不实的材料，人事档案管理工作的实用价值得到了更大的体现。

根据中央组织部颁发的《干部档案工作条例》和《干部档案整理办法》，各部门、各地区抽调力量，组成专门班子，在做好收集和清理工作的基础上，对人事档案进行了一次重新整理。只要是中央和省、自治区、直辖市党委管理的干部，都建立了正本、副本，一般的干部只建立了正本。人事档案正本的内容统一区分为履历材料、自传材料、鉴定材料、考核材料、政治历史问题的材料、入党入团材料、奖励处分材料、任免材料、工资材料、离退休材料及其他等十类。③ 每个类内的档案材料按时间、重要程度、内容等特征排列并逐份进行目录登记。通过此次整理工作，基本达到了《干部档案整理办法》提出的分类准确、编排有序、目录清楚的基本要求，使档案整理逐步达到真实完整、精练实用的标准。

---

① 张虹：《档案管理基础》（第四版），中国人民大学出版社2019年版，第75—76页。
② 冯惠玲、张辑哲：《档案学概论》（第二版），中国人民大学出版社2006年版，第87—88页。
③ 邓绍兴：《人事档案教程》，中国传媒大学出版社2008年版，第172—173页。

二 提高人事档案管理水平

1980年召开的第二次全国干部档案工作座谈会发布了包括《关于加强干部档案工作的意见》《干部档案工作条例》《干部档案整理办法》在内的一系列法规条例。中央组织部颁发的《干部档案工作条例》和《干部档案整理办法》对改进人事档案工作提供了基本遵循，从根本上提高了人事档案工作的科学管理水平。[1] 各地区、各部门根据第二次全国干部档案工作座谈会的精神，结合自身情况，对过去的档案管理规章制度进行必要的修订和补充，同时建立新的规章制度，以适应社会主义经济社会发展的需要。经过几年努力，人事档案工作所必需的各项规章制度已经恢复、建立，并逐步健全起来，使人事档案工作达到了有章可循、安全保密、工作有序的要求。[2] 各项规章制度的建立和健全，对于促进国家人事档案工作发展发挥了积极作用。各地区的各级组织、人事部门加强了人事档案工作建设，一定程度上提高了人事档案工作的科学管理水平。

维护人事档案的完整与安全是人事档案管理工作的基本要求，也是各级档案工作机构的重要使命。档案的完整包括档案数量的完整和档案质量的完整。首先，要求档案数量齐全。凡有保存价值的档案都应该收集齐全，凡有关法律规章规定的必须集中管理的档案必须全部移交档案部门保管。单位内部各部门和个人应该归档保存的文件材料必须按规定及时向本单位的档案机构或档案工作人员归档；机关、团体、企事业单位和其他组织应该向国家档案部门移交的档案也必须按规定及时移交，以保证归档和移交的档案数量不残缺短少。其次，在质量上，归档和移交的档案应按照内在规律和联系进行系统整理，组成一个整体，不要人为造成档案的割裂与分散；维护并确保档案的真实性，不要随意涂抹甚至篡改档案。档案数量的完整和质量的完整相互联系、缺一不可。

维护档案的安全包括维护档案的物质安全和档案的信息安全。档案的物质安全及档案的实体安全，是指在档案管理过程中，档案的实体不能受到任何人为的或自然的损毁，为此需要采取各种管理措施和技术方

---

[1] 金波：《人事档案制度的社会功能》，博士学位论文，上海大学，2006年，第8—10页。
[2] 张虹：《档案管理基础》（第四版），中国人民大学出版2019年版，第98—99页。

法尽量延长档案的寿命。档案的信息安全,是指在档案管理活动中,机密档案或档案内容中的机密信息不被丢失或不被泄露,为此必须对机密档案信息采取保密措施,建立保密制度,实行严格管理,确保档案内容信息的安全。

三 推行流动人员人事档案管理制度

我国改革开放之后的高速发展促进了人才的大量流动,人才市场中双方的选择空间都有所扩大,流动人员的人事档案管理开始成为影响企业发展的重要因素。某些行业协会、劳动服务企业或是当地行政相关部门开始着手进行流动人员的档案管理工作,而在后续过程中为了进行人事管理的统筹,我国人事部门进行了针对性的调整,致力于改善当时国内流动人员人事档案管理的混乱状况,并由此拉开了流动人员人事档案管理制度建设的序幕。[①] 随着人员流动政策的逐步放开,单位和个人相互选择的余地逐步扩大,流动人员的人事档案管理,已成为人事工作中亟待解决的问题之一。为进一步贯彻执行有关人事档案管理的法规、政策,妥善保管流动人员的人事档案,创造人员合理流动的社会条件,中央组织部、人事部于1988年12月颁布《关于加强流动人员人事档案管理工作的通知》,1989年颁布《关于进一步加强流动人员人事档案管理的补充通知》,正式推行流动人员人事档案管理制度,对流动人员人事档案管理工作提供了基本遵循。

流动人员人事档案管理是人事管理工作的组成部分,各级党委组织部门、政府人事部门积极创造条件使人事档案管理适应人员合理流动的要求。流动人员的人事档案包括:辞职或辞退人员的档案;外商投资企业中方人员的档案;外国企业驻华代表机构中国雇员的档案;乡镇企业、民办科研机构、私人企业聘用的专业技术人员的档案;不包分配暂未落实工作单位的大中专毕业生的档案;自费出国留学人员的档案;其他流动人员的档案。按照《关于加强流动人员人事档案管理工作的通知》,流动人员人事档案的管理应按照人事管理权限,统一由党委组织部门、政

---

① 冯惠玲、张辑哲:《档案学概论》(第二版),中国人民大学出版社2006年版,第102—103页。

府人事部门及其所属的人才流动服务中心等机构负责。其他机构不得承担流动人员人事档案的管理工作；任何人不得私自保管他人或本人档案。

流动人员人事档案管理制度以干部人事档案管理制度为基础，以人事档案代理制度为依托，依据流动人员的特点而建立，两者遵循的原则与管理方法和管理要求基本一致。[①] 根据《关于加强流动人员人事档案管理工作的通知》，流动人员的人事档案管理，必须坚决执行国家的保密制度，遵循分级管理的原则。档案的查阅、借用和转递应遵守有关规定；档案材料的收集、鉴别、整理、归档工作必须按照规定做好；任何部门、单位不得随意涂改、撤换、销毁档案材料。流动人员的人事档案需由专人管理，管理人员必须是党性强、作风正、忠于职守且具有一定的档案管理专业知识的党员干部。擅自承办流动人员人事档案管理工作的非党委组织部门、政府人事部门，应及时停止新的承接工作，并将现保管的流动人员人事档案，按照人事管理权限，移交给党委组织部门、政府人事部门及其所属的人才流动服务中心等机构。各级党委组织部门、政府人事部门负责对移交情况进行监督检查。

第三节　集中统一与分级负责的人事档案管理制度的完备（1990—2005年）

为加强干部档案工作，提高科学管理水平，有效保护和利用档案，更好地为干部工作服务，1990年12月，中央组织部召开了第三次全国干部档案工作座谈会，会后十多年来，我国人事档案工作取得了新的成绩。一是人事档案工作已形成一个较完整的体系。从中央到地方的机关、社会组织大都建立了人事档案管理机构或配备专职兼职人员。中央组织部、国家人事部、国家档案局是全国人事档案工作的管理机构。全国形成了一支约13万人的人事档案管理队伍。二是全国建立了一套人事档案管理规章制度。中央组织部、人事部、劳动部、国家档案局先后发布了《关于干部档案材料收集、归档的暂行规定》《干部档案整理工作细则》《进一步加强流动人员人事档案管理的补充通知》《流动人员人事档案管理暂

---

① 张虹：《档案管理基础》（第四版），中国人民大学出版2019年版，第97—98页。

行规定》《企业职工档案管理工作规定》等，使人事档案管理工作有章可依。三是业务工作取得重大进展。全面完成了清理和整理工作任务，人事档案收集工作基本实现了规范化、制度化[1]，人事档案管理条件有了较大改善，人事档案管理水平进一步提高。四是初步改革传统人事档案管理方式，试行人事档案目标管理与考评，国家公务员和流动人员档案工作逐渐开展。

一　人事档案工作纳入全国档案工作管理体系

改革开放以后，为了建立与社会主义市场经济相适应的干部人事档案制度，解决转轨时期出现的种种乱象，我国对干部人事档案制度改革开展了深入探索。[2]为了强化干部人事档案工作，为国家积累档案史料，根据党的干部工作方针、政策和《中华人民共和国档案法》的有关规定，1990年12月，中央组织部召开了第三次全国干部档案工作会议，经过会议讨论和修改，中央组织部和国家档案局联合颁发了《干部档案工作条例》，中央组织部制定了《干部档案整理工作细则》，这是两份非常重要的人事档案工作文件。《干部档案工作条例》明确了干部档案管理工作的性质、任务、特点、体制，条例对干部档案管理工作的各项内容作了统一规定，干部档案工作开始纳入全国档案工作管理体系。[3]该法规性文件是人事档案管理部门制定具体管理制度的根本依据。

该《干部档案工作条例》与中央组织部1980年颁布的《干部档案工作条例》相比，区别主要包括三个方面：一是新《干部档案工作条例》由中央组织部和国家档案局联合颁发，已作为党内法规性规定分别向中央办公厅和国务院法制局备案；二是新《干部档案工作条例》明确了干部档案工作纳入全国档案工作管理体系；三是新《干部档案工作条例》在原《干部档案工作条例》的基础上作了一些必要的修改和补充，更能适应干部档案工作的新情况，显得更加严谨和完善。[4]各地区各部门能够

---

[1] 张虹：《档案管理基础》（第四版），中国人民大学出版社2019年版，第115—116页。
[2] 夏宏图：《文档处理——公务通用能力系列读本》，中国人事出版社2018年版，第76—77页。
[3] 邓绍兴：《人事档案教程》，中国传媒大学出版社2008年版，第175页。
[4] 邓绍兴：《人事档案教程》，中国传媒大学出版社2008年版，第176—177页。

根据《干部档案工作条例》等文件规定，结合各自实际情况，制定具体管理办法、细则，并报上级组织部门和档案行政管理部门备案。

（一）干部档案管理实行集中统一和分级负责的管理体制

为了加强干部档案工作，提高科学管理水平，有效地保护和利用档案，更好地为干部工作服务，为国家积累档案史料，根据党的干部工作方针、政策和《中华人民共和国档案法》的有关规定，中央组织部、国家档案局于1991年4月联合印发《干部档案工作条例》的通知。干部档案的具体管理和干部档案工作的领导与指导，以各级党委组织部门为主，各级档案行政管理部门按《中华人民共和国档案法》等有关规定，进行宏观管理和协调工作。[①] 各地区各部门可根据《干部档案工作条例》等文件规定，结合各自的实际情况，制定具体的管理办法、细则，并报上级组织部门和档案行政管理部门备案。

《中华人民共和国档案法》规定了我国档案工作的原则，即"档案工作实行统一领导、分级管理的原则"。统一领导、分级管理是我国档案工作的组织原则和管理体制，具体包括三个方面的内容。

一是国家全部档案由各级各类档案保管机构分别集中管理。国家的全部档案是国家和全民族共同的文化财富，这既是实行统一领导、分级管理的基础，又是实行统一领导、分级管理的要求。[②] 各机关、团体、企事业单位和其他组织在工作活动中形成的档案，先由各单位设立的档案机构集中管理，不得分散保存在各承办部门或个人手中。各单位形成的档案在本单位保存一段时间后，其中需要长久保存的档案，必须按照统一的规定和程序，移交到各级各类档案管理部门集中管理。未按规定程序和审批手续，任何单位或个人不得转移、分散或销毁档案，或将档案据为己有。

二是全国的档案工作，在各级党委、人民政府的领导下，由各级档案行政管理部门统一分层、分专业进行指导和监督。全国的档案工作由

---

① 夏宏图：《文档处理——公务通用能力系列读本》，中国人事出版社2018年版，第77—78页。

② 夏宏图：《文档处理——公务通用能力系列读本》，中国人事出版社2018年版，第79页。

国家档案行政管理部门实行全面规划、统筹安排和组织协调,制定统一的档案法规和业务标准,提出统一的方针政策,实行统一的指导、监督和检查。① 地方各级档案行政管理部门,要按国家有关档案工作的统一规定和要求,结合本地区的实际情况,制定本地区的档案工作规划、制度和办法,指导、监督和检查本地区的档案工作。中央和地方各专业系统的档案主管机构,在国家和地方档案行政管理部门的指导下,可按照国家关于档案工作的统一规定和要求,结合本专业系统的实际情况,制定本专业系统的档案工作规划、具体的管理制度和办法,对本专业系统各单位的档案工作进行指导、监督和检查。

县以上(含县)机关、单位的干部档案要按照干部管理权限集中统一管理;县以下机关、单位的干部档案实行由县委组织部集中管理,或由县委组织部、县人事局等单位相对集中管理。不具备保管条件或档案很少的单位,其干部档案由上一级单位管理。干部档案被纳入综合档案室管理的单位,其干部档案要固定专人管理,业务工作要接受本单位组织人事部门的领导和上级有关业务部门的检查指导。县以上(含县)的组织、人事部门,应建立相应的干部档案管理工作机构,并负责对本地区、本部门、本系统的干部档案工作进行指导、监督和检查。每管理1000人的档案需配备1名专职干部,有业务指导任务的单位,要配备相应的业务指导人员。县以下实行集中或相对集中管理档案的单位,根据上述原则应当配备专职人员。不需要建立机构的单位,必须配备专职或以干部档案工作为主的兼职档案工作人员。

三是实行党政档案和党政档案工作的统一管理。党政档案和党政档案工作的统一管理是我国档案工作管理体制的特点。② 在一个单位,党、政、工、团的档案统一有由本单位的档案室集中管理;各级党、政机关形成的具有长远保存价值的档案,由各级综合性档案管理部门统一集中管理;党政系统的档案工作,由档案行政管理部门统一进行指导、监督

---

① 夏宏图:《文档处理——公务通用能力系列读本》,中国人事出版社 2018 年版,第 78—79 页。

② 夏宏图:《文档处理——公务通用能力系列读本》,中国人事出版社 2018 年版,第 78—79 页。

和检查。

干部档案行政管理部门的职责为：保管干部档案，为国家积累档案史料；收集、鉴别和整理干部档案材料；办理干部档案的查阅、借阅和转递；登记干部职务、工资的变动情况；为有关部门提供干部的情况；做好干部档案的安全、保密、保护工作；调查研究干部档案工作情况，制定规章制度，搞好干部档案的业务建设和业务指导；推广、应用干部档案现代化管理技术；定期向档案馆（室）移交死亡干部的档案；办理其他有关事项。

（二）明确要求组织、人事部门建立干部档案

各级组织、人事部门对所管理干部都要建立干部档案。干部档案分为正本和副本，副本根据工作需要建立。干部档案正本由历史地、全面地反映干部情况的材料构成。内容及其分类包括：履历材料；自传材料；鉴定、考核、考察材料；学历和评聘专业技术职务材料（包括学历、学位、学绩、培训结业成绩表和评聘专业技术职务、考绩、审批材料）；政治历史情况的审查材料（包括甄别、复查材料和依据材料，党籍、参加工作时间等问题的审查材料）；参加中国共产党、共青团及民主党派的材料；奖励材料（包括科学技术和业务奖励、英雄模范先进事迹）；处分材料（包括甄别、复查材料，免于处分的处理意见）；录用、任免、聘用、转业、工资、待遇、出国、退（离）休、退职材料及各种代表会代表登记表等材料；其他可供组织参考的材料。

干部档案副本是干部档案正本主要材料的复制件。干部档案副本的具体内容，由正本中以下主要材料的复制件（或重复件）构成：近期履历材料；主要鉴定、干部考核材料；学历、学位和评聘专业技术职务的材料；政治历史情况的审查结论（包括甄别、复查结论）材料；奖励材料；处分决定（包括甄别、复查结论）材料；任免呈报表和工资、待遇、出国审批材料。其他类别如有重复的材料，也可归入副本。

县以上（含县）的组织、人事部门管理干部档案的范围，原则上应与干部管理范围相一致，其分工如下：干部档案正本，由干部的主管部门保管；干部档案副本，由主管或协管干部的部门保管；军队干部兼任地方职务的，其档案正本由军队保管；地方干部兼任军队职务的，其档案正本由地方保管。干部退（离）休以后，原属中央、国务院管理的干

部，其档案仍由中央、国务院有关部门保管；其他干部的档案，由该干部的管理部门保管。干部死亡以后，其档案按下列办法分工保管：中央和国务院管理的干部，其档案由原管理单位保管5年后，移交中央档案馆永久保存；中央、国家机关各部委、各省、自治区、直辖市管理的司局级职务的干部，全国著名的科学家、艺术家、教授和有特殊贡献的英雄、模范人物、知名人士，其档案由原管理单位保管5年后，移交本机关档案部门保存，并按《机关档案工作条例》规定的期限，随同到期的其他档案一并向同级档案馆移交永久保存；上述范围以外其他干部档案，由原管理部门保存5年后，移交本机关档案部门保存。

干部辞职、退职、自动离职、被辞退（解聘）后未就业的，其档案仍由原管理单位保管。另就业的，其档案转至有关的组织、人事部门保管，不具备保管条件的，转人事部门所属的人才流动服务中心保管。干部被开除公职以后，未就业的，其档案由原管理单位保管；另就业的，其档案转给有关的人事部门保管。凡通过劳动部门就业的，其档案由有关的劳动部门保管。干部在受刑事处分和劳动教养期间，其档案由原管理单位保管。刑满释放和解除劳教以后，重新安排工作的，其档案由有关的人事部门或政府人事部门所属的人才流动服务中心保管。干部出国不归、失踪、逃亡以后，其档案由原管理单位保管。干部档案管理人员及其在本单位的直系亲属的档案，由所在单位组织指定有关部门专人保管。

（三）档案材料及时收集、鉴别与归档

县以上（含县）的组织、人事部门管理干部档案的范围，原则上应与干部管理范围相一致。为使干部档案能够适应干部工作的需要，要经常通过有关部门收集干部任免、调动、考察考核、培训、奖惩等工作中新形成的反映干部德、能、勤、绩的材料，充实档案内容。各省、区、市和中央国家机关组织人事部门可根据工作需要及档案中缺少材料的情况，有计划地布置填写干部履历表，做鉴定，写自传等，并及时将这些材料补充进干部档案。各级党和国家机关、人民团体、企事业单位的有关部门，要建立主动送交干部档案材料归档的工作制度，及时地将新形成的干部档案材料送交有关干部档案管理部门归档。收集的材料，必须经过认真的鉴别。属于归档的材料应真实，完整齐全，文字清楚，对象明确，手续完备。需经组织审查盖章或本人签字的，盖章签字后方能归入干部档案。不属于规定归档范围的材料，不得擅自归档，经过鉴别，可分别情况予以处理。凡销毁材料，必须详细登记，并报请主管负责人审查批准。凡属于应归入干部档案的材料，均应按照《干部档案整理工作细则》进行整理立卷。

(四) 依规加强人事档案保管、保护与利用

根据安全保密、便于查找的原则要求，人事档案管理部门对干部档案应严密、科学地保管。干部档案管理部门，要建立坚固的、防火、防潮的专用档案库房，配置铁质的档案柜。库房的防火、防潮、防蛀、防盗、防光、防高温等设施和安全措施应经常检查；要保持库房的清洁和库内适宜的温度和湿度。干部档案管理部门保管干部档案，应建立登记和统计制度。每年全面检查核对一次档案，要设置专门的档案查阅室和档案管理人员办公室。不断地研究和改进档案的保管方法和保护技术，逐步实现人事档案管理工作的科学化、现代化。

因工作需要查阅和借用干部人事档案，须遵守下列规定：查阅单位应填写《查阅干部档案审批表》，按照查阅干部档案的规定办理审批手续，不得凭借调查证明材料介绍信查阅干部档案；档案管理单位，要根据规定，确定是否提供和提供什么材料；凡查阅干部档案，利用单位应派中共党员干部到保管单位查阅室查阅；档案一般不外借，如必须借出使用时，要说明理由，经过主管部门负责人批准，并严格履行登记手续，限期归还，不得擅自转借他人；任何个人不得查阅或借用本人及其直系亲属的档案。

各级干部档案管理部门应制定查阅注意事项。查阅档案必须严格遵守保密制度和阅档规定，严禁涂改、圈画、抽取、撤换档案材料。查阅者不得泄露或擅自向外公布档案内容，违犯者应视情节轻重，予以批评教育直至纪律处分。属于假公济私者，按违犯《中华人民共和国档案法》处理。借用、查阅档案的单位或个人，不得擅自拍摄复制档案内容。因工作需要从档案中取证的，必须请示干部档案主管部门审查批准后才能复制（拍摄）。各级组织、人事部门应根据上述原则结合具体情况，对本单位管理的干部档案的借阅范围、批准权限、登记、归还手续等作出具体规定。

(五) 严格执行干部档案转递制度

干部工作调动或职务变动后应及时将档案转给新的主管单位。转递档案应遵守下列规定：一是干部档案应通过机要交通转递或派专人送取，不准邮寄或移交干部本人自带；二是县及相当于县以上的各级党委组织、人事部门，可以直接转递干部档案；三是转出的档案必须完整齐全，并按规定经过认真的整理装订，不得扣留材料或分批转出；四是转递档案必须按统一规定的"干部档案转递通知单"的项目详细登记，严密包封；五是收到档案的单位，经核对无误后，应在回执上签名盖章立即退回。逾期一个月未退回者，转出单位应写信催问，以防丢失；六是为使干部档案能够随着干部调动或职务的变动而及时转递，干部调配、任免工作部门应将干部调入单位和任免通知及时告诉干部档案管理部门，并建立必要的联系制度。严格执行干部档案转递制度，避免产生"无头档案"。对已出现的"无头档案"，应认真查转。对确属查不到干部下落的，凡有保存价值的档案材料可移交干部原籍档案馆保存。

二　逐步加强干部人事档案整理规范建设

为了实现干部档案整理工作的规范化，搞好档案建设，便于档案的保管和利用，根据《干部档案工作条例》及有关规定，1990年12月，中央组织部召开了第三次全国干部档案工作会议，制定了《干部档案整理工作细则》。此次会议后，干部人事档案制度开始了社会主义市场经济下的逐步改革，确立了新的整理规则，全面开展目标化管理；此后，中央组织部修订颁布了《干部档案工作条例》，先后制定印发了两份关于干部人事档案材料收集、补充、归档的文件，以及《流动人员人事档案管理暂行规定》等规定，逐渐建立起了我国干部人事档案管理工作的基本制度框架。[①] 2000年，中央组织部组建信息管理中心，在全国范围内组织开展了干部人事档案的审核整改工作。

在第三次全国干部档案工作会议的推动下，1996年4月，中央组织部颁发了《干部人事档案材料收集归档规定》。干部档案工作以贯彻落实

[①] 冯惠玲、张辑哲：《档案学概论》（第二版），中国人民大学出版社2006年版，第118—119页。

《干部人事档案材料收集归档规定》为契机，使人事档案部门收集归档工作进一步具体化、规范化；各级组织人事部门和有关部门，按照有关制度规定向人事档案部门及时送交应归档材料，使收集归档工作制度化。依据收集归档要求，严把人事档案材料的"入口关"，使归档材料符合程序，形式规范，完整齐全。中央与省（自治区、直辖市）的干部档案管理部门对中管、省管干部档案审核，结合填写新的《干部履历表》，以及对县处级及以上干部学历档案材料的清理，重点收集补充了反映干部德、能、勤、绩的材料归档，充实了档案材料内容。[1] 中央组织部还修订颁发了《干部人事档案工作目标管理暂行办法》《干部人事档案工作目标管理考评标准》《干部人事档案工作目标管理检查验收细则》，建立了我国人事档案管理规范工作的基本制度框架。

（一）明确档案整理工作的基本要求

干部档案整理工作是档案建设的基础工作，其将收集起来的每个干部的档案材料，进行鉴别、分类、排序、编目、技术加工和装订成卷，并在此基础上，对档案内容不断进行补充的工作。各级干部档案管理部门，均应按有关规定要求，对所管理的干部档案进行认真的整理。整理干部档案须做到认真鉴别、分类准确、编排有序、目录清楚、装订整齐，通过整理使每卷档案达到完整、真实、条理、精练、实用的要求。整理干部档案，事先要收集好干部档案材料，并备齐必需的物品和设备。整理干部档案的人员，须学习掌握档案工作的专业知识，熟悉整理干部档案的有关规定，掌握整理工作的基本方法和技能，认真负责做好整理工作。

（二）严格鉴别归档材料

干部档案材料的鉴别工作，是干部档案管理部门对收集起来准备归档的材料进行审查，甄别材料的真伪，判定材料的保存价值，确定其是否归入干部档案的工作。鉴别归档材料须根据中央有关文件的精神，以《干部档案工作条例》和《关于干部档案材料收集、归档的暂行规定》等有关规定为依据，严肃认真地进行。鉴别工作应坚持根据形成材料的历史条件、材料的主要内容、用途及其保存价值，确定材料是否归入档案。

---

[1] 邓绍兴：《人事档案教程》，中国传媒大学出版社2008年版，第176页。

对其中有保存价值的文件、资料，可交文书档案或转有关部门保存。政审材料一般应具备审查结论、调查报告、上报批复、主要证明材料、本人的交代等。处分材料一般应具备处分决定（包括免予处分的决定）、调查报告、上级批复、个人检讨或对处分的意见等。凡规定需由组织盖章的，要有组织盖章。审查结论、处分决定、组织鉴定、民主评议和组织考核中形成的综合材料，应有本人的签署意见或由组织注明经过本人见面。鉴别时发现档案中缺少的有关材料，要及时进行登记并收集补充。

（三）科学划分档案材料

对归档的材料必须按照《干部档案工作条例》中关于正、副本十类内容的划分进行分类。干部档案正本，由历史地、全面地反映干部情况的材料构成。其内容分类：履历材料；自传及属于自传性质的材料；鉴定（含自我鉴定）、考察、考核材料；学历、学位、学籍、培训和专业技术情况的材料；政审材料；加入党团的材料；奖励（包括科技和业务奖励）材料；干部违反党纪、政纪、国法等材料；干部工资级别登记表、职务工资变动登记表、干部调资审批表，定级和解决待遇的审批材料；干部任免呈报表（包括附件），录用和聘用审批表，聘用干部合同书，续聘审批表，解聘、辞退材料；退（离）休审批表；出国、出境人员审批表；其他可供组织参考有保存价值的材料。干部档案副本内容，是由正本中主要材料的重复件或复制件构成，内容交叉的材料，可根据材料的主要内容或用途确定类别。

三　实行企业人事档案代理制度

企业职工档案是企业劳动、组织、人事等部门在招用、调配、培训、考核、奖惩、选拔和任用等工作中形成的有关职工个人经历、政治思想、业务技术水平、工作表现以及工作变动等情况的文件材料，是历史地、全面地考察职工的依据，是国家档案的组成部分。为加强企业职工档案管理，有效地保护和利用档案，提高科学管理水平，为社会主义现代化建设服务，根据《中华人民共和国档案法》有关规定，1992年6月，劳动部、国家档案局印发《企业职工档案管理工作规定》，加强企业职工档案管理。

(一) 分级管理企业职工档案

企业职工档案工作,在国家档案行政管理部门宏观管理、组织协调下,由劳动主管部门领导与指导,实行分级管理,同时接受同级档案行政管理部门的监督、指导。企业职工档案管理工作须贯彻执行党和国家有关档案、保密的法规和制度。企业职工档案由所在企业的劳动(组织人事)职能机构管理。实行档案综合管理的企业单位,档案综合管理部门应设专人管理职工档案。职工失踪、逃亡、合理流动或出国不归者,其档案由原所在单位保管,也可由当地劳动行政部门代为保管。职工死亡后,其档案由原管理部门保存5年后,移交企业综合档案部门保存。对国家和企业有特殊贡献的英雄、模范人物死亡以后,其档案由企业综合档案部门按规定向有关档案馆移交。企业职工档案管理部门的职责包括:保管职工档案;收集、鉴别和整理职工档案材料;办理职工档案的查阅、借阅和转递手续;登记职工工作变动情况;为有关部门提供职工情况;做好职工档案的安全、保密、保护工作;定期向企业档案室(馆)移交档案;办理其他有关事项。

(二) 合理划分企业职工档案

按照《企业职工档案管理工作规定》,企业职工档案的内容和分类主要包括:履历材料;自传材料;鉴定、考核、考察材料;评定岗位技能和学历材料(包括学历、学位、学绩、培训结业成绩表和评定技能的考绩、审批等材料);政审材料;参加党团及民主党派的材料;奖励材料;处分材料;招用、劳动合同、调动、聘用、复员退伍、转业、工资、保险福利待遇、出国、退休、退职等材料;其他可供组织参考的材料。

(三) 加强企业档案整理工作

企业职工所在的劳动(组织人事)职能机构对职工进行考察、考核、培训、奖惩等所形成的材料要及时收集,整理立卷,保持档案的完整。立卷归档的材料须认真鉴别,保证材料的真实、文字清楚、手续齐备。材料须经组织审查盖章或本人签字的,应在盖章、签字后归档。按规定需要销毁档案材料时,必须经单位主管档案工作的领导批准。档案卷皮、目录和档案袋的样式、规格实行统一的制作标准,严禁任何人私自保存他人档案或利用档案材料营私舞弊。职工档案管理单位应建立健全工作制度,做好防火、防蛀、防潮、防光、防盗等工作。

（四）做好企业职工档案转递工作

企业职工调动、辞职、解除劳动合同或被开除、辞退等，应由职工所在单位在一个月内将其档案转交其新的工作单位或其户口所在地的街道劳动（组织人事）部门。职工被劳教、劳改，原所在单位今后还准备录用的，其档案由原所在单位保管。转递档案应遵守下列规定：一是通过机要交通或派专人送取，不准邮寄或交本人自带；二是对转出的档案，须按统一规定的"企业职工档案转递通知单"的项目登记，并密封包装；三是对转出的材料，不得扣留或分批转出；四是接收单位收到档案经核对无误后，应在回执上签名盖章，并将回执立即退回。逾期一个月转出单位未收到回执应及时催问，以防丢失。

根据《企业职工档案管理工作规定》，加强企业职工档案管理，开始实行人事档案代理制度。20世纪末，我国人事部门对外颁布了《关于建立和发展人才市场体系规划纲要（1996—2000年）》，率先提出了人事代理制度的概念，此后，全国各地纷纷响应，成为社会主义市场经济初具规模的背景下，影响最为深远的人事制度改革措施之一。2003年年底举行的全国首届人才工作会议指出，应该发展人事代理制度，改革户籍制度及人事档案管理制度，推广居住证制度，放宽户籍准入政策，探索并建立人才档案公共管理服务系统，达到促进人才流动，消除人才流动过程中区域、城乡、部门、所有制等方面的限制。[1] 人事代理实际上是一系列的管理活动所形成的管理体制的总称。人事代理必须由政府人事部门认可，并且依法取得相关代理资格。按照当前国内的相关法规，人事代理的主体是人才市场中介机构，内容则是在中介机构受法律许可的营业范围内，根据用人单位或个人业务需求，按照双方签订的代理合同，进行人事关系托管、职员绩效评定、职称审议等人事活动的行为。人事代理减轻了企业单位的人力资源管理成本，削弱了个体和单位之间过强的附属联系，有助于计划经济的个体发展理念向市场经济时代的个体发展理念转型，并将人事活动变更为了一种具有专业性质和社会性的产业。[2]

---

[1] 张虹：《档案管理基础》（第四版），中国人民大学出版2019年版，第122—123页。
[2] 冯惠玲、张辑哲：《档案学概论》（第二版），中国人民大学出版社2006年版，第135—136页。

私营或民营企业往往采用人事档案托管这一模式，主要原因是其本身缺乏相应的人事档案管理权能，因此须借由人事代理践行企业基本发展要求。实际生活中，人事管理的应用往往是综合式的，即按照入职年限进行划分对待。划定某一时间节点，作为不同人事管理的基准。在该节点之前入职的人员的人事档案可以继续由单位进行管理，而在该节点之后入职的人员档案则委托给具有相应权能的中介机构，这也是当前国内各类事业单位应用较为广泛的管理模式。人事档案代理制度使得人事变化不再受到人员和档案必须完全一致的束缚，顺应了我国当前废除终身制、将聘用制大幅推广的发展走向，使得市场中的人事管理能够更为高效。①

四 加强流动人员人事档案管理

为进一步加强流动人员人事档案的管理，维护人事档案的真实性、严肃性，完善人才流动社会化服务体系，促进人才合理流动，根据《中华人民共和国档案法》《干部档案工作条例》及有关法律、法规，1996年12月，中央组织部、人事部颁发《流动人员人事档案管理暂行规定》，明确流动人员人事档案管理遵循"集中统一，归口管理"的原则，接受同级党委组织部门、政府人事行政部门的监督和指导，为流动人员人事档案管理工作提供了基本遵循。

《流动人员人事档案管理暂行规定》的出台加强了流动人员人事档案管理工作，进一步明确了流动人员人事档案、流动人员人事档案管理机构的界定范畴。按照《流动人员人事档案管理暂行规定》，流动人员人事档案是指：辞职或被辞退的机关工作人员、企事业单位专业技术人员和管理人员的人事档案；与用人单位解除劳动合同或聘用合同的专业技术人员和管理人员的人事档案；待业的大中专毕业生的人事档案；自费出国留学人员的人事档案；外商投资企业、乡镇企业、区街企业、民营科技企业、私营企业等非国有企业聘用的专业技术人员和管理人员的人事档案；外国企业常驻代表机构的中方雇员的人事档案；其他流动人员的

---

① 冯惠玲、张辑哲：《档案学概论》（第二版），中国人民大学出版社2006年版，第135页。

人事档案。流动人员人事档案管理机构为县以上（含县）党委组织部门和政府人事行政部门所属的人才流动服务机构（以下简称人才流动服务机构），其他任何单位不得擅自管理流动人员人事档案；严禁个人保管他人人事档案。

（一）流动人员人事档案的跨地区流动

跨地区流动人员的人事档案，可由其户籍所在地的人才流动服务机构管理，也可由其现工作单位所在地的人才流动服务机构管理。尚未建立人才流动服务机构的地区，流动人员人事档案仍由原人事档案管理单位管理。人才流动服务机构负责流动人员人事档案的收集、整理、保管、利用、转递等管理工作，负责做好与流动人员人事档案管理有关的流动人员身份认定、档案工资记载、出国（出境）政审工作，经授权做好相关的职称资格考评、合同鉴证、社会保险等社会化服务工作。

（二）流动人员人事档案的转递

人才流动服务机构凭符合国家有关政策规定的人员流动的有效文书，向流动人员原单位开具调档函，原单位接到调档函15天内，将流动人员人事档案随档案转递通知单转交人才交流服务机构。转递的流动人员人事档案必须完整齐全，不得扣留材料或分批转出。人才流动服务机构经审核无误后，及时将档案转递通知单回执退回原单位。人才流动服务机构发现转来的档案材料不齐全或不清楚的，应要求原单位补齐或查清楚。流动人员人事档案转递，应通过机要传递或派专人送取，不得邮寄或交流动人员本人自带。对流动人员本人自带的人事档案，人才流动服务机构不得接收。人才流动服务机构接管流动人员人事档案，须由流动人员或其现所在单位办理委托存档手续。人才流动服务机构开具的转档手续，与机关、国有企事业单位开具的转档手续具有相同效力。机关、国有企事业单位须凭人才流动服务机构开具的人事转档手续，方可接收流动人员人事档案。

（三）流动人员人事档案的收集、整理与利用

人才流动服务机构应加强与流动人员及其现所在工作单位的联系，做好流动人员档案材料的收集工作，不断充实流动人员人事档案的内容。收集的材料必须经过认真鉴别，需经单位盖章或本人签字的，签字盖章后方能归入档案。人才流动服务机构应按照干部档案管理工作的有关规

定，认真做好流动人员档案材料的整理工作。在整理档案过程中，要防止丢失档案材料和擅自泄露档案内容，不得擅自涂改、抽取、销毁或伪造流动人员人事档案材料。人才流动服务机构应按照《干部档案工作条例》中的有关规定，建立健全流动人员人事档案查阅、借阅工作制度和注意事项。

（四）流动人员人事档案的保管

建立健全流动人员人事档案管理的内部规章制度，加强流动人员人事档案工作的政策研究和理论研究。实行目标管理，不断提高流动人员人事档案管理的效率和质量。人才流动服务机构应具备管理流动人员人事档案的物质条件，建立坚固的防火、防潮的专用档案库房，配备铁质的档案柜；经常检查库房的防火、防潮、防蛀、防盗、防光、防高温等设施和安全措施；档案库房、阅档室和档案人员办公室应三室分开。不断研究和改进档案的保管办法和保护技术，逐步实现档案管理的现代化。流动人员人事档案管理应由专人负责。档案管理人员必须是党性强、作风正、忠于职守、具有一定的档案管理专业知识的共产党员。

（五）流动人员人事档案管理的监督与处罚

加强流动人员人事档案监督管理，对违反本规定有下列情形的，由党委组织部门和政府人事行政部门会同有关部门进行处理：一是擅自管理流动人员人事档案的单位或个人；二是擅自涂改档案内容或伪造档案材料的情形；三是擅自向外公布、泄露档案内容的情形；四是在流动人员人事档案的收集、整理、保管、利用、转递等管理工作，出现违反本规定行为，造成严重后果的，对所列情形负有责任的单位或直接责任者，要视情节轻重，给予批评教育或党纪、政纪处分；触犯法律的，要依法追究责任。加强对流动人员人事档案工作的监督与管理，有利于提升流动人员人事档案工作的规范化水平。

第四节　人事档案管理工作水平的不断提升
（2005—2012 年）

在信息化时代，干部人事档案工作要紧跟时代发展的变化，以适应人们对档案存入、查阅、借用等准确化、快捷快、方便化要求。为加强人事档案工作的科学化与信息化建设,2005年11月,中央组织部召开了第四次全国干部档案工作会议,明确要求新形势下,为了提升干部档案的利用价值,应把能够体现干部人事档案制度改革成果的、反映干部才干、品德、工作能力、工作业绩等方面的材料及时进行归档。会后中央组织部根据新形势的要求,重新划定了干部档案材料的收集范围,明确了材料形成部门和干部档案管理部门的职责分工,并于2009年7月制定印发了新修订的《干部人事档案材料收集归档规定》。2010年1月,全国组织系统信息化建设工作座谈会召开,提出应以信息化建设为契机,加强和改进干部人事档案的内容建设,根据社会需求,充实、完善档案内容;要狠抓干部档案审核整改工作,针对干部档案涂改造假等不正之风制定操作性更强的惩治办法,在公平公正地选用人才等方面,积极发挥干部人事档案的作用;要积极推进干部人事档案信息化工作进程,全面推进干部档案数字化建设。由此,我国的干部人事档案发展进入了信息化建设时期。

一　推进新形势下干部人事档案工作

2005年11月,中央组织部召开了第四次全国干部档案工作会议,明确提出了做好新形势下干部人事档案工作的基本要求,要求加强人事档案工作的科学化与信息化建设,切实改进干部人事档案的内容建设。为了进一步加强干部人事档案材料收集归档工作,充实、完善干部人事档案内容,更好地为干部人事工作服务,根据《中华人民共和国档案法》《公务员法》《党政领导干部选拔任用工作条例》《干部档案工作条例》等法律法规,2009年7月,中央组织部颁发了修订后的《干部人事档案材料收集归档规定》,是对新形势下干部人事档案工作要求的具体细化。

(一) 加强干部人事档案整理规范工作

修订后的《干部人事档案材料收集归档规定》旨在规范干部人事档案材料收集归档工作,确保为公道正派地选人用人提供真实、全面的档案信息,为维护干部的合法权益提供依据。干部人事档案材料收集归档工作遵循真实、全面、及时、规范的原则,重点收集反映干部自然情况和德、能、勤、绩、廉等方面的材料,并根据经济社会发展和组织工作的需要,不断充实完善干部人事档案的内容。干部人事档案材料形成部门和干部人事档案管理部门，须贯彻执行有关的法律、法规和组织人事等工作的政策、规定。收集归档工作受国家有关法律、法规的保护和监督。该规定适用于各级党委、人大、政府、政协、纪委、人民法院、人民检察院和各民主党派、人民团体机关的干部人事档案材料收集归档工作。国有企业和事业单位的干部、流动人员人事档案材料收集归档工作参照该规定执行。

（二）持续加强人事档案管理队伍建设

做好新形势下的人事档案管理工作，开创档案管理工作的新局面，要有一支在思想道德、政治觉悟、工作作风、业务能力等方面皆过硬的人事档案工作队伍。人事档案管理工作需要大量细致的工作，人事档案管理人员要忠于职守、踏实工作，具备高度的责任心。人事档案管理人员要有较高的政治素质，通过加强理论学习，使自身具备较高的职业道德和综合素质。同时，人事档案管理人员须有较强的服务观念，人事档案工作本身就是一项服务性较强的工作，人事档案管理工作的宗旨就是服从和服务于工作本身。人事档案管理人员必须具备很强的业务能力，不仅要有深厚的专业知识，而且还要根据形势的需要熟练掌握现代化的管理方法和先进的科技操作技术。在加强人事档案管理队伍建设方面，重点抓好以下几个环节：一是按照有关规定，配齐、配足人事档案管理人员，解决某些单位档案管理人员匮缺的困难；二是严把队伍的进口关，实行执业资格证书制度，经考核合格的发证书，实行准入上岗；三是加强培训，加强政治和业务学习，还要学习电子网络等现代化管理知识，全面提高人事档案管理从业队伍的整体素质；四是严格内部管理，健全各项规章制度，强化竞争激励机制，坚持严格考核，根据考核结果拉开分配档次，体现奖勤罚懒，充分调动广大人事档案管理人员的主动性、积极性和创造性。

（三）不断推动人事档案管理政策完善

社会化是人事档案管理的方向，需要相关社会改革配套渐进进行，由此，在大力推进人事档案管理社会化进程的同时，必须不断推进政策完善。人事档案应逐步从"单位档案"向"社会档案"转型，逐步实行人事档案的社会化管理。长期以来，由于受计划经济体制的影响，人事档案由单位主导的成分很明显。随着计划经济向社会主义市场经济的转变，人的属性已经发生了根本性变化。在某个时段区间里，人与单位签订劳动合同，存在劳动关系，而一旦劳动关系解除，人的属性又开始从"单位人"转变成为"社会人"，人才流动已经成为个人与社会发展的必然。人事档案管理理应顺应这一变革，逐步实行社会化管理，才能适应市场经济的发展规律。各地方党委组织和政府人事等有关部门应负责牵头相关组织对各级各单位是否具有人事档案管理权限进行资格认定，实行年审制度，符合条件的发给资格证书，不符合条件的要求限期整改合格，否则取消其档案管理资格。同时，贯彻公平、公正、公开的原则，规范人事档案的内容，尽量减少陈旧、不合时宜的信息。尊重和维护公民个人的知情权，依法维护个人档案权利，建立责任追究制度，依法制约违反有关规定的行为。不断推动人事档案管理政策完善，逐渐把人事档案管理纳入行政执法责任制考核的内容，加大考核监督力度，严格责任追究制度，确保人事档案管理政策法规落实。

（四）进一步适应人才流动的发展趋势

我国第一个综合性人才队伍建设规划《2002—2005年全国人才队伍建设规划纲要》提出了三项人才流动的有关政策：一是积极引进人才和促进人才合理流动。有计划地从中央、国家机关和经济相对发达地区选派优秀年轻干部到西部地区任职或挂职锻炼，从高等院校选调应届优秀毕业生到西部地区工作锻炼。依托重点项目和工程，为西部地区输送所需的专业技术人才，继续做好为西藏、新疆选派干部工作。二是引导人才合理流动。引导大城市人才向中小城市流动，引导人才向西部地区流动，实现东、中、西部地区人才的合理分布。鼓励党政机关和企事业单位之间人才的流动，推动科技人才向企业转移；鼓励科研院所人才向本行业内人才相对匮乏的单位流动，充分发挥他们的作用；鼓励有农业技术专长的人才到农村开发创业，对以各种形式到农村工作的专业技术人才，在政策上予以支持。三是建立和完善促进人才流动的有关制度。改革户籍管理制度，探索多种人才流动形式，加快建立和完善养老保险、失业保险、工伤保险和医疗保险制度。我国人事档案工作以此为契机，进一步消除影响人才流动的人事档案管理体制性障碍，打破人才身份、所有制等限制，以进一步适应人才流动的发展趋势。

二　加强和改进干部人事档案的内容建设

干部人事档案材料是反映干部情况的基本凭证和重要依据，是干部工作、人才工作的重要信息。各级组织（人事）部门根据修订后的《干部人事档案材料收集归档规定》的要求，抓紧完善工作制度，加强和改进干部人事档案的内容建设，规范材料收集归档范围，严肃工作纪律，确保干部人事档案的真实可靠。

（一）确定干部人事档案归档范围

按照《干部人事档案材料收集归档规定》，干部人事档案归档范围包括：一是履历材料，即履历表和属于履历性质的登记表等材料。二是自传材料，即自传和属于自传性质的材料。三是报告个人有关事项的材料，即领导干部个人有关事项发生变化的报告表等材料。四是考察、考核、鉴定材料，即考察材料；在重大政治事件、突发事件和重大任务中的表现材料；定期考核材料，年度考核登记表，挂职锻炼等考核材料；工作调动、转业等鉴定材料；后备干部登记表（提拔使用后归档）等材料。五是审计材料，即经济责任审计结果报告。六是学历学位材料，即高中毕业生登记表；中专毕业生登记表；普通高等教育、成人高等教育、自学考试报考登记表，入学考试各科成绩表，研究生推免生登记表，专家推荐表；学生（学员、学籍）登记表，学习成绩表、毕业生登记表，授予学位的材料，毕业证书、学位证书复印件，党校学历证明；选拔留学生审查登记表等参加出国（境）学习和中外合作办学学习的有关材料；国务院学位委员会、教育部授权单位出具的国内外学历学位认证材料等。七是培训材料，即为期两个月以上的学员培训（学习、进修）登记表、考核登记表、结业登记（鉴定）表等材料。八是职业（任职）资格材料，即职业资格考试合格人员登记表或职业（任职）资格证书复印件；教师资格认定申请表等材料。九是评聘专业技术职称（职务）材料，即专业技术职务任职资格评审表、申（呈）报表，聘任专业技术职务审批表等材料。十是反映科研学术水平的材料，即科研工作及个人表现评定材料，业务考绩材料；创造发明、科研成果鉴定材料；著作、译著和有重大影响的论文目录。干部人事档案归档范围还包括政审、党团建设、表彰奖励、违纪违法、招录聘用、任免调动、辞职辞退、工资待遇等方面及其工作中形成的材料。

(二) 明确干部人事档案收集归档要求

干部人事档案材料形成部门，必须按照有关规定规范制作干部人事档案材料，建立干部人事档案材料收集归档机制，在材料形成之日起1个月内按要求送交干部人事档案管理部门归档并履行移交手续。干部人事档案管理部门应当建立联系制度，及时掌握形成干部人事档案材料的信息，主动向干部人事档案材料形成部门、干部本人和其他有关方面收集干部人事档案材料。干部人事档案管理部门必须严格审核归档材料，重点审核归档材料是否办理完毕，是否对象明确、齐全完整、文字清楚、内容真实、填写规范、手续完备。成套材料必须头尾完整，缺少的档案材料应当进行登记并及时收集补充。归档材料填写不规范、手续不完备，或材料上的姓名、出生时间、参加工作时间和入党时间等与档案记载不一致的，材料形成部门应当重新制作，补办手续，或者由具有干部管理权限的组织人事部门审改，或出具组织说明并加盖公章。归档材料一般应当为原件，符合归档要求的材料，须在接收之日起1个月内放入本人档案，1年内整理归档。

(三) 加强干部人事档案归档管理监督

各级组织、人事部门应当加强对干部人事档案材料收集归档工作的监督和检查，严肃纪律、严格管理，确保干部人事档案材料收集归档工作有序进行。在干部人事档案材料收集归档工作中，干部人事档案材料形成部门、干部人事档案工作人员和干部本人必须严格执行本规定，并遵守以下纪律：一是不准以任何借口涂改、伪造档案材料；二是不准将应归档材料据为己有或者拒绝、拖延归档；三是不准将本规定所列归档范围之外的材料擅自归档；四是不准将虚假材料和不符合归档要求的材料归入档案；五是不准私自、指使或者允许他人抽取、撤换或销毁档案材料。对违反干部人事档案材料收集归档工作纪律的，视其性质、情节轻重和造成的后果，对负有主要责任的领导人员和直接责任人员进行批评教育，或给予党纪、政纪处分。其中，档案工作人员参与涂改、伪造档案材料的，要从严从重处理，并不得继续从事干部人事档案工作。

三 推进干部人事档案信息化进程

随着网络信息技术的飞速发展，信息技术已经成为改善人民生活质量、提高单位经济效益，提高整个社会劳动生产率的重要战略资源，顺应时代发展，用新型的数字化人事档案代替原有的纸质化人事档案，既可以有效提高人事档案管理的效率，又能有效提高人事档案的管理水平。人事档案的信息化建设对于提高人事档案管理水平，促进单位人力资源的合理配置、促进人力资源的高效利用、节约单位管理成本、减少单位管理漏洞等具有重要作用。[1] 在我国新的发展阶段，互联网与信息时代的到来，人才发展和工作环境发生的变化，逐步打破了人事管理的传统运作模式，人事档案管理信息化变革势在必行，这给人事档案事业发展带来了难得的机遇和挑战。

（一）加大档案信息数字化力度

档案管理的信息化同档案管理的社会化是紧密联系、互相促进的。当前人事档案管理中"死档""弃档"现象突出的问题，也从另一侧面反映了人事档案管理方式已经滞后于社会进步，说明了人事档案应当以资源形态进入信息领域，通过信息技术开发档案信息资源，通过开发利用档案信息资源，体现人事档案的使用价值。当今社会已经全面迈入信息化时期，通过网络完全可以实行人事档案资源的全社会共享（属于保密范畴的不在此列）。

档案信息数字化是一种新型的档案信息形态，是信息时代档案管理领域的一场革命，能够把分散于不同地区、不同单位、不同载体的人事档案资源，以数字化的形式贮存起来，以网络化的形式互相连接起来，是提高档案利用率、实现人事档案资源社会共享的最有效途径。至此，人事档案摆脱了厚厚一本卷宗的模式，取而代之的是完全可以不受地域限制的电子档案，在全国甚至更大的范围内都可实现"资源共享"，形成覆盖面极广、追踪性极强的个人电子档案网络，从根本上克服传统人事档案管理神秘化、分散化、低效化等弊端。国家档案局网站开通，将逐步实现与全国各地档案网站联网，为社会各界提供各类档案信息服。同

---

[1] 冯小芳：《探讨人事档案管理的信息化建设》，《智库时代》2018 年第 5 期。

时，国家相关部门正在制定政策，根据需求，酝酿在未来条件许可时同样将人事档案列入网站（属于保密范畴的除外），向社会实现有条件的信息资源共享，使人事档案管理更科学、更实用，真正实现为社会共享、为人才服务的宗旨。[①]

(二) 突出人事档案管理信息化导向

相比较前三个阶段，此阶段人事档案管理的相关政策表现出加强信息化建设的特征。

一是突出针对性和导向性。加强人事档案管理信息化，针对城乡、区域人才分布不合理的问题、当前人才发展投入不足的问题，引导人才向农村基层和艰苦边远地区流动。

二是立足战略性和指导性。人事档案管理信息化，可以有效支持人才工作，从战略和全局的高度，确定市场在人才资源配置中的主体性作用，充分发挥人才及其合理流动在经济和社会发展中的基础性作用，即时体现实施"人才强国"战略中做好人才流动配置工作的极端重要性和紧迫性，有利于加强党的领导下的人才配置工作。

三是强调均衡性和协调性。信息本身是一种资源，人事档案管理信息化可以快速提高人事档案工作的效率，提高支持人才流动发展的效能。引导人才向农村基层和艰苦边远地区流动的政策对人才分布的区域合理性和均衡性具有重大的现实意义。为了进一步消除政策障碍，促进人才向农村基层和艰苦边远地区流动，对到农村基层和艰苦边远地区的各类人才，实行人事档案管理信息化和"来去自由"的政策，为鼓励和支持各类人才到农村基层和艰苦边远地区自主创业和灵活就业，创造了良好的社会环境。这是加强农村基层和艰苦边远地区人才队伍建设、推进人才结构战略性调整、促进城乡和区域人才协调发展的重大政策措施。

四是注重多样化和国际化。人事档案管理信息化比较注重人才流动的多样化和国际化，主动适应国际人才流动趋势并选择与国际接轨，有利于进一步确立人才流动政策体系为人才战略服务的理念，符合区域人才政策适应人才发展综合化、多样化的趋势，有利于推动人才政策视野关注国际领域，并有许多重要的实质性突破。

[①] 冯小芳：《探讨人事档案管理的信息化建设》，《智库时代》2018年第5期。

（三）契合人才流动政策需要

我国加速推动干部人事档案信息化工作进程，促进人事档案信息化，契合人才流动政策需要。2010年6月，中共中央、国务院印发了《国家中长期人才发展规划纲要（2010—2020年）》（以下简称《人才规划纲要》）。《人才规划纲要》是我国第一个中长期人才发展规划，是全国人才工作的指导性文件，其提出了四大流动政策：

一是实施引导人才向农村基层和艰苦边远地区流动政策。对在农村基层和艰苦边远地区工作的人才，在工资、职务、职称等方面实行倾斜政策，提高艰苦边远地区津贴标准，改善工作和生活条件。

二是实施推进党政人才、企业经营管理人才、专业技术人才合理流动政策。完善党政人才、企业经营管理人才、专业技术人才交流和挂职锻炼制度，打破人才身份、单位、部门和所有制限制，营造开放的用人环境。

三是实施更加开放的人才政策。大力吸引海外高层次人才回国（来华）创新创业，制定完善出入境和长期居留、税收、保险、住房、子女入学、配偶安置，担任领导职务、承担重大科技项目、参与国家标准制定、参加院士评选和政府奖励等方面的特殊政策措施。

四是实施鼓励非公有制经济组织、新社会组织人才发展政策。对社会主义市场经济体制下各种所有制组织中的人才，坚持一视同仁、平等对待。把非公有制经济组织、新社会组织人才开发纳入各级政府人才发展规划。《人才规划纲要》实施以来，我国各支人才队伍迅速壮大，全国范围内的人才合理流动逐步趋于成熟。推动干部人事档案信息化工作，对有效实施《人才规划纲要》，更好实施人才强国战略，促进人才主动发挥作用具有重大支撑意义。

第五节　新时期人事档案管理制度的完善（2012—2019年）

为了贯彻新时代党的组织路线，落实从严管理干部要求，2014年10月，我国开始针对干部人事档案从省、市、县分三批次进行专项审核。为全面整顿干部人事档案的造假歪风，中共中央召开干部人事档案专项审核工作会议，出台了《全国干部人事档案专项审核工作实施方案》《干部人事档案造假问题处理办法（试行）》，在全国范围内开展干部人事档案审核工作。2016年4月，国家档案局印发了《全国档案事业发展"十三五"规划纲要》的重要通知，为我国"十三五"时期档案事业发展指明了方向。

为了加强各级党和国家机关、人民团体档案工作，推进机关档案科学、规范管理，丰富国家档案资源，为各项工作提供有效服务，根据《机关档案工作条例》等法律法规，2018年10月，国家档案局发布《机关档案管理规定》。为充分发挥干部人事档案在建设高素质专业化干部队伍中的重要作用，推动干部人事档案工作科学化、制度化、规范化，根据《中国共产党章程》等党内法规和《公务员法》《中华人民共和国档案法》等国家法律法规，2018年12月，中央组织部召开全国干部人事档案工作会议，中央办公厅印发了《干部人事档案工作条例》。《干部人事档案工作条例》对干部人事档案工作的体制机制、内容建设、日常管理、队伍发展、利用审核、纪律监督等加以规范完善，是新时代全国各级各类干部人事档案工作的基本遵循。

根据新时代人事档案管理的新形势新任务，为加强档案工作提供强有力的法治保障和行动指南，第十三届全国人大常委会第十九次会议审议通过了新修订的《中华人民共和国档案法》，自2021年1月起正式施行。新修订的《中华人民共和国档案法》旨在突出档案工作的政治定位，理顺档案工作体制机制，优化档案科学管理、安全管理和开放利用有关制度，完善档案监督检查和法律责任。这是档案法自1988年1月施行以来的首次修订，有助于进一步发挥档案和档案工作在推进国家治理体系和治理能力现代化中的基础性作用，为新时代档案事业高质量发展提供坚强法治保障。

一　全面开展干部人事档案审核工作

干部人事档案管理部门严格执行《党政领导干部选拔任用工作条例》和《关于加强干部选拔任用工作监督的意见》等有关规定，全面开展干部人事档案专项审核工作。2014年10月至2016年6月，我国开始针对干部人事档案进行专项审核，审核工作从省、市、县分三批次进行，主要是针对近年来盛行的干部档案造假之风。为全面整肃纲纪，整顿干部人事档案的造假歪风,中共中央召开干部人事档案专项审核工作会议,并印发了《全国干部人事档案专项审核工作实施方案》,出台了《干部人事档案造假问题处理办法(试行)》,在全国范围内开展干部人事档案审核工作。

干部人事档案专项审核范围为各级档案管理单位管理的在职干部人事档案。审核内容要求对干部人事档案进行全面审核,重点审核干部的"三龄、两历、一身份"(出生时间、参加工作时间、入党时间、学历学位、工作经历、干部身份)和家庭主要成员及重要社会关系等重要信息,尤其注意审核档案材料是否涂改造假、干部信息是否真实准确、重要原始依据材料是否完整规范等。

干部人事档案管理部门须协同干部选任部门对提供的佐证材料和补充的缺失材料等进行鉴别把关,对存疑的关键材料转交干部监督部门调查核实。档案材料不齐全、不规范的,要根据材料内容和性质的不同,采取不同方法补充:一是补充收集。能够查找到原件的,尽可能收集补充原件。如果历史上因为特殊原因,工作中没有形成规定的归档材料,可以用性质和记载内容相同的替代材料代替。二是原件复制。对确实无法找到原件的,可以从文书档案卷或到其他存有材料原件的地方进行复制。三是重新制作。对必须重新制作的档案材料,一定要严格按照规定的程序重新制作填写。对于手续不完备的档案材料,能够补办手续的,要在确保档案材料信息真实的前提下,补充完善相应手续。所有复制和补充制作的档案材料,都要有复制、补制的时间和经办人、组织人事部门公章等标识。

在开展干部人事档案集中审核工作的基础上,按照统一部署、分级负责、全面覆盖、分类实施的基本原则和方向不变、程序不减、标准不降、进度提前的总体要求进行。通过专项审核,进一步从严管理干部人事档案,坚决整治涂改造假等问题,狠刹歪风邪气,确保干部人事档案真实、准确、完整、规范,维护干部人事档案工作的严肃性和公信力,充分发挥干部人事档案在干部工作中的重要基础保障作用。首批省管干部档案审核工作已经完成,并取得阶段性成果,2014年下半年以来,全国各地共对1.14万余名省管干部档案进行了任前审核,其中111名干部因档案存在问题被停止任职程序。市县批次及中央部分的干部人事档案审核工作有序开展。[①]

二 推进干部人事档案法治建设

我国政府高度重视干部人事档案立法工作，科学规划并推进我国档案法律法规体系建设，加强干部人事档案领域的档案立法工作，把档案法规的制定与我国其他各项事业相结合共同发展，促进了我国干部人事档案乃至整个档案事业的法制化建设。2016年4月，国家档案局印发了《全国档案事业发展"十三五"规划纲要》，提出了全面推进档案法治建设，强化档案行政执法与监督，增强全社会档案法治意识的任务，并提出有效推进档案资源体系建设，深化拓展档案利用服务，加快档案管理信息化进程，加强档案队伍建设的实现指标。《全国档案事业发展"十三五"规划纲要》指出，当前我国已经开始《档案法》的修订工作，并制定修订《干部档案工作条例》《档案管理违法违纪行为处分规定》《电子档案移交与接收办法》等规范性文件，相继颁布了十余个档案行业标准，干部人事档案法治建设进一步推进。第十三届全国人大常委会第十九次会议审议通过了新修订的《中华人民共和国档案法》，该法的修订有助于进一步发挥档案和档案工作在推进国家治理体系和治理能力现代化中的基础性作用，为新时代档案事业高质量发展提供坚强法治保障。

（一）修订《档案法》优化档案科学管理

《档案法》修订始终坚持政治导向、问题导向、开放导向，根据发展变化的新形势新任务，突出档案工作的政治定位，理顺档案工作体制机制，优化档案科学管理、安全管理和开放利用有关制度，完善档案监督检查和法律责任，是一次全面的优化和升级。修订后的《档案法》从原来的6章27条扩展到8章53条，新增了"档案信息化建设"和"监督检查"两个专章，为档案工作变革与转型、创新与发展提供了较为充分的法律保障。

一是理顺全国档案工作体制机制。新修订的《中华人民共和国档案法》明确提出"坚持中国共产党对档案工作的领导"，强调各级人民政府

[①] 新华社：《全国干部人事档案专项审核工作取得阶段性成效》，《新华每日电讯》2016年1月12日。

应当加强档案工作，把档案事业纳入国民经济和社会发展规划，保障档案事业发展的经费。按照立法技术规范要求，将原法中的"档案行政管理部门"统一修改为"档案主管部门"，既明确了国家和地方各级档案主管部门的行政管理职责，又有效适应地方机构改革的实际情况，有助于将党管档案工作的体制优势发挥出来。在坚持统一领导、分级管理原则的前提下，要求中央国家机关根据档案管理需要，在职责范围内指导本系统的档案业务工作，有效兼顾各行各业档案工作的特殊性，体现档案管理的科学化、专业化。

二是健全档案管理制度建设。新修订的《中华人民共和国档案法》明确了适用范围和应当纳入归档范围的材料。要求档案形成单位建立档案工作责任制，健全档案管理制度，按照要求及时归档并定期向档案馆移交档案，并增加了发生变动或者撤销、合并等情形时移交档案的规定。要求档案馆按照规定接收档案，不得拒绝，可以通过接受捐献、购买、代存等方式收集档案。在国家所有的档案之外，对非国有企业、社会服务机构等单位和个人形成档案提出了具体要求，并为这些档案存在严重安全隐患时设计了省级以上档案主管部门帮助解决的有效措施，增加了突发事件应对活动相关档案收集、整理、保护、利用工作机制。针对近年来档案寄存、数字化等档案服务蓬勃发展的新情况，增加了签订委托协议、约定服务内容、遵守安全保密规定等方面的制度安排，并增加了法律责任方面的规定。适应新载体档案的管理模式，将档案出境的形式扩展为运送、邮寄、携带出境和通过互联网传输出境，要求确需出境的按照国家有关规定办理审批手续。

三是加大档案服务开放力度。新修订的《中华人民共和国档案法》明确规定一切社会主体享有依法利用档案的权利，进一步为档案的开放和利用提供便利条件，增加档案馆定期公布开放档案目录、完善利用规则、创新服务形式、为制定法律法规政策和开展有关问题研究提供支持和便利等方面的规定。将县级以上各级档案馆的档案向社会开放的期限从30年缩短至25年，同时鼓励和支持其他档案馆向社会开放档案。要求档案馆通过多种方式发挥文化宣教功能，弘扬社会主义核心价值观，与博物馆、图书馆、纪念馆等单位相互协作、联合举办展览、共同研究和编辑出版有关史料。与此同时，明确向档案馆移交前后档案开放审核的主体，科学划分政府信息公开责任承担方式，增加关于档案馆不按规定开放和提供利用的法律责任、公民的救济途径和档案主管部门处理投诉的法律义务等方面的规定，形成了一整套促进档案开放利用的制度安排。

四是构建档案工作安全管理体系。新修订的《中华人民共和国档案法》要求档案馆和档案形成单位按照国家有关规定配置适宜档案保存的库房和设施、设备；建立健全档案安全工作机制，加强档案安全风险管理，提高档案安全应急处置能力；发现档案安全隐患的，应当及时采取补救措施，消除档案安全隐患；发生档案损毁、信息泄露等情形的，应当及时向档案主管部门报告。并对电子档案的安全管理提出要求，电子档案应当通过符合安全管理要求的网络或者存储介质向档案馆移交；档案馆应当对接收的电子档案进行检测，确保电子档案的真实性、完整性、可用性和安全性；档案馆可以对重要电子档案进行异地备份保管。

五是推动档案管理信息化建设。新修订的《中华人民共和国档案法》在总结档案信息化建设实践需要和一些好的经验做法的基础上，新增一章，对电子档案的合法要件、地位和作用、安全管理要求和信息化系统建设等方面作出了明确规定。要求各级人民政府将档案信息化纳入信息化发展规划，保障电子档案、传统载体档案数字化成果等档案数字资源的安全保存和有效利用。规定电子档案应当来源可靠、程序规范、要素合规，电子档案与传统载体档案具有同等效力，可以以电子形式作为凭证使用。对电子档案管理信息系统、数字档案馆、档案信息资源共享服务平台的建设提出要求。

六是强化档案管理监督检查。监督检查和违法案件处理是档案工作实践的一个短板。为解决这一问题，规范行政权力的行使，新修订的档案法列举出监督检查的六类事项，对档案主管部门和档案工作人员开展监督检查的措施手段及应当遵守的规则作出明确规定。赋予一切单位和个人向档案主管部门、有关机关举报档案违法行为的权利，要求接到举报的档案主管部门和有关机关应当及时依法处理。此外，对"法律责任"一章进行了扩充，根据档案工作实践，对给予处分和处罚的事项进行了局部调整，明确了行政处罚的数额幅度，增加了造成财产损失或者其他损害的依法承担民事责任的规定。

七是强化档案事业人才保障。档案工作是一项专业性很强的工作，档案整理、保护、鉴定、编研等工作都需要有先进的科学技术和一支高素质的专业人才队伍作为支撑。新修订的《档案法》规定国家加强档案工作人才培养和队伍建设，提高档案工作人员业务素质，明确档案专业人员可以按照国家有关规定评定专业技术职称。规定鼓励社会力量参与和支持档案事业的发展，对作出突出贡献的单位和个人给予表彰、奖励；鼓励和支持档案科学研究和技术创新，促进科技成果转化应用；在档案领域开展国际交流与合作。这些新要求将为档案事业创新发展注入新的生机和活力。

（二）全面推进人事档案法治建设

科学规划和推进人事档案法规体系建设。加强重点领域档案立法，推动档案事业在法治的轨道上发展。健全档案法规标准体系，配合国务院法制办、全国人大法工委推进《档案法》修订工作；制修订《档案法实施办法》《档案馆工作条例》《机关档案工作条例》《干部档案工作条例》等法规规章；完善档案标准和制度建设，制修订《国家档案法规体系方案》《各级国家档案馆档案解密和划分控制使用范围的暂行规定》等规范性文件。

强化人事档案行政执法和监督。深入推进依法行政，加强档案行政执法，规范档案行政权力运行，完成权力清单、责任清单梳理；完善档案行政执法检查程序；推进档案行政执法标准化、精细化；加强档案违法行为惩处和相关行政执法信息建库工作。增强全社会档案法治意识。做好人事档案"七五"普法，引导规范社会各方面、各行业依法建立健全档案工作，明确应当履行的文件材料定期归档和档案按时移交进馆的法定责任；推进人事档案部门依法公开档案，维护机关、团体、企业事业单位和其他组织以及公民的合法权益。

（三）依法加强人事档案管理

2018年《干部人事档案工作条例》适用于党政领导干部、机关公务员、参照公务员法管理的机关（单位）工作人员（工勤人员除外），国有企事业单位领导人员、管理人员和专业技术人员的人事档案管理工作。干部人事档案工作遵循的原则包括：党管干部、党管人才；依规依法、全面从严；分级负责、集中管理；真实准确、完整规范；方便利用、安全保密。全国干部人事档案工作在党中央领导下，由中央组织部主管，各地区各部门各单位按照干部管理权限分级负责、集中管理。中央组织部负责全国干部人事档案工作的宏观指导、政策研究、制度建设、协调服务和监督检查。

建立健全由中央组织部牵头、中央和国家机关有关部门参与的干部人事档案工作协调配合机制,研究完善相关政策和业务标准,促进工作有机衔接、协同推进。各级党委(党组)领导本地区本部门本单位干部人事档案工作,贯彻落实党中央相关部署要求,将干部人事档案工作列为党建工作目标考核内容。各级组织人事部门负责本地区本部门本单位干部人事档案工作,建立健全规章制度和工作机制,配齐配强工作力量,组织开展监督检查。中央组织部负责集中管理中央管理干部的人事档案。中央和国家机关各部委、参照公务员法管理的机关(单位)组织人事部门,中管企业、党委书记和校长列入中央管理的高校组织人事部门,负责集中管理党委(党组)管理的干部(领导人员、管理人员、专业技术人员,下同)和本单位其他干部的人事档案。省(自治区、直辖市)、市(地、州、盟)党委组织部门负责集中管理本级党委管理干部的人事档案;省、市级直属机关和国有企事业单位组织人事部门集中管理党委(党组)管理的干部和本单位其他干部的人事档案。县(市、区、旗)以下机关(单位)的干部人事档案可以按不同类别、身份,由县(市、区、旗)党委组织部门、人力资源和社会保障部门等分别集中管理。

(四)依法强化干部人事档案工作职责

干部人事档案工作机构与人事档案工作岗位的职责包括:一是负责干部人事档案的建立、接收、保管、转递,档案材料的收集、鉴别、整理、归档,档案信息化等日常管理工作;二是负责干部人事档案的查(借)阅、档案信息研究等利用工作,组织开展干部人事档案审核工作;三是配合有关方面调查涉及干部人事档案的违规违纪违法行为;四是指导和监督检查下级单位干部人事档案工作;五是办理其他有关事项。组织人事部门应选配政治素质好、专业能力强、作风正派的党员干部从事干部人事档案工作。干部人事档案工作人员应政治坚定、坚持原则、忠于职守、甘于奉献、严守纪律。对于表现优秀的干部人事档案工作人员,应当注重培养使用。

（五）依法加强干部人事档案分类工作

干部人事档案内容根据新时代党的建设和组织人事工作以及经济社会发展需要确定，保证真实准确、全面规范、鲜活及时。干部人事档案主要内容和分类包括：履历类材料；自传和思想类材料；考核鉴定类材料；学历学位、专业技术职务（职称）、学术评鉴和教育培训类材料；政审、审计和审核类材料；党、团类材料；表彰奖励类材料；违规违纪违法处理处分类材料；工资、任免、出国和会议代表类材料；其他可供组织参考的材料。加强干部人事档案分类工作，推动人事档案分类治理法治化，加快形成较为完整的档案法规标准、高效的档案法治实施、严密的档案法治监督、有力的档案法治保障的档案法治体系，促进档案法治治理能力水平显著提升和干部人事档案工作体制机制更加完善。

三　提升干部人事档案工作质量

党的十八大以来，各级组织人事部门和广大干部人事档案工作者，全面清理干部人事档案，为从严管理档案、高效利用档案提供了有力支撑，为服务全党工作大局和组织工作中心任务，推进全面从严治党、从严管理干部提供了有力服务保障。持续加强档案审核和内容建设，严把"质量关""准确关""认定关"，保证真实准确、全面规范、鲜活及时，全面提升了新时代干部人事档案工作质量和水平，以更好地服务广大干部人才、服务党的建设新的伟大工程、服务新时代中国特色社会主义伟大事业。坚持夯实基础、建强队伍，为提高档案质量和管理水平提供了有力保障。

（一）加强干部人事档案工作日常管理

干部人事档案日常管理主要包括档案建立、接收、保管、转递、信息化、统计和保密，档案材料的收集、鉴别、整理和归档等。日常管理工作中，组织人事部门及其干部人事档案工作机构应当执行国家档案管理的有关法律法规，接受同级档案行政管理部门的业务监督和指导。干部人事档案分为正本和副本。首次参加工作被录用或者聘用的人员，由相应的干部人事档案工作机构以其入党、入团，录用、聘用，中学以来的学籍、奖惩和自传等材料为基础，建立档案正本，并且负责管理。干部所在单位或者协管单位干部人事档案工作机构根据工作需要，可以建立副处级或者相当职务以上干部的干部人事档案副本，并且负责管理。副本由正本主要材料的复制件构成。正本有关材料和信息变更时，副本应当相应变更。各级组织人事部门及其干部人事档案工作机构应当定期对干部人事档案日常管理、基础设施和队伍建设等工作情况进行统计、分析、研判，加强档案资源科学管理。

（二）推进干部人事档案信息化建设

以五次全国干部档案工作会议和"十三五"规划纲要为契机，我国干部人事档案工作经历了从建立、清理、整理、审核到信息化的过程。各级组织人事部门及其干部人事档案工作机构在干部人事档案数字化过程中，严格规范档案目录建库、档案扫描、图像处理、数据存储、数据验收、数据交换、数据备份、安全管理等基本环节，保证数字档案的真实性、完整性、可用性、安全性，确保与纸质档案一致。干部人事数字档案在利用、转递和保密等方面按照纸质档案相关要求管理。组织人事部门及其干部人事档案工作机构应按照国家相关标准和要求，加强档案信息资源的规划、建设、开发和管理，提升档案信息采集、处理、传输、利用能力，建立健全安全、便捷、共享、高效的干部人事档案信息化管理体系。组织人事部门及其干部人事档案工作机构按照预防为主、防治结合的要求，建立和维护科学合理的档案存放秩序，按照有关标准要求建设干部人事档案库房，加强库房安全管理和技术防护。全面推进人事档案资源存量数字化、增量电子化、利用网络化。创新人事档案信息化管理模式，加快与信息社会融合，明显提升以信息化为核心的人事档案管理现代化水平。

一是加快提升人事电子档案管理水平。积极参与国家政务信息化工程建设，制定相关标准和规范，明确各类办公系统、业务系统产生的电子文件归档范围和电子档案的构成要求；加强对业务系统电子文件归档管理，通过推进电子会计档案管理促进电子政务和电子商务文件归档管理工作；制定和完善信用、交通、医疗等相关领域的电子数据归档和电子档案管理的标准和规范；在有条件的部门开展人事电子档案单套制（即电子设备生成的档案仅以电子方式保存）、单轨制（即不再生成纸质档案）管理试点；探索电子档案与大数据行动的融合；研究制定重要网页资源的采集和社交媒体文件的归档管理办法；加强电子档案长期保存技术研究与应用；扶持中西部地区档案信息化建设项目。

二是持续推进数字档案馆建设。积极响应数字中国建设，加快推进信息技术与档案工作深度融合。全国地市级以上国家综合档案馆要加快建设具有接收立档单位电子档案、覆盖馆藏重要档案数字复制件等功能完善的数字档案馆；全国多数县建成数字档案馆或启动数字档案馆建设项目；全国省级、地市级和县级国家综合档案馆馆藏永久档案数字化的比例不断提升。编制数字档案馆业务系统功能需求标准，采用大数据、智慧管理、智能楼宇管理等技术，提高档案馆业务信息化和档案信息资源深度开发与服务水平。开展企业示范数字档案馆建设，建成一批具有国际先进水平的企业数字档案馆，适时启动国家级电子（数字）档案馆系统项目建设。

三是加快档案信息资源共享服务平台建设。加快人事档案管理信息化进程，实施国家数字档案资源融合共享服务工程。建立开放档案信息资源社会化共享服务平台，制订档案数据开放计划，落实数据开放与维护的责任；优先推动与民生保障服务相关的档案数据开放；积极探索助力数字经济和社会治理创新的档案信息服务；拓宽通过档案网站和移动终端开展档案服务的渠道。

（三）进一步加强流动人员人事档案管理服务

为建立健全流动人员人事档案公共服务体系，2014年12月，中央组织部、人力资源和社会保障部、国家发展改革委、财政部、国家档案局五部门联合发布《关于进一步加强流动人员人事档案管理服务工作的通知》，要求进一步做好流动人员人事档案管理服务工作。流动人员人事档案实行"集中统一归口管理"的管理体制，由县级以上（含县级）公共就业和人才服务机构以及经人力资源和社会保障部门授权的单位管理，其他单位未经授权不得管理流动人员人事档案。跨地区流动人员的人事档案，可由其户籍所在地或现工作单位所在地的公共就业和人才服务机构管理。

流动人员人事档案管理服务是基本公共就业和人才服务的重要内容，是更好地服务于人才强国战略和就业优先战略实施的具体举措。流动人员人事档案基本公共服务包括：档案的接收和转递；档案材料的收集、鉴别和归档；档案的整理和保管；为符合相关规定的单位提供档案查

（借）阅服务；依据档案记载出具存档、经历、亲属关系等相关证明；为相关单位提供入党、参军、录用、出国（境）等政审（考察）服务；党员组织关系的接转等七个方面内容。按照《通知》要求，取消收取人事关系及档案保管费、查阅费、证明费、档案转递费等名目的费用，各级公共就业和人才服务机构提供免费的流动人员人事档案基本公共服务。存档期间不再调整档案工资，档案行政（工资）介绍信、转正定级表、调整改派手续等材料不再作为必备材料。各级公共就业和人才服务机构可结合本地实际，进一步拓展公共服务内容，逐步完善服务标准和服务流程，推进服务的规范化和精细化，不断满足服务对象的基本需求。加强流动人员人事档案管理服务的具体规定如下：

一是健全流动人员人事档案管理体制。流动人员人事档案管理实行集中统一、归口管理的管理体制，主管部门政府人力资源和社会保障部门接受同级党委组织部门的监督和指导。流动人员人事档案具体由县级以上（含县级）公共就业和人才服务机构以及经人力资源和社会保障部门授权的单位管理，其他单位未经授权不得管理流动人员人事档案。严禁个人保管本人或他人档案。跨地区流动人员的人事档案，可由其户籍所在地或现工作单位所在地的公共就业和人才服务机构管理。

二是明确流动人员人事档案范围。流动人员人事档案是人事档案的重要组成部分。具体包括：非公有制企业和社会组织聘用人员的档案；辞职辞退、取消录（聘）用或被开除的机关事业单位工作人员档案；与企事业单位解除或终止劳动（聘用）关系人员的档案；未就业的高校毕业生及中专毕业生的档案；自费出国留学及其他因私出国（境）人员的档案；外国企业常驻代表机构的中方雇员的档案；自由职业或灵活就业人员的档案；其他实行社会管理人员的档案。

三是规范流动人员人事档案接收和转递。各级公共就业和人才服务机构不得拒收符合存放政策以及按照有关政策规定转来的流动人员人事档案。接收的档案应真实、准确、完整、规范，如实反映存档人员的出生日期、教育培训、工作经历、职务任免、职称评审、奖励处罚、政治面貌等基本情况。各级公共就业和人才服务机构要加强与存档人员本人、工作单位及相关部门的联系，及时收集有关材料，建立规范的收集、鉴别、整理、归档机制。存档期间不再调整档案工资。档案转递时，行政

（工资）介绍信、转正定级表、调整改派手续等材料不再作为接收审核流动人员人事档案必备材料。转递档案时应严密包封并填写档案转递通知单，通过机要交通或派专人送取，严禁个人自带档案转递。

四是提高流动人员人事档案管理服务信息化水平。信息化是流动人员人事档案管理服务的重要手段和发展方向。各地要大力推进流动人员人事档案信息化建设，全面掌握流动人员的数量、结构、分布、流向等情况，更好地服务于高校毕业生及中专毕业生就业、流动人才党员管理等工作。研究制定流动人员人事档案信息化建设标准，推进档案数字化，实现数据向上集中，完善资源共享、异地查阅、统计分析等功能，为全国跨地区档案信息的共享和管理服务水平的提升奠定基础。建立流动人员人事档案基本情况定期统计分析和信息报送制度，探索建设诚信档案、业绩档案等，充分发挥流动人员人事档案的凭证、依据和参考作用。

五是加强流动人员人事档案安全管理。各级公共就业和人才服务机构要牢固树立流动人员人事档案安全防护意识，切实做好档案安全管理工作。要不断研究和改进档案的保管方法和保管技术，提高流动人员人事档案库房的安全防灾标准，建立健全人防、物防、技防"三位一体"的安全防范体系。对已建立的流动人员电子人事档案，要采取措施，确保信息安全和长期可用。要健全并严格执行各项规章制度，完善监测和防护措施，开展经常性的档案安全检查，及时发现和排除隐患，严防失密、失窃、损毁等档案安全事故发生。

六是完善流动人员人事档案基本公共服务经费保障制度。自2015年1月1日起，取消收取人事关系及档案保管费、查阅费、证明费、档案转递费等名目的费用。各级公共就业和人才服务机构应提供免费的流动人员人事档案基本公共服务。各地要将相关经费纳入同级财政预算，可参考保管的流动人员人事档案数量等因素确定经费数额。要加大对流动人员人事档案库房、服务场所和信息系统等基础设施的投入，保障相关工作正常开展。

七是严肃流动人员人事档案纪律。各级公共就业和人才服务机构要严格按照《档案管理违法违纪行为处分规定》和《中央组织部关于进一步从严管理干部档案的通知》的有关要求，承担起业务把关责任，在档案和材料接收、查（借）阅、转递、保管等环节，严格制度、全程把关、不留死角。严禁任何单位和个人涂改流动人员人事档案,严禁在年龄、工龄、党龄、学历、经历和身份等方面弄虚作假,严禁为不符合政策规定的人员新建、重建档案,不得无故推诿拒收档案,不得出具虚假证明,不得擅自向外公布或泄露流动人员人事档案内容。对违反上述规定的,由党委组织部门、政府人力资源和社会保障部门严肃查处,视情节轻重给予当事人和相关责任人批评教育或党纪、政纪处分;触犯法律的,要依法追究责任。

八是加强对流动人员人事档案管理服务工作的组织领导。各级人力资源和社会保障部门要将流动人员人事档案管理服务作为一项重要工作,切实加强组织领导和指导监管。各级公共就业和人才服务机构要严明纪律,完善制度,从严管理流动人员人事档案。要加强流动人员人事档案管理服务人员队伍建设,选配政治可靠、作风正派、责任心强、业务素质好的中共党员从事档案管理工作。要开展党性教育、理论学习、业务培训、工作交流和纪律约束等多种形式的教育培训活动,提高流动人员人事档案工作人员政治素质、政策水平和业务能力。要开展流动人员人事档案服务窗口作风建设活动,建立作风建设长效机制,不断提升服务水平和质量。

四　推动干部人事档案管理科学发展

为做好新时代干部人事档案工作,各级组织人事部门和广大干部人事档案工作者坚持以习近平新时代中国特色社会主义思想为指导,认真贯彻党的十九大精神和新时代党的组织路线,严格执行《干部人事档案工作条例》,在持续推动干部人事档案工作科学化、制度化、规范化上下功夫,健全从严管理档案工作体系,扎紧织密制度"笼子",坚持主动用档、科学用档、有效用档,更好地服务高素质专业化干部人才队伍建设。各地各部门要对贯彻落实《干部人事档案工作条例》作出具体安排,切实加强组织领导,加强调研督促指导,确保《干部人事档案工作条例》落地见效。各级党委(党组)及其组织人事部门要切实把干部人事档案作为新时代党的重要执政资源,着力完善管理体制、健全工作制度、细化工作标准、创新工作方式,全面提升干部人事档案工作质量,持续推进干部人事档案工作科学化、制度化、规范化,为新时代干部人事档案事业做出新的更大贡献,服务新时代中国特色社会主义伟大事业。

(一)有效推进人事档案资源体系建设

丰富和优化档案馆藏。深入贯彻《各级各类档案馆收集档案范围的规定》,依法开展档案移交进馆工作,确保应进馆的各类档案及时接收进馆;科学规范专业档案管理制度和办法,明确各级档案馆接收专业档案的范围,对重点专业档案的形成和管理加强监督检查;加大对境内外具有重要保存价值的档案资料的征集力度;鼓励开展口述历史档案、国家记忆和城市(乡村)记忆工程、非物质文化遗产建档等工作。

加强机关单位档案管理。继续落实《机关文件材料归档范围和文书档案保管期限规定》;宣传贯彻《归档文件整理规则》《数字档案室建设指南》;推动各单位制修订适合本机关、本系统的综合档案管理办法,建立健全机关档案工作制度体系;制定所属机构档案目录缴送备案制度、文件归档范围和文书档案保管期限表审批制度;进一步规范中央和国家机关各部门、所属单位及本系统档案工作;逐步开展所属机构和部分二级机构重要档案移交进馆工作。推进部门、行业和地方信用档案管理,确保信用档案齐全完整和长期可用。加强司法、廉政建设、审计工作记录材料的归档管理;加强对医疗卫生和社会保障工作档案管理的监督指导。

促进企业档案工作深入发展。建立与经济体制发展改革及国有企业改革相适应的企业档案工作。明确档案行政管理部门对企业档案工作监管界线和纳入国家档案资源体系的企业档案范围,推进企业档案资源合理布局;修订《国有企业资产与产权变动档案处置暂行办法》《企业档案管理规定》等文件;推进食品、药品、环保、金融等领域企业的档案管理制度和标准规范建设;加强终止、关闭企业档案处置工作;加强对新经济组织、新兴行业、新兴产业档案工作的指导;加强对非国有企业档案工作的指导;加强境外投资企业档案工作;继续落实《企业文件材料归档范围和档案保管期限规定》,完成国有企业文件材料归档范围和保管期限表审核。

完善农业农村和城市社区档案管理。制定《村级档案管理办法》、农村贫困人口脱贫档案工作制度办法,完善贫困人口和困难家庭建档立卡工作及相关措施;专项检查土地确权、集体林权制度改革、农村五保供养等档案管理工作；建立健全农业转移人口户籍和居住证档案管理制度；加强对农业现代化重大工程档案的监督管理；强化县级综合档案馆对农业农村档案的接收进馆工作，继续推动村级建档，探索"村档乡管"模式；宣传贯彻《城市社区档案管理办法》，将具有永久保存价值的社区档案纳入国家档案资源体系。

（二）深化和拓展人事档案利用服务

重点推进各级国家档案馆依法开放。完善各级国家档案馆开放制度，依法推进馆藏档案的公开，落实政府信息开放利用相关政策；完善各级国家档案馆鉴定开放工作机制和程序，明确权力和责任。提高档案公共服务能力，为"五位一体"建设提供便捷便利的档案服务，提高档案馆公共服务的认知度和用户满意度。创新服务方式，多渠道开发档案资源，不断向社会推出服务精品和举办受公众欢迎的活动；利用现代化技术手段，简化利用方式，推动辖区档案资源跨馆利用、跨馆出证工作。推进电子健康档案和居民健康档案的建立和完善；提高流动人员人事档案基本公共服务能力。

（三）强化人事档案安全保障

持续加强档案馆库建设。启动中央档案馆库建设，推进地市级综合档案馆库建设达标，明确各级各类机关档案室房屋类型、建筑面积、硬件设施等建设要求。启动"标准档案室"建设，促进机关档案室硬件建设规范化。确保档案实体与信息安全。完善落实档案库房安全管理制度，加强档案库房的安全管理和检查；严格执行国家保密制度，完善档案信息公开发布保密审查程序；建立档案数据安全管理制度，保障安全高效可信应用；加强档案信息资源在公开共享等环节的安全评估与保护；加强对涉密信息系统、涉密计算机和涉密载体管理，强化涉密人员保密意识；建立健全人防、物防、技防"三位一体"的档案安全防范体系。改善档案库房环境，加强档案保护修复；以容灾为目标，制定相关标准和规范，开展数字档案资源异地异质备份；制定数字档案馆应急处理预案，加强演练，提高应对突发事件的应急指挥和处置能力。开展对机关、企业档案管理系统安全保护、档案管理应急预案的检查。

（四）加强档案队伍建设

健全人事档案干部培养机制和人才评价机制。坚持正确用人导向，建立合理的激励机制，优化档案人才结构，将档案干部交流、使用列入干部培训和选拔任用统一规划，培养使用年轻干部，为档案事业可持续发展提供人才保障；统一规划各级各类档案人员的专业知识培训和岗位培训，创新培训内容，改进培训方式，全面提高档案干部素质。积极在党校、干部学院培训档案干部。建立科学的引才育才机制，坚持以品德、能力和业绩为导向，注重实践和贡献的评价标准，改进档案人才评价方式，拓宽档案人才评价渠道；建设全国档案专家信息库，引用信息化手段优化人才管理方式，促进档案人才队伍建设。

参考文献

《毛泽东选集》（全四卷），人民出版社1991年版。
《周恩来选集》（上下卷），人民出版社1997年版。
《刘少奇选集》（上下卷），人民出版社2018年版。
《邓小平文选》第一卷，人民出版社1994年版。
《邓小平文选》第二卷，人民出版社1994年版。
《邓小平文选》第三卷，人民出版社1993年版。
《陈云文选》（全三卷），人民出版社1984年版。
《江泽民文选》（全三卷），人民出版社2006年版。
《胡锦涛文选》（全三卷），人民出版社2016年版。
《习近平谈治国理政》，外文出版社2014年版。
《习近平谈治国理政》第二卷，外文出版社2017年版。
《习近平谈治国理政》第三卷，外文出版社2020年版。
《论全面坚持依法治国》，中央文献出版社2020年版。

中共中央办公厅：《中国共产党第八次全国代表大会文献》，人民出版社1957年版。
劳动人事部编制局：《中华人民共和国组织法规选编》，经济科学出版社1985年版。
劳动人事部工资局：《国家机关和事业单位工资制度改革文件汇编》，劳动人事出版社1986年版。
劳动人事部政策研究室：《劳动政策法规汇编》（1983—1984），劳动人事出版社 1986 年版。

劳动人事部编制局：《机构、编制、体制文件选编》（上下册），劳动人事出版社 1986 年版。

全国总工会政策研究室编：《中国企业领导制度的历史文献》，经济管理出版社 1986 年版。

劳动人事部政策研究室：《劳动人事法规规章文件汇编》（1949—1983），劳动人事出版社 1987 年版。

《中国劳动人事年鉴》编辑部：《中国劳动人事年鉴（1949.10—1987年）》，劳动人事出版社 1989 年版。

国家人事部流动调配司：《中国人才流动政策法规大全》，经济管理出版社 1993 年版。

国务院办公厅秘书局、中央编委办公室综合司：《中央政府组织机构》，中国发展出版社 1995 年版。

国务院办公厅秘书局、中央机构编制委员会办公室综合司：《中央政府组织机构（1998）》，改革出版社 1998 年版。

中共中央组织部：《干部教育工作重要文献选编》，党建读物出版社 1999 年版。

中共中央文献研究室：《十五大以来重要文献选编》（上下册），中央文献出版社 2000 年版。

中共中央组织部、中共中央党史研究室、中央档案馆：《中国共产党组织史资料（中央卷）》，中共党史出版社 2000 年版。

人事部专业技术人员管理司：《专业技术人员管理实用政策法规》（上册、下册），中国人事出版社 2000 年版。

中共中央文献研究室：《十六大以来重要文献选编》（上），中央文献出版社 2004 年版。

中共中央文献研究室：《十六大以来重要文献选编》（下），中央文献出版社 2007 年版。

中共中央文献研究室：《改革开放三十年重要文献选编》（上下册），中央文献出版社 2008 年版。

国务院办公厅秘书局、中央机构编制委员会办公室综合司：《中央政府组织机构（2003）》，党建读物出版社 2009 年版。

国务院办公厅秘书局、中央机构编制委员会办公室综合司：《中央政府组织机构（2008）》，党建读物出版社2009年版。

中共中央文献研究室：《建国以来重要文献选编（1949—1965）》，中央文献出版社2011年版。

中国延安干部学院：《延安时期资料选编（干部教育卷）》（试用本），中国延安干部学院印务中心2012年版。

中共中央文献研究室：《十八大以来重要文献选编》（上），中央文献出版社2014年版。

中共中央文献研究室：《十八大以来重要文献选编》（中），中央文献出版社2016年版。

中共中央办公厅法规局：《中央党内法规和规范性文件汇编（1949年10月—2016年12月）》，法律出版社2017年版。

法律出版社法规中心：《中华人民共和国劳动合同法注释本》，法律出版社2017年版。

法律出版社法规中心：《中华人民共和国劳动法注释本》，法律出版社2017年版。

中共中央文献研究室：《十八大以来重要文献选编》（下），中央文献出版社2018年版。

中共中央文献研究室：《十九大以来重要文献选编》（上），中央文献出版社2019年版。

人力资源和社会保障部专业技术人员管理司：《深化职称制度改革政策文件汇编》，中国人事出版社2019年版。

历年《中国统计年鉴》（1981—2019），中国统计出版社。

历年《中国人力资源和社会保障年鉴》（2008—2019），中国劳动和社会保障出版社。

曹志：《中华人民共和国人事制度概要》，北京大学出版社1985年版。

岳云龙：《编制管理概论》，劳动人事出版社1987年版。

林代昭：《中国近现代人事制度》，劳动人事出版社1989年版。

徐颂陶、张汉生：《人事政策法规问答》，人民法院出版社1989年版。

曹志：《各国公职人员考试任用制度》（上下），北京大学出版社1989

年版。

曹志：《各国公职人员工资福利制度》（上中下），北京大学出版社1989年版。

曹志：《各国公职人员分类制度》，中国劳动出版社1990年版。

曹志：《各国公职人员考核奖惩制度》，中国劳动出版社1990年版。

黄定康、舒克勤：《中国的工资调整与改革（1949—1991年）》，四川人民出版社1991年版。

夏骥：《事业单位与编制管理》，南京大学出版社1992年版。

徐颂陶：《中国人事管理工作实用手册》，当代中国出版社1992年版。

郭宝平、余兴安：《行政管理研究概览》，山西人民出版社1993年版。

袁文成：《干部退离休工作实用手册》，中国人事出版社1993年版。

中华人民共和国人事部：《国家公务员制度全书》，吉林文史出版社1994年版。

余兴安：《中国政府公务百科全书（机构编制管理卷）》，中共中央党校出版社1994年版。

苏尚尧：《中华人民共和国中央政府机构（1949—1990年）》，经济科学出版社1994年版。

张志坚、苏玉堂：《当代中国的人事管理》（上下册），当代中国出版社1994年版。

中共中央组织部干部教育局：《全国干部教育理论研讨会论文集》，新华出版社1994年版。

何沁：《中华人民共和国史》，高等教育出版社1997年版。

王榕：《王榕工资工作文集》，中国工人出版社1998年版。

蒋冠庄：《离退休人员待遇政策问答》，中国人事出版社2002年版。

张志坚、王澜明：《中国地方机构改革（1999—2002）》，广西人民出版社2003年版。

中共中央组织部老干部局、人事部工资福利与离退休司：《离退休干部关心的若干问题》，北京广播学院出版社2003年版。

唐志敏：《事业单位人事争议处理》，中国人事出版社2004年版。

张柏林：《〈中华人民共和国公务员法〉释义》，中国人事出版社2005年版。

宋德福：《八年人事制度改革行》，中国人事出版社 2005 年版。

余兴安：《激励的理论与制度创新——中国公务员激励机制研究》，国家行政管理出版社 2005 年版。

冯惠玲、张辑哲：《档案学概论（第二版）》，中国人民大学出版社 2006 年版。

李小三、吴黎宏：《干部教育研究》，党建读物出版社 2006 年版。

林弋：《公务员立法研究》，中国人事出版社 2006 年版。

中共中央组织部干部教育局：《〈干部教育培训工作条例（试行）〉学习辅导》，党建读物出版社 2006 年版。

侯建良：《公务员制度发展纪实》，中国人事出版社 2007 年版。

陆学艺、顾秀林：《中国事业单位人事制度改革研究》，社会科学研究出版社 2008 年。

王甫银：《公务员管理》，中国人民大学出版社 2008 年版。

徐颂陶、孙建立：《中国人事制度改革三十年（1978—2008）》，中国人事出版社 2008 年版。

张志坚：《行政管理体制改革新思路》，中国人民大学出版社 2008 年版。

张卓元、郑海航：《中国国有企业改革 30 年回顾与展望》，人民出版社 2008 年版。

方世荣、石佑启、徐银华等：《中国公务员法通论》，武汉大学出版社 2009 年版。

李小三：《中国共产党干部教育简史》，中国党史出版社 2009 年版。

郜风涛：《中国经济转型期就业制度研究》，人民出版社 2009 年版。

赵曼、杨海文等：《21 世纪中国劳动就业与社会保障制度研究》，人民出版社 2007 年版。

刘俊生：《公共人事制度》，中国人民大学出版社 2009 年版。

张勇敏：《人事争议处理机制法律问题研究》，浙江大学出版社 2010 年版。

中共中央组织部研究室（政策法规局）：《干部人事制度改革研究》，党建读物出版社 2011 年版。

杨志明：《劳动人事争议调解仲裁》，中国劳动社会保障出版社 2012 年版。

中共中央组织部干部教育局：《中国干部教育培训机构要览》，党建读物出版社 2012 年版。

高世琦：《中国共产党干部教育世纪历程》，党建读物出版社 2013 年版。

中共中央组织部干部教育局：《干部教育培训研究 21 个专题报告（上）（下）》，党建读物出版社 2013 年版。

邵宁：《国有企业改革实录（1998—2008）》，经济科学出版社 2014 年版。

汪敏：《事业单位人事管理条例理解与适用》，法律出版社 2014 年版。

段旭龙、李娟：《高校人事制度改革新视野》，人民日报出版社 2014 年版。

何宪：《改革完善公务员工资制度研究》，中国人事出版社 2015 年版。

中共中央组织部干部教育局：《〈干部教育培训工作条例〉学习辅导》，党建读物出版社 2015 年版。

房列曙：《中国近现代文官制度》，商务印书馆 2016 年版。

曹普：《当代中国改革开放史（上、下卷）》，人民出版社 2016 年版。

薛立强、林弋：《干部人事制度改革研究——分类管理与"三化"目标》，天津人民出版社 2017 年版。

何宪：《公平与激励——中国公务员工资制度探析》，中国人事出版社 2017 年版。

黄晓勇：《干部选拔任用机制与党政人才培养研究》，社会科学出版社 2017 年版。

迟福林：《伟大的历程：中国改革开放 40 年实录》，广东经济出版社 2018 年。

岳清唐：《中国国有企业改革发展史（1978—2018）》，社会科学文献出版社 2018 年版。

刘靖北：《干部考察考核方法新探（2013—2018）》，党建读物出版社 2018 年版。

当代中国研究所：《中华人民共和国简史（1949—2019）》，当代中国出版社 2019 年版。

余兴安、唐志敏：《人事制度改革与人才队伍建设（1978—2018）》，中国社会科学出版社 2019 年版。

中国人事科学研究院学术文库
已出版书目

《人才工作支撑创新驱动发展评价、激励、能力建设与国际化》
《劳动力市场发展及测量》
《当代中国的行政改革》
《外国公职人员行为及道德准则》
《国家人才安全问题研究》
《可持续治理能力建设探索——国际行政科学学会暨国际行政院校联合会2016年联合大会论文集》
《澜湄国家人力资源开发合作研究》
《职称制度的历史与发展》
《强化公益属性的事业单位工资制度改革研究》
《人事制度改革与人才队伍建设（1978—2018）》
《人才创新创业生态系统案例研究》
《科研事业单位人事制度改革研究》
《哲学与公共行政》
《人力资源市场信息监测——逻辑、技术与策略》
《事业单位工资制度建构与实践探索》
《文献计量视角下的全球基础研究人才发展报告（2019）》
《职业社会学》
《职业管理制度研究》
《干部选拔任用制度发展历程与改革研究》
《人力资源开发法制建设研究》
《当代中国的退休制度》
《中国人才政策环境比较分析（省域篇）》
《中国人才政策环境比较分析（市域篇）》
《当代中国人事制度》